2nd edition

Public Administration in Ethnic Autonomous Areas of China: An Introduction

中国民族自治地方公共管理导论
（第二版）

李俊清 著

北京大学出版社
PEKING UNIVERSITY PRESS

图书在版编目(CIP)数据

中国民族自治地方公共管理导论/李俊清著. —2 版. —北京:北京大学出版社,2024.4
21 世纪公共管理学规划教材
ISBN 978-7-301-34639-6

Ⅰ. ①中… Ⅱ. ①李… Ⅲ. ①民族自治地方—公共管理—中国—高等学校—教材 Ⅳ. ①D633.2

中国国家版本馆 CIP 数据核字(2023)第 217698 号

书　　　名	中国民族自治地方公共管理导论（第二版） ZHONGGUO MINZU ZIZHI DIFANG GONGGONG GUANLI DAOLUN（DI-ER BAN）
著作责任者	李俊清　著
责 任 编 辑	胡利国　梁　路
标 准 书 号	ISBN 978-7-301-34639-6
出 版 发 行	北京大学出版社
地　　　址	北京市海淀区成府路 205 号　100871
网　　　址	http://www.pup.cn
新 浪 微 博	@北京大学出版社　@未名社科-北大图书
微信公众号	北京大学出版社　北大出版社社科图书
电 子 邮 箱	编辑部 ss@pup.cn　总编室 zpup@pup.cn
电　　　话	邮购部 010-62752015　发行部 010-62750672　编辑部 010-62765016
印 刷 者	北京虎彩文化传播有限公司
经 销 者	新华书店
	730 毫米×980 毫米　16 开本　28 印张　560 千字 2008 年 10 月第 1 版 2024 年 4 月第 2 版　2024 年 4 月第 1 次印刷
定　　　价	79.00 元

未经许可，不得以任何方式复制或抄袭本书之部分或全部内容。
版权所有，侵权必究
举报电话：010-62752024　电子邮箱：fd@pup.cn
图书如有印装质量问题，请与出版部联系，电话：010-62756370

第二版前言

岁月荏苒,转眼之间本书初版已近16年了。16年来,民族地区经济社会发生了重大变化。420个民族自治地方贫困县全部脱贫摘帽,28个人口较少民族均实现整族脱贫,困扰少数民族和民族地区千百年来的绝对贫困和区域性整体贫困问题得到历史性解决。2012年到2022年这十年,民族地区城镇居民人均可支配收入年均增长7.7%,农村居民人均可支配收入年均增长10.2%。中国共产党兑现了自己的庄严承诺:全面建成小康社会一个民族都不能少。此外,跨越雪域高原的拉日铁路、拉林铁路,穿越沙漠与戈壁的和若铁路相继开通,"西电东输""东数西算"……,这些巨大的发展变化,使本书之修订成为必需。

中国是一个统一的多民族国家,55个少数民族人口总数1.25亿,155个民族自治地方占国土面积64%,2.2万千米陆地边境线有1.9万千米在民族地区,141个边境县中有112个在民族地区,30多个民族跨境而居。民族地区地域辽阔,是我国的资源富集区、水系源头区、生态屏障区、文化特色区,同时大多也是边疆地区、发展相对落后地区。集这么多"区"于一身,足以说明民族工作在党和国家工作全局中的重要地位。习近平总书记指出:只有了解了这个"家底",才能真正了解我国的基本国情,懂得民族工作有多重要,做好民族工作有多不容易。

目前,民族地区发展虽已迈上新台阶,但发展不平衡不充分问题仍然突出,巩固拓展脱贫攻坚成果任务较重,经济发展尚未完全嵌入"双循环"新格局;各民族人口大流动大融居趋势不断增强,但影响交往交流交融的许多因素仍然存在;还有一些地方国家通用语言文字普及程度较低,各民族在空间、文化、经济、社会、心理全方位嵌入的格局尚未形成;国际反华势力在民族、宗教、人权、涉疆、涉藏等问题上频频发难,攻击抹黑中国,粗暴干涉我国内政,妄图使民族问题成为中国社会冲突动荡的祸源,以达到其遏制其至肢解中国的目的;民族分裂主义和宗教极端思想"境外有种子、境内有土壤、网上有市场"的状况还没得到根本改变……凡此种种,都在不同程度上影响着我国民族地区的发展、稳定与安全。

针对这些新情况和新问题,党的十八大以来,以习近平同志为核心的党中央审时度势,不断丰富和发展党的民族理论和民族政策,作出一系列关于民族工作的重大决策部署。习近平总书记指出,铸牢中华民族共同体意识是新时代党的民族工作的主线,也是民族地区各项工作的主线。铸牢中华民族共同体意识,必须全面落实推进中华民族共有精神家园建设、推动各民族共同走向社会主义现代化、促进各民族交往交流交融、提升民族事务治理体系和治理能力现代化水平、坚决防范民族领域重大风险隐患。

完成铸牢中华民族共同体意识的五项任务,实现各民族共同团结奋斗、共同繁荣发展,必须推进国家治理体系和治理能力现代化,提高公共管理水平,提升公共服务能力。中国改革开放的伟大实践,推动着"中国之治"的理论发展,中国公共管理学科须及时把握时代脉动,回应社会需求,不断拓展学科领域,积极构建中国自主的公共管理知识体系。根据新发布的《研究生教育学科专业简介及其学位基本要求》,公共管理一级学科下设的二级学科由原来的行政管理、社会医学与卫生事业管理、教育经济与管理、社会保障、土地资源管理5个,扩展到行政管理、公共政策、卫生政策与管理、教育政策与管理、社会保障、土地资源管理、应急管理、社会组织管理、数字公共治理、城乡公共治理、全球治理11个。民族事务作为中国共产党治国理政的重要内容,其历史方位、主要任务、工作主线的发展变化,民族地区经济社会发展日新月异的巨大成就,均亟需公共管理学科与时俱进的引领和阐释。本书就是试图把公共管理理论与民族地区实践相结合的一个尝试。此次再版,除了更新补充所有数据之外,还对初版中许多内容进行了增减,使之能够更好地体现时代之变、观念之变和学科之变。不当之处,敬祈读者指正。

李俊清
2024年4月

第一版前言

中国是一个统一的多民族国家,各民族一律平等,为尊重和保障各少数民族自主管理本民族内部事务的权力,实现民族平等和民族团结,在少数民族聚居地区实行民族区域自治制度,设立自治机关,行使自治权。目前,我国共有155个民族区域自治地方,其中有自治区5个,自治州30个,自治县(旗)120个。此外,作为民族区域自治的补充,为了保障较小民族聚居区内少数民族的权利,还建立了1159个民族乡(镇)。民族区域自治地方的总面积占到国土面积的64%,自治地方人口约占全国总人口的14%。

民族自治地方地域辽阔,资源丰富,战略地位十分重要。改革开放以来,民族自治地方的经济、文化以及各项社会事业都有了长足的发展。截止到2006年底,民族地区(指5个自治区和云南、贵州、青海3个多民族省份)生产总值达到20519亿元,与2002年的10518亿元相比,按可比价计算增长了63.5%,年均增长13.2%。人均生产总值达到10832元,比2002年翻了一番。其他如道路、交通、邮电通信等基础设施建设和文化、教育、医疗、社会保障等各项事业,也都有了较快的发展。但是,由于诸多因素制约,民族自治地方的发展依然相对落后,生产总值仅占全国的8.94%,人均生产总值只相当于东部地区人均水平的35%左右,地方财政赤字达二千多亿元。目前,我国农村绝对贫困人口和初步解决了温饱的低收入群体也主要集中在少数民族聚居区,贫困发生率远高于全国平均水平。其中,约有20个民族390万人贫困程度较深,贫困发生率高达23.9%。五大自治区及少数民族较为集中的云、贵、青、川四省还有约1.6万个行政村不通公路;新疆、云南、广西、甘肃和内蒙古,还有600多个乡镇不通电,涉及人口160多万;不少地区人畜饮水十分困难,教育、医疗条件还相当落后。基础设施薄弱和生态环境脆弱已成为长期制约民族自治地方加快发展的"瓶颈"。

改变民族自治地方的落后状况,实现民族自治地方经济与社会的跨越式发展,维护国家统一和增强民族团结,需要多元力量的推动。但在民族自治地方市场和社会力量尚处于培育成长的历史阶段,完善民族自治地方公共组织结构、增强公共政策的科学性和有效性、提高民族自治地方公共管理水平,无疑相当关键。但令人遗憾的是,目前国内关于民族自治地方公共管理的研究还十分薄弱,成果数量很少,研究力量分散,一些研究还只是停留在用传统的、一般的行政组织理论和政府过程理论来讨论民族自治地方政府职能转变、机构改革和政府过程的优化,较少探讨民族自治地方公共组织奉行的价值理念、职能定位、组织结构、制度设计是否适合于民族自治地方社会生态环境的特点,较少反思民族自治地方公共管理过程与民族自治地方社会生态环境是否和谐。因此相关的研究往往习惯于以一般的理论去分析民族自治地方特殊的公共管理问题,用一般的行政方法去解决民族自治地方特殊的公共组织建构和公共政策问题。但实际上由于民族自治地方社会生态环境特殊性的存在,一般的理论和方法应用于民族自治地方经常会出现适应性困难,甚至使本来与社会生态环境关系在某些方面就存在一些不协调的公共组织陷入更加尴尬的境地。因此,要分析和解决民族自治地方公共管理中遇到的特殊问题,需要突破传统理论局限樊篱,积极寻找新的分析和解决问题的途径。

构建科学的民族自治地方公共管理学科体系,是一项极其困难的任务。核心概念的准确界定,理论框架的科学构建,有效研究方法的引入和运用,以及民族自治地方经济与社会发展变化出现的新情况、新问题,公共管理理论研究的新成果、新趋势等等,都需要理论和实践工作者共同努力进行长时期的探索与总结,而本书只是朝着这一方向所做的一项基础性工作。由于民族自治地方公共管理学科体系处于探索阶段,若书中有失当乃至错误之处,恳望批评指正,以期不断改进和完善。

作　者

2008 年 10 月

目录

第一章 中国的民族区域自治与民族自治地方公共管理 　1
- 第一节　民族与国家 　1
- 第二节　中国的民族与民族关系 　17
- 第三节　民族区域自治理论与实践 　22
- 第四节　民族自治地方公共管理 　37

第二章 民族自治地方公共管理环境 　58
- 第一节　公共管理环境概述 　58
- 第二节　民族自治地方公共管理环境分析 　68
- 第三节　民族自治地方公共管理的环境要素 　74
- 第四节　从行政生态主义看民族自治地方公共管理 　92
- 第五节　优化民族自治地方的公共管理环境 　101

第三章 民族自治地方公共组织 　114
- 第一节　公共组织概述 　114
- 第二节　民族自治地方行政组织 　123
- 第三节　民族自治地方政府组织的问题及改革 　131
- 第四节　民族自治地方社会组织 　136

第四章 民族自治地方政府职能 　153
- 第一节　关于政府职能的基本理论 　153
- 第二节　民族自治地方政府与市场 　157
- 第三节　民族自治地方政府的职能 　171

第五章 民族自治地方公共管理体制 　188
- 第一节　公共管理体制概述 　188
- 第二节　民族自治地方公共管理体制 　196
- 第三节　民族自治地方公共管理体制的优化 　201

第六章　民族自治地方公共财政　212
第一节　公共财政概述　212
第二节　民族自治地方公共财政　224
第三节　民族自治地方政府购买公共服务　235
第四节　民族自治地方财政转移支付　238
第五节　民族自治地方财政体制改革　245

第七章　民族自治地方公共人力资源管理　251
第一节　民族自治地方公共人力资源管理概述　251
第二节　民族自治地方公共人力资源开发　254
第三节　民族自治地方公共部门职业伦理　269

第八章　民族自治地方公共政策　279
第一节　公共政策基本原理　279
第二节　民族自治地方公共政策过程　284
第三节　民族自治地方主要公共政策　291

第九章　民族自治地方公共管理法治　318
第一节　法治与公共管理　318
第二节　民族自治地方公共管理法治化　331
第三节　民族自治地方公共管理法制建设　340

第十章　民族自治地方公共危机管理　352
第一节　公共危机管理概述　352
第二节　民族自治地方的公共危机管理　363
第三节　民族自治地方公共危机治理体系建设与完善　375

第十一章　民族自治地方公共管理改革　381
第一节　民族自治地方公共管理改革的一般理论　381
第二节　民族自治地方公共管理改革的实践　392

第一章 中国的民族区域自治与民族自治地方公共管理

第一节 民族与国家

一、民族

民族是人类社会一种普遍的文化与政治现象,生活在这个世界上的每一个人都自在或自觉地属于某个特定的民族。民族传统和民族习俗深刻影响着个人的思维方式和生活习惯,而国家的民族构成是影响国家结构形式的重要因素,良好的民族关系是民族团结和社会稳定的必备条件。因此,民族是人类社会重要的人群共同体。

(一) 民族含义辨析

"民族"作为一个有特定内涵的专用名词在汉语中出现较晚,大约是在19世纪末随着西方民族主义思潮一道传入中国。但在很长一段时间里,我们对其内涵和外延并未进行清晰界定,经常将其与种族、国家等概念混淆使用。因此,要正确理解民族概念,先要区分清楚如下几个概念。

第一,族群(ethnic group)。"族"是人们用来形容一类具有某些共同特征的事物的概念。"族群"概念是西方人类学研究社会实体的一种范畴分类法。"所谓族群,是对某些社会文化要素认同而自觉为我的一种社会实体。"[1]这个定义强调了族群主要是基于文化认同,如语言、宗教、习俗等。虽然导致文化认同的原因可能是多方面的,如共同的血统、共同的经济生活等,但不论导致文化认同的原因是什么,文化认同这一现象本身是区分族群的核心标准,这种文化认同形成了群体成员"我族"与"他族"的观念。由于文化认同是具有层次性的,所以族群也是多层次的,一个族群可能由多个更小的族群构成。科威特人类学家穆罕默德·哈达德认为,可识别性(identifiability)、权力差别(differential power)及群体意识(group awareness)是族群的三个基本特点。[2]

第二,种族(race)。"种族"属于生物学和体质人类学范畴,是根据人类体质上的遗传特征而对人进行分类的群体单位。概括地说,凡是大自然赋予人们体

---

[1] 罗树杰、徐杰舜主编:《民族理论和民族政策教程》,民族出版社2005年版,第47页。
[2] 转引自〔科〕穆罕默德·哈达德:《科威特市的民族群体和民族等级结构》,晓兵摘译,《民族译丛》1992年第5期。

质上的先天差异和遗传性状,皆属种族特征,一般从外貌上便可以看出。当然,这些特征即使在同一民族中间也有很大差异。但是,不同特征的一定组合却具有十分稳定的遗传性。人类学家正是根据这些稳定的遗传特征组合来划分人类种族的。① 许多人种学家认为人类只有三个大的种族划分:一是高加索人(Caucasian),在广义上又称白种人;二是尼格罗人(Negroid),广义称黑种人;三是蒙古人(Mongoloid),广义称黄种人。

第三,国族(nation)。宁骚认为,"在国家拥有的整个疆域范围内,全体国民形成一个统一的国族"②。从这个定义可以看出,国族有两个标准,即生活在特定国家疆域内和本国人,地域与国籍是构成国族的两个主要限制条件。如人们常说的中华民族、美利坚民族、法兰西民族等,都是指国族。

族群、种族、国族都是指某类人群共同体,只是由于划分标准的不同而产生了不同的人类群体存在形态。民族与族群、种族、国族之间既有区别,又存在着密切联系。首先,在一般情况下,同一民族成员属于同一种族,而种族内部拥有众多的民族单位;其次,民族是族群中的一类,民族除了具备族群的共同文化特征外,往往还要同时具备其他一些特征;最后,国族可能包括一个或多个民族,而同一民族也可能分属不同的国族,但民族和国族都具有政治上的内涵,人们也经常用民族这一名称指称国族。

马列主义经典著作的民族定义是:"民族是人们在历史上形成的一个有共同语言、共同地域、共同经济生活及表现在共同文化上的共同心理素质的稳定的共同体。"③这一定义是在特定的时期、特定的政治环境下提出的。根据这一定义,一个族群要被看成是一个民族,就需要同时具备以下五个条件:第一,具有共同的历史发展进程。民族是历史形成的,它们必然经过了一个共同的历史发展进程。我国许多学者在理解这一共同点时,往往将之与共同的血统联系在一起。正如孙中山所说,民族"是由于天然力造成的","当中最大的力是'血统'"④。第二,共同的语言。语言是划分人类群体最明显的标志,也是凝聚人类群体的最强有力的纽带,是形成民族其他共同特征的文化基础。第三,共同的地域。民族的形成是人们不断交往的结果,因此,共同地域成为形成民族的重要依据。只有在共同地域里人们的交往才可能。第四,共同的经济生活。同一个民族的人从事的经济活动在内容上往往具有相似性,而且所处的经济发展时代也必然相近。共同经济生活是确保其他共同性得以维持的动力。第五,共同的文化与心理。同一个民族在文化上往往具有一致性,思维方式也相似。这种共同性是其他共

---

① 刘泓:《管窥种族》,《学习时报》2004 年 8 月 16 日。
② 宁骚:《民族与国家:民族关系与民族政策的国际比较》,北京大学出版社 1995 年版,第 14 页。
③ 《斯大林选集》上卷,人民出版社 1979 年版,第 64 页。
④ 《孙中山选集》,人民出版社 1981 年版,第 618、619 页。

同性的产物,同时也是巩固其他共同性的最强精神力量。

对于原生形态的民族而言,斯大林提出的民族概念是贴切的,而次生形态、再次生形态的民族可能只具有其中一部分特征。宁骚认为,民族必不可少的三个特征是:曾经具有或一直具有共同的历史,具有共同的文化,具有族属的稳定性。①

社会学研究没有对民族概念做太多限制,而倾向于认为族群即民族。在英语中,"nation"与"ethnic group"是两个完全不同的词:"nation"是与国家政权相关联的民族,指的是国族;而"ethnic group"指的是文化、人种意义上的民族概念。根据这一民族概念的理解方式,关于民族划分的标准不需要太多,只要一个族群有区别于其他族群的地方,就可以认为这个族群是不同于另一个族群的民族。英国学者厄内斯特·盖尔纳认为,确认一个民族不需要其他更多的特征,"使他们成为民族的,正是他们对这种伙伴关系的相互承认,而不是使这个类别的成员有别于非成员的其他特征"②。宁骚在其著作中也提出了依单项标准对民族进行划分,他一共提出了7项民族划分的标准,认为只要符合其中的部分特征,就可以将一个族群认定为一个民族。③ 从这个意义上来说,民族指的是一种文化意义上的族群,这种族群依据一定的标准来衡量,有区别于其他族群的明显特征。但这个标准是什么,在不同的国家、不同的地方可能会出现不同的取舍。"各个国家、各个地区的民族、族群现象是不同的,既有共性,也存在特性,我们不能像自然科学家分析分子、原子那样去寻求一个绝对标准来对人类社会群体的形成和发展进行衡量和解释。"④我国的许多民族是从历史上对"人"的区分继承而来,如历史上的"蒙古人"现在称为蒙古族。而大部分民族是在中华人民共和国成立后根据国家确定的民族划分标准认定的,在历史上没有对这些民族做明确的区分,如布依族、基诺族等。这种族群意义上的民族划分是民族区域自治制度设计的前提条件。

从族群与民族的关系来看,它们既有区别又有联系。族群与民族的区别是:(1)从性质上看,族群强调的是文化性,而民族强调的是政治性;(2)从使用效果上看,族群显现的是学术性,而民族显现的是法律性;(3)从使用范围上看,族群概念的使用范围十分宽泛,而民族概念的使用范围则比较狭小。族群与民族的联系是:族群可能是一个民族,也可能不是一个民族;而民族不仅可以称为族群,还可以包括若干不同的族群。⑤

---

① 宁骚:《民族与国家:民族关系与民族政策的国际比较》,第20页。
② 〔英〕厄内斯特·盖尔纳:《民族与民族主义》,韩红译,中央编译出版社2002年版,第9页。
③ 参见宁骚:《民族与国家:民族关系与民族政策的国际比较》,第20—26页。
④ 马戎:《民族社会学——社会学的族群关系研究》,北京大学出版社2004年版,第66页。
⑤ 徐杰舜:《论族群与民族》,《民族研究》2002年第1期。

(二) 非国族意义上的民族

汉语中的"民族"概念兼具了族群与国族的意义(从共同文化的角度来看,国族也是族群中的一类)。当我们说我们是"中华民族"的一员时,民族就是国族的意义;当我们说这个人是汉族,那个人是蒙古族时,用的则是族群的概念。中国的民族区域自治制度中的"民族"(nationality)显然不是"国族"意义上的民族概念。如果是"国族"意义上的民族概念,全国都属于一个国族,民族区域自治就失去了必要性。我国民族区域自治制度中的民族概念虽然具有政治内涵,但其含义更接近于 ethnic groups,即人种、文化意义上的民族概念。

那么,这种非"国族"意义的民族又是一种什么样的人类共同体形式呢?研究民族区域自治制度必须首先回答这一问题。非"国族"意义上的民族有两种形成途径,一种是从远古氏族发展而来,一种是在进入文明社会之后,由于国家行为或文化活动而形成的。

民族的最主要的根源是远古氏族。人类群居与交往的实践活动使人们形成了一个个不同的群体,在人类发展的早期,人们就依据血统结合成了一个个氏族。氏族是具有同一祖先的人群的分类,然而这种基于血缘关系的分类在发展过程中有非常明显的文化、经济与政治色彩。恩格斯在论述希腊氏族的建立基础时,列举了这样一些要素:(1) 共同的宗教祭祀和祭司为祀奉一定的神所拥有的特权;(2) 共同的墓地;(3) 相互继承权;(4) 在受到侵害时提供帮助、保护和支援的相互义务;(5) 在一定情况下,特别是在事关孤女或女继承人的时候,在氏族内部通婚的相互权利和义务;(6) 至少在某些情况下拥有共同财产,有自己的一位酋长(Archon)和一位司库;(7) 按照父权制计算世系;(8) 禁止氏族内部通婚,但女继承人例外;(9) 接纳外人入族的权利;(10) 选举和罢免酋长的权利。① 氏族构成了后来国族和民族的基础。氏族进一步扩展,形成部落和部落联盟。部落和部落联盟是扩大的氏族,它们也具有共同的血缘关系,经济生活和心理状态具有区别于其他部落或部落联盟之处。部落联盟与氏族的区别主要体现在权力结构和族群目标上:部落联盟的权力结构更倾向于集权,军事色彩浓厚,其目标更多地倾向于战争和扩张;而氏族更具有民主色彩,其族群目标是共同生活。

部落联盟的进一步成长和发展,形成了部族。部族不再强调共同的血缘关系,而是生活在同一地域,参与共同的经济生活,具有共同的心理状态。部族的发展有两个方向。一个方向是一个部族不但征服了其他部族的疆土和人口,也在文化上同化了其他部族,形成了以该部族为主要人口的国家,从而使部族成为国族。另一个发展方向是这一部族虽然保留了自己的生活方式和文化,但丧失

---

① 《马克思恩格斯选集》第4卷,人民出版社1995年版,第98—99页。

了对自己土地和经济生活的主导权,成为以别的部族为主体的国家的一部分,这个部族就成为多民族国家中的一个民族。

民族的另一个来源是国家行为或文化活动。从氏族到民族的发展历程是民族的自然形成过程,但不是民族形成的唯一方式。在国家形成之后,其他的原因也会导致原有的部族瓦解并重新组合成新的民族。如伊斯兰教在中亚和西亚的传播就导致了许多原生民族的瓦解,形成了以宗教信仰为主要关系纽带的阿拉伯民族。不少国家也通过强化国家认同感,强制推行一种文化,最后使本国内的众多民族融合成一个新的民族。

民族区域自治、民族自治地方等话语中所指的"民族"显然只是族群内涵的一部分。它既不是指国族,也不是大的族群中具有一定独特性的族群分支,而是专指经过民族识别而建构为民族的那些族群共同体。

二、国家

民族首先是作为一种文化形态存在,但是在国家产生之后,民族又具有非常重要的政治意义。国家的要素包括领土、人民、主权和政治机关。在这些要素中,领土和人民都是与民族相关联的。国家涵盖的领土是一个或多个民族生活的地理区域;国家统辖下的人民一般都包括一个或几个民族。民族文化和心理是国家合法性的来源和基础;民族传统和民族关系格局是诸多国家制度的社会和文化根源。

(一) 国家的起源与性质

恩格斯在摩尔根等人研究的基础上,以历史唯物主义理论为指导,在其经典著作《家庭、私有制和国家的起源》一书中详细地论述了国家的起源。在国家产生之前,作为国家基础的族群与作为民族源头的族群具有很大的重合性。国家起源于氏族—部落—部落联盟这一不断扩大的族群联合体。但是,国家产生的轨迹与民族产生的轨迹却不一样。民族,如前所述,主要是一种文化概念,是与地域、语言、宗教、经济生活方式等相关的族群划分方式。而国家的发展轨迹则是公共权力的产生及公共组织的构建。氏族—部落在发展过程中,由于内部贫富差距的产生和扩大以及对外扩张的生存需要,要求有一种组织化的权力和机构来凝聚内部力量,维持内部秩序,开展对外战争。最初,这些权力和机构是临时性的,往往由威望较高的老年成员担任领导人来处理氏族—部落内部的矛盾,分配内部财富,由身体强壮的人担任军事首领指挥对外战争,只要内部矛盾或对外战争一结束,这些人便不再拥有权力。但是,随着部落的扩大和内部财富分配不公越来越明显,部落内部的矛盾经常化、暴力化,最终产生了阶级分化。当阶级之间的矛盾已无法用和平方式解决,就需要有一个常设的组织来解决这些问题。同时,由于部落成员不断增加,生产生活需要的资源量也大大增加,部落为了获取资源而开展的战争也越来越多。这两方面的事务使得成立相关组织以行使相应权力成为必要。这样,随着军事和内政权力逐渐融合,最终形成了凌驾于氏族—部落成员之上的公共权力及建立在此基础上的公共组织。所以恩格斯说,"国家的本质特征,是和人民大众分离的公共权力"[①]。

（二）国家的结构形式及成因

国家形成以后,为了管理上的便利,也为了使国家管理活动适应各地的实际与需求,需要在统一的国家疆域内划分规模不等的地方管理区域和管理层级。这种划分会受到多方面因素的影响,所形成的各管理区域和管理层级之间以及它们与中央政府之间的关系也纷繁复杂,从而形成不同的国家结构形式。

1. 国家结构形式

国家结构形式是反映国家主权范围内的各组成部分之间关系的概念,是指国家根据什么原则、采用什么具体形式来划分各组成单位,确定各组成单位的权限和义务。国家结构形式的主要内容是中央与地方、地方与地方之间权力、义务的分配关系。

许多国家都拥有广阔的领土和众多的人口,中央政府无力管辖和处理全国范围内的所有公共事务。为了有效地管理辖区内的土地和人民,国家必须根据一定的规则,将所辖的土地和人民分成不同的组成部分,并赋予各组成部分相应的权限,将国家事务分解为地方事务,从而降低相关事务的处理难度。比如中国将广阔的领土划分为省,各省享有处理本地区事务的一定权限。但省的规模仍然太大,因此在省内又划分出数量不等的县域。以此类推,形成了当前中国层级众多的国家结构形式。根据中央政府与其组成单位政府之间的权力关系的不同,可将国家结构形式分为三种类型,即单一制国家、联邦制国家和邦联制国家。其中,单一制和联邦制是最普遍的国家结构形式。

2. 国家结构形式的形成原因

国家为什么会形成特定的结构形式？原因非常复杂。归纳起来,导致一个国家采用某种结构形式的原因主要有四种。

第一,历史因素。历史传统、历史上的特殊事件、历史遗留下来的问题等因素会对国家采用哪种结构形式造成深远影响。如中央集权历史传统深厚的国家往往采用单一制形式,而中央集权历史不长或没有这种传统的国家则往往倾向于联邦制。再如,殖民主义遗留问题导致许多原来是单一制的国家不得不采用联邦制。

第二,地理因素。地理环境是许多社会问题的背景因素,因此它也对国家结构形式具有重大影响力。一个疆域辽阔且被地理因素自然区分为若干差异

[①] 《马克思恩格斯选集》第4卷,人民出版社1995年版,第116页。

巨大的区域的国家，不同区域之间必然会出现经济、文化上的差异，而这很可能会导致这个国家采用联邦制形式。地理区域差异不大的国家则更倾向于单一制。

第三，经济因素。如果在一个国家的范围内，区域之间的经济差距（包括经济发展水平和经济类型的差异）不甚大，区域间经济联系紧密，则这个国家很可能采取单一制的国家形式。反之，如果一国区域间的经济差距非常明显，或者区域间经济联系不甚紧密，只是由于其他原因被捆绑在一起，则这个国家很可能采用联邦制。

第四，民族因素。历史、地理、经济等因素，归根结底需要人的因素来发生作用。而人的因素中最为关键的就是民族因素。经济、地理等因素的持久影响会造成生活在不同区域的人产生具有各自特色的文化和族群心理，这种各具特色的族群心理会导致各民族在对待国家的感情和对国家权力的认同等方面出现差异，从而导致不同的国家选择不同的结构形式。历史因素虽然不必然地与民族因素相关，但很多历史事件或历史遗留问题也是族群之间关系的反映。例如20世纪初期的俄罗斯帝国，其主体民族俄罗斯族不承认各民族之间的平等地位，不承认民族自决权，因而采用高度集权的统治方式。然而，十月革命的胜利改变了民族之间的关系，最后导致了苏联这个联邦制国家的出现。

（三）中国的国家结构形式及成因

中国是单一制国家，但是中国的单一制与其他单一制国家又有所不同，具有整体的单一制与部分地方特殊分权制相结合的特征。中国的地方政府具有三种不同的形态：绝大部分省、直辖市及其下辖地方都是统一国家体制下划分出来的区域，是单一制国家中的普通地方；在少数民族聚居区，中国通过民族区域自治制度的推行，赋予这些地方的政府一定的自治权力，实行民族区域自治。但民族自治地方并不等同于联邦制国家的邦或州，民族自治地方的权力由中央政府授予，也必须接受中央政府的领导；同时，为解决历史遗留问题，中国在香港、澳门建立了特别行政区，特别行政区享有高度自治权，这种高度自治权也是由中央政府授予的，必须接受中央政府的领导。

中国的国家结构形式在所有具有同等规模的国家中最具特色。当今世界的主要大国，绝大多数都实行联邦制，只有中国实行单一制。而其他所有单一制国家都没有像中国这样在面积如此广大的区域内实行特殊的分权，建立众多的自治地方。中国特殊的国家结构形式的形成主要有以下四个方面的原因，其中民族因素具有非常突出的地位。

第一，历史原因。从秦始皇建立统一帝国时起，中国就一直实行高度中央集权的制度。在此后两千多年里，只有不到五百年的时间中国处于分裂状态，其他时期都保持了统一和集权。这种统一、集权的政治实践与儒家大一统思想互相促进,相得益彰,深深植根于民众心里,已经成为中华民族文化的一部分。这种历史传统使得中国虽然面积广大,人口众多,却没有采用联邦制,而是采用单一制的国家形式。香港、澳门之所以实行高度自治则是由于西方殖民统治的遗留问题所致。在民族自治地方实行区域自治制度也与历史有关。中国历代王朝虽然不承认各少数民族聚居地的独立地位,要求各民族地区服从中央,但却很少在民族地区建立如汉族地区一样的地方政权机构,而是将民族地区的内部事务交由各民族自己管理,因俗而治。允许少数民族自我管理内部事务历来就是中原王朝统治少数民族地区的主要策略。

第二,地理原因。中国的土地面积非常广大,不同区域之间的差异可谓天壤之别。地理环境的巨大差异使得各地方的人民形成了不同的文化、心理和经济社会发展形态。虽然各地方的人民都认同统一的国家,认同自己是中华民族的一员,但是如果采用完全相同的治理方式则会面临诸多不便。因此,采用因俗而治的方式,让聚居各地的少数民族在中央统一领导下,根据本地区的实际情况,自己治理本民族、本区域的事务是最合适的。

第三,经济原因。在历史和地理双重因素的作用下,中国区域之间的经济发展水平差距甚大。从东部地区到中部地区再到西部地区,中国区域经济发展水平呈现出明显的梯度发展态势。港澳台和东部沿海地区经济非常发达;中部地区工业化水平比较低;西部地区有些地方还处于前工业化阶段,经济远远落后于其他两个地区。经济发展水平的巨大差异要求在不同的地方采用不同的治理手段,因而,赋予不同地方不同的权力成为必然的选择。

第四,民族原因。如前所述,历史、地理、经济的影响最终都反映在民族这一社会现象上。有些少数民族具有与汉族不同的发展轨迹、文化和心理状态,在历史上也曾经有过不同程度的自治经历。同时,各少数民族虽然分布广泛,但是在部分地方形成聚居群落。这一系列特征使得我国有必要在少数民族聚居地区实行自治,赋予其处理本民族、本区域内部事务的自主权,以便促进民族自治地方更快地发展,同时也有利于保持各少数民族的独特文化传统。

从国外和中国自身国家结构形式形成的原因可以看出,民族因素在国家结构形成的过程中,具有其他因素无法企及的影响力。

三、民族与国家

(一) 民族与国家关系模式

民族与国家虽然形成的路径不同,但是其形成的基础却有很多的重合。在各自的发展过程中,民族与国家沿着不同的路径发展,形成了非常复杂的关系模式。从民族与国家关系模式来看,当前世界各国主要可分为两大类。

1. 民族国家

民族国家是一种"把政治认同与种族起源和种族身份联系在一起"①的国家，这种国家通过增强某一民族的凝聚力，或者驱逐、强制同化甚至消灭其他民族的方式，追求建立由单一民族组成的国家。历史上许多极端民族主义势力都曾试图建立单一民族国家，如第二次世界大战时期的德国就企图通过屠杀犹太人和波兰人来建立单一的日耳曼民族国家。当前，完全单一的民族国家已经非常罕见，早期欧洲根据《威斯特伐利亚和约》而建立的国家，其主要原则就是每个民族单独建立自己的国家。在这一条约通过之后的一段不长的时间里，确实依据这一原则建立了不少单一民族国家。但这种国家形态存在的时间并不长久，因为随着经济交往和人口流动，没有一个国家能够始终保持单一民族构成。

2. 公民国家

公民国家不把民族作为政治整合的基础，而是以一种共同的政治认同作为国家的基础，公民国家"建立在政治纽带之上，并且诉诸政治纽带，其核心制度是公民权……公民权制度在不分种族或血统的情况下，保证国家所有成员平等的或相对平等的权利"②。公民国家通常包含诸多民族。最初的公民国家基本上都是由征服了大片土地并统治了诸多民族的帝国发展而来，后来形成的公民国家则是在单一民族国家的基础上，由于人口流动而形成的。在公民国家内部，不同的民族关系格局，往往呈现出不同的民族治理结构模式：有的国家完全不承认民族差异性，在全国通过统一的公民身份的建构进行管理，如当前大部分西方国家；有的国家在单一制的国家体制下，赋予少数民族聚居地区以特殊的权力，使少数民族能自主管理本民族、本地方的内部事务，如中国；有的国家承认各民族有完全的自主权，可以建立自己的主权实体，然后以加盟的形式加入一个联合国家，如 1991 年解体前的苏联。

（二）民族的政治化与非政治化

民族涉及群体利益和政治认同，必然与政治有一定的关系，但它更多的是一个文化概念。然而，西方民族主义思想却使得文化意义上的民族充满浓厚的政治色彩，导致民族政治化。尽管民族主义思潮在民族国家建立和殖民地人民争取民族独立的过程中发挥了重大作用，但民族主义分裂运动也带来了国家分裂、社会动荡等弊端。为了消除民族主义的消极影响，许多多民族国家开始采用各种措施来实现民族的"非政治化"。民族的政治化与非政治化都对国家的结构和国家的安全有着深远的影响。

---

① 马戎：《民族社会学——社会学的族群关系研究》，北京大学出版社 2004 年版，第 617 页。
② 同上。

1. 民族主义与民族政治化

民族主义(nationalism)是用来描述推翻欧洲君主制的社会运动,其最初的目标是推翻贵族帝王政权,并以语言和宗教为基础建立独立的"民族—国家"。[①] 但是这一理念在出现后不久就被一些社会精英改变了内涵,成为他们凝聚社会力量、发动革命运动的思想工具。他们将民族主义与族群、部族结合在一起,以便利用族群的凝聚力来实现他们的社会目标。英国社会学家霍布斯鲍姆对欧洲与非欧洲的两种民族主义作了历史性的区分。第一,活跃于1830—1870年之间的民族主义是民主的大众化的政治民族主义,它产生于法国大革命时期市民理想中的"大民族"。第二,对比之下,1870—1914年之间的民族主义的特点是:它是一种狭隘的族裔的或语言性的民族主义,是主要发生在通常是落后地区边缘民族中对奥斯曼帝国、哈布斯堡王朝以及沙皇帝国的一种较小族裔的反抗。[②] 这种区分不仅反映了民族主义的演变历程,而且指出了民族主义的主要表现形态。当前这两类民族主义都还普遍存在。

人们对"民族主义"的概念有不同的认识。安东尼·史密斯认为,民族主义是"一种为某一群体争取和维护自治、统一和认同的意识形态运动,该群体的部分成员认为有必要组成一个事实上的或潜在的'民族'"[③]。他提出了民族主义的三个基本目标,即民族自治、民族统一和民族认同。盖尔纳认为,"民族主义首先是一条政治原则,它认为政治的和民族的单位应该是一致的……简言之,民族主义是一种关于政治合法性的理论,它要求族裔的疆界不得跨越政治的疆界,尤其是某一个国家中,族裔的疆界不应该将掌权者与其他人分割开"[④]。《简明不列颠百科全书》对民族主义的解释是:"民族主义可以表明个人对民族国家怀有高度忠诚的心理状态。(它是)近代史的一项运动。在整个历史中,人们都为了他们的故土、祖辈的传统,以及他们所在地区的权威所向往;不过直到18世纪末叶,民族主义才开始普遍被认为是塑造人们公共的以至个人的生活中起决定作用的因素。"[⑤]

可以看出,民族主义的核心价值观就是认为每个民族都有权建立属于自己的独立国家,即民族自决权。这种民族主义思想首先在欧洲广泛传播,导致了欧洲大帝国陆续瓦解,并且建立了为数众多的以民族为单位的国家,各民族谨守各自的边界,从而形成了另一个概念——民族国家(nation-state)。民族—国家合

---

① 马戎:《民族社会学导论》,北京大学出版社2005年版,第240页。
② 转引自〔英〕安东尼·D.史密斯:《全球化时代的民族与民族主义》,龚维斌、良警宇译,中央编译出版社2002年版,第11页。
③ 〔英〕安东尼·史密斯:《民族主义:理论、意识形态、历史(第二版)》,叶江译,上海人民出版社2011年版,第10页。
④ 〔英〕厄内斯特·盖尔纳:《民族与民族主义》,第2页。
⑤ 中国大百科全书出版社译编:《简明不列颠百科全书》第6卷,中国大百科全书出版社1986年版,第6页。

二为一，民族的政治化由此开始。

民族主义思潮在世界各地的传播所产生的影响非常复杂。在大部分殖民地，民族主义成为被殖民者反对殖民统治的思想武器，成为凝聚殖民地各族群的有力口号，许多反殖民主义的斗争都在这一口号的感召下开展起来。在一些古老而庞大的东方帝国，民族主义的影响更加复杂。一方面，民族主义思潮使这些帝国内众多族群日益觉醒，要求民族独立的呼声日高，从而严重威胁到这些国家的统一与稳定；另一方面，这些帝国也寻找到了对抗日益强大的欧洲势力入侵的思想武器，开始主动利用民族主义思想来凝聚国内力量，对抗殖民者的侵略。印度、中国、伊朗等国的反侵略斗争都带有浓厚的民族革命色彩。

民族主义带来的民族政治化主要体现在这样几个方面：第一，将族群观念与国家主权观念相结合。民族自决、民族国家等都是将族群观念与国家主权相结合的具体体现。同时，在当代许多多民族国家还存在以民族为单位的政党，或者以民族为单位的反抗组织。第二，民族身份与国家制度相结合。不少国家为了稳定族群关系，通过一系列正式的法律制度来确定民族身份。而这种民族身份一旦确定，则会影响到该民族在国内享有的权利和承担的义务。第三，民族的军事化。当一个民族基于民族主义思想形成的国家主权和民族利益受到严重威胁时，民族就会走向军事化，以暴力手段来保护自己的利益。

民族主义发展至今，给世界政治格局带来了深刻影响。首先，它导致世界上出现了许多新的国家。在西方殖民扩张之前，存在国家的地方并不多，主要集中在北半球的欧洲、亚洲和北非等地。在面积广大的其他地方，各族群依然保持着原始生活状态，没有疆界，没有政权，没有国家。其次，它导致了殖民体系的瓦解。欧洲殖民主义者试图瓜分世界其他地方，使之成为他们的原料产地和商品市场，但是民族主义思想的传播所导致的民族革命浪潮使得各殖民地纷纷独立，最终导致欧洲殖民体系彻底瓦解。再次，它导致许多古老的多民族大国瓦解或陷入动乱。民族主义的传播瓦解了许多古老的大国，奥斯曼帝国、波斯帝国、印度等都出现了分裂，边缘非主体民族独立成为新的国家，而没有分裂的多民族国家也大多陷入了长久的内乱。例如，印度直到现在也无法完全控制少数民族地区，族群冲突比较频繁。最后，它为国家合法性提供了新的基础，成为国家稳定的凝固剂。民族主义的另一项功能是使得国家更加稳定。在单一民族构成的国家里，民族主义为国民的民族自豪感和民族凝聚力提供了理论支持，是产生激昂民族情绪的思想源泉，从而使这些国家保持持久的稳定。在多民族国家，强化国族观念，淡化非国族意义上的民族观念，也推动形成了另一类型的民族主义。这种民族主义使全体公民为属于这个国家而自豪，使国内各利益集团有了团结一致的理由。值得注意的是，在多民族国家出现的这种以公民意识为主要内容的民族主义，在一定意义上其实也是对传统民族主义的一种反思与修正。

2. 多民族国家与民族"非政治化"

如果说早期的"民族主义"运动具有进步意义的话,那么当前的民族主义已成为世界上一些国家发生民族冲突和爆发内战的主要原因。民族的"非政治化"被普遍认为是消除民族政治化消极影响的有效措施。"为了人类更大范围或者全人类的利益,(他们)都试图通过把民族变成一个剥离了所有政治意义的、单纯的文化或民俗现象,削弱它的政治色彩,使之无害。"[①]这便是民族的"非政治化"。安东尼·史密斯认为有三种方法可促进民族"非政治化":"一个办法是把民族的文化层面从国家的政治层面中分离出来,或者更好的办法是从国家的区域性经济联系中分离出来。……第二种使民族非政治化的办法是使之非军事化。……第三种办法是可以使民族'正常化',使民族主义仪式化。"[②]我们认为,民族非政治化的途径包括以下几个方面:第一,以公民身份认同替代族群身份认同。这一途径其实就是以国族的概念替代民族的概念,将国族与国家主权相关联,而将民族与国家主权概念分开。要实现这一点,需要做到:首先,消除任何族群歧视的政策和制度,实现族群各方面权利平衡;其次,禁止任何以民族为旗号的政治团体的活动,要求任何参与政治活动的组织不能宣扬民族特殊性观念;最后,禁止任何关于民族优越性的宣传,在全社会塑造民族和谐的观念。第二,民族非军事化。任何多民族国家都不能允许以民族界限来区分的军事实体存在,全国只能有一个统一服从中央政权的军事体系。国家存在的一个重要基础就是它对暴力的合法垄断,如果这一基础丧失,国家将无法维持统一与稳定。第三,民族仪式化。古老的部族区别于其他部族的根本标志是其仪式,这种仪式是部族文化的结晶。民族非政治化可以借用这种仪式,让民族保持其独特的文化传统和文化意义上的独立性,通过强化民族的文化象征而淡化民族的政治意义。

民族非政治化并不否认民族作为一种社会文化现象的存在价值,而是在尊重民族文化特殊性的前提下,将民族情感与国家认同、政治过程分离。国家禁止任何以民族身份认同为基础的政治活动,而完全以现代民主、宪政精神设计各种政治制度,确保每个国民以平等的公民身份参与政治过程。在强化民众的国家认同和公民意识的同时,国家也允许各民族保留并发展自己独特的文化,并鼓励不同文化的交流与融合。

(三)民族主义与现代国家的建构

1. 民族主义的性质与走向

民族主义在一开始,是以社会运动的方式出现的,并没有形成理论。关于公

---

① 〔英〕安东尼·D.史密斯:《全球化时代的民族与民族主义》,龚维斌、良警宇译,中央编译出版社2002年版,第12页。
② 同上书,第12—13页。

民民族主义与族群民族主义的理论区分,是在欧洲现代国家建构进程已经初步完成、现代国家三大核心要素都基本明确之后,才被归纳总结形成理论。而当人们认识到民族主义存在这两大分野之后,对民族现象与民族问题就能够在理论上更清晰地进行梳理了。

就其根源而言,民族现象与民族问题的出现,是现代性价值的成熟超前于社会现代化进程以及现代国家的理论逻辑存在一定缺陷的结果。文艺复兴以来的现代国家逻辑建构,是传统社会神学—政治体系高压下的反弹,因而难免充满了激进色彩与理想主义。近代早期思想家们对传统社会的各类共同体,以及维系这些共同体凝聚或多或少具有魅化色彩的社会纽带,也难免过度批判与否定。

然而,在人类还未能完全成为自然、社会与自我的主宰的情况下,与神秘信仰联系在一起的传统社会形成的各类具有魅化色彩的联系纽带,对于个人获得归属感和安全感至关重要。马克斯·韦伯将这些给人们提供归属感、安全感的抽象存在,称为价值理性。他认为:"谁的行为如果不考虑预见到的后果,而只坚持其关于义务、尊严、审美、宗教律令、虔诚或'事实'的正确性的信念,并且不管对他提出的是何种要求,那么,他的行为就纯属价值理性行为。价值理性行为……永远都是一种行为者对自己提出的'要求行为'或符合'要求'的行为。"① 价值理性与手段的运用(工具理性)、目的的设定(目的理性)共同赋予人们存在和活动的价值与意义,从而使人获得满足和安慰,即实践合理性。在韦伯价值理性论述中,价值理性的内容大多都与传统社会早已形成的具有魅化色彩的价值、文化有关。

然而,现代国家的逻辑建构更多地强调了工具理性与目的理性,对于具有价值理性的社会因素缺乏深入探究,这使得现代国家在逻辑上虽然可以建立,但在实践层面却不容易操作,除非重新赋予其价值理性。民族主义所承担的任务恰恰就是为现代国家的建立、存在和活动,提供价值理性的支撑。

而民族主义运动之所以会与传统社会的文化族群形成密不可分的联系,并最终导致民族主义思潮兴起,出现公民民族主义与族群民族主义的分野,实际上也与现代国家的逻辑建构有关。现代国家在进行逻辑建构的过程中,对于传统社会中最强有力的几类共同体,或者说维系社会存在的基础性纽带,也是维持传统国家存在的合法性的最强有力的社会纽带——宗教信仰、血缘纽带等,进行了矫枉过正式的批判。这种批判与经济领域出现的市场化、工业化、城市化一起,使得那些在传统社会中具有强大凝聚功能的共同体如教会、宗族、姻亲、乡亲等不断瓦解或弱化。

与此同时,面对市场化、工业化、城市化带来的生活方式改变,人们纷纷寻求

---

① 〔德〕马克斯·韦伯:《经济与社会》下卷,林荣远译,商务印书馆2006年版,第57页。

新的归属与安全感。由于"他们(现代化进程启动后的人们)与地方的联系中断,巨大的经济变迁与人口流动带来的结果使许多人感到十分脆弱,处境危险",因此他们"要在传统语言、族裔联系以及宗教中寻找慰藉","在他们熟悉的种族联系与文化传统中寻求庇护"。① 那些主要通过语言与日常生活方式而彰显差异性的文化族群,在其他传统共同体弱化后,日渐显示出其能够提供人们迫切需要的"价值理性"的价值。

不同国家在公民民族主义运动或者在民族建构方面的区别只在于,部分国家在公民民族主义运动中立场坚定,坚持以现代国家价值、制度、组织建构统领民族建构,并且采取了一系列有效措施,改变受到公民民族主义运动负面影响的群体和区域在现实价值、利益分配等方面的不利局面,进而使这些群体的抗拒活动逐渐弱化直到消失,多元文化族群国家便被建构成政治—经济—文化高度一体化的民主—民族国家。而另有一些国家没有或者无法彻底坚持公民民族主义,无法将现代国家价值、制度与组织体系在全国均衡地建立,无法弥补区域间、群体间因国族建构而产生的价值、利益失衡,因而不能彻底消除境内受到不利影响的群体与区域在政治—文化领域的抗拒活动,民族问题与政治参与、利益分配等交织缠绕,族群纷争的阴霾始终挥之不去。

然而,从长远来看,人类社会的现代化进程是不可逆转的。这也意味着,作为传统社会遗留的纽带——族群文化,本身也会随着工业化、信息化、全球化发展而消逝于历史之中。但是,由思想家们基于现代国家逻辑建构起来的现代国家价值、制度与结构,却是与现代化进程紧密联系在一起、服务于现代化进程的,是人类社会目前能够寻找到的组织政治权力、治理社会问题、稳定社会秩序、维护和增进社会公共利益的最好的方案。

第二次世界大战以来特别是全球化进程启动以来的世界历史发展进程,已经非常清晰地显示出这样的图景:传统社会遗留的包括族群在内的各种因素,对于政治、经济、社会运行的影响逐渐减弱,社会的现代化程度、民主化程度、个体的自由度不断增强,群体与群体间的文化界限日趋模糊。在部分高度发达的区域如欧盟共同体内部以及美国与加拿大之间,甚至连过去基于公民民族主义运动确定的国家边界与公民成员身份认同都在淡化,但是现代国家的民主、自由、人权、法治、公共服务、社会福利等价值,以及为实现这些价值而设计的制度与组织体系不但没有弱化,反而日趋完善。其背后的原因,正是现代化的发展,使得在现代国家建构初期显得超前的现代国家价值、制度与组织体系,与社会发展的契合程度越来越高,即是说,它不再是超前的,而是合适的了。相反,那些在政治

---

① 〔英〕安东尼·D.史密斯:《全球化时代的民族与民族主义》,第98页。

领域坚持强调和突出族裔文化因素或其他传统魅化因素作用的国家,或多或少地都陷入了永远找不出答案的群体间价值—利益的争论,社会秩序受到各种各样现实或潜在的威胁,现代国家应有的促进社会发展、保护和服务个人自由的作用得不到彻底有效的发挥。国家能力的削弱与激烈的群体间矛盾互相催化,形成恶性循环。部分国家甚至因此分裂解体,其民众则陷入令人绝望的混乱与贫困。

2. 现代国家建构中的民族主义

"哲学家们只是用不同的方式解释世界,而问题在于改变世界。"①无疑,从逻辑上建构的现代国家光明而美好,令人神往。但是,当思想家们通过他们华丽的语言和丰富的构想,将人们对现代国家的向往之情激发出来之后,通过革命或改革,试图把理想付诸实践的政治家们,却面临着许多在现代国家逻辑体系中找不到答案的现实问题。这些问题如果得不到有效解决,现代国家建构的实践就无法继续下去。世界各国的政治家们在寻找这些问题的答案时,又几乎无一例外地回过头来在传统社会中寻找启迪与路径,民族主义作为一种社会运动,进而作为一种社会思潮,从此登上了历史舞台。

现代国家建构实践面临的第一个重大问题是,被祛魅了的社会中,传统的整合纽带断裂或弱化,新的整合纽带却未能及时形成。而这使得试图领导现代国家建构实践的精英们,难以动员起足够的社会资源,特别是整合人群,以支持其革命运动或现代国家建设的政策。现代化与祛魅固然瓦解了传统社会—国家的基础,但同时也使被各种传统纽带黏合在一起的社会碎片化、原子化。由缺乏信仰、安全感和意义感的个体组成的社会,代替了由血缘、宗教信仰、传统习俗与价值理念、传统国家与社会制度等牢固纽带黏合的各类共同体组成的社会。在这一新的社会中,"个人挣脱了经济和政治纽带的束缚,他通过在新的制度中积极和独立地发挥作用,获得了积极的自由。但同时,他所摆脱的这些纽带正是过去常常给予他安全感和归属感的那些纽带,人不再生活在一处以熟人为中心的封闭的世界里。世界已变得无边无际,而同时又有威胁性。由于人失去了他在一个封闭社会中的固定地位,所以也失去了生活意义。其结果是,他对自己和生活的目的产生了怀疑。……所有人都成了他潜在的竞争对手,他同人的关系成了一种钩心斗角、尔虞我诈的关系。他自由了,但这也意味着:他是孤独的,他被隔离了,他受到来自各方面的威胁……"②韦伯更是一针见血地指出,现代化使人们的价值理性逐渐丧失,工具理性日益支配人们的头脑,社会联合的基础不再是崇高而神圣的价值纽带,而是人们对利益的斤斤计较,这种联合是极不稳定的。

---

① 《马克思恩格斯选集》第1卷,人民出版社1995年版,第57页。
② 〔美〕埃里希·弗罗姆:《逃避自由》,陈学明译,工人出版社1987年版,第73—87页。

现代国家建构实践面临的第二个问题是,对现代国家核心要件的界定存在着理论与现实的矛盾。主权、领土和人民被认为是现代国家三大核心要素,在现代国家逻辑建构的理论进程中,主权是什么、领土边界如何确定、人民究竟包括谁不包括谁都是模糊的。但是,当政治家们真正要去建构现实中的国家时,却必须清晰界定这三大要素。然而,这个任务几乎是不可能完成的。对主权、领土、人民三大要素的任何界定,都会在逻辑上陷入两难。按照先哲们的设想,现代国家的主权是人民通过契约形成的,因此国家首先要确定自己的人民是谁,而这个问题却是任何一个试图完全依照现代国家的理论蓝图去新建国家的政治家必然要遭遇的首要矛盾。从逻辑上来说,现代国家完全依照同意原则来建立,所有接受现代国家价值的人都应该是它的人民。但在实际中,谁也无法确定有哪些人会同意现代国家的价值,同意签订那份契约,即使能确定,也不可能真正让每个人去签约。如果现代国家按照传统国家的既有基础来确定自己的人民,情况一样糟糕,因为传统国家的边界模糊且变化频繁,按照什么标准来界定就成为问题。在国家边界的确定方面,遇到的问题也是一样的:若完全按照理论设想来建立现代国家,现代国家可能会成为一个没有边界的国家;若在传统国家基础上确定边界,那么选择什么阶段作为标准又会引发激烈的争议。

在近代以来世界各国现代化以及现代国家建构的实践中,面对这两大问题,政治家们采取的措施具有高度的一致性,那就是在既有的国家基础上,尤其是以这个国家历史上最强大的阶段为参照,确定国家的边界,进而确定其成员。在现代国家通过回归传统确立边界之后,边界之外的矛盾冲突与边界之内的矛盾冲突在性质上逐渐区别开来。与边界之外国家的矛盾大多通过战争—谈判的方式解决,并形成了相对稳定的格局。而大多数国家为了消弭边界之内的问题,持续开展了重构民众对国家认同的政治—经济—文化建设,并从历史上各种传统共同体中寻找凝聚社会成员、激发民众对国家—政府忠诚的纽带与工具,而这一般被称为公民民族主义运动。公民民族主义的现代国家建构运动,实际上意味着现代国家建构的实践与现代国家的理论逻辑出现了较为明显的脱节。这种脱节导致了现代国家建构的实践,必然将在现代性与传统之间不断摇摆和徘徊中艰难前行。

建构现代国家的公民民族主义运动,从一开始就受到各类传统社会共同体的抵触,甚至激烈的对抗,而这种抵触与对抗有相当一部分后来演变成了族群民族主义运动。狭义的民族问题,即现在理论界探讨的民族问题,基本上是这两类民族主义运动碰撞冲突的产物,是一国之内聚居于特定区域尤其是偏远区域的传统社会共同体,特别是传统生产生活方式变迁迟滞、社会流动性弱、传统宗教与文化习俗氛围浓郁的族群,突然遭遇与国家现代性建构相伴而来的市场化、世俗化的汹涌大潮,出现的困惑与迷茫等种种不适应的自然反应。它们在汇聚和融入方面遭遇困难,就必然会从传统纽带中寻找认同与归属。一些西方学者认为,"构建国家的过程——如果这个过程成功的话——需要经过顺序大致相同的五个阶段。每一个进一步发展的机会在国家的生命历程中都代表着一次'危机',无论成功与否,国家机构都必须解决这些危机",而"'认同性危机'是建立国家时遇到的第一个障碍,原先认同于部落、地区或其他亚国家团体的人必须首先认识到他们是这个国家的公民",但这种认同却"并不会轻易、快速或自动地发生"。① 所以,这也是世界上大多数地区现代国家建构进程中面临的普遍性问题。

第二节 中国的民族与民族关系

一、中国的民族

中国是一个统一的多民族国家,境内经过识别并由中央政府正式认定的民族有56个,即汉、蒙古、回、藏、维吾尔、苗、彝、壮、布依、朝鲜、满、侗、瑶、白、土家、哈尼、哈萨克、傣、黎、傈僳、佤、畲、高山、拉祜、水、东乡、纳西、景颇、柯尔克孜、土、达斡尔、仫佬、羌、布朗、撒拉、毛南、仡佬、锡伯、阿昌、普米、塔吉克、怒、乌孜别克、俄罗斯、鄂温克、德昂、保安、裕固、京、塔塔尔、独龙、鄂伦春、赫哲、门巴、珞巴和基诺族。汉族占中国人口的绝大多数,其他55个民族由于人口较少,习惯上被称为"少数民族"。

根据2020年第七次全国人口普查,中国的少数民族人口总量约12547万人,占中国人口总量的比例约8.89%。中国各少数民族之间人口规模差距非常大,人口较多的壮、满、维吾尔、回、苗等民族都超过1000万人,彝、土家族、蒙古、藏等民族人口超过500万,乌孜别克、裕固、俄罗斯、保安、德昂、基诺、京、怒、鄂温克、普米、阿昌、塔吉克、布朗、撒拉、毛南、景颇、达斡尔、柯尔克孜、锡伯、仫佬、土、珞巴、高山、赫哲、塔塔尔、独龙、鄂伦春、门巴等28个民族人口均在30万以下,其中珞巴、高山、赫哲、塔塔尔、独龙、鄂伦春等6个民族人口都不足10000,人口最少的高山族仅有3479人。②

新中国成立之后,由于政府采取多种措施保障少数民族权利,少数民族人口无论总量还是占全国总人口的比例,都呈现出稳步上升的趋势。根据历次人口普查,1953年中国少数民族总人口仅3532万人,1964年为4002万人,1982年为6730万人,1990年为9120万人,2000年为10643万人,2010年为11379万

---

① 〔美〕迈克尔·罗斯金等:《政治科学(第9版)》,王浦劬、林震译,中国人民大学出版社2009年版,第48页。
② 根据《中国统计年鉴2021》有关资料整理。

人,2020年为12547万人。1990—2000年间,土家、高山、羌、毛南、保安、东乡等13个民族人口年均增长率都在2.00%以上,其中高山族和羌族分别高达4.31%和4.26%。蒙古、藏、维吾尔等8个百万人口以上的民族,人口年均增长率也在1.40%—2.00%之间,都大大高于全国总人口年均增长率0.91%的水平。在1964—1982年、1982—1990年、1990—2000年、2000—2010年、2010—2020年,少数民族人口占全国总人口的比重由5.8%分别提高到6.7%、8.01%、8.41%、8.49%、8.89%。

中国少数民族分布范围很广,全国每个县级以上的行政区划内都有少数民族居住,形成了各民族大杂居、小聚居的分布状态。但总体而言,少数民族多聚居于东北、西北、西南部分省区,东北等地是朝鲜、赫哲、达斡尔、锡伯等民族聚居地,西北是维吾尔、哈萨克、东乡、土、塔吉克、裕固、塔塔尔、乌兹别克、撒拉、保安等民族聚居地,西南是壮、藏、苗、瑶、白、彝、布依、傣、景颇、水、哈尼等民族聚居地。回、蒙古、满等民族几乎在全国每个省都有分布,其中回族以宁夏分布最为集中,蒙古族以内蒙古分布最为集中,满族则多分布于东北、华北一带。根据《中国统计年鉴2021》数据,西北、西南地区的少数民族人口分别占全国少数民族人口的32.51%和18.62%,广西、云南、贵州、新疆4个省区的少数民族人口之和占全国少数民族人口的一半以上,再加上辽宁、湖南、内蒙古、四川、河北、湖北、西藏、吉林、青海、甘肃、重庆和宁夏,以上16个省区的少数民族人口占全国少数民族人口的86.94%。这种大杂居、小聚居的民族分布格局的形成,与中国的民族交往融合的历史有着非常直接的关系。但在2000年之后,由于大量少数民族人口流动到中、东部地区就业、求学、经商,民族分布的格局出现了一些显著变化,目前尚缺乏精确的统计资料,估算少数民族流动人口总量超过3000万,流向东南沿海省份的居多。

在漫长的历史发展过程中,各少数民族在思想文化和生产生活方式等方面形成了各自的特点,创造了灿烂的文化。

在语言文字方面,中国55个少数民族除回族使用国家通用语言文字外,其他民族都有本民族语言,使用的语言一共有80种以上,有22个民族共使用28种文字,其中壮、布依、苗等12个民族使用的16种文字是由政府帮助创制或改进的。中国少数民族语言分属5大语系:汉藏语系包括属壮侗语族的壮语、侗语、傣语、布依语、水语、仫佬语、毛南语、拉珈语、仡佬语、黎语等;属藏缅语族的藏语、嘉戎语、门巴语、珞巴语、土家语、羌语、普米语、独龙语、怒语、彝语、傈僳语、纳西语、哈尼语、拉祜语、白语、基诺语、景颇语、载瓦语、阿昌语等;属苗瑶语族的苗语、布努语、勉语、畲语等。阿尔泰语系包括属突厥语族的维吾尔语、哈萨克语、柯尔克孜语、乌孜别克语、塔塔尔语、撒拉语、图瓦语、西部裕固语;属蒙古语族的蒙古语、达斡尔语、东乡语、东部裕固语、土族语、保安语;属满—通古斯语族的满语、锡伯语、赫哲语、鄂温克语、鄂伦春语。南亚语系包括属孟高棉语族的佤语、崩龙语、布朗语。南岛语系包括属印度尼西亚语族的排湾语、布嫩语、阿眉斯语等。印欧语系包括属伊朗语族的塔吉克语和属斯拉夫语族的俄罗斯语。

各少数民族在历史发展过程中,由于自然环境的差异,形成了一些不同类型的传统生活方式。如北方少数民族蒙古族、维吾尔族等历史上以游牧生活为主,赫哲族、京族等以渔业为主,鄂伦春族和鄂温克族以狩猎为主,而东北和南方许多民族则主要从事农业生产,有个别民族如回族具有非常浓厚的经商传统。新中国成立之后,中国各少数民族的生产方式,随着国家经济社会发展,也出现了许多变化。例如在新中国成立之前,内蒙古一带绝大多数人口都在农牧区生活,从事农牧业生产,但到2020年,根据第七次人口普查数据,内蒙古自治区67.48%的人口都已经居住在城镇,从事的工作也多与现代工业、服务业有关。

中国少数民族大多有宗教信仰,由于地域、历史、文化等方面的差异,中国少数民族宗教信仰呈现多元化特点,多种宗教共同存在,和谐共处。青藏高原及邻近地区聚居各族如藏、门巴、普米等,还包括大多数蒙古族居民,主要信奉藏传佛教;聚居云南等地的傣、布朗等民族,主要信奉南传佛教(小乘佛教);聚居西北的回、维吾尔、哈萨克、东乡、保安、撒拉、柯尔克孜、塔塔尔、乌孜别克、塔吉克等民族主要信仰伊斯兰教;基督教在华南和西南部分少数民族中,受到较为广泛的信仰;俄罗斯族和鄂温克族的一小部分人信仰东正教;中国本土形成的道教,也在少数民族地区广泛传播,信众甚多。除此之外,独龙、怒、佤、景颇、高山、鄂伦春、珞巴等一些少数民族,还保持着原始的自然崇拜和多神信仰。

在新中国成立以前,少数民族地区社会形态的发展状况参差不齐,有些地区与中原一样属于封建社会,但还有一些偏远封闭地区,如西藏、大小凉山等地则处于奴隶制或农奴制阶段。而居住在云南一些边境地区的景颇、傈僳、独龙、怒、德昂、佤、布朗、基诺族和部分拉祜、哈尼、瑶等民族,尚处于原始社会晚期。在政治统治形式方面,各少数民族地区也有着较大的差异,如内蒙古大多数地区实行王公统治的盟旗制度,西南地区为土司制度,西藏则为政教合一的僧侣贵族专制。旧中国民族地区的生产力发展水平普遍相对较低,经济、社会、文化发展都相当落后,几乎没有现代工业、现代教育和现代医疗卫生服务体系,各种公共事业发展都非常滞后,少数民族群众主要从事农牧业生产,一些地方还处于"刀耕火种"的原始状态,部分地区甚至铁器都还未普及。大多数少数民族群众都是文盲或半文盲,只有极少数人接受过正规教育。在一些民族地区,传染性疾病流行,居民生活非常困苦,许多山区和沙漠盐碱地区的少数民族长期处于饥寒交迫的状态。极度贫困落后的生活状态,使得个别民族甚至濒临灭绝。据统计,1949年在全国3000多万少数民族人口中,还有约100万人口处于奴隶制形态,约80

万人口生活在原始社会形态中。①

二、中国的民族关系

(一) 历史上中国的民族关系

从中国数千年的历史发展进程看,各民族团结交往和融合始终是历史的主流。从春秋战国时期开始,中国民族迁移、人口流动就比较频繁,史家公认的就有三次高潮,逐步形成了我国民族分布的大杂居、小聚居的格局。我国各民族经济文化类型各异、互补性强,各民族间的交流促进了经济文化的发展,逐步形成了相互依存的民族关系。

从秦朝建立统一的多民族国家开始,中国各民族间虽然有过矛盾和冲突,但大部分时期都保持了国家统一和民族团结。不论是汉族建立的统一政权还是少数民族建立的统一政权,都有着强烈的中国"正统"观念,都从文化和心理上接受中国是一个统一的多民族国家的理念,都以建立和维护统一的多民族国家作为最高政治目标。从历史上治乱兴衰的情况也可以看出,每当民族团结得到维护时,国家的统一和稳定就有了保障,而一旦民族关系出现裂痕,国家往往就会陷入动荡甚至分裂。因此,处理好民族关系,自古以来就是保持政治稳定和促进社会发展的一个重要条件。为了保持民族团结、维持国家统一稳定,历朝历代都做了许多尝试,并有许多独到的做法。

在中国历史上,政府在处理少数民族治理问题时往往采用"因俗而治"的政策,在要求各边疆少数民族服从中央领导、中央权威的前提下,让民族地方保持原有的社会制度和文化形态,让各少数民族自己管理本民族内部事务。中国早在公元前60年的汉朝就设置了专门管辖西北少数民族地区事务的西域都护府,但它只管理军务和一些简单的政务,很少涉及管辖区内的民族内部事务。唐朝的安西都护府和北庭都护府也是只管理军政要务,而不干涉当地民族内部事务。清朝中央政府针对不同民族地区的特点采取了不同的治理措施:在蒙古族地区实行盟旗制度;对西藏则派驻藏大臣,通过册封达赖和班禅两大活佛实行政教合一制度;在新疆维吾尔族最集中的地区实行伯克制度;对南方一些少数民族地区则实行土司制度。② 历史上的这些制度和做法虽然是建立在一个或者少数几个民族占据统治地位的不平等基础之上,不能彻底解决民族矛盾、消弭民族冲突,但这些处理民族治理问题的策略却对中国保持长期统一,对促进中国各族之间

---

① 参见中华人民共和国外交部网站(2019-11-22)[2022-06-22],https://www.fmprc.gov.cn/ce/cech/chn/dssghd/t1718057.htm

② 《中国的民族区域自治(白皮书)》,中华人民共和国中央人民政府网站(2005-05-27)[2022-06-22],http://www.gov.cn/zhengce/2005-09/13/content_2615742.htm

的政治、经济、文化交流起到了至关重要的作用,并为中国民族区域自治制度的形成提供了历史经验。

(二) 中国近代的民族关系与民族问题

辛亥革命推翻了清王朝的统治,结束了中国延续两千多年的封建专制制度,建立在封建专制主义之上的民族治理策略丧失了基本的制度基础。受国际民族主义思潮的冲击以及殖民主义者煽动民族分裂分子分裂中国等因素的影响,中国的国家统一和民族团结一度出现严重危机。从清朝后期直到中华人民共和国成立前,中国一直都没有能够克服这些危机。

受国际民族主义思潮和民族解放运动的影响,以孙中山为代表的国民党人,更倾向于承认民族自决权,试图以联邦的方式解决民族问题。辛亥革命胜利之后,孙中山等人提出了"五族共和"的理念,提倡民族平等,承认各民族都有自决权,但同时又强调各民族都是中华民族的一个成员,应该维护国家的统一。由于整个民国政府时期中国都没有实现事实上的统一,军阀割据混战从来就没有完全停止过,所谓的"五族共和"也没有能够实行。对中国虎视眈眈的列强利用中国国内民族关系的复杂性,一方面策动民族分裂运动,另一方面吞食中国大片领土,对中国的领土完整和民族关系都造成了难以弥补的损害。所幸的是,由于各民族精英人士都怀有强烈的国家认同感和维护国家统一的坚定决心,对来自国外的分裂图谋和来自民族内部的分裂运动进行了坚决的抵制。因此,虽然这一时期中国面临着非常危险的形势,却并没有出现大规模的国家分裂。中华民族在千百年历史发展中形成的凝聚力在关键时刻有力地维护了国家的统一和尊严。

(三) 新中国民族关系

当前,在民族主义浪潮的冲击下,许多多民族国家都出现了严重的民族矛盾和民族冲突,导致国家分裂、战争频仍的也不在少数。南斯拉夫分裂成六个国家,且战争持续了十多年,导致数百万人伤亡,多年的社会主义建设成就毁于一旦;苏联分裂成十五个国家,曾经对世界格局产生决定性影响的超级大国转瞬间消失;当今东欧、非洲、亚洲仍在持续的许多战争和冲突都与民族问题有着千丝万缕的联系。

而在中国,各民族的平等地位得到了切实的维护,民族团结的局面不断得到加强,各民族共同繁荣的事业得以不断地推进。其原因至少有两个方面:一是上述历史原因。各民族在长期历史发展中形成了对中华民族的认同感和对国家统一的共同期望,使中国的民族关系与其他一些国家相比更为融洽。二是中国实行了与其他国家完全不同的民族政策,即中国的民族区域自治制度,确保并且促进了历史上形成的民族之间的融洽关系。

新中国成立后,民主改革和社会主义改造消灭了民族之间和民族内部的压迫剥削制度,形成了社会主义团结友爱、互助合作的新型民族关系。通过在少数民族聚居区建立多层级的民族区域自治地方,切实保障少数民族的自治权利,并通过逐步加大对少数民族自治地方的支援和帮助力度,促进民族地区经济社会的快速发展,努力缩小民族间事实上存在的发展差距,民族平等、民族团结、民族互助的社会主义民族关系初步形成。

当前,中国特色社会主义进入了新时代,党的民族工作呈现出新的阶段性特征:民族地区发展迈上新台阶,但发展不平衡不充分问题仍然相对突出;各民族人口大流动大融居趋势不断增强,但影响各民族交往交流交融的因素仍然复杂多样;中华民族共同体思想基础不断巩固,但民族领域意识形态斗争仍然尖锐复杂;反分裂斗争取得重大阶段性成果,但美西方国家利用所谓"民族问题"对我国遏制打压变本加厉,实现边疆长治久安任务仍然十分艰巨。[①] 因此,需要进一步完善中国的民族区域自治制度,改进中国民族自治地方的治理方式。党的二十大报告指出:"以铸牢中华民族共同体意识为主线,坚定不移走中国特色解决民族问题的正确道路,坚持和完善民族区域自治制度,加强和改进党的民族工作,全面推进民族团结进步事业。"[②] 这样才能尽快实现民族自治地方与其他地区同步发展,消除民族间的经济和社会发展差距。

第三节 民族区域自治理论与实践

一、民族区域自治理论的提出

(一)民族区域自治理论的界定

我国的民族区域自治是中国共产党运用马克思列宁主义解决我国民族问题的基本政策,是国家的一项基本政治制度。民族区域自治是在国家统一领导下,各少数民族聚居的地方实行区域自治,设立自治机关,行使自治权。

中国的民族区域自治制度有两个显著特点:一是中国的民族区域自治是在国家统一领导下的自治,各民族自治地方都是中国不可分离的一部分,各民族区域自治机关都是中央政府领导下的一级地方政权,都必须服从中央统一领导。二是中国的民族区域自治不只是单纯的民族自治或地方自治,而是民族因素与区域因素的结合,是政治因素和经济因素的结合。

(二)民族区域自治理论的依据

首先,统一的多民族国家的长期存在是实行民族区域自治的历史依据。中

---

① 常安:《贯彻总体国家安全观,防范民族领域重大风险隐患》,《中国民族报》2022年10月21日。
② 习近平:《以铸牢中华民族共同体意识为主线推动新时代党的民族工作高质量发展》,《人民日报》,2021年8月29日。

国是有着悠久历史的统一的多民族国家。早在公元前221年,中国历史上第一个封建王朝秦朝(前221—前206)就实现了国家的第一次大统一,随后建立的汉朝(前206—公元220)进一步发展了统一的局面。秦汉在全国推行郡县制,统一法律、文字、历法、车轨、货币和度量衡,促进了各地区各民族的交流,奠定了中国长达两千多年统一的多民族国家在政治、经济、文化等方面的基本格局。① 此后,无论是汉族建立的隋(581—618)、唐(618—907)、宋(960—1279)、明(1368—1644)等朝代,还是少数民族建立的元(1271—1368)、清(1644—1911)等朝代的中央政权,都以中国的"正统"自居,把建立统一的多民族国家作为最高政治目标。

中国历代中央政权,大多对民族自治地方采取了"因俗而治"的策略,即在实现政治统一的前提下,保持民族地区原有的社会制度和文化形态。② 尽管在旧的社会制度下各民族之间不可能形成现代意义上的平等关系,民族间也不可避免地发生矛盾、冲突甚至战争,但是,中国历史上统一多民族国家的长期存在,极大地促进了各民族之间的政治、经济和文化交流,增进了各民族对中央政权的向心力和认同感。

其次,近代以来在反抗外来侵略斗争中形成的爱国主义精神是实行民族区域自治的政治基础。1840年鸦片战争之后的110年间,中国屡遭帝国主义侵略、欺凌,中国各族人民陷入被压迫、被奴役的境地。在国家四分五裂、民族生死存亡的危急关头,中国各族人民团结一心、共御外侮,为维护国家主权统一和领土完整、争取民族独立和解放进行了艰苦卓绝的斗争。特别是全面抗日战争(1937—1945)时期,中国各民族进一步联合起来,同仇敌忾,抗击侵略,保家卫国。回民支队、内蒙古抗日游击队等许多以少数民族为主的抗日力量,为夺取世界反法西斯战争胜利谱写了可歌可泣的历史篇章。中国各民族在共同反对帝国主义侵略的同时,针对极少数民族分裂分子在帝国主义势力的扶持下,策划、制造"西藏独立""东突厥斯坦"、伪"满洲国"等分裂行径,进行了坚决的斗争。在反抗外来侵略的斗争中,各族人民深切体会到:伟大祖国是各民族的共有家园,只有国家主权统一和领土完整,各民族才能实现真正的自由平等和发展进步;中国各族人民只有更加紧密地团结起来,才能维护国家主权统一、领土完整和繁荣富强。

最后,各民族大杂居、小聚居的人口分布格局,各地区资源条件和发展的差距,是实行民族区域自治的现实条件。中国各民族形成和发展的历史,也是各民

---

① 《中国的民族区域自治(白皮书)》,中华人民共和国中央人民政府网站(2005-5-27)[2022-06-22], http://www.gov.cn/zhengce/2005-09/13/content_2615742.htm
② 《坚持完善制度 共同发展繁荣》,《中国民族报》2005年3月1日。

族之间彼此交融的历史。在长期的历史发展过程中,各民族频繁迁徙,逐渐形成了大杂居、小聚居的分布格局。汉族作为中国人口最多的民族遍布全国。少数民族人口虽少,且主要居住在广大边疆地区,但在内地县级以上行政区域都有少数民族居住。这种你中有我、我中有你、相互依存的人口分布状况决定了以少数民族聚居的地方为基础,建立不同类型和不同行政级别的民族自治地方,有利于民族关系的和谐稳定和各民族的共同发展。

少数民族聚居的地方面积广大,自然资源丰富,但与其他地区特别是发达地区相比,经济社会发展水平相对落后。实行民族区域自治,可以在充分发挥民族自治地方优势的同时,促进民族自治地方与其他地区之间的交流与合作,从而加快民族自治地方和整个国家的现代化建设步伐,实现各地区的共同发展和各民族的共同繁荣,保障发展成果公平惠及各族群众。

(三) 民族区域自治理论的提出与确立

中国共产党成立后,把马克思主义关于民族问题的理论创造性地运用于解决中国民族问题的实践,在科学认识中国民族问题现实状况的基础上,提出并实践了民族区域自治制度。

费孝通先生曾把中国各民族交往互动的关系格局归纳为"中华民族多元一体格局"。"(这一形成过程)的主流是由许许多多分散存在的民族单位,经过接触、混杂、连接和融合,同时也有分裂和消亡,形成一个你来我去、我来你去、我中有你、你中有我,而又各具个性的多元统一体。"①费孝通认为,"中华民族多元一体格局"具有六个特点:(1) 这个多元一体格局有一个凝聚的核心,就是华夏族团和后来的汉族;(2) 少数民族中有很大一部分人从事牧业,汉族主要从事农业,形成不同的经济类型;(3) 虽然少数民族大多有自己的语言,但汉语已逐渐成为共同的通用语言;(4) 导致民族融合的具体条件是复杂的,但汉族的农业经济是形成汉族凝聚力的主要来源;(5) 组成中华民族的成员是众多的,所以说它是个多元的结构;(6) 中华民族成为一体的过程是逐步完成的。先是各地区分别有它的凝聚中心,而各自形成了初级的统一体。同时,汉族通过屯垦移民和通商在各非汉民族自治地方形成一个点线结合的网络,把东亚这一片土地上的各民族串联在一起,形成了中华民族自在的民族实体,并取得大一统的格局。这个自在的民族实体在共同抵抗西方列强的压力下形成了一个休戚与共的自觉的民族实体。②这种"中华民族多元一体格局"准确客观地描述了中国民族关系的现实,同时也决定了中国各民族之间密不可分的依存关系。

在正确认识中国民族关系现实的基础上,中国共产党提出了民族区域自治

---

① 费孝通:《中华民族的多元一体格局》,《北京大学学报(哲学社会科学版)》1989 年第 4 期。
② 同上。

理论,在维持国家统一这一最高原则基础上,承认各少数民族管理本民族事务的权利。1931年11月发布的《中华苏维埃共和国宪法大纲》及其后有关的决议案,规定了各民族在苏维埃法律面前一律平等,提出少数民族可以建立自己的自治区域。这是中国共产党将马克思主义理论与中国具体国情相结合做出的正确判断。此后,中国共产党的民族理论在民族区域自治问题上有过很长一段时间的争论和摇摆,最终,民族区域自治的思想逐渐取得了共识和支配地位。1941年的《陕甘宁边区施政纲领》明确规定了民族区域自治的原则,"依据民族平等原则,实行蒙、回民族与汉族在政治经济文化上的平等权利,建立蒙、回民族的自治区,尊重蒙、回民族的宗教信仰与风俗习惯"①。此后,陕甘宁边区先后建立了蒙古族、回族的自治地方政权。1947年,在党的领导下,内蒙古自治区建立,标志着中国的民族区域自治理论完全确立,民族区域自治由一种理论构想转变为现实。

早在1952年,中国政府就发布《中华人民共和国民族区域自治实施纲要》,对民族自治地方的建立、自治机关的组成、自治机关的自治权利等重要问题作出明确规定。1954年召开的第一届全国人民代表大会,把民族区域自治制度载入了《中华人民共和国宪法》(以下简称《宪法》)。此后中国历次修改的《宪法》都载明坚持实行这一制度。1984年5月31日,在总结实施民族区域自治经验的基础上,第六届全国人民代表大会第二次会议通过了《中华人民共和国民族区域自治法》(以下简称《民族区域自治法》),并决定自同年10月1日起正式实施。2001年,根据社会主义市场经济条件下进一步加快民族自治地方经济社会事业发展的需要,在充分尊重和体现民族自治地方各族人民意愿的基础上,全国人大常委会对《民族区域自治法》进行了修改,明确规定:"民族区域自治制度是国家的一项基本政治制度。"此次修改使这一法律更加完善。②

《民族区域自治法》是实施《宪法》规定的民族区域自治制度的基本法律,其内容涵盖政治、经济、文化、社会等各个方面。它规范了中央和民族自治地方的关系,以及民族自治地方各民族之间的关系,其法律效力不只限于民族自治地方,全国各族人民和一切国家机关都必须遵守、执行该项法律。③

实践证明,民族区域自治制度是适合中国国情的解决民族问题的正确选择,它保障了各民族在政治、经济、文化等方面的自治权,促进了民族平等、民族团结和各民族共同发展,是中国共产党成功解决民族问题的创举。

---

① 《中共中央文件选集(一九三一——一九四一)》第十一册,中共中央党校出版社1986年版,第643页。
② 《中国的民族区域自治(白皮书)》,中华人民共和国中央人民政府网站(2005-05-27)[2022-06-22],http://www.gov.cn/zhengce/2005-09/13/content_2615742.htm
③ 同上。

二、民族区域自治制度的内容

民族区域自治制度是马克思主义民族理论与中国国情相结合的产物,是具有中国特色的民族问题解决方案。民族区域自治是民族自治与地方自治的结合,是各少数民族在拥护国家统一和民族团结的前提下,对本民族本地方事务的自治。民族区域自治制度的内容包括以下几个方面:

第一,自治主体。民族区域自治的主体是聚居在某一地域范围内的特定少数民族群体。自治主体既可以是一个民族,也可以是多个民族。我国民族区域自治的自治主体不同于民族自决理论下的自治主体。在民族自决理论下,每一个民族作为整体都能成为自治的主体。我国的民族区域自治主体却只是在特定区域内聚居的某一民族群体,这一群体既可能包括了这一民族的全部公民,也可能只包括该民族的部分公民。实际上,由于我国的民族分布特点,我国民族区域自治基本上都是某一民族中的部分群体的自治,而不是该民族整体的自治。目前,在我国的 55 个少数民族中,有 44 个建立了自治地方,11 个因人口较少且聚居区域较小而没有实行区域自治的少数民族中,有 9 个建有民族乡,实行区域自治的少数民族人口占到少数民族总人口的 70% 以上。在少数民族聚居地方,根据当地民族关系、经济发展及历史情况,可以建立以一个少数民族聚居区为基础的自治地方,也可以建立以几个少数民族聚居区为基础的自治地方。民族自治地方的自治机关是当地人民代表大会和人民政府,人民代表大会常务委员会中应当有实行区域自治的民族的公民担任主任或副主任,自治区主席、自治州州长、自治县县长由实行区域自治的民族的公民担任。

第二,自治区域。其他国家在设定少数民族自治区域时,往往与少数民族分布的自然区域重合。比如,苏联加盟共和国疆域的确定基本上就是本着这一原则。但中国少数民族分布的特点是"大杂居、小聚居",这就使得民族自治区域范围与民族分布区域难以完全重合,按民族分布的区域划分自治区域几乎是不可能的,比如满族、回族、蒙古族等在全国各地广泛分布。因此,中国只能在某一个特定的区域,为聚居较多的少数民族设立自治地方。在一个民族自治地方内其他少数民族聚居的区域,可建立相应的自治地方或民族乡。一个民族有多处大小不同的聚居区,可以建立多个不同行政地位的自治地方。目前,我国民族自治地方的面积占全国国土总面积的 64% 左右。

第三,自治层级。由于中国的民族区域自治是地方自治与民族自治的结合,因此民族区域自治地方是中国的地方政府,而不是联邦国家的加盟共和国。由于历史、地理等原因所形成的少数民族聚居地域和聚居人口存在着巨大差异,所成立的自治地方不可能都保持同样的级别,而必然会出现行政层级的差异。中国的民族自治地方现在分为三级,包括相当于省级的自治区、相当于地市级的自治州和相当于县级的自治县。截至2022年底,我国已建立了5个自治区,30个自治州,120个自治县(包括3个自治旗),共155个民族自治地方。同时,作为民族区域自治的补充形式,为了保护散居少数民族的权利,中国还建立了957个(截至2022年底)民族乡。① 民族乡虽不属于民族自治地方,但是享有诸多与民族自治地方相似的权利。民族自治地方的名称,除特殊情况外,一般按照地方名称、民族名称、行政地位的顺序命名。

第四,自治机关组成。民族自治地方的自治机关是自治区、自治州、自治县的人民代表大会和人民政府。民族自治地方的人民代表大会中,除实行区域自治的民族的代表外,其他居住在本行政区域内的民族也应当有适当名额的代表。民族自治地方的人民代表大会常务委员会中应当由实行区域自治的民族的公民担任主任或者副主任。自治区主席、自治州州长、自治县(旗)县(旗)长由实行区域自治的民族的公民担任。民族自治地方人民政府的其他组成人员,应当合理配备实行区域自治的民族和其他少数民族的人员。自治机关所属工作部门的干部中,应当合理配备实行区域自治的民族和其他少数民族的人员。

第五,自治权力。这是民族区域自治制度的核心内容,是实行自治的民族在管理本民族和本地方事务时能做什么、不能做什么的具体规定。中国是单一制的中央集权国家,民族区域自治地方是单一制国家体系下特殊的自治区域,它享有中央授予的一般地方所不具有的广泛的自治权力。国家以《宪法》和《民族区域自治法》的形式授予了民族自治地方诸多自治权力,涉及政治、经济、文化等方面,具体内容将在后面做详细表述。

第六,国家责任。由于历史原因,中国的少数民族大多居住在交通不便、经济落后、环境恶劣的地区,少数民族的经济文化相对于其他地区还相当落后。赋予民族自治地方自治权力虽然有助于各少数民族自主管理本民族事务,却并不能完全解决民族自治地方的发展问题;同时,在单一制国家体制下,如何保障自治权的有效行使也需要法律做出规范。因此,作为对民族区域自治制度的保证和补充,国家从法律上规定了上级政府的责任和义务。这些规定包括:(1)把加快民族自治地方的发展摆到突出位置。国家在制定国民经济和社会发展计划时,充分尊重和照顾民族自治地方的特点和需要,根据全国发展的整体布局和总体要求,将加快民族自治地方的发展摆到突出位置。(2)优先合理安排民族自治地方基础设施建设项目。国家在民族自治地方安排基础设施建设和资源开发项目时,适当提高投资比重和政策性银行贷款比重。(3)加大对民族自治地方财政的支持力度。(4)重视民族自治地方的生态建设和环境保护。(5)采取特殊措

---

① 《中华人民共和国行政区划统计表》,中华人民共和国民政部网站(2022-12-31)[2024-03-20],http://xzqh.mca.gov.cn/statistics/2022.html

施帮助民族自治地方发展教育事业,帮助民族自治地方普及九年义务教育和发展各类教育事业。(6)加大对少数民族贫困地区的扶持力度。(7)增加对民族自治地方社会事业的投入。(8)扶持民族自治地方扩大对外开放。(9)组织发达地区与民族自治地方开展对口支援。(10)照顾少数民族特殊的生产生活需要,实行特殊的民族贸易和民族特需用品生产供应政策。① 根据这些规定,国家不但在涉及民族自治地方事务的领域出台特别的政策以确保自治权的实现,同时每年都为民族自治地方的发展投入巨额资金,给予特殊的优惠政策,使得民族自治地方能够以比其他地方更快的速度发展,缩小民族自治地方与其他地方的发展差距。

三、民族自治地方的自治权

民族自治地方的自治机关行使《宪法》第三章第五节规定的地方国家机关的职权,同时依照《宪法》《民族区域自治法》和其他法律的规定行使自治权,根据本地方实际情况贯彻执行国家的法律、政策。上级国家机关保障民族自治地方的自治机关行使自治权。②

(一)自主管理本民族、本地区的内部事务

民族自治地方各族人民行使宪法和法律赋予的选举权和被选举权,通过选出人民代表大会代表,组成自治机关,行使管理本民族、本地区内部事务的民主权利。中国155个民族自治地方的人民代表大会常务委员会中都有实行区域自治的民族的公民担任主任或者副主任,自治区主席、自治州州长、自治县(旗)县(旗)长全部由实行区域自治的少数民族的公民担任。③

为切实保障自治机关充分行使管理本民族、本地区内部事务的政治权利,上级国家机关和民族自治地方的自治机关采取各种措施,大量培养少数民族各级干部和各种科学技术、经营管理等专业人才。各少数民族还通过选出本民族的全国人民代表大会代表,行使管理国家事务的权利。自1954年第一届全国人民代表大会以来,历届全国人民代表大会少数民族代表的比例都高于少数民族人口的比例。每个民族都有全国人民代表大会代表,人口在百万以上的民族都有全国人民代表大会常务委员会委员。④

(二)享有制定自治条例和单行条例的权力

自治条例是指由民族自治地方的人民代表大会制定的、有关本地方实行区域自治的组织和活动原则、自治机关的构成和职权等内容的综合性的规范性

---

① 《中国的民族区域自治(白皮书)》,中华人民共和国中央人民政府网站(2005-05-27)[2022-06-22],http://www.gov.cn/zhengce/2005-09/13/content_2615742.htm
② 同上。
③ 同上。
④ 同上。

文件。

单行条例是指民族自治地方的人民代表大会在自治权的范围内,根据当地民族的政治、经济和文化特点,制定的关于某一方面具体事项的规范性文件。

制定自治条例和单行条例是民族自治地方享有的法定权力。《民族区域自治法》第19条规定:"民族自治地方的人民代表大会有权依照当地民族的政治、经济和文化的特点,制定自治条例和单行条例。"《中华人民共和国立法法》第66条规定:"自治条例和单行条例可以依照当地民族的特点,对法律和行政法规的规定作出变通规定","自治条例和单行条例依法对法律、行政法规、地方性法规作变通规定的,在本自治地方适用自治条例和单行条例的规定。"

《民族区域自治法》第20条还规定:"上级国家机关的决议、决定、命令和指示,如有不适合民族自治地方实际情况的,自治机关可以报经该上级国家机关批准,变通执行或停止执行。"

（三）使用和发展本民族语言文字

民族自治地方的自治机关在执行公务的时候,依照本民族自治地方自治条例的规定,使用当地通用的一种或者几种语言文字;同时使用几种通用的语言文字执行职务的,可以以实行区域自治的民族语言文字为主。内蒙古、新疆、西藏等民族自治地方,都制定和实施了使用和发展本民族语言文字的有关规定或实施细则。[①]

中华人民共和国成立后,国家帮助10多个少数民族改进和创制了文字。目前,中国有22个少数民族使用28种本民族文字。在中国,无论是在司法、行政、教育等领域,还是在国家政治生活和社会生活中,少数民族语言文字都得到广泛使用。现在,中国共产党全国代表大会、全国人民代表大会和中国人民政治协商会议等重要会议上都提供蒙古、藏、维吾尔、哈萨克、朝鲜、彝、壮等民族语言文字的文件和同声传译。

（四）尊重和保障少数民族宗教信仰自由

中国少数民族群众大多有宗教信仰,有的民族多数群众信仰某种宗教,如藏族群众信仰藏传佛教,回、维吾尔等民族信仰伊斯兰教。民族自治地方的自治机关根据宪法和法律的规定,尊重和保护少数民族的宗教信仰自由,保障少数民族公民一切合法的正常宗教活动。西藏自治区现有藏传佛教宗教活动场所1700多处,僧尼约4.6万人,清真寺4座,世居穆斯林群众12000余人,天主教堂1座,信徒700余人。[②] 新疆维吾尔自治区现有清真寺、教堂、寺院、道观等宗教活

[①] 《中国的民族区域自治（白皮书）》,中华人民共和国中央人民政府网站(2005-05-27)[2022-06-22],http://www.gov.cn/zhengce/2005-09/13/content_2615742.htm

[②] 中华人民共和国国务院新闻办公室:《西藏和平解放与繁荣发展》（白皮书）,2021年,北京。

动场所 2.48 万座,宗教教职人员 2.93 万人。其中,清真寺 2.44 万座,佛教寺院 59 座,道教宫观 1 座,基督教教堂(聚会点)227 个,天主教教堂(聚会点)26 个,东正教教堂(聚会点)3 座。① 各种宗教活动正常进行,少数民族群众的宗教信仰自由得到充分尊重和保障。

(五) 保持或者改革本民族风俗习惯

民族自治地方的自治机关保障各少数民族都有按照传统风俗习惯生活、进行社会活动的权利和自由。包括尊重少数民族生活习惯,尊重和照顾少数民族的节庆习俗,保障少数民族特殊食品的经营,扶持和保证少数民族特需用品的生产和供应以及尊重少数民族的婚姻、丧葬习俗等。同时,提倡少数民族在衣食住行、婚丧嫁娶各方面奉行科学、文明、健康的新习俗。

(六) 自主安排、管理、发展经济建设事业

民族自治地方的自治机关根据法律规定和本地方经济发展的特点,合理调整生产关系和经济结构;在国家计划的指导下,根据本地方的财力、物力和其他具体条件,自主地安排地方基本建设项目;自主地管理隶属于本地方的企业、事业。民族自治地方依照国家规定,可以开展对外经济贸易活动,经国务院批准,可以开辟对外贸易口岸;民族自治地方在对外经济贸易活动中,享受国家的优惠政策。根据国家的国民经济和社会发展的总体规划,各民族自治地方结合实际,都制定了经济社会发展的规划、目标和措施。

民族自治地方的自治机关保护和改善生活环境和生态环境,防治污染和其他公害。根据法律规定,民族自治地方确定本地方内草场和森林的所有权和使用权;依法管理和保护本地方的自然资源;根据法律规定和国家的统一规划,对可以由本地方开发的自然资源,优先合理开发利用。例如,四川阿坝藏族羌族自治州充分发挥世界自然遗产九寨沟、黄龙风景区的优势,把旅游资源转换为旅游产业,在保护中开发,在开发中保护。

民族自治地方的自治机关有管理地方财政的自治权。凡是依照国家财政体制属于民族自治地方的财政收入,都由民族自治地方的自治机关自主地安排使用。民族自治地方的财政预算支出,按照国家规定,设机动资金,预备费在预算中所占比例高于一般地区。民族自治地方的自治机关在执行财政预算的过程中,自行安排使用收入的超收和支出的结余资金。同时,民族自治地方的自治机关在执行国家税法的时候,除应由国家统一审批的减免税收项目以外,对属于地方财政收入某些需要从税收上加以照顾和鼓励的,可以实行减税或者免税。

(七) 自主发展教育、科技、文化等社会事业

民族自治地方的自治机关根据国家的教育方针,依照法律的规定,决定本地

---

① 中华人民共和国国务院新闻办公室:《新疆的若干历史问题》(白皮书),2019 年,北京。

方的教育规划,各级各类学校的设置、学制、办学形式、教学内容、教学用语和招生办法。在少数民族牧区和经济困难、居住分散的少数民族山区,设立以寄宿为主和助学金为主的公办民族小学和民族中学,保障就读学生完成义务教育阶段的学业。

民族自治地方的自治机关自主地发展具有民族形式和民族特点的文学、艺术、新闻、出版、广播、电影、电视等民族文化事业。组织、支持有关单位和部门收集、整理、翻译和出版民族历史文化书籍,保护民族地区的名胜古迹、珍贵文物和其他重要历史文化遗产,继承和发展优秀的民族传统文化。中国有世界文化遗产、自然遗产、文化与自然遗产 57 项,其中,在民族自治地方的文化遗产有拉萨布达拉宫,丽江古城,高句丽王城、王陵和贵族墓葬,元上都遗址,红河哈尼梯田文化景观,土司遗址,广西左江花山岩画,普洱景迈山古茶林文化景观等 9 项;自然遗产有九寨沟、黄龙风景名胜区、"三江并流"、中国南方喀斯特、新疆天山、青海可可西里自然景观等 6 项。此外,纳西东巴古籍、元代西藏官方档案、四部医典等文献被列入"世界记忆名录"。

民族自治地方的自治机关自主地决定本地方的科学技术发展规划,普及科学技术知识;自主地决定本地方的医疗卫生事业的发展规划,发展现代医药和民族传统医药。经过多年的发展,藏、蒙、维、傣、壮、朝鲜、苗、瑶、回、彝、土家、布依、侗、哈萨克、羌等民族已经开设有本民族特色的医院,35 个民族发掘整理了本民族医学资料,民族医药发展的关键技术研究也在逐步推进。

国家鼓励、支持优秀民族、民间传统体育项目的发掘、整理、保护、推广和创新,定期举办少数民族传统体育运动会。目前,中国共举办了 11 次全国少数民族传统体育运动会,第十二届全国少数民族传统体育运动会将于 2024 年 11 月在海南省三亚市举办。①

四、民族区域自治制度的历史意义

中国的民族区域自治制度是马克思主义民族理论与中国具体实践相结合的典范,是中国的三大基本政治制度之一。民族区域自治制度 70 多年的成功实践说明,它对保障中国的民族平等、民族团结,对促进各民族共同繁荣,对维护国家的统一和稳定,都起到了极为重要的作用。

(一)保障民族平等和促进民族团结

在中国实行民族区域自治制度之前,各民族间不论在政治权利、经济发展水平还是在社会文化发展程度上都存在着巨大的差距。据 20 世纪 50 年代的调

---

① 《第十二届全国少数民族传统体育运动会 11 月将在海南举行》,中国新闻网(2024-01-19)[2024-03-06], http://www.chinanews.com.cn/ty/2024/01-19/10149150.shtml

查,在民主改革以前,占全国人口6%的55个少数民族中,社会经济制度基本上处于以下四种形态:(1)封建地主制,有30多个民族,当时共3000多万人,约占全国总人口的5%;(2)封建农奴制,大部分藏区及部分傣、维吾尔、哈尼等民族自治地区;(3)奴隶制,居住在四川与云南大、小凉山地区的部分彝族,约100万人;(4)原始社会残余形态,居住在云南边疆山区的独龙、怒、傈僳、基诺、布朗、景颇、佤、拉祜等民族,西藏东南部的珞巴族,内蒙古大兴安岭山区北部的鄂伦春族,海南岛五指山腹地部分黎族等,约70万人。[①]

民族区域自治制度建立之后,这种局面得到了根本性改变。民族区域自治制度首先从法律上确保各民族不论人口多少,不论分布范围,不论在经济社会发展水平上存在着多大的差距,都具有平等的政治地位,享有平等的公民政治权利。为了保证各民族政治平等的实现,国家在制定各种制度时都采取了一定措施保障少数民族的政治权利。同时,国家承认并且努力解决各民族在经济社会发展方面的差距,对发展落后的民族进行更多的照顾和扶助,以帮助他们尽快发展起来,实现经济社会发展上的平等。由于民族平等地位得到了切实的保障,中国各民族间紧密团结的关系也就有了坚实的基础,民族凝聚力得到进一步增强。

(二)维护国家的统一和稳定

由于少数民族大多分布在中国的边疆地区,少数民族的向心力和国家认同感对于国家统一和边疆稳定具有至关重要的意义。历史上西方反华势力总是利用中国国内存在的民族矛盾,煽动民族仇恨,鼓动民族分离,对中国的国家统一和边疆安全曾经造成过严重的威胁。民族区域自治制度实施以后,民族矛盾产生的根源被消除,民族矛盾成为人民内部矛盾。各民族都认识到,在新的制度下,各民族的平等地位有了保障,同时也认识到,只有各民族团结一致,才能实现共同繁荣,任何民族分离活动和民族仇恨都将对本民族甚至全国的发展造成伤害。因此,处于边疆的各少数民族都自觉抵制国内外反动势力的煽动,自觉反对民族分离活动,自觉维护国家的统一和边疆的稳定。

(三)推动民族自治地方经济和社会事业发展

在新中国成立前,少数民族自治地方生产力水平低下,经济、社会、文化发展相当落后,几乎没有现代工业、现代教育和现代医疗,基础设施建设严重落后。少数民族群众主要从事农牧业生产,一些地区还处在"刀耕火种"的原始状态,在部分地区铁器尚未得到普遍使用。

民族区域自治制度的推行为民族自治地方的发展提供了前所未有的机遇,使得民族自治地方与其他地区的发展差距大为缩小。首先,民族自治地方政府

---

① 《中国民族区域自治50年》课题组编:《中国民族区域自治50年》,内蒙古人民出版社1997年版,第258页。

拥有广泛而灵活的自治权力,便于结合实际制定出更适宜的公共政策,更合理地安排本地区的经济社会发展事务,从而有效激发民族自治地方的发展潜力;其次,国家通过制定针对民族自治地方的特殊政策,给予民族自治地方发展以特别的支持,弥补民族自治地方自身的不足,使民族自治地方在新中国成立至今短短的70多年里,走完了国内其他地方数百年的发展历程。

如今各民族自治地方人民的生活已经得到明显改善,经济社会各项事业迅速发展,各族人民都能够享受到国家现代化建设带来的丰硕成果。2022年,民族八省区(5个自治区和贵州、云南、青海3个多民族省份)生产总值12.7万亿元,占全国的10.5%。民族八省区2022年农村居民人均可支配收入1.64万元,比2010年增长了3.5倍。据统计,"十三五"期间国家累计向民族八省区下达民族地区转移支付3800亿元、均衡性转移支付2万多亿元,有力地支持了民族地区加快发展。现行标准下民族八省区农村贫困人口全部实现脱贫,民族地区累计减贫3000多万人,全国民族自治地方420个贫困县全部脱贫摘帽,28个人口较少民族全部实现整族脱贫。困扰少数民族和民族地区千百年来的绝对贫困和区域性整体贫困问题历史性地得到解决。在全面建成小康社会进程中,民族地区经济实力大幅跃升,人民生活极大改善,民族文化繁荣发展,生态环境根本好转。[1] 在公共事业发展方面,2022年末,民族自治地方共有卫生机构(其中包括医院、卫生院、门诊部、疗养院所、专科防治所站、疾病预防控制中心、妇幼保健所站及其他)151128个,比1949年增加了近419倍;卫生机构床位144.46万张,比1949年增加近436倍;卫生技术人员2117198人,比1949年增加了近600倍;民族自治地方有各级各类学校44753所,各类专任教师242.72万人,在校学生3932.86万人,分别是1952年的1.1倍、224.7倍、8.1倍。[2] 教育事业的发展使少数民族受教育年限显著提高。2022年新疆维吾尔自治区新增劳动力平均受教育年限达到13.5年以上。[3] 可以说,民族区域自治制度实践的历史就是少数民族生活质量不断提高的历史,是少数民族经济社会飞速进步的历史。

(四)促进国家整体发展

民族区域自治制度的实行使中国的民族关系进入了新的阶段,也使中国的民族自治地方经济社会发展大大加速,这对于中国的整体发展具有极其重要的意义。经过70多年的建设,民族自治地方的交通设施大大改善,工业体系基本

---

[1] 《中华民族一家亲 同心共筑中国梦——党的十八大以来我国民族团结进步事业发展成就述评》,中华人民共和国国家民族事务委员会网站(2021-08-26)[2021-09-13],https://www.neac.gov.cn/seac/xwzx/202108/1151858.shtml

[2] 根据《中国民族统计年鉴2023》有关资料整理。

[3] 《中国的民族区域自治(白皮书)》,中华人民共和国中央人民政府网站(2005-05-27)[2022-06-22],http://www.gov.cn/zhengce/2005-09/13/content_2615742.htm

形成,人民收入也大大提高。民族自治地方有着非常丰富的资源,过去由于没有良好的基础设施,资源优势并没有充分发挥作用。在交通通信等基础设施建立之后,这些丰富的资源为国家的现代化建设提供了资源保证,成为推动国民经济不断飞速发展的重要因素。同时,民族自治地方人民收入的提高也为国家经济发展提供了广阔的市场。当前,民族自治地方的发展与其他地区相比仍然存在着一定的差距,民族自治地方的发展对于国家保持又好又快的发展势头有着至关重要的意义。国家提出西部大开发战略,从某种意义上来说,就是一种经济发展的扩散战略。通过将东部地区的发展能量向西部民族自治地方引导,不但可以使中国继续保持快速发展势头,也将大大提升中国经济发展的质量和内涵。

五、民族区域自治制度的发展与完善

民族区域自治制度已经走过了70多年的历程,对于民族自治地方的发展进步起到了很大的促进作用。但是,由于中国的民族区域自治制度的主要内容是在计划经济时代设计的,有关自治权的内容、自治权的行使方式、民族自治地方与中央的关系、民族自治地方政府职能的设定等方面的内容都还保留着强烈的计划经济时代的色彩。在当前市场经济条件下,经济社会环境已经发生了巨大的变化,民族区域自治制度的许多内容已经难以适应新时代的要求,有待于进一步改革和完善。

(一)进一步完善民族区域自治制度的必要性

1. 国家发展已经达到新阶段,民族区域自治需要新内容

经过了改革开放以来的快速发展,中国总体经济已经达到了一个新的水平。现阶段民族区域自治制度的很多内容都是计划经济条件下根据对民族自治地方的特殊照顾原则确定的。在市场经济条件下,这些照顾性规定对于提高民族自治地方的竞争力已难以有效发挥作用。事实上,由于一直享受国家的特殊照顾,一些相对贫困的民族自治地方形成了某种程度的依赖心理,参与市场竞争的意识和能力都不强。在市场经济环境下,国家对民族自治地方的特殊政策需要从照顾、输血等传统方式改变为以提升民族自治地方自身发展能力为核心的积极方式。只有民族自治地方的自身发展能力得到根本性的提升,才能从源头上消除民族自治地方的相对落后状态。

2. 社会经济发展面临新任务,民族区域自治制度需要新的实现方式

当前民族自治地方的发展面临着一些新的挑战,要求民族自治地方政府确立新的观念,承担新的任务。第一,区域发展差距显著拉大。东部地区经过改革开放以来的迅速发展,与民族自治地方的差距不断加大。落后和反差从来都是民族冲突的根源,如果民族自治地方不能实现快速赶超发展,那么,东西部差距的不断拉大,极可能导致民族矛盾的加剧。第二,可持续发展问题日益突出。在民族自治地方追求发展的过程中,有些地方的自然环境不断恶化,在环境保护与经济发展之间保持平衡,不但是对各级政府管理能力的考验,也是对民族区域自治制度的挑战。第三,新技术革命的冲击。在经济发展的过程中,利用后发优势,走跨越式发展之路,选择具有高附加值的产业进行突破,常常成为一些落后地区赶超先进地区的捷径。然而,民族自治地方的教育文化发展和公共事业基础却并不能支持民族自治地方走上这条捷径;相反,由于经济落后和政策的偏差,民族自治地方在教育文化和其他公共事业方面与其他地方相比差距更大。这些挑战制约着民族自治地方对未来发展道路的选择。民族区域自治制度也必须做出适当调整,以改变民族自治地方的落后现状,推动民族自治地方实现跨越式发展。

3. 新的国际国内形势对民族区域自治制度提出了新的挑战

在当前的国际环境下,中国的民族区域自治制度遇到了一些新的挑战。一是经济全球化的趋势不断强化。随着通信信息技术的发展、国际分工的明晰和我国改革开放程度的加深,我国与世界其他国家在政治、经济等方面的联系日益紧密。特别是2001年中国加入世界贸易组织(WTO)以后,经济全球化进程对我国政治体制、经济体制的强大冲击力日益明显,民族自治地方的各产业部门直接面临来自国外的强势竞争,这无疑会导致民族自治地方的许多企业,甚至一些产业部门面临生存危机。努力寻找有竞争力的产业门类并探索提升产业竞争力的途径无疑是民族自治地方政府面临的一大挑战。要想在这种高度竞争的环境下保持民族自治地方的经济发展,就必须对当前的民族区域自治制度加以调整以适应新的环境变迁。二是中国日益融入国际社会,国际交流日益频繁。通过开展双边、多边合作,参与政府间国际组织、非政府间国际组织的活动,中国越来越全面地卷入国际事务,国际上人员交流和文化交流也日趋频繁。在这种形势下,作为民族凝聚力核心的民族文化受到了多方面的影响和冲击。来自国外的强势文化和来自国内发达地区的强势文化随着区域间人员和信息的流动日益深刻地影响着民族自治地方。现代传媒的普及极大地加强了这种文化传播对民族自治地方的文化和思想造成的冲击。这些冲击一方面促进了市场经济观念、民主法治思想、和谐发展等的普及,另一方面也助长了过度消费主义、个人主义、极端民族主义的泛滥。

(二)加强和完善民族区域自治制度的路径选择

在新的历史时期,民族区域自治制度需要新的内容。但是,如何加强和完善民族区域自治制度,使之更好地服务于民族自治地方的赶超发展,使之更加适应市场经济条件下民族自治地方的现实需要,无疑是民族区域自治制度研究的一项重大课题。

1. 改革民族区域自治制度

首先,需要考虑民族区域自治制度本身内容的改革。这项改革的重点在于:完善自治权,对自治权的内容加以细化并让自治权的实现更具有可操作性。在市场经济条件下,自治权的内容,国家的扶助政策,自治权的行使方式、程序、保障和监督等都需要做出适当调整,以使民族自治地方的公共政策和具体事务管理模式能与市场机制相适应。在这方面,除了增加对自治地方的赋权之外,还需要为权力设定相应的责任机制,从而督促民族自治地方将国家的赋权真正转化为发展的自觉行动。国家的扶助政策也要有所调整,应从传统的弥补民族自治地方财政赤字、被动地开展扶贫工作转向帮助民族自治地方搞项目开发,通过帮助民族自治地方建立合理的产业来提升民族自治地方自身的发展能力。现在的《民族区域自治法》并没有规定民族自治地方自治权力的行使方式,没有关于财政转移支付的程序、使用方式和责任的规定;在民族贸易政策的范围、内容、程序和责任上也有一些不够清楚的地方;关于民族教育、科技发展的具体政策内容和相关的权力责任没有细化。而这些内容对于民族自治地方自治权的实现、对于民族自治地方的发展而言更具有现实意义,因此,这些方面应当成为当前民族区域自治制度完善的主要方向。

2. 加强民族自治地方政府建设

作为民族自治机关,民族自治地方政府承担着绝大部分经济社会管理事务。因此,民族自治地方政府的行政能力和运作状态是民族区域自治制度能否发挥作用的关键。政府建设是一个重大的实践与理论问题。虽然中国在改革开放后经历了多次政府机构改革,但是这些改革都是自上而下展开的,民族自治地方政府自身在改革中往往处于被动服从状态,缺乏主动创新,缺乏民族地方的特色。在当前地方分权渐成潮流的时代,自治地方政府必须主动寻求提高政府行政能力的方式和途径,以提高政府管理的科学性和有效性。

地方政府建设是一项综合性的宏大工程,它包括政府的组织结构、运作方式、法规制度、行政文化等多方面的内容。然而,当前对于中国民族自治地方政府能力建设的理论研究却基本上处于空白状态,这方面的实践也多是零星进行,缺乏系统性,相关的经验教训也需要进一步总结。

3. 加强民族自治地方公共管理理论研究

民族区域自治制度是符合中国国情且具有科学性和合理性的制度,但这种科学合理的制度却需要一个与之相适应的科学合理的执行机制来实施。当前民族自治地方政府呈现出与其他地方政府高度趋同化的现象,在具体执行政策的过程中,民族自治地方政府需要进一步把民族区域自治制度赋予的权力用好、用实,发挥其应有的功能。

民族自治地方政府对民族区域自治制度执行的科学化属于公共管理研究的

领域,因而要使民族区域自治制度得到更好的执行,就需要加强民族自治地方公共管理理论的研究。公共管理理论作为一门外来学科,在西方国家已经走过了一百多年的历史,发展比较成熟。中国理论界对于公共管理理论的研究成果也非常丰富。但是,关注民族自治地方特殊性的公共管理研究却基本上处于起步阶段。民族自治地方的特殊性决定了有关民族自治地方的公共管理有许多不同于一般公共管理的特色,因此需要有特殊的公共管理理论来为之服务,需要将公共管理的理论民族化。

第四节 民族自治地方公共管理

一、从行政管理到公共管理

(一) 行政学研究的三个阶段

公共管理学脱胎于行政管理学,是一门以公共组织和公共事务为研究对象的学科。公共管理学是19世纪末20世纪初的公共行政学的发展和延续。要了解什么是公共管理,什么是公共管理学,首先要了解这门学科的发展历程。

1887年,美国学者伍德罗·威尔逊(Woodrow Wilson)发表的《行政学之研究》一文,标志着行政学作为一门独立学科的诞生。此后,行政学经历了传统行政学、新公共行政学(New Public Administration)到公共管理学(Public Management)三个发展阶段。在不同的阶段,对于什么是行政、什么是公共管理的理解也有所差别。

1. 传统行政学阶段

传统行政学形成于20世纪二三十年代,以威尔逊、韦伯(Max Weber)、古德诺(Frank J. Goodnow)、怀特(Leonard D. White)、古利克(Luther Gulick)等人为代表。这一时期的学科特点体现在三个方面。

第一,采用制度或法理的研究方法,研究对象局限于政府机构。这一时期的行政管理学主要研究作为狭义政府的国家行政机构的组织结构、功能和活动规律,并以寻找、探索行政管理的一般性原则为主要学科诉求。其代表人物威尔逊就认为:"行政学研究的目的是将行政管理的方式从混乱和代价高昂的经验主义的状态中拯救出来,并且将之建立在基于稳定原则的深层次的基础之上。"[①]

第二,用政治—行政二分法来定义行政概念,构筑学科的理论基础。"据信,有足够的说法表明,政府存在着两种不同的功能,并且这种功能的差异导致了基于政府正式系统的组织结构上的分化和差异,尽管对此的说明并不如前者充分。

[①] Woodrow Wilson,"The Study of Administration,"摘选自〔美〕杰伊·M.沙夫里茨、艾伯特·C.海德编:《公共行政学经典》(英文版),中国人民大学出版社2004年版,第20页。

为了方便起见,这两种有差异的政府功能可以相应地命名为政治和行政。政治与政策或国家意志的表达有关,行政与上述政策的执行有关。"①

第三,将提高行政管理的效率作为学科研究的最高目标。在这一时期,无论是理性官僚制的建立,还是行政原则的探讨,其着眼点都在于提高行政效率。"公共行政是公共事务的执行,公共行政活动的目标是最高效、最经济、最彻底地完成公共计划。"②

2. 新公共行政学阶段

传统的行政学为行政科学提供了基本的研究框架和学科范畴,使得行政科学得以建立并引起越来越多的社会关注。但是,作为一门新兴的学科,传统行政学代表人物在构筑他们的理论时也暴露出了许多问题。这些问题包括:第一,政治与行政二分法的理论基础问题。行政管理虽然是技术性很强的管理活动,但它仍然是政府的行为,是政治行为,把政治与行政截然分开,事实上是不可能的。并且传统行政学认为行政只研究政策和法律的实施,而把政策与法律的制定都归为政治,这显然不符合现实的情况。因为在现实的行政管理过程中,许多政策甚至法律的出台都与行政机构密切相关,所以行政管理在关注技术性要素的同时,也必须考虑政治因素。第二,行政学的效率导向问题。传统行政学之所以以追求行政效率的提高为最高目标,很明显是受到了科学管理理论的影响。但是,科学管理理论主要是针对企业管理提出的。企业有很明确的效率评价标准,并且以追求经济效益为主要目标。而政府却并不是经济单位,政府的工作目标除了考量经济效益,还必须考虑到社会公正,必须注意伦理道德的约束等。这使得以效率为导向的传统行政学难以解决现实行政管理中存在的诸多社会问题。第三,传统行政学过于看重非人格化的组织结构,忽视了人的因素对行政管理过程的重大影响。传统行政学在研究组织的结构功能等问题时,更多的是从技术层面考虑,把人也看成了物,仅仅对人进行技术性的安排和分析,忽视了人的心理和行为的特殊性。第四,传统行政学忽视了公共行政与社会环境的关系,将行政原则与具体的社会环境脱离,就行政而论行政,带有很强的片面性。从20世纪40年代开始,学者们集中批判了传统行政学这四个方面的缺陷,并在此基础上提出了新公共行政学的研究内容和方法。

新公共行政学的代表人物主要有罗伯特·达尔(Robert Dahl)、德怀特·沃尔多(Dwight Waldo)、乔治·弗雷德里克森(H. George Frederickson)等人。新公共行政学的主要特点体现在:第一,摆脱了传统行政学政治—行政二分法的

---

① Frank J Goodnow, "Politics and Administration,"摘选自〔美〕杰伊·M. 沙夫里茨、艾伯特·C. 海德编:《公共行政学经典》(英文版),第27页。

② Leonard D White, "Introduction to the Study of Public Administration,"摘选自〔美〕杰伊·M. 沙夫里茨、艾伯特·C. 海德编:《公共行政学经典》(英文版),第46页。

理论基础,将行政学置于一个更加广泛的理论基础之上。新公共行政学广泛利用社会科学领域的其他学科如社会学、心理学等的研究成果,将行政学的研究范围大大拓展,使之由政治学的一个分支发展为一种交叉性的学科。第二,把问题研究作为焦点。新公共行政学强调把研究的重点转向与社会问题、公众、政策等相关的实际问题,试图发展出新的、更灵活的公共管理体制和政府组织形态。新公共行政学主张增强政府对社会需求的敏感性,积极回应公众的要求,变革政府管理方式,以分权代替集权,并强化政府的责任。新公共行政学以问题为焦点的研究方式,推动了政策科学的兴起和繁荣。第三,将价值因素引入行政学的研究。新公共行政学提倡以"公平"为核心价值观,政策的制定、行政机构的改革等都应该以增进社会公平为目标,行政管理应该对社会的公平做出承诺。"传统的或者说经典的公共行政学试图为下述两个问题之一寻找答案:(1)我们如何在现有资源条件的基础上提供更多更好的服务(效率)?或者(2)我们如何用更少的钱保持现有服务水平(经济)?新公共行政学增加这样一个问题:这样的服务是否有助于社会公平?"①第四,新公共行政学吸收了行为科学研究的成果,主张在设计行政组织、进行行政活动时更多地考虑人的因素。分权管理、灵活结构、权力下放、顾客至上等观念都是在这个基础上提出的。

3. 公共管理学阶段

20世纪70年代之后,新公共行政学开始了向公共管理学的过渡。这一过渡之所以发生,有两个大的背景。背景之一是当时的社会危机。这一危机的关键词是"滞胀"。由于资本主义国家普遍实行全面干预经济的政策,政府失灵导致国民经济出现高失业率、高通货膨胀率和低经济增长率并存的困难局面。这一现象被称为"滞胀",即经济的停滞与通胀并存。经济的"滞胀"使人民的生活水平降低,而政府全面干预经济又导致政府的规模不断扩张,财政支出居高不下,官僚主义盛行。新公共行政学面对社会和政府出现的这一系列乱象束手无策,许多学者对此非常失望,开始寻找新的行政理论来为解决现实的危机提供方法。背景之二是20世纪70年代开始的学科交叉的潮流。在20世纪70年代,西方社会科学和自然科学的许多学科都已经开始交叉融合,学科的融合为行政科学的发展提供了全新的视角和方法。在这两大背景之下,公共管理学作为对新公共行政学的扬弃,开始发展起来。公共管理学是在具有复杂学科背景的诸多学者的共同努力下建立起来的,这些学者来自管理学、经济学、行政学、社会学等不同的领域。由于他们各自从不同的角度提出了自己对政府行为、对行政现象的理解和意见,行政学研究的内容和方法都有了质的飞跃,几乎完全不同于以

---

① H. George Frederickson,"Toward a New Public Administration,"摘选自〔美〕杰伊·M.沙夫里茨、艾伯特·C.海德编:《公共行政学经典》(英文版),第330页。

往的行政学。归纳起来,公共管理学的特点有以下几个方面。

第一,以问题为核心展开理论。公共管理学在处理行政学中"效率"与"公平"的价值取向时,采取了一种更为灵活的方式,即不直接谈公共管理过程中应坚持"效率"导向还是"公平"导向,而是针对具体问题来阐述具体的方法,使得理论和实践能够更好地契合,同时也使得公共管理学彻底地摆脱了过去政治—行政二分法的理论限制,有更加广阔的理论发展空间。公共管理学以问题为导向,大量地引入了管理学、政治学、社会学、政策分析尤其是经济学知识,使得对行政管理的研究具有了更广泛的知识基础,更倾向于管理操作研究和经济工具分析。同时,公共管理学大量利用现代企业管理的方法如绩效管理、人力资源管理、现代企业组织理论等,并将公共政策分析的许多方法和技术运用于行政研究,针对社会提出的问题构筑理论模型。

第二,将非政府组织纳入研究的视野并作为一项重要内容来研究。传统行政学和新公共行政学都相对忽视政府组织以外的公私组织对于行政管理的影响,因此使得对行政的研究局限于具有公权力的部门尤其是行政部门。而公共管理学者认为,"提供公共产品和服务时,除了拓宽和完善官僚机构之外,其他机构也可以提供所有这些职能"[1]。公共产品理论、对政府失灵的讨论、公共选择理论、政府与私人的合作及公共事业社会化等方面的实践与理论研究成果,都被公共管理学者用来解决政府面临的新问题,这也大大丰富了公共管理研究的范畴。

第三,经济学的分析工具在公共管理研究中的应用日益广泛。公共管理把对行政的研究更多地置于经济学基础之上,从私人的经济理性分析到社会的公共利益选择,这些经济学中的基本理论都被用来解释发生在政治领域的种种现象,并成为寻找众多行政问题解决方案的工具。这种取向无疑有其合理性,它使得过去抽象的行政理论具有了更多的现实依据。毕竟政治是为经济服务的,"人们在自己生活的社会生产中发生一定的、必然的、不以他们的意志为转移的关系,即同他们的物质生产力的一定发展阶段相适合的生产关系。这些生产关系的总和构成社会的经济结构,即有法律的和政治的上层建筑竖立其上并有一定的社会意识形式与之相适应的现实基础。物质生活的生产方式制约着整个社会生活、政治生活和精神生活的过程"[2]。各种行政现象归根到底都是对社会经济利益的反映或者对社会经济利益的重新安排,经济分析方法可以更深入地探寻纷繁复杂的行政现象背后的根本原因,同时也有助于提出更加合理的问题解决

---

[1] 〔美〕戴维·奥斯特罗姆:《美国行政管理危机》,江峰等译,北京工业大学出版社1994年版,第41页。

[2] 《马克思恩格斯选集》第2卷,人民出版社1995年版,第32页。

方案。

第四,为构筑政府与社会的关系提供了新的思路。在传统行政学和新公共行政学时期,庞大而结构复杂的官僚组织被认为是社会价值最权威的分配者,是社会理所应当的支配者,但公共管理理论认为这夸大了行政机关的重要性。在公共管理研究者看来,行政组织是社会治理的重要但不是唯一的参与者,并且还是一个有很多缺点的参与者。它固然应该获得足够的权威来开展公共管理活动,为社会提供公共产品,但它更应该有一个合理的边界。公共机构规模小型化、公共产品提供方式间接化、公共服务主体多元化、官僚体制企业化等观念使人们对国家、对政府的态度有了革命性的改变,而这一切都为现实行政体制的改革提供了崭新的思路和方法,大大提高了公共管理的效率,使社会治理的结构和模式有了重大的突破。

需要特别指出的是,随着公共管理研究的深入,"治理"理论出现,虽然该理论尚不能成为一种研究范式,但其对当代公共管理实践的影响日益深刻并得到越来越多的认可与应用。

治理(governance)概念源自古典拉丁文或古希腊语"引领导航"(steering)一词,原意是控制、引导和操纵,指的是在特定范围内行使权威。它隐含着一个政治进程,即在众多不同利益共同发挥作用的领域建立一致意见或取得认同,以便实施某项计划。[①]"市场失效"和"政府失效"是治理理论兴起的主要原因。自由资本主义时期,西方国家信奉亚当·斯密的自由主义经济理论,相信"管得最少的政府是最好的政府",20世纪二三十年代爆发的资本主义世界性经济危机宣告了"自由放任"模式的破产,出现了市场失灵。市场机制无法将社会资源予以有效配置且无法解决效率以外的非经济目标。这为政府全面干预经济和社会公共事务提供了空间。但由于政府官员也是"经济人",往往希望增加自己升迁的机会并扩大自己的势力范围,这就导致政府对各种社会事务大包大揽,公共产品供给服务差、效率低,即出现所谓的"政府失灵"。20世纪70年代以来,各国掀起了一场政府管理改革运动,主要目的是将企业家精神和市场机制引入公共事务的管理,以提高政府运转效率。但它过分强调市场机制和私人部门的作用,忽视了公共部门和私人部门管理的差别,再次产生诸多失灵现象。20世纪90年代开始,面对市场失灵和政府失灵,"愈来愈多的人热衷于以治理机制对付市场或国家政府协调的失败"[②]。随着志愿团体、慈善组织、社区组织、民间互助组织等社会自治组织力量的不断壮大,它们对公共生活的作用日益重要,理论界开

---

① 俞可平主编:《治理与善治》,社会科学文献出版社2000年版,第16—17页。
② 〔英〕鲍勃·杰索普:《治理的兴起及其失败的风险:以经济发展为例》,《国际社会科学(中文版)》1999年第3期;龙献忠、杨柱:《治理理论:起因、学术渊源与内涵分析》,《云南师范大学学报(哲学社会科学版)》2007年第4期。

始重新反思政府与市场、政府与社会的关系问题。如果说新公共管理运动主要关注公共部门对市场机制和企业管理技术的引进,治理理论的兴起,则进一步拓展了政府改革的视角,它对现实问题的处理涉及政治、经济、社会、文化等诸多领域,成为引领公共管理未来发展的潮流。[1] 治理理论要求在公共事务领域中国家和社会、政府和市场、政府和公民共同参与,结成合作、协商和伙伴关系,形成一个上下互动,至少是双向度的,也可能是多维度的管理过程。就其体现的改革和创新而言,这是适应全球化、市场化和民主化发展趋势的要求,在国家公共事务、社会公共事务甚至政府部门内部事务的管理上,借助多方力量共同承担责任,其中既有对事务的管理,也有对人和组织的管理,既有对眼前事务的管理,也有对长远事务的管理。其特别之处在于用一种新的眼光思考什么样的管理方式可以实现公共利益的最大化。[2]

综合来看,虽然公共管理学的发展已经有了几十年的历史,但是,当前公共管理学界对于公共管理应如何定义仍然存在广泛争议。一般而言,从公共产品与公共组织的角度对公共管理进行定义是比较普遍的一种做法。从这个角度,公共管理可以被定义为:以政府为代表的公共组织管理社会公共事务、提供社会所需要的公共产品、维护和促进公共利益的管理过程。公共管理学就是一门研究公共管理活动及其规律的学科,它从传统的行政学发展而来,是行政学研究的发展和深化。

(二) 公共管理学研究的内容

公共管理学研究由于其综合性、交叉性的学科特点,研究的内容极其广泛,大致上可以归纳为五个大的方面。

1. 公共产品

公共管理的起点和终点都是公共产品。"公共产品是指那种不论个人是否愿意购买,都能使整个社会每一成员获益的物品。"[3] 典型的公共产品如国防、社会治安、基础教育等,是社会运作不可或缺的物质条件。公共产品由于其具有特殊的性质,它的生产和提供往往不是市场主体可以或者愿意承担的,因此主要由以政府为主的公共部门来完成。公共产品的研究主要包括公共产品的概念、公共产品的提供、公共产品的分配、公共产品与公共组织的关系等方面的内容。

2. 公共组织

公共管理的主体是以国家行政机关为代表的各类公共组织,因此对公共组织的研究是公共管理学的研究基础。传统行政学及新公共行政学都强调对国家行政机关即狭义的政府组织进行研究,公共管理学在继承这一特点的基础上,大

---

[1] 陈广胜:《走向善治——中国地方政府的模式创新》,浙江大学出版社2007年版,第95页。
[2] 同上书,第101页。
[3] 〔美〕保罗·萨缪尔森、威廉·诺德豪斯:《经济学(第十七版)》,萧琛主译,人民邮电出版社2004年版,第302页。

大扩展了公共组织的研究范围,不再局限于政府组织,也研究其他从事或参与公共事务管理、参与公共产品供应的组织。公共组织的研究具体包括组织基础理论、公共组织的结构与功能、公共组织行为和公共组织发展等方面。

3. 公共管理过程

公共管理过程主要表现为公共政策过程以及围绕政策过程而形成的各种社会力量间相互影响、相互作用的过程。公共政策的过程从政策调研、政策制定、政策实施到政策信息反馈和政策修正,是一个各方面力量互相作用的复杂过程。在这一过程中,除了对政策运行进行动态研究外,还需要了解这个过程中蕴含的意见表达机制、决策体制、政策执行体制、公共监督体制等静态的规则。各种社会力量相互影响、相互作用的过程主要体现为政策过程中各利益团体和社会力量向公共组织施加影响,使之维护和增进本集团利益的各种活动。

4. 公共部门人力资源

公共部门人力资源是公共管理学研究的一个重点,其研究内容极为广泛,主要包括:公共部门人力资源状况、公务员制度、公共部门人力资源开发等,核心是研究公务员制度。人是公共管理的灵魂,公共管理过程最终都是由一个个具有个性特征的人来完成的。人是情感、理智、思想和欲望等因素综合作用的特殊存在物。对人的管理与对物的管理截然不同,必须综合运用心理学、伦理学、行为科学等多种学科的知识,全面了解人性、透视人的行为动机、寻找对人的激励方式。因此,现代公共部门人力资源管理已不再是一种单纯的技术性学问,它还要注重"人群关系"、人力开发与人力发展等问题。

5. 公共财政

公共部门要开展各种管理活动并为社会提供公共产品,除了要有健全的组织和优秀的人才之外,还必须有自己的物质基础,即充足的财政经费来作支撑。公共财政的收入和支出是对社会有全局性影响的重大政治活动,会对社会各方面的利益产生非常直接且深远的影响。如何最合理地运用好公共财政,用最经济的财政支出最大化地实现公共管理的目的,是公共管理研究追求的理想。科学有效地管理公共财政必须有一套完善的制度加以保证。公共财政研究就是要寻找或者设计这样一个财政收支的制度,使公共部门在财政资源有限的情况下以最经济的方式实现公共管理的目标。

(三) 公共管理的特点

公共管理作为公共组织处理公共事务、提供公共服务的管理活动,具有以下几个方面的特点。

1. 政治性

传统的行政学将政治与行政分开,试图淡化公共管理的政治性。但是新公共行政学和公共管理学阶段的学者都承认公共管理天然具有政治性。行政是国家的组织活动,必然要反映国家的意志,执行国家的政策。

国家是统治阶级进行统治的暴力机器,国家的阶级性和政治性必然使公共管理带有明显的阶级性和政治性。虽然公共管理理论不再将公共管理局限为国家行政机关的活动,但是国家行政机关依然是公共管理最主要的组织者和参与者。从根本上说,公共管理仍然是统治阶级实现其利益的一种活动。这表现在:公共管理的权力来自政治过程,是政治博弈的结果;公共管理的主要内容是调整和分配社会价值,这个过程中必然要反映各种政治力量的利益和要求;公共管理的方法中也充满了政治色彩,法律、暴力、政治表达、政治交易等都是公共管理不可缺少的方法。

2. 强制性

公共管理强制性的基础是公共权力。公共权力是基于政治斗争过程而获得的以合法的暴力为基础的权力。权力本身就具有强制性,而公共权力更是以系统的暴力工具如法院、警察、军队为其影响力的后盾。公共管理是公共组织以公共权力为后盾对整个社会公共事务进行管理的活动,所以,公共管理必然具有强制性的特点。虽然公共管理学者更多地强调政府与社会的合作,强调协商、契约等新的公共产品提供模式,并且引入非政府组织参与社会的公共管理,但是这一切都是以承认公共权力为前提的,是在暴力强制被接受和认可的基础上实现的。

3. 公共性

在公共管理的参与者中,政府是公共利益天然的代表者和体现者。只有在承诺为公共利益服务的基础上,其他参与公共管理的组织才会被允许分担部分公共管理事务。虽然各个参与者参与公共管理的内在动机可能各不相同,但从整体上看,公共管理的根本任务是为社会提供公共产品,对社会公共利益进行安排和分配,以促进社会利益的增长和社会福利的增加。公共管理的价值观体现为满足社会的公共需要、实现社会公共利益和维护社会的公平与正义。在实现公共目标的过程中,公共管理所依据的根本手段是运用公共权力。因此,公共管理不同于其他管理的重要特点之一就在于它的公共性,这使得它与以私人利益为诉求的企业管理及其他管理活动区别开来。

4. 服务性

基于主权在民的理念,当代公共管理都强调其服务性色彩。中国共产党提出"全心全意为人民服务"的根本宗旨,并将其作为对政府、对所有参与公共事业的组织和个人的最基本的要求。资本主义国家也通过建设"福利国家"等措施,来改善人民生活,促进公共利益的增长。公共管理在当代的一个重大的发展趋势就是公共管理过程中政治的、暴力的、强制的色彩越来越淡,而服务的、福利的、协商合作的色彩越来越浓,公共管理越来越突出其服务社会、服务公众的价值取向。

(四) 当代公共管理学的发展趋势

公共管理学发展到现在,出现了几个与以往不同的发展趋势,而这种发展趋势,为开展民族自治地方公共管理的研究提供了新的思路与方法。这些趋势包括:

1. 公共管理研究的专题化

从传统行政研究到新公共行政学,理论界几乎都是着眼于对政府行政管理的全面考察和系统研究,旨在提出一套针对整个国家公共管理的系统理论。因此,这一时期的行政管理研究具有宏观性、抽象性的特点。在公共管理学阶段,这一传统的行政学研究模式出现了变化。公共管理学更多地专注于现实问题的解决,而不是行政理论的构建。公共管理学研究者往往针对社会特别是公共部门在治理过程中出现的问题而提出自己的看法和解决方案,进而形成理论,这使得公共管理的研究出现了专题化的倾向。公共管理的研究逐渐区分出一个又一个专门领域,各领域都针对公共管理中的特定问题,以问题的分析和解决为研究的主要目的,如对犯罪现象的专题研究、对城市管理的专题研究、对社会保障的专题研究、对社区治理的专题研究、对特别利益群体的专题研究,等等。

2. 公共管理研究的地方化

以往的行政学理论大多建立在对统一的国家行政机关的分析上,这使得行政学的关注点集中在中央政府或者高层级的政府,而较少关注地方政府和基层政府的运作。当代公共管理研究则逐步将更多的精力投入对地方和基层政府的研究。这与前面的专题化倾向是相联系的,因为对于一个国家而言,问题的提出和解决基本上都发生在地方和基层,而不是在中央和国家层面。对基层政府投入更多的关注是解决公共管理中许多关键性问题的出路所在。当前不断涌现的对地方政府运作、地方自治、地方利益的研究,正是这种趋势的反映。

3. 公共管理研究视角的多样化

与专题化、地方化相伴而来的是公共管理研究视角的多样化。当前公共管理的研究对象不再局限于具有明确政治权力、受到法律严格规范的政治组织,学者们将更多的注意力投向了那些不享有正式公共权力但在社会管理和公共产品供给中发挥重要作用的非政府组织。"公共管理指的是政府、非政府公共组织和民众所形成的管理体系,共同管理社会公共事务的活动。"[①]同时,公共管理在手段和技术上也出现了社会化的趋势,市场化手段、社区化管理、公私合作等新的管理理念和手段不断地发展和完善,协商、合同、委托等方式代替了命令、强制等旧的管理模式。

当前公共管理学的这些发展趋势为我们开展民族自治地方公共管理研究提

---

① 陈庆云、鄞益奋:《再论"公共管理社会化"》,《中国行政管理》2005年第10期。

供了理论依据和方法论基础。由于在社会形态方面具有与其他地方差别明显的特殊性,中国的民族区域自治地方面临着特殊的公共治理问题。而过去国内极少有人关注这一特别的公共管理领域,没有能够针对民族自治地方的公共管理提出有效的治理模式,这对中国公共管理研究界而言,无疑是一种遗憾。

国内公共管理理论界对民族自治地方的公共管理研究较少,使得民族自治地方在制度设计、政府结构设计和公共管理方式方法的运用等方面存在着很多不足,导致民族区域自治制度在实践过程中出现了一些问题。公共管理学对专门问题的研究和对地方、对社会的关注,为我们弥补这一遗憾提供了契机。运用地方治理理论和公共管理学研究的最新成果和方法来研究民族自治地方特殊经济社会环境下的公共管理,将大大有利于人们了解民族自治地方治理状况,为民族自治地方治理的改善提供新的方法和途径。

二、民族自治地方公共管理

(一)民族自治地方公共管理学的概念及其内涵

作为一门实践性非常强的学科,公共管理基本理论在应用到具体的国家和地区之后,必须与当地的经济、社会、文化诸因素相结合,才能够较好地贯彻到具体的公共管理实践中去。

在中国,民族自治地方占据了国土面积的64%,民族自治地方面临的社会问题与其他地方相比有很大的特殊性,所需要的公共管理模式不可能完全照搬其他地方。民族自治地方政府具有政治上的特殊性,在享有的权力和承担的义务方面与其他地方政府有所差别,政府的组织结构也有所不同。在一些民族自治地方,公共产品的提供不够充分,社会利益的分配不尽合理,社会公共组织的发育还不够成熟,公共管理研究必须为民族自治地方面临的特殊社会问题提供应对方案。了解民族自治地方特殊的公共组织状况和公共利益格局是民族自治地方公共管理研究的前提,根据现实需要提出有针对性的理论成果是民族自治地方公共管理研究的目的。

民族自治地方公共管理学是研究民族自治地方公共管理活动的一门学科,是公共管理学在民族自治地方的具体应用。它是在一般地方公共管理理论的基础上,对民族自治地方在特殊的权力格局、特殊的公共环境下开展的特殊公共管理活动的研究。它研究民族自治地方公共管理与一般地方公共管理的差别与特点,从而寻找民族自治地方公共管理的特殊规律和民族自治地方公共组织改革的方案,为民族自治地方公共管理效率的提高和民族自治地方的进一步发展提供理论支持。

由于当前民族自治地方的非政府组织总体发展相对迟缓,因此对民族自治地方公共管理的研究,更多的其实还是对民族自治地方政府的研究。具体而言,民族自治地方公共管理学的研究包含以下几个方面的内容。

1. 民族自治地方公共组织

民族自治地方政府在组织结构、组织运作过程等方面与一般地方政府具有许多共同的特点,这些作为一般地方政府的公共管理内容,在公共管理学研究中已经讨论得比较充分。但是,作为单一制国家体系下的特殊自治地方,民族自治地方政府在组织结构、权力关系、组织运作等方面又与其他地方政府有着很大的不同,还有待于深入探讨和研究。同时,在民族自治地方开展公共管理的过程中,参与公共管理的公共组织与其他地方相比也有自身特色,这些不同点也需要去发掘和研究。

2. 民族自治地方公共管理职能

民族自治地方公共部门首先承担着一般地方公共部门承担的各种公共产品与公共服务供给的职能,承担着保障和推进经济社会发展的各项职能。同时,由于所处区位的特殊性和政治角色的特殊性,它们又承担着一些一般地方公共部门所不必承担的职能。特别是在处理民族关系、推动落后地区经济社会发展、保持边疆地区安全与稳定、维护国家统一等方面,民族自治地方公共部门更是肩负着重要的责任。应该如何设定民族自治地方的公共管理职能以便更好地服务于民族自治地方,是有待进一步研究的重要课题。

3. 民族自治地方公共管理过程

从动态意义上来研究民族自治地方公共管理的运作过程和公共组织行为具有非常现实的意义。公共管理过程包括政策制定过程与政策推行过程两大阶段。公共管理过程的研究包含了决策体制、领导、人事、执行等过程的研究,以及在这些过程中必然要涉及的沟通协调、监督制约、行政法制与行政道德等一系列问题。这些问题与民族自治地方公共组织这一特殊角色相结合,将具有更多复杂的特点。这些构成了民族自治地方公共管理学的主体内容。

4. 民族自治地方公共管理的发展

由于公共管理所处的环境会随着时间的推移而不断变化,公共管理的内容也就必然要随之变化。对于民族自治地方而言,当前迫切需要建立一套理论来指导民族自治地方公共组织在组织结构、组织行为上进行改革,以不断适应经济社会发展的需要,使民族自治地方的政府能力不断得到提升,真正成为民族自治地方发展的领导力量和核心推动力量。

(二)民族自治地方公共管理研究的意义

民族自治地方公共管理与一般的地方公共管理有很大差别,但是差别在哪里,如何应对这些差别,现有的公共管理理论并没有给出明确的答案。只有将公共管理学的基本原理与民族自治地方的特点结合起来,进行专门的民族自治地方公共管理研究,才能够为民族自治地方公共管理提供合适的理论指导。这是民族自治地方公共管理研究的根本意义所在。具体而言,民族自治地方公共管理研究有实践和理论两方面的重大意义。

1. 实践意义

从实践上来看,民族自治地方公共管理研究的意义包括:

第一,为国家民族政策的制定和执行提供理论依据。民族区域自治是中国的基本政治制度,但是民族区域自治如何实施、民族自治地方公共管理如何开展等问题,却需要不断深入的研究。虽然国家出台了一系列优惠政策,但是在市场经济条件下,民族自治地方与东部地区的发展差距却依然很大。因而我们需要不断进行深入的研究和思考,以便发现目前存在的问题,寻找改进公共政策内容和执行方式的措施,以提高民族政策的质量与执行效果,把对少数民族的特殊政策有效转化为少数民族赶超发展的实际成果。这就需要从公共管理的视角来进行理论研究和实际分析。只有将公共管理理论与民族自治地方的实践有机结合起来,才能提高政策的科学性和有效性,并消除政策执行的阻滞。

第二,是提高民族自治地方政府能力的需要。民族自治地方政府是国家民族政策的具体执行者,是民族自治地方赶超发展的引导者。在当前全球化进程不断加深、东西部发展差距依然很大的情况下,民族自治地方政府该做些什么,该怎么开展公共管理活动才能够推动经济社会的快速发展,从而不断缩小与其他地区的发展差距,是迫切需要解决的理论和实践问题。民族自治地方公共管理学正是试图通过总结党和国家在民族自治地方长期的自治实践中形成的经验,结合公共管理学最新的理论成果,分析民族自治地方特殊的社会状况,努力为民族自治地方的公共管理活动提供理论依据,为民族自治地方公共管理能力的提高提供可行的方案。

第三,为西部大开发战略的实施提供重要的理论支持。西部大开发从某种意义上来说也是民族自治地方的开发,全国有5个自治区、30个自治州的全部、120个自治县(旗)中的绝大多数,都纳入西部大开发范围。对其他未列入西部大开发范围的自治县,也比照西部大开发政策予以扶持。在西部大开发的过程中,政府职能定位、政府政策制定、政府行为选择等都将对西部大开发的实施产生至关重要的影响,民族政策与开发策略的结合、民族振兴与地方振兴的关系等成为民族自治地方政府需要思考与解决的问题。政府在西部大开发中必须对公共管理的特殊性进行深入研究,才能确定更合适的开发策略。

第四,促进民族区域自治实践的深入发展。如前所述,民族区域自治制度作为国家的基本政治制度之一,在促进民族自治地方发展、维护民族团结等方面发挥了巨大作用。但是这一制度本身仍存在某些不足,在设计制度内容与制度实现方式的时候没有也不可能考虑到未来社会发展的全部趋势。通过对民族自治地方公共管理理论的研究,可以为民族区域自治制度充实新的内容和提供新的实现方式,不断补充和完善民族区域自治制度,使这一具有中国特色的民族地方治理制度能在实践中不断发展,在新的历史时期发挥更大的作用。

2. 理论意义

从理论上来看,民族自治地方公共管理研究的意义体现在:

第一,丰富和发展马克思主义民族理论。马克思主义民族理论是马克思主义科学体系的重要组成部分,也是我们处理民族关系和解决民族问题的纲领和指南。中国的民族区域自治制度是马克思主义民族理论与中国的民族和民族问题实际相结合的产物。深入研究民族自治地方公共管理,不仅可以使民族区域自治制度得到更好的推行和实施,而且对改进民族政策、丰富和发展马克思主义民族理论学科体系也具有极为重要的意义。

研究民族自治地方公共管理,首先可以在宏观层面丰富马克思主义民族治理理论,并在宏观层面为民族治理提供更清晰的思路,比如在多民族国家结构设计、国家公共管理制度建设和民族政策等方面的研究就具有这方面的价值。其次,可以为民族治理提供中观、微观层面的手段和工具。公共管理研究非常强调实践性,要为解决具体问题、治理具体地方提供可操作的方案,而这是宏观理论很少涉及的。

第二,拓展政治学研究领域。当前政治学理论的发展也呈现多元化的趋势。地方治理、族群关系、不同区域与团体的利益整合、合法性等问题都是当前政治学理论极为关注的领域,民族自治地方公共管理研究所涉及的主题也正体现在这些方面。研究民族自治地方公共管理可以为政治学在这些领域的研究提供丰富的实证材料,提供新的研究思路。

第三,完善公共管理学科体系。从20世纪末到21世纪初,公共管理理论研究虽然有了长足的进展并取得了丰硕的成果,但是针对民族自治地方公共管理而开展的研究还相当薄弱,这无疑是中国公共管理理论研究的一大缺憾。任何理论要想在具体实践中真正发挥指导作用,必须做出因地制宜的调整。公共管理的一般原理必须与具体国家、具体地区的特殊情况相结合,与具体的公共管理实际相适应,才能在实践中发挥指导作用。中国的民族自治地方涉及64%的国土面积,在这样一个广大区域内,面对如此众多的人口,加上特殊的权力关系和政府结构,开展公共管理活动仅仅依靠一般的公共管理理论是远远不够的,必须把公共管理的一般理论具体化、民族化,才能使其更加适合民族自治地方公共管理的实践需要,也使公共管理学科体系更加缜密。

(三)民族区域自治地方公共管理的特殊性

在中国的政府体系中,民族区域自治地方政府既具有一般地方政府的共性,又有其自身独具的特点。特殊的行政环境、特殊的使命与职责、特殊的法律地位与权力构成等,使民族区域自治地方政府在全国市场经济体制不断完善和行政管理改革逐步深入的背景下,承担着重要的职责和艰巨的任务。

1. 特殊的行政管理环境

从行政生态学的角度来看,行政环境是行政管理主体赖以存在的基础,是行政管理目标设定、行政组织结构形态和运行方式选择、行政资源的汲取与调配等重要的限定和约束条件。民族区域自治地方行政环境的特殊性,决定了其行政管理的特点。

第一,自然地理条件。中国的民族区域自治地方地域广袤,且大多分布于高寒、荒漠、山地、草原等自然条件相对较差的边疆地区,经济发展受到的约束因素较多,公共服务的供应成本高昂。例如西藏自治区120多万平方千米区域,平均海拔超过了4000米;新疆维吾尔自治区166万平方千米面积中,沙漠、戈壁占到了一半以上;云南、贵州等地则群山峻岭密布,交通极为不便。

第二,人口环境。中国的边疆民族自治地方虽然人口总量相对较少,但人口增长速度很快,1953年我国少数民族人口总量为3532万人,占总人口比重为6.06%。到了2020年,少数民族人口已达到12547万,占中国人口总量的比例为8.89%。①

第三,经济发展水平。新中国成立70多年来,民族自治地方的经济社会发展有了巨大变化,但与全国平均水平,特别是东部发达地区相比,依然存在着巨大的差距。2022年,占到国土面积64%的民族自治地方经济总量只占全国的10.5%,广东地区生产总值(GDP)为129118.6亿元,西藏为2732.6亿元,宁夏为5069.6亿元,新疆为17741.3亿元。② 民族自治地方规模以上工业企业总数远低于其人口在全国所占的比例,教育、医疗、交通、通信等基础设施相对薄弱。③ 因此,民族区域自治地方政府发展经济、改善民生的任务十分艰巨。

第四,社会习俗和文化传统。各少数民族主要聚居区在社会习俗和文化传统方面也存在较大差异。例如藏族、维吾尔族聚居区,大多数群众信教,西藏有藏传佛教各类活动场所1700多处,新疆有清真寺2.43万座,宗教氛围浓厚,宗教生活对社会治理有着直接的影响力;在西南部分少数民族聚居区,聚落、家族、宗亲势力的社会影响力很大。这种社会习俗和文化传统方面的差异使得当地社会结构、社会整合方式、社会治理理念与一般地区也有着显著差异。

第五,传统的治理模式。社会治理特别是行政管理具有历史惯性,过去的治理经验会对现实社会治理结构产生较大影响。在历史上,中国的民族自治地方在治理模式上,不但与一般地区存在较大差异,甚至在民族自治地方内部也存在

---

① 《第七次全国人口普查公报(第二号)》,国家统计局网站(2021-06-28)[2022-06-22],http://www.stats.gov.cn/tjsj/tjgb/rkpcgb/qgrkpcgb/202106/t20210628_1818821.html
② 根据《中国统计年鉴2023》有关资料整理。
③ 张丽君等:《中国少数民族地区扶贫进展报告2016》,中国经济出版社2017年版。

较大差异。如西藏实行的是政教合一的封建农奴制度,西南部分地区实行土司制度,内蒙古部分地方实行盟旗制度。这些历史上的治理模式,对新中国成立后民族自治地方社会治理都产生了或大或小的影响。

第六,国际环境。中国有陆地边界线2.28万公里,边境县总人口约2400多万,其中近半数是少数民族。近年来,随着中国的快速崛起,国际反华势力企图利用所谓中国的"民族问题"牵制甚至肢解中国,而"藏独""三股势力"活动也十分猖獗。因此,维护边疆民族自治地方社会稳定与国家安全,也是民族自治地方各级政府一项重要而紧迫的职责。

2. 特殊的使命与职责

民族自治地方特殊的行政环境决定了民族自治地方行政管理的特殊性。

第一,从政府职能的角度来看,民族自治地方各级政府除了履行一般的公共管理和公共服务职能之外,还必须承担一些特殊的职责。例如在政治方面,民族自治地方各级政府是直接面对少数民族群众,直接应对具有高度敏感性的民族、宗教事务的社会治理主体,因此要贯彻执行党和国家的民族宗教政策,保障民族平等,促进民族团结,防范和化解民族矛盾,严厉打击民族分裂活动,构建和谐的民族关系;管理宗教事务,保障宗教信仰自由,限制非法宗教活动。特别是21世纪以来,民族分裂势力一度十分猖獗,先后在西藏和新疆制造了破坏力极强、影响极坏的"3·14"和"7·5"事件,因此维护国家统一和边疆地区的长治久安,是民族区域自治地方政府的首要职责。在发展经济方面,由于民族自治地方普遍存在着市场观念淡漠、市场主体弱小、市场规则残缺、支撑市场运行的社会公共服务体系薄弱等诸多问题,因而在东部发达地区政府普遍关注政府与市场边界的清晰划分、不断强化市场机制对社会资源配置作用的情况下,一些民族自治地方政府更多的是需要承担一种市场"保姆"甚至市场"乳母"的角色,只能整合有限的资源,或者从外部引入市场力量并精心培育,或者需要强力介入市场运行以保护本地市场机制的成长。因此,在这些民族自治地方如果一味强调市场自身的作用、政府失灵等现代政府与市场关系理论,至少在现阶段是脱离实际的空谈。基于当地经济社会发展的现状,行政管理理论需要解答的紧迫问题是:政府怎样才能迅速在几乎没有市场的地方培育市场?政府如何能够迅速改变社会广泛存在的贫困、封闭和落后状态?在文化职能方面,民族自治地方政府承担着国家统一、民族团结意识形态的塑造,提高少数民族文化素质,保护、传承、弘扬少数民族优秀传统文化,促进民族文化交流等职责。

第二,从行政权力角度来看,民族区域自治地方政府除了拥有一般地方政府的权力之外,还被赋予了许多特殊权力,如:可以通过法定程序变通或停止执行上级国家机关不适合民族自治地方实际情况的决议、决定、命令和指示;可以在国家计划的指导下自主地安排和管理地方性经济建设事业,如确定草场、森林的所有权和使用权,优先合理开发自然资源,自主安排地方基本建设项目,开辟边境口岸,进行对外贸易;其预备费在预算中所占比例可高于一般地区,可根据实际需要决定减税或免税项目,通过国家财政转移支付制度享受上级财政的照顾;可以在执行职务时使用民族语言文字,自主地发展民族科技、教育和文化事业,保护民族文化遗产;还可以依照国家军事制度和当地的需要,经法定程序,组织本地方维护社会治安的公安部队;等等。

第三,从行政组织的结构来看,民族自治地方地域辽阔,各民族人口分布呈现多样性特点,各地文化传统和历史沿革也有所不同,而民族自治地方政府又行使着特殊的自治权力,这使得民族自治地方行政管理组织在结构上与一般地方也存在一定的差异。这种差异包括政府纵向层次上的差异,也包括同一层级内组成部门设置的差异。从层级上来看,有些民族自治地方政府层级要多于一般地方,例如新疆就存在5级地方政府,而一般省区只有4级;而不同层级政府享有的权力与一般地方同级政府之间也有很大差别,例如自治州与一般地级市、地区属于同一级别,但享有的权力差别很大。民族自治地方政府组织结构的特殊性,还与政府职能的特殊性联系在一起。例如在民族自治地方,具体管理民族、宗教事务的政府部门,往往承担着更为重要的职能。

第四,从公共部门人力资源的角度来看,自治机关的民族化是民族区域自治制度的一项重要内容。民族自治地方行政组织中公务员的任用,对于少数民族人员的比例一般都有特别要求,要合理配备各民族人员,且行政组织的首长一般都由实行自治的主体民族的公民担任。这既是民族自治地方行政管理现实的需要,也是民族区域自治的应有之义。但是,由于民族自治地方教育发展水平较低,少数民族群众受教育程度与汉族往往存在较大差距,这也使得民族自治地方公务员的选拔、招录和任用,不能完全遵循竞争择优原则,而是要兼顾相对公平与民族比例。

第五,从行政改革的压力和任务相对特殊的角度来看,由于受特殊的文化传统和社会结构的影响,民族自治地方行政改革面临的压力、需要完成的具体任务,与一般地方也有一定差异。从行政改革面临的压力来看,由于民族自治地方大多比较落后,社会传统对行政改革的制约非常明显,而民族区域自治制度下形成的对中央和上级政府特殊照顾政策的依赖,也使部分民族自治地方在行政改革方面缺乏足够的动力。同时,由于民族自治地方政府面对的社会问题、应对的社会任务与一般地方有所不同,民族自治地方在行政改革的方向选择、政府职能的定位、政府组织结构如何优化等具体问题上,也需要有不同的思路。

3. 特殊的困难与问题

自新中国成立以来,民族自治地方各级政府通过开展卓有成效的行政管理活动,大大推进了民族自治地方经济社会发展,促进了中国的民族团结,巩固了边疆安全,使民族自治地方各族人民生活发生了巨大的变化。2022年,民族自治地方生产总值增长到127112.9亿元,按可比价格计算,比1952年的57.9亿元增长了2194倍。随着经济增长,民族自治地方各项社会事业也得到了快速发展,人民生活水平不断提高。例如在教育方面,新中国成立前西藏自治区只有不到5%的人口识字,而目前西藏新增劳动力人均受教育年限提高到了13.1年①,文盲率显著下降。在交通基础设施方面,新中国成立以前,占中国国土面积60%以上的民族自治地方,铁路、公路等交通基础设施几乎一片空白,没有一个机场,现代化的交通工具对民族自治地方的群众而言非常陌生,经过70多年的建设,截至2020年底,民族自治地方铁路线长从1949年的0.35万千米增加到3.6万千米,公路通车里程从1949年的1.14万千米增加到140.7万千米。② 在少数民族文化保护方面,国家投入了巨额资金,整理少数民族文化古迹,保护少数民族物质文化遗产和非物质文化遗产,使许多一度陷入困境、面临灭绝威胁的少数民族文化事业得以传承和延续。

然而,民族自治地方政府虽然在推动民族自治地方发展方面成效显著,但是在开展行政管理活动时,也遭遇了许多体制上的困难,对自身角色定位存在一些困惑。具体包括:

第一,行政管理活动的法制基础不够完善。行政管理活动需要有法制基础,否则公共权力就将失去约束或方向。民族自治地方行政管理既要应对一般地方行政管理中的问题,又要行使自治权,因此它事实上既需要一般行政管理的法制基础,又需要区域自治法制基础。但现实状况却是,一些民族自治地方政府对自治权的行使不足,而更多的是像一般地方政府一样处理其所面对的各类社会问题。这种情况的出现,部分原因是行政管理的技术性特征使然,但更重要的原因是我国的民族区域自治法律体系还不够完备,民族自治地方政府自治权的行使缺乏必要的法制基础。《民族区域自治法》的条文大多是一些抽象的原则性规定,而在民族自治地方,处于最高级别的五大自治区政府都没有出台"自治条例",即具体指导本地方自治权行使的主要规则。一些自治州、自治县虽然制定了自治条例,但可操作性不强,对指导自治权的行使不具有多少实际意义。民族自治地方应对各种具体事务的一些单行条例,也还不同程度地存在着数量不足和质量不高的问题。

第二,一些民族区域自治地方行政辖区过大,管理成本居高不下。在中国5个自治区中,有3个面积超过100万平方千米,而世界上近200个国家中,只有

---

① 《跨越式发展,西藏新增劳动力人均受教育年限达13.1年》,中华人民共和国中央人民政府官网(2021-07-23)[2024-03-06],https://www.gov.cn/xinwen/2021/07/23/content_5626957.htm。
② 根据《中国民族统计年鉴2020》有关资料整理。

不到 30 个国家面积超过 100 万平方千米。其他如新疆巴音郭楞蒙古自治州,面积达 47 万平方千米,相当于一个中型国家的面积。这样广阔的辖区,使得各自治区的行政成本居高不下,且在管理技术上也出现了许多难题。为这样大的区域范围提供均等化的公共服务,不但成本高昂,而且效益非常低。这些问题在市场经济条件下,已经变得越来越突出。

第三,自治州、自治县城市化进程遭遇角色困境。随着中国经济社会的迅速发展,城市化步伐越来越快,全国大多数地方地区行署先后撤地改市,不少县级政府也撤县改市,城市化发展为当地经济腾飞增加了强劲动力。但是,一些发展较快已具备改市条件的自治州、自治县却在城市化进程中遭遇法律瓶颈的制约。因为《宪法》和《民族区域自治法》规定,民族区域自治地方政府只有自治区、自治州、自治县三级,没有关于自治地方改市的相关规定,所以,为保持自治地方的特殊地位,只能维持现状。城市化进程的迟缓,无疑会导致本来就相对落后的民族自治地方失去不少发展机会。

第四,民族乡的法律地位需要进一步明晰。民族乡是为了满足散居少数民族治理本民族、本区域事务要求而设立的一级政府建制,它也享有范围较广泛的自治权力。但是,民族乡却没有被纳入《民族区域自治法》,指导 1000 多个民族乡工作的法规,仅仅是国务院出台的《民族乡行政工作条例》。这种情况,使得民族乡运行存在许多不确定性,很多具体工作由于面临法律、制度上的限制而难以开展。

第五,全国行政体制改革后地方权力扩张导致自治权的行使不够充分。民族区域自治制度是在计划经济时代制定的制度体系,其中最核心的内容是自治权,特别是经济类自治权,许多都是基于计划经济的背景条件制定的。在《民族区域自治法》出台的早期,自治权的内容与其他地方政权机关享有的权力相比,具有明显的民族区域自治特性。但是改革开放以来,由于中央不断向地方放权,原先许多只有民族自治地方专享的权力,也逐渐被一般地方所享有,而民族自治地方在权力行使方面也逐渐与其他一般地区趋同,自治权的行使不够充分。当然,这种基于对比而出现的民族自治地方自治权特殊性色彩淡化的问题,是中国整体经济社会发展和行政体制改革的必然结果,这种变化对于民族自治地方而言,并不一定意味着权力和权利的损失,反而会给民族自治地方带来改革和发展的动力。同时,这些变化趋势也反映出在计划经济体制色彩还较浓的背景下制定的《民族区域自治法》,虽然经过了一次大规模修订,但是与当前市场经济体制发展的步伐相比,与中国整体行政管理体制变革的进程相比,仍需适时调整,以探索新形势下自治权行使的更加科学有效的方法。

民族自治地方行政管理面临的这些问题,有一些是民族自治地方通过自身改革和调整可以克服的问题,但更多问题涉及国家一些基本法律和制度的调整,需要在国家宏观层面解决。但是,具体该如何调整,却需要行政管理理论研究和相关法律制度理论研究提供思路。在强调民族自治地方行政管理特殊性的同时,我们也必须注意在理论研究和实践工作领域中的另外一种倾向,那就是将民族自治地方行政管理特殊性,乃至民族自治地方经济社会整体特殊性固化的倾向。中国设立民族自治地方政权体系,赋予民族自治地方特殊政治、行政权力,最终目的不是要扩大民族自治地方与一般地方的差异,而是在充分尊重现实差异的基础上,采取特殊的管理体制,推动民族自治地方经济社会的超常规发展,进而弱化这种差异,实现各民族"共同团结奋斗、共同繁荣发展"的政治目标,实现国家与社会的高度整合。因此,民族自治地方行政管理改革和发展的方向,必须是有利于实现民族自治地方与一般地方的同步发展,有利于民族自治地方社会与其他地方社会的融合,否则这种特殊性就将成为一种消解性力量而非建设性力量。

(四)当前民族自治地方治理面临的挑战及其对公共管理改革的期待

在计划经济时代,由于经济发展的全国同步性和社会的相对封闭性,民族自治地方的公共部门在治理本地方本民族事务时更多的是执行上级政府的决定和命令,而不需要太多的创造性,责任也不很明确。而改革开放以来,随着市场经济体制的不断完善和行政体制改革的逐步深入,中国的经济与社会发生了剧烈的变化,这些变化使得民族自治地方公共治理面临着前所未有的挑战。这些挑战主要表现在:

1. 市场经济的渗透和社会自主意识的觉醒

虽然中国大部分民族自治地方的市场成熟程度与其他地区特别是东部地区相比还存在很大差距,但近些年的市场化改革已经使民族自治地方的经济与社会发生了重大变化。市场经济的形成和发展给民族自治地方的政府至少提出了以下必须思考的问题:第一,政府的管理范围究竟该如何确定。在计划经济时代,中国的政府是全能政府,享有公共权力的公共组织几乎管理着所有社会事务,而整个社会也对公共部门形成了严重的依赖。然而,在市场经济条件下,无论是政府还是市场,都有其自身的缺陷,都只能在有限的范围内起到有效的资源配置作用。这使得民族自治地方政府必须重新审视:公共组织活动和管理的界线如何划定;政府与市场、政府与社会的关系如何定位;政府在还权于市场、还权于社会的过程中的一些具体问题该如何解决;等等。由于民族自治地方与其他地方面临的环境不同,民族自治地方的很多问题可能是其他地方不会遇到或者已经解决的。因此,当前的一般公共管理理论还无法为民族自治地方政府管理范围的确定提供现成的方案。第二,公共组织需要为社会提供何种公共产品和服务。为社会发展提供所需要的公共产品和公共服务是公共部门的主要职责,民族自治地方的社会环境、发展任务与其他地方有着明显差异,当东部沿海地区已进入从小康社会向中等发达水平的过渡阶段时,民族自治地方却依然面临着棘手的社会贫困问题、基础设施缺失问题、严重的环境恶化问题等。由于所要解决的问题存在巨大差异,民族自治地方在公共产品提供的内容和形式上与其他地方也应该有所不同。第三,公共组织的结构与功能如何设计。经过多次政府机构改革,从总体上来说,中国政府机构设置与经济社会发展的要求基本相符。但由于中国政府在公共组织的机构设置、功能安排和人员安置方面,基本上遵循全国统一的原则,民族自治地方公共组织的特殊性没有得到充分体现。这种情况对于承担着特殊任务的民族自治地方政府而言,显然是不合适的。因此,如何正确设计民族自治地方政府组织、如何具体执行各种民族政策和地方政策,是民族自治地方政府需要进一步研究的课题。

2. 社会开放程度的加深以及地区之间、城乡之间发展差距的扩大

从20世纪80年代早期开始,由于国家管制的逐步放松,全社会的人口流动速度明显加快。随着中国社会开放程度的加深,不同地区之间、不同社会阶层之间的融合和分化出现了新的特点,国家的经济活力大大增强,但同时也给社会稳定带来了新的压力。与改革开放几乎同步的是国家发展战略的变化,国家通过给予政策优惠等措施优先鼓励条件较好的东部地区发展。这一特殊政策在短时间内使国家总体经济规模急剧扩大,社会财富增长速度大大提高。但同时,这种政策也导致了地区发展、城乡发展的差距日益悬殊,进而导致社会心理的不平衡日益突出。

民族自治地方在全国处于相对落后的位置,与其他地方的差距很大,并且这种差距现在仍然有扩大的趋势。2022年,全国8个民族省区的各项人均主要经济指标与全国平均水平的对比如表1-1所示。

表1-1 少数民族聚集地区人均主要经济指标与全国人均水平比较 (单位:元)

	人均GDP	城镇居民人均可支配收入	农村居民人均可支配收入	人均地方财政收入
全国	85310	49283	20133	14425
内蒙古自治区	96474	46295	19641	8890
广西壮族自治区	52164	39703	17433	1843
贵州省	52321	41086	13707	2650
云南省	61716	42168	15147	2551
西藏自治区	58438	48753	18209	2916
青海省	60724	38736	14456	4300
宁夏回族自治区	69781	40194	16430	4215
新疆维吾尔自治区	68552	38410	16550	4725

从这些数据不难看出,少数民族聚居地区的收入与支出的水平都在全国处于比较靠后的位置,各级政府必须寻找更快更好的发展方式以逐步缩小区域之

间的发展差距。同时,民族自治地方内部也存在着极其严重的城乡差别,如在宁夏,2022年城镇居民人均生活消费支出达到24213元,而同年农村人均生活消费支出仅为12825元,城市大约是农村的1.89倍[①],考虑到城市居民享有的各项福利待遇,实际上的城乡差距更大。巨大的城乡差别使得社会的稳定与安全存在着极大的隐患,使公共治理面临着艰巨的任务。

3. 经济全球化带来的治理内容及手段的变化

随着中国改革开放步伐的加快,随着国际经济相互依赖的加深和经济竞争的加剧,国际环境对我国政治、经济的影响日益显著。特别是在2001年12月11日中国正式成为世界贸易组织成员之后,经济全球化进程深刻影响着中国社会的每一个方面。"入世"给中国公共管理体制带来的冲击具有根本性,因为"入世"意味着中国政府的规制活动、经济活动、国际贸易活动等必须遵守国际规则,必须对中国的经济与行政体制进行大规模的改革和调整,必须改变与世贸组织规则不相符合的传统治理方式与治理手段。而这对于民族自治地方而言则意味着更大的挑战。东部发达地区经过多年的市场经济实践和政治体制改革,在许多方面已经接近或达到了世贸组织的要求。相比较而言,民族自治地方不仅经济落后,管理体制改革的步伐也相对缓慢。

从治理的内容上来看,经济全球化要求中国民族自治地方必须加速政府与市场、政府与社会的分离,实现政府治理内容的转变。过去许多通过行政手段干预企业、干预个人经济活动领域的做法已不再可行,法律规制、协同合作、契约合同、协商谈判等方式将成为政府治理社会的主要手段。在体制转换过程中,民族自治地方政府如何确定自身的地位,如何设置自身的职能,如何确定自己的任务,采用什么手段来实现自己的目标等,都需要重新思考和设计。

民族自治地方面临的这几个方面的挑战,使得对民族自治地方公共管理进行专门的研究成为迫切需要。在过去很长一段时间里,中国民族自治地方的建立、民族自治地方政府的职能安排、机构设置和人员安置等更多是基于政治因素的考量,而较少行政技术层面的制度安排。然而,在新的形势下,公共部门要想提高自身的工作效率,更好地为社会提供必需的公共产品和公共服务,那么从技术的角度来思考公共管理运作的方方面面的事项就显得刻不容缓了。

---

① 根据《宁夏回族自治区2022年国民经济和社会发展统计公报》整理。

第二章 民族自治地方公共管理环境

第一节 公共管理环境概述

任何有机体都存在于一定的生态环境中,并从生态环境中获取其生存与发展所必需的生活资源和活动空间,有机体只有适应环境的要求,对环境的刺激信息做出准确反应,才能在环境中生存并获得发展。适应和改造生态环境是有机体生存和发展的必然选择,因此,有机体的一切活动也都是围绕着适应和改造生态环境而展开的。

公共管理环境是与公共管理主体密切相关的概念。公共管理主体是指从事或参与公共管理活动的个人和组织。从某种意义上说,公共管理主体也是一个社会有机体,而它存在并活动于其中的社会,则构成了公共管理主体生存与运行的社会生态环境,也称为公共管理环境。社会生态环境系统为公共管理主体提供生存和运行的物质基础,提供公共管理主体活动的场所和空间,并影响公共管理主体的价值观和思想信念;同时,公共管理主体则需要根据社会生态环境的要求和所提供的条件开展各种活动,维持或改变社会生态系统的平衡。人们对公共管理环境的研究起源于对行政环境的研究,在整个行政学发展过程中,行政环境一直受到行政学研究者的高度关注。

一、公共管理环境的概念

(一)公共管理环境定义

环境是相对于一定主体而言的客观存在。当人们观察一个主体的活动时,作为该主体的对立面而存在的一切事物都构成观察该主体时的环境因素,而这些因素的总和就是环境。但在具体的研究中,环境因素往往被限定于与被观察的主体关系较为密切的一些因素上,而不是漫无边际的任何事物。

任何事物都不是孤立的存在物,而是与其他事物有着千丝万缕的联系,因此,可以说任何事物都有一个围绕在它周围的环境。这个环境,一方面维持着该事物的存在,另一方面又证明该事物的存在。环境与作为主体的具体事物之间构成对立统一的关系。

公共管理环境以公共管理主体为观察主体,是指围绕在公共管理主体周围的与公共管理主体的存在与发展有着具体联系并对公共管理主体的活动有着或多或少影响的各种因素的总和。这一概念就内涵而言,强调构成公共管理环境的具体事物与公共管理主体有一定的联系。一事物只要与公共管理主体有联系,能对公共管理主体的存在和它的活动造成影响,就构成公共管理环境的一部分。因此,公共管理环境的外延非常广泛,从自然因素方面的地形、气候、自然资源等,到社会因素方面的人口、经济状况、民族关系、历史、文化、社会制度等,都可以被看作公共管理环境的一部分。而且随着人类科技的进步及生存空间的扩大,公共管理环境的外延还会不断扩展。

公共管理环境与公共管理主体在互动中形成了公共管理生态系统。公共管理环境不断地为公共管理主体提供物质、信息等资源,为公共管理主体活动提供动力和支持,而公共管理主体的活动也以公共管理环境为对象,不断地影响和改变公共管理环境。在这个生态系统中,公共管理环境对公共管理主体的结构、功能和变革起着决定作用,公共管理主体必须根据公共管理环境的状态不断调整自己,否则将难以有效地开展活动;公共管理主体也通过自身的活动,能动地作用于公共管理环境,促进公共管理环境改善并造福于人类社会。

(二)公共管理环境与行政环境的差异分析

与传统的行政管理相比较,公共管理所关注的对象不仅包括政府组织及其活动,而且包括政府组织之外的公共企业、非政府公共组织,甚至包括参与公共产品生产和提供的营利性组织和个人。从环境的角度来看,公共管理环境和行政环境在外延上的差异很小,但在这两种模式下,环境的影响力有较大差异,而且相同的环境因素所处的地位和所发挥的功能也不尽相同。同时,由于公共管理主体的范围远远超出传统行政管理主体的范围,一些行政管理模式下的环境因素在公共管理模式下成为重要的管理主体。

1. 公共管理模式比传统行政管理模式更重视环境的影响

公共管理模式的兴起不仅根源于传统行政管理模式弊端的日益显露,还是对环境压力作出的反应。巨大的财政压力迫使政府缩减机构规模、缩小活动领域和提高工作效率;经济全球化和国际竞争加剧对政府的能力提出了新的要求;现代科技特别是信息技术的飞速发展对政府的治理方式产生了巨大影响。可以说,公共管理模式正是对复杂、多变的现代社会环境的一种反应,旨在提高公共部门适应环境的能力,因此,公共管理模式更加注重环境的影响。

首先,在传统行政模式下,公共部门关注的环境因素首推该公共部门所在的大行政系统中的其他公共部门,从整个行政系统的角度来看则属于内部环境。这些公共部门之间主要是一种协调关系,这种协调通常是按照规章制度明确规定的既定方式进行的。而在公共管理模式下,公共部门首先关注的是行政系统外部的影响因素;即使在公共部门内部,社会组织的大量出现以及围绕公共服务提供展开的竞争也使公共部门之间的关系越来越复杂。

其次,在传统行政模式下另一重要环境因素是利益集团、营利组织和其他相关组织。虽然这些机构出于自身利益倾向于向行政机构施压,但由于政治—行政二分,往往是政治部门而不是行政机构对此做出积极回应。在公共管理模式下,由于公共组织在社会体系中的特殊地位,其必然受到来自其他社会系统诸多方面的影响。同时,随着民主意识的兴起,民间社会组织逐步摆脱政治和行政控制,并反过来对公共权力运行产生了较大的影响。在此情况下,公共部门需要更多地关注外部要素,并对这些要素加以适当的管理和控制。①

再次,在对待新闻媒体和公众的关系上,传统行政体制下的公共组织通常以消极的态度来对待新闻媒体和公众,它们被认为是政治家关注的中心。在公共管理体制下,在公共部门外部取向增强的大背景下,公共部门对新闻媒体的依赖性也在增强。在社会民主化进程中,新闻媒体往往以其实效性、公开性以及对社会事务的关切,发挥着对公共部门强有力的监督作用。随着社会民主化的发展,公众也逐步摆脱被动的角色,以积极的态度参与公共事务的管理和对公共部门的监督。

最后,公共管理关注环境因素也是公共部门出于维护社会整体利益、维持社会公正、关注自身的生存发展环境、推行战略管理和改进公共部门内部管理方式的需要。在传统行政体制下,维护社会整体利益、维持社会公正是政治部门考虑的问题,但现实中居于优势的社会组织倾向于利用自身资源操纵公共部门,从而可能使困难群体利益或社会整体利益受损,因此,公共部门必须对此加以有效引导和控制。虽然传统行政模式否认行政部门有其自身利益,但公共部门本身确实存在着自身的特殊利益,公共部门出于自身发展需要也必然关注环境的影响。面对日益复杂多变的外部环境,公共部门要有效发挥其自身的功能必然注重战略管理,也就是要研究和利用环境因素,分析组织所处的环境中的威胁和机会,以实现组织目标。公共管理通过市场化的途径改进公共部门内部管理方式,在公共部门内部引入竞争、对公共部门绩效进行外部评估和在公共服务领域推行顾客导向的改革等,也迫使公共部门关注外部要素的影响。

2. 公共管理主体的扩展导致环境内涵的变化

公共管理主体作为从事或参与公共管理活动的个人和组织,其范围相当广泛。公共管理活动主要包括社会管理活动和提供公共产品。社会管理活动是指公共部门为维护社会正常的生产生活秩序所从事的针对社会事务的管理活动。提供公共产品就是向社会提供具有非竞争性和非排他性的产品和服务。公共产品并不限于物质产品,还包括非物质公共产品和公共服务。有人认为,公共管理主体涵盖了与增进公共利益有关的一切组织与个人,包括政党、立法机构、行政

---

① 曹现强、王佃利主编:《公共管理学概论》,中国人民大学出版社2005年版,第349页。

机构、司法机构以及私人企业等;也有人认为,公共管理主体仅指行政机关及其工作人员。我们认为,在一般情况下,公共管理主体是指行政机关、社会组织、公共企业等从事公共管理的组织。在特殊情况下,如果营利组织和个人参与了公共产品的生产和提供,也是公共管理主体。可以看出,公共管理主体比传统行政管理主体的范围要宽泛得多。

首先,公共管理主体范围的扩大使传统行政管理模式下许多环境因素内化为公共管理主体。在传统行政体制下,行政官僚机构是行政管理活动的唯一主体。随着官僚体制弊端的日益凸显,行政管理方式逐步走向公共管理模式。在公共管理模式下,行政部门大量地从其失灵的领域退出。在政府退出的领域,公共事务则由其他社会组织承担;在政府没有退出的领域,政府也尽可能吸引其他社会组织的参与。这就使得以前属于外部环境的许多组织被纳入公共管理主体的范畴,而这种情形刺激了更多类似组织的产生,以社会组织最为典型。社会组织在中西方存在的历史都相当悠久,其活动主要集中在政府公共服务相对缺位的领域。随着公共管理理念的更新,政府逐渐转为主动积极地发挥社会组织在公共服务领域的功能。

其次,在公共管理模式下,公共管理主体与环境的相互影响关系比传统行政模式下更为密切。一方面,在公共管理模式下,公共管理运行过程具有多主体、公开性、社会参与度高等特点,公共管理主体与环境要素的沟通协调成为双方的需要。公共管理主体希望从环境中获得更多的支持和资源,以提高其管理效能和合法性;环境要素则希望通过施加影响保证自身利益和加强对公共部门的监督。另一方面,以社会组织为代表的其他公共管理主体本身就是以服务社会为宗旨而成立的,其与环境之间具有天然的密切联系。而在传统行政模式下,政府庞大的官僚组织不仅导致效率低下,而且使其对环境的压力反应迟缓。政治—行政二分把环境影响作为政治关注的焦点,从而使行政系统获得一种超稳定性,但同时也使其失去了对环境的敏感和反应能力。

二、公共管理环境的特点与类型

(一) 公共管理环境的特点

1. 涉及面的广泛性

公共管理环境包括影响公共管理主体的一切因素,其涉及面非常广泛,几乎所有的自然、社会存在都可以被纳入公共管理环境。其中既有有形的物质存在,也包括无形的思想因素,而且环境因素还会随着人类社会的发展不断增加。

2. 关系的复杂性

公共管理主体与公共管理环境构成了一个关系复杂的公共管理生态系统。

公共管理环境中的各个因素都与公共管理主体有着具体的联系,公共管理环境各因素之间也处于相互联系相互作用之中,整个公共管理生态系统就是一个各种因素之间的相互作用关系交织而成的联系网络。在这个联系网络中,每一项因素的变化都可能导致其他因素的变化,进而引发公共管理生态系统的整体反应。

3. 变动不居性

公共管理环境中的每个因素本身都是一个处于经常变化中的独立系统,而它作为公共管理生态系统的一部分,其变化又必然会带来整个公共管理生态系统的联动效应。时间的流逝、空间的变换、各公共管理环境因素内部的量变或质变都是导致公共管理环境变动的动因。公共管理环境的变动必然会引起公共管理主体的适应性问题,公共管理主体需要不断地通过自我改革和调整来适应变化了的公共管理环境。在现代社会中,由于整个社会的发展非常迅速,新的技术、新的工具、新的社会现象层出不穷,因此改革几乎成为公共组织和公共管理活动的一项经常性任务。

4. 时空差异性

由于各个地区所面临的自然环境的不同以及各国的历史发展轨迹的差异,当今世界各个国家的公共管理环境有着非常巨大的差异性。即使在同一个国家,由于不同的历史时期面临的自然和社会环境不同,应对的现实问题就会有所不同,公共管理环境也有所不同。公共管理环境的时空差异性导致各个国家的公共组织行为模式、公共组织体制、公共管理目标各不相同,从而使当今世界各国的公共管理呈现出丰富多彩的形式。

5. 影响力的层次性

公共管理环境各因素对公共管理主体和公共管理活动的影响力并不均等,影响的方式也各不相同。有些公共管理环境因素对公共管理主体有着重大、直接的影响,甚至直接成为公共管理活动的内容;大部分公共管理环境因素对公共管理主体和公共管理活动的影响是间接的、次要的、隐蔽性的。这种明显的层次差别使得公共管理主体在设计各种制度和开展具体管理活动时,对各因素会有所权衡和取舍,这是公共管理制度和公共政策多样化的前提。但是,公共管理环境因素影响力的层次差别不是绝对的,这种影响力差别会随着环境的变化而改变。一项当前对公共管理主体有非常重要而直接影响力的环境因素或许经过几年就会变得不那么重要,反之亦然。

(二)公共管理环境的类型

公共管理环境是由各种具体因素构成的一个系统,根据各种不同标准,可以对这些环境因素进行不同的分类。

1. 按各因素的具体性质与内容分类

根据这种分类方法,公共管理环境首先可以被分为自然环境与社会环境两大类,每一大类又包含众多的具体环境因素。

在自然环境中,对公共管理主体具有重大影响的因素包括:

第一,地理环境。地理是指一个地方所处的区位、地形等因素。地理环境对于公共管理的影响大多是间接的,需要与其他因素结合才能产生实质性的影响。但是,地理因素的影响又是多方面的,一个地方所处区域及地形因素对该地方的经济文化类型的形成具有基础性作用。

第二,气候环境。气候是指一个地方降雨、气温、节气变化等因素。气候环境能够对一个地方的农业生产具有决定性的影响,同时在塑造地方生活方式方面也具有重要的作用。这两方面的影响使得气候条件也成为一个地方社会经济文化形态的基础条件之一。

第三,资源环境。过去对资源的理解更多地局限于矿产资源和生物资源。但随着科技的进步,资源的外延越来越广泛,类型越来越多。资源是一个社会存在与运行的物质基础,离开了资源,人类就无法生存下去。人类的绝大多数活动都是围绕着资源的开发、利用和分配展开的,资源环境是对公共管理影响最深最直接的自然环境因素。

社会环境是在自然环境基础上形成的涉及人的活动、思想等方面的各种具体因素。社会环境的类型极其复杂,这里只简单介绍几项对公共管理具有重大影响力的社会环境因素。

第一,人口环境。公共管理活动的目的是为公众提供公共产品和为每个社会成员提供更便利的生活条件。因此,人口环境构成了公共管理环境中非常关键的因素。人口环境的内容包括人口数量、人的素质、人口的构成、人的心理、人的需求、人的性格特点、人的思维方式等。当然,在对公共管理环境中的人口因素进行考察时,主要是将社会中的人作为一个群体来考察,一般不会具体考察单个的人。只有在对公共组织的领导者进行分析时,才会具体考虑个人的心理特征、个体素质等内容。

第二,经济环境。一个地方的经济发展水平、产业结构、技术能力以及在此基础上形成的经济制度、经济活动模式、经济组织形式等构成了该地方公共管理活动的经济环境。在国家的政治色彩日益淡化、国家的经济职能不断扩张的今天,经济环境既是公共管理活动的主要影响因素,也是公共管理活动最主要的内容。从某种意义上来说,当今世界各国公共管理的根本目的就是通过公共管理活动来影响物质的生产和分配,从而推动经济的发展和社会财富的增长。

第三,政治环境。公共管理是国家政治生活的一部分,国家的政治环境对公共管理活动的影响非常直接。国家的政治制度、政党制度、阶级状况、法律制度等构成了公共管理活动的政治条件。一个国家的政党、立法机关、司法机关、军事机关、社会团体等政治与社会组织的力量结构和活动都会直接影响公共管理活动的开展和成效。可以说,政治环境确定了公共管理的目的和方向,限制或者提供了公共管理可采用的手段,规定了公共管理活动中的各种关系。

第四,文化环境。广义的文化包括一切人类劳动创造或改造过的东西,狭义的文化则主要指的是人类在长期发展的历史过程中积累的精神产品,包括价值观念、伦理道德、社会心理、教育科学、文学艺术等诸多方面。文化对于公共管理来说,有时候是包袱,有时候是财富。文化是制度生长的土壤。公共管理中的制度设计、组织运作、活动方式选择等都在不同程度上受到它所依存的文化环境的制约。

2. 按影响因素的来源分类

第一,内部环境。内部环境是指在公共管理主体管辖区域之内的环境因素,是一种内源型环境。公共管理活动主要是对内的活动,因此内部环境是公共管理需要考虑的最主要的环境因素。它的具体内容涉及公共管理辖区内几乎所有的因素,这些环境因素通过影响区域内人们的生产、生活及思维方式,进而影响公共组织的运作。

第二,外部环境。科技进步带来的交通、通信的便利,使得距离对人际交往的限制力越来越弱,同时也使得人们的需求面越来越大。任何一个有限的区域都难以满足人们所有的需要,因此跨区域的交流交往日益增长。而市场经济体制又从制度上不断强化这种跨区域的交流,从而使得一个地方所受的环境影响不再局限于本区域之内。除了经济因素,自然环境被破坏造成的影响也经常是跨区域的,无法局限于特定区域内加以消除。

3. 按环境影响的层次分类

第一,具有全国影响力的公共管理环境。这是指具有全国性影响力,需要中央层面公共管理主体对之做出反应的各种环境因素。在一国之内,许多跨地区性的事件、需要巨额投入的事业都具有全国性的影响力,因此需要中央政府从全局的角度加以应对。

第二,具有地方影响力的公共管理环境。大部分公共管理环境因素只具有地方意义,特别是对于一个规模巨大的国家而言,地方承担着更多的公共管理任务,应对着几乎全部的地方性社会问题。

4. 按对公共管理的价值分类

第一,良性公共管理环境。良性公共管理环境是指对公共管理具有正面积极影响的环境因素。良性公共管理环境可以是国内环境,也可以是国际环境。但需要注意的是,对于公共管理而言的良性环境并不必然是对于社会而言的良性环境。

第二,恶性公共管理环境。与良性公共管理环境相对,对公共管理活动产生负面影响的环境因素都是恶性公共管理环境。

三、公共管理环境与公共管理的关系

在一个生态环境系统中,作为主体的行动者和作为客体的环境构成了矛盾的双方。环境为主体的生存和发展提供了条件,对主体的活动有着决定性的影响和作用。而主体的存在方式和活动也会对环境构成影响,改变着环境。在公共管理生态系统中,公共管理环境与公共管理的关系也是如此,公共管理环境决定了公共管理的存在方式,决定了公共管理主体开展活动的方式,而公共管理活动也会影响或改变公共管理环境,从而使得整个公共管理生态系统处于不断的变化与发展的状态之中。

(一)公共管理环境对公共管理的决定作用

1. 公共管理环境是公共管理存在和发展的前提

公共管理主体并不是随着人类社会的诞生而自然形成的,而是为了应对现实社会问题而产生的,这些现实问题都来自公共管理环境。同时,公共管理环境的变化会向公共管理主体不断提出新的任务和要求,这些任务和要求构成公共管理主体活动内容的源泉。公共管理环境提出的许多问题和挑战不断充实着公共管理主体的职能,不断为公共管理提供新的内容和要求。

2. 公共管理环境为公共管理活动提供场所、物质、信息和手段

公共管理活动并不是凭空开展的,它建立在一定的物质资源的基础上,需要有一定的场所,而这些物质资源和活动场所都来自公共管理环境。公共管理的过程体现为一个不断接收信息、加工处理信息和输出信息的过程,这个信息过程不是封闭的,而是开放的。公共管理活动开始于公共管理环境提供的信息,公共管理活动的内容即对公共管理环境提供的信息按照一定的目的进行加工和处理,而公共管理活动的目的则是通过向公共管理环境发出信息来影响和改变环境。公共管理主体加工处理信息的工具和手段也来自公共管理环境,特别是来自社会的经济和科技发展提供的资源。

3. 公共管理环境决定和影响公共管理的性质和公共组织的体制

在不同的社会形态下,作为公共管理主体的公共组织所体现的阶级利益不同,公共管理的目的也不同。公共管理的目的与阶级性质主要是由社会的政治环境决定的,是社会阶级力量对比的反映。公共组织的体制,包括公共组织的层级设置、部门设置、组织类型、规章制度等,往往取决于其所在国家的政治制度、政党制度等政治环境,同时又受到国家的地理、人口、资源、文化等因素的影响。比如在中国的公共管理体制下,行政机关是人民代表大会的执行机关,这是由中国的政体决定的——国家的一切权力属于人民,人民通过选举代表组成人民代

表大会来行使各种权力。而中国在行政层级设置方面,层级比较多,主要是因为中国地域广阔,人口众多,行政机构层级较少将会导致管理幅度过大。中国实行的中央集权同时兼顾地方特色的行政组织模式,在世界同等规模的大国中绝无仅有,这主要是受到了中国的历史传统、国内民族关系和传统文化的影响,而中国非政府公共组织的发展不是很完善,一个很重要的原因是受到长期以来国家至上观念的影响。

4. 公共管理环境决定和影响公共管理的过程和结果

公共管理的效率、公共政策推行的难易程度、公共管理主体对社会的影响力等均受到公共管理环境的制约。公共管理主体在进行决策时,必须充分了解和考虑公共管理环境的状态,否则将难以取得预期的效果。在这方面,中国在东部沿海地区率先实行对外开放政策就是比较典型的正面例子。由于充分考虑了东部地区的地理、人文、经济等状况,东部沿海地区率先对外开放的政策与环境的适应程度非常高,因此在很短的时间内就形成了巨大的政策能量,大大推动了东部地区的经济社会发展。我国20世纪50年代末期的"大跃进"运动则提供了一个公共政策脱离现实环境而导致政策失败并造成巨大社会损失的负面例子。公共政策的制定和执行必须充分考虑公共管理环境因素,根据环境的要求和条件提出合理的政策目标和方案,寻找合适的政策执行措施,并从环境资源中寻找切实有效的政策推行工具和方法。唯有如此,才能使公共政策符合现实需要,最大限度地实现政策目标。

5. 公共管理环境的改变决定了公共管理的改革和发展

环境的不断发展变化必然导致环境与主体之间的不适应,因此主体需要不断调整自己的状态以适应环境的变化,否则必将被环境所淘汰。公共管理环境与公共管理的关系也是如此。公共管理环境总是处于变化发展之中,这种变化发展有些是由公共管理活动引起,但绝大部分是由公共管理之外的原因引起的。公共管理必须对公共管理环境的变化有所反应,通过不断调整公共组织的结构,改变公共管理的方式,变更公共管理的工具和手段,来应对公共管理环境变化带来的挑战。公共管理为应对公共管理环境变化而进行改革时不可任意而为,而必须与公共管理环境的变化保持协调。公共管理的制度、方式和目标与公共管理环境可容纳的范围不符,可能导致公共管理与公共管理环境的不适应,从而降低公共管理的质量,削弱公共管理的效果。

(二)公共管理对公共管理环境的反作用

公共管理并不是被动地适应公共管理环境。在适应公共管理环境的过程中,公共管理活动会反作用于公共管理环境,对公共管理环境的各因素产生或大或小的影响,从而改变公共管理环境的内容和发展方向。马克思主义经典作家认为国家行为对社会经济的发展起重要作用:"国家权力对于经济发展的反作用可以有三种:它可以沿着同一方向起作用,在这种情况下就会发展得比较快;它可以沿着相反方向起作用,在这种情况下,像现在每个大民族的情况那样,它经过一定的时期都要崩溃;或者是它可以阻止经济发展沿着既定的方向走,而给它规定另外的方向——这种情况归根到底还是归结为前两种情况中的一种。但是很明显,在第二种和第三种情况下,政治权力会给经济发展带来巨大的损害,并造成人力和物力的大量浪费。"①事实上,公共管理活动对公共管理环境的影响不仅仅局限于经济领域,而是全方位的,公共管理环境中的各因素都有可能因为公共管理活动的开展而发生改变。

第一,在自然环境方面,公共管理对环境保护的重视程度直接影响环境生态的变动趋势。中国过去一直追求重化工业的超速发展,造成了自然环境的急剧恶化。目前,我国沙漠化和水土流失非常严重,自然灾害发生的频率大大增加,破坏力也大大加强。2007年全球污染最严重的20个城市中,中国占据了16个。近些年通过实施退耕还林、荒山荒地造林、退牧还草、天然林保护、京津风沙源治理、江河源头生态保护等重点工程,生态环境恶化的局面取得了整体遏制、局部好转的良好效果,沙漠化扩展速度逐步下降,森林覆盖率逐步提高。2014年世界卫生组织发布的全球污染最严重的城市中,中国的城市已不在该序列。当然,这并不能说明中国的城市环境已经令人满意,事实上,在这方面我们仍有较长的路要走,环保形势依然严峻。

第二,在人口环境方面,公共管理改变着人们的生育观念和人口增长模式。不同的人口环境迫使不同的国家采取不同的人口政策,而人口政策反过来又改变着这个国家的人口环境。党的十八大以来,党中央着眼于经济社会发展的全局和人口发展的新变化,作出了逐步优化生育政策、促进人口长期均衡发展的战略部署,先后实施了单独两孩政策、全面两孩政策,取得了积极成效。近年来,我国人口形势又发生了新变化,生育水平逐年走低,人口增速持续放缓,群众在生育、养育、教育方面面都遇到了实际困难,特别是受新冠疫情影响,人口形势更加复杂。根据我国人口发展的变化形势,2021年7月20日,《中共中央 国务院关于优化生育政策促进人口长期均衡发展的决定》正式发布,作出实施三孩生育政策及配套支持政策的重大决策。党的二十大报告指出:中国式现代化是人口规模巨大的现代化,建立生育支持政策体系,实施积极应对人口老龄化国家战略。

第三,在经济环境方面,公共管理是推动国家经济发展的关键因素。首先,国家的经济体制是国民经济运行的直接制约因素。社会主义国家曾普遍奉行的

---

① 《马克思恩格斯选集》第4卷,人民出版社1995年版,第701页。

计划经济体制就严重束缚了经济发展的活力。改革开放后,我国经济的飞速发展与我国经济体制的转变密不可分。其次,国家的经济政策对国家经济发展具有强烈的导向作用,能够引导国家经济结构和产业布局的调整。再次,政府公共管理提供的产权保护和交易规则是市场经济有效运行的基本保证。最后,公共部门为社会经济领域提供服务的水平和效果也直接制约着国家的经济绩效。当然,公共管理对经济环境的影响是多方面、多角度的。比如,中国的梯度发展战略极大地推动了我国东部经济的腾飞,但同时使中国出现了明显的收入梯度差,也导致东部、中部、西部三大区域在社会心理、文化等方面出现了巨大差别。

第四,在政治环境方面,公共管理是实现政治诉求的基本领域。公共管理作为政治系统的一部分,是政治系统与社会联系的桥梁。它一方面受到整个政治系统的控制,另一方面也对政治系统有至关重要的影响。首先,国家的政治追求需要通过公共管理落到实处,因此,公共管理的绩效决定着政治系统的目标能否实现。其次,公共管理的民主化、科学化程度反映了政治生活的民主化和科学化程度。人们主要通过参与公共管理事务来参与政治生活,人们对公共管理的认同程度决定着政治系统的合法性水平,决定了国家的整体政治权威。最后,公共管理变革通常是政治环境演变的先导。我国行政体制改革的不断深化推动着政治体制改革和政治发展的进程。

第五,在文化环境方面,公共管理是推动文化环境演变的基本力量。首先,国家的教育政策影响着人们的教育观念和教育质量的提升。特别是基础教育一向被视为公共部门应提供的公共服务之一,是公共部门不可推卸的职责。国家对教育的投入直接反映了公共部门对教育的重视程度,是推动教育发展不可或缺的资源。其次,国家的科技政策和对科技创新的扶持对一个国家的科技进步影响巨大。在当今各国的高科技领域都能看到公共管理部门的身影及其巨大的影响力。再次,公共管理部门作为社会价值观的塑造者和引导者,通过其行为引导和强大的宣传优势,对于社会主流价值观的塑造和培养至关重要。最后,公共管理在传统文化的传承和促进多元文化的交流与沟通方面也负有重要责任,发挥着重要作用。

第二节　民族自治地方公共管理环境分析

目前,我国已建立的155个民族自治地方绝大多数都分布在边远山区,地域辽阔、资源丰富,经济与社会事业发展相对滞后,民族宗教构成情况复杂,其公共管理环境与其他地区相比有着很大的不同。只有深入研究民族自治地方特殊的公共管理环境,才能够为民族自治地方公共管理的组织设计、政策制定、公共管理活动的开展等提供指导,以进一步提高民族自治地方公共管理水平,推动民族自治地方经济与社会发展,实现各民族的共同进步和繁荣。

一、民族自治地方公共管理环境问题及内容

民族自治地方公共管理环境,是指对民族自治地方公共管理有着直接或间接影响的各种自然因素和社会因素的总和。如果把中国的公共管理环境看成一个整体,那么民族自治地方的公共管理环境则构成中国整体公共管理环境中比较特殊的一个部分。民族自治地方公共管理环境既具有中国一般公共管理环境的特点,又与一般的公共管理环境有很大的不同。这些不同点导致了民族区域自治制度的产生,也要求民族自治地方在公共管理的组织设计、制度建设和方式方法上与一般地方有所不同。

(一)民族自治地方公共管理环境问题

当今世界,民族矛盾和民族冲突已经成为困扰多民族国家的一大危机,民族问题导致的国家分裂、内战、动乱和社会犯罪现象此起彼伏。民族矛盾的出现虽然有民族心理和文化等诸多方面的原因,但其根本原因还是经济社会发展方面的差距导致了民族之间事实上的不平等,从而引发了诸多的矛盾和冲突。而中国的民族区域自治制度却有效地保证了国家统一和民族自治的协调,实现了各民族的平等和团结,使民族关系和谐发展,对少数民族的诸多优惠政策和措施使少数民族群众能够获得与汉族平等的政治和社会地位。此外,在中国长期的计划经济体制下,国家通过指令计划配置资源的方式也把民族之间的发展差距限定在了可控的范围之内。

但是,自改革开放以来,特别是市场经济体制确立以来,情况发生了较大的变化。首先是计划经济体制的废除和国家政策的倾斜使国家的区域经济发展出现了巨大的梯度差,少数民族自治地方处于这个发展阶梯中的最底端。过去因为经济上的相对平等而得以保持的民族团结局面,现在面临着巨大的挑战。其次是经济全球化的影响。随着中国加入世贸组织,中国已经融入经济全球化的进程,中外经济的相互影响日益加深。世贸组织规则要求中国取消过去保护国内产业的许多措施,并且全方位开放国内市场。其带来的结果,一方面是国家对少数民族的照顾手段将受到更多的限制,另一方面,来自国外的经济竞争和思想侵蚀将直接对中国的民族自治地方造成巨大的压力。最后,我国在民族自治地方公共管理的制度设计和理论研究方面还有待加强。一些民族自治地方的公共管理长期以来没有形成自己的特色,没有能够探索和形成与自身所处的环境更

加适应的发展战略和科学管理模式,而是停留在被动地跟随上级或模仿东部发达地区的状态。这对于公共产品供应水平和公共服务水平都比较低下、所处的发展阶段和面临的发展任务都与其他地方有所不同的民族自治地方而言,既是深化改革加快发展的机遇,也是非常严峻的挑战。

要保持中国的民族团结和各民族的共同繁荣,除了继续加大国家对民族自治地方发展的支持力度之外,更重要的一点,就是要培养民族自治地方的自我发展能力。在中国这样一个政府作为社会发展主要推动力的国家,加强民族自治地方公共管理建设无疑是培养民族自治地方自我发展能力的关键。而要使民族自治地方的公共管理主体和公共管理活动能够真正发挥引导社会进步的作用,就必须了解民族自治地方的公共管理环境,了解民族自治地方公共管理环境对公共管理提出的任务和要求,了解民族自治地方公共管理的制度、方式与民族自治地方公共管理环境要求的差距,有针对性地进行制度设计,有针对性地提高民族自治地方的公共政策水平。而这一切都离不开对民族自治地方公共管理环境的专项研究。

(二)民族自治地方公共管理环境的内容

从公共管理环境因素分类的角度来看,民族自治地方的公共管理环境包括自然、政治、经济、人口、文化、民族、宗教等因素。研究民族自治地方公共管理环境就是要深入了解和系统研究其各因素的组织方式、各因素对公共管理的影响力和影响方式。例如在自然条件方面,对于其他地方而言,人与自然的关系可能比较和谐,自然条件在大多数情况下对公共管理具有正面的意义。但在许多民族自治地方,自然条件的恶劣却使得自然环境成为公共管理首先必须面对的严重问题,在某种情况下甚至可能成为人类生存与发展的严重威胁。其他如民族宗教因素,可能在其他地方情况相对简单,但在民族自治地方,族际关系的协调、跨境民族的管理、宗教信仰的规范等,都是公共管理所要着力关注的重点。因此,民族自治地方公共管理环境研究的内容主要是分析这些特殊公共管理环境因素的组织方式和它们对公共管理的影响程度和影响方式。

二、民族自治地方公共管理环境的特点

(一)从属性

民族自治地方公共管理环境的第一个特点是它的从属性。它是全国公共管理生态系统中的一个子系统,从属于全国公共管理生态系统,并受到来自整个国家的公共管理生态系统各因素的深刻影响。比如国家的政治体制构成了民族自治地方政治环境的重要内容,国家的经济发展水平是民族自治地方经济发展的背景和重要的影响力量。国家整体公共管理生态系统的变化会推动民族自治地方公共管理环境的变化,同时,民族自治地方公共管理环境状况也会对国家整体公共管理生态系统产生影响,成为国家整体公共管理生态系统的重要组成部分。

(二) 差异性

民族自治地方公共管理环境的最大特点是它与其他地方的差异性,这构成了民族自治地方公共管理环境特殊性的核心内容。民族自治地方公共管理环境与其他地方的差异性几乎体现在每一项环境因素之中,具体的差异主要体现在以下几个方面:(1)每一项环境因素的具体内容差异。在构成公共管理环境的各具体因素的内容上,民族自治地方与其他地方有着巨大的差异。比如同样是人口环境,民族自治地方在人口数量、人口素质、文化心理和精神状态等方面与汉族聚居的地区有较大不同。(2)各环境因素之间的关系不同。例如资源环境与地理环境的关系。在其他地区,这两者之间的矛盾也许并不明显,但在大部分民族自治地方,这两者的矛盾往往非常直接而深刻。新疆蕴藏着非常丰富的石油资源,然而这里遍布沙漠高山、远离国家经济中心的地理区位特征使得资源的利用成本太高,转化为现实的财富需要克服很大的困难。(3)各环境因素对公共管理的影响力不同。在不同的地方,环境因素对于公共管理的影响方式和影响能力各不相同。民族自治地方公共管理环境因素对本地方公共管理的影响方式和影响力与其他地方的差异也非常明显。如环境恶化问题在我国其他地方虽然也有非常深刻的影响力,但却远不如民族自治地方深刻。当前一些民族自治地方面临的不是如何在发展的同时保护环境的问题,而是环境恶化已经使得人的生存和发展都受到了严重的威胁,保护环境成为许多民族自治地方政府必须应对的头等大事。

(三) 多样性

民族自治地方公共管理环境的具体内容具有多样性。从环境的角度来说,人们无法将整个民族自治地方作为一个整体来看待。干旱的西北和潮湿的西南体现的是截然不同的气候环境,但是这两个地方却是民族自治地方最集中的区域。不同的民族自治地方在历史发展、文化传统、经济社会特征等方面也各不相同。民族自治地方公共管理环境本身的多样性使得关于民族自治地方公共管理环境的研究困难重重。人们根本无法用一种模式来描绘民族自治地方的公共管理环境状况,从而也无法针对整个民族自治地方提出适应环境需求的公共管理制度和方法。民族自治地方公共管理环境的研究必须从微观层面出发,分别研究不同地方的具体环境状况,并针对不同的地方特色提出适合当地环境特点的公共管理思路,这无疑加大了研究的难度。

（四）复杂性

差异性与多样性特征必然导致民族自治地方公共管理环境因素之间关系的复杂性。当前民族自治地方快速发展的现状使得公共管理环境也随之迅速变化，进一步加剧了环境因素的复杂性。民族自治地方公共管理环境因素之间关系的复杂性体现在许多方面，难以对其做系统全面的描述，但从某些领域可以观察到这种关系的复杂性。比如在四川西部山区河流水电开发方面，政府开发资源的努力就受到了复杂的环境因素的制约。首先，这里的地理环境蕴藏着极为丰富的水电资源，但复杂的地理环境对开发利用水电资源的技术和资金提出了更高要求，因为这里的高山峡谷导致运输和建设成本极高，频发的地质灾害对水电站建设技术标准有着更高的要求。其次，这里又处于大江大河的上游，生态环境脆弱，一旦受到破坏将造成长期的甚至是不可复原的不利影响。最后，这里聚居了很多藏族居民，他们将这里的许多高山、湖泊视为神圣的象征，在心理上不能接受这些高山和湖泊被人为改变原貌。这些地理的、经济的、文化的因素及其相互间的复杂关系，使得当地政府在采取行动时需要考虑的因素大大增加。因此许多水电项目虽然早已有设想，但却迟迟不能付诸实施。

三、研究民族自治地方公共管理环境的意义

民族自治地方公共管理环境的特殊性对民族自治地方的公共管理主体和公共管理活动有着非常重要的影响和制约，因而需要认真研究和深入了解其规律和特点。研究民族自治地方公共管理环境的意义主要体现在以下几个方面。

（一）有助于完善民族区域自治制度

中国的民族区域自治制度是针对民族自治地方的公共治理环境而设计的政治制度。长期以来，中国的民族区域自治制度在确保民族团结、民族平等和促进各民族共同繁荣等方面发挥了重要的作用。但这一制度需要科学的公共管理体制作为其有效发挥作用的支撑条件，但令人遗憾的是，在过去很长一段时间里，民族自治地方的公共组织设置和公共政策制定与一般地方有着明显的趋同化倾向。

要想更有效地发挥民族区域自治制度在民族自治地方发展中的促进作用，就必须构建适合民族自治地方特色的公共管理制度，建立适应民族自治地方公共管理环境的公共组织，建立并完善能有效解决民族自治地方特殊问题的公共政策制定、执行和监督体系。从这个意义上来说，研究民族自治地方的公共管理环境是完善中国民族区域自治制度的需要，建立有民族自治地方特色的公共管理制度离不开对民族自治地方公共管理环境的认识和研究。

(二)有助于构建科学的公共管理体制

建立有民族自治地方特色的公共管理制度,需要理论体系的指导,更需要实践层面的探索。一项制度要真正发挥它应有的作用,就必须与它所发生作用的环境相适应,必须能够有效地解决它身处其中的环境所提出的种种问题,必须能够根据环境的发展变化而不断进行改革和完善。目前我国民族自治地方公共管理环境中的若干因素变化很快,使管理主体面对许多新的挑战,公共组织的结构如何设计才能更加合理?公共政策如何制定才能够有效推动民族自治地方的经济发展和社会和谐?对这些问题的解答,都需要对民族自治地方的公共管理环境有深入的了解。

(三)有助于提升政府公共服务能力

公共管理的效果需要通过各种公共政策的制定和执行来体现,公共管理制度的价值要通过公共管理主体的政策能力来展示。民族自治地方的公共管理主体主要是政府组织,因此,必须通过不断提高自己的政策能力来推动民族自治地方的发展、保持自身的权威并获得足够的合法性。但是,公共政策能力与决策体制和决策者的素质密切相关,主要体现为对公共管理环境的深刻认识。在这个意义上讲,良好的政策是与环境高度适应并且能够切中问题要害的政策。高效率的政策执行能力不仅仅需要强大的政府权威和必要的公共财政保障,还需要公共管理主体与公共管理环境高度适应,需要公共管理环境对公共管理主体的行为具有高度的亲和力。因此,当民族自治地方政府孜孜追求政府公共政策能力的提升时,对本地区公共管理环境的正确认知或许是提升政府能力的最有效的途径。

(四)有助于增强公共政策的科学性和有效性

促进民族地区和少数民族的发展,一靠民族自治地方自身的努力,二靠上级政府的大力支持。我国《宪法》规定:"国家尽一切努力,促进全国各民族的共同繁荣。"因此,扶助民族自治地方发展是国家义不容辞的责任和义务。当前,中央和地方各级政府对民族自治地方的帮扶主要依靠各种政策措施来实现。在新中国成立后的半个多世纪时间里,国家为民族自治地方的发展做了大量的工作,也取得了很好的成效。但当前一个突出的问题是:市场经济体制对一些传统的扶助手段有所限制,而民族自治地方又面临着发展阶段的提升和发展任务的转变,在这双重因素的影响下,公共政策与公共管理环境的适应性问题日渐凸显。只有在了解并适应民族自治地方公共管理环境的前提下,有效提升公共政策的科学性,国家对民族自治地方的扶持才能发挥出最大的效用。

第三节 民族自治地方公共管理的环境要素

公共管理环境所包含的要素众多而复杂。在研究民族自治地方公共管理的理论与实践时,对影响民族自治地方的各种环境因素进行研究和分析将有助于人们更好地了解民族自治地方公共管理的现状和问题,并提出改善民族自治地方公共管理的方案。民族自治地方公共管理环境的主要构成因素有以下几个方面。

一、民族自治地方的自然环境

自然环境是指民族自治地方所处的地理位置和自然状况。自然环境包括区位、地理、气候、资源等因素。自然环境是人类生存的物质基础,是人类活动的对象,是人类创造各种文明的物质前提,是人类社会生活的有机组成部分。对自然环境的适应和改造构成了公共管理的重要内容。自然环境对人类社会的发展在大多数时候是一种推动力量,但偶尔也会成为人类社会的威胁。自然环境与人类社会是相互影响、相互作用的有机统一体。

(一)自然环境与公共管理活动的关系

自然环境与公共管理活动有着密切的关系。自然环境提供了公共管理所需的资源,是公共管理得以开展的物质前提;自然环境同时也是公共管理的重要对象,公共管理的内容有很大一部分是对环境的利用和改造,使环境造福于人类生活。具体而言,自然环境与公共管理的关系体现在以下几个方面。

首先,自然环境是公共管理主体存在与发展的物质基础,是开展公共管理活动的物质前提。公共管理主体的存在需要有一定的物质资源作为基础,这些物质资源最终都来源于自然环境,公共管理主体的活动也需要有特定的空间场所;公共管理活动使用的工具来自自然,是对自然物品加工后的产物;公共管理活动作用的对象大部分也是自然环境的一部分。

其次,自然环境影响公共管理的组织制度和运行方式。公共管理的组织制度和运行方式是人类文化的重要内容。整个人类文化受到它所赖以生存的自然环境的深刻影响。各地区自然环境的差异性造就了各地不同的文化内涵,因此各地的公共组织制度和公共管理运行方式都存在着非常显著的差异。

再次,自然环境影响公共管理目标的选择。公共管理的根本目标是维持和促进社会的发展。影响社会发展的因素很多,但是以自然环境的影响最为深刻,因为它决定着一个国家发展的承受能力。从宏观上来说,公共管理活动内容的设计和公共政策的选择必须适应自然环境,遵循自然规律,受生态承载能力的制约。从微观方面来说,具体的公共政策的制定和实施也受到自然环境的影响。不同的自然条件下,公共产品提供的内容和方式会明显不同,公共产品的生产成本也不相同。因此,对于追求效率和公平双重目标的公共政策而言,无法回避对自然环境因素的考虑。

最后,公共管理活动对自然环境也有着重要的影响。公共管理活动的开展从两个方向对自然环境产生影响。其一是公共管理对自然环境的忽视,过度地索取自然资源,不顾自然环境的承载能力而追求经济社会的赶超发展,从而导致自然环境被破坏,生态平衡被打破,双方处于矛盾斗争状态。在过去很长的历史时期里,公共管理与自然环境就处在这样一种对立的不和谐状态。一部人类发展的历史就是一部自然不断被破坏、生态环境不断失衡的历史。其二是公共管理与自然环境和谐平衡,互相促进。公共管理主体不断地通过政策的实施来保护和合理利用自然资源,保护生态平衡,治理环境问题,从而实现社会的可持续发展。在经历了一系列生态灾难之后,这种发展方向逐渐成为绝大多数国家的自觉选择。

(二)民族自治地方的自然环境

民族自治地方地域广阔,境内自然地理环境极为复杂,总体上来说有四个特点:第一,地域广阔。民族自治地方占中国国土面积的64%,五个自治区有三个面积超过100万平方千米,中国广阔的西部地区基本上都是民族自治地方。地域广阔对于民族自治地方而言既是优势也是负担。民族自治地方一般都具有丰富的土地资源,但是地域广阔也使得交通、通信和物资交流非常困难,行政成本增加。第二,地理区域相对闭塞。民族自治地方大部分处于西部地区,除广西壮族自治区外,其他自治区都离海岸超过1000千米,自治州、自治县也大多处于中西部,远离国家经济发达地区。同时,民族自治地方所处区域绝大部分都是高寒、荒漠或者崇山峻岭遍布的地区,经济运行成本很高。第三,资源丰富。民族自治地方面积广阔,各地地质差异很大,拥有极其丰富的各类资源。中国的矿产资源、水电能源、生物资源等大部分集中在民族自治地方。中国最具特色的文化、旅游资源也主要分布于民族自治地方。第四,生态环境脆弱。民族自治地方特殊的地理状况使得其生态环境特别脆弱。中国全部的沙漠、绝大部分正在沙化的土地、很大一部分水土流失严重的区域都集中在民族自治地方。已经被破坏的自然区域大部分集中在民族自治地方,而且民族自治地方现有的环境相对其他地方而言也更脆弱,主要原因是民族自治地方的生态自我恢复能力远远低于其他地方。因此,生态环境问题对于民族自治地方的资源开发和经济发展造成的压力与其他地方是不可同日而语的。

民族自治地方自然环境的具体内容包括以下三个方面：

1. 地理环境

从区位特点来看，民族自治地方大部分处于边疆或者内陆比较偏远的地区。中国5个省级自治区除了宁夏回族自治区不与外国接壤，其余4个都处于边疆地区，有着漫长的边境线，全国2.2万千米的陆地边境线，有1.9万千米在民族自治地方。处于内陆的民族自治地方也大多数分布在偏僻的高原、山区或者自然条件很差的地区，交通、通信等基础设施建设滞后，远离全国政治、经济、文化中心区域，环境相对比较封闭。民族自治地方除广西以外基本上都远离出海口。自治地方所邻近的国家经济都相对落后，对外开放战略的实施难度很大。这些都是对自治地方的发展非常不利的因素。当然，民族自治地方也有自己的区位优势。首先是其所面临的国外市场非常广阔并有着巨大的发展潜力。东南亚、南亚是当今世界发展最为迅速的地区；中亚、西亚是当今世界的能源中心，数亿穆斯林与中国西北民族自治地方有着千丝万缕的联系，构成潜在的巨大市场。同时，自治地方的区位劣势主要是由于交通、通信等基础设施落后造成的，一旦这两个瓶颈问题得以解决，其广阔的地域、丰富的资源，蕴涵着巨大的发展潜力。

民族自治地方的地貌特征以高原山地为主，最难以开发、最不适宜人类生存的地方基本上都分布在民族自治地方。高寒缺氧的青藏高原、干旱的沙漠戈壁、高山峡谷遍布的云贵高原，这三大区域是民族自治地方分布最集中的区域。地貌特征对于民族自治地方而言，在大部分时期都是沉重负担，因为它往往意味着在这些地方只能有较为原始的游牧业和农业，无法修建高质量的运输网络，无法建立大工业体系。但是，在现代社会，随着技术的障碍不断被克服，这些负担又往往意味着更多的潜力与机遇。民族自治地方拥有丰富的矿产能源，拥有独特的自然风光，这些都意味着发展的机遇，意味着社会财富。

民族自治地方的气候类型丰富多样，西南的部分山区是中国降水最丰富、最为温暖潮湿的地区；西北的省区则是中国最干旱寒冷的地方。从充满热带风情的西双版纳到被万年冰雪封冻的青藏高原，从四季如夏的广西到长冬漫漫的东北兴安岭地区，从整年雨水绵绵的热带雨林到数十年滴水不降的茫茫沙漠，民族自治地方广阔的疆域内包含了中国几乎所有的气候类型。

2. 资源环境

自然资源、文化资源是一个地区产业发展的基础，民族自治地方的这两类资源都极其丰富。民族八省区拥有全国86.9%的草原面积，44%的森林面积，41.2%的水能蕴藏量；拥有全国90%以上的稀土、钾盐、镁、铬矿，80%以上的云母、盐矿，60%以上的汞、锡、锰、石棉、砷矿，42.4%的煤等资源储量；同时民族自治地方还拥有储量丰富、品质优良的石油、天然气能源和多种动植物资源。①

民族自治地方历史悠久、文化多样、自然风景优美，具备旅游开发的资源优势。有关专家曾将民族自治地方的旅游资源总结为"四性"：一是丰富多样性。中国民族自治地方纵跨多个纬度带，从陆上极高点到极低点各类地形兼备，江河湖泊众多，生物品种丰富，自然景观雄奇壮丽，加之各个民族古朴浓郁的民俗风情、积淀深厚的文化底蕴、神奇珍稀的古迹遗存，人文景观异彩纷呈，堪称中国乃至世界的"旅游资源宝库"。二是不可替代性。如被誉为"童话世界"的九寨沟、"人间瑶池"的黄龙、"世界屋脊"的青藏高原、"壁画长廊"的敦煌莫高窟等，都具有唯一性，堪称世界奇观的精品、绝品旅游资源。一些民族文化和民俗艺术形式，如维吾尔族的"十二木卡姆"、蒙古族的"鄂尔多斯婚礼"、纳西族的古乐、白族的"三道茶"、傣族的"泼水节"等，独具魅力，堪称人间瑰宝。这些旅游资源不仅品位高，而且垄断性、独特性强。三是原始神秘性。由于受人为破坏较少，目前这些资源大都保留了未经雕饰的原始风貌，给人以强烈的新奇感，符合世界旅游求新、求异、求知、求乐的需求和趋势，具有强烈的吸引力。四是与中国东部的旅游资源和市场有双重互补性，若能得到较好的开发利用，必将成为中国在新世纪建设世界旅游强国的新的增长极。②

3. 生态环境

民族自治地方的生态环境具有特殊的重要性。由于中国的民族自治地方大多处于整个亚洲水源区或者风源区，其生态环境问题往往具有特别的影响力。然而，民族自治地方恰恰也是生态脆弱区，多山、高寒、干旱是少数民族聚居区的主要自然特点。这使得少数民族聚居区的生态灾害非常多，生态系统非常脆弱，生态环境条件异常严酷。旱灾、风沙、土地盐碱化、水土流失、沙漠侵袭等生态问题时常困扰着这些地区，并且，一旦其生态环境遭到破坏，恢复的难度远比其他地区大。

生态环境对于整个社会发展具有全方位、根本性的影响，而当前一些民族自治地方的生态环境已经恶化到比较危险的程度。同时，由于片面追求经济发展而忽视对环境的保护，有些地方本来已经十分脆弱的生态环境仍然在继续遭受破坏。对于民族自治地方政府而言，其所面临的生态环境压力很大。民族自治地方政府在开展公共管理活动，特别是进行经济规划与建设时，面临的生态压力远大于其他地区。

---

① 数据源于《中国统计年鉴 2023》。
② 张英：《民族地区旅游业大有可为》，《光明日报》2006 年 8 月 4 日。

二、民族自治地方的人口环境

人口环境指的是区域内人口数量、人口质量及人口发展等方面的状况。人口环境对公共管理的影响主要体现在三个方面：第一，公共管理的大部分内容都是调整人与人之间的利益关系，这种利益关系的调整是以人口环境为其依据的。比如通过发展经济来实现让更多的人富裕起来的目标，在不同的人口环境下，其面对的压力和需要的政策会大不相同。社会保障事业的建设、公共卫生体系的建设、教育的发展等都是基于人口环境之上又试图改变人口环境的具体政策。第二，人口环境为公共管理提供了思想源泉和人才资源。人的精神状态、受教育程度、所持的价值观念、人的需求，是公共管理活动和公共政策的思想源泉。公共管理活动和公共政策的推行都是为了满足社会不同层次的人的需要，而公共管理活动的思路、公共政策的灵感，无疑也主要是从当地人们所具有的知识、观念和思维方式中获得的。第三，人口环境是公共管理进步和发展的最大动力或制约力量。在任何国家，人都是社会发展的最根本的动力，自然资源必须经由人的使用才能创造价值，科学技术必须经由人的劳动才能体现为生产力，社会和谐必须通过对人的利益和需要的协调才能得以实现。因此，人口无疑是社会发展的决定因素，也是对公共管理活动有决定性影响的因素。人口环境状态良好，则能为公共管理活动提供巨大的动力；人口环境状态不佳，则会成为公共管理活动的沉重负担。

人口环境如此重要，那么民族自治地方的人口环境状态究竟如何？我们可以通过对以下三个方面的考察，来比较全面地认识民族自治地方的人口环境状况。

（一）人口数量

与汉族地区相比，少数民族自治地方的人口数量有以下几个特点：第一，人口总量相对较少。根据第七次全国人口普查数据，全国人口共141178万人，民族八省区人口总量为20257万人，占全国人口的14.35%。第二，从绝对数量上来讲，民族自治地方的人口数量已经非常可观，远远超过了世界第三大经济体日本的人口总量（2015年约为12700万人）。第三，人口增长过快。从人口自然增长率来看，多数民族自治地方的水平远高于全国平均水平（见表2-1）。

表2-1 全国及民族八省区人口增长率 （单位：%）

地区	1990—2000年		2000—2010年		2010—2020年	
	增长率	年均增长率	增长率	年均增长率	增长率	年均增长率
全国	11.66	1.07	5.84	0.57	5.38	0.53
内蒙古	10.73	0.99	3.98	0.39	−2.66	−0.27

(单位:%)(续表)

地区	1990—2000年		2000—2010年		2010—2020年	
	增长率	年均增长率	增长率	年均增长率	增长率	年均增长率
广西	6.26	0.59	2.53	0.25	8.91	0.86
贵州	8.83	0.82	−1.43	−0.14	10.98	1.05
云南	15.98	1.44	7.20	0.7	2.7	0.27
西藏	19.31	1.72	14.59	1.37	21.52	1.97
青海	16.22	1.47	8.62	0.83	5.28	0.52
宁夏	20.72	1.84	12.12	1.15	14.3	1.37
新疆	27.01	2.34	13.32	1.26	18.52	1.71

资料来源:根据第五、第六、第七次全国人口普查数据整理。

由于民族自治地方的资源环境承载人口增长的能力其实大大低于汉族聚居区域,因此民族自治地方的人口数量对于民族自治地方的公共管理和公共政策造成的压力其实并不比汉族聚居地区小。如此众多的人口,如此高的人口增长率,加上民族自治地方还普遍存在着人口性别失衡、城市化水平低、平均年龄偏低等问题,给民族自治地方政府在就业、教育、社会保障、公共卫生等方面的管理带来了沉重的压力。

(二)人口素质

与人口数量带来的压力相比,人口素质问题使民族自治地方承受着更大的压力。这种压力主要表现在以下三个方面。

第一,民族自治地方的文盲比例远高于其他地区。2022年对文盲人口占15岁及以上人口的比例调查显示,民族聚居地方的相关数值分别为:内蒙古,男1.93%,女5.63%;广西,男1.11%,女4.9%;西藏,男27.95%,女41.91%;宁夏,男3.16%,女8.84%;新疆,男2.77%,女5.14%;云南,男3%,女8.27%;贵州,男3.57%,女12.48%;青海,男6.14%,女13.23%。而全国的水平为男1.58%,女5.26%。除广西和新疆外,其他民族聚居地方的文盲、半文盲占人口总数的比例都远远高于全国平均水平。在知识经济时代,文盲比例越高对于一个地区的竞争力的负面影响越大。如何降低如此高的文盲率,如何解决这些文盲半文盲人员的就业问题,无疑是民族自治地方面临的艰巨任务。

第二,人均受教育程度也低于其他地区。在接受了教育的人群中,民族自治地方的人均受教育程度也远低于其他地方。表2-2显示了少数民族聚居地区人口受教育程度与其他地区的差距。

表 2-2 2022 年民族八省区 6 岁以上人口受教育程度构成表   （单位：%）

地区	未上过学	小学	初中	普高及中职	大专及以上
内蒙古	3.76	23.34	32.73	15.22	20.52
广西	2.96	27.43	35.15	14.13	13.33
西藏	26.08	30.21	15.01	5.99	13.56
宁夏	5.64	26.30	29.33	13.45	18.22
新疆	2.86	28.66	30.88	14.59	18.38
云南	4.92	35.44	28.71	11.00	13.25
贵州	6.74	31.61	29.98	10.23	13.17
青海	10.94	31.56	22.20	10.73	17.51
全国	3.56	24.6	32.40	15.43	18.38

资料来源：根据《中国统计年鉴 2023》有关资料整理。

人均受教育程度较低，直接导致民族自治地方的人力资源结构与其他地方相比较低，民族自治地方的高素质人才总量及其在人力资源中所占的比例都远远低于其他地方。无论从总体上还是从单个人来看，民族自治地方在知识发展能力、信息获取能力、科技创新能力等诸多方面均落后于其他地方。这种状况对民族自治地方公共管理的影响是严重的。首先，这将导致民族自治地方的公共管理队伍素质相对较低，公共政策水平难以有效提高。其次，这会使民族自治地方制定的科学发展规划，缺乏社会的广泛理解、认知和支持。

第三，平均健康水平要提高。在民族自治地方，由于医疗设施的不完善、公共体育场所的缺乏以及基于贫困的营养不良等原因，民众的身体素质较其他地区相比也存在着巨大的差距，儿童预防接种率很低，一些地区的地方病发病率很高，部分偏远地区甚至连基本的医疗卫生体系都还没有建立，许多人发病得不到及时救治，离医院距离遥远、交通不便以及经济上的贫困是民族自治地方的居民有病得不到医治的主要原因，因病返贫曾一度成为民族自治地方贫困率居高不下的一个重要原因。

（三）心理状态

地理位置偏僻、交通通信不畅、受教育程度低导致获取信息能力的缺失，这又催生了部分民族自治地方人口环境的另外一个特征，那就是心理状态上的封闭、满足现状和竞争意识的缺乏。在有些民族自治地方，有相当多的民众甚至一生都从未走出乡里，固守着祖辈传承的土地，从事着自给自足式的生产劳动。

封闭的结果是满足现状，不愿意也没有能力参与竞争。在某地曾经出现过这样的情况，地方政府将贫困的少数民族群众组织到发达地区打工，为他们支付路费并安排工作，所得收入要远远高于在本地种田，但是有很多人却因无法忍受快节奏的生活方式和激烈的竞争辞职回乡。还有一些民众在获取了一定收入之后,不是利用其创造更大的财富,寻求更大的发展,而是将收入用于修坟造庙或吃喝宴请。这种心理状态使得一些民族自治地方失去了很多的市场机遇,因为毕竟政府只能为社会发展创造条件,而对各种条件的利用还是需要社会成员自身的努力。

三、民族自治地方的经济环境

经济环境首先由自然环境和人口环境决定,同时又受社会生产关系的影响。自然环境和人口环境构成了社会生产力的基本内容,而国家与社会的各项制度构成了民族自治地方生产关系的内容。这两项内容相互作用,共同构成了当今民族自治地方身处的经济环境。经济环境是公共管理环境中与公共管理关系最密切、对公共管理影响最直接的一个因素。经济环境既为公共管理设置了限制,又为它创造了机遇。"总的经济环境影响着国家的收入,而收入接下来又影响了关于资源分配的决议、就业、激励体制和许多其他内部组织的程序。……总的来说,政府的职能是与经济因素联系在一起的,政府的任何方面都不可能真正地离开对经济环境的考虑。"[①]民族自治地方公共管理要做到从实际出发,确保公共政策的科学和高效,就必须加强对经济环境的研究,特别是对本地方本民族生产力状况以及由此决定的经济制度的研究,从而建设一个良好的经济环境。民族自治地方的经济状况主要有以下两个方面的特点。

(一)经济建设有了一定的基础

新中国成立70多年以来,通过国家的大力扶持和本地干部群众的努力,民族自治地方经济获得了长足的发展。其发展状况如表2-3所示。

表2-3 1981—2017年民族自治地方国有经济固定资产投资　　(单位:亿元)

年份	建设投资	年份	建设投资
1981	61.62	2000	1552.59
1982	74.20	2001	1610.05
1983	93.24	2002	2187.80
1984	115.00	2003	2652.59
1985	161.94	2004	2923.32
1986	171.84	2005	3767.48
1987	200.17	2006	4642.16

---

① 〔美〕雅米尔·吉瑞赛特:《公共组织管理——理论和实践的演进》,李丹译,上海译文出版社2003年版,第54—55页。

(单位:亿元)(续表)

年份	建设投资	年份	建设投资
1988	246.86	2007	5198.81
1989	230.99	2008	6655.11
1990	259.45	2009	9397.21
1991	340.84	2010	12045.84
1992	531.01	2011	12437.33
1993	791.44	2012	15580.17
1994	994.16	2013	18294.19
1995	982.60	2014	22692.92
1996	1078.76	2015	25494.34
1997	1198.37	2016	28277.52
1998	1342.49	2017	30235.23
1999	1411.56	—	—

资料来源:《中国民族统计年鉴2018》。

来自国家的大规模投资和扶助使民族自治地方的经济实现了巨大的进步。许多少数民族社会形态直接从原始社会进入初步工业化的发展阶段。民族自治地方各项经济指标在中华人民共和国成立后都有了数十、数百甚至上千倍的增长。1952—2017年,民族自治地方粮食产量增长了6.40倍,棉花产量增长了145.49倍,油料产量增长了26.82倍,烟叶产量增长了48.87倍,糖料产量增长了88.11倍;同期主要工业品产量中,布产量增长了11.09倍,原煤产量增长了687.57倍,原油产量增长了600.2倍,生铁产量增长了5968.11倍,发电量增长了21165.85倍。整个民族自治地方生产总值在2017年达72046.04亿元,完成地方公共财政预算收入达7262.06亿元。[①] 同时,民族自治地方在国家的支持下,产生了一批具有较强实力和竞争力的企业。目前,民族自治地方已经基本建立了比较完整的工业体系,具备了实现工业化的基础。

(二)经济发展水平依然相对落后

虽然民族自治地方的经济在新中国成立后有了长足的进步和发展,但是与整个国家的发展进程,特别是与东部发达地区的发展进程相比,还是相对落后。改革开放后,由于东部地区有着得天独厚的区位优势,加上国家的优惠政策支持,发展速度远远高于民族自治地方。因此,民族自治地方与其他地区的差距不但未缩小,反而有进一步拉大的趋势。民族自治地方的经济落后主要表现在以下几个方面。

---

① 根据《中国民族统计年鉴2018》有关资料整理。

1. 各项经济指标较低

2022年,民族自治地方的国民生产总值仅占全国的10.5%;民族自治地方人均国民生产总值、人均收入与其他地区特别是东部地区相比,仍然存在很大的差距。2022年农村居民人均可支配收入,五个民族自治区在全国的排名分别为:内蒙古第12位,19641元;西藏第21位,18209元;广西第23位,17433元;新疆第24位,16550元;宁夏第25位,16430元。其他少数民族聚居地为:云南第28位,15147元;青海第29位,14456元;贵州第30位,13707元。而排名第一的上海达39729元,相当于上述地区排名最后的贵州的近2.9倍。2022年城镇居民人均可支配收入,五个自治区在全国的排名及具体金额分别为:西藏第9位,48753元;内蒙古第11位,46295元;宁夏第22位,40194元广西第24位,39703元;新疆第28位,38410元。其他少数民族聚居地的相关情况是:云南第19位,42168元;贵州第21位,41086元;青海第26位,38736元。排名最前的上海城镇居民人均可支配收入为84034元,相当于上述地区排名最靠后的新疆的近2.19倍。无论从工农业总产值还是城乡居民收入来看,民族自治地方都处于相对落后的状态。

2. 经济发展能力较弱

经济发展能力落后主要体现在:第一,经济结构不够合理。民族自治地方的第二、三产业的贡献率很低,对第一产业的依赖严重。2005—2020年,民族自治地方地区生产总值的三次产业构成由21.0:40.9:38.1调整为15.8:33.9:50.3,第一产业下降了5.2个百分点,第二产业下降了7个百分点,第三产业上升了12.2个百分点。[①] 不难看出,这一阶段民族自治地方的产业结构获得了一定的优化升级,但与2022年的全国水平相比(7.3:39.9:52.8),第一产业所占比重仍然较高,第二产业比例良好,具有较为明显的优势,而第三产业的比重距离全国水平尚有一定距离,这说明民族自治地方的经济结构尚有较大的可调整空间。第二,企业数量少、竞争力弱。民族自治地方的企业与其他地区特别是东部地区相比,数量少,规模小,竞争力相对较弱。而且,民族自治地方缺乏合理的产业分工,企业间合作也不密切,没有凝聚起企业集群,企业内部管理和外部经营等方面都与其他地区特别是东部地区有巨大差距。2022年,民族自治地方全部规模以上工业企业总资产为177819.9亿元,而东部地区仅广东一省就已将其超出,高达196419.2亿元。从私营工业企业来看,民族八省区全部企业总资产36402.3亿元,而江苏省则为71892.5亿元,相当于八民族省区总和的1.97倍[②],差距显而易见。第三,政府经济政策的推行力不足。民族自治地方对许多

---

① 根据《中国统计年鉴2023》有关资料整理。
② 同上。

经济政策的重视程度都比其他地区要低,重视程度的差距必然带来政策质量的差距。同时,在政策的数量和政策执行的能力等方面也将随之产生较大差距。

3. 市场观念落后

经济落后与观念落后往往相互影响、互为因果。经济落后导致观念落后,观念落后又进一步制约着经济的发展。由于受特殊的历史、区域、民族等因素影响,民族自治地方民众的经济观念、市场观念、竞争意识普遍淡薄。民族自治地方市场化进程发展缓慢,加上狭隘的地方保护主义和乡土意识的影响,使其难以形成统一的市场体系,劳动力市场、生产资料市场、土地市场、技术市场、资本市场等要素市场基本上仍处于低水平状态。[①] 在许多民族自治地方,市场观念相对淡薄。据《中国分省份市场化指数报告(2021)》显示,内蒙古市场化程度4.29,排名第26位;广西市场化程度5.34,排名第19位;云南市场化程度5.16,排名第20位;新疆市场化程度3.93,排名第29位;西藏市场化程度1.56,排名第31位。因此,民族自治地方的经济环境可以说是有喜有忧。而当前的主要问题就是民族自治地方的经济与其他地区差距太大,并且竞争力不强。这种经济环境是当前民族自治地方政府必须面对的现实,也必须全力以赴加以改变。

四、民族自治地方的政治环境

政治环境包括国家政治制度、政党制度、阶级状况、法律制度、政治文化等诸多方面,是这些方面因素的综合。在早期的行政学理论中,政治被理解为国家意志的表达,而行政被理解为国家意志的执行。不论是传统的行政管理还是当代的公共管理,都与政治有着密切的关系。政治环境限定了公共管理过程的很多方面,"最典型的是:公共组织的存在、它们整体的预算、职员的实践以及他们的目标都是通过政治进程,以公共法律的形式加以规定和修正的"[②]。在任何国家,公共管理都必然是对国家意志的执行,必然要体现统治阶级的意志。一个国家的政治过程可以分为三个阶段,即民意的表达阶段、对民意的加工和国家政策的形成阶段、对民意的执行即国家政策的执行阶段。公共管理在这三个阶段中都是重要的影响因素:在民众通过各种渠道表达自己的利益诉求时,公共管理主体和公共管理活动构成了民意表达的重要途径;在对民意进行加工和处理阶段,公共管理主体肯定会参与其中,公共管理主体或者是国家政策的直接制定者,都有能力对国家政策取向施加或大或小的影响,而政策的执行则主要在公共管理的过程中实现。

---

① 张建新:《试论民族区域自治地方行政环境》,《前沿》2006年第11期。
② 〔美〕雅米尔·吉瑞赛特:《公共组织管理——理论和实践的演进》,第45页。

(一)政治环境与公共管理的关系

1. 政治制度决定了公共组织的类型、地位和职能

公共组织本身其实就是政治制度的产物,公共组织的各项制度也往往是由公共组织以外的政治运作所产生,而不是公共组织本身规定的。一个国家选择什么样的公共管理体制,需要什么样的公共组织,赋予公共组织在整个国家的政治权力体系中什么样的地位,交付公共组织行使哪些职能,都由政治制度决定,同时也是政治利益博弈结果的反映。

2. 政治系统的状态影响公共管理的运行

政治系统中各种利益主体的地位是否稳定、关系是否融洽、国家政权合法性程度的高低、国家的法律制度是否健全、国民的政治凝聚力是强是弱等都是公共管理运行的重要影响因素。在对待政治环境方面,"公共组织投入了大量的精力来考查他们所处的政治环境并努力适应它"①。同样是实行总统制的国家,美国可以保持比较持久的稳定和繁荣,各层级的政府和非政府公共组织能够有条不紊地开展工作,菲律宾却总是处于混乱之中,连总统都必须依赖军队才能保住位置,各种公共管理活动经常被打乱甚至中止。原因在于,美国国内各种政治利益关系已经有了明确的定位,公共组织有着足够的权威,而菲律宾仍然无法摆脱政治角力的困扰。中国在改革开放以来的四十多年中,由于政治系统拥有足够的权威从而保持了政治稳定,公共政策得以有效执行,这是中国实现迅速发展的基本条件。但是改革开放使社会利益格局重新调整,利益分化严重,各利益团体之间的矛盾开始显现,需要政治和行政系统及时回应,不断改进,以保持社会的稳定与发展。

3. 公共管理对政治环境的改良也有一定的影响

公共管理对于政治环境的影响并不是完全被动的,"他们也试图修正和影响政治体系的行动,他们不仅仅是像服从命令的士兵那样不假思索地执行领导的意愿"②。同时,随着公共管理体制的不断完善,公民参与管理的意识逐步增强。尤其是随着电子政务的建立和完善,政府的开放度和透明度大大增强,这在一定程度上也会对一个国家的政治制度产生影响,有利于推进政治民主化和科学化。

(二)民族自治地方的政治环境

(1)民族压迫已经消失,确立了各民族之间的平等关系。社会主义制度在中国的建立从根本上铲除了民族压迫和民族剥削制度,各民族在政治上一律平等。国家通过各种法律和政策确立了各民族在政治上的平等地位,同时采取了诸多措施努力实现各民族在经济方面的平等。

---

① 〔美〕雅米尔·吉瑞赛特:《公共组织管理——理论和实践的演进》,第46页。
② 同上。

（2）少数民族受到国家在政治权利上的特殊照顾和保护。虽然政治上的平等已经实现，但是经济上的发展差距仍然存在，这是历史上阶级压迫和民族压迫的遗留问题，不可能在短期内彻底解决。为此，国家赋予了少数民族特别的政治权利，使少数民族群众能够享有自我发展的更大空间，使少数民族聚居的民族自治地方政府在谋求本民族发展的过程中，拥有更多的灵活性和更大的权力。这个权力就是在民族区域自治框架下的自治权。同时，国家也将支持民族自治地方发展的政策法律化、制度化。在《宪法》《民族区域自治法》以及其他的法律法规中规定了国家对民族自治地方支持和帮助的义务。在实践中，这些对民族自治地方的支持和帮助都已经有了制度化的运作。这些做法使得民族间经济发展的不平衡被控制在社会可容忍的范围内。

（3）部分少数民族聚居区面临着比较复杂的政治生态环境。近年来国际上由于宗教、民族问题产生的宗教冲突、民族分裂等政治现象对中国也有一定的影响，特别是国际反华势力不断利用中国的民族、宗教问题，试图对中国进行遏制，使得部分民族自治地方成为直接面对复杂的民族、宗教问题的前线，承担着维护民族团结和国家统一的特殊任务。特殊的政治生态环境主要体现在以下几个方面。

首先，极端势力暴力恐怖活动猖獗。进入21世纪以来，民族分裂、宗教极端势力活动频繁，接连制造了多起严重的暴力恐怖事件，给人民群众生命财产安全造成巨大威胁。

其次，特殊公共安全事件的诱因和发展轨迹呈复杂化趋势。目前，边疆民族地区正处在快速的社会变化阶段，社会转型必然会引发一些新的矛盾与问题。在过去较长一段时间里，边疆民族地区的一般突发事件，涉及民族、宗教、边疆因素的公共危机事件，以及具有分裂国家企图的敌对势力策划制造的事件，一般发生在各自不同的领域和层面，相互之间影响较小。但近几年来，各类因素有时会相互叠加、催化转换。如一些跨境走私物品可能会成为极端势力所需的暴恐、通信器材；普通的民间纠纷、治安问题，也会被别有用心地赋予民族宗教色彩；甚至对自然灾害、事故灾难的应对和处置，都会被牵强地用于质疑政权的合法性、质疑民族团结共处的合理性。这其中最重要的原因是分裂主义势力改变了活动策略，刻意利用边疆民族地区经济社会发展过程中各种阶段性问题，制造或扩大社会矛盾，煽动族群间仇视情绪，并借助犯罪势力获取资源。极端势力不断寻找利用社会转型期出现的各种矛盾与问题，煽动和制造分裂国家的事件，使得这类事件诱因更复杂，发展轨迹与以往相比也出现了较大变化。近年来若干暴恐事件都体现了这种新的变化——经济发展落差大、公共服务短缺、人口增长与就业困难、宗教极端思想传播、分裂主义蛊惑、境外势力操纵、新型传媒手段对信息的扭曲扩散等,使得公共危机管理在原因分析和应对措施等方面都面临着更为复杂的局面。

最后,分裂势力加速向内地蔓延并不断拓展国际生存空间。近年来,分裂势力不断加速向内地和国际社会扩散,通过国际反华势力采取遏制中国发展的策略。国际层面,"藏独"势力、新疆"三股势力"都在国际社会拉拢盟友,在西方国家频繁窜访,与其政治领袖、国会议员等密切接触,并在国外建立活动基地,成立多种类型的分裂组织。各类组织彼此借力,不断推动所谓"西藏问题""新疆问题"的国际化。此外,国际反华势力借助所谓"民族""宗教"问题干扰中国发展与稳定,以达到其遏制中国的目的。21世纪以来,对国际格局产生最重要影响的因素就是中国的迅速崛起,因而国际反华势力不断寻求各种手段试图"遏制"乃至肢解中国。而中国边疆分裂极端势力,则成为他们可资利用的最有力的工具之一。目前有30多个国家的议会有支持分裂势力的组织,频繁就西藏、新疆问题召开专门会议,通过各种议案、听证会等对中国政府施压。一些西方国家甚至公开纵容、支持分裂势力在其境内或各个国际领域开展反华活动,部分国家的主要领导人频繁接见分裂运动领袖,而且在涉华重要外交场合安排分裂势力活动,或给分裂活动提供某些方面的支持,这已经成为一些国家对华交往的"惯例",而对分裂势力近年来制造的各种惨案则会选择性"失忆"。

五、民族自治地方的文化环境

文化环境是意识形态、道德伦理、价值观念、社会心理、教育、科技、文学艺术等要素的综合反映。它主要包括一个国家的思想道德状况和科学文化状况,以及它们的发展方向和发展程度。这里既有公民的世界观、理想、信念、伦理、道德等因素,又有教育、科学、文学艺术、新闻出版、广播影视等因素。文化因素属于社会上层建筑的范畴,由社会经济基础决定。但文化因素作为社会意识形态又具有历史沉淀的特性,可以在某种程度上超越物质经济时代,从而对经济基础和上层建筑产生影响。各国历史发展有不同的特点,形成了不同的文化传统,给各国的公共管理体制、观念和方式带来了不同的影响。例如,法国由于资产阶级政权建立伊始就出现政党林立和政局动荡的情况,行政体制多变,政府更迭频繁,为了实现政局稳定,逐步形成了现在的中央集权体制,中央政府地位突出,各省省长由中央任命,对中央负责;美国历史上无君主专制统治的传统,开国之初便确立了分权制衡体制,故公共管理地方主义、分权管理特色明显;中国经历了漫长的封建社会时期,组织体制、传统社会文化等方面的历史传承给现代公共管理打上了深深的烙印,使得人治、官僚主义、权力崇拜等现象在公共管理领域屡见不鲜。所有这些都说明,文化因素与公共管理有密切的联系,文化因素在社会系统的各个领域中广泛渗透,从而对公共管理的体制、人员、行为、职能等产生广泛而深远的影响。现代公共管理学非常重视对公共管理文化的研究,公共管理文化是公共管理系统的"软组织"。

中国是一个由56个民族组成的统一的多民族国家。民族本身就是一个文化概念,每一个民族都意味着一种特别的文化。多民族共存使得中国民族文化呈现纷繁复杂、多姿多彩的特点。"来自各民族自身因素、民族人口规模、民族传统技术与民族文化之间的族际差异以及宗教信仰、语言文字、民俗习惯、经济文化类型等多民族文化载体的存在,始终是影响少数民族聚居地区现代化发展进程,影响各民族走向繁荣发展的不容忽视的重要因素。"[①]中国复杂的民族文化环境,对民族自治地方政府而言,既是机遇也是挑战。具体而言,民族自治地方文化环境的特点主要体现在以下三个方面。

第一,文化具有多元性。中国民族众多,各民族发展的历史进程不一致,而各民族又呈大杂居、小聚居的分布状态,因此中国民族文化呈现多元共存的特点。民族文化多样,各民族文化层次参差不齐且相互交融。这种文化上的差异与交融使民族聚居区内各民族在价值观、创业精神、市场意识、应变能力、革新意识等方面存在着较大差异,为民族自治地方的发展增加了很多复杂因素。而民族自治地方要想实现持久发展,必须将外部推动力与内部推动力结合起来,由外援式发展转变为内源式发展。民族自治地方本身的文化环境是其内源式发展的基本推动力量,因此,民族自治地方政府如何利用好文化多样性的优势,克服民族文化中与现代化进程相违背的不利因素,调动民族自身的发展积极性,是当前民族文化发展中必须面对的挑战。

第二,一些相对保守的文化观念不适应经济发展。首先,有些传统观念不适应市场经济的发展。传统观念是文化的重要内容,有些民族自治地方的一些传统观念严重影响了本地区的发展。例如原始的平均主义思想、重农牧轻工商的思想、竞争意识淡薄等,都在不同程度上制约着市场经济的形成和发展。其次,有些传统消费习惯如在送礼、吃喝、婚丧嫁娶等方面大肆铺张,宗教信仰消费占据大量资源,使得有限的资源不能用于扩大再生产,这些都严重阻碍了经济的发展。

第三,教育、科技落后。从整体看,民族自治地方的教育发展水平在教育综合指数、适龄儿童入学率、在校生比例、基础教育普及率、高等教育发展水平等方面都显著低于内地和全国平均水平,文盲率相对较高。在科技发展方面,科技人员的数量、科技机构的数量和科研成果数量都很少,科研水平也明显低于东部地区,处于全国落后位置。

---

① 温军:《民族与发展——新的现代化追赶战略》,清华大学出版社2004年版,第91—92页。

民族自治地方文化环境中机遇与障碍并存,利用文化因素促进社会发展并不是一件很容易的事。民族自治地方政府在进行公共管理时,能否深入研究民族文化,寻找文化中的机遇,克服文化造成的深层次障碍,是对民族自治地方政府公共管理能力的考验。

六、民族自治地方的国际环境

国际环境是指一个国家同世界各国、各地区之间的政治、经济、文化、自然地理等方面的关系以及其他国与国之间的相互关系。国际环境通过国内环境而作用于公共管理。在当今全球化趋势日益发展的情况下,任何一国的公共管理都不可能不受到国际环境的影响,即使一国之内的地方治理也是如此。因此,国际环境也是公共管理环境中的重要因素。民族自治地方目前所面临的国际环境因素主要如下。

(一)经济全球化

人类社会越向高级阶段发展,开放程度就越高,这是由社会生产力发展所决定的。现代科学技术的巨大进步使得劳动分工和商品交换日趋国际化。任何一国的经济已经不可能脱离特定的国际经济环境而与世隔绝,孤立地存在和发展,必须加入国际经济的分工与协作,参与国际竞争。对于广大发展中国家而言,积极参与国际经济交往,适应世界经济一体化、全球化的趋势,不仅可以利用世界资源和国际市场发展国内经济,而且可以学习和借鉴发达国家先进的科学技术和管理方法,尽快缩小与发达国家的差距。这就要求各国政府制定正确的对外经济政策,为发展本国经济、改善国内经济环境服务。同时,随着对外开放程度的加深,国际经济的波动如金融危机等对国内经济的影响也大大增加,要求各国政府增强防御世界经济风险的意识,采取相应的对策,对于民族自治地方政府而言也是如此。民族自治地方政府应采取有效措施吸引来自国外的资金、技术与人才,同时积极保护本地相对脆弱的经济体系,提高本地经济的竞争力,防范全球化给本地经济带来的不利影响;利用全球化的机遇,改革政府自身管理,提高政策质量和公共管理效率。

(二)国际政治形势

当前国际形势的主流是和平与发展。战争因素减少,和平因素增加,国与国之间的对抗与冲突日益减少,对话、交流、合作越来越频繁。但是当今世界并不太平,缓和中有紧张,对话中有对抗。世界局部地区战乱不断,局势动荡不安,大国的强权政治和粗暴干涉他国内政等现象依然不断出现。因此,也不能完全排除在特定时期和条件下仍会有冲突与矛盾,乃至发生大规模战争的可能性。不过,国家间的发展已成为各国交往的主题,不平等关系正在逐渐改变,世界格局正向合理化和公平化方向发展。

但是,当代世界两大社会制度间的斗争仍然存在,国际敌对势力仍未改变或放弃颠覆中国社会主义制度的企图,未改变遏制中国发展的图谋。而且,当前国际上民族分裂主义、宗教极端主义运动仍然很猖獗。中国的少数民族自治地方在经济发展上与其他地区的差距、民族的宗教信仰等问题都有可能成为国外敌对势力干涉中国内政、破坏中国稳定与统一、遏制中国发展的借口和工具。民族自治地方政府需要对此有清醒的认识,在专注于发展本地经济的同时,加强对各民族群众的教育和宣传,使大家认识到只有在统一的国家体系下,民族平等、各民族共同繁荣才有可能,从而自觉抵制民族分裂主义和宗教极端思想的侵蚀。

(三) 跨界民族问题

在当今经济全球化、民族主义思潮与现代国家民族建构运动以及非传统安全等因素的多重影响之下,跨界民族对国际关系以及一国内部事务尤其是边疆公共事务治理造成较为复杂且重要的影响。对此,中国共产党十八届三中全会把推进国家治理体系和治理能力现代化作为全面深化改革的总目标,习近平同志也提出了"治国必治边"的重要战略思想。基于这一背景,边疆治理作为国家治理的一种重要组成与特殊形式,必须积极应对边疆经济与社会发展中的现实问题,改进传统的治理理念,创新治理的体制与机制,不断探索边疆地区的"善治"(good governance)之路。

当今世界上有 3000 多个民族,交错分布于 200 多个国家和地区。许多民族的聚居地为国家主权和领土疆界所分开,同一民族在不同的国家之间跨界而居,是当今世界较为普遍存在的一种历史、文化与政治现象。正如恩格斯所指出的,"没有一条国家分界线是与民族的自然分界线,即语言的分界线相吻合的"[①]。在中国的 55 个少数民族中,有 30 多个民族与国外同一民族相邻而居。跨境民族的形成是民族地理分布和历史原因造成的,跨境民族虽然不属于同一个国家,但是他们往往与国外同族人在文化、经济、血缘关系等方面有着密切的联系。处理好跨界民族所涉及的公共事务,既关系到不同国家内部的民族问题与边疆发展,同时也会涉及周边毗邻而居的同一民族及其所在国。一般看来,跨境民族的大量存在有正反两个方面的影响。正面的影响是能够加强中国与邻国的友好关系,如中国与缅甸的"胞波"情谊,就是建立在两国有大量的跨境民族的基础之上的。中缅两国本着相互理解相互支持的态度为两国跨境居住的民族创造了良好的交流环境。由于民间交往频繁,两国关系也非常紧密。但是,在有些地方,跨境民族却有可能被国外反华势力所利用,以达到其分裂、削弱中国和阻碍中国发展的目的。外部反华势力经常借助一些跨境民族的力量渗透进入中国边疆,勾

---

① 《马克思恩格斯全集》第 16 卷,人民出版社 1964 年版,第 176 页。

结国内民族极端主义势力,大搞民族分裂与民族对抗,煽动民族仇恨,破坏中国民族团结大局,破坏中国的稳定与发展,甚至妄图分裂中国。针对这一情况,民族自治地方政府需要保持高度警惕。

1. 跨界民族跨境交往存在的问题

第一,跨界无序流动问题。跨界民族与边民跨界流动的"推拉"因素是多重的。从国际关系因素来看,如1978年,由于中越关系的恶化,越南大肆推行"反华排华"和"疆土净化"等政策,生活在中越边境越方一侧的苗族、瑶族、哈尼族、彝族和壮族等少数民族边民被驱赶进入我国境内。① 据河口县志记载,1978年7—8月间,河口接待的难民就达到48564人。从国际政治、经济因素来看,如1995年底,一些生活困难的朝鲜居民前来我国投亲访友,寻求救济,这就刺激了一批朝鲜人非法越境到我国寻找生路②,且人数有不断增多之势。从国内经济和社会因素来看(其中也夹杂有国际因素以及跨界民族文化族群因素等的影响),"三非"人员(非法入境、就业和居留的人)的日益增多、跨界通婚的不断增加,以及边民规模性回流等现象增强了跨界民族的无序流动。

第二,跨国犯罪问题。伴随着改革开放、沿边对外开放以及全球化进程的加快,边疆民族自治地方的跨国犯罪活动越来越猖獗,跨国暴力恐怖活动、贩毒、走私和人口拐卖等跨国问题也不断产生。"三股势力"和"藏独"集团一度在新疆和西藏等地活动猖獗,接连制造了多起暴力恐怖事件,严重威胁着当地的社会稳定与人民群众的生命财产安全。

第三,宗教渗透问题。近年来境外背景复杂的各种组织,利用跨界民族宗教交流对我国进行宗教渗透。如在跨界民族的宗亲联系、经贸往来与文化交流中传播教义、发展信众;在边疆民族自治地方捐资修建宗教场所;开办宗教培训班和举办各种法会吸引信众出境"学习";派遣大师活佛入境传经布道;制作和传播纸质与电子宗教宣传品;通过电台和互联网等科技手段进行空中传教;等等。除了直接向边疆跨界民族自治地方进行宗教渗透外,境外宗教势力还利用跨界民族这一中介逐步向内地更大范围地扩展与渗透。

2. 跨界民族问题治理

跨界民族与单纯的少数民族相比,一个最大的特点就是具有国际性,"是一种兼有国际关系与族际关系内涵、又兼有政治与文化内涵的特殊人们共同体和族群集团"③。边疆公共事务治理视野下的跨界民族问题,涉及的区域与领域非

---

① 肖震宇:《云南印支难民问题的审视及思考》,《云南大学学报(法学版)》2011年第4期。
② 朴键一、李志斐:《朝鲜"脱北者"问题的国际化及其影响》,《现代国际关系》2012年第7期。
③ 马曼丽、艾买提:《关于边疆跨国民族地缘冲突的动因与和平跨居条件的思索》,《中国边疆史地研究》2003年第2期。

常复杂:既涉及不同边疆与微观区域,又涉及宏观区域和次宏观区域;既涉及国内民族政策和边疆发展问题,又涉及周边国家民族政策与边疆发展问题;既涉及国家内政问题,又涉及周边影响和国际干预问题;既涉及传统安全问题,又涉及非传统安全问题;既涉及边防和恐怖主义等政治性公共事务,又涉及经济合作、生态环境、人口婚姻、文化教育等经济性和社会性公共事务。由此可见,跨界民族事务并不只是与"民族"有关,也不只是与边疆有关,更不只是与其所住国有关,其本身就是一个复杂的"区域问题"。因此,我们应该转变边疆公共事务治理中的传统模式——族际主义的一元治理模式①,坚持民族因素与区域因素相结合②,尝试构建区域主义的多元治理模式。

当前,我国跨界民族的主流趋势是与境外同族和平跨居、自由往来,我国的跨界民族问题更多地体现于非传统安全领域,我们应该从边域(边疆的社会化)的视角出发来构建跨界民族边疆公共事务治理中的区域多元治理模式。当然,这里的边域是综合了社会空间、政治空间与军事空间的跨地区场域,并不仅是单纯的社会空间。

治理就意味着政府、社会和市场的一种新的组合和多元参与,即构建一个由我国中央政府、边疆地方政府、边疆社会(跨界民族)组成的以及周边邻国中央政府和边疆地方政府、边疆社会(跨界民族)"协同"的主体结构。这将是一个包含内容广泛、参与主体和治理机制多种多样的过程,其中有非常多的问题需要去关注和研究。例如上述各种分裂势力利用科技手段和社会网络等不断扩散蔓延的非传统威胁;跨国贩毒、走私、拐卖人口等跨国犯罪问题;艾滋病防控等公共卫生问题;宗教渗透、跨界民族教育、公民认同等文化安全问题;环境污染和植被破坏等生态保护问题;等等。

第四节　从行政生态主义看民族自治地方公共管理

由于民族自治地方社会生态环境特殊性的存在,一般的公共管理理论和方法在民族自治地方的应用经常会面临适应性困难,甚至使本来与社会生态环境关系就存在一些矛盾的公共组织陷入更加尴尬的境地。因此,要分析和解决民族自治地方公共管理中遇到的特殊问题,就需要突破传统理论局限的樊篱,积极寻找新的分析和解决问题的途径。而行政生态主义作为一种与和谐社会理念在诸多方面相似的思想,其生态主义的价值观,基于生态理念而提出的行政组织思想

---

① 周平等:《中国边疆治理研究》,经济科学出版社2011年版,第101—102页。
② 《中央民族工作会议暨国务院第六次全国民族团结进步表彰大会在北京举行》,《光明日报》2014年9月30日。

和政府过程理论,或许可以为民族自治地方公共管理实践及其理论研究思路的转变提供借鉴。

一、行政生态主义的理论及其兴起

(一)高斯的行政生态思想

第一位正式提出行政环境研究的学者是美国哈佛大学教授高斯。1936年,他发表了《美国社会与公共行政》一文,认为行政环境与行政管理之间有密切关系,希望公共行政学"能为个人的满足和机会找到一些新的来源并对它置身其间的环境施加某种影响"[1]。1945年以后,他做了一系列讲演报告,非常详尽地阐述了如何运用生态学的方法去研究行政管理,以便更好地解决行政管理中存在的诸多问题。1947年,他又发表了《政府生态学》一文,指出外部环境因素对行政管理起着非常关键的作用,强调了在行政管理领域进行生态学研究的作用和意义。

高斯之所以对行政生态学格外关注,是因为受到另一位行政管理学研究者查尔斯·比尔德的影响。比尔德提出了一系列行政管理的原理,其中有不少涉及行政管理与其所处的社会环境的关系,具体包括以下7点:

第一,中央和地方政府持续有效率地履行某些职能对任何大型社会的生存来说是一个必要条件。

第二,当一个社会变得日益复杂、分工日趋细化、商业活动日益增加、工业技术取代手工业和地区性的自给自足状态时,政府职能的数量以及这些职能对社会和个人命运的重要意义也随之增加。

第三,任何一个在这样复杂的社会中的政府以及这一政府本身,其力量强弱是与其处理这些业已形成的职能的能力成正比的。

第四,尽管关于这些职能的立法很困难,但与实施立法(在具体细节上并为公共福利而有效地履行这些职能)相比要容易些。

第五,当一种政体为了适应社会的变化,通过讨论和公开决策的程序做出合法的变革时,一个有效率而明智的行政当局就成了政府和社会持续存在的先决条件,成了政府继续受人注意的基础。

第六,除非行政系统的成员来自不同的阶级和地区,除非这一职业唯才是举,除非选拔方式同一种恰当的普通教育体系相适应,除非公职人员受到内部和外部的建设性批语的约束,否则公职人员就会变成有害于社会和民治政府的一种官僚体制。

第七,正如戴维·利连瑟尔在一个关于田纳西河流域管理局的演说中所指

---

[1] 〔美〕约翰·高斯:《美国社会与公共行政》,转引自〔美〕理查德·J.斯蒂尔曼二世编著:《公共行政学:概念与案例(第七版)》,竺乾威等译,中国人民大学出版社2004年版,第125页。

出的那样,"除非一个行政系统的建立与运转有利于发扬地方和个人的责任感,否则这个行政系统很可能会破坏维持民治政府和实现民主化所需要的积极性、希望和热情的来源"①。

比尔德提出的这些原理既包括了政府对社会的影响,也包括了政府对社会的适应。至于这些原理如何在现实中贯彻,高斯认为需要从基础开始研究,寻找社会生态系统中与政府运作有关的因素,并在此基础上进一步分析各因素对政府运作的影响及其发生的机理。"研究公共行政的生态学的方法可以毫不夸张地说是从基础做起,从一个地方的各种因素(如土壤、气候、地理位置)到生活在那里的人(他们的人数、年龄和知识),以及他们赖以谋生的科学技术和社会技术状况,以及人与人之间的关系。应该在这一背景下研究他们的公共管理工具和实践,从而使他们进一步了解他们在做什么,并恰当地评价是怎么做的。这一方法对我们这些在研究中互相合作的学者来说特别有意义,因为它需要(而且也确实依赖)不同环境的人来仔细地观察政府职能、公众态度和管理问题的根源。……因此,我在此列出一些我认为可用来解释政府职能消长的因素。这些因素是:人、地方、科学技术、社会技术、希望和理想、灾祸、个性。"②

高斯认为,某一政府辖区内人口分布因时间、年龄和地址而产生的变动,可以解释一些公共政策和行政活动的起因;自然环境的变化或者被破坏,经常会引起一系列制度性的后果,并引致政策变化;科技进步会使政府的职能和行为方式发生明显的改变,导致许多新的公共管理现象的发生;人们在不同时期所具有的不同的希望和理想,人们基于不同生活层次而提出的需求,会对政府在修建和维持公用事业方面的考虑起决定性影响;灾害,特别是重大的自然灾害和战争,经常会促使政府和社会采取重大行动来避免损失,从而会否定或者冲击既有的观点和看法,造成公共管理方式的变化;政策的制定和执行往往离不开具有鲜明个性的人,政策的制定者和执行者经常会将自己的个性色彩融入政策。

(二)里格斯的行政生态理论

1961年,哈佛大学教授里格斯的《行政生态学》一书出版,标志着行政生态学这一新的学科的创立。这为行政管理学的研究开辟了一条崭新的途径,从此结束了行政学研究局限于行政系统本身的狭隘思维方式。

行政生态学借助生物学家提出的生态学概念来分析公共管理活动。在行政生态学视野下,公共管理主体被看成一个个有机体,公共管理活动的社会环境则

---

① 〔美〕查尔斯·比尔德:《行政——政府的基础》,转引自〔美〕理查德·J.斯蒂尔曼二世编著:《公共行政学:概念与案例(第七版)》,竺乾威等译,中国人民大学出版社2004年版,第127页。
② 〔美〕约翰·高斯:《反思公共行政》,转引自〔美〕理查德·J.斯蒂尔曼二世编著:《公共行政学:概念与案例(第七版)》,竺乾威等译,中国人民大学出版社2004年版,第128页。

构成了行政生态环境,公共管理主体与行政环境之间不断地进行着物质、信息的交换,不断地发生相互作用。

里格斯分析了各国不同的政治、经济、文化、历史等因素,运用"结构功能分析法"和"物理学光谱分析"的概念,对现代世界各国行政的生态背景进行研究,概括出以下三种行政生态模式:

(1) 融合型。这是典型的农业社会的行政生态模式。融合型生态模式的特点包括:以农业经济为经济的基础;君主权力构成一切权力的来源,政治与行政没有区分;没有文官体系,政府官员以等级制、世袭制为特征;政府不需要对民众负责,官员的工作不是以政策的制定和执行为主,而只是代表和实现君主的利益与意志。

(2) 衍射型。这是工业社会的行政生态模式。衍射型行政生态模式的特点包括:大工业经济构成其生存的物质基础;政治过程与行政过程有比较明显的区别;民众与政府能够进行比较有效的沟通,民主在一定范围内是现实存在的;政策的推行和成果构成官员的工作重点。

(3) 棱柱型。棱柱型行政生态模式是处于农业社会向工业社会过渡期间的一种行政生态模式,它既有融合型行政生态模式的一些特点,又有衍射型行政生态模式的一些特征。

(三) 行政生态研究的兴起

高斯和里格斯关于行政环境的观点为后来公共管理学界对行政环境的研究提供了基本的研究框架和思路,使人们对行政环境的重视程度大大提高。当今世界各国都非常关注对行政环境的研究。20世纪80年代初,联合国教科文组织在摩洛哥召开过一次专门会议,讨论如何使政府的公共行政工作适应不同的环境,并鼓励和号召公共管理领域的学者对行政环境问题进行更深入的研究和探讨。

从20世纪70年代后期起,行政环境问题被提上议事日程并受到格外的重视有其深刻的社会原因。

首先,第二次世界大战彻底瓦解了资本主义殖民体系,许多国家陆续从殖民者的控制之下独立出来。但是如何设计国家的各种制度,如何管理国家,如何更有效地推动国家的发展,却成为这些新独立国家必须思考的问题。许多新独立的国家简单套用了原先殖民宗主国的制度和法律体系,而没有结合自己国家的特点进行制度改造和创新,因此出现了许多公共管理问题,如政局混乱、腐败盛行、经济停滞、失业率居高不下、社会动荡等,其中尤以一些非洲国家为甚。而有些国家,如亚洲的韩国、新加坡等,则针对自己国家特殊的社会环境,在引进国外制度的同时,根据本国的自然、经济和历史文化状况进行了制度的重新设计和改造,使整个国家的行政体制和法律体系能与本国的国情相适应,从而保持了国家的长期稳定,促进了经济的快速增长,公共管理的效率很高。两种极端情况的鲜明对比,使人们更加认识到公共行政与社会环境相适应的重要性。

其次,20世纪60年代和70年代,西方资本主义发达国家遭遇了严重的社会危机,而这个危机正是由自然环境和社会环境的变化引起的。在自然环境方面,由于过去长期的掠夺式发展模式的影响,整个世界的自然环境急剧恶化。一系列恶性环保事件的发生使人们认识到,政府的作用不仅仅是维持和促进经济发展,还需要对自然环境进行保护,否则人类将难以实现可持续发展。在社会环境方面,60年代席卷全球的社会主义思潮、轰轰烈烈的女权运动、殖民体系的瓦解、石油危机、经济滞胀等一系列社会运动和社会危机使民众在思维方式、价值观念和社会需求等方面发生了重大转变。许多过去行之有效的公共管理制度和方法已难以适应这些公民观念和需求的变化,从而引发政府与社会的强烈对立,公共管理学者不得不探寻其中的原因,寻找可行的解决方案。

当前中国公共管理所面临的自然环境和社会环境都正在发生深刻的变化。由于在社会制度、经济结构、文化观念等方面与国外差别很大,中国在引进国外公共管理制度和公共管理思想时,也必须对中国具体的公共管理环境进行研究,结合当前中国的具体国情,分析中国的公共管理环境,寻找公共管理制度、公共管理思想与具体的公共管理环境相结合的途径和方式。特别是中国的民族自治地方,它同时兼具一般地方的特点和民族地方的特殊性,显然不能完全套用现行的公共管理思想或管理模式,必须通过对民族自治地方的公共管理环境进行深入的研究,寻找适应民族自治地方特色、能够有效促进民族自治地方发展的合适的公共管理模式。这些都有待于对公共管理环境进行研究。

二、民族自治地方公共管理行政生态化的关键

(一)民族自治地方公共组织的生态化

民族自治地方公共组织要引导和推动社会和谐,首先要使自身成为社会生态环境和谐的有机构成,而绝不能让一些地区和部门不同程度存在着的职能定位不当、结构失衡、规模庞大、运作成本高昂、工作作风简单粗暴、透明和开放程度不高等问题成为社会和谐的制约因素。

1. 以社会生态和谐为导向的公共组织职能定位

社会生态环境对公共产品和公共服务的需求,是公共组织结构形态及其职能定位的基本依据。然而在民族自治地方,却依然有相当一部分的公共组织或者其职能部门的存在,与社会生态环境的需求并不一致。这些组织或职能部门的存在,更多的是基于层级之间的对口需要,或者是基于公共组织自身利益的需要而建立。

这种不考虑社会生态环境需要,只为多占编制和经费,或者为片面追求上下级对口、同级政府一致而设立职能机构的做法,无疑导致了民族自治地方公共组织职能与社会生态环境关系的异化,其结果就是公共组织行使的职能不是社会所需要的,而社会需要的东西公共组织却无法提供。在构建民族自治地方和谐社会的新的历史时期,民族自治地方公共组织的第一项任务,就是在组织职能定位上重新回归社会生态环境的需要,根据民族的、地方的经济社会和谐对公共服务和公共产品的需求,重新定位公共组织的职能,从而为民族自治地方公共组织结构优化、人员精简和公共管理活动成本的降低创造条件。

2. 基于社会生态环境的公共组织结构和规模设计

在以社会生态环境的需要为依据定位民族自治地方公共组织职能之后,公共组织的结构和规模设计就是确保这种职能定位得以巩固的必要条件。由于公共组织职能定位与社会生态环境之间关系的异化,有些民族自治地方公共组织特别是政府组织在结构和规模上也表现出了与社会生态环境之间关系很不和谐的状况。这种不和谐表现在这样四个方面:第一,当前民族自治地方公共组织特别是政府内职能部门设计,基本上都围绕着经济建设主题,专门管理经济、市场,以谋求经济增长为目的的职能部门在公共组织中占据了绝对的优势,而专门负责为社会提供基本的公共服务和公共产品、以促进社会和谐为主要任务的职能部门却相对弱小。第二,职能部门之间分工不明确,职能、权力交叉现象严重,以至于在一级政府内部,还需要设立数量众多的常设或临时协调机构来协调职能部门之间的关系,使得政府内部层级事实上增加了一级甚至更多。第三,为了保证与上级政府的对口关系,或者为了模仿发达地区发展经验的需要,设置了不少社会生态环境事实上没有需求或者需求极少的职能部门。第四,这些结构设计上的问题,导致公共组织总是处于不断膨胀的状态,公共组织的规模远远超出社会生态环境的需要和承载能力。

要解决这些问题,需要在明确民族自治地方公共组织职能的基础上,根据社会生态环境的需要重新设计民族自治地方公共组织的结构,重新评估民族自治地方公共组织的规模和数量,合理分配公共组织内部的权力责任,使得民族自治地方公共组织的内部职能结构、层级结构、各职能部门规模及组织整体规模,都与社会生态环境的需要切合。应当遵循党的二十大提出的关于扎实推进依法行政,转变政府职能,优化政府职责体系和组织结构,提高行政效率和公信力的要求,积极探索民族自治地方公共组织的改革。

3. 基于社会承受能力的公共管理成本

公共组织职能定位和结构规模的异化，使得当前民族自治地方公共管理成本与社会承受能力之间存在着张力。一方面，民族自治地方公共管理的成本非常巨大，且增长非常迅速，但是这巨大的公共管理成本并没有为社会带来充足的公共服务和公共产品供应，且公共组织的服务能力增长远远赶不上其运作成本的增长。另一方面，由于市场经济环境带来的公民权利意识的觉醒，社会对公共组织高成本、低效率运作的容忍度却不断地降低，公共组织的社会形象出现了恶化的倾向。

民族自治地方公共管理成本居高不下，部分原因是民族自治地方客观自然环境相对恶劣，因此完成同样的公共管理任务所需要的费用更多，但另一个原因还是民族自治地方公共组织规模相对于社会需要、社会承受能力而言过于庞大，公共组织用于自身人员供养、软硬件建设和活动的经费占总开支的比例过高。

公共管理的成本与公共组织提供公共服务和公共产品的能力成反比，在一些民族自治地方，由于公共管理成本过高，公共财政支出仅仅能够勉强维持公共组织自身的运作，根本无力支持社会事业建设，因此不少针对社会的公共服务和公共产品的供给事实上已经处于非常微弱甚至停滞的状态，而这无疑意味着公共组织存在的社会基本价值的流失。因此，民族自治地方公共组织必须通过控制规模、节减开支、消除内耗等措施来降低成本。

4. 公共组织的社会亲和力

对于民族自治地方公共组织而言，正确定位职能、合理设计结构、控制组织规模与成本等，只是保证公共组织成为社会和谐有机构成的基础性工作。要使民族自治地方公共组织真正成为民族自治地方社会和谐的促进力量，成为本地各族群众和社会组织亲之爱之的友善组织，还需要做更多的工作，其中核心的一点就是加强公共组织的社会亲和力。但由于长时期计划经济体制所形成的"管制型"行政文化的影响，在一些民族自治地方公共组织中还不同程度地存在着"门难进、脸难看、事难办"的官僚主义和推诿扯皮、效率低下的形式主义，作为社会和谐促进者的作用发挥不够，公共组织的公信力和亲和力需要提高。

对于民族自治地方而言，要建立有亲和力的公共组织就必须做到以下几点：第一，必须努力克服官僚主义、形式主义作风，在群众中树立起精干、高效、亲切的形象。这有待于对民族自治地方公共组织行为规则、行政文化和行政伦理道德等方面的重建。第二，民族自治地方公共组织必须在人员构成上充分反映本地方民族的、文化的特征，大力培养民族干部，提升民族干部素质，加强公共组织公务人员民族文化教育。让从少数民族社区中成长起来的民族干部去担当为本民族、本地方服务的公共组织公务人员，增强少数民族群众的亲和感。第三，民族自治地方公共组织需要高度自觉地维护好、促进好民族的、地方的利益,在执行国家整体发展规划的条件下,尽可能地使本地方各族群众体会到公共组织在切实为本民族、本地方谋发展、谋实利。第四,民族自治地方公共组织应加强对自治权的理解和行使。国家赋予民族自治地方自治权,就是赋予民族自治地方公共组织以更大的自由去谋求本民族、本地方的利益,如果民族自治地方公共组织不能充分地行使这项权力,不但国家的整体战略无法有效实施,民族自治地方的切身利益也会受到损害,这无疑不符合民族自治地方社会发展的现实需要。

5. 公众参与和公共组织的社会融合

民族自治地方生态型公共组织的建立,最有力也是根本性的措施,是通过广泛的公众参与,使公共组织与社会实现生态融合,使公共组织真正立足于民族自治地方"生态家园",成为能更好地为民族自治地方的基层、企业和社会公众服务的公共组织。

要扩大公众参与范围,实现民族自治地方公共组织与社会的生态融合,需要做到:第一,公共组织透明化。公众参与公共组织及公共组织与社会生态融合的第一步,是公共组织活动的透明化,使公众能够随时了解公共组织在做什么,是怎么做的,从而为公众监督、参与公共组织的活动创造条件。这需要在公共组织特别是民族自治地方政府建立信息公示制度、信息检索服务体系等便利群众的信息制度。第二,推进基层自治。由于我国民族自治地方自然条件比较恶劣,交通通信等基础设施较为落后,且民族自治地方大多数都地域辽阔,在民族自治地方让公众参与较高级别公共组织的活动还很困难,因此当前主要的任务是在农村和城市社区推动基层自治,通过基层自治满足公民参与公共管理的要求,锻炼公民参与公共管理的能力,并在此基础上不断提升公民参与公共管理的层级。这种从公民"生态家园"出发的公众参与,正是政治生态主义政治结构体系的根基,是未来民族自治地方民主政治发展的基石。第三,加强以听证制度为代表的社会参与制度的建设,拓宽公民参与公共组织活动的渠道。与公众利益有重大关联的公共决策,必须要有相当比例的公众代表参与,充分反映利益相关群体的诉求和对公共产品选择的偏好,而不能由公共组织闭门决策。当前,听证制度已经在部分地方试行,取得了良好的效果,未来民族自治地方需要在进一步完善听证制度的基础上,寻找更多的其他渠道来满足公众参与公共管理的要求。第四,大力推动公共服务和公共产品供应的社会化。民营化、业务外包、特许经营等公共服务和公共产品供应的新形式,不仅是公共服务和公共产品供应方式的革新,而且是公众参与公共管理的途径。在民族自治地方,这些新的途径还没有受到足够的重视,是未来需要加强的领域。第五,大力扶持民族自治地方社会组织成长。社会组织是公民自治和参与公共管理的重要形式,但在民族自治地方,社会组织的数量少、影响力小、服务能力弱、对政府的依赖程度高等问题还非常严重,这也是未来民族自治地方公共组织建设需要着力的重点领域。

(二) 民族自治地方公共政策的生态化

建立生态型公共组织,只是实现民族自治地方公共组织自身内部的和谐,以及消除公共组织与社会生态环境关系的不和谐状态,而不能自动地使公共组织成为促进社会和谐、增进社会福祉的推动力。民族自治地方公共组织要在构建民族自治地方和谐社会中发挥积极的主导作用,还需要通过一系列生态化的公共政策的推行,在公共管理活动过程中,通过为民族自治地方社会发展提供优质的公共服务和公共产品,来消除社会不和谐现象,推动社会发展进步。生态化公共政策,是对当前民族自治地方在公共管理中盛行的 GDP 导向的公共政策、通过掠夺自然资源和破坏生态环境求得暂时经济绩效的发展战略,以及不顾社会公平和社会承受能力的发展手段的扬弃。要实现生态型公共政策,需要做到如下几点。

1. 坚持科学发展观

我国的民族自治地方大多数处于自然环境比较差的地方,这些地方生态平衡非常脆弱,已经出现的诸如干旱、水土流失、沙漠化、土质退化等生态灾难发生面广,危害也非常严重。在民族自治地方,人与自然的矛盾较一般地方更为突出。这也意味着,在民族自治地方,处理人与自然的关系,协调资源与发展的矛盾,将更为艰难;落实新发展理念,寻找一条全面、协调、可持续发展的道路,比一般地方更为迫切。

落后的现状,缺乏竞争力的社会现实,使得部分民族自治地方公共组织特别是政府形成了发展经济就是一切工作的核心的观念。以 GDP 增长为核心的政绩考核体系,对上不对下的公共责任机制,又进一步强化了民族自治地方公共组织在发展观上的片面性。这些问题使得探索有利于民族自治地方可持续发展的战略,寻找使科学发展观得到尊重和贯彻的政绩考核体系以及公共组织责任机制,成为民族自治地方公共管理实践和理论研究的重要任务。

2. 人本主义政策导向

当前在有些民族自治地方,公共组织的一些政策与公共组织行为应该具备的公共性要求还存在着较大的差异。花费巨大但很少实用价值的"形象工程",只具有作秀色彩,却不能对社会问题的解决有任何实际作用的"面子工程",打着公共政策幌子,实际上只有利于公共组织自身或者与公共组织关系密切的组织或群体的政策措施,为了一时的政绩需求而兴办对本地的自然生态环境有巨大损害的产业或企业等,这些与人本主义要求截然相反的政策现象在许多地方都普遍存在,在个别地方甚至相当严重。这些政策现象的出现,根本的原因在于部分民族自治地方公共组织,没有真正坚持以人为本,没有把人的生存、人的长远发展放在政策规划的核心位置,没有将公共组织应当具有的公共性特征和公共组织对社会的基本责任作为制定公共政策的前提。

　　民族自治地方公共组织要真正成为构建民族自治地方和谐社会的主导者,就必须纠正这种不合理的政策导向,使民族自治地方公共政策、民族自治地方公共管理活动回归到以人为本的正确导向上来。所谓以人为本,就是要求公共组织要始终把实现好、维护好、发展好最广大人民的根本利益作为一切工作的出发点和落脚点,尊重人民主体地位,发挥人民首创精神,保障人民各项权益,走共同富裕道路,促进人的全面发展,做到发展为了人民、发展依靠人民、发展成果由人民共享。对于民族自治地方而言,公共政策以人为本意味着:第一,公共政策必须优先解决各族群众的基本的生存和发展问题。在民族自治地方,解决困难群体的基本生存和发展问题,是公共组织特别是民族自治地方政府需要优先完成的重大任务。第二,公共政策应将民生问题放在首要位置。改革开放之后,我国政府从"以阶级斗争为纲"的错误思路转向了以经济建设为中心的正确道路。但是,在不少民族自治地方,这种以经济建设为中心的思路却被片面地理解为以追求经济发展速度为中心,以追求GDP增长为中心,政府几乎将所有的资源和智慧投入微观经济领域以推动经济发展的工作,与民生直接相关的许多社会事业的发展被相对搁置。这种政策在一定程度上造成了人与自然关系的恶化,同时带来了严重的贫富分化和社会伦理道德危机,各族群众所能享受的基本公共服务,如基础教育、基本的公共卫生服务、基本的社会保障发展缓慢。可以说,当前的许多社会不和谐现象,其实正是片面追求经济发展速度的政策的产物。因此,民族自治地方公共组织要在构建和谐社会的历史进程中发挥建设性的作用,必须将公共政策的重心从片面谋求经济增长转向改善民生状况、提升各族群众生活质量、确保社会公正等事业。第三,公共政策必须为困难群体提供更多的人文关怀。中华民族的原典之一《礼记》在描述大同社会的理想境界时,就对困难群体表现出了格外的关注,提出要"使老有所终,壮有所用,幼有所长,矜、寡、孤、独、废疾者,皆有所养"。其中的老、幼、矜、寡、孤、独、废疾,都是社会生活中的困难群体。在民族自治地方,这样的困难群体还包括那些因为长期生活于恶劣自然环境中而无法分享现代文明成果、因为市场竞争和企业改革需要而失去工作、因为环境保护需要而放弃传统的耕作或放牧方式的各族群众,这一部分人虽然在总体人口中所占比例不大,但是如果他们的基本生活得不到保障,社会和谐就无从谈起。而要使这些人的基本生活有保障,公共组织就需要对他们采取特别的照顾措施,在公共政策推行中对他们特别对待,以解决他们的困难。

第五节　优化民族自治地方的公共管理环境

　　现代国家要突出强调公民共同体在国家政治生活中的位置,淡化族群等社会共同体对国家政治运行的影响,需要解决一个现实的问题:基于政治契约建立的公民共同体,其内聚力往往不如基于族群认同、宗教认同、地域认同等形成的共同体强。作为解决这一问题的方案,西方较早开始现代国家建构的资本主义发达国家,基本上都借助了民族主义运动的部分灵感,为公民共同体这一纯粹的政治联合体赋予更多的文化、利益内涵,通过将公民对国家的认同仪式化、神圣化,使得公民对国家的认同逐渐内化为公民内心的信仰,培育公民对国家的精神认同和道德忠诚,通过对经济社会的管理,通过向社会提供各类公共服务,为公民共同体增添包括政治、经济、社会生活和文化价值等在内的多维联系纽带,使公民共同体随着国家的发展进步而越来越稳固。这种做法,值得我国学习和借鉴。我国未来在逐步淡化族群政治色彩的同时,要积极通过国家对社会的有效治理和公共服务,弥合因自然、历史原因形成的族群间、区域间差异与差距,为族群间、区域间社会成员的交流、融合打造多维纽带,使各族人民在国家公共服务供给中感知国家、认同国家,不断强化国家共同体意识和铸牢中华民族共同体意识。正如第五次中央民族工作会议所指出的,做好新时代党的民族工作,一定要牢牢把握好以下原则。一是必须从中华民族伟大复兴战略高度把握新时代党的民族工作的历史方位,以实现中华民族伟大复兴为出发点和落脚点,统筹谋划和推进新时代党的民族工作。二是必须把推动各民族为全面建设社会主义现代化国家共同奋斗作为新时代党的民族工作的重要任务,促进各民族紧跟时代步伐,共同团结奋斗、共同繁荣发展。三是必须以铸牢中华民族共同体意识为新时代党的民族工作的主线,推动各民族坚定对伟大祖国、中华民族、中华文化、中国共产党、中国特色社会主义的高度认同,不断推进中华民族共同体建设。四是必须坚持正确的中华民族历史观,增强对中华民族的认同感和自豪感。五是必须坚持各民族一律平等,保证各民族共同当家作主、参与国家事务管理,保障各族群众合法权益。六是必须高举中华民族大团结旗帜,促进各民族在中华民族大家庭中像石榴籽一样紧紧抱在一起。七是必须坚持和完善民族区域自治制度,确保党中央政令畅通,确保国家法律法规实施,支持各民族发展经济、改善民生,实现共同发展、共同富裕。八是必须构筑中华民族共有精神家园,使各民族人心归聚、精神相依,形成人心凝聚、团结奋进的强大精神纽带。九是必须促进各民族广泛交往交流交融,促进各民族在理想、信念、情感、文化上的团结统一,守望相助、手足情深。十是必须坚持依法治理民族事务,推进民族事务治理体系和治理能力现代化。十一是必须坚决维护国家主权、安全、发展利益,教育引导各民族继承和发扬爱国主义传统,自觉维护祖国统一、国家安全、社会稳定。十二是必须坚持党对民族工作的领导,提升解决民族问题、做好民族工作的能力和水平。我们党关于加强和改进民族工作的重要思想,是党的民族工作理论和实践的智慧结晶,是新时代党的民族工作的根本遵循,全党必须完整、准确、全面把握和贯彻。

一、加快民族自治地方与内地经济融合

经济基础决定上层建筑,一个国家的群体间关系格局、族群认同、政治认同状况,从根本上来说是这个国家的经济基础的体现。因此,从经济着手,通过缩小区域间经济发展差距,实现全国经济一体化,在边疆民族自治地方与内地之间架构起强有力的利益纽带,仍然是解决我国民族问题的根本出路。

(一)尽快消除区域间发展差距

目前民族自治地方经济社会发展相对滞后的原因很多,但以历史上民族间发展差距遗留和现代公共服务供应水平低下,最为关键。而这两个因素的共同作用又导致民族自治地方市场机制和市场观念不成熟、民众利益观念淡薄、社会自我发展能力不强等问题。所以,要消除民族自治地方与其他地区的发展差距,必须针对这些问题采取有效措施。

第一,进一步在民族区域自治制度框架下加大对民族自治地方发展的政策倾斜力度。民族区域自治制度是中国处理民族问题的最重要的政治制度安排,是对少数民族自主权利和发展权利兼顾的、高度科学的制度体系。在民族区域自治制度框架下,民族自治地方既可以得到来自中央和上级政府对本地区发展的大力支持,又享有处理本民族、本地方事务的多项自治权力。民族区域自治制度框架下设计的许多对民族自治地方的照顾性政策,实际上正是对少数民族在历史上发展滞后问题的补救措施。而自治权的授予,又使得民族自治地方能够在追求赶超的发展进程中,享有更大的政策自主空间,采取更加灵活的策略。

随着我国市场经济体制的日益完善和政治、经济体制改革的深化,形成于计划经济时代的民族区域自治制度,虽然经过了一次重大修改,但在许多方面仍然未能完全适应当前的形势,在促进民族自治地方赶超发展方面的作用有削弱的趋势。主要问题表现在:民族自治地方在市场经济环境下,经济自治权的行使不够充分;民族自治地方社会事业自治权,由于地方经济和财政支撑力量薄弱,无法推动民族自治地方真正实现赶超发展;上级机关对民族自治地方的职责,在目前的行政体制下,受到的干扰较多,不能得到全面履行,致使民族自治地方获得的帮扶资源远不能满足民族自治地方经济社会发展的需求。为此,国家需要根据全国和民族自治地方经济社会发展的状况,以及我国市场经济体制完善的程度,不断调整和优化民族区域自治制度的内容,确保民族自治地方在较长的一段时期里,能够从内外两个方向,整合充足的资源,真正实现赶超式发展。

第二,加大对民族自治地方公共财政倾斜力度,迅速弥补因为公共产品供应

和公共服务水平差距而导致的发展机会不均等。公共产品和公共服务是对一个地方经济社会发展具有基础性、先导性影响的设施和服务,也是对消除社会不公正、化解社会矛盾具有关键性意义的公共资源。长期以来,民族自治地方由于本地经济发展水平低下、财政收入有限、公共产品和公共服务供应成本偏高,在这方面欠账很多。公共产品和公共服务的落后,既是民族自治地方与其他地区发展差距的重要体现,又是导致民族自治地方与其他地区发展差距始终未能消除的关键原因。国家要加大对民族自治地方一些关键性的公共产品和公共服务项目的支持力度,如交通、通信、基础教育、公共文化、社会保障、公共卫生、环境保护等,大力推进基本公共服务均等化。这不仅关系到民族自治地方的发展,而且对民族关系的发展具有直接影响。只有在尽可能短的时间内,将民族自治地方与其他地方在公共产品和公共服务供应方面的差距消除,才能够真正缩小民族自治地方与其他地区在经济和社会方面的发展差距,实现民族自治地方与内地经济、社会生活的一体化,增强各民族对国家的认同,增强民族自治地方各族群众对国家的归属感和向心力。

第三,适当调整在民族自治地方资源开发和经济建设过程中的利益分配和补偿机制,使国家对民族自治地方各项帮扶政策的作用有效发挥。进入21世纪以来,国家进一步加大了对民族自治地方发展的支持力度,通过西部大开发战略、兴边富民行动、扶持人口较少民族发展规划等政策,帮助西部民族自治地方开发资源、完善市场、发展经济、优化公共服务。在这一过程中,国家更多地助力市场机制力量推动民族自治地方发展,以确保民族自治地方发展的效率。因此,国家需要采取措施推动外来企业的本地化,充分吸纳当地劳动力;完善资源开发的补偿机制,提高民族自治地方在资源开发过程中的获益比例;努力探索一种公平与效率兼顾,政府、企业与社会共赢,既能够使各利益相关方都合理获益,又不会妨碍市场机制良好运行的利益分配机制。

(二)大力改善民族自治地方民生状况

在全面建成小康社会进程中,民族自治地方经济实力大幅跃升,人民生活极大改善,民族文化繁荣发展,生态环境根本好转,各族群众的获得感幸福感安全感显著增强。现行标准下民族八省区农村贫困人口全部实现脱贫,民族地区累计减贫3000多万人,全国民族自治地方420个贫困县全部脱贫摘帽,28个人口较少民族全部实现整族脱贫。千百年来困扰少数民族和民族地区的绝对贫困和区域性整体贫困问题历史性地得到解决。2020年,民族八省区生产总值10.4万亿元,占全国的10.3%。2016年至2020年,民族八省区建档立卡贫困人口人均纯收入从4203元增长到10770元,增长达156%。民族八省区2020年农村居民人均可支配收入1.35万元,比2010年增长了3.2倍。①

第一,进一步加大对民族地区的扶持力度。国家要进一步加大对民族地区的扶持开发力度,整合社会资源救助面临现实、紧迫困难的各族群众。其一,要进一步增加对民族地区的投资,引导更多的社会资源投入民族地区。不论是输血式、救急式的扶持,还是造血式、开发式的扶持,都需要有强大的经济基础的支持。因而国家需要结合财力的状况,不断增加对民族地区的帮扶开发投入力度,提升对贫困群众的补助标准,加快落后地区各类事关民生改善的社会事业建设。其二,探索新的帮扶开发模式。由于民族地区是我国发展基础脆弱、市场环境极不成熟的地区,我国过去形成的扶贫开发模式,并不能完全适用于民族自治地方。因此,探索新的开发模式,提高对民族地区帮扶的效率,巩固帮扶开发的成果,极为重要。其三,积极引导社会力量参与民族地区帮扶。在部分民族自治地方,社区带动的脱贫,龙头企业带动的脱贫,非政府组织引导的脱贫,都有较好的表现。这也就意味着,在民族地区发展的过程中,政府需要积极扶持和引导社会力量,参与甚至在部分地方主导帮扶开发工作,全面整合社会资源,推进民族自治地方发展。

第二,跨区域协调解决民族自治地方就业问题。民族自治地方大多经济落后,公共服务供应水平较低,生态环境脆弱,市场环境不成熟。这也就意味着,民族自治地方目前的自然、社会环境所能够承载的人口、经济容量相当有限,仅仅依靠民族自治地方自身力量,难以在短期内快速改善民生状况。为此,国家需要进一步探索有效的机制和方法,促进民族地区人口转移就业,鼓励相对发达地区对民族地区就业帮扶,以改善民族地区各族群众的民生。

第三,对涉及民族自治地方的民生工程进一步加大支持力度。国家需要进一步加大支持力度,帮助民族自治地方兴建与民生改善直接相关的各类公共工程,特别是对于改善当地就业、教育、公共卫生、生态环境的事业,要在政策和资金上重点倾斜,进一步完善最低生活保障制度,将更多发展滞后的民族地区群众纳入最低生活保障制度的保护。国家要进一步鼓励相对发达的地方对口支援民族地区,引导对口支援工作向民生领域倾斜。党的十八大以来,对口援疆工作中承担支援的省市已逐渐将援助工作向民生领域倾斜。2014年至2019年,各援疆省市累计投入援疆资金750余亿元,用于就业、教育、医疗、住房等民生项目建设。② 2019年,19个对口援疆省市计划援疆资金合计188.19亿元,实施援疆项目1935个,有力支持了新疆脱贫攻坚、民生改善和经济发展等各项工作。对口

---

① 姜洁、李昌禹:《中华民族一家亲 同心共筑中国梦》,《人民日报》2021年8月26日。
② 王新红:《携手打赢攻坚战》,新疆日报网(2020-07-03)[2021-02-09],http://www.xjdaily.com.cn/c/2020-07-03/2115969.shtml

援疆综合效益不断提高,援疆资金投入民生领域和县及县以下基层的比例达到80%以上,援疆省市820个乡镇(村)与受援地774个乡镇(村)建立了结对帮扶机制。

在2019年的"民营企业南疆行"活动中,南疆四地州与内地省市民营企业共签订招商引资项目176个,总投资317亿元。大会现场签约的74个项目投资总额达到163亿元,项目涉及农副产品加工、纺织服装、电子信息、轻工、商贸物流、特色种植养殖等产业。[①]

2020年以来,19个援疆省市投入援疆资金超500亿元,80%以上的援疆资金流向民生领域和基层,办成了许多暖民心、惠民生的实事好事。[②] 这类经验,以后需要进一步在其他地方的对口援助中推广。为了进一步整合资源,尽快改善民族自治地方的民生状况,国家还需要积极引导市场主体参与民族自治地方的高质量发展,帮助企业排除在民族自治地方发展的诸多制约因素,特别是基础设施领域和政府管制领域的制约因素,同时妥善处理好市场主体进入民族自治地方后利益分配、劳动纠纷、资源开发、文化冲击等因素可能带来的问题。由于市场主体一般都更注重利润和效率,由市场主体参与民族自治地方民生事业建设和推动高质量发展,往往会比政府直接主导相应工作效率更高。同时,市场主体的参与,也能够更好地促进发展相对滞后的民族自治地方各族群众的市场意识、财富观念的改变,对完善当地的市场经济体制、改善当地市场环境也非常有益。

(三)结合国土战略规划促进不同区域、不同族群间形成更紧密经济关系

一些发达国家,为充分整合国内资源,合理布局国家产业结构,促进区域间均衡发展,都曾进行过国土战略性规划,以实现国土资源的有效开发利用和国民经济、公共服务的均衡发展。实际上,国土资源规划的结果远远超出经济领域,通过在全国范围内的经济分工、合作关系的重新建构,这些国家也大大加强了不同区域、不同群体间国民的经济联系,使国民在经济上凝聚成了高度一体化的利益共同体。这些国家对国土进行规划、在经济上促进国民利益一体化的经验,值得我国借鉴。

由于我国民族自治地方多分布于自然、生态、区位、经济基础、社会事业等条件都相对困难的地区,如果缺乏全国性的统筹规划,民族自治地方在区域规划的博弈中无疑将处于劣势。这种劣势若得不到扭转,则可能导致本来在经济上与内地融合程度相对较低、在全国大市场格局中已经出现了边缘化倾向的部分民

[①] 袁蕾、王兴瑞:《2019年"民营企业南疆行"活动大会在喀什举行》,新疆日报网(2019-08-04)[2021-02-20],http://www.xjdaily.com/c/2019-08-04/2078881.shtm

[②] 苟继鹏:《19个援疆省市3年来投入援疆资金超500亿元》,中国新闻网(2023-03-07)[2024-03-20],https://www.chinanews.com.cn/cj/2023/03-07/9967231.shtml

族自治地方,在未来的发展进程中处于更加不利的位置。因此,我国在未来进行国土战略规划时,将民族自治地方作为一个特殊的区域进行规划,通过国土战略规划为民族自治地方在全国市场大分工格局中确立合适的位置,打破部分民族自治地方经济封闭、隔绝于全国大市场的状况,扭转民族自治地方在市场分工格局中的边缘化倾向,具有非常现实的意义。

二、推动各民族文化交融

对于现代国家而言,基于现代性的价值、制度和组织体系建设,只是国家建构的一个方面。另一方面,国家作为一个共同体,要想获取其成员的忠诚与认同,又需要面向传统,借助文化的黏合力。缺乏共同历史文化的"政治民族有时难以体验到文化民族那样的有机统一和历史根基感"[1]。

在中国历史上,政治制度、价值和政权组织出现的危机曾多次导致国家分裂。但即使在最为混乱的分裂时代,深深植根于各族人民心中的对统一国家的认同与向往始终顽强地存在并发挥影响力,最终推动国家重新统一。若深入分析古人所说的"分久必合、合久必分"的政治循环,不难发现,导致国家分裂的危机出现的原因,往往与政治层面的封建制度的弊病联系在一起,而推动国家重新统一的原因,往往与文化层面的认同和忠诚联系在一起。

在传统国家基础上开始现代国家建构的中国,一方面继承了传统中国千百年历史进程中形成的悠久文明,以及由这一文明凝聚的自在的中华民族共同体,并在现代国家建构进程中使之从自在状态转变成自觉状态;另一方面又在反帝反封建的革命斗争中建立了社会主义制度——人类历史迄今为止最先进的社会制度,能够为国民提供最科学的政治价值、制度以及在此基础上设计的政权组织体系。这使得中国有条件充分融合社会主义政治价值与中华文化的价值,培育并巩固中国特色的公民—民族文化,进而提升中华民族凝聚力,巩固现代中国建构的社会基础。当然,这两项条件虽然具备,却并不意味着我国的公民—民族共同体建构能自然而然地完成。从现代国家建构公民认同、打造民族共同体的经验来看,国家要在短期内培育民众的公民精神,提高国民凝聚力,需要在文化、意识形态领域开展一系列工作,通过发展公共教育、公共文化、文化市场等方式,在丰富公民精神文化生活的同时,潜移默化地向国民普及国家提倡的价值观念、文化理念、思维方式和生活方式,从而在文化上实现国民一体化。

三、引导人力资源跨区域流动

现代国家相对于传统国家,能够更好地维护社会秩序,促进社会发展,缓解

---

[1] 〔英〕安德鲁·海伍德:《政治学(第二版)》,张立鹏译,中国人民大学出版社2006年版,第137页。

社会群体之间的矛盾冲突,其中一个非常重要的原因,是现代国家一方面建立了能够促进人口流动和族群交流的机制,另一方面又提供了引导和保障不同类型的共同体相互包容彼此的差异性,进而和平共处的机制。现代国家在西欧和北美的初现,与市场经济发展、人口大规模迁移联系在一起。城市化、工业化、市场化等经济动力,引导着整个社会快速流动,人口不断从城市向农村、从相对饱和的区域向开发程度相对较低的区域转移。随着人口的大流动,传统社会形成的各种共同体被瓦解,或者影响力日趋式微,与这些传统共同体的存在密不可分的一些对群体间差异性不宽容的文化、观念和制度也随之消散。而现代国家的政治制度、文化制度和社会制度,能够最大限度地容忍差异,容忍文化和生活方式的多元性。在宽松的制度环境下持续进行的人口迁移、流动,辅之以现代国家主动开展的民族建构工程,使得许多国家的族群差异性越来越小,族群界限越来越模糊甚至彻底消失。而这反过来,又进一步弱化了人们对差异性的恐惧,强化了人们对不同群体的宽容精神,进而使现代国家越来越稳定。

中华民族共同体形成的历史,实际上也是一部人口流动交融的历史,正是历史上一次次大规模的人口迁移,导致中国屡屡出现民族大融合,中华民族共同体的规模不断壮大,中华文明的影响范围也随之不断扩大。

然而,由于中国市场经济体制改革起步较晚,市场成熟度远远不够,因此中国社会的衍射型特征还未能完全成型,传统融合型社会特征的遗留影响在部分地区还非常顽固,特别是在相对偏远的中西部民族自治地方,直到现在仍然保留着"融合型"社会的诸多特征:人们观念相对保守,人口与资源流动性不强,群体之间信息与文化沟通不畅,除政治一体外更多地借力国家的力量,而社会自身的积极性、主动性不高,群体间界限清晰,超越传统共同体的社团数量少,组织社会公共生活的能力弱。

要改变这一局面,推动边疆民族自治地方社会从融合型向衍射型转变,促进边疆民族自治地方现代化发展,首要的任务就是借助市场经济力量,引导和鼓励边疆民族自治地方人口流动,进而带动社会资源循环流动,促进各类新的开放型社会共同体的建构,打破传统融合型社会形成的各类共同体对边疆社会生产力发展的束缚。国家首先要放松对跨区域人口、资源流动的管制,放开户籍限制,使边疆民族自治地方的人口和资源向中、东部发达地区流动,中、东部发达地区的人口和资源向边疆民族自治地方流动,不受户籍制度的约束。其次,要借助市场经济体制发展形成的势能,引导和鼓励边疆民族自治地方人力资源有序向自然生态环境相对优越、经济发达程度相对较高的地区转移,在改善边疆民族自治地方各族人民生活水平的同时,促进他们更好地融入全国经济、社会大环境;同时,国家也要鼓励和引导中、东部市场主体在合理的逐利动机驱动下,到边疆民族自治地方发展,进而带动中东部人口与资源向边疆民族自治地方流动,在促进当地发展的同时,强化边疆民族自治地方与内地的经济、生活联系。

四、合理引导居民宗教信仰与宗教生活

宗教是一种重要的社会、历史现象,是在传统社会中,与人类苦难联系在一起的世界观。恩格斯指出,一切宗教都不过是支配着人们日常生活的外部力量在人们头脑中的反映,在这种反映中,人间的力量采取了超人间的力量的形式。①

相比世界其他国家,中国社会的宗教信仰具有相当大的特殊性。"中国地域辽阔,民族众多,地区差异很大;汉族人口很多,却又信仰庞杂,而知识界信仰的理性化倾向强烈;文化上有'和而不同'的传统,历代政府多数实行比较宽容开放的宗教政策。由于以上种种原因,中国人的信仰便形成了信仰种类繁多,世界宗教与本土宗教并存,汉族信仰与少数民族信仰反差较大等特征。"②中国边疆民族自治地方,宗教氛围非常浓厚,宗教在社会各个领域都发挥着非常巨大的作用,由宗教塑造的文化与习俗,甚至成为一些民族的核心特征。因此,如何引导居民的宗教生活与宗教信仰,使之与我国社会主义社会、与我国现代化发展进程相适应,是当前需要深入研究的重大问题。

我们要全面理解并严格贯彻宗教信仰自由政策,依法规范宗教组织和教职人员的活动,严厉打击宗教极端势力和非法宗教活动,引导宗教与社会主义社会相适应。要真正实现宗教与社会主义社会相适应,消除宗教可能引发的社会问题,根本措施还是要在加快推进民族自治地方现代化发展进程的基础上,加速民族自治地方社会现代性发育,丰富人们的物质生活和精神生活,逐步淡化宗教对社会各个领域的影响。

宗教的影响力与一个地方的经济社会发展水平,以及精神文化生活的丰富程度具有一定的反比关系。世界历史发展的进程已经确切无疑地表明,一个地区社会生产力发展水平越是落后,社会成员精神文化生活越是贫乏,这个地区的宗教氛围就越浓厚,宗教非理性色彩就越突出,宗教就越容易被极端组织和极端分子利用,成为其危害社会稳定的工具。相反,在经济相对发达、社会精神文化生活多样化的地方,宗教氛围相对会比较淡,宗教的非理性色彩也会削弱,宗教被极端势力利用的可能性也越小。

为此,国家需要不断推进民族自治地方经济社会各项事业的发展,迅速改变民族自治地方相对落后的局面,丰富民族自治地方各族群众的精神文化生活,在此基础上逐步淡化民族自治地方宗教信仰的氛围,引导宗教向更加理性、更加宽

---

① 转引自牟钟鉴:《民族问题与宗教政策》,《宗教与民族》第1辑,宗教文化出版社2002年版。
② 牟钟鉴:《少数民族宗教问题突出特点与特殊地位》,《中国民族报》2002年3月22日。

容、更加适应社会主义社会发展的方向转变。

目前,我国在民族自治地方经济发展方面投入的资源已经非常可观,民族自治地方经济发展水平与其他地区的差距正迅速缩小。未来,国家需要更加重视在民族自治地方发展公共文化服务,丰富民族自治地方各族群众的精神生活。尤其要加快发展民族自治地方教育事业,加大民族自治地方公共文化基础设施建设,特别是要增加针对民族自治地方农牧区的图书馆室建设、科普宣传、公益演出、群体性文化活动的投入,使民族自治地方各族群众真正能够便捷地获取现代科技、文化知识,参与积极、健康、多元的文化生活。

同时,国家要鼓励和引导市场力量参与民族自治地方文化领域的发展,借助市场主体的参与,进一步丰富民族自治地方人民的文化生活,充实各族群众的精神世界。实际上,目前在新疆、西藏等地,由市场力量主导的文化、娱乐机构已经逐步渗透到社会各个角落,市场主体参与开发的民族自治地方文化产业也形成了较大的规模,这些都对促进民族自治地方经济社会发展和加强民族自治地方精神文明建设具有重要意义。但是,市场力量也有其弱点,市场主体对于文化娱乐活动的质量把关往往不严,导致许多低俗的文化娱乐项目,在民族自治地方影响面很广,这需要国家相关管理部门加强引导和监管。

在国家和市场两种力量的作用下,最终要推动民族自治地方社会的世俗化,即让宗教从现实生活中无处不在的支配性影响地位退回到其应有的领域,对社会、政治、经济、文化、教育等领域的影响不断淡化,对民众日常生活的影响积极且有限。

五、完善民族自治地方社会治理结构

在构建社会主义和谐民族关系的过程中,以民族自治地方政府为核心,包括民族自治地方基层自治组织、非营利组织在内的各类公共组织,发挥着主导作用。它们是治理民族自治地方的主体力量,是国家各项政策的具体落实者,是民族自治地方发展的政策制定者和执行者。因此,提升民族自治地方各类公共组织的治理能力,对于构建社会主义和谐民族关系,具有非常重要的意义。

(一)加强民族自治地方基层政府建设

1. 加强民族自治地方基层政府执行力与公信力

美国著名学者戴维·伊斯顿在探讨政治生活中的输入与输出因素及其对政治共同体的影响时,认为在一个政治系统中,公民支持指向三个不同层次的政治对象:共同体(community)、典则(regime)和当局(authorities)。其中对共同体的支持是最高层次,相当于本书中探讨的对国家的认同,而对典则的支持相当于对一个政治共同体(国家)的法律和其他规范体系的认同,对当局的支持则相当于对代表社会治理国家的政府的认同。在其《政治生活的系统分析》一书中,伊斯顿特别描绘了当局在政治输出过程中的失败,可能引发的公民对政治系统支持的流失。他认为,如果当局未能采取充分的行动,满足系统内成员的要求,就有可能引发这些成员的不满情绪。这种不满情绪首先是针对当局的,如果这些不满一而再、再而三地产生,而输出方(当局)依然没什么改进,那么不满就可能转向典则或政治共同体。[①] 而相对于公民来说,当局实际上也有层次性,与公民关系最密切的当局,是那些直接与公民打交道的基层政府。

在国家治理过程中,一般而言,中央政府主要承担创制和维持对形成国家认同至关重要的国家基本价值、制度的职责,同时为国民提供典型、不可分割的重要公共产品,如国防、外交、公共安全等。在部分国家,中央政府还提供一些确保国民机会平等的公共产品,如基础教育、基本社会保障等。而处于基层的政府,则主要根据本地社会的特殊性,提供各种满足居民选择偏好的公共产品,同时将来自更高层政府的或中央的政策措施在辖区内落实,通过这两项职责的履行,对社会资源、价值进行权威分配。由于国家规模巨大,人口众多,普通公民实际上很少能够直接感受到中央政府的行为,他们对国家存在及国家作用的感受,主要源自基层政府的行为。从这个角度来说,对于公民而言,基层政府就是"当局",这个"当局"在政治输出过程中的表现,首先直接影响公民对当局的支持,其次构成了公民对典则、政治共同体支持的基础。因此,基层政府的行为能力,以及在开展公共管理活动过程中表现出来的公共性、公信力,不但对一个地方的经济社会发展具有引领性作用,而且从政治系统分析的角度来说,也可以减少基层政府在政治输出过程中的"失败",进而对形成和维系公民国家认同具有重要意义。

民族自治地方基层政府是国家政策特别是民族政策在民族自治地方的直接实施者,是涉及民族自治地方各族人民利益的权威分配者,对于民族自治地方民众而言,恰恰就是最直接的当局。因而,基层政府的治理能力,特别是在一系列涉及民众切身利益的事项上的执行力与公信力,在某种程度上决定了公众对中国政府,进而对中国特色社会主义制度,对中华民族的认可。有鉴于此,在当前经济社会多元化趋势日益明显、社会整合难度不断加大的大背景下,加强我国民族自治地方基层政府的执行力与公信力,具有格外特殊的意义。

新中国成立 70 多年以来,我国民族自治地方取得的发展成就,以及相对和谐的民族关系格局,已经充分证明了我国民族自治地方政府整体而言具有较好的治理能力,能够比较有效地执行国家政策,制定和实施地方政策,引领民族自治地方发展,维持民族自治地方良好秩序。然而,不可否认的是,部分民族自治地方县乡两级政府在治理能力方面仍有较大提升空间,与促进民族自治地方跨越式发展、构建社会主义和谐民族关系的需要相比,仍然有一定的差距。

---

① 〔美〕戴维·伊斯顿:《政治生活的系统分析》,王浦劬等译,华夏出版社 1999 年版,第 278 页。

政府治理能力由多个维度构成,其中比较关键的是执行力与公信力。政府的执行力是政府执行政策过程中表现出来的能力和效能的总称,是政府贯彻执行党和国家的路线、方针、政策,在辖区内制定与执行具体政策以实现既定目标的实践能力。政府的执行力主要受政策质量(包括理解与落实上级政府、制定与实施本地方政策)、政府职能定位与组织结构设计、政府工作人员素质、沟通机制、监督机制、绩效评估机制等因素的影响。

政府公信力是社会成员基于政府提供的公共服务和表现出来的治理能力,而表达的对政府的信任程度,并由此形成的政府与社会的互动能力。政府公信力的大小实质上代表了公众对政府履行其职责情况的评价。

政府公信力的影响因素非常多,其中比较关键的因素包括:(1)公民本位理念的贯彻程度。即政府开展各项公共管理活动,在多大程度上坚持以公共利益最大化为追求目标,在多大程度上自觉高效地为公民提供公共产品和公共服务。(2)政府的回应性。即在社会公共问题发生之后,政府积极主动响应社会吁求,引领社会力量共同应对问题,化解危机的表现。(3)政府行为法治化程度。即政府开展的各项活动,是否严格遵循了宪法、法律法规的要求,或者按照法律精神来进行。(4)政府行为的透明度和参与性。即政府对自己开展的活动向社会公开的程度,以及允许社会力量参与的程度。因此,在未来民族自治地方发展进程中,通过转变政府职能,调整政府组织结构,提高政府工作人员素质,提高政府公共政策能力等途径,提高民族自治地方政府的执行力和公信力,将是一项重要而紧迫的任务。

2. 进一步完善民族自治地方基层政权组织体系

民族自治地方地广人稀,多位于边疆,自然环境相对较差,社会情况也比较复杂。各级民族自治地方政府不但肩负着给本区域内各族群众提供公共服务的职责,而且承担着维护祖国统一、边疆安全和民族团结的特殊使命。然而,正是由于民族自治地方管辖区域巨大,人口稀少,民族自治地方公共服务供应的成本一般来说要远远高于普通地方,社会各项事务管理的成本与难度也相对较高。这种情况,使得民族自治地方基层政权特别是乡镇一级政权具有特殊的重要性,毕竟对于部分民族自治地方而言,省(区)级甚至县级政府,与普通居民的空间距离,以及在此基础上形成的公共服务距离都非常远,省(区)、地(市)、县(自治县)级政府既难以细致了解辖区内居民的公共服务需求偏好,也无力承担在如此广阔区域内提供公共服务、进行社会治理的成本。

然而,当前民族自治地方乡镇一级政权面临的许多现实的问题和困难,大大制约了其治理和服务地方的能力。

针对这些情况,国家需要采取有效措施,尽快加强民族自治地方乡镇政府建设。首先,需要鼓励和引导优秀人才下乡镇担任职务,并通过提升待遇和加大发展空间,留住人才,让他们能够安心地在乡镇开展工作;其次,国家还需要有针对性地加强基层乡镇的各类基础设施建设,包括乡镇政府办公设施、基层乡镇生活娱乐设施以及其他公共基础设施等方面建设,切实解决基层乡镇面临的现实、紧迫问题;最后,国家需要强化对基层乡镇政府的绩效评估和财政监管,在确保基层乡镇工作顺利进行的同时,对个别不称职、不安于本职工作的人员加强约束。

(二)积极扶持和引导民族自治地方基层自治组织和社会组织发展

随着我国市场经济体制的日益完善和治理体系改革的不断推进,以及社会组织的日益成熟,我国社会治理主体多元化的趋势也非常明显,其中由过去的基层行政组织演变而来的基层自治组织和新兴的社会组织,在社会治理过程中发挥的作用越来越重要。然而,由于我国强政府、弱社会的传统根深蒂固,社会组织成长起步较晚,我国基层自治组织和社会组织治理社会的经验与能力都还有所欠缺,需要国家加强扶持与引导。

我国的基层自治组织是指在城市和农村按居民居住地区设立的居民群众自我教育、自我管理、自我服务的基层群众性自治组织,即城市居民委员会和农村村民委员会。基层自治组织的主要任务是办理与所管辖地区居民有关的公共事务和公益事业,协调和处理民间纠纷,协助政府相关部门维护社会治安,开展基层精神文明建设,向政府反映居民群众的意见、建议和要求。

实际上,在部分发达省、市,基层自治组织的功能远远超出这些范畴,而是成为满足基层社会对公共产品需求偏好、引领基层社会发展的关键力量。例如江苏、浙江等省,就有许多农村在村委会等基层自治组织的带领下,转变成一个个实力强劲的经济实体。同时基层自治组织还成为基层群众文化生活的组织者、社会保障的提供者,其所能发挥的作用几乎无限广阔。

在西部民族自治地方,基层自治组织尤其是农村基层自治组织的发育程度,远远低于东部沿海地区。然而,西部地广人稀的社会现实、相对落后的经济发展水平,以及较为复杂的社会治理环境,恰恰又对基层自治组织的发展有着更迫切的需求。

在民族自治地方,基层自治组织还在保卫边疆安全、维护民族团结、反对分裂势力和极端势力活动方面发挥着不可替代的作用。

然而,由于农牧区青壮年人口大量入城,以及在组织发展和经费预算等方面存在的障碍,目前民族自治地方农村基层自治组织的发展情况不尽如人意。如何鼓励和引导民族自治地方农村基层自治组织发展,需要进一步深入研究。

第三章 民族自治地方公共组织

第一节 公共组织概述

一、组织与组织理论

组织是人类社会的一种普遍现象,是人类社会生活的一种结构形式。"社会已经成为一个组织的社会。在这个社会里,不是全部也是大多数社会任务是在一个组织里和由一个组织完成的。"①关于组织的性质与特点,达夫特认为,组织是社会实体,有着确定的目标,有精心设计的结构,并与外界环境相联系。②吉斯登则说:"一个组织是以公务关系为基础,为了完成特定目标的一大群人的结合。"③国内一些学者对组织的界定是:"组织是指在一定的社会环境中,人们通过相互交往而形成的具有共同心理意识,并为了实现某一特定目标而按一定的方式联合起来的有机整体。"④组织的产生与发展是与人类的生产和生活需要的增长联系在一起的。随着人们生产和活动范围的不断扩大,单个人孤立的活动往往难以满足需求,而必须通过多人的合作才能实现某一类目标。这种合作的需要一旦形成,组织就诞生了。管理学研究的内容正是对组织中人与物的管理活动,因此组织理论构成了管理学以及以管理学为渊源之一的公共管理学的理论基础。

(一) 组织理论的发展阶段

在管理学理论中,组织是核心概念之一,管理学研究基本上都围绕着组织来展开。管理学界关于组织的认识经历了一个不断深化的过程,其中每一个阶段对组织的理解都有所差别。随着人类组织的不断演进,组织理论也不断发展,大致经历了传统组织理论阶段、行为主义组织理论阶段和多元化的组织理论阶段三个发展过程。

1. 传统组织理论阶段

第一个阶段是以马克斯·韦伯的科层管理体系为代表的传统组织理论阶

---

① 〔美〕彼得·德鲁克:《后资本主义社会》,张星岩译,上海译文出版社1998年版,第52页。
② 〔美〕理查德·L.达夫特:《组织理论与设计精要》,李维安译,机械工业出版社1999年版,第6页。
③ 〔英〕安东尼·吉斯登:《社会学(第四版)》,赵旭东等译,北京大学出版社2003年版,第331页。
④ 陈振明、孟华主编:《公共组织理论》,上海人民出版社2006年版,第2页。

段。这一时期对组织的理解以职能分工、制度设定为主要内容,组织理论研究偏重组织内的结构分工安排和组织制度、组织纪律的建设,强调组织内的控制。

科层管理体系对组织特征做了五方面的描述:第一,组织建立在完整的法规制度基础之上,这些法规制度规定了组织的目标并约束组织成员朝目标努力;第二,组织有非常明确的权责体系,权责法定化,并形成统一的等级序列;第三,组织成员根据能力大小,以公开招考或其他严格的挑选程序选拔,根据专长任职;第四,组织的管理者不是组织的所有权人,而是领取固定薪金的职员;第五,组织运行建立在非人格化的纪律基础之上,奉行文牍主义[①]。

2. 行为主义组织理论阶段

第二个阶段是以梅奥等人为代表的行为主义组织理论阶段。这一阶段对组织理论的研究除了对第一阶段的批判和继承外,主要是加强了对组织中人、人的行为和人际关系的重视,具体说来主要有以下几个方面:

第一,重视非正式组织的作用。非正式组织在正式组织中形成并发挥作用,它重视满足人们的社会需求,形成与正式组织不同的规范与价值观念,进而影响组织的结构与效率。[②]

第二,关注人的心理需要与社会需要。这方面的理论主要有马斯洛的需要层次理论,麦格雷戈的 X、Y 理论和麦克利兰的成就需要理论等,它们都是探索人在组织中的动机与需要的理论,把人看成是"社会人",而不是"经济人",关注人的心理需要和社会需要的满足。

第三,强调激励的功能。第一阶段组织理论虽然也谈到了一些激励措施,但是非常简单,基本都局限于经济手段。这一时期,根据对人在组织中工作动机的探索和人的需要的假设,建立了许许多多的激励模式,以激励人们更加投入地工作,从而提高工作效率。行为科学的激励理论主要有马斯洛的需要层次理论、赫兹伯格的双因素理论、波特—劳勒的激励理论、弗鲁姆的期望理论和斯金纳的强化理论等。

3. 多元化的组织理论阶段

第三个阶段是多元化的组织理论阶段。这个时期组织理论的研究方向越来越多,关注点逐渐分散,理论多元化的色彩非常明显。这一阶段的组织理论学派主要有:

第一,决策理论学派。以赫伯特·西蒙为代表的决策理论学派,将组织理解

---

① 〔德〕马克斯·韦伯:《官僚制》,转引自〔美〕杰伊·M.沙夫里茨、J.史蒂文·奥特:《组织理论经典(第五版)》,中国人民大学出版社 2004 年版,第 73—78 页。
② 〔美〕弗里茨·罗特利斯伯格:《霍桑实验》,转引自〔美〕杰伊·M.沙夫里茨、J.史蒂文·奥特:《组织理论经典(第五版)》,中国人民大学出版社 2004 年版,第 165 页。

为一个由各种决策过程贯穿的复杂系统,"管理过程就是决策过程"①,围绕着决策来分析组织成员的心理、行为以及组织结构和运行。

第二,团体理论学派。以库尔特·卢因为代表的团体理论将对团体及其运作的研究作为组织研究的核心,团体目标、结构、规模、领导方式、规范、信息活动、凝聚力等内容是这一学派对组织理论的贡献。

第三,系统学派。系统学派将组织看成一个更大系统下具有独立目标的子系统,通过对系统之间的相互作用关系的研究来挖掘组织结构和运行方面的规律。系统学派认为组织是个开放系统,在与环境的相互作用过程中努力实现组织内外部的平衡。

第四,权变理论学派。该学派将权变思想贯彻到组织研究中,将组织、管理与环境中的各种因素都作为权变因素来研究,认为组织结构应随内外环境的改变而改变,以便更好地达到组织目标。"权变观点所要研究的是组织与其环境之间的相互关系和各分系统的相互关系,以及确定关系模式即各变量的形态。权变观点强调的是组织的多变量性,并力图了解组织在变化着的特殊环境中运营的情况。权变观点最终目的在于提出最适宜于具体情况的组织设计和管理行动。"②

第五,学习型组织理论。学习型组织理论由美国麻省理工学院的彼得·圣吉在1990年出版的《第五项修炼:学习型组织的艺术与实务》一书中提出。圣吉认为,在学习型组织中,"大家得以不断突破自己的能力上限,创造真心向往的结果,培养全新、前瞻而开阔的思考方式,全力实现共同的抱负,以及不断一起学习'如何共同学习'"③。圣吉还提出了建立学习型组织的五项修炼:自我超越,改善心智模式,建立共同愿景,团体学习,系统思考。④

(二)组织理论的内容

管理学的组织理论虽然丰富多彩,但其核心内容主要有这样几个方面:

第一,组织目标。组织是为了实现其成员的目的或者满足其成员的欲望而形成的,因此目标是组织存在的前提与核心内容。目标说明的是组织的使命是什么,组织为完成什么任务而存在,以及为了完成组织的使命和任务,组织在每一个阶段需要具体做什么。

第二,组织结构。组织要实现自己的目标,完成其承担的任务,就需要对自

---

① 〔美〕赫伯特·西蒙:《管理行为——管理组织决策过程的研究》,杨砾、韩春立、徐立译,北京经济学院出版社1991年版,第9页。
② 〔美〕弗里蒙特·E.卡斯特、詹姆斯·E.罗森茨韦克:《组织与管理:系统方法与权变方法(第四版)》,傅严、李柱流译,中国社会科学出版社2000年版,第144页。
③ 转引自邱昭良:《学习型组织新思维》,机械工业出版社2003年版,第79页。
④ 〔美〕彼得·圣吉:《第五项修炼:学习型组织的艺术与实务》,郭进隆译,上海三联书店1994年版,第6—8页。

身拥有的人力和物质资源进行配置,这种配置的结果就是组织的结构。组织结构的主要内容是组织如何定义自己的权力,如何分配这种权力,怎样设计组织的职位体系,以及如何将权力与具体的个人结合起来。

第三,组织成员。组织要想把工作做好,最重要的一点是将组织中所有工作人员的关系协调好,让每个人的能力得到充分发挥,让大家的工作共同指向组织目标,这就需要寻找对待组织成员的合理方式。这方面的内容主要包括组织成员需要什么,工作过程中的心理和动机是什么,如何激发人的工作积极性,如何协调好人际关系等。

第四,组织行为。组织必须开展各种活动,以获取资源,实现自己的目标。但是组织毕竟不是个人,组织作为一个集合多人的群体,它的行为是否有规律性,什么因素驱动着组织的行为,哪些因素对组织的行为选择和结果有影响,这些都是组织行为研究要解答的问题。

第五,组织发展。由于组织本身只是社会生态系统中的一个组成部分,它的资源、活动场所及开展各种活动所针对的对象都与组织外的环境有关。组织需要与环境相适应,环境的变化必然要求组织随之变化,组织与环境的适应过程就是组织不断发展完善自己的过程。

二、公共组织及其构成要素

在社会中存在着这样一类组织,它们存在的目的是服务于公共利益,这类组织被称为公共组织。有学者认为公共组织是"一个基于合作而组成的公共团体;其范围涵盖了行政、立法、司法三个政府部门与相关组织;在公共政策的制定方面发挥重要作用,因而是政治过程的组成部分;与民营部门管理在许多重要的方面存在明显差异;与民营部门或个人亦有密切之关系"[1]。我们认为,公共组织是指为推行社会公共事务、协调社会公共利益关系而建立起来的一切组织,它既包括政府组织,也包括社会组织。

公共组织包括以下几个方面的要素:

第一,公共组织目标。目标是组织之所以成为必要的前提,是组织存在的灵魂;没有目标,组织就失去了存在的意义。公共组织的目标是管理公共事务,维护社会公共秩序,提供社会所需公共产品,协调公共利益关系,促进社会利益的增长和公正分配。公共组织的目标是区别公共组织与其他组织的根本标志。

第二,公共组织资源。公共组织要存在并在社会生活中发挥作用就需要有一定的资源。公共组织资源包括人、财、信息三个方面。人是公共组织的核心。

---

[1] 转引自〔美〕戴维·H.罗森布鲁姆等:《公共行政学:管理、政治和法律的途径(第5版)》,张成福等校译,中国人民大学出版社2002年版,第5页。

公共组织的目标由人提出,公共组织的任务由人来完成,公共组织中各种制度安排从本质上说都是对人际关系的调整。财是公共组织中的物质因素。公共组织要开展公共管理活动,提供社会需要的公共产品和公共服务,必须有诸如资金、场地、办公设备及其他用品作为物质基础。信息是公共组织中非物质性的资源。在公共组织活动中的绝大部分内容都与信息的生产、传播和处理有关。

第三,公共组织制度。公共组织要实现自己的目标,要使各项资源能够被充分利用,就需要有一定的规章制度对目标进行分解,对资源进行配置。公共组织制度的具体内容主要有:(1)公共权力与责任的划分。即组织如何分配资源处分权,如何将资源处分权与相应的责任相联系。(2)公共组织职能的定位。公共组织要使各成员的工作都指向总体目标,就必须明确每个人、每个具体部门的工作任务和活动范围,必须将总目标分解为与职能相联系的分目标。(3)公共机构与职位设置。在职能划分的基础上,公共组织需要将承载权力的一系列特定机构根据分工原则确定下来,同时为每个机构配备相应的职位,把权力分配到具体职位,并且实现权力、信息的流动。(4)规章制度。公共组织需要用书面形式对组织的结构、运行程序进行规范,使组织成员都在组织允许的范围内活动,从而进一步确保目标的实现。可以看出,公共组织制度的核心内容是对公共组织权力的分配。

第四,公共组织文化。我们可以将组织文化理解为组织成员共享的认知体系和价值体系。正如沙夫里茨和奥特所说的,"组织文化是与某种社会文化紧密联系的存在于组织中的文化。……它是观察、思考、研究和理解组织的另一种方式"[1]。组织文化由组织价值观、组织行为规范、组织理想、组织行为方式等多种无形的东西构成,是"将一个组织整合起来的社会性或规范性的黏合剂"[2]。沙因对组织文化给出了一个比较贴切的定义:"它是一种团体共享的基本假设的模式,这些假设是由特定团体学习并被用来处理它所面对的内部融合和外部适应问题,因效果良好而被认为是有效的,是能够被用来教导新成员作为认知、思考和感觉那些问题的正确方法。"[3]公共组织文化作为存在于公共组织中的认知和价值体系,很早就引起了研究者的关注,"他们试图理解组织干预和追求合理(和象征性)目标的规则。组织的文化分析力图解释组织在对待时间、空间和与社区联系的各种观点中的不同之处,以及在尊重事实、公众的信任和员工的忠诚中的

---

[1] 〔美〕杰伊·M.沙夫里茨、J.史蒂文·奥特:《组织理论经典(英文版)》,中国人民大学出版社2004年版,第361页。

[2] Linda Smircich, "Concepts of Culture and Organizational Analysis", *Administrative Science Quarterly*, 1983(28), p.344.

[3] E. H. Schein, *Organizational Culture and Leadership* (2nd ed.), Jossey-Bass, 1991,转引自〔美〕杰伊·M.沙夫里茨、J.史蒂文·奥特:《组织理论经典(英文版)》,中国人民大学出版社2004年版,第373—374页。

差异"①。

三、公共组织的特点

公共组织是一种特殊的社会组织,它在很多方面有着其他组织不具备的特征:

(一)公共性

公共组织的首要特征是其公共性,这也是公共组织之名的由来。公共组织的公共性表现在以下两个方面,主要包括:

1. 目标的公共性

公共组织追求公共目标,而不是组织本身或者组织成员的目标。公共目标具体是什么?借助利益概念,可以大体上界定公共目标的界限,即公共组织所要实现的公共目标是社会利益的最大化。在这里,社会利益包括:第一,具有社会分享性的公共利益,即一个社会共同体内部为相对不确定的主体(组织或个人)所享用的资源和条件;第二,具有组织分享性的共同利益,即一个社会共同体内部为相对确定的组织内部成员所享用的资源和条件;第三,具有私人独享性的个人利益,即为社会共同体内部相对确定的个人所享用的资源和条件。公共组织活动的核心目标是维护和扩大公共利益,使整个社会都能够通过公共组织的活动而获得福利。"对公共利益的关注也许是整个改革运动最重要的组成部分,政府工作人员在改革过程中应该思考的基本问题是,所采取的改革方案以及政策过程的结果能否使公众受益。"②

2. 责任的公共性

公共组织对整个国家与社会负有政治责任、法律责任和道德责任。它代表国家行使公共权力,代表人民管理社会,是实现国家意志、维持社会秩序的重要工具。公共组织有责任维护国家的公共秩序,维护法律的权威;公共组织要为自己的行为承担法律责任,成为社会遵守法制的模范;公共组织有义务维持和促进社会道德,以自身的良好道德形象来为社会树立道德榜样;公共组织的行为必须是公开透明的,必须接受来自社会各方面的监督。这些责任超越了公共组织本身,具有公共性。

(二)政治性

公共组织的核心是政府组织,所以是政治性的组织,它的权力和责任具有与一般组织不同的特殊性。公共组织的政治性体现在:

---

① 〔美〕雅米尔·吉瑞赛特:《公共组织管理——理论和实践的演进》,第157页。
② 〔美〕B.盖伊·彼得斯:《政府未来的治理模式》,吴爱明、夏宏图译,中国人民大学出版社2001年版,第22页。

1. 权力与责任具有政治性

公共组织的权力是由政治系统从公共组织外部赋予的,公共组织的责任也是由政治系统设定的。公共组织的权力与责任具有明显的政治色彩,是社会各利益群体博弈的结果。公共组织必须服从于政治安排并对其负责,其活动具有政治上的意义,其行为结果具有政治上的影响。

2. 权力与责任具有强制性

公共组织的主体是政府组织,其权力对于组织外部的社会来说具有强制性,政府组织可以依据自身的权力干预社会组织和公民的生产生活。这种干预以合法的暴力为基础,其他社会组织和公民必须服从。公共组织的责任同样也具有强制性。公共组织不能逃避自己的责任,不能随意改变自己的任务,甚至不能随意改变完成任务的工作程序和时间安排。

3. 活动规则具有政治性

公共组织的活动规则大部分是由政治系统规定的,公共组织内部制定的规则也是重要的社会政治规范,反映了社会政治利益的角力。非政府公共组织虽然在政治性、强制性色彩上相对政府组织要弱,但是也符合这一特征。它们要进入公共服务领域,都必须获得政府组织的许可或授权,服从于政府组织的目标和管制。

(三) 非营利性

公共性决定了公共组织不能以追求自身的利益为目的,而应以社会公共利益的增进为根本诉求。因而,公共组织不能也没有权力利用自己所掌握的资源谋求本组织的自身利益或者组织成员的个人利益。公共组织为了开展活动所需要的各种资源由社会政治系统根据合理原则从社会财富中划拨,而不是根据市场交换的原则获取。这点与追求利润最大化、按照市场交易与竞争原则活动的企业组织完全不同,体现了公共组织的非营利色彩。

(四) 系统性

公共组织是当今世界规模最为庞大的组织,它具有极其复杂的结构,承担着各方面的社会事务。但是,这个组织同时具有极强的整体性,内部权力责任关系具体而明确,组织结构和工作流程上下贯通,层级和部门分工明确且政令统一,任何其他社会组织都不可能在同样的规模上保持如此高度的统一和协调。

四、公共组织的类型

公共组织是一个由许多行政机关和提供公共服务的非政府组织组成的系统,依据不同的标准,公共组织可划分为不同的类型:

(一) 中央组织和地方组织

根据法定管辖区域的不同,公共组织可划分为中央组织和地方组织。在我国,中央级公共组织包括国务院、国务院所属的各职能部门、具有全国影响力的非政府公共组织等;地方公共组织是指地方各级人民政府及其所属的职能部门,以及活动范围局限于地方的非政府公共组织和个人。

(二)决策组织、专职服务组织和辅助组织

根据职能不同,公共组织可分为决策组织、专职服务组织、辅助组织。

决策组织是指在公共组织系统内部负责统领全局、掌握形势、做出各种决策的组织,如西方国家的政府内阁。

专职服务组织是指公共组织系统中分管各项专业事务的执行组织,如我国国务院所属的各部、委、办以及直属机构,各地方政府中负责专业行政管理的各厅、局等职能部门,各个级别提供公共服务的非政府组织。专职服务组织按照政府职能的划分或者接受政府的委托,专门分管一部分社会事务,在分管的范围内根据社会需要提供相应的管理和服务。

辅助组织是指为公共决策组织和专职服务组织提供后勤支持或咨询服务的组织。其主要作用是促进公共组织内部与外部之间以及组织内部各机构相互之间的沟通协调,为组织决策和执行开展调查研究,提供资料,准备文件,解决日常后勤需要。目前,各级政府中的办公厅、研究室、机关事务管理局等都属于辅助机关。

(三)强制型公共组织、半强制型公共组织和非强制型公共组织

政府及其部门依据宪法和法律的授权,维持公共秩序,实行公共管理,可对违反政府管理的组织和人员采取强制措施,属于强制型公共组织。还有一类公共组织,它们不是政府的组成部门,主要依靠市场手段协助政府管理市场,但由于它们所拥有的特殊权威或者由于接受政府的授权,对不服从管理的组织和个人,也能够采取一些具有强制色彩的行动,如市场仲裁组织,以及一些专职提供公共产品或准公共产品的公司。这些组织具有一定的强制性,称为半强制型公共组织。除了这两类公共组织,更多的公共组织都不具有强制性,主要向具有平等地位的服务对象提供各种公共服务。这类组织的特点是非强制性和服务性,称为非强制型公共组织。

五、公共组织的设置原则

(一)职能需要原则

任何组织的建立和内部部门设置都不能由领导者随意决定,而要根据现实的需要来确定,根据组织的社会职能来设计。公共组织更是如此,它承担着社会管理和公共服务的职能,管理公共事务,提供公共服务,实现公共利益。由于社会公共事务只是整个社会事务中的一小部分,这从根本上决定了公共组织不可能无限扩大自己的规模。

（二）权责一致原则

公共组织中的每一个岗位,都是职、权、责三者的结合,其设置的依据是职能的需要。公共组织一旦设立,就必须能够高效地行使相关职能。为了使公共组织及其内部每一个岗位都运转起来,首先公共组织本身要有明确的权力、责任和职能目标;其次,组织内部每一个岗位也要有明确的权力、责任和职能目标。权力意味着对一定范围内资源的支配,责任则意味着做或不做某些事的限制,而职能目标则是组织及占据某一岗位的个人必须通过努力达到的未来状态。职、权、责三者相辅相成,职能目标构成权力和责任的前提,权力为职能目标的实现提供了资源保证,而责任意味着职能目标的实现具有强制性,不能由任何组织或个人随意决定是否完成它。同时,职、权、责三者又相互制约,职能超越了权力所允许的限度则难以实现,权力太大而责任不多则易于导致权力滥用,职能交叉或权力重叠则会使组织之间或组织内各岗位之间陷入冲突而无法正常开展工作。

（三）精干高效原则

公共组织是社会组织中规模最为庞大、权力最为广泛、与社会联系最为密切的组织。因此,公共组织是否精干、机构层次是否适当、运行成本是否低廉、工作程序是否简便是高是低等因素都会对社会利益造成重大而深远的影响。行政组织的精干高效原则要求:

1. 组织规模适度

公共组织要根据工作任务和工作需要来确定机构编制和人员数量,力求以最小的规模、最少的人员完成社会交付的公共管理任务。

2. 机构层次简化

公共组织应不断运用现代科技带来的成果,提高管理效率,在管理幅度适度扩大的基础上,实现管理层级的简化,从而使组织规模不断地压缩。

3. 工作程序简便

公共组织必须本着为服务对象着想的原则,不断寻找方便服务对象的方法和手段,简化工作程序,降低服务对象的成本。当前,我国许多地方陆续建立了行政大厅或者政务中心,集中办理各种行政审批事项,就是一项简化程序、方便服务对象的重大举措。而伴随着电子政府的建设,借助互联网络实现政务公开和网上办公,可以使政府程序更加精简,政府与民众的沟通也会更加便捷。

4. 运行成本低廉

任何公共管理活动的开展都需要社会支付成本。而公共组织本身的巨大规模使得这种成本的增长往往意味着社会财富的巨大消耗。因此,作为公共组织的责任之一,公共组织要在不断提升服务质量和效率的同时,寻找降低公共组织运行成本的途径,将降低成本纳入组织设计的考虑范围。

（四）法治原则

在依法治国成为当前政治改革的必然选择的今天，法治原则也是公共组织设置所必须遵循的原则。首先，国家行政机关的设立、撤销或合并必须遵守法治原则。每个国家的宪法、政府组织法或其他有关法律法规都会对国家行政机关机构数量、职位和权力的配置、设立程序、人员编制、经费分配及调整方式进行规范。国家行政机关作为国家行政权力的主体，在设置过程中坚持法治原则，一方面是为了保证行政机构的权威性，另一方面也是为了防止行政机构和行政人员的随意增减，保证行政机构的精干高效。法治原则同样适用于非政府公共组织。非政府公共组织的设立、撤销、合并虽然是其自主权范围内的事，但必须符合法治精神，必须为此承担相应的法律责任。同时，公共组织一切行为都要依法而行，都要有明确的法律依据。在一般情况下，公共组织缺乏法律授权则不得擅自行动。

（五）协调原则

各级政府之间、政府内部各部门之间、政府与非政府组织之间、非政府组织与非政府组织之间在工作中都需要相互合作、互相协调。基于公共组织的特性，协调的指导标准应是增进社会利益尤其是社会公共利益。公共组织在设计组织内的层级部门关系、设计组织和职位系统、制定各种管理规则、采用各种管理方式时，都必须以更有利于组织内部之间、组织与外在环境之间的协调为指导原则。

第二节 民族自治地方行政组织

公共组织有多种类型，但其中最庞大、最复杂也是对社会具有最大影响力的公共组织，无疑是行政组织。因此，任何对公共组织的讨论都不可避免地要先讨论政府。研究民族自治地方公共组织也是如此。民族自治地方政府既是法律明确规定的自治机关，又是民族自治地方公共管理事务的主要承担者。在当前民族自治地方非政府组织并不发达的情况下，民族自治地方行政组织还是许多本应由社会自身承担的公共事务的实际管理者。因此，了解民族自治地方行政组织的性质、功能和发展对于民族自治地方公共管理研究而言具有非常重要的意义。

一、民族自治地方行政组织的性质

民族自治地方行政组织是民族自治地方行政权力的行使者，也是当前民族自治地方公共产品和公共服务的主要提供者。民族自治地方行政组织具有以下双重角色。

（一）作为地方政府的组织

民族自治地方行政组织首先是国家的一级地方政府。"民族自治地方的自治机关是自治区、自治州、自治县的人民代表大会和人民政府。"[①]"民族自治地方设立自治机关，自治机关是国家的一级地方政权机关。"[②]"民族自治地方的自治机关行使宪法第三章第五节规定的地方国家机关的职权。"[③]"民族自治地方的人民政府对……上一级国家行政机关负责并报告工作。……各民族自治地方的人民政府都是国务院统一领导下的国家行政机关，都服从国务院。"[④]《宪法》和《民族区域自治法》的相关规定，明确了民族自治地方政府首要是作为一般地方政府存在，行使一般地方政府的职权。

《宪法》第一百零七条规定的一般地方政府的职权，民族自治地方政府都享有，即"县级以上地方各级人民政府依照法律规定的权限，管理本行政区域内的经济、教育、科学、文化、卫生、体育事业、城乡建设事业和财政、民政、公安、民族事务、司法行政、监察、计划生育等行政工作，发布决定和命令，任免、培训、考核和奖惩行政工作人员"。这些一般地方政府权力在《中华人民共和国地方各级人民代表大会和地方各级人民政府组织法》中具体细化为十一项职权，即（一）执行本级人民代表大会及其常务委员会的决议，以及上级国家行政机关的决定和命令，规定行政措施，发布决定和命令；（二）领导所属各工作部门和下级人民政府的工作；（三）改变或者撤销所属各工作部门的不适当的命令、指示和下级人民政府的不适当的决定、命令；（四）依照法律的规定任免、培训、考核和奖惩国家行政机关工作人员；（五）编制和执行国民经济和社会发展规划纲要、计划和预算，管理本行政区域内的经济、教育、科学、文化、卫生、体育、城乡建设等事业和生态环境保护、自然资源、财政、民政、社会保障、公安、民族事务、司法行政、人口与计划生育等行政工作；（六）保护社会主义的全民所有的财产和劳动群众集体所有的财产，保护公民私人所有的合法财产，维护社会秩序，保障公民的人身权利、民主权利和其他权利；（七）履行国有资产管理职责；（八）保护各种经济组织的合法权益；（九）铸牢中华民族共同体意识，促进各民族广泛交往交流交融，保障少数民族的合法权利和利益，保障少数民族保持或者改革自己的风俗习惯的自由，帮助本行政区域内的民族自治地方依照宪法和法律实行区域自治，帮助各少数民族发展政治、经济和文化的建设事业；（十）保障宪法和法律赋予妇女的男女平等、同工同酬和婚姻自由等各项权利；（十一）办理上级国家行政机关交办的其他事项。

---

① 《中华人民共和国宪法》第一百一十二条。
② 《中华人民共和国民族区域自治法》第三条。
③ 《中华人民共和国民族区域自治法》第四条。
④ 《中华人民共和国民族区域自治法》第十五条。

作为一般地方政府,民族自治地方政府的属性是:第一,它是本级人民代表大会的执行机关。这是我国行政机关的共同特点。根据"议行合一"的原则,行政机关是执行机关,它执行的事项是本级人民代表大会交予的事项以及宪法授权事项。第二,它是单一制国家行政系统中的地方政府。民族自治地方政府也需要执行上级政府交办的事项,服从上级政府的管理。第三,它是本地方经济社会事务的直接管理者。民族自治地方政府对本地方所有的公共事务都承担着管理责任。

(二)作为自治政府的组织

除了作为一般地方政府,民族自治地方政府更重要的角色在于它还是民族自治地方的自治机关。《宪法》第一百一十二条、第一百一十五条明确规定了民族自治地方政府与民族自治地方人民代表大会都是民族自治地方自治机关,享有《宪法》和《民族区域自治法》赋予的自治权,在具体管理地方事务的过程中,比一般地方政府享有更多的独立权限。

在行使自治权的过程中,民族自治地方政府与民族自治地方人民代表大会分工的原则与一般地方政府和人大的分工一样。"民族自治地方的人民政府对本级人民代表大会……负责并报告工作。"①民族自治地方人民代表大会和民族自治地方人民政府根据这一分工共同行使自治权。根据我国人大与政府的分工,人大对地方的经济社会重大事务进行决策,对政府的工作进行监督,具体的执行则交由政府去完成。因此,从某种意义上来说,民族自治地方政府是行使自治权的主角。民族自治地方政府享有的自治权构成了民族自治地方政府与一般地方政府的本质区别。

二、民族自治地方行政组织的自治权

自治权构成了民族自治地方行政组织与一般地方行政组织的本质区别,是民族自治地方政府作为特殊行政组织的核心内容。因此,了解自治权是了解民族自治地方行政组织的前提。

(一)自治权的概念

自治权是指一种在团体内部合法自主地行使的具有约束力的权力。在这里,我们所说的自治权是专指民族区域自治的自治权,《宪法》第一百一十五条规定:自治区、自治州、自治县的自治机关依照宪法、民族区域自治法和其他法律规定的权限行使自治权,根据本地方实际情况贯彻执行国家的法律、政策,这构成了自治权的法源。但是对于自治权的理解,理论界有许多不同的观点,如"自治权是指民族自治地方自治机关所行使的公权力。它是由作为自治机关的各级人

---

① 《中华人民共和国民族区域自治法》第十五条。

民代表大会和各级人民政府依照《宪法》《民族区域自治法》和其他相关法律规定的权限,本质上是代表实行区域自治的民族行使管理本民族内部事务和地方性事务的民主权利"①。"自治机关的自治权是指民族自治地方的人民代表大会和人民政府依照《宪法》《民族区域自治法》和其他法律规定的权限,根据本民族、本地区的情况和特点,自主地管理本民族、本地区的内部事务的权力。"②从这些理解来看,学者们基本上将自治权定位为管理本民族、本地区的事务。这种理解并不能真正揭示自治权的根本特征,因为民族自治地方政府具有一般地方政府与自治地方政府的双重特征,它所享有的处理本地方的事务的许多权力,其实只是作为一般地方政府的权力。而自治权只是这种权力与少数民族自治地方特殊的环境相结合的基础上而做出的特别规定。因此,对民族自治地方的自治权比较准确的理解,应是基于少数民族自治地方特殊的社会环境,由宪法和国家法律赋予民族自治地方的基于民族特殊性以及与民族特殊性相关的地方特殊性基础上的各种事务的自主管理权。

(二) 自治权的性质

从以上定义可以看出,我国民族自治地方自治权具有如下的性质:

1. 自治权是一种自上而下的授权

自治权是在中央集权的国家体制下,由上而下授予民族自治地方行使的,而不是像联邦制国家那样基于民族自决权由聚居地的少数民族保留的权力。我国的民族自治地方自治权是通过《宪法》的规定,通过《民族区域自治法》的明确,通过一系列其他法律的细化,而授予民族自治地方行使的权力。授权的性质决定了民族自治地方政府虽然相比其他地方政府享有很多的特殊权力,但从本质上来说,都是单一制国家中全国统一的行政权力的一部分。

2. 自治权是权利与权力的结合

自治权的内容基本上都是基于特殊环境而赋予民族自治地方的特殊管理权限。其权利性体现在它是被《宪法》和《民族区域自治法》承认并予以保护的法定权利,体现的是国家对民族自治地方特别的群体利益和地方利益的关怀。法律在赋予民族自治地方自治权的同时,也规定了一系列国家和上级政府对民族自治地方的责任和义务。民族自治地方的自治机关既有行使自治权的权利,也有履行相应义务的责任,这些都显示了自治权的权利性质。同其他国家权力一样,自治权作为宪法和法律赋予民族自治地方自治机关的一种职权,具有国家强制力的特征,在自治地方管辖区域内对一切组织和公民都具有约束力。民族自治地方的自治机关,不论是人大还是政府,都是以国家强制力为后盾的政权机构,

---

① 陈云生:《中国民族区域自治制度》,经济管理出版社 2001 年版,第 208 页。
② 宋才发:《民族区域自治法通论》,民族出版社 2003 年版,第 86 页。

因此它们享有的自治权当然具有政治权力的色彩。

3. 自治权是基于人的因素与基于地域因素的统一

民族自治地方的自治权不是简单的少数民族群体自治,也不是简单的地方自治,而是两者的结合。这首先是由于少数民族特殊群体的存在,其次是由于这个特殊的群体基于历史原因在某个地域聚居,民族因素和地域因素共同导致了这些地方在公共管理方面具有自身独特之处。因此,自治权需要统一考虑民族因素与地域因素,在内容上体现了少数民族群体的特殊性和它们聚居地的地域特殊性,自治权是民族自治与区域自治的结合。

(三) 自治权的内容

自治权的内容极为广泛,《民族区域自治法》共用二十七条条文规定民族自治地方的自治权,这些自治权涉及民族自治地方几乎所有的公共事务。概括来讲,包括五个大类:

1. 自主管理本民族、本地区的内部事务

民族自治地方自治机关依法自主地管理本民族、本地方的内部事务,不受其他国家机关、社会团体和公民的非法干预。自治区主席、自治州州长、自治县县长必须由实行区域自治的少数民族公民担任,行政组织中必须合理配备一定比例的自治民族人员等,也具体体现了这种权利。

2. 自治立法与变通执行国家法律政令的权力

除享有一般地方国家权力机关的权力外,《民族区域自治法》第十九条规定:民族自治地方的人民代表大会有权依照当地民族的政治、经济和文化的特点,制定自治条例和单行条例。《中华人民共和国立法法》规定:自治条例和单行条例可以依照当地民族的特点,对法律和行政法规的规定作出变通规定,自治条例和单行条例依法对法律、行政法规、地方性法规作变通规定的,在本自治地方适用自治条例和单行条例的规定。《民族区域自治法》还规定:上级国家机关的决议、决定、命令和指示,如有不适合民族自治地方实际情况的,自治机关可以报经该上级国家机关批准,变通执行或停止执行。

3. 文化自治权

民族自治地方的自治机关在执行公务的时候,依照本民族自治地方自治条例的规定,使用当地通用的一种或者几种语言文字;同时使用几种通用的语言文字执行职务的,可以以实行区域自治的民族语言文字为主。民族自治地方的自治机关根据宪法和法律的规定,尊重和保护少数民族的宗教信仰自由,保障少数民族公民一切合法的正常宗教活动。民族自治地方的自治机关保障各少数民族都有按照传统风俗习惯生活和进行社会活动的权利和自由,包括尊重少数民族生活习惯,尊重和照顾少数民族的节庆习俗,保障少数民族特殊食品的经营,扶持和保证少数民族特需用品的生产和供应以及尊重少数民族的婚姻、丧葬习俗

等。同时,提倡少数民族在衣食住行、婚丧嫁娶各方面奉行科学、文明、健康的新习俗。

民族自治地方的自治机关根据国家的教育方针,依照法律的规定,决定本地方的教育规划,以及各级各类学校的设置、学制、办学形式、教学内容、教学用语和招生办法。在少数民族牧区和经济困难、居住分散的少数民族山区,设立以寄宿为主和助学金为主的公办民族小学和民族中学,保障就读学生完成义务教育阶段的学业。

民族自治地方的自治机关自主地发展具有民族形式和民族特点的文学、艺术、新闻、出版、广播、电影、电视等民族文化事业。组织、支持有关单位和部门收集、整理、翻译和出版民族历史文化书籍,保护民族自治地方的名胜古迹、珍贵文物和其他重要历史文化遗产,继承和发扬优秀的民族传统文化。

4. 经济自治权

民族自治地方的自治机关根据法律规定和本地方经济发展的特点,合理调整生产关系和经济结构;在国家计划的指导下,根据本地方的财力、物力和其他具体条件,自主地安排地方基本建设项目;自主地管理隶属于本地方的企业、事业单位。民族自治地方依照国家规定,可以开展对外经济贸易活动,经国务院批准,可以开辟对外贸易口岸;民族自治地方在对外经济贸易活动中享受国家的优惠政策。

《民族区域自治法》第三十二条对于民族自治地方政府财政的性质、管理及预算有明确的规定:民族自治地方的财政是一级财政,是国家财政的组成部分。民族自治地方的自治机关有管理地方财政的自治权。凡是依照国家财政体制属于民族自治地方的财政收入,都应当由民族自治地方的自治机关自主地安排使用。民族自治地方在全国统一的财政体制下,通过国家实行的规范的财政转移支付制度,享受上级财政的照顾。民族自治地方的财政预算支出,按照国家规定,设机动资金,预备费在预算中所占比例高于一般地区。民族自治地方的自治机关在执行财政预算过程中,自行安排使用收入的超收和支出的结余资金。

民族自治地方的财政预算支出,按照国家规定,设机动资金,预备费在预算中所占比例高于一般地区。民族自治地方的自治机关在执行财政预算的过程中,自行安排使用收入的超收和支出的结余资金。同时,民族自治地方的自治机关在执行国家税法的时候,除应由国家统一审批的减免税收项目以外,对属于地方财政收入的某些需要从税收上加以照顾和鼓励的项目或产业,可以实行减税或者免税。

5. 社会事务自治权

民族自治地方的自治机关自主地发展体育事业,开展民族传统体育活动。民族自治地方的自治机关自主地决定本地方的医疗卫生事业的发展规划,发展现代医药和民族传统医药。民族自治地方的自治机关根据法律规定,制定管理流动人口的办法,做好流入地和流出地"两头"对接的工作。

三、民族自治地方行政组织的特点

自治权的享有与行使是民族自治地方行政组织与一般地方行政组织的区别所在,同时也使民族自治地方行政组织形成了许多与一般地方行政组织不同的特点。

（一）目标不同

民族自治地方行政组织与一般地方行政组织的不同首先体现在它们的公共管理目标存在差异。国家之所以赋予民族自治地方自治权,其着眼点就是国家在民族自治地方进行公共管理需要达到的目标与其他地方有较大差异。民族自治地方政府的公共管理目标,除了一般地方政府的目标之外,在维持民族团结、保护民族文化、振兴民族自治地方经济以及确保国家边防安全等方面具有更丰富的内容。

（二）组织结构不同

民族自治地方的行政组织在结构上与一般地方行政组织有所区别,在层级划分和部门设置上也与一般地方有所差别。

（三）资源构成不同

在人才资源上,民族自治地方行政首长必须由实行自治的少数民族公民担任,在行政组织成员中必须确保实行自治的少数民族公民占一定的比例。同时,在行政组织中,汉族和其他少数民族成员也需要有一定的代表,从而在组织人员构成上既体现主体民族的自治又体现各民族的团结。在财政资源上,民族自治地方的财政来源、结构和使用方式都与其他地方有部分不同。

（四）权限不同

基于民族自治地方的特殊性而赋予民族自治地方政府的自治权包括立法、文化、经济和社会事务等方面的自治权以及执行国家法律政令的变通权。对于上级政府的政策和法律,如果与民族自治地方的实际情况不相适应,民族自治地方政府可以变通执行,或者不执行,这是一般地方政府不可以采取的方式。

四、民族自治地方行政组织的层级结构

由于地域广阔,民族自治地方在行政组织的层级设计上与一般地方有所不同。一般地方政府都是省—县—乡三级,而民族自治地方则往往在自治区（省）与自治县（县）级之间多一级政府,即自治州。

但是,随着我国地改市的全面推进,自治地方在层级上多一级的特点已经渐渐消失了。由于地改市、市管县体制的确立,我国一般地方行政组织也基本上实行了四个层级,地级市政府也成为一级完整的政府,而不是省的派出机构。

在现实生活中,民族自治地方行政层级的具体模式要比简单的自治区—自

治州—自治县—乡结构复杂得多。主要包括以下几种模式：

（1）自治区—地区行署（盟）—县—乡。在新疆和内蒙古，自治区与县级之间，还存在个别地区级别的派出机构，新疆与内地一样称地区，内蒙古则称盟。如新疆和田地区，内蒙古兴安盟、锡林郭勒盟。

（2）自治区—自治州—县—乡。民族自治地方由于地域广阔，在辖区内还可能出现与实行自治的主体民族不同的少数民族聚居区，这些区域也实行自治。自治区下设自治州的情况只在新疆存在，新疆有克孜勒苏柯尔克孜自治州、巴音郭楞蒙古自治州、昌吉回族自治州、博尔塔拉蒙古自治州、伊犁哈萨克自治州五个自治州。

（3）自治区—自治州—自治县—乡。这种层级模式也只在新疆存在，新疆巴音郭楞蒙古自治州下辖焉耆回族自治县，昌吉回族自治州下辖木垒哈萨克自治县。

（4）自治区—地区、市或盟—自治县（旗）—乡。这种层级情况，在内蒙古、新疆、广西都有。区与县之间有派出机构，或者地级市，下辖自治县（内蒙古称自治旗）。如新疆哈密市下辖巴里坤哈萨克自治县，内蒙古呼伦贝尔市下辖鄂温克族自治旗，广西桂林市下辖恭城瑶族自治县。

（5）自治区—自治州—地区—县（自治县）—乡。这是极其特殊的一种层级模式，只出现在新疆伊犁哈萨克自治州。地方政府层级有5级，层级最多，区、州、县三级政府都存在自治机关，伊犁州塔城地区下辖和布克赛蒙古自治县。

（6）省—自治州—县—乡。这是出现比较多的一种层级模式，我国绝大部分自治州都分布在各省而不是自治区，自治州下设县。例如湖南省湘西土家族苗族自治州，下辖诸多普通县乡。

（7）省—自治州—自治县—乡。这种层级模式也出现得比较多。例如贵州省黔南布依族苗族自治州，下辖三都水族自治县。

（8）省—市（地区）—自治县—乡。例如浙江省丽水市下辖景宁畲族自治县。

民族自治地方的层级模式主要就是这样八种模式，不同层级模式中上下级政府的权力关系也有所不同。

五、民族自治地方政府的内部结构

民族自治地方政府内部组织结构根据职能分工原则，划分为承担不同职能的委、厅、局、室等。由于各地的公共事务内容存在差异，不同的自治地方内部结构有很大的不同。一般而言，民族自治地方内部机构根据其职能与权限的不同，分为这样五大类：政府组成部门、政府直属事业单位、政府特设机构、政府办事机构、政府协管单位。然而具体哪些部门或组织具体应归属于哪一类，各地的标准却大不相同，因此无法进行确切的分类讨论。

总体来说,在关键的职能厅局和事业单位方面,各地的设置基本上一样。表3-1列举了新疆维吾尔自治区政府机构,其他自治区、自治州、自治县机构设置大体相同。

表 3-1 自治区政府关键职能部门

自治区人民政府办公厅		
政府组成部门		
自治区发展和改革委员会	自治区教育厅	自治区科学技术厅
自治区工业和信息化厅	自治区民族事务委员会(自治区宗教事务局)	自治区公安厅
自治区民政厅	自治区司法厅	自治区财政厅
自治区人力资源和社会保障厅	自治区自然资源厅	自治区生态环境厅
自治区住房和城乡建设厅	自治区交通运输厅	自治区水利厅
自治区农业农村厅	自治区商务厅	自治区文化和旅游厅
自治区卫生健康委员会	自治区退役军人事务厅	自治区应急管理厅
自治区国防动员办公室	自治区审计厅	
政府直属特设机构		
自治区人民政府国有资产监督管理委员会		
政府直属机构		
自治区市场监督管理局(知识产权局)	自治区广播电视局	自治区体育局
自治区统计局	自治区医疗保障局	自治区机关事务管理局
自治区地方金融监督管理局	自治区信访局	自治区林业和草原局
自治区乡村振兴局	自治区国防动员办公室	
部门管理机构		
自治区粮食和物资储备局	自治区监狱管理局	自治区戒毒管理局
自治区畜牧兽医局	自治区药品监督管理局	

这些单位,都是由本级政府管理,承担具体政府职能的单位。除了属于本级政府管理的单位之外,还有一些单位直接由上级政府管理,但它承担的事项却主要在本级政府管辖范围之内。这些单位包括:电力、邮政、烟草专卖、食品药品质量监督、气象、国税、技术监督、水文、外汇管理等。除这些普遍设置的单位之外,各民族自治地方根据当地的实际需要,还会设置一些各不相同的事业单位或者职能局室。

第三节 民族自治地方政府组织的问题及改革

在民族区域自治制度的框架下,民族自治地方各级政府在发展地方经济、推动社会进步和文化发展、促进民族团结、保持边疆稳定、维护祖国统一等方面都做出了巨大的贡献。然而目前民族自治地方政府作为具有很强特殊性的地方公共组织,在组织结构和组织运作方面也还存在着许多与市场经济发展潮流不相适应的地方,与公共管理现代化的要求还有一定的差距。从组织理论的角度来看,民族自治地方的政府组织还存在着以下几个方面的问题。

一、行政组织结构的趋同化

（一）横向的趋同化

我国民族区域自治制度的根本目的是通过对具有特殊环境的民族自治地方赋予特殊的权力,以便更好地管理民族自治地方事务,促进民族团结和民族自治地方的振兴发展。民族自治地方特殊的权力、特殊的公共管理任务、特殊的公共管理目标、特殊的公共管理环境都决定了民族自治地方在公共组织尤其是行政组织的结构安排和承担具体职能的部门设置上,需要与其他地方有所不同。但是,现实情况是,民族自治地方的组织结构与其他地方几乎没有什么区别,尤其是在管理经济社会事务的职能部门的设置上更是如此。这种情况可以称为组织结构的趋同化。由于公共管理事务大部分都是具体操作性的技术性事务,可以进行标准化、程序化的安排,因此大部分职能部门设置的趋同化在世界各国都是常见的现象。然而在许多经济社会事务管理领域,区域差别还是存在的。对于我国这样一个发展极不平衡的国家而言,地区发展的巨大差异和各地行政组织结构的趋同会对地方有效治理产生影响。

在对口管理和统一领导的机构设置原则要求下,当前民族自治地方内部机构设置与其他地方不同的为数不多。即使有不同也基本局限于文化管理方面,如民族自治地方的民族宗教事务局相比其他地方而言地位更加突出,很多民族自治地方都设有语言文字工作委员会等。而经济方面的职能部门除了部分民族自治地方设有边境贸易管理局外,没有任何其他的差别。在绝大部分职能部门设置上,民族自治地方与一般地方都相当一致。考虑到民族自治地方享有广泛的自治权,考虑到民族自治地方的经济社会事务相比其他地方存在着一些差别,这种机构设置的适当性值得商榷。

虽然公共管理特别是政府行政管理具有普遍性、技术性、程序性的特征,部分地方出现相同的组织或部门并不奇怪,但是,公共管理更是极其具体的有针对性地解决社会问题的过程,必须与其管理对象保持相当的协调性,必须高度适应运行于其中的环境,唯有如此才能起到更好地引领社会发展的作用。机构是职能的载体,横向结构的趋同很容易导致各地方政府在具体管理方式、公共管理和服务的内容设计等方面的同一化,在提供的公共服务内容上脱离地方实际。我国民族自治地方与其他地区在经济发展水平上存在一定差距,在自然条件、社会形态和文化心理等方面也有着一定的不同,各个地方在公共管理中面临的具体问题、承担的具体任务以及在此基础上形成的对公共组织结构和组织能力的需求必然有所差别。从这个意义上来说,建构具有鲜明特点的民族自治地方公共管理组织,是一个需要在理论和实践层面认真探索的问题。

(二) 纵向的趋同化

除了横向对比的结构趋同,当前还普遍存在着纵向间政府结构趋同。每一级政府基本上都是对上级政府的"克隆",层级之间在职能和具体管理方式上的差异并没有体现在部门设置的差别上。在中央设置的机构部门中,除了外交部、国防部、中国人民银行、海关总署等少数几个专属于中央职能范围的部门外,其他的部门基本上从中央到县级都有相同的设置。

这种纵向间的机构设置趋同,在便于上下级政府之间对口管理的同时,也带来了一些问题。第一,在这一模式下每一级政府都管理或参与管理所有种类的国家事务,从而使每一级政府都必须保持一个相当的规模。甚至很多低层级政府没有实际管理内容的事项也会设立相应的部门,从而使机构臃肿的问题比较突出。第二,上下结构趋同必然导致决策者和执行者之间的分离,不利于各级政府因地制宜地对具体事务做出决策并具体执行。上下层级机构设置的高度一致必然使得决策权集中在高层级政府,而执行权却在低层级政府。高层级政府由于远离现实情况,难以做出科学的决策,低层级政府虽然了解情况,却不能也不愿意做出决策。这种决策与执行的分离使得政府之间极易出现推诿责任、争夺权力的情况。第三,上下结构趋同化容易导致"条""块"矛盾。这种结构趋同化是我国政府条条块块分割的原因之一,更是条块之争的强化剂。中央政府和各级地方政府的宏观调控职能和微观管理职能重叠,管理职责没有进行必要的分解。由于每一级政府都管理所有的事情,所以,所有政府职能部门都从上到下对口设置。在这种体制下,中央和上级政府集中了很大的权力,几乎所有的资源都是从上到下进行分配。这就使垂直管理的条条机构成为对地方经济和社会发展有着重大影响的部门,地方的所有经济、社会发展事务都要依托于"条条"的支持,地方政府机构虽多,但因缺乏有机整合,呈"碎片化"趋势,地方的"块块"因地制宜地做出决策的权力和动力不足。而且,条块之间由于各自负责的对象不同,经常陷入矛盾和争端。第四,这种结构趋同也会使政府内部工作难以协调。上级主管部门与地方政府双重管理,但是在谁主管、谁协管、每一级政府具体管什么、以什么方式管等问题方面,现实中缺乏有关的制度法规,致使工作无章可循,协调的成本很高。

这种纵向政府结构趋同的现象会造成运作成本的上升和管理效率的低下,对于行政环境特殊的民族自治地方而言,无疑会影响自治权的行使和经济社会的发展。

二、行政组织层级偏多,部门设置过多

(一)层级设置偏多

政府规模庞大、层级过多、行政成本居高不下,长期以来一直都是困扰我国行政改革的难题。民族自治地方政府的层级比一般地方更多,绝对规模虽然不算很大,但是与人口和经济水平对比的相对规模,则远远大于一般地方政府。层级过多容易导致信息传递失真,并且会相应地增加政府的规模,这与当前公共管理扁平化、政府规模不断缩小的潮流相悖。通信和交通技术的飞速发展,使信息和物资传输速度不断加快,扩大了政府服务的半径,拓宽了政府管理的幅度,从而减少了政府的管理层次。因此,对于民族自治地方基于辽阔地域而形成的多层级结构的必要性需要重新思考。现代科技的发展可以使管理幅度大大增加,政府层级减少和规模缩小能加快政府信息的传递速度和减少沟通协调的困难,使政府向扁平化方向发展,这样不但能大大压缩政府规模,还能有效提升工作效率,防止政府规模的反弹。

(二)部门设置过多

部门设置和人员编制的不合理使得我国政府机构的规模始终非常庞大,政府运作成本极其高昂。各省区各行政层级政府工作部门数量设置普遍超标,而且还存在严重的以扩大事业单位编制、临时机构常设化等方式增设部门机构的情况。庞大的政府规模必然会带来庞大的政府开支。据统计,2023年中央本级"三公"经费预算64.96亿元,与2019年相比减少约16亿元。①

政府机构数量的增加导致政府规模、人员和运作成本的增加,这在一定程度上将影响政府的服务质量和能力。与全国的情况相比,民族自治地方政府运作的相对成本更高。然而,绝大多数民族自治地方的财政收入都不能够达到自给自足,而公共财政的绝大部分又被规模庞大的政府自身所消耗,因而公共产品和公共服务的供给因缺乏足够的财力支持,缺失问题非常严重。② 针对部门设置的问题,除了要加强对政府机构编制和财政预算的管理之外,更重要的是加快政府职能的转变,增强政府的责任意识,加大对政府的监督力度,并在建立政府绩效考核机制时,加入政府规模和政府开支的项目,通过制度手段加强对政府规模的控制。

三、民族自治地方城市化问题

城市化对经济发展具有极其重要的意义:第一,城市化程度的提升能够有力

---

① 王楠:《集中"晒账本"今年中央预算有何看点?》,中国新闻网(2023-03-30)[2024-03-20],https://www.chinanews.com.cn/cj/2023/03-30/9981184.shtml。
② 李俊清:《民族地区公共产品的缺失与政策选择》,《中国行政管理》2006年第4期。

带动经济总量的增加。"据有关研究指出,目前中国城市化率每提高1个百分点,由于对消费品和城市基础设施建设的需求拉动,按照保守的估计也可带动GDP增长1.5个百分点。"①第二,城市化有助于优化经济结构,提高经济效益。"据有关专家计算,城市化率与第三产业的合理比值范围在0.8—1.5之间,比值是1左右。工业化作为城市化的第一动力,其功能主要是完成'量上的扩张',而城市化在'质方面的进步'则主要靠第三产业的后续动力。"②第三,城市化有助于提高人的素质,更充分发挥人力资源在经济发展中的作用。"城市化还能优化人力资源配置和增加人力资本积累。经济发展的过程,从另一个角度看,是人力资源配置不断优化的过程,即人力资源不断地从经济效益低的产业、地区和企业向效益高的产业、地区和企业转移的过程,城市化有助于人力资源的流动和配置优化。此外,加快城市化进程还有利于中国将人力资源优势向人力资本优势的转化,而这正是中国利用经济全球化趋势、参与国际竞争、充分利用国外资源和市场的根本所在。"③第四,城市化是实现收入分配公正的一条必由之路。"世界各国经济发展的经验证明,城乡收入差距是通过剩余劳动力向城镇转移而缩小的。"④可以说,城市化的每一项功能都正是当前民族自治地方极其需要的经济发展动力。我国民族自治地方经济增长速度虽然较快,但是境内巨大的资源和消费市场都还没有形成有力的市场力量,如果能够加快城市化进程,经济发展速度可以更快,且质量会更高,从而有助于缩小与其他地区的发展差距。

改革开放以来,我国民族自治地方有了很大的发展,工商业在经济中的比例持续提高,工业与商业的聚集程度也越来越高,形成了一个个具有一定规模的城镇。而伴随西部大开发战略的实施及中国加入WTO,我国民族自治地方在实现赶超发展的过程中,城市化进程必然加速。在城市化进程中,自治区、自治州内城市行政区划单位日益增多、范围逐渐扩大,各民族在城市建设工业、信息产业,以现代城市生活方式来创造和发展新型的城市文明。

西部大开发将加速西部工业化、信息化和城市化进程。工业化、信息化需要城市作依托,加速城市化就成为西部发展的一项重要任务。但现行的民族区域自治制度与民族自治地方的城市化进程已显示出明显的不相适应,如果不加以适当调整将会延误民族自治地方的城市化进程。因此,有必要进一步探索民族区域自治制度的创新。

当前我国民族自治地方的城市化还存在着法律与制度的障碍,自治州改市、

---

① 朱铁臻:《城市现代化研究》,红旗出版社2002年版,第268页。
② 同上书,第270页。
③ 武力:《城市化:中国实现全面小康社会的必由之路——评朱铁臻先生的〈城市现代化研究〉》,《经济研究》2003年第6期。
④ 朱铁臻:《城市现代化研究》,第263页。

自治县改市缺乏法律依据,在具体的操作过程中遭遇困境。我国的自治州虽然是一级政府,但其功能更类似于地区行署,而不是现在的辖区市(地级市),自治州没有城市规划权力,没有市政管理权力。自治县则主要是管理辖区内的农村,而不是城市。因此,民族自治地方的城市化发展,尚需要在理论和实践层面不断探索。

四、关于"民族乡"法律地位问题

《宪法》规定我国的行政区域划分有民族乡,《宪法》和《地方各级人民代表大会和地方各级人民政府组织法》都把民族乡与一般的乡、镇并列,规定乡、民族乡、镇的人民政府执行本级人民代表大会的决议和上级国家行政机关的决定和命令,管理本行政区域内的行政工作。《民族区域自治法》第五十条规定:民族自治地方的自治机关帮助聚居在本地方的其他少数民族建立相应的民族自治地方或者民族乡。1987年中共中央、国务院批转的中央统战部、国家民委《关于民族工作几个重要问题的报告》中规定:民族乡是不同于一般乡的基层政权。2001年新修订的《民族区域自治法》中没有涉及民族乡的性质和地位的条文,没有关于民族乡的设置和运作的任何规定。目前关于民族乡较为详细的法规条文,是1993年国务院批准施行的《民族乡行政工作条例》。作为民族区域自治的一种补充形式,民族乡在保护聚居区域较小、人口较少而且分散的少数民族的权益方面,发挥着重要的作用,但其又不属于民族自治地方。因而关于其法律地位、自治权限、建制和运行等诸多方面,都需要认真研究。

第四节 民族自治地方社会组织

公共管理与传统行政管理最重要的区别之一是对管理主体的理解不同。在传统行政管理视角中,管理的主体局限于政党、国家机关,特别是国家行政部门。政府包揽了几乎所有的社会管理权力,人们的吃穿住用行样样都离不开政府的政策设定和安排,社会自我管理能力不足,相应的自治组织存在甚少,即使存在,其作用也发挥得非常有限。公共管理对于管理主体的理解则是多元的,认为政府只是其中的一个特殊主体,主张在开放的社会环境中不同主体共同参与社会的治理,各种各样的社会组织在社会公共事务的治理中扮演积极的角色,是公共管理的重要主体。因此,要想深入理解公共管理的运行,应该了解除政府之外的其他参与主体。

由于企业组织的营利性、私人性和利益导向性特点,其活动主要集中在市场领域和私人领域,不能属于公共管理主体。在当前的公共管理主体中,除政府之外,最值得研究的是那些从事服务于公共事务的各类社会组织,它们在现实社会中大量存在,并经常联合起来,组织和引导各种社会力量,影响公共政策的制定和执行,辅助政府提供和分配各种公共产品,监督制约各种公共权力的行使。对于这类组织的称谓,学术界至今还没有统一的认识,通常有非政府组织、非营利组织、民间组织、社会组织或第三部门等。2007 年底,民政部要求在官方文件中统一使用社会组织概念。为便于学术交流,本书采用社会组织概念,借此来区别于公共管理的政府系统主体。

一、社会组织概述

(一)社会组织的概念

由于社会组织的内容较为庞杂,种类极其繁多,功能较为复杂,组织形态和活动方式千差万别,学术界至今没有形成一个普遍认可的概念。不同学者从自身的研究角度给予了相应的界定,造成了目前认识的较大差异。"社会组织可以综合界定为具备法人资格,以公共服务为使命,享有免税优待,不以营利为目的,组织盈余不分配给内部成员,并具有民间独立性质之组织。"[①]"社会组织是具有这样六个特征的组织:(1) 具备公众服务的使命;(2) 必须在政府立案,并接受相关法令规章的管辖;(3) 必须为一个非营利或慈善的机构;(4) 经营结构必须排除私人利益或财物之获得;(5) 其经营所得享有免除政府税收的优待;(6) 享有法律上的特别地位,捐助或赞助者的捐款所得免列入税收的范围。"[②]美国约翰斯·霍普金斯大学主持的关于非政府组织的全球性国际合作比较研究项目主持人萨拉蒙教授将具有下列七个特征的组织称为非政府组织:(1) 组织性,指合法注册,有成文的章程、制度,有固定的组织形式和人员等;(2) 民间性,又称非政府性,指不是政府及其附属机构,也不隶属于政府或受其支配;(3) 非营利性,指不以营利为目的,不进行利润分配;(4) 自治性,指有独立的决策和行使能力,能够进行自我管理;(5) 志愿性,指成员的参加和资源的集中不是强制性的,而是自愿和志愿性的;(6) 非政治性,指不是政党组织,不参加竞选等政治活动;(7) 非宗教性,指不是宗教组织,不开展传教、礼拜等宗教活动。[③]这是当前比较公认的权威定义。

但是,大量的事实表明,单一地采用前述中的任何一个概念,都很难准确地描述这些民间组织的状况,对于中国公共管理主体的研究也不太合适。关于民间结社及其活动,在中国的历史文献里多有记载,但现代民间组织的发展则是改革开放后的事情,至今只有 40 多年的时间。改革开放以前,在"全能型"政府管

---

① 江明修:《非营利管理》,台北智胜文化事业有限公司 2002 年版。
② T. Wolf, *Managing A Nonprofit Organization*, Simon & Shuster,1990.
③ 转引自王名主编:《中国 NGO 研究——以个案为中心》,联合国区域发展中心,2000 年 6 月,第 11 页。

理下,国家在资源配置上高度垄断,个人通过"城市单位"和"农村人民公社"的组织形式依附于国家,一些社会管理和服务都由政府统包,不需要民间力量的参与。改革开放以后,国家逐渐退出了市场,个人开始有了自主发展的方向,资源在一定程度上可以自由流动,政府的职能也在转化。在此背景下,无论经济领域还是社会领域都出现了服务和管理的空间,为民间组织的产生和发育提供了必要的条件。

近年来涌现的大量社会组织,尽管其组织结构不很健全,运作也不很规范,但它们的出现与发展,已经在中国社会产生了广泛的影响。与国外状况不同,中国相当多的社会组织政治色彩较浓厚,例如中国的妇联、工商联等组织不但广泛参与政治活动,而且在人大代表选举中也有非常大的影响力。此外,中国的社会组织还存在组织独立性不强、自治色彩较淡的问题,许多组织还具有较强的官办色彩,组织运作受政府影响较大。

中国的社会组织大致可以分为以下几种情况:

第一种,依照法律在民政部门登记注册的社会团体、基金会、民办非企业单位。截至2022年底,全国经民政部门依法登记的社会组织达到89.1万个,比2021年减少了1.18%,其中社会团体37万个,基金会9319个,民办非企业单位51.2万个。吸纳社会各类人员就业1108.3万人,比2021年增长0.8%。接收各类社会捐赠1085.3亿元。①

第二种,民间自发成立的未在民政部门注册登记的社会组织。它们中间有的因为缺少现行法律规定的"民间组织"登记条件,不得已只能在工商部门登记,获得企业法人资格;有的至今没有进行任何登记,无法人资格开展活动。还有一些组织,因为仅在有限的地区内活动,觉得不需要注册登记,如学校内的学生社团,其他单位内的自设组织。这些组织通常被称作"草根组织"。

第三种,建立在城市社区的居民委员会和农村的村民委员会,这是基层群众自治组织。截至2022年底,基层群众自治组织共计60.7万个。其中:村委会48.9万个,比2021年下降3.5%,村民小组392.9万个,村委会成员215.4万人,比2021年增长3.1%;居委会11.8万个,比2021年增长1.2%,居民小组133.1万个,居委会成员66.3万人,比2021年增长0.9%。② 这类组织的建立是有法可依的,活动的历史也比较长。

第四种,部分学者将事业单位也列入社会组织范畴。事业单位是计划体制的产物,几乎涉及社会所有领域,有的其至还行使着国家"公权"。随着市场经济

---

① 根据《2022年民政事业发展统计公报》相关资料整理。
② 同上。

的发展,社会转型必然推动政府职能的进一步转变,事业单位面临着"国退"后的选择,其中大部分可能成为自治的民间组织,为社会提供服务。

除上述情况外,还有政治性组织和宗教组织。本书关于社会组织的讨论,根据我国的实际情况,以上述前三种为主。

根据中国当前组织发展的状况,社会组织概念可以被定义为:除政府之外,以从事公共事务治理为基本目标,具有一定的组织形式,不以营利为目的,享有部分或全部自主权力的各种组织。其组织特点包括:(1)非政府性。不论该组织在事实上与政府的关系多么密切,但至少从形式上看,它独立于政府,不享有宪法、政府组织法等法律规定的公共权力。(2)目标公共性。这一特征是社会组织作为公共组织的根本特点,社会组织必须以从事一项或几项公共事业为其组织目标。(3)活动的非营利性。社会组织开展各种活动,不以营利为目的,它的活动除了收取必要的服务费之外,不得进行任何带有营利性质的额外收费,组织的收入可以用于组织为了提高服务质量或扩大组织规模的积累,但不能用于组织的利润分配,其财产权不属于任何私人部门,是一种社会公共产权。

(二)社会组织的功能

现代社会治理离不开社会组织,它不仅是政府行为的重要支持者,也是社会治理的重要主体。其功能主要体现在以下几个方面。

1. 作为公民与政府沟通的桥梁

社会组织是由一些具有共同价值取向或利益需求的人聚合在一起建立的,组织成立本身就代表了参与者希望社会、政府能了解并重视他们的利益诉求。此外,通过组织化的聚集过程,将公民分散的个体凝合成团体的力量,使得各种零星的、微弱的呼求转变成统一的、具有一定影响的社会舆论,将参与者对政府的要求、意愿、建议和批评等表达进一步放大和提升,为普通民众搭建了一条有效影响政府的途径。同时,组织的非营利取向也有利于对成员及周边社区产生广泛的影响力,有利于成为政府向社会传达政策意图、解释政府行为的窗口。通过组织的活动,可以让民众更好地理解并支持政府的工作。正如有学者所指出的,"非营利组织生成于社会的公共空间,通过动员社会资源、提供公益服务、推动社会协调并参与社会治理而形成一定程度的公权力,从而对立法和公共政策过程施加一定的影响"[①]。

2. 提高公民对公共生活的参与热情

与政府行为相比,社会组织最大的不同点在于其活动内容具有较高的社会性,具有社会动员和社会倡导的"天赋":组织不占有财富和权力的优势,广泛的

---

① 王名:《非营利组织的社会功能及其分类》,《学术月刊》2006年第9期。

动员和倡导是最基本的行为选择。政府的许多活动受法律、制度和其他因素的制约,比较机械和呆板,缺乏具体可操作性,往往与现实问题、普通民众的生活有一定差距,使得许多民众觉得与己无关。而社会组织则不同,它们所开展的一般都是非常生活化、大众化的活动,对普通公民具有很强的亲和力,能大大激发公民参与公共生活的兴趣,提升他们的社会参与热情。

3. 影响和制约政府公共政策过程

社会组织以多种形式影响着政府公共政策过程。首先,在公共政策的决策阶段,社会组织通过动员民意、表达意见、提出建议、反映问题等形式,影响政府对相关政策方案的设计和思考进程,进而影响政策方案的内容。例如水利部和云南省关于怒江流域梯级电站开发,就因为一些环保、文化组织的积极参与,动员社会力量对这一事件进行全过程、全方位的关注,使得怒江开发计划发生了很大的变化。其次,可以动员组织内外的成员为政策的实施提供方便或阻碍。受组织成员价值取向的近似性和组织认同的影响,社会组织对其成员具有非常强的动员能力,能够有效引导公众支持或阻碍某项政策的实施,给政策实施过程造成显著影响。如江西省通过政府拨款、社会组织实施的入户扶贫,取得了过去单纯依靠政府扶贫无法企及的优良成绩。① 最后,通过对公共政策的推行过程进行监督,促进政策的有效落实。

4. 使决策过程日趋透明化

社会组织的日益壮大,增加了政府行为的公开化渠道,拓展了行政信息传播的途径,使原来一些相对隐蔽的信息能够比较快地传播开来。比如关于怒江大坝建设的信息,在政府等相关部门做出有关的动议、决策不久,就引起了社会的广泛关注,各种力量从自身的角度进行了参与,这迫使政府和其他利益相关部门把怒江大坝所涉及的一些信息向社会公开,并在随后的建坝筹划过程中,都向民众说明和解释情况。这说明,民间组织的存在,在一定程度上对政府决策形成了压力,使信息隐瞒的可能性降低。同时,不少社会组织本身也是公共信息的提供者和传播者,它们能够组织起专门的研究队伍,创建自己的传播网络,增加公民获取公共信息的渠道。

5. 参与社会公益事业

社会组织负有关怀困难群体,促进社会公平正义的使命。

截至2022年底,全国共建立经常性社会捐助工作站、点和慈善超市1.5万个(其中,慈善超市3680个)。全年共接收社会捐赠款1085.3亿元,比2021年增长9%。② 2021年,有2227.4万人次在社会服务领域提供了6507.4万小时的

---

① 刘勇:《政府联手NGO:"扶贫二人转"开演》,《江西日报》2005年4月17日。
② 根据《2022年民政事业发展统计公报》相关资料整理。

志愿服务。① 以一些基金会为代表的社会组织开展的公益活动项目,如希望工程、春蕾计划、幸福工程、微笑列车、新长城计划等,通过积极反映民众诉求,动员社会资源向农村、偏远地区等需要帮助的人提供获得生存、学习的机会。通过这些项目,数以千万计的贫困人口、妇女、儿童、残疾人获得了社会的关爱,解决了生活、上学、看病等实际问题,在一定程度上缓解了社会矛盾。目前在民族自治地方开展工作的社会组织近10万个,活动的主要领域是教育、环保、卫生、文化,这种情形既与民族自治地方社会经济欠发达紧密相关,也与大多数组织关注社会贫困地区的使命和组织宗旨密切联系。如中国妇女发展基金会在新疆维吾尔族妇女中间开展的"小额循环金扶贫"项目,在甘肃、内蒙古等地区实施的"母亲水窖"项目,西藏发展基金会的"光明工程""育人工程""阳光工程"等社会公益示范工程,都在不同程度上促进了当地民众生活的改善,促进了当地公益事业的发展。

6. 提供公共产品

当前,越来越多的社会组织参与到社会公共事业的建设中,在公共产品生产和分配领域成为政府的有力助手,更有一些社会组织在政府未涉及而市场力量又不愿意涉及的领域开展活动,提供了许多新型的公共产品,大大丰富了公共产品的内容,为社会和谐和经济发展做出了突出贡献。如农业领域的社会组织正成为当前农村科技推广的主力;许多慈善组织通过兴办老年关怀机构,为老年人的生活提供更多关照;众多的行业协会正在成为引导行业发展、规范企业运营的、组织社会评比的服务机构。云南丽江的纳西古乐组织,通过组织的活动,既保护和传承了民族文化,又为社会提供了丰富多彩的文化产品;四川凉山州彝族的文化组织、青海省藏医药学会等都从不同的专业方向提供了艺术、医疗等公共产品,满足了社会的多样化需求,减轻了政府的压力,促进了和谐社会的建设。

(三)中国社会组织发展存在的问题

在1978年中国实行改革开放之后,中国的社会组织出现了飞速发展的局面。改革开放40多年来,从每年新增的主要社会组织数量看,以改革开放之初1978年的基数为100,则1979年以来主要社会组织年度增长总体上呈现为在曲折中不断增长、突飞猛进的趋势。尽管在20世纪80年代中后期至90年代末一度出现了曲折,但每年新增主要社会组织的数量均高于1978年的水平,且在20世纪80年代中期和最近10年先后出现了两次增长高潮,在1985年和2007年分别达到1978年水平的518倍和917倍。② 以2018年底的水平来看,全国社会

---

① 根据《2021年民政事业发展统计公报》相关资料整理。
② 王名:《我国社会组织发展的趋势和特点》,《中国非营利评论》2010年第1期。

组织的个数已达1978年水平的1936倍。① 截至2022年底,我国共有89.13万个社会组织。随着数量的增加,组织的活动领域、活动能力和社会影响力也有了明显的提升,体现出中国社会组织发展的良好态势和巨大的发展潜力。

然而,与发展相伴随的是,受社会环境和组织自身条件的制约,中国的社会组织面临和存在着许多问题,难以充分发挥固有功能。主要表现在以下几个方面。

1. 与政府的关系定位不明确

第一,官办意识浓厚。一些组织认为自己是政府机关的分支机构,开展活动还习惯于使用红头文件,对其他组织进行发号施令,俨然是一个上级机关部门;对上级部门严格执行请示报告,固守上级安排,组织决策机构徒具形式,缺乏创新与活力;组织活动以贯彻落实国家政策为使命,没有属于组织的明确宗旨。当然,我们不是说组织必须与政府相异,而是说作为社会组织应该有自己的组织使命,应该去关注属于自己的问题,不要完全和政府一样,这就会使组织失去自身存在的价值。

第二,组织结构官僚化,组织人事权由政府部门掌管。因为历史的原因,中国有相当一部分社会组织是由政府创建的,组织与政府的关系极为密切,这种密切关系主要表现在人事方面,组织负责人不是由成员民主选举产生,而是由业务主管部门任命,主要领导往往来自党政机关现职或离职的领导成员,使组织的官僚色彩极其明显。在组织内部管理体制方面,实行严格的科层制度,缺乏社会组织应有的扁平组织结构,民主讨论的氛围不强,其运行机制、工作方式方法等与政府的官僚科层组织差别甚小,工作人员中普遍存在着办事拖沓、循规蹈矩、不讲效率等问题。

第三,组织活动行政化。主要表现为组织所需经费由政府财政拨付,组织活动由政府部门分派,一切唯政府是从、缺乏创新意识,非政府色彩较淡,其行为能力受到政府过多的牵制。需要指出的是,它们在社会转型过程中承接了政府的部分职能,实际操作过程中,许多民间组织所从事的活动其实就是从其所挂靠部门分离出来的职能,社会组织担负了对一些重要社会公共事务的管理,促进了组织自身和整体社会的转型,发挥了重要的作用。但是,随着社会的发展,特别是国家行政体制改革的深入,如果仍然沿用过去的观念,习惯于用政府的施政方式开展工作,组织将会逐渐失去在社会中的影响力,也将很难像其他独立的社会组织一样充满生机和活力。

2. 组织经费不足

社会组织经费不足是当前普遍存在的现象。主要表现为组织缺乏必要的办

---

① 根据《2022年民政事业发展统计公报》相关资料整理。

公场所,大部分靠租借或别人赞助场地开展活动;组织的日常经费紧缺,雇用专职的工作人员不多,靠一些离职退休人员的志愿服务来维持组织的日常活动。由于经费不足,组织的一些活动很难正常开展。这使得大多组织需要花费相当多的精力为组织的生存奔波,"争取项目、开展活动",靠项目经费来维持组织生存是目前组织最为显著的特征。在部分地区,有些组织的年活动经费不足一千元,有些组织完全靠社会捐赠来开展服务,如果捐赠缺乏,组织活动就会因没有经费而停止,等等。在经费不足的情况下,社会组织通常有两种取向:一是尽可能少地安排组织活动,以节约有限的经费,这样就使社会组织的职能无法正常发挥;另一种取向是社会组织必须将大量的甚至全部的精力投入筹措经费的活动中,面向社会和市场求发展,这会导致组织丧失其非营利性、公益性原则。过多地把精力用在经费获取上,严重地影响着组织开展服务的质量,影响着组织的社会形象。

3. 组织能力有待提升

中国的社会组织绝大多数是在改革开放后出现的,受国外影响比较大。但是,和国外组织相比,中国的社会组织产生时间并不长,还处于发展的初级阶段,在组织内部管理、人员素质、组织财务管理、服务质量等方面存在着很多不足,使得组织很难完成应该承担的任务和职能。良好的组织治理结构是现代社会组织发展的保证,但在中国目前89万注册的组织中,真正实行理事会治理的并不多,绝大多数仍然实行传统的家长式治理,组织内缺乏必要的民主气氛,这使得组织活动很难在大多数员工满意的状态下进行,组织的发展经常因为负责人的更替而变化,不能保持长久的稳定性,这对组织的长远发展极为不利。时下大量组织的各种变故都表明了这一点:没有完善的治理,组织不能健康发展。由于治理问题的存在,组织的人事管理、财务管理、项目运作等方面都很难有新的突破。比如当前组织普遍存在的经费不足问题,一个很重要的原因就是组织的筹资能力不足。在一般的情况下,组织的经费主要由社会资助和收取服务费构成,许多组织受自身社会活动能力不足的制约,很难获得社会资助,加之组织成员的专业素质不足,服务质量欠缺,很难收取服务报酬。此外,组织能力不足还表现在组织缺乏长远的战略规划,许多组织都是忙于应付眼前的事务。

4. 组织的社会认可度不高

受传统官本位观念的影响,加之政府的强势表现和社会组织自身形象欠佳,人们对社会组织的认识存在偏见,使得人们一方面不了解组织的实质,或者是把组织当作政府的衍生物,把组织当作政府机构看待,或者是产生概念混同,甚至把社会组织与反政府组织混淆;另一方面是把组织边缘化,认为其在社会上是无足轻重的,完全是一种附属品,受政府和企业的制约,依附于这些部门。由于这些问题的存在,组织开展的服务活动很难在短时间内得到广泛的认同和支持,经常需要付出相当多的努力,经过较长的时间才可以获得地方民众的配合。一些地方政府部门,由于对组织不了解,还经常把组织活动当作非法行为看待,做出不合理的处置,伤害了组织参与者的情感,打击和影响了其他参与者的积极性。

5. 法制监管不健全

法律是引导组织有序开展活动的有效工具,也是一种有力的管理手段。对社会组织的法制管理,中国当前还停留在初级的事务性管理阶段,法律条文比较模糊宽泛,缺乏具体可操作性,在管理的对象、手段、目标等方面存在严重的不足。在法律政策的理论来源上,没有独立可依赖的理论基础,多是借鉴国外的经验,尤其是美国的经验。由于外国经验和中国国情不太符合,制定的法律规章出现了水土不服的问题,很难有效地对中国的社会组织产生作用。受双重管理体制的制约,一些组织很难取得合法的民政注册登记,使得它们要么是工商登记、要么就干脆不进行任何登记,这两种情形都对中国社会组织的发展和社会管理是不利的;大量非登记组织的存在,给国家的社会管理造成了很大的盲区,而缺乏监管,可能会造成难以预测的社会隐患。

二、民族自治地方社会组织

(一)民族自治地方社会组织的发展情况

中国现代意义上的社会组织是在 20 世纪 70 年代末渐次出现,与政治上的拨乱反正和思想解放密切相关,与经济体制改革和社会结构变化相伴成长。民族自治地方社会组织的发展与全国的总体趋势既有一致的地方,又有其自身特色,主要表现为境外因素的参与和民族传统组织的复现。

中国民族自治地方的社会组织发展历史悠久,如藏族的"吉毒",鄂温克族的"莫昆"等,早在氏族社会阶段时已有雏形,在漫长的历史演进过程中,各类传统的社会组织发挥着其独特的作用。民族自治地方近代意义上的社会组织也出现较早,如清光绪三十三年(1907),南宁商人组织成立南宁商务总会[①],自民国二十三年(1934)起,各省及各地在昌都的人按照同乡关系,先后建立自己的同乡会馆,如甘肃会馆、秦州会馆、两湖会馆、陕西会馆、山西会馆、天津公所(会馆的别称)、河南会馆、四川会馆等。此外,在甘南藏族中存在的沙尼组织,也有着悠久的历史。

新中国成立以后,对社会组织采取了整顿的措施,民族自治地方一些传统组织部分得以保存,部分被归为其他组织管理,部分被取缔,社会组织的政府色彩浓厚。

改革开放以来,随着社会活力的逐渐释放,民族自治地方涌现出一些草根组

---

① 南宁市百科全书编委会编:《南宁百科全书》,广西人民出版社 2008 年版,第 348 页。

织,在基层社会开展服务。近年来,国内其他地区的社会组织也大量深入民族自治地方,在资金、技术、人员、信息、项目合作等方面和当地组织联合开展活动,构成了这些地区社会发展的重要力量,带动了当地社会组织能力的提高。此外,一些境外 NGO 在民族自治地方开展活动,其特殊身份和行为方式给当地带来了新的结社观念,尤其是慈善组织,在扶贫、教育、卫生等领域发挥了积极作用,带动了当地社会组织的形成与发展。当然,推动民族自治地方社会组织发展最强劲的动力,是来自于当地经济社会发展的需求。市场经济的推进、社会结构的变化、传统治理模式的改革、社会需求的多样化等,都需要社会组织的广泛参与,而这种参与同时又能反过来促进社会组织的数量增长和能力提升。

到 2022 年底,中国民族八省区有社会组织 102517 个,占全国的 11.5%,低于民族八省区人口占全国 14.38% 的比例[1],但是,民族八省区的社会组织在总体发展进程上与其他地方有一定的差距。

首先,与其他地方相比,民族自治地方的社会组织数量比较少。比如 2022 年底的社会组织情况:西藏 651 个,青海 6028 个,贵州 5924 个,宁夏 4488 个,新疆 8067 个,内蒙古 16857 个,广西 28947 个,云南 22473 个。只有广西高于各省区均 28751 个组织的全国水平,也低于全国的千人均组织 0.6 个的水平[2],存在着明显的地区分布不均状况。尽管注册组织只是社会组织中的一部分,但也反映了其中的一个侧面。

其次,与全国社会组织类型的构成相比,民族自治地方的结构体现出鲜明的特色。表 3-2 表明,民族自治地方的省级社团均低于全国的平均水平,这可能与地方的经济发展水平相关,也受地方的行政体制改革滞后的影响。地市级社团方面,只有广西和内蒙古超过或接近于全国平均水平。在县级社团的发展上,民族自治地方除了广西,其他几省均低于全国平均水平,这与地方的支持力度和经济活力紧紧相连。在行业性社团方面,广西和云南发展得比较好,超过了全国平均水平。

表 3-2 2022 年全国与民族八省区社会团体构成状况　　　　(单位:个)

类别	省级社团	地市级社团	县级社团	行业性社团
全国平均	1039	2928	7907	11938
内蒙古	1022	2879	3701	7602
广西	1023	3199	8225	12447
贵州	850	1767	4782	7399

---

[1] 根据《中国民政统计年鉴 2023》《中国统计年鉴 2023》有关资料整理。
[2] 根据《中国民族统计年鉴 2023》有关资料整理。

（单位：个）（续表）

类别	省级社团	地市级社团	县级社团	行业性社团
云南	870	2707	8737	12314
西藏	307	139	123	569
青海	527	559	2940	4026
宁夏	575	733	1223	2531
新疆	549	1385	2481	4415

资料来源：根据《中国民政统计年鉴2023》整理。

最后，如果从组织治理的层面进行分析，民族自治地方的社会组织还停留在管理而非治理层面。根据我们所做的一些调查分析，在民族自治地方完整地按照现代组织管理方式进行内部治理的社会组织非常稀少，大部分还是根据经验和传统，由组织的创办人负责决定重大问题，甚至是包办一切，其他人依照执行，理事会等决策机构近于虚设，很少能发挥应有作用，理事会很少能监督财务，决定人事任免、重大事项，就连理事会最基本的组织使命和政策制定职能也是负责人说了算，几乎没有讨论的余地。可以说，民族自治地方的社会组织还没有进入转轨阶段，距离应有的管理模式还有相当差距。

从总体来看，民族自治地方社会组织大多数主要从事环境保护、文化教育、医疗卫生或扶贫等活动，和当地的实际状况密切相连，但对于经济发展、观念倡导等方面作用比较欠缺，尤其是广大农村所需的养老服务，发展得比较缓慢，这对于经济和社会保障的发展是不利的。通过一些深层次的综合分析发现，在社会组织结构发展非均衡的状态下，社会组织还存在地域方面的不均衡差异。相比之下，云南省社会组织的总体发展比较好，无论在数量上还总是组织活动的效果、社会影响等方面，某些领域在全国具有一定的超前性。造成这种状况的原因，与云南省的多元民族文化密不可分：受多元文化的影响，在开放之初就有国外的社会组织进入云南开展活动，使当地领略了社会组织的风气之先。此外，在组织能力方面，民族自治地方的社会组织在组织治理、资金筹集、人员构成等方面，与其他地区相比都存在一定差距。公开的统计数据显示，除云南之外，民族自治地方社会组织的筹资额度都比较小，组织的增值能力不强。

（二）民族自治地方社会组织的作用

尽管受各种制约条件的限制，民族自治地方社会组织的功能没有得到充分发挥，但它们还是从各自的角度开展了活动，并在社会上产生了一定影响。

为了维护民族自治地方的原生态，社会组织在环保领域作出了突出贡献。1992年开始的对藏羚羊保护活动，是社会组织参与民族自治地方环保活动的先声。为保护藏羚羊，保护可可西里的自然环境，1992年，当地政府成立了青海省治多县西部工作委员会，简称西部工委，组织成立后，以治多县为基地，招募了以复员军人为主力的志愿者巡山队员,称为"野牦牛"队。在组织负责人的带领下,野牦牛队严厉打击了曾经猖獗一时的盗猎活动,使藏羚羊的猎杀数量控制在1992年时的25000多只,近年来明显好转。他们的行为引起了社会的广泛关注,使人们从多角度去关注民族自治地方的生态环境。类似的组织还有西藏中国志愿者保护藏羚羊协会、内蒙古阿拉善牧驼者协会、广西北海民间志愿者协会、新疆野生动物保护协会、云南昭通市黑颈鹤保护志愿者协会、青海省玉树藏族自治州江源发展促进会、索南达杰自然保护站等,它们以不同的方式、从不同的角度参与了民族自治地方生态环境的保护活动。目前在民族自治地方开展环保活动的组织达2000多个,总体数量还在增长,活动范围在不断深化和拓展。

受经济和社会历史条件的制约,医疗卫生问题在民族自治地方还存在,近年来,艾滋病在民族自治地方传染,给一些民族造成了严重影响。随着社会组织的迅速发展,民族自治地方禁毒防艾方面的工作得到了有力支持与推动。以云南省为例,截至2021年,云南省共启动了五轮防治艾滋病人民战争。2019年云南省共实施了国家级社会组织参与艾滋病防治基金项目63个,总金额达465.44万元;共实施省级政府购买社会组织参与防艾项目125个,覆盖16个州(市)的68个县(市、区),项目数为历年之最,总金额达1000万元①,工作取得了显著成效。此外,云南省瑞丽市妇女儿童发展中心是当地的民间组织,以为妇女和儿童创造更健康的生活状况为宗旨。这项工作与当地政府、社区,以及其他机构一起,提供与健康有关的教育、宣传和服务,并在此过程中改变妇女儿童自身以及与他们相关的人群的生活和行为方式,减少健康、经济和社会问题对妇女和儿童带来的消极影响,包括艾滋病对妇女和儿童中的边缘和脆弱群体带来的影响。

在教育领域,以青海格桑花教育基金会为例,该基金会成立于2017年6月,其前身为青海格桑花教育救助会。2022年,青海格桑花教育基金会支出总额1175.36万元,其中结对助学占比78.77%。格桑花结对助学项目在青海省17个县开展助学活动,一对一结对学校达34所,助学点共40个,结对学生4556人次,结对助学金额833.18万元。2022年,在格桑花资助的学生中有1107名高中学生毕业;在高考中,过档线945人,其中一本333人,二本204人②除了结对助学项目之外,格桑花教育基金会还设有"行走格桑花""护花行动""悦读计划""温暖计划""你好园丁"等项目,其中"行走格桑花"多次组织学生赴上海、江苏等东部发达地区开展夏令营活动,开阔学生视野,引导学生铸牢中华民族共同体意识。

---

① 《云南防艾工作取得新进展》,云南省人民政府网(2019-12-03)[2020-03-11], http://www.yn.gov.cn/ywdt/bmdt/201912/t20191201_185222.html
② 《格桑花2022年度工作总结》,格桑花西部助学网(2023-01-19)[2024-03-06], https://www.gesanghua.org/articles/784

"格桑花读书会""你好园丁"借鉴社群的组织模式用互联网远程支持西部教育,在促进教师专业成长、涵养一方教育生态等方面起到了积极作用,先后被评为2022年和2023年全国全民终身学习品牌项目。通过以上项目,社会组织为西部儿童更好地认知自我、接纳自我、发展自我、未来适应社会打下了较为坚实的基础,也为西部教师提升专业发展能力做出了积极贡献。

青海省果洛州吉美坚赞福利学校,是青海省第一所私立学校。针对藏族地区农牧民子女没有机会系统学习藏族传统文化和寺院僧人无法接受现代应用科学及其他语言,吉美赞福利学校开创了将藏族传统文化与现代科学知识相结合的教育方式。学校实行三语教学,学制六年。设有预备班、基础班、初级班、中级班、高级班和毕业班。开设课程有因明学、音律学、历算学、医学、工巧学、语言学等,也有现代汉语、英语、计算机、数理化以及音体美等课程。办学多年来,已经向社会培养了具有高中、初中,有些甚至达到大学文化程度的合格学员一千多名,作为民族自治地方教育领域的典型,对于解决民族自治地方教育的问题发挥了重要作用。

在经济领域,新疆维吾尔自治区建筑装饰材料行业商会,本着规范和繁荣新疆建材行业的宗旨,服务广大消费者为己任的社会责任,开展产业间组织协调、传递信息、沟通合作、建立信息网络、帮助企业促销、开展经济技术咨询、组织评审、人员培训、协调关系、开展法律服务等活动。随着商会组织的不断壮大,各会员企业先后将板材、油漆、五金机电、陶瓷洁具、灯饰家具、床上用品等1390多个品牌引进新疆,其产品不仅满足了新疆本地市场的需求,还远销独联体多个国家,为繁荣亚欧市场经济作出了巨大的贡献。商会企业致富思源,不仅为社会提供了近万人的就业岗位,还为希望工程、扶贫开发、抗震救灾等公益事业捐款、捐物数百万元,多次被自治区工商联评为"先进组织"荣誉称号,得到了社会各界的高度评价和认可。商会作为政府部门联系非公有制经济的桥梁和纽带,政府管理非公有制经济的助手,从多方面发挥优势和作用,协助政府开展行业管理,协调好行业内部关系,时刻把握非公有制经济人士的思想脉搏,倾听他们的呼声,协调会员与地方政府及职能部门的关系,促进商品流通和行业发展①,为当地的经济建设作出了突出贡献。

值得指出的是,近些年在民族自治地方活动的境外在华社会组织日益增多。受管理体制的影响,境外在华社会组织相当多是工商注册的,只有少量在民政部登记;大多数境外在华社会组织没有在当地进行合法的登记,也没有相应的部门对它们进行必要的引导和监管,基本上处于无人监管状态。它们通常在北京等

---

① 《新疆维吾尔自治区工商业联合会珠宝商会成立》,新浪网(2009-03-30)[2015-04-18],http://finance.sina.com.cn/money/nmetal/20090330/21456043742.shtml

大城市设立总部或办事处,在中国境内形成一个反应迅速、信息通畅的网络,通过引进和注入境外资源,开展包括小额信贷在内的多种项目,其中相当多的境外NGO在中西部欠发达尤其是少数民族自治地方开展活动。通过引导社会力量参与,推动社区发展,改善当地的自然和人文生态环境,它们对于改善贫困农民特别是老弱病残妇幼等困难群体的生活状况发挥了积极的作用,通过项目援助与合作的方式也有效带动了本地社会组织的发展。为了便于开展工作,这些组织与基层政府之间建立了合作关系,借此推动了地方政府的观念变革,带动了政府管理理念的创新,为当地社会组织的发育、发展起到了启蒙和标尺作用。

综上可以看出,社会组织在民族自治地方通过动员社会力量,充分发挥自身固有功能,对当地社会、经济、文化、教育、卫生、环境等领域的改善,起到了积极的作用,受到了地方民众的欢迎,得到了上级部门的认可。事实说明,社会组织在民族自治地方是能够有所作为的。当然,对于在民族自治地方活动的境外社会组织而言,并非所有的组织都在开展公益活动。即使那些从事公益活动的社会组织,也由于其组织宗旨、身份背景、政治意图等千差万别,所追求的价值目标、理念和效果也不一定符合我们的国家利益。因此,完善相关的法律法规,建立有效的监管机制,进行必要的规范管理,也势在必行。

(三)民族自治地方社会组织存在的一些特殊问题

在讨论民族自治地方社会组织时,还有一些特殊的问题,其他地方往往不会遇到。这些问题包括:

1. 宗教团体的地位和作用问题

根据萨拉蒙教授的定义,宗教团体被排除在社会组织之外。但是,中国很多民族自治地方居民都虔诚地信奉某一宗教,对相关宗教组织都极为尊敬。同时,许多民族自治地方的宗教组织,除了正常的传教活动之外,也在维持地方社会秩序、支持地方教育发展、协调地方社会利益、消除社会冲突和环境保护方面发挥着重要作用。当前西藏自治区许多由宗教组织认定的神山圣湖,也正是西藏环境保护得最好的区域。宗教组织最突出的贡献在于维持和提升社会道德水平。对于许多少数民族地方而言,社会道德与宗教教义几乎是同一的。因此,如果能提高宗教组织在维护公民权利、协调政府与群众的关系等方面的能力,发挥它在维持社会秩序、消除社会冲突和提升社会道德水平方面的作用,并有效消除宗教组织的消极影响,则宗教组织无疑会成为一支重要的社会自治力量。

受两个方面因素的影响,中国宗教组织的地位难以准确定位。首先,马克思主义是中国社会的主导意识形态,彻底的唯物主义思想是反对宗教的。马克思就曾经说过"宗教是人民的鸦片",提出"废除作为人民虚幻的幸福的宗教,就是要求人民的现实幸福"①。在马克思主义的总体框架内,宗教处于被废除被改造的对象的地位,使得不论是政府体系还是社会自身都很少讨论宗教组织的积极作用。其次,作为一种几乎与人类历史同步发展的文化现象,宗教组织在整个人类历史发展进程中有着其他组织难以超越的重要影响力。这种影响力究竟是积极的还是消极的,目前尚没有定论。但是,宗教组织在道德的维持和传播、在社会冲突的调解和消弭、在社会秩序的形成和维持等方面,其作用是非常明显的,在某种程度上甚至超过其他法定组织。同时,在历史上,宗教组织也是主要的社会教育力量,对传播知识、提高人类文化水平功不可没。除了上述作用之外,民族自治地方的宗教组织也在扶贫济困、社会福利事业以及公共卫生建设等领域发挥了非常显著的作用。

因此,如何认识和发挥宗教组织的作用,做到因势利导、扬长避短,将宗教组织中的消极因素限制在一定范围之内,合理利用宗教组织的社会感召力,让宗教组织在社会自治和公共产品供应方面发挥更大作用,是公共管理亟须研究和解决的问题。

2. 民族团体的管理问题

基于族群意识而建立的各种社会团体无疑也是社会自治的一种模式。但是,民族团体涉及的问题相当复杂。当今世界几乎没有一个多民族国家赞同成立以民族为单位的政治性组织,最多只是许可建立一些以民族为单位的文化性组织,以保护民族文化传统。中国是一个多民族的国家,团结互助、和睦相处是民族关系的主流,各民族共同抵抗外来侵略、保卫和守护了这个伟大的国度,但是,由于文化习俗或其他原因,不同民族间在社会经济发展水平上存在差距,民族之间也存在一定程度的差异和矛盾。这使得在国家管理中,对于民族社会团体的管理需要更加慎重。历史发展表明,国家应更多地坚持民族非政治化的发展方向,将民族这一特定社会现象局限于文化领域内,逐步消除民族的政治色彩。因此,除了以宣传弘扬民族传统文化为主要业务的民族团体,不应该鼓励以社会自治为目的的民族团体的发展。在社会自治领域,应该秉承社会问题社会化解决的思路,淡化民族观念,突出社会整体意识。

3. 宗族团体的问题

宗族团体是以血缘关系维系的较为稳固的组织。在一些民族自治地方,尤其在农村,它们具有非常巨大的影响力。当前,不少宗族团体不仅通过组织约束宗族内部成员、维持宗族秩序方面作用明显,而且在发动宗族成员提供公共产品方面也有村委会等组织都无法比拟的影响能力。如果对它们引导适当,无疑会成为非常有力的社会自治组织;反之,可能会成为基层自治的破坏力量。许多地

---

① 《马克思恩格斯选集》第1卷,人民出版社1995年版,第2页。

方曾经出现的宗族势力与黑恶势力相结合控制基层选举、危害农村社会的现象，正是宗族势力消极影响的体现。

由于中国宗法制度的观念根深蒂固，宗族思想及在此基础上形成的宗族团体不可能在短时间内消除。历史和现实也表明，宗族团体的作用不都是只有消极的方面，大多数宗族组织在社会发展中都发挥了积极作用。中国农村的一些重要公共产品，如教育、交通基础设施、公共安全、公共卫生事业、农田水利设施等，曾经都是在宗族团体的组织下举办的。民族自治地方应该努力探索新的方法、途径，在打击黑恶宗族势力的同时，将宗族团体积极的一面充分发挥出来，让宗族团体成为社会治理主体的一元。

（四）民族自治地方政府在促进社会组织发展中的作用

在一个政府主导的社会治理环境中，社会组织的成长和发展一般并不是由社会自身需要所决定，而更多地取决于政府的态度和策略。

社会组织产生和成长于特定的政治环境中，都与政府有直接或间接的关系，受国家政策法律的约束。这是因为，和其他事物的属性一样，社会组织也具有两面性：它们不仅可以发挥自己的积极作用，帮助政府完成它自己不便出面或政府无法有效完成的社会管理任务，降低政府公共管理的成本，提高公共管理的效率，而且还能为社会提供更廉价、更丰富的公共产品，促进社会的发展与进步；它们也可以站在与政府对立的一面，挑动公众对政府的不满，给社会的稳定造成破坏。因此，政府应该采取政策措施促进社会组织的健康发展。对于民族自治地方而言，需要在以下几个方面作出努力。

1. 为组织的发展提供宽松的环境

当前我国实行的是双重管理制度，组织合法注册登记需要业务主管部门批准和民政部门登记。业务主管部门对组织没有人、财、物等管理权，一般都不愿意做组织的主管单位。而组织找不到主管单位就无法进行民政登记，这就制约了整体组织的发展。

为此，政府应该采取措施，改变这种管理方式，推动组织发展。在现有体制不改变的条件下，不妨尝试建立一些孵化或代管机构（如成立专门的公益服务组织），帮助组织成长发育，让它们能在国家有效监督的状态下运行。

2. 为组织的成长提供资源支持

政府通过财政出资购买社会组织的服务，是当前国际通行的惯例，这样不仅能提高政府的效率、增加其活动的透明度，而且有利于减少政府的公务人员和机构庞杂压力。我国现在社会组织的资金主要来源于项目筹集，政府财政资助较少。受此影响，组织的活动很难满足当地民众的需求。

政府资助组织的形式可以是多样化的，不一定局限于单一的财政资助，可以提供办公场所、办公设施，对组织成员进行免费培训，相关信息资源低价或无偿提供,也可以给组织提供一些实践锻炼机会,让它们提高自身的实际操作技能。

为了形成一种稳定的资助体制,政府应该将政府采购行为制度化、程序化,强化公开度和透明性,避免由于负责人的变更而使资助方式发生不必要的改变,防止个别政府官员利用权力干扰社会组织的活动,防止部分官员借此牟取私利、贪污转移国家资产。

3. 鼓励社会成员参与志愿行动

社会组织开展活动的影响力来自社会的自觉认同,社会成员的志愿参与是社会组织的生存基础。鼓励志愿者的参与,不仅是组织发展的需要,而且是社会进步的表现。一个文明和谐的社会应该是大家互相帮助的社会,是一个多讲奉献的社会。个人通过在社会组织中的志愿参与,将会从组织氛围中感受到服务他人的快乐,进而提高自身助人为乐的自觉性。作为鼓励人们志愿参与的措施,可以制定专门的政策,规定社会成员每年参与志愿服务的时间,把这种服务记录和个人的综合考评挂钩,特别是对公职人员提出明确的志愿服务要求。

4. 建立协商对话机制

在利益多元化的社会里,存在着包括政府、企业、社会组织、公民个体等利益主体,不同的利益主体在社会中的话语权是不一样的,有强势与弱势之分。比如经济实力雄厚的企业和普通的打工者,他们的利益表达途径是不一样的;强势企业的利益表达就比较容易传递,途经选择也较多;而普通打工者利益表达的速度、途径相对就慢、窄,使得他们经常借助极端行为来维护自身利益。社会组织的使命和特性决定了它是为困难群体服务的(就是那些实力较强的个体,也是小于组织整体力量的),所以困难群体的声音和诉求往往通过社会组织来反映和表达。

建立政府和社会组织之间的协商机制,可以直接真实地反映民众诉求,减少信息传递过程中失真情况,协调不同利益相关者的关系,促进彼此间的信息沟通,减少因信息不对称产生的误解,增加互信互让,提高决策的科学性。在这种协商对话机制中,由于政府处于强势地位,需要对社会组织的参与渠道、参与方式等相关事宜给予制度上的安排,这样才能使民间社会的声音得以正常地表达。

第四章　民族自治地方政府职能

第一节　关于政府职能的基本理论

公共管理是政府与社会力量共同治理的一种模式,就目前而言,政府依然居于主导地位,发挥着关键作用。尤其在中国这样一个有着数千年集权主义传统的国家里,政府对社会的作用力即使到现在仍然远远大于其他类型的组织。因此,在公共管理领域的讨论中,政府的作用(职能)是一个无法回避的主题。

政府作为一种社会现象,已经历了漫长的发展阶段。在人类文明的发展进程中,政府的作用几乎烙印在社会的每一个领域,因而对政府作用的关注,也体现在人类思想进程的每一个阶段。古希腊思想家柏拉图在其《理想国》一书中就对国家的作用进行了系统的设计和论述;两千多年前中国的思想家、教育家孔子认为施行"仁政"应当是政府的价值取向,并针对当时现实中的政府行为发出"苛政猛于虎"的感慨。古今中外几乎所有思想家的论著中都对政府存在的意义、政府的作用有所涉及。当代世界的复杂变化,使政府作用受到了更多的关注,"在世界各地,政府正在成为人们瞩目的中心。全球经济的迅猛发展使我们再次思考关于政府的一些基本问题:它的作用应该是什么,它能做什么和不能做什么,以及如何更好地做这些事情。"[①]

一、政府的产生及其职能

(一) 政府的产生

政府产生的背景是政府初始作用和功能形成的背景,而政府的初始功能决定了政府未来职能的发展方向。关于政府产生的过程,不同思想家有着不同的假设和猜测。

1. 神授国家

以托马斯·阿奎那为代表的神学哲学家认为,国家是上帝为了将善和幸福带给人间,为了防止人间的恶,而授意能与神心意相通的君主建立的。神授国家理论这样来看待政府的作用:一切政府都以公共福利为目标,而要实现这一目

[①] 世界银行编著:《1997年世界发展报告:变革世界中的政府》,蔡秋生等译,中国财政经济出版社1997年版,第1页。

标,首先需要在社会内部实现和平统一,能够抵御外敌而保持安宁。① 虽然阿奎那认为国家需要维护和平统一,需要有抵御外敌的能力,但这并不是目的,国家通过这些手段要实现的最终目的是公共福利。

2. 契约国家

以卢梭为代表的契约国家理论,基于自然状态和契约自由的假设而猜测国家的起源,认为在自然状态下的人们,由于生活中的种种障碍,自然的阻力已超过了每个个人在那种状态中谋求自我生存所能运用的力量。为了避免单独在自然状态下生存可能导致的毁灭,人们只能结合在一起,形成一种集体的力量来共同与自然状态抗争。自然状态下的人们通过契约的签订,产生了一个道德的与经济的共同体,这个共同体不但在力量上超越个人,在道德人格上也高于个人。这个由全体个人通过契约而结合形成的公共人格,就称为共和国或政治体——也就是国家。契约政府的主要作用是维护公民的财政权,保障公民生存权,为公民提供比自然状态下更好的生存条件。②

3. 生产力发展决定论

这是马克思主义国家形成理论,也是最科学合理的国家形成理论。恩格斯在论述国家起源时,以罗马和日耳曼国家的形成为例说明了国家为什么会出现,以及国家(政府)的初始作用。罗马的氏族为了扩张领土掠夺资源,不断地进行各种战争。随着领土的扩大,异族群体不断壮大,单纯的氏族管理方式已经无法满足新的环境的需要。于是,罗马的氏族建立了新的以是否服兵役为判断标准的决策和执行组织,并在此基础上设计了一系列制度,这就标志着国家代替了氏族。日耳曼国家则是在野蛮人驱逐了罗马人的势力之后,野蛮人的氏族组织不再能适应对外扩张、对内整合以及开展各种建设的需要,从而需要寻找一种非血缘关系的社会组织形式,来分配财政、组织徭役、维持军队,同时安排各种建设事项。③ 生产力发展决定论的主要观点是:国家是生产力发展到一定阶段的产物,是调和阶级矛盾、维护社会秩序、保护统治阶级利益、促进社会发展的一种社会组织。这些内容也体现了国家(政府)的作用。

通过了解以上关于国家起源的理论,尤其是马克思主义国家起源理论,不难发现国家(政府)早期的职能,主要体现在四个方面:第一,整合社会力量,以实现个人无法实现的目的;第二,维持社会秩序,保持社会稳定;第三,保障社会安全,使社会免遭内乱和外敌颠覆;第四,为社会提供福利。这四种基本职能是过去很长一段历史时期里国家(政府)的主要职能,也构成了后来行政理论中政府职能

---

① 〔美〕梯利:《西方哲学史(增补修订版)》,葛力译,商务印书馆1995年版,第223页。
② 〔法〕让-雅克·卢梭:《社会契约论》,何兆武译,红旗出版社1997年版,第32—42页。
③ 《马克思恩格斯选集》第4卷,人民出版社1995年版。

讨论的基本渊源。

(二)近现代有关政府作用的讨论

公共管理学科在讨论政府作用时,其理论基本上根源于经济学,传统的国家作用理论不再是主流。经济学家们关于政府与市场、政府与企业、政府与个人关系的讨论,是政府作用理论的主要内容。从行政管理学科兴起到现在,关于政府作用的观点,大致经历了三个阶段的变化。

第一个阶段是"守夜人"政府阶段,以亚当·斯密、约翰·穆勒、大卫·李嘉图等古典经济学家为主要倡导者。他们认为市场机制这一"看不见的手"完全能够引导经济活动,合理分配社会资源,政府不需要有太多职能。政府只需要做好"守夜人",经济方面的事务完全交给市场去做,社会生活方面的事务完全交给社会自我处理。斯密认为政府应尽到以下职责:一是保护社会,使其不受其他独立社会的侵犯;二是尽可能保护社会上的每个人,使其不受社会上其他人的侵害和压迫;三是建立并维护某些公共事业及某些公共设施。[①]

第二个阶段开始于1929—1933年波及世界范围的经济危机。经济危机造成的社会问题使人们认识到市场机制的严重缺陷,同时也让人们看到了社会自身应对突发社会灾难的局限性。这一时期,美国政府通过强力干预经济社会事务,成功地摆脱危机,大大缓解了社会痛苦,让人们看到了政府在保持经济发展、应对社会危机中的巨大作用。因此,以凯恩斯等人为代表的一批学者主张政府应积极全面地介入经济、社会生活,政府不仅要维护社会的秩序,而且要通过职能的行使,为社会的充分就业、物价稳定、经济增长、分配公平等承担责任。这种主张国家积极干预经济的理论,成为此后几十年间西方国家的主导思想。

第三个阶段开始的具体时间不容易确定,可以把20世纪70年代资本主义国家的经济"滞胀"作为其开始的标志。在西方国家的实践过程中,国家干预经济、社会生活的做法一方面取得了巨大的成功,但同时也引发了非常复杂的矛盾和问题,国家干预理论从一开始就遭到了多方面的批判。国家干预存在的诸多弊端使人们认识到,政府干预与市场机制一样,也是有缺陷的,政府也会失灵,并且政府失灵导致的社会代价可能比市场失灵更高。70年代经济"滞胀"现象的出现,为这些批判提供了最强有力的证据。世界各国几乎都重新认识到了市场作为资源配置工具的巨大作用。从这以后,学者们更多地讨论政府干预的程度和范围,政府与市场、政府与社会关系的定位等问题,而不再片面地强调政府作用或者市场作用。

(三)政府作用与政府职能

政府作用与政府职能是同一概念的不同表述,但其内涵的侧重点有所不同。

[①] 参见〔英〕亚当·斯密:《国民财富的性质与原因的研究》下卷,郭大力、王亚南译,商务印书馆1974年版,第252页。

政府作用强调的是政府作为一种社会组织,其运作对社会产生的影响;而政府职能强调的是政府作为社会公共组织所承担的职责和应该履行的功能。以政府作用讨论为基础的政府职能理论是公共管理学研究的重要理论,即使在强调社会治理主体多元化的今天,研究公共管理仍然无法避开对政府职能的研究。因此,下面关于民族自治地方政府职能的讨论,也主要是围绕着民族自治地方政府作用来展开的。

二、政府职能定义

目前,国内行政学界并没有形成有关政府职能定义的统一观点,不同的学者对此理解大不相同。比较有代表性的有:"政府职能,简单地说,就是一个社会的行政体系在整个社会系统中所扮演的角色和所发挥的作用。"[1]"可以把政府职能界定为根据社会需求,政府在国家和社会管理中承担的职责和功能。"[2]"行政职能又称公共行政职能,在某些条件下亦称政府职能。具体来说,行政职能是狭义的政府即国家行政机关承担的国家职能,是相关政治权利主体按照一定的规则,经由一定的过程,通过多种表达形式实现彼此价值观念和利益关系的契合,从而赋予国家行政机关在广泛的国家政治生活、社会生活过程中的各种任务的总称,是国家行政机关因其国家公共行政权力主体的地位而产生,并由宪法和法律加以明确规定的国家行政机关各种职责的总称。"[3]"可以把政府职能界定为政府在国家和社会生活中所承担的职责和功能。具体地说,就是政府作为国家行政机关,依法在国家的政治、经济以及其他社会事务的管理中所应履行的职责及其所应起的作用。"[4]

以上定义各自都道出了政府职能的某些内涵,综合这些观点,可以这样给政府职能下一个定义:政府职能就是国家行政机关,按照社会需要和法律规定,在社会生活中承担的任务和职责。关于政府职能的定义,包含着两个层面的内容:首先,政府职能意味着政府承担着一定的任务和职责,也即政府对社会生产生活应该发挥某些作用;其次,政府职能有其范围限制,社会的需要以及依据这种需要而制定的法律决定了政府职能的内容和界限。政府职能的主要内容是管理社会公共事务,实现和维护社会利益特别是社会公共利益,促进经济、社会的发展。

三、政府职能的特征

政府职能是一种特殊的社会组织在管理社会事务中所履行的职能,因此它

---

[1] 许文惠、齐明山、张成福主编:《行政管理学》,人民出版社1997年版,第55页。
[2] 颜廷锐:《中国行政体制改革问题报告》,中国发展出版社2004年版,第59页。
[3] 张国庆:《行政管理学概论》,北京大学出版社2000年版,第84页。
[4] 金太军、赵晖、高红、张方华:《政府职能梳理与重构》,广东人民出版社2002年版,第4页。

具有与其他社会组织职能不同的特征,主要包括:第一,主体的唯一性。政府职能的承担主体只能是政府,而不能是其他的组织。对于一个地方而言,政府组织具有唯一性。一个地方可能有许多其他的社会组织参与到公共管理中,但不可能同时存在两个政府。第二,职能职责的法定性。政府的职能是由宪法和法律设定的,政府不能随意超越法律权限来行使职能,也不能随意放弃自己承担的职能。宪法和法律规定了政府职能的内容,规定了政府行使职能的程序和方式,政府必须在法律框架内开展自己的活动。相比之下,其他的社会组织具有更多的灵活性。第三,内容的公共性。政府职能的内容只能是管理公共事务,实现和维护公共利益,而不能谋求任何自身利益。政府是社会为了实现公共秩序和利益而建立的特殊组织,它本身没有任何自身的利益目标,政府的一切活动都应以社会公共需要为依据。第四,职能行使的动态性。政府职能的内容是动态发展的,社会的变化必然导致社会公共利益和需要的变化,这就决定了政府职能经常处于变动之中。政府职能经常需要做出调整,以适应环境和社会利益的变化,否则政府职能的行使可能成为社会发展的绊脚石。第五,结构与内容的复杂性。政府的职能无论在结构上还是在内容上都极其复杂。从结构来说,政府的独特地位决定了政府管理的事务必然涉及社会生活的方方面面,政府为了行使好职能,往往将自己承担的职能通过自身组织设计分解为横向的部门和纵向的层级结构,从而使每一项职能都落到实处。从内容来说,政府职能几乎涉及人们生活的所有方面,经济、文化、教育、卫生、安全等与人们生活密切相关的领域都离不开政府的作用。

第二节 民族自治地方政府与市场

民族自治地方的政府职能是一种特殊形态的政府职能,是民族自治地方政府作为国家一级地方政府和自治机关对本地方社会生活和经济发展承担的职能。中国的民族自治地方绝大部分处于相对落后的区域,市场发育状况不佳,公共产品供应短缺。民族自治地方政府最重要的职能,或者说政府的核心目标就是要解决市场发展的落后和公共产品供应的不足,减少直至彻底消除区域间、民族间发展的不平衡,实现民族自治地方经济社会的和谐发展。但是,解决这些问题政府不必也不能完全由政府承担,而应该在分析自身优势和不足以及通过比较其他途径,特别是市场途径的优劣的基础上,合理确定自身的职能边界。为了更准确地揭示民族自治地方政府现有和应该承担的职能,首先需要厘清政府与市场的关系,并对民族自治地方的市场状况和公共产品供应状况有所了解。

一、政府与市场的关系理论

确定政府职能的关键在于处理好政府与市场之间基于合理分工基础上的合作关系。政府与市场各有优势与不足,合理确定政府职能就是要充分发挥其自身优势,避其不足。在政府与市场二者都具优势的领域选择更占优势的一方,在都存在缺陷的领域选择损失更小的一方;也可以通过双方合作整合各自优势,避免各自劣势;当然,也可以选择社会组织或社区等其他途径来解决问题。但确定政府职能最关键的仍然是要处理好政府与市场之间的关系。

(一)政府与市场的基本关系领域

有关政府与市场的关系,学术界一直围绕着两个主题进行激烈讨论。

第一个主题是政府与宏观市场的关系。这一讨论主要是确定政府与市场究竟谁在资源配置中起关键作用,政府与市场如何相互配合,弥补两者可能出现的失灵。当前在公共管理实践中,政府与宏观市场的关系有四种主要模式:(1)市场主导型模式,这是一种自由放任的市场经济模式。该模式强调市场是促进经济发展、保证资源合理配置的最有效方式,认为政府在经济生活中只能起非常有限的辅助作用,因此推崇市场效率,反对政府过多干预经济,这与斯密等人的主张相一致。(2)政府主导型模式,即政府广泛而深入地介入经济生活,介入市场运行。该模式认为政府的宏观调控能力非常强,政府调节与市场机制调节的重要性不相上下,政府不但为市场运行和企业竞争提供基本的规则和服务,还通过各种手段直接扶持企业成长,帮助企业发展。通过制定和执行产业政策,政府可以引导经济按政府预期的方式运作。(3)计划主导型模式,即政府不但要为市场提供规则和服务,还要通过制订各种经济计划,最大限度地干预经济。政府计划与市场机制结合非常紧密,政府计划在资源配置中的地位与市场机制不相上下。但是,从总体上而言,政府计划服从和服务于市场机制,对企业和个人不具有强制约束力。但由于政府计划的强烈诱导作用,计划内容对企业往往具有市场机制同样重要的意义。(4)纯计划经济模式。这种模式否认市场在资源配置中的作用,完全依靠政府计划来控制经济发展,调整资源的流向,认为经济生活中的一切规则都来自政府,经济活动的一切信息也来自政府,市场和社会本身对经济的影响微乎其微。

第二个主题是政府与企业的关系。政府与宏观市场关系的不同,决定了政府与微观市场主体特别是企业关系的不同。越是自由放任的市场国家,企业与政府的关系越疏远,政府对企业的管制越松弛,政府管理企业的方式也越间接。越是强调政府作用的国家,企业与政府的关系越密切。在纯计划经济国家,企业只是政府的附属物,没有任何生产经营的自主权。

(二)市场神话与市场失灵

1776年,英国经济学家亚当·斯密出版了他的经典著作《国民财富的性质和原因的研究》,在人类历史上第一次深刻揭示了市场经济的内在动力及运行机制。亚当·斯密主张建立自由竞争和自由放任的市场经济,认为市场中有只"无形的手"引导着自利的人们在追求自身利益的同时促进公共利益,并实现市场稳定和经济发展,而政府只需扮演"守夜人"的角色。亚当·斯密给政府划定的职能只有三个方面:第一,保护本国的安全,使之不受其他独立社会的暴行和侵略;第二,设立严正的司法行政机构,保护人民不受本社会中任何其他成员的欺辱和压迫;第三,建立并维持某些公共机关和公共工程,如教育和基础设施。[1]

由于市场机制能够将市场参与者的投入、产出和收益紧密联系起来,能有效解决市场参与者的激励问题,同时市场参与者能根据市场需求信息及时地自主决策,反应迅速,因此市场机制能有效解决经济领域的效率问题。具体来说,市场机制的优势主要表现在:(1)市场经济促进了分工和专业化的发展,而分工和专业化能极大地提高生产效率。一方面,分工和专业化使个人专注于某个特定生产领域,有利于相关知识和技能的积累和提高;另一方面,分工和专业化有利于扩大生产规模,从而获得规模经济效益。(2)市场经济能够提供一个持久有效的激励机制。首先,市场参与者在市场中获得报酬的多寡通常取决于自身对经济的贡献,市场经济的竞争和平等交易使得任何资源(包括劳动力)都能够通过竞争性交易确定恰当的价格。其次,市场能比其他机制更有效和准确地评价市场参与者的贡献,进而有助于形成一个自我激励的报酬体系。(3)市场通过价格机制确保资源配置效率的实现。资源配置的高效率意味着一个社会将其资源进行配置所生产的产品的类型和数量符合社会成员的需求偏好,这就要求必须获得社会成员的需求偏好信息。在市场中这种信息可以通过社会成员对产品愿意支付的价格和在该价格下社会愿意提供的产品数量的平衡关系(通过价格的升降)反映出来。正是由于市场所具有的这些优势,当今世界,几乎所有的国家都采用了市场经济模式。

1929—1933年爆发的世界性经济危机充分暴露了市场机制存在的缺陷和不足,经济学家们开始关注市场失灵问题。其中,福利经济学和凯恩斯的宏观经济学对市场失灵的分析较为全面。市场失灵主要体现在以下几个方面:

第一,难以有效供给公共产品和公共服务。公共产品和公共服务具有的非排他性使得其他消费者可以免费享用该产品,出现消费中的"搭便车"的现象。同时,由于公共产品和服务具有非竞争性,难以向消费者收取适当的费用,所以,

---

[1] 〔英〕亚当·斯密:《国民财富的性质和原因的研究》下卷,第254—272页。

生产公共产品、提供公共服务就难以收回成本,导致公共产品和公共服务的供给不足。

第二,存在外部效应。外部效应是指一个经济单位的活动对其他经济单位产生了有利或有害的影响,而没有因此对受影响者收取费用或支付赔偿。这样,经济单位在进行经营决策时就会只考虑自身的成本与收益,而忽略社会的成本与收益,从而导致产生负外部效应的行为过多,产生正外部效应的行为过少。

第三,存在着市场垄断。优胜劣汰的市场竞争必然导致不同程度的垄断的产生。这时,追求垄断利润的动机致使垄断价格偏离资源最优化配置的要求,进而损害经济效率。

第四,市场信息的不对称。虽然任何人都不可能掌握完全的市场信息,但在市场交易中,拥有信息较多的一方还是能够利用自己的信息优势通过"逆向选择"和"道德风险"获取不当利益[①],出现市场失灵。

第五,难以解决社会公平和宏观经济均衡的问题。市场竞争导致收入分配的差距,可能引致贫富分化的加剧。而且经济市场中的个体理性也可能导致社会整体的不理性,引起宏观经济总量和结构的失衡。

(三) 政府神话与政府失灵

1917年俄国十月革命的胜利和20世纪20年代末30年代初的世界性的经济危机打破了市场神话。计划经济早期在苏联较为成功的实践,新兴工业化国家通过政府推动了经济的飞速发展,以及罗斯福新政使美国成功摆脱危机并保持几十年的经济繁荣等鲜活的事例,使人们相信政府在经济生活中应该扮演更为积极的角色。在计划经济体制下,政府相信,通过对投资与消费、供给与需求进行科学的安排和控制就能够避免资本主义制度下周期性的经济危机给国民经济带来的伤害,并使经济保持快速稳定的增长。因此,计划经济主张政府全面干预国民经济。在市场经济体制下,政府干预则主要是通过国家产业政策、金融政策、税收政策和财政政策等宏观经济手段以及市场准入、市场监管等微观管理手段来实现的。

政府在经济领域能够发挥巨大功能与其所具备的独特优势紧密相关。政府的优势集中表现在两个方面:一是合法地使用暴力;二是其权威的广泛性。这两个优势使政府能够在以下领域有突出作为:第一,政府通过实施强制性的市场交易规则,可有效避免不公平竞争,避免市场的盲目性和无序状态,为市场有效运转提供一个不可或缺的制度平台。第二,政府拥有的庞大的权威资源和财政资

---

① 逆向选择是指在市场中的一方无法观察到另一方的重要信息时所发生的劣币驱逐良币的现象,道德风险是指在签约之后,签约一方无法观察、监督到另一方的行为,而另一方就可能故意不采取谨慎行为,从而损害对方的利益。参见句华:《公共服务中的市场机制:理论、方式与技术》,北京大学出版社2006年版,第37页。

源使其在大型公共产品的供给方面具有独特的优势,能够有效克服公共产品供给中"搭便车"现象带来的不利影响。第三,政府权威的广泛性导致政府所采取的行动影响广泛而深远,这使得大规模的集体行动成为可能,使政府在危机状态下发挥不可替代的优势作用。第四,政府的权威能够保证公民的安全与尊严,从而提供一个平等和守信的交易环境,避免交易欺诈等市场不轨行为,可大大降低人们交易时的协调成本,并有助于保证资源的有序流动和社会成本的有效降低。由于政府所具有的优势及其在经济领域的出色表现,像早期对待市场一样,人们也曾一度非常崇拜政府的能力,以至于试图着手建立"万能政府"。

市场失灵被认为是政府干预的基本理由,正如布坎南所说的:"市场可能失败的论调广泛地被认为是为政治和政府干预作辩护的证据。"[1]人们普遍认为,在市场失灵的领域政府应该有所作为,以克服或减弱市场失灵带来的不利影响。正如人们所愿,政府的宏观调控和经济干预措施带来了西方第二次世界大战后几十年的经济繁荣。但 20 世纪 70 年代西方国家出现的经济滞胀给政府干预敲响了警钟,人们意识到,和市场失灵一样,政府也存在着失灵的现象。尽管人们对"政府失灵"有不同的理解,但一般都会承认它是客观存在的。萨缪尔森认为,"当政府政策或集体行动所采取的手段不能改善经济效率或道德上可接受的收入分配时,政府失灵便产生了"[2]。政府失灵是指因受政府行为能力或其他客观因素的影响,政府干预未能达到目标,或者虽然达到目标但效率低下或引发了其他不利的后果。政府失灵的原因是多方面的:政府的过度干预提供了寻租机会,引发了越来越多的寻租、避租、政治创租和抽租的活动,导致政府干预对市场机制功能的扭曲;政府组织及其官僚的自身利益与社会公共利益之间存在差异,在没有完善的监督机制的不成熟的市场经济条件下,政府机构可能利用其在社会生活和经济生活中的特殊地位去追逐私利;提供公共产品和服务的政府和政府各部门具有行政垄断特性,缺乏竞争,很难保证政府工作的高效率,以及利益集团的影响等因素都可能导致政府失灵现象的产生。

布坎南认为,政府失灵的主要形式是政府政策与政府工作机构的低效率。政府政策的低效率是指所执行的政策不是最好的政策,这种政策不能保证资源的最佳配置。一方面政治家在决策时依据自己对公共利益的理解,其决策行为有相当的自由度,难免被自身的经济人动机所左右,从而偏离公共利益的要求;另一方面,政治家的实际决策行为也并不倾向于最大限度地增进公共利益,而是依据自己获得的信息和个人效用最大化原则来决策。同时,一些客观因素的制

---

[1] 〔美〕詹姆斯·M.布坎南:《自由、市场和国家》,吴良健、桑五等译,北京经济学院出版社 1998 年版,第 13 页。

[2] 〔美〕保罗·A.萨缪尔森、威廉·D.诺德豪斯:《经济学(第十二版)》下册,高鸿业等译,中国发展出版社 1992 年版,第 1189 页。

约也必然导致政府工作机构的低效率。这些因素包括:缺乏竞争机制;缺乏降低成本的激励机制;政府机构自我膨胀;监督机制不完善;政府的寻租行为等。① 新保守主义者列出了"政府失灵"的种种表现:(1)政府处于垄断地位,缺乏竞争意识,没有压力和责任心,导致公共产品和公共服务效率低下,浪费严重;(2)公共机构手里掌握大量经济资源,成为市场主体的寻租对象,容易导致腐败泛滥;(3)公务人员同样属于"经济人",存在道德风险,监督稍有松弛就会纵容机会主义;(4)代议制政体下容易出现"会哭的孩子有奶吃"局面,政治受到利益集团的影响,导致公共服务和公共资源的分配不公;(5)政府过分强调公平,抑制经济效率;(6)政府同样面临着信息障碍,而且机构和层次过多更难以保证信息的完整性、准确性和时效性,决策者往往以个人意志替代科学决策,容易造成决策失误。② 正如波斯纳所指出的,政府失灵反倒有可能是一种成本高昂的替代。③

(四)政府与市场的职能选择

政府与市场关系哪种模式更好?很多学者都想要回答这个问题。有人想要证明市场作用效率高,有人想要证明国家能实现更多的社会公正。其实,"现实中的市场和政府都有其自身难以避免的缺陷,一方有缺陷在逻辑上并不必然保证来自另一方的替代将一定是合理的选择,政府和市场不是非此即彼的选择,正如市场有缺陷我们仍需主要依赖它去配置资源一样,尽管存在政府失灵,我们也需要依赖它来维持社会的生存,重要的是如何改造现行的政治和行政制度来纠正和缓解市场失灵与政府失灵,然后进行政府干预与市场调节之间的'两害相权取其轻'的选择"④。市场与政府间的选择并非一个在完善和不完善之间的选择,而是在不完善的程度之间、在缺陷的程度和类型之间的选择。⑤

因此,政府与市场关系并没有而且不应该有一种固定的模式,它们之间的关系应该根据一个国家或者一个地方现实的经济社会发展情况而定。如果社会要求政府更多地介入经济生活,以非市场的力量推动经济超速发展,那么政府就应该承担更多本应该由市场承担的角色。如果社会要求政府退出经济生活,给社会更多自我发展的空间,那么政府就应该缩小自己的职能范围。因此,关于政府与市场关系的真正有意义的问题是如何去判断社会需要什么样的政府。

当前民族自治地方面临的主要社会问题是一种基于与其他地区相比较而产生的发展差距问题。民族自治地方市场机制不够健全、经济相对落后、公共产品

---

① 参见丁煌:《西方公共行政管理理论精要》,中国人民大学出版社 2005 年版,第 316—319 页。
② 曾峻:《公共管理新论:体系、价值与工具》,人民出版社 2006 年版,第 116 页。
③ 转引自〔美〕丹尼尔·F. 史普博:《管制与市场》,余晖等译,上海人民出版社、上海三联书店 1999 年版,第 26 页。
④ 卫志民:《政府干预的理论与政策选择》,北京大学出版社 2006 年版,第 372 页。
⑤ 陈庆云:《公共政策分析》,中国经济出版社 1996 年版,第 34—35 页。

供应能力相对低下三种问题并存,而民族自治地方市场、社会又难以通过自身的力量来迅速消除这种差距。这一社会问题决定了当前民族自治地方政府具有明显的双重角色,既要承担完全市场经济体制下政府的监管、服务职能,又要承担一些非市场体制下的政府职能,如代替市场配置资源的功能,替代市场运行的规则,代替社会组织管理一些公共事务等。这些情况决定了在讨论民族自治地方政府职能时,不能简单地用市场经济条件下政府的职能理论,不能要求民族自治地方政府职能超越当地的社会发展状况,而应该在分析民族自治地方社会需要的前提下,根据地方特色设计相应的职能内容。

二、民族自治地方的市场状况

为市场主体服务是当前社会对政府提出的迫切要求,而在不同的地区和不同的经济发展阶段为市场主体服务的内容与方式会有所不同。因此,了解民族自治地方市场状况是了解民族自治地方政府服务职能的前提。

(一)民族自治地方宏观市场发展状况

当前,民族自治地方的宏观市场发展状况主要有以下几个方面的特征:

1. 社会整体竞争力的相对落后

与全国其他地方相比,整个民族自治地方的社会竞争力落后很多。在构成社会整体竞争力的诸多因素方面,民族自治地方与其他地方都有比较大的差距。表 4-1 列举了有关社会竞争力因素的对比数据。

表 4-1　社会竞争力因素的民族自治地方与全国对比

竞争力影响因素	全国平均	八民族省区平均
三大产业比例	7.7∶40.6∶51.7	14.9∶39.1∶46.0
人均 GDP(元)	59201	38033
外贸依存度(%)	39.6	9.9
从业人员人均受教育年限(年)	10.23	9.02
每千人科技人员数(人)	3.0	2.2
万人技术成果成交额(万元)	965.72	153.46
单位 GDP 能耗(千克标准煤/万元)	0.57	1.08
单位工业增加值能耗(千克标准煤/万元)	0.49	2.9

资料来源:根据《中国统计年鉴 2018》和《中国民族统计年鉴 2018》数据整理。

表 4-1 中列出的只是部分影响因素,影响地区竞争力的还有基础设施发展水平、公共卫生服务水平、教育发展水平、资源环境状况等因素,这些将在后面公共产品供应状况中详细列举。几乎在所有影响地区竞争力的因素中,民族自治

地方都落后于其他地方。

2. 市场发育水平较低

各省、自治区、直辖市 2021 年的市场化指数（记分区间 0—10 分），按东部、中部、东北、西部 4 个地区分组平均，分别为 7.12 分、6.17 分、5.33 分、4.65 分。① 西部地区省份市场化程度与东部差距较大的方面主要是非国有经济的发展和要素市场的发育程度，在政府与市场的关系、产品市场发育、市场中介组织和法律制度环境等方面也都存在明显差距。② 由于我国民族自治地方基本上处于西部地区，因此从市场发育程度来看，民族自治地方基本处于全国最低的水平。

3. 市场的产业选择与企业成长促进能力偏差

在成熟市场经济条件下，产业选择和企业成长都通过市场的价格机制和竞争机制来实现。如果没有外部挤压，民族自治地方也可以通过市场机制来实现产业的平衡，并且成长起一批有实力的企业，但这将是一个缓慢而且代价沉重的过程。市场机制下产业调整与企业成长是通过利益追求机制造成资本在不同产业和企业间流动，以大量资本的浪费为代价的一个不断淘汰与升级的过程。同时，没有外部挤压只是一个违背现实的假设，现在的民族自治地方面临着来自国内和国外的双重压力，自我发展的空间越来越狭窄。民族自治地方经济本来就落后，赶超发展的任务非常艰巨，薄弱的经济能力难以承受市场运作带来的巨大浪费。因此，在民族自治地方，如果完全依照市场经济的规律进行资源配置，那么民族自治地方的产业将集中于当前有优势的资源开发领域，其他大多数民族自治地方的企业则将遭受到毁灭性的打击而出现发展畸形。南美洲、非洲部分国家成为跨国公司掠夺廉价资源、逃避环保和人权等社会责任的天堂，整个国家沦为跨国集团经济附庸。这些国家经济结构高度畸形的发展历程所提供的充分证据表明，在本地经济水平落后的情况下，完全依靠市场机制将会对本地经济造成巨大伤害。

4. 市场规则不够健全

在市场主体数量和质量都存在问题的情况下，民族自治地方还面临着市场规则缺失的问题。由于旧的计划经济体制被打破，新的市场经济体制又不可能一蹴而就地搬到民族自治地方，现在民族自治地方市场规则出现了两个方面的缺失。第一，市场伦理的缺失。伦理规则是市场主体的自律规则，是市场经济运行中非常重要的内部规范体系。民族自治地方市场伦理建设还处于起步阶段，

---

① 根据《中国分省份市场化指数报告 2021》有关资料整理。
② 王小鲁、樊纲：《中国地区差距的变动趋势和影响因素》，《经济研究》2004 年第 1 期。

许多规则还没有建立起来,已经建立的规则也不能有效地发挥作用。比如,在企业的诚信、经营道德、社会责任等方面目前存在的问题还很多。第二,市场运行法治缺失。与伦理相对应的是从外部约束市场的法治也处于发育不良的状态,当前民族自治地方市场治理的方式、程序、规则等都还很不完善,市场运行混乱和政府对市场的监管不力都是需要着力解决的问题。

(二)民族自治地方市场主体状态

民族自治地方市场主体包括作为商品生产者的企业和商品消费者的社会大众两个部分。市场主体的发育状态决定了一个地方市场的成熟程度和发展潜力。与其他地方相比,民族自治地方的市场主体在许多方面都存在很大差距。

第一,企业数量少。一个地区市场的繁荣与财富的增长离不开大量经营性企业的兴起。企业数量和规模代表着一个地区市场的繁荣程度和竞争水平,民族自治地方与其他地区相比市场主体的数量比较少。以2019年为例,该年民族自治地方全部规模以上工业企业总数为20990家,占全国的比重为5.56%,远低于其人口占全国的13.56%的比例。[1]

第二,企业竞争力弱。民族自治地方的企业与其他地区的企业相比竞争力较弱。企业的竞争力主要是通过企业的规模、科技创新能力、管理水平、市场开拓能力等诸多因素表现出来。民族自治地方的企业普遍存在着规模小、科技含量低、创新能力不足、管理落后等问题。首先,民族自治地方工业企业规模普遍较小。2019年,民族自治地方全部规模以上工业企业总资产107332.46亿元,占全国的8.9%。其次,工业企业的效益不高。2019年民族自治地方规模以上工业企业利润总额为3544.39亿元,相比之下,全国规模以上工业企业利润总额为65799亿元,其中的差距显而易见。[2]再次,企业的科研能力和技术创新能力不足。在科技人员和科技成果交易数量方面,民族自治地方都远远落后于全国平均水平。2019年《福布斯》上市企业发展潜力100强,只有4家民族地区企业上榜;非上市企业发展潜力100强,科技企业100强,均没有1家民族地区企业上榜。最后,企业的经营管理能力在全国处于落后水平。在2019年全国企业500强中,八个民族省区一共只有28家,占总数的5.6%。

第三,居民消费能力低下。企业作为市场产品的供应者只是市场主体的一部分,作为市场主体另一部分的是产品消费者,其中主要是居民,他们的消费能力和消费意识也对民族自治地方经济发展有着至关重要的作用。消费带动生产,如果居民消费能力低下,企业也就失去了进一步发展的主要动力。民族自治地方的居民消费能力相对其他地方而言非常低下。2019年,民族自治地方城镇

---

[1] 根据《中国民族统计年鉴2020》《中国统计年鉴2020》相关资料整理。
[2] 同上。

居民人均可支配收入为35078.92元,农村居民人均可支配收入为12824.56元,分别相当于全国平均水平的82.81%和80.05%,城镇居民人均消费支出22464.03元,农村居民人均消费支出10971.06元,分别相当于全国平均水平的80.05%和82.32%。① 消费能力与其他地方相比,明显低下。

第四,市场状态下的政府职能发挥不足。民族自治地方市场发育落后的原因是多方面的,但是政府作为经济发展的引导者和重要的参与者在促进经济发展方面的工作成效不足是其中非常关键的原因。

从前面谈及的因素中可以看出,宏观市场环境中政府在公共产品供应、法律制度提供、对政府与市场关系的处理等方面的不到位都是导致民族自治地方宏观市场环境不如其他地方的原因。微观市场主体的落后状态与宏观市场环境有着巨大的关系,而政府能否确保社会分配的公平公正与政府的公共产品供应能力有着直接的联系。在当前市场经济条件下,民族自治地方政府能力的缺失和职能履行的不完全是造成市场状态落后的关键所在。以影响地区经济发展能力和企业创新能力的关键因素——区域创新环境为例,民族自治地方与其他地方相比远远落后。在全国各省区市间该项因素指数的对比中,八民族省区在全国32个省、自治区、直辖市中占据了后八位,得分最高的西藏比全国平均分值低6.3分,得分最低的青海则比全国平均分值低10.13分。② 影响区域创新环境的主要因素是公共产品供应水平和政府的创新服务水平。因此,要解决市场落后的状态,科学定位民族自治地方政府职能并积极有效地履行其职能显得尤为重要。在民族自治地方这样的市场发展状态下,政府不仅需要通过做好服务者来为市场的良性运作创造条件,还需要暂时做市场的替代者,在发育不够成熟的市场领域以政府的力量培育出相应的市场要素,如壮大企业实力、形成具有长远发展前景的产业、制定市场规则等。

三、民族自治地方公共服务供应状况及其关键要素

(一)供应状况

第一,交通基础设施。交通基础设施是现代经济发展的命脉,对整个社会发展具有基础性作用。交通基础设施的完善程度是决定一个地区经济发展能力的关键因素之一。我国民族自治地方的交通基础设施相对不完善,已经成为制约经济发展的瓶颈之一。表4-2体现了民族自治地方在交通基础设施方面与其他地方相比的差距,以及由此导致的物资流通能力的落后程度。

---

① 根据《中国民族统计年鉴2020》《中国统计年鉴2020》相关资料整理。
② 陈秀山主编:《中国区域经济问题研究》,商务印书馆2005年版,第414页。

表 4-2　2022 年民族八省区与全国交通状况对比

交通情况	人均公路货运量（吨/人）	公路密度（公里/百平方公里）	铁路密度（公里/万平方公里）	等级路占公路总里程比例（%）	二级以上公路占公路总里程比例（%）
全国	26.29	55.78	161.36	96.41	8.06
民族八省区	31.65	24.54	76.45	93.3	7.13

资料来源：根据《中国统计年鉴 2023》相关资料整理。

第二，公共卫生方面。公共卫生服务是国家为了国民身心健康而向社会提供的公共产品，公共卫生的服务水平会直接影响一个地区的国民身体素质，影响居民健康消费结构，从而影响当地经济社会发展能力。相比全国而言，民族自治地方的公共卫生服务水平比较低下。表 4-3 反映了民族自治地方有关公共卫生服务项目与全国情况的对比状况。

表 4-3　2020 年民族八省区与全国公共卫生状况对比

	全国	内蒙古	广西	贵州	云南	西藏	青海	宁夏	新疆
千人口卫生技术人员	7.57	8.41	7.42	7.46	7.76	6.23	8.26	8.14	7.39
5 岁以下儿童低体重患病率（%）	1.19	0.72	3.31	1.08	1.50	2.09	1.01	0.44	0.68
7 岁以下儿童保健管理率（%）	94.30	94.30	92.50	92.90	94.70	84.60	91.50	96.30	93.30
围产儿死亡率（%）	4.14	5.06	5.45	4.75	5.32	13.51	6.43	4.70	9.06
预期寿命（岁）	77.93	77.56	78.06	75.20	74.02	72.19	73.96	76.58	75.65
传染病发病率（1/10 万）	190.36	225.65	263.62	248.35	189.61	337.10	376.80	168.75	324.99
住院分娩率（%）	99.90	100.00	100.00	99.60	99.90	98.30	99.10	100.00	99.80
孕产妇死亡率（1/10 万）	9.40	14.90	8.40	15.90	12.40	47.90	24.90	11.20	17.00
妇女病检查率（%）	86.60	83.70	88.20	85.30	88.80	64.50	67.40	84.80	82.60
城镇人均医疗保健支出（元）	2172.2	2039.8	1903.4	1706.6	2317.7	1098.9	2524.6	2267.3	2349.1

资料来源：根据《中国卫生健康统计年鉴 2022》《中国卫生健康统计年鉴 2021》相关资料整理。

从表 4-3 中可以看出，民族自治地方的公共卫生服务水平低下，尤其在妇女儿童保健方面差距很大。公共卫生服务能力的低下使得民族自治地方人民身体素质与全国平均水平相比存在较大差距。

第三，社会保障方面。社会保障是实现社会稳定的重要工具。在西方发达国家，社会保障事业支出占了政府支出的很大一部分，社会保障事业的发达使每个公民"从出生到坟墓"都能享受到来自国家的关怀。我国的社会保障事业起步比较晚，但发展非常迅速。随着市场经济体制的逐步完善，主要由政府提供的社会保障系统将成为维护公民职业、身心、养老等方面安全的基本手段。如果社会保障系统不健全,整个社会的经济发展能力将受到极大的制约。表4-4列举了民族八省区与全国在部分社会保障项目方面的对比情况。

表4-4 2022年民族八省区与全国社会保障状况对比

	全国	八民族省区
失业保险参保比例(%)	16.86	10.48
工伤保险参保比例(%)	20.62	14.39
城镇职工基本养老保险参保比例(%)	35.67	23.89
医疗保险参保比例(%)	95.34	98.9
生育保险参保比例(%)	17.44	11.12
城乡居民基本养老保险参保比例(%)	38.92	45.99

资料来源:根据《中国统计年鉴2023》整理。

从表4-4中的数据可以看出,民族地区的多项社会保险的参保比例与全国平均水平相比仍有不小的差距,这给民族自治地方的社会和谐与经济发展带来了非常严峻的挑战。

第四,教育方面。教育是变人口压力为人力资源优势的关键因素,在落后地区,教育同时也是摆脱贫困的关键因素。民族自治地方经过多年的努力,在为公民提供良好的教育方面取得了巨大的成就。大山深处建起了各级学校,草原腹地也书声琅琅,民族八省区的文盲率由1999年的23.32%降低到2022年的5.56%。[1] 接受高等教育的少数民族学生人数逐年上涨,从2009年的3374.82万人上升为2019年的5223万人。[2] 尽管如此,民族自治地方的教育,特别是基础教育,无论从软硬件设施还是从教育成果来看,与全国其他地方相比,都还存在着明显的差距,从而导致当前民族自治地方的教育发展还停留在比较低的水平。教育发展的落后会直接导致公民素质不高,从而从根本上制约地区经济社会竞争力的提高。

第五,其他公共产品和服务方面。除上述几个方面之外,还有一些重要的准公共产品的供应状况对城乡社会的发展进步起着基础性作用。虽然它们的供应主要依赖市场或者社会自身力量,但其发展的初始阶段离不开政府的投入和支持,政府是推动社会力量参与这些产品供应的主要动力。在部分民族自治地方,社会自身难以承受大规模的投资建设,许多准公共产品依然需要政府大量投资,需要政府主导生产并参与分配。表4-5列举了部分准公共产品供应情况的对比数据。

---

[1] 根据《中国统计年鉴2023》整理。
[2] 根据《中国教育统计年鉴2010》《中国教育统计年鉴2020》资料整理。

表 4-5　其他公共产品和部分重要准公共产品对比

对比项目	全国	民族八省区
城市生活垃圾无害化处理率(%)	99.9	99.89
工业固体废弃物综合利用率(%)	0.58	0.48
森林覆盖率(%)	22.96	27.07
人均供水量(立方米/人)	424.88	692.71
人均图书出版量(册/人)	8.08	4.93
人均期刊出版量(册/人)	1.37	0.39
人均报纸出版量(份/人)	19.2	9.13
固定电话普及率(部/百人)	12.71	12.56
移动电话普及率(部/百人)	119.25	113.46
互联网宽带接入端口占人口比例(个/百人)	75.87	70.92
移动互联网用户占人口比例(%)	100	99.73

资料来源：根据《中国统计年鉴 2023》整理。

如果说改变市场落后状态还不能完全依赖于政府，那么公共产品和服务的供给则是政府义不容辞的责任。公共产品和服务供应的水平从根本上决定了地区整体竞争力，是地方经济发展与社会和谐稳定的根本保证。民族自治地方政府要实现本地区的快速和谐发展，就必须在尽可能短的时间内，积极履行政府职能，弥补职能缺口。否则，民族自治地方经济社会的落后与不和谐将长期存在，并且可能进一步恶化。

(二) 几个关键要素

1. 边疆安全与稳定

从地理因素上看，大部分民族自治地方属于边疆地区。然而，近年来国际热点问题大多聚集在中国周边，朝核问题、中亚和克什米尔地区反恐问题、中印领土争端、中缅中越边境的跨国犯罪和难民问题。此外，西部边疆在快速工业化、城镇化、信息化等现代化的进程中，因社会转型而引发的矛盾和冲突也不断增加。2021 年中央第五次民族工作会议指出，"必须高举中华民族大团结旗帜，必须坚决维护国家主权安全、发展利益"。例如，在边防和公共安全开支方面，2022年，广西国防开支占本地一般公共预算支出的 0.2%，居全国第 2 位，新疆、云南、西藏公共安全支出占本地一般公共预算支出的比例分别为 7.55%、6.0%、5.46%，分别居全国第 1、9、10 位。[1]

影响民族自治地方稳定与安全的社会风险既有与内地相似的社会矛盾，如就业、环保、劳资纠纷等问题，也有涉及民族、宗教、边境因素的特殊性问题，如城

---

[1]　根据《中国统计年鉴 2023》有关数据整理。

镇化进程中不同族群成员高度聚集时的相互适应与包容问题,市场经济发展与快速城镇化使宗教文化面临世俗化的问题,信教群众与不信教群众、宗教生活与现世生活的矛盾,境内外民族分裂、宗教极端、暴力恐怖势力的渗透煽动、暴恐事件多发问题,等等。如果这些问题与其他社会风险交织,特别是被少数宗教激进主义分子利用,极易引发反社会的极端行为,威胁民族自治地方稳定与民族团结。

2. 转变发展方式与跨越式发展

近年来,民族自治地方大部分省区经济增长速度明显高于全国平均水平,为跨越式发展创造了条件。但是,这些地区面临转变发展方式与实现跨越式发展的双重压力。目前民族自治地方经济发展总体水平滞后,与内陆特别是东部沿海差距较大。2022年边疆9省(区)人均GDP仅达到全国均值的72.14%。边疆地区产业结构不合理,结构优化压力大。2022年,吉林、西藏、甘肃农业产值远低于全国平均水平(2847.08亿元)①,黑龙江、广西和云南农业产值较高。除内蒙古、新疆和辽宁的第二产业占GDP比值高于全国平均水平外,其他6省区第二产业占GDP比值都低于全国平均水平。②

3. 资源开发与环境保护

民族自治地方资源富集,是我国重要的能源产业基地,同时又是我国最重要的生态功能区——我国重要的水资源涵养区、生物资源多样性聚集区、矿产资源富集区、土地资源储备区、森林资源供给区。虽然民族自治地方资源蕴藏价值极高,但生态系统脆弱,承载能力很低,自然灾害及次生风险发生频率高。2022年,民族八省区自然灾害造成直接经济损失575.6亿元,占全国损失的24.12%。③

矿产、农牧业、高能耗产业是民族自治地方的主导产业。2022年西部地区原煤产量占全国比重由2012年的54.5%上升到60.7%;新疆油田2022年油气产量当量达1748万吨。这些产业与民族自治地方能源资源开发紧密相关,产业替代性小,结构转型存在瓶颈。民族自治地方经济发展与资源开发面临两难选择,资源开发与保护环境是制约当地经济社会发展的"矛盾体"。少开发或不开发资源,难以实现民族自治地方快速发展和跨越式发展,开发过多、过快必然损害本地生态环境。2022年,边疆省区二氧化硫、氮氧化物和颗粒物排放总量约443.09万吨,约占全国排放总量的27.06%,废水中主要污染物排放量为9064.94万吨,占全国排放总量的16%。④ 同时,2022年,边疆九省区水土流失

---

① 根据《中国统计年鉴2023》有关数据整理。
② 同上。
③ 同上。
④ 根据《中国统计年鉴2022》有关资料整理。

面积 2126304 平方千米,占全国水土流失面积的 80.13%。①

4. 保护民族文化多样性

我国是 56 个民族共同缔造的统一的多民族国家,不同民族、地域的文化相互碰撞、交流、融合,共同建构了多元一体的中华文化格局。民族八省区有五个分布在西部边疆,约占国土面积的 52.9%。我国 55 个少数民族中,除了高山族、黎族、畲族等外,绝大多数的少数民族都在边疆有聚居区。但是边疆地区由于区域因素与民族因素的交互影响,民族文化多样性面临内部价值诉求错位和外来文化冲击的挑战,如市场经济的冲击,互联网、广播电视等信息技术和大众传媒的影响。因此,保护、传承、弘扬边疆民族文化,需要构建政府—市场—社会多主体协同治理格局,尊重各民族的宗教信仰和生活习惯,增强少数民族文化的生命力和感召力。

第三节 民族自治地方政府的职能

市场发育不够健全以及公共产品供应相对缺乏决定了民族自治地方政府既要承担其他地方政府所需要承担的一般职能,即市场监管、政治维持、文化发展和基本公共产品供应,还需要行使部分额外职能,以培育市场和弥补公共产品供应的不足。民族自治地方政府在服务市场、服务社会的同时,还必须部分代替市场体制,扶持本地企业发展,促进地区产业成长。具体而言,民族自治地方政府职能有以下几个方面的内容。

一、宏观调控

弗朗西斯·M.巴托于 1958 年出版的《市场失灵的剖析》一书首先提出了市场失灵的可能及原因,他认为,由于市场外部性、市场垄断、公共产品、不确定性等因素会使市场机制失去作用,难以对资源进行有效的配置。市场本身不能防止垄断的产生,完全竞争的市场往往导致限制竞争的垄断组织壮大;市场信息不对称也常常使市场机制的效率难以充分发挥,无法为社会提供优质的公共服务;市场外部性的存在使得价格机制未能完全反映实际的生产经营成本;市场更重效率,难以保障社会公平。这一切市场失灵的表现体现了政府干预的合理性,市场失灵的这些领域也理所当然地成为政府应该和能够发挥作用的领域。

政府解决市场失灵的第一项重要职能就是通过采取宏观调控措施,辅助市场进行资源配置,防止经济出现剧烈波动,弥补市场信息传播过程中的失真,消除外部性影响。关于什么是宏观调控,人们的认识并不一致。许多人认为只要

---

① 根据《中国水土保持公报 2022》有关资料整理。

是国家出台的间接管理企业的政策措施都是宏观调控,而有些人则认为,只有那些以宏观经济目标为内容的调控措施才能称为宏观调控。吴敬琏等经济学家认为,只有以宏观经济现象为目标的政策措施才可称为宏观调控措施。"总量的经济现象是宏观的经济现象,最重要的总量就是需求总量、供给总量、财政收支总量、货币收支总量、信贷收支总量,全国的劳动生产率、全国的增长速度也是宏观范畴。微观经济是研究资源在不同企业、不同地区、不同部门之间的配置,特别是企业生产什么、生产多少、原材料从哪里来、产品卖给谁,这些微观问题是应该由市场解决的。"① 这种观点无疑更具有科学性。政府的宏观调控就是政府通过政策的推行,影响经济的总量,使经济保持健康稳定的发展。

政府宏观调控的主要措施包括:

(一)财政政策

财政政策是政府进行宏观调控的重要手段,有着不可替代的重要作用。财政政策是指为促进就业水平提高,减轻经济波动,防止通货膨胀,实现稳定增长而对政府财政支出、税收和借债水平所进行的选择,或对政府财政收入和支出水平所做的决策。或者说,财政政策是指政府变动税收和支出以便影响总需求进而影响就业和国民收入的政策。② 变动税收是指改变税率和税率结构。变动政府支出指改变政府对商品与劳务的购买支出以及转移支付。财政政策是国家干预经济的主要政策之一。

(二)货币政策

货币政策是指国家通过控制货币供求,来实现经济总量平衡的政策体系总和。货币政策包括以下几种手段。

第一,公开市场操作。公开市场操作是中央银行直接参与到货币交易市场,吞吐基础货币,从而调节货币市场流动的一种货币政策工具。它是通过中央银行与指定交易商进行有价证券或外汇交易,实现货币政策调控目标,进而影响整个社会经济发展。

第二,存款准备金制度。存款准备金是指金融机构为保证客户提取存款和资金清算需要而准备的资金,金融机构按规定向中央银行缴纳的存款准备金占其存款总额的比例就是存款准备金率。中央银行通过调整存款准备金率,影响金融机构的信贷资金供应能力,从而间接调控货币供应量。

第三,利率。利率政策也是实施货币政策的主要手段之一。中央银行根据货币政策实施的需要,适时地运用利率工具,对利率水平和利率结构进行调整,进而影响社会资金供求状况,实现货币政策的既定目标。利率政策常见的手段

---

① 吴敬琏:《要分清宏观调控和微观干预》,《市场报》2005年4月5日。
② 鲁昊森:《论凯恩斯理论与罗斯福新政》,《中国集体经济》2013年第15期。

主要有:(1)调整中央银行基准利率,包括再贷款利率,指中央银行向金融机构发放再贷款所采用的利率;再贴现利率,指金融机构将所持有的已贴现票据向中央银行办理再贴现所采用的利率;存款准备金利率,指中央银行对金融机构交存的法定存款准备金支付的利率;超额存款准备金利率,指中央银行对金融机构交存的准备金中超过法定存款准备金水平的部分支付的利率。(2)调整金融机构法定存贷款利率。(3)制定金融机构存贷款利率的浮动范围。(4)制定相关政策对各类利率结构和档次进行调整等。

第四,汇率。汇率是一国货币与其他国家货币在国际交易市场上的价格比例。汇率政策是指通过影响汇率来实现国家国际收支平衡,进而保持经济总量平衡和稳定发展的政策。

货币政策的制定权属于中央政府的专有权力,民族自治地方政府应忠实执行中央的货币政策,以维护我国整体金融秩序的稳定。

宏观经济政策除了公共支出和政府投资及部分税收政策可由地方制定,主要是由中央政府制定,但地方政府对宏观政策制定也有一定的影响力。在具体执行过程中,绝大部分宏观调控政策都有赖于地方政府的响应与配合。可以完全由地方政府主导的宏观调控手段是财政手段,具体的内容将在第六章阐述。

二、市场监管

为了更好地纠正市场失灵,实现宏观调控目标,政府还需要履行市场监管职能,以引导和规范微观市场经济主体的活动,确保经济健康发展。市场监管职能的内容包括以下几个方面。

第一,界定和保护各类产权。我国《宪法》第十二条规定:社会主义的公共财产神圣不可侵犯。国家保护社会主义的公共财产。禁止任何组织或者个人用任何手段侵占或者破坏国家的和集体的财产。第十三条规定:公民的合法的私有财产不受侵犯。国家依照法律规定保护公民的私有财产权和继承权。公共的和公民的财产所有权、使用权等权利是市场经济运行的基础和前提,是一切市场活动的核心内容。界定和保护产权是各级政府义不容辞的责任。

第二,创造良好的信用环境。市场经济是建立在契约自由原则基础上的经济,契约自由的基础是信用。如果没有良好的信用环境,市场体系就不可避免会陷入混乱。由于政府享有公共权威,可以对市场主体的行为进行强制约束,使各类市场主体在国家法律法规的规范下诚信经营,并承担违规、失信的责任,从而使市场主体的行为符合市场经济秩序。民族自治地方政府要履行好这一职能,首先要加快整个社会信用体系的建设,尤其是要加强企业信用制度的建设,具体做好以下几点:(1)强化宣传教育,在社会中培育信用观念和信用意识。(2)在企事业单位与各类市场主体中建立信用监管制度。(3)通过行政执法制裁各种失信行为,进一步提高整个社会对诚信道德的接受程度。(4)与社会主体合作,建设涵盖面广泛的诚信档案体系,为社会、市场主体提供相应的信息服务。(5)培育信用中介服务组织,使诚信这一道德原则成为一种产业,成为市场主体自觉的追求。

第三,确保市场开放。对于民族自治地方而言,市场的开放表现在两个方面:首先,本地市场对外部开放。民族自治地方政府需要通过提供和执行相应制度和政策来确保民族自治地方市场与全国统一大市场甚至国际市场的融合,消除地方保护和不合理的市场壁垒。其次,本地市场内部的统一。由于民族自治地方辖区面积广大,境内行政区划复杂,各自都有独特的市场环境,因此极易形成区内市场分割和贸易保护。为此,民族自治地方政府必须确保相关法律法规在本地区贯彻执行,防止辖区内出现限制自由市场竞争的现象。同时,在建立各种市场准入机制时,还要保持保护本地市场和促进市场开放二者之间的平衡。

第四,垄断的规制。在自由市场竞争环境下,垄断是必然的结果。2020年,习近平总书记在中共中央政治局会议中提出要"强化反垄断和防止资本无序扩张";2022年《中华人民共和国反垄断法》完成修订工作,从制度的顶层设计出发,发挥政府在反垄断中的市场规范作用。然而,随着社会主义市场经济的不断发展,各行业中垄断问题在中国仍然非常严重,如大型企业操纵市场、独占经营、干扰竞争、价格歧视等,反垄断形势复杂且严峻。如何防止市场中出现新的垄断限制竞争,如何规范当前业已存在的垄断企业的行为,是各级政府都需要认真对待的重大问题。对于还没有形成垄断的市场领域,政府需要通过维护公平的竞争机会,限制垄断行为等措施来确保自由竞争的环境。对于垄断企业,政府则需要在自然垄断行业改革、垄断协议监管和企业行为约束等方面发挥政府的影响力,确保企业行为不损害社会利益。同时,政府需要采取主动措施,逐渐打破既有的垄断,确保市场主体的自由平等竞争。

第五,特殊领域行政许可。政府通过对特殊行业的准入设定许可措施,可以有效地维护市场安全。对于具有重大安全影响的产品如药品等,设定进入行业的许可标准以确保产品质量。政府通过对企业的某些行为设定许可,避免企业行为造成重大社会利益损失,也是市场监管的一种手段。如对企业引进境外生物及其制品的许可就是保护本地环境必不可少的措施。

当前,民族自治地方在进行市场监管时,还存在着一些监管不力现象,不仅不能有效地辅助市场体制配置资源,反而严重地阻碍了市场的运行,主要体现在如下几个方面。

首先,行政审批的范围广、程序繁杂且无明确的规则。近年来,虽然随着行政体制改革的深化,行政审批不断减少,但仍然存在着大量的审批项目。尤其在地方,行政审批事项还是非常繁杂,审批的程序冗长。政府在一定范围内对企业活动的行政审批是必要的,但审批的内容和依据应是确保经济安全和实现经济的良性发展。审批应集中于产业政策、市场准入、土地使用、环保、安全等领域。目前,民族自治地方的行政审批仍带有强烈的计划经济色彩,不但在上述领域里有大量的审批项目,还往往根据政府的计划设定大量行政审批项目,行政审批的内容也大大超越了政府的权限。许多属于企业内部经营的事项在一些地方也成为行政审批的内容,如企业经营意向、财务报告、雇佣人员方案等。

其次,以审批之名行保护垄断之实。有些地方政府出于经济利益的考虑对垄断企业进行保护,在这些产业领域不但不为其他从业者进入提供便利,反而提升准入条件。这意味着政府默许甚至帮助部分垄断企业无偿占用本属全民的资源,将公共资源转化为一部分人的垄断收益,造成了社会不公。一些民族自治地方的垄断企业,尤其是一些国有大型垄断企业,本来就因为其垄断地位而获取了高额的利润,但是它们在使用许多社会资源时,还往往享有特权。这使得社会财富分配难以达到公平。

最后,价格管制范围过宽,干扰了市场机制配置资源的功能。在一些民族自治地方,部分产品的价格长期被限制,特别是一些对整个市场具有重要意义的资源、能源产品,价格不够合理,不能反映真实的市场供求状况,很大程度上干扰了地方市场主体正常的生产经营活动。同时,这些未能随市场化进程而放松的价格管制还积累了大量的隐性社会成本,导致居民生活成本增加或者社会可持续发展能力下降。

民族自治地方市场发育不够成熟,市场规则还没有成为市场主体的自觉行为,各种市场不法行为还较为普遍。同时,市场的开放程度不够高,市场环境还有待进一步改善,政府对市场的干预行为随意性也较强。因此,民族地方政府要切实发挥好市场监管职能,一方面要加强政府对市场的监管力度,另一方面还应着力规范政府的监管行为,把政府的监管行为纳入法制化轨道,避免政府监管的负面影响。

三、公共服务

政府改革的方向就是建立服务型政府,服务型政府是把为市场主体和社会大众提供服务作为主要职责的政府。民族自治地方政府如何履行公共服务职能,这首先要求我们对服务型政府有较为全面的认识。政府的公共服务职能通常包括以下两个方面。

(一)公共产品供应职能

公共服务的第一项重要内容是政府为社会提供必要的公共产品。如前所述,民族自治地方的公共产品供应缺失严重。因此,提高政府公共产品供应能力,弥补巨大的公共产品供应缺口,是未来民族自治地方政府最重要的职能。公共产品供应的职能包括以下三个方面的内容。

1. 公共产品生产

在各类公共产品中,有部分公共产品只能由政府生产并向社会提供,而不能由其他社会组织代替。这部分公共产品的生产是政府必须履行的职责,如社会公共安全的维护只能由政府承担。还有一些公共产品,从理论上讲可以通过社会或市场机制生产,但由于民族自治地方社会力量无法提供或无力提供,政府也必须代替社会生产和提供此类产品,如部分交通基础设施。

2. 公共产品生产管理

在政府提供财政支持的情况下,社会上大部分公共产品并不需由政府自己直接生产,而是由企业或者其他社会团体甚至个人来负责生产。公共产品生产者从政府那里获得资金支持,而后生产社会所需要的公共产品。在这期间,政府虽不管理具体的生产过程,但要对这些生产活动进行控制和调节,以确保公共产品供应的质和量。

3. 公共产品分配

不论是由政府自己,还是政府组织社会力量生产的公共产品,都涉及如何分配的问题。公共产品的分配只能由政府来决定,其他任何组织都不能替代。公共产品虽然在消费上往往不具有排他性,但是它毕竟有地域限制,有人群覆盖率的局限,有些准公共产品还需要使用者付费。因此,政府需要对公共产品的分配进行总体规划,决定在何时何地供应哪些公共产品,并向没有获得这些公共产品的地方提供其他形式的补偿。

(二)公共服务职能

在公共产品供应水平不断提高的基础上,民族自治地方政府还需要为社会提供更加具体的服务,以满足社会成员生活需要,保持社会稳定和经济运行平衡,促进社会的公正。这些公共服务包括以下四个方面。

1. 促进就业

就业是一个正常的社会人获得生存、发展机会的最有力的保障。因此,民族自治地方政府公共服务的首要内容就是促进就业。民族自治地方政府需要落实国家各项促进就业的政策,并结合本地特色,建立促进就业责任制,努力增加就业岗位,控制失业率;通过税收减免、贷款贴息、小额信贷等政策帮助社会成员创业,引导企业吸纳劳动力,鼓励失业人员再就业;通过开展就业培训,提升困难群体的择业能力;通过政府购买公益岗位,帮助困难群体实现就业;给企事业单位做沟通协调工作,鼓励它们稳定和增加就业岗位,规范企业减员行为。

2. 完善社会保障体系

完善的社会保障体系是构建和谐社会的重要条件支持,也是市场经济正常运行的基本保障。社会保障体系的建设工作是一项需要全社会共同完成的艰巨任务,政府在其中发挥着不可替代的作用。社会保障体系的建设和完善需要由政府推动,更需要政府投入大量资金;社会保障体系的良好运作也需要政府加强监管。在民族自治地方,社会保障体系建设工作仍处在起步阶段,它的建立和完善需要更多的来自政府的帮助和支持。鉴于以上现实情况,民族自治地方政府可以从以下几个方面入手推动社会保障体系的建立和完善:首先,通过建立和完善扶贫济困渠道,帮助贫困人群获得基本的生活资料、完善最低生活保障制度等措施确保社会困难群体的生存权利;其次,通过政府财政支持确保困难群体住房供应;再次,支持和鼓励保险事业的发展,大力提升养老、医疗和失业保险的参保率,加快建立稳定可靠的社会保障基金筹措机制;最后,对所有社会保障事业建立严格的监督体系,确保社会保障事业的健康发展。

3. 建立完善的公共卫生体系

良好的公共卫生体系是提高公民身体素质的保障,政府在公共医疗卫生体系的完善过程中负有不可推卸的责任。民族自治地方政府在建立和完善公共医疗卫生体系过程中,需要做好以下几方面的工作:第一,建立健全城乡一体的公共卫生服务网络,使城乡居民都能享受到基本的医疗卫生服务;第二,增加卫生事业的财政投入,完善农村合作医疗体制,切实解决当前民族自治地方普遍存在的"就医难""看病贵"的问题;第三,建立健全突发公共卫生事件应急机制,防范大规模公共卫生事件的发生;第四,推进医疗卫生体制改革,鼓励社会力量兴办卫生事业。

4. 真正落实教育优先战略

振兴教育是落后地区实现赶超发展的最有效途径,民族自治地方要想在未来实现跨越式发展必须努力发展教育事业、落实教育优先发展战略。各级政府需要继续加大教育投入,调整教育结构,改革教育体制,使更多的人能够接受教育,使各族群众的受教育水平不断得到提升。为此,政府首先必须把基础教育的普及放在优先的位置,不断加大义务教育的投资力度,大力推进农村义务教育发展,使城乡居民都能够平等地享受基本的教育;其次,要在教育内容改进上有所作为,使教育真正能够有力地提升公民的知识和技能,提高公民的社会生存能力;最后,在保障基础教育的前提下,大力发展技术教育和高等教育,鼓励社会力量办学,增加教育投资的来源和总量,促进教育多样化发展。

(三)公共产品和服务供给的改革:PPP

PPP(Public-Private-Partnership)公私合营伙伴关系的概念始于20世纪90年代,它是指公共部门与私营部门基于公共设施建设、促进就业、完善社会保障、发展教育、推动公共医疗等内容而形成的合作关系,依靠这种合作关系打破传统的公共服务单一供给主体的态势。合作双方共同负担项目的成本、收益、风险、有机结合了公共利益和私人利益。① 广义上来看,PPP 是指公私部门在合作过程中,允许私营部门拥有的资源进入公共产品和服务的提供领域。这种合作关系可以在适当满足私营部门对投资项目营利目的的同时实现政府的职能,从而更加高效地提供公共产品和服务,将有限的资源发挥出更大的效用。狭义上来看,PPP 是指公共部门与私营部门合作组成特殊的机构,将社会资本引入机构,共同设计开发、承担风险、共同运作,期满之后将成果再交由政府运营的公共服务提供方式。

在 PPP 模式的运作过程中,最重要的当数"伙伴关系"这一要素。公共部门购买私营部门的产品、服务,以及向后者授权等行为并不能确定二者合作关系的存在。也就是说,即便政府每天都会从某个企业订购盒饭,但这并不表示它们处于合作的伙伴关系中。PPP 所强调的合作是基于项目目标一致而达成的,即在某个具体项目上,公私双方都期望以最少的资源产出最多、最好的公共产品并提供给大众。对于公共部门而言,此项目的实现能够完成其对公共利益的追求,而对于私营部门而言,该项目也实现了对自身利益的追求。因此,目标一致是形成伙伴关系的关键。同时,为了保持长久的伙伴关系,合作双方需要互相考虑,其中较为重要的是利益的共享。公私合营伙伴关系下的利益共享,并非简单地分享利润,应当对于私营部门可能获取的高额利润做出适当的控制,即防止其在项目运作过程中获取超额利润。因为,任何 PPP 项目都是以实现公共利益为最终目的的,不可朝着利润最大化努力。在此意义上,私营部门能够获得的"利润",除了机构运作必需的合理需求被满足之外,主要是项目自身的社会成果以及相对长期、稳定的投资回报。利益的共享是公私合营伙伴关系形成并保持的重要基础之一。当然,仅仅看到利益是不够的,在高度复杂性与不确定性的社会,任何投资项目都要面临一定的风险,公共服务项目也不例外。因此,公私双方都需对未来的风险有正确的认识,有责任共同承担风险,以此进一步巩固合作关系。

20 世纪 80 年代,英国最先建立公私合营的伙伴关系,随后,欧美等其他发达国家积极响应。PPP 模式逐渐成为西方国家公共部门实现其公共政策目标,提高公共服务能力的重要途径。对于中国而言,公共服务的提供长期受到计划经济体制的惯性约束,政府在公共服务的供给过程中始终处于主导、垄断的地位。随着市场经济体制的不断完善,社会需求、行为主体日渐多元化,加之社会的复杂性和不确定性不断增强,传统的公共服务供给模式已无法适应当前的形势需要,而打破这种格局则需要有新的供给模式出现。2001 年 12 月,国家计划委员会颁布《关于印发促进和引导民间投资的若干意见的通知》,鼓励和引导民间投资以独资、合作等方式参与经营性的基础设施、医疗、教育等项目建设。

---

① 张菊梅:《公共服务公私合作研究——以多中心治理为视角》,《社会科学家》2012 年第 3 期。

2005年2月,国务院公布了《关于鼓励支持和引导个体私营等非公有制经济发展的若干意见》,明确规定允许各种非公有资本进入公用事业和基础设施领域。① 2015年5月19日,国务院办公厅转发了财政部、国家发改委、人民银行《关于在公共服务领域推广政府和社会资本合作模式的指导意见》的通知,肯定了推广政府和社会资本合作模式的重大意义,提出了构建保障政府和社会资本合作模式持续健康发展的制度体系,并对推进政府和社会资本合作项目的实施做了规范。经过中央以及地方政府的不断鼓励与引导,公私合营的伙伴关系逐渐得到推广,在公共产品与服务的生产供给过程中凸显出越来越重要的地位。对于民族自治地方而言,由于受到自然环境、政治经济环境、人文历史环境等要素的影响,不少项目需要较大的投入,单靠政府自身难以在短期内实现,因此,通过PPP模式在这些项目中引入社会资本,为民族自治地方公共产品与服务的供给提供了一条高效途径。

四、社会管理

政府的社会管理职能是指运用多种资源和手段,对社会生活、社会事务、社会组织进行规范、协调、服务的过程。② 在20世纪90年代末21世纪初期,我国政府开始高度重视强化政府社会管理职能,不断改革和完善社会管理体制。1998年《关于国务院机构改革方案的说明》的报告明确地把加强社会管理放在突出位置,提出了"把政府职能切实转变到宏观调控、社会管理和公共服务方面来",社会管理成为政府职能转变的重要目标之一。2002年,我国政府根据新形势将政府的职能调整为经济调节、市场监管、社会管理、公共服务四个部分。自此之后,社会管理明确作为政府的一项职能确定下来。2011年,胡锦涛提出要"提高社会管理科学化水平,完善党委领导、政府负责、社会协同、公众参与的社会管理格局",明确要求"建设中国特色社会主义社会管理体系"。党的十八大报告中多次提到社会管理,进一步提出要"加强和创新社会管理",这标志着社会管理被放到了新的更高的战略高度。③

我国是一个统一的多民族国家,民族自治地方的社会管理是我国社会管理的重要组成部分,民族自治地方大都集山区、荒漠、经济社会相对落后为一体,社会管理面临的问题更多,情况更加复杂,任务更加艰巨。党的十九大报告指出,社会主要矛盾已经由人民日益增长的物质文化需要同落后的社会生产之间的矛盾转变为"人民日益增长的美好生活需要和不平衡不充分的发展之间的矛盾",

---

① 张菊梅:《公共服务公私合作研究——以多中心治理为视角》,《社会科学家》2012年第3期。
② 高建华:《政府社会管理:职能定位与体制建构》,《上海行政学院学报》2015年第2期。
③ 胡扬名:《我国政府社会管理职能创新问题与应对方略》,《甘肃社会科学》2013年第5期。

并且指出人民群众对美好生活的需要日益广泛,不仅对物质文化生活提出了更高要求,而且在民主、法治、公平、正义、安全、环境等方面的要求日益增长。那么,切实加强民族自治地方政府在该类地区的社会管理职能,是提高边疆民族自治地方政府社会管理科学化水平,确保民族自治地方长治久安的重要内容。①基于十九大报告提出的加强和创新社会治理领域,建立共建共治共享的社会治理格局,政府的社会管理职能可以从以下几个方面加以认识。

(一) 规范社会行为

规范社会行为,就是运用社会习惯、道德、宗教和法律,确立社会成员在社会关系、社会交往、社会工作以及社会活动中所应遵循的基本准则,规定人们什么行为该做,什么行为不该做,让社会成员明确自己在社会中应该具有什么样的言行,才符合社会行为规范的要求。规范社会行为,必须发挥法律规范、纪律规范、宗教规范、习俗规范、道德规范的作用。从发挥法律规范的作用来看,需要健全法律制度,培育法治文化,增强公民法律意识,做到有法可依、有法必依、执法必严、违法必究。从发挥纪律规范的作用来看,需要社会组织和团体加强包括劳动纪律、组织纪律、财经纪律、群众纪律、保密纪律、宣传纪律、外事纪律等基本纪律要求以及各行各业的特殊纪律在内的职业纪律建设,通过严格执行职业纪律规范,使社会组织和团体成员的行为符合纪律要求,维护正常的生产生活和工作秩序。从发挥宗教规范的作用来看,需要在公民宗教信仰自由的基础上,支持和鼓励宗教组织完善宗教原则、教规教义和礼仪,充分发挥宗教在规范信众的外部行为和内心世界方面的作用。从发挥习俗规范的作用来看,需要政府引导公民抛弃传统习俗中的糟粕部分,发扬光大传统习俗中的优秀部分,使之发挥规范人们社会行为的积极作用。从发挥道德规范的作用来看,需要加强以社会公德、职业道德、家庭美德为主要内容的全方位的道德建设,全社会的公民组织和个人都应该鄙视和唾弃道德失范行为②,"勿以恶小而为之,勿以善小而不为",积极践行、崇尚和弘扬良好的社会道德风气。

(二) 协调社会关系

社会关系虽然表现形式不同,但其本质则集中体现为一种利益关系,因此协调社会关系的关键是协调社会利益关系。从协调目的来看,必须把实现好、维护好和发展好最广大人民的根本利益作为一切工作的出发点和落脚点。从协调内容上看,主要是协调好不同阶层、不同群体、不同组织、不同团体、不同地区、不同行业之间以及与国家之间的利益关系。既要按照新发展理念要求,总揽全局,统筹规划,协调城乡、区域协调发展的关系,经济社会同步发展的关系,人与自然和

---

① 刘文光:《边疆民族地区政府社会管理职能探析》,《云南社会主义学院学报》2015年第1期。
② 刘文光、杨滟:《加强社会管理基本职能的路径选择》,《黑龙江社会科学》2014年第1期。

谐发展的关系,国内发展和对外开放的关系,又要按照党和国家的方针政策要求,正确处理个人利益和集体利益的关系、局部利益和整体利益的关系、当前利益和长远利益的关系、中央和地方的关系、党群关系、干群关系,等等。从协调机制上看,要想协调各种社会利益关系,就需建立畅通有序的社会利益诉求机制、科学有效的社会利益协调机制、积极稳妥的社会利益分配机制、有效管用的权益保障机制。从协调方法上看,必须采取综合协调手段,充分发挥法律、政策、经济等手段和教育、协商、疏导等办法在利益协调中的作用。①

（三）维护社会秩序和社会稳定

政治稳定和政治秩序是政治学研究的重要课题,也是执政者追求的重要目标。恩格斯对"国家"的经典定义中就对"政治秩序"做出了分析,他指出国家存在的目的是缓和经济利益相互冲突的阶级的冲突,把冲突保持在"秩序"的范围以内。② 亨廷顿在《变化社会中的政治秩序》中尽管论述的是政治稳定与政治参与、政治制度化的关系,但归根结底还是论述政治秩序和政治稳定对政治统治的重要性。他指出,对大多数发展中国家而言,首要的问题不是自由,而是建立一个合法的公共秩序。人当然可以有秩序而无自由,但不可有自由而无秩序。③ 实际上,在现实生活中,政府维护社会秩序和社会稳定的职能是完全必要的,它具有市场和社会组织所不具备的合法使用暴力等强制力的优势,能够对社会实施有效管理。当然,"刚性维稳"不是"灵丹妙药",当"维权"与"维稳"发生矛盾时,要以"维权"化解来促"维稳"。④

（四）化解社会矛盾和风险

社会矛盾和社会风险是影响社会稳定的重要因素。科塞论述了社会冲突发生的原因和过程。他认为,现存不平等的分配体系所具合法性的消解是引发冲突的前提。面对稀缺物质资源的分配不均,人们首先在心理上、情感上被唤起,从质疑分配不均是否合理发展到否定其存在的合法性;由此人们的相对剥夺感和不公正感日益增强。当疏导不满的渠道不存在时,当人们向上流动的愿望受到阻碍时,更有可能引发冲突。⑤ 实际上,现实社会中许多矛盾和问题如果解决不好,有可能造成社会冲突或对抗,甚至会导致群体性事件发生,后果相当严重。社会管理创新和风险管理的目标就是构建和谐社会,实现这一目标的根本途径则是化解社会矛盾。大部分暴力群体性事件产生是因具体的利益冲突迁延日久

---

① 摘自刘文光:《我国社会管理职能体系构建探索》,《学术探索》2015年第11期。
② 《马克思恩格斯选集》第4卷,人民出版社1995年版,第170页。
③ 〔美〕塞缪尔·P.亨廷顿:《变化社会中的政治秩序》,王冠华、刘为等译,生活·读书·新知三联书店1989年版,第7页。
④ 高建华:《政府社会管理:职能定位与体制建构》,《上海行政学院学报》2015年第2期。
⑤ 〔美〕L.科塞:《社会冲突的功能》,孙立平等译,华夏出版社1989年版,第12页。

而越拖越大,也可因偶然的官民纠纷而瞬间爆发,容易失控。具体利益冲突通常由特定的政策所引发,如征地拆迁、转业安置、身份待遇、环境资源分配等,包括实质性的抗争行动,如上访、堵路、"散步"等。① 因此,政府社会管理职能的一个重要方面就是要预防和化解社会矛盾和社会风险,将其控制在"秩序"的范围内,防止因社会矛盾和社会风险引发社会不稳定。②

五、环境保护

我国的民族自治地方既是我国自然资源丰富的地区,也是我国生态环境较为脆弱的地区;既是经济发展水平相对落后、生活水平相对较低的地区,也是边境接壤国家最多的地区。我国民族自治地区有 328 个县(旗)位于 22 个国家重点生态功能区,涵盖水源涵养、水土保持、防风固沙和生物多样性 4 种类型,占区域总面积的 48.5%。③ 大部分民族自治地方独特的自然环境和地理位置使其生态环境的保护不仅关系到本地区民众的生活生产水平,还关系到我国中东部地区的资源供给与稳定发展问题。

政府的环保职能主要体现在通过法律、制度和政策等手段来协调各方的环境利益,监督环保工作,引导社会力量参与环境保护,促进环境合作等方面。民族自治地方政府不仅要提供清洁环境这样的公共产品,而且要处理好科学发展观所要求的人与自然的紧张关系,以及协调好公民之间、公民与政府之间的冲突。

为改善民族自治地方生态环境,我国积极协调支持民族自治地方环境保护重大项目和能力建设。2023 年,财政部提前下达中央大气、水、土壤污染防治资金和农村环境整治资金,八个民族省区大气污染防治资金为 476271 万元,占全国比重 22.67%;水污染防治资金为 402762 万元,占全国比重 23.69%;土壤污染防治资金为 70402 万元,占全国比重 22.86%;农村环境整治资金为 13988 万元,占全国比重 7.0%。④ 生态环境部切实开展对口支援新疆、西藏及四省涉藏州县生态环境保护工作,印发《全国生态环保系统"十三五"对口援疆规划》《全国生态环保系统"十三五"对口援藏规划》,协调安排中央财政环保专项资金。截至 2021 年 8 月,生态环境部推动 19 个援疆省(市)、23 个援藏省(市)累计投入 15.32 亿元,支持推进新疆、西藏及四省涉藏州县的大气、水、土壤和农村等领域

---

① 童星:《社会管理创新八议——基于社会风险视角》,《公共管理学报》2012 年第 4 期。
② 摘自高建华:《政府社会管理:职能定位与体制建构》,《上海行政学院学报》2015 年第 2 期。
③ 何雄浪、王诗语:《加快推进人与自然和谐共生的现代化 谱写民族地区生态文明建设新篇章》,中国社会科学网(2023-08-28)[2024-3-10],https://www.cssn.cn/mzx/202308/t20230828_5681626.shtml
④ 根据《财政部关于提前下达 2023 年大气污染防治资金预算的通知》《财政部关于提前下达 2023 年水污染防治资金预算的通知》《财政部关于提前下达 2023 年土壤污染防治资金预算的通知》《财政部关于下达 2022 年农村环境整治资金预算的通知》有关资料计算整理。

环境污染防治、重点区域流域山水林田湖草生态保护修复工程以及生态环境监测、执法、应急和信息化能力建设等,先后命名262个国家生态文明建设示范区、87个"绿水青山就是金山银山"实践创新基地,其中民族地区的示范区和实践创新基地分别为65个、25个,有效提升了民族地区的生态文明建设水平和生态环境质量,形成了一批具有借鉴意义的示范模式,支持民族地区规划环评和重大项目建设,共组织审查五个自治区规划环评67项,审批重大项目环评114项,严格落实生态环境保护要求,发挥源头预防作用。[①]

民族地区均已形成生态保护红线划定或评估调整方案,并开展勘界定标等相关工作,推动生态保护红线落地,维护民族地区生态安全。"十三五"期间,国家累计投入约7000万元,在西藏、云南和贵州等地的38个县市开展高等植物、哺乳动物、两栖动物等调查评估;在华南、西南、西北、东北等地开展生物物种资源及相关传统知识调查、编目与数据库建设,初步构建少数民族传统知识数据库;在贵州、云南、四川和内蒙古等生物多样性丰富的地区开展生物多样性保护与减贫示范。[②]

六、其他政府职能

(一)民族自治地方政府的政治和社会职能

民族自治地方人民政府,首先是中华人民共和国的地方政府,根据"议行合一"原则和单一制国家结构形式,执行本级人民代表大会的决议和上级国家行政机关的决定和命令,行使同级一般地方政府的职权;同时又是在国家统一领导下,少数民族自主管理、行使自治权力的自治机关。特定的性质和内涵决定其主要的政治和社会职能有:

1. 维护国家利益和民族利益

民族自治地方政府,首先是国家政策的执行者和宣传者,是国家利益的维护者。我国的行政体制是中央集权的单一体制,民族自治地方政府所享有的权力来自中央的授权,是代表中央在民族自治地方贯彻执行党和国家的民族政策,对民族自治地方进行政治统治和社会治理的机构。因此,民族自治地方政府的政治职能首先是在民族自治地方执行国家政策,在民族自治地方贯彻实施国家的意志,维护国家利益。这一职能也可称为政治一体化职能,是作为地方政府为保

[①]《促进民族地区经济社会发展全面绿色转型 推动形成人与自然和谐发展现代化建设新格局——专访生态环境部党组书记孙金龙》,中华人民共和国国家民族事务委员会网站(2021-08-27)[2024-3-10],https://www.neac.gov.cn/seac/c103246/202108/1152181.shtml

[②]《促进民族地区经济社会发展全面绿色转型 推动形成人与自然和谐发展现代化建设新格局——专访生态环境部党组书记孙金龙》,中华人民共和国国家民族事务委员会网站(2021-08-27)[2024-3-10],https://www.neac.gov.cn/seac/c103246/202108/1152181.shtml

持国家统一而必须行使的职能。

民族自治地方政府同时又是民族自治机关,在我国的行政体系中享有一定的自治权。它作为民族自治地方政治体系的一部分,是民族自治地方权力机关的执行机关,因此,它也是民族自治地方权力机关所制定政策的宣传者和执行者。民族自治地方的人民通过人民代表大会制度,依据民族自治权,制定本区域的各项政策,并交由民族自治地方政府执行。民族自治地方政府贯彻执行这些政策,维护民族利益,促进民族团结。

2. 推进民族自治地方城镇化发展

民族自治地方政府由于担负着维护民族团结、促进民族自治地方建设的重要任务,所以应当根据民族自治地方经济、社会、文化建设等方面的特点,依据宪法和自治法所赋予的权力科学决策、科学管理,引导和推进社会各项事业的和谐发展。这一过程中,城镇化问题是政府推进民族自治地方社会建设的重点所在。城镇化是一个社会现代化的重要动力和必然选择,同时也是促进人口、资源流动和优化配置,推动不同区域、不同族群群体交往和融合的重要方式。城镇化有利于促进民族自治地方经济发展和产业升级,引导各族群众在流动和转移就业过程中形成相互嵌入式社会结构;有利于破解长期以来因为各族群居住区域、社会经济生活相互分隔和不交融而导致的利益、情感隔阂;有利于弱化部分族群因封闭、贫困而出现的宗教信仰氛围过于浓厚,社会结构严重固化现象。

然而,民族自治地方过去较长一段时期的城镇化进程,在促进各民族交往交流交融方面的作用却并没有得到较好的体现,甚至在某种程度上还加剧了族群间碎片化的现象,给民族自治地方发展稳定造成了一定的隐患,这些不足主要体现为以下几个方面:第一,公共服务供应严重不均衡现象难以消除。由于民族自治地方地域辽阔,大多数地方自然环境都较为恶劣,在这些地区内均等化地提供公共服务成本高、效益低,因而现有公共服务资源大多在条件相对较好的城镇集中供应,其他地区受到了一定程度的忽视。第二,社会利益分层与民族结构高度重叠加剧族群—文化—经济孤岛现象。受到公共服务供给不均衡的影响,再加上民族聚居的因素,民族自治地方出现了利益阶层分布与民族结构高度重叠的现象。若不采取措施优化不同区域民族成分,在快速城镇化进程中势必使本来就已经很严重的族群间发展差距进一步扩大。世界各地多民族国家治理的历史经验无不表明,若社会利益阶层分布与民族结构重叠,必然会导致族群间关系产生张力。第三,部分民族社区的封闭引发治理困难。部分少数民族由于长期的封闭导致社区高度固化,使得在这些社区发展生产、促进民族团结、维护社会稳定的一系列政策措施,在实施过程中都面临困难。第四,族群—文化—经济孤岛现象为狭隘民族主义思想和宗教极端思想发酵提供了温床。部分少数民族群众在特定区域的高度集中,且又伴随着公共服务供应不足、经济落后、宗教氛围过于浓郁、社会教育程度普遍偏低等一系列社会问题叠加,使得民族自治地方部分地区具有狭隘民族主义思想和宗教极端思想滋生的空间。在一些封闭的农村社区,不少民众对于打着"讲经"旗号传播狭隘民族主义思想和宗教极端思想,乃至煽动暴力恐怖主义活动的"三股势力"成员,缺乏足够的分辨力和免疫力。

针对上述现实,在未来促进民族自治地方城镇化发展的过程中,不能仅仅将着眼点放在城镇的扩张和楼宇的建设,应更多思考在民族自治地方这样特殊的区域,如何将产业发展、城镇建设、多民族互嵌式社会结构的构建有机结合起来。同时,也要考虑民族自治地方整体面临的局限性,超越民族自治地方的范围来思考其城镇化和多民族互嵌式社会结构建设,对此我们可从以下几个方面着手。

第一,关于城镇化进程中的产业选择应进行必要的调整与改革。应当结合国家"一带一路"倡议的实施,并依托民族自治地方资源、区位优势,大力发展面向我国西部地区,以及东南亚、中亚、西亚乃至欧洲的轻工业和服务业,尤其是对劳动力吸附量大、对劳动技能要求相对较低、效益周期相对较短的产业。要在推动公路、铁路等基础设施建设,加强职业教育、成人教育的同时,引导更多内地劳动密集型产业如纺织、服装、食品加工、日用产品制造等产业向民族自治地方转移。通过产业选择的思路转变,促进民族自治地方城镇发展转型,增强城镇对农村转移劳动力的消化能力。

第二,关于城镇化进程中的公共服务供应。应打破教育、文化等领域公共服务按族群差异对待乃至区分供应的模式,从幼儿阶段就引导不同民族成员共同接受教育,相互欣赏彼此文化,培养对不同民族文化的包容精神。在提高对困难群体的公共服务倾斜式照顾精准度,同时弱化民族身份因素在其中的作用,即在诸如扶贫开发、教育加分、社会保障倾斜照顾、降低困难群体市场进入门槛等方面,不要按民族身份而应更多按技术、经济标准实施。同时,应注重引导与民族自治地方少数民族群众特殊需求偏好相关的服务体系跟进。在鼓励民族自治地方劳动者到内地就业和融入的过程中,政府既要尊重其与特殊民族、宗教信仰相关的物质生活、精神文化生活需求,但又不能过度介入相关服务体系,以避免强化部分人群特殊民族观念,或强化部分群体以宗教信仰要求特殊权利的意识。面对少数民族在这些方面的特殊需求,应主要通过宗教机构和相应的市场服务主体去满足,政府在不影响本地社会生活和本地市场公平竞争环境的情况下,可以对相关机构的进入采取有限的扶持措施。例如为清真寺建设提供适当场所,为清真餐饮机构入驻给予适当的税收优惠,对于少数民族群众开展的与本民族习俗或宗教信仰相关的公共活动提供适当的便利等。

第三,推进基于对口援助思路转型的"引出式"城镇化。仅仅单纯地着眼于传统的城镇化,并不能快速有效化解民族自治地方发展面临的现实困难,而必须将民族自治地方人口、就业和多民族互嵌式社会结构建设放在全国大环境中思考和解决。即通过转变"对口援助"思路,变资金、产业、公共服务进入式的对口援助,为对口援助省市本地化对口援助,将民族自治地方剩余劳动力"引出来"到援助省市求学、就业、居住、生活,并在援助省市与当地民众形成互嵌式社会结构。

综合来看,在未来推动城镇化的过程中,民族自治地方要将多民族相互嵌入式社区环境建设作为城镇化的重要乃至核心目标,不但要着眼引导各民族群众在民族自治地方内流动和优化配置,形成多民族互嵌式社会结构;而且要进一步打开思路,促进民族自治地方人口、资源、产业与全国大市场的更深度融合,进而引导更多民众走出去,促进各民族交往、交流、交融,从根本上铲除影响民族自治地方经济发展和社会稳定的一系列负面因素,实现民族自治地方的长治久安。

3. 维护地方稳定,保障社会安全

由于民族自治地方大多处于边疆地区,许多民族跨境而居,民族、宗教情况复杂。在一份对民族工作干部的调查中,当问及民族自治地方面临的最大挑战是什么时,民族工作干部们认为按严重程度依次是:(1) 宗教极端势力;(2) 地区差距持续扩大;(3) 贫富差距问题恶化;(4) 民族崛起意识欠缺;(5) 民族之间发展差距拉大;(6) 就业问题严峻;(7) 城乡差距不断扩大;(8) 民族边缘化;(9) 社会不稳定因素增加;(10) 民族文化生态退化。[①] 因此,促进民族团结、打击犯罪势力、维护地方社会稳定、促进经济发展不仅是民族自治地方政府肩负的重要职责,而且是其履行政治和社会职能的重要表现。

随着中国国际化程度的加深,民族自治地方社会稳定与安全面临着新的挑战。狭隘民族意识的强化与民族自治地方落后的现状,有可能成为未来影响民族自治地方社会稳定与安全的最大隐患。保障民族自治地方的社会稳定与安全,就要求民族自治地方政府转变观念,更多地从民族发展的角度考虑,采取有效措施解决民族自治地方经济落后的问题,缩小各民族发展的差距,并通过各种手段调节利益冲突,平衡整体利益、局部利益和个体利益之间的关系,使其能够协调和统一,实现多方利益的共赢和发展,以保证民族自治地方的长治久安。

(二) 民族自治地方政府的文化职能

文化是民族凝聚力和创造力的重要源泉,文化建设不仅可以为民族自治地方的发展提供巨大的精神动力,增进民族团结,维护社会稳定,还能帮助自治地方的人民转变思想观念、提高文化素质、增强竞争意识和适应能力。民族自治地方政府应强化文化职能,加强文化建设,满足各族人民日益增长的精神文化需要,这也是实现民族自治地方赶超发展的必要前提条件。

---

① 温军:《民族与发展——新的现代化追赶战略》,清华大学出版社 2004 年版,第 270 页。

1. 大力弘扬社会主义文化

弘扬社会主义文化,弘扬社会主义核心价值观,使之成为中国各族人民的共识,是各级政府的重要职责。民族自治地方政府要在马克思列宁主义、毛泽东思想、邓小平理论和"三个代表"重要思想、科学发展观、习近平新时代中国特色社会主义思想的指引下,加强社会主义精神文明建设,大力弘扬社会主义先进文化,铸牢中华民族共同体意识,为把我国建设成为富强民主文明和谐美丽的社会主义现代化强国而努力奋斗。尤其要加强对马克思主义民族理论和党的民族政策的教育和宣传,使民族平等团结、中华民族"多元一体"的理论内化成为各个民族的伦理观念。要不断加大文化投入,积极推动、引导和支持各项文化产业的发展,满足人民的精神需求,丰富人民的文化生活。

2. 传承、保护和弘扬民族文化

我国民族众多,文化多样,每个少数民族都有着自己悠久的历史和特殊的文化。各民族文化都是经过几百年甚至几千年的传承发展而来的。对淳厚质朴的民族风俗、异彩纷呈的民族节日、五彩缤纷的民族服饰、优美动人的民族歌舞、色彩艳丽的民族绘画等珍贵民族文化的继承和发展,是民族自治地方政府义不容辞的责任。《民族区域自治法》第38条规定:民族自治地方的自治机关自主地发展具有民族形式和民族特点的文学、艺术、新闻、出版、广播、电影、电视等民族文化事业,加大对文化事业的投入,加强文化设施建设,加快各项文化事业的发展。

随着对外开放的不断深化和市场经济体制的建立和完善,文化间的交流日益频繁,文化间的融合趋势也日益增强。少数民族文化面临着来自国外和国内强势文化的冲击,民族自治地方政府肩负的保护民族文化、促进民族文化发展的任务也更加艰巨。一方面,民族自治地方政府要着力发展民族教育,把提高少数民族的文化素质作为促进自治地方经济社会发展和民族发展的重要途径。另一方面,丰富多彩的民族传统文化是中华民族的宝贵财富,自治地方政府要高度重视、继承、保护民族文化优秀遗产,不断发展具有民族特色的现代民族文化。

第五章　民族自治地方公共管理体制

第一节　公共管理体制概述

一、公共管理体制的概念

在传统的行政学范式下,体制问题相对简单。因为行政管理的主体是一元的,即狭义的政府。而政府在大多数国家都遵循比较严格的科层管理结构,因此比较容易进行体制上的解剖和分析。可是在公共管理视阈里,关于体制的研究却相当复杂。公共管理的主体是多元的,不局限于政府一个主体。在公共管理领域,各种不同的主体构成了管理公共事务的网络节点,各个节点互相作用、互相影响,从而形成一个错综复杂的公共管理网络体系。当前关于多中心治理的理论,在某种意义上说,就是对这种公共管理体制的描述。

公共组织体系(主要是政府)是一个复杂的系统,它由各种资源、关系和信息统合而成,这个复杂的系统要正常地发挥功能、高效处理社会公共事务,必须按一定的规则或者模式,对各种资源进行合理安排,对各种关系进行有效协调,对各方面信息进行高效而且合理的分析和处理。简单地概括,公共组织内部的这些运作规则或者模式,就是公共管理体制。

要正确理解公共管理体制,需要把握以下几个方面的内容:

第一,公共管理体制从根本上来说是对公共权力资源的配置。

资源配置的方式是公共管理体制要解决的根本问题。公共管理体制的内容基本上都是围绕着公共权力分配展开的。而公共权力本身又是对资源分配的一种能力,是处理特定事务的许可,在确定公共权力资源的配置方式之后,其他资源配置的方式以及相应的公共事务的分工也就确定了。对于政府来说,其核心资源就是建立在政府职能基础上的、由外在的社会政治系统赋予的权力。

对于公共管理系统而言,公共权力的划分与配置首先涉及的是不同类型公共权力活动范围和方式的划分,其次是同一组织系统内部纵向的层级、横向的部门划分。同时,由于公共权力系统从属于社会大系统,公共权力在社会系统中有其自身的界限,不能越出社会赋予公共组织的权力范围。

权力的划分和配置直接决定着公共组织运行的能力,因此公共权力体制是否科学、合理是判断公共组织能力的重要指标。

第二,公共管理体制从属于政治体制。

政治体制是国家各种政治力量经过斗争或协商确定的关于整个国家权力的分配方式,以及在这种分配方式指导下形成的国家政权的组织和运行机制。公共管理体制是政治体制的一部分,它与国家的立法体制、司法体制及其他政治体制一起,构成政治体制的全部内容。公共管理体制的建立和具体的形式由政治体制决定,是各种政治势力斗争妥协的结果。公共管理体制是在政治体制框架下具体管理社会公共事务的那一部分权力的划分方式。

第三,公共管理体制受社会发展状况的影响。

公共组织系统并不是一个封闭的系统,它作为国家管理社会事务的公共权力的代表,只有开放地面向社会,才能有效地开展活动。而开放的公共组织系统,其体制的形成和发展必然会受到社会其他方面因素的制约和影响。社会发展水平从根本上决定了社会需要公共组织做什么,同时对公共组织权力大小、治理方式与手段等有着重要影响。公共组织尤其是政府的权力不能逾越社会的需要,政府的职能必须紧紧围绕社会的发展需求展开,政府的结构必须以实现社会有效治理为根本指针,政府的理念和治理方式应符合社会历史文化。总之,社会经济发展水平、社会结构、社会历史文化等对公共组织系统的权力划分、运行方式以及可能采用的治理模式有着重要影响。

二、公共管理体制的主要内容

公共管理体制是对公共资源配置、关系协调和信息处理等问题的安排,是对各种公共事务进行分工的机制,是确保政府有效运作的制度模式。这种模式的具体内容包括以下几点:

(一)公共组织职能

公共管理体制首先要解决的问题是公共权力与非公共权力的界限问题。在社会主义市场经济条件下,公共组织是为社会、为市场服务的组织,这一职能定位是明确公共组织享有权力大小、公共权力如何配置的前提。

公共组织可以管理多少社会事务,应该如何管理各种社会事务,是由社会各种政治力量协商决定的。社会的需要是公共权力的源泉,也是公共权力的界限。因此,公共管理体制的第一项内容就是根据社会需求将公共组织服务社会的职能进行细化,并在公共组织系统内部合理分配。职能配置主要需解决两个问题:

1. 公共组织的职能和角色

在社会主义市场经济条件下,公共组织承担着服务社会、服务市场的责任,是国家法律政策的主要执行者,是社会秩序的维持者,是公共产品的供应者,是企业和公民的服务者,这些角色就构成了公共组织权力的来源和界限。公共组织必须通过内部的组织结构设计和权力分工,来主动地实现这些职能,同时又不能超越这个范围谋取更多的权力。

2. 公共组织行使职能的方式

在确定了公共组织与社会权力界限之后,还需要解决的问题是:公共组织应通过什么样的途径和手段管理社会公共事务,以及公共组织如何管理自身。这两个问题的解决需要公共组织内部进一步就任务安排、权力分配、信息沟通等机制进行设计,将社会要求公共组织承担的职能具体细化为公共组织内每一个工作岗位的工作任务。

(二)公共权力结构

公共组织承担的职能多少决定了公共组织拥有的权力大小,公共组织职能配置的过程就是公共权力分配的过程。职能是权力的依据,而权力是职能得以实现的保证。

公共组织权力结构是公共管理体制的核心内容,权力结构主要包括纵向权力结构和横向权力结构,它所要解决的问题是不同公共组织之间以及公共组织内不同的层级、不同的部门和不同区域可支配哪些资源,以及它们相互之间的关系如何处理。权力结构最重要的内容是权力的纵向分配,即上下级公共组织之间的关系如何处理。权力只有在纵向分配基础上才能进一步在横向上细分为各种具体可实际行使的权力。

(三)公共组织结构

权力本身只是抽象的概念,它要转变成实际的影响力需要借助一定的载体,而公共组织就是公共权力的载体和外在的表现形式,它使公共组织的职能有了现实的承担主体,使公共权力有了具体行使者。

公共组织结构设计追求的目标是:组织分工合理、目标明确、人员配备适当、权责机制科学有效、机构精简高效。通过纵向的层级划分和横向的部门分工,公共组织以组织与职位的形式将自身承担的职能和拥有的权力固定下来,使每一项职能、每一部分权力都与具体的组织实体紧密结合,都有了具体的操作者。

(四)公共组织运作体制

权力与组织仅仅是公共组织开展公共管理活动的前提条件,而公共组织要真正运作还必须具备相应的运作管理体制,以指导各种活动的开展。这些运作体制主要包括两个方面:

1. 领导体制

领导体制所要解决的问题是:在公共组织内部,决策由谁来做出,决策信息如何传达;具体的政策执行过程由谁指挥,如何监督和评价。它的主要内容即公共组织内决策、指挥、监督权力的归属。

2. 运行机制

公共组织内各种资源的流通方式,各种信息的传输方式,各个岗位工作人员的工作方式,各不同岗位之间、不同部门甚至不同组织之间如何沟通协调等,也需要有专门的规范。这些规范共同构成了公共组织的运作体制,它们的作用使得整个公共组织成为动态的系统,使得公共组织的职能不断地从设想转变为行动并最终转变为成果。

三、公共管理体制的功能

公共管理体制的直接功能是有效组织各种公共资源,使整个公共组织系统能够高效率地开展公共管理活动。但是,设计科学的公共管理体制除了提升公共组织工作效率这一作用之外,还能够提升政府能力和国家竞争力,培养造就优秀的国家公务员队伍,促进社会的全面发展,并且可以促进社会主义民主政治的发展。具体而言,公共管理体制的功能包括如下五个方面。

(一)保障功能

公共管理体制科学化可以明确公共组织内各层级、各部门的权力、责任及运行程序、方式,确保它们按科学合理的规则开展活动,从而实现公共组织结构与职能的完美结合,为公共组织开展高效率的公共管理活动提供制度保障,为公共组织的稳定和发展提供动力支持。

(二)效率功能

公共管理体制的科学与否会直接决定公共组织工作的效率高低。公共权力分配方式,各公共组织之间、公共组织内各部门及岗位之间分工协调的方式,公共组织结构及运行规则等,都会对公共组织应对社会事务的能力造成直接而重大的影响,会对公共组织应对社会事务的能力形成制约或促进作用,从而提升或降低公共组织的工作效率。

(三)规范控制功能

公共管理体制为公共组织行为规范化提供了行为模式,有了这种模式,公共组织系统内部各层级、各部门及其人员的行为便有章可循,从而解决公共组织系统内工作分工与目标一致之间的矛盾。同时,在公共管理过程中,公共组织系统内各组织间、组织内各部门间、各具体工作岗位上的人员,也经常会出现一些矛盾和争执,公共管理体制为解决这些矛盾和问题提供了制度化、合理化的模式,从而能够有效地规范和控制整个公共组织系统的行为。

(四)培育功能

良好的公共管理体制还能为公共组织工作人员,特别是政府公务员的成长提供优越的环境,促进公务员队伍的建设。同时,良好的制度本身就是一种道德实践模式,它能够帮助培养公共组织及其工作人员的民主精神、服务精神。这种人员培养和道德培育功能对于全社会而言都具有示范意义。

(五)促进功能

公共管理体制的设计合理程度决定了公共组织能力大小。良好的公共管理体制必须是体现民主精神、服务社会的公共管理体制,必然是不断跟随社会变革而改进的体制。公共管理体制设计的科学化能够促进国家民主政治的发展,能够促进社会经济的成长,是国家、社会竞争力的体现和保证。

四、公共管理体制的特点

(一)政治性

公共管理体制是政治体制的组成部分,是社会政治力量斗争和妥协的结果,是社会政治利益格局的体现。同时,公共管理体制所安排的是具有浓厚政治色彩的公共管理权力,是对公共权力的分配与控制模式,因此公共管理体制具有非常鲜明的政治性。

(二)稳定性

公共权力结构的微小变化都有可能牵涉非常广泛的社会利益,都可能会对整个社会产生非常重大和深远的影响。因此对于公共管理体制的设计和改革,必须采取非常慎重的态度。一种公共管理体制一旦形成,便要保持相对的稳定性,否则可能会对社会带来严重的冲击。

(三)系统性

公共组织体系是一个复杂的系统,而公共管理体制是对这一系统中各要素的安排和组合,因此,公共管理体制本身也就是一个相对封闭的系统。公共管理体制安排的要素包括公共组织的职能、权力、结构、运行规则等内容。公共管理体制的内容包括公共组织的职能体制、权力体制、组织体制和运行规则四大部分,这四部分相互配合、相互协调组成了一个规范公共组织活动的完整的系统。

(四)继承性

公共管理体制是对一个国家社会生活影响深远的制度体系,它要有效地发挥作用,必须与它所在国的社会生活紧密结合,必须融合于社会文化之中,必须与这个国家的历史传统相契合。这就使得公共管理体制具有非常明显的继承性,无法割裂历史因素的影响。一个国家历史上的政治制度、社会思潮和社会心理习惯,都会反映在公共管理体制的具体内容之中。这也是很多国家虽然从表面上来看采取了同样的公共管理体制,但在实际运行中却往往差异巨大的原因所在。

(五)滞后性

社会事务纷繁复杂,时代发展日新月异,任何体制设计都只能主要针对当前的社会需要,而难以完全预测社会未来发展的趋势,因此社会对体制的要求是它能不断地变革以适应新的形势。然而公共管理体制的稳定性却要求公共管理体制一旦形成,不能轻易变动,正是这种稳定性也常常容易导致公共管理体制的滞后与僵化,即体制与社会发展脱节,跟不上形势变化,体制的功能不能有效发挥甚至起反作用。

五、中国的公共管理体制及其改革

中国改革开放的过程不但是一个经济改革的过程,同时也是一个治理改革的过程。随着经济体制改革的不断推进,社会主义市场经济的不断发展和完善,中国的公共管理体制也在不断地更新与完善。当前中国的公共管理体制还不能说是稳定的体制,而是处于过渡阶段的体制,其核心和重点仍然是政府体制。

(一)中国公共管理体制包括的主要内容

1. 公共组织职能

公共组织职能中最重要的问题是政府职能。中国当前的政府职能正处于转变的过程中,过去中国的政府职能以管制社会为主,政府掌握着巨大的权力,凌驾于社会之上,控制着绝大部分社会资源,管理着几乎一切社会公共事务。当前,中国政府包办社会的现象正在改变,政府职能处在由管制社会向服务社会转变的过渡之中。这一过渡最明显的表现是政府一方面掌控着大量本属于社会的权力,继续发挥着管制的职能,但是这些职能在不断弱化;另一方面政府不断地增强服务社会、服务市场的能力,同时不断地向社会放权,将大量经济的、社会的事务交还给市场、社会管理,政府正在向有限的公共服务型政府迈进。

2. 公共组织权力体制

公共组织权力体制中最为关键的问题在于政府权力体制。中国是单一制国家,政府权力体制最大的特点是权力由上到下不断递减,权力呈现明显的层级特征,层级之间有着非常明确的领导—服从关系。而在其他与中国规模相当的国家,往往实行的都是分权、自治的联邦体制,中央与地方权力分工,相互之间合作色彩浓厚。在中国,地方分权只是作为特例在部分地方存在,如香港、澳门特别行政区的高度自治,以及民族自治地方的有限自治。

中国民族自治地方的自治与联邦国家的州或邦的性质完全不同。联邦国家的州或邦是具有独立权力的政治主体,它们通过向联邦中央政府让渡部分权力,通过各邦之间的协议组成联邦国家。因此,联邦国家中央的权力来自地方的授权,地方仍然保留了大部分权力,与中央没有领导—服从关系,只存在根据协议建立的各种关系。而我国的民族自治地方只是中央统一领导之下的一种地方分权方式,民族自治地方同样需要服从中央、服从上级政府。

3. 公共管理组织体制

公共管理组织体制中的主要问题是政府组织体制。中国由于国土广袤,人口众多,因此政府规模庞大,政府在层级划分和部门设置上也相当复杂。《宪法》

规定,中国政府根据权力大小、管辖地域及人口规模划分为中央—省—县—乡四级。但实际上,中国政府层级划分要比这复杂得多,当前大部分地方存在着介于省和县之间的地(市)级政府。过去的地区行署作为省派出机构,虽然没有完整的政府结构,但实际上享有高于县而低于省的权力;现在的设区市则具有完整的结构,可下辖县一级政府。

从政府部门设置来说,中国政府部门众多,同时还有许多纳入事业编制而实际享有政府权力的机构。中国地方政府的部门设置基本上按照中央政府的模式复制,只是在少许几个部门设置上有所不同。而随着政府层级降低,公共事务相应减少,部门数量也相对少一些。

4. 公共管理运作体制

公共管理运作体制中的核心问题在于政府领导体制。从法律规定来看,政府领导体制是比较明确的首长负责制。但实际上,政府决策权力、指挥权力的划分并非简单地用首长负责制就可以解释。在中国公共管理过程中,决策权主要分属于几个权力中心,党委、人大、政府都有决策权,而且重大事项的决策更多地采取会议的形式。

由于中国长期以来重实体、轻程序的文化传统,当前中国关于公共管理程序方面的规则体系还很不完善,目前还没有专门的关于公共管理程序的法律,各公共组织及其部门在制定管理规则时,也很少有关于程序方面的内容。程序规则的落后使得公共管理活动的随意性非常大,公共管理的质量缺乏有效保证,公民权利也缺乏强有力的保护。

(二) 中国公共管理体制改革的主要任务

从 20 世纪 70 年代末中国政府决定实行改革开放以来,伴随经济体制改革而进行的政治体制改革就一直没有停止过,从属于政治体制的公共管理体制改革更是在持续不断地进行。从 1982 年到现在,中国政府机构重大的改革就有多次,每一次机构改革,其实就是公共管理体制的调整和完善。现在中国仍然没有摆脱政府主导社会的形态,因此公共管理体制的改革也需要从政府开始,由政府推动。当前中国公共管理体制改革的主要任务有以下几个方面。[①]

1. 加强和完善党的领导

中国共产党是建设有中国特色社会主义事业的领导核心,是新时期中国各项公共事业的决策中枢。中国共产党通过凝聚中国最优秀的人才,在习近平新时代中国特色社会主义思想的指引下,不但确保了中国当前各项重大决策的科学性,也为各项公共政策的实施提供了强大的思想动力和组织保证。

---

① 参见薄贵利:《深化改革——建立和完善公共行政体制》,《党建研究》2004 年第 7 期。

2. 合理定位政府与社会关系

公共管理的一个重大主题就是社会主体参与到公共事务中来,对社会的管理不再只是政府垄断的权力。而社会主义市场经济的发展需要一个灵活而宽松的公共管理环境,这就要求实现政府与企业、政府与社会明确分界,要求政府在加强自身公共管理能力的同时,退出那些不适合政府介入的领域,切实扩大并保障企业、事业单位的权利,鼓励并支持社会自治力量的发展。

3. 转变政府职能与管理方式

市场经济发展规律和世界贸易组织的规则对政府的传统管理方式提出了新的挑战和要求,使得政府必须切实转变职能,将主要精力放到经济调节、市场监管、社会管理和公共服务上来。在完善社会主义市场经济体制的新形势下,政府管理经济的主要职能是为市场主体服务和创造良好的发展环境。各级政府要在继续履行经济调节和市场监管职能的同时,重点加强社会管理,完善公共服务。为了更好地履行这些新职能,要求政府改进管理方式,推行电子政务,改造管理流程,在提高公共管理效率的同时,不断降低公共管理成本。

4. 合理划分中央与地方的职责权限

由于中国千百年中央高度集权的传统,在中国的政府管理传统中,几乎没有中央事务与地方事务的区别,地方仅仅是中央的分支机构而已。但在社会主义市场经济新条件下,地方利益的发展必然带来地方权利的伸张,而这也要求赋予地方以相应的公共管理权力。因此,依照中央统一领导,充分发挥地方主动性、积极性的要求,需要不断明确中央和地方对经济调节、市场监管、社会管理、公共服务等方面的权力划分与责任分担,逐步建立和完善中央与地方的合理分权,理顺中央和地方在财税、金融、投资和社会保障等领域各自应承担的职责。

5. 改革精简政府机构

臃肿的政府机构、庞大的公务员队伍、运行迟缓的公共部门、高昂的行政成本,是传统公共管理的弊端。而这些弊端是政府机构、编制始终没有实现制度化,是政府职能太多、权力太大的副产品。公共管理要求政府和其他公共组织必须能够对社会事件反应迅速,能够高效地完成社会交付的任务,同时还要求公共部门的活动是成本低廉的。这就需要不断改革各级政府机构,不断调整各级政府机构设置,精简公共部门人员,理顺职能分工,实现机构和编制的法定化。同时,为了实现公共组织反应灵活的目标,还要切实解决党政机关层次过多、职能交叉、机构臃肿、权责脱节和多重多头执法等问题。在党政机关不断"瘦身"的同时,也要完善基层群众性自治组织,推动城乡社区自我管理、自我服务功能的完善,培育社会自治主体。

6. 改革公共人事制度

体制改革的实现需要体现在人事安排上,公共组织的人事体制需要与公共管理体制改革保持同步协调。要实现灵活高效、负责任而又低成本的公共组织体系，就需要将激励竞争机制进一步引入到当前的干部人事管理中，改革和完善领导干部选拔任用制度，借鉴企业人力资源管理制度和技术手段，在公共组织中营造良好的人才成长环境，确保公共组织能够获得最优秀的人才，确保最优秀的人才都能充分发挥自己的才能。

7. 建立有效的公共监督网络

为确保公共权力的公正、有效运行，防止和克服以权谋私、索贿受贿、贪污腐化和不作为等消极腐败现象，必须不断改进公共监督网络。对于公共组织内部而言，要不断改革和加强财务、审计、监察等部门，使之能够更好地发挥监督作用。与此同时，需要加强外部力量对公共组织的监督，完善对公共权力的司法监督体系，发挥公民、社会和新闻舆论的监督作用。此外，也要将监督部门置于监督之下，防止监督系统的失控和低效能。

第二节 民族自治地方公共管理体制

中国的民族自治地方公共管理体制有其自身的特点。首先，目前民族自治地方政府以外的其他公共管理主体仍然处于发育阶段，在公共管理过程中的影响力还很弱，政府仍然处于绝对优势的地位，是民族自治地方公共管理研究的核心对象。其次，多中心治理理论尚未取得社会共识，也还没有建立起比较合适的体制模式，因此难以对具体的地方公共管理产生更大的影响。最后，当前民族自治地方公共管理体制迫切需要解决的问题，是自治地方各级政府之间、政府内部关系的问题。因此，在讨论民族自治地方公共管理体制的时候，我们的侧重点在于对民族自治地方政府体制的分析。

一、民族自治地方公共管理权力体制

（一）集权制与分权制的含义

政府权力体制所探讨的内容是政府权力的分配关系，其核心是不同层级政府之间的权力分配。政府权力体制主要包括两种不同的模式，即集权制与分权制。

1. 集权制

集权制下的政府系统，权力集中于中央政府，地方和下级政府的权力来自中央的授权，政府级别越高权力越大，中央与地方、上级政府与下级政府之间的关系是一种领导—服从关系，地方政府或下级政府依据中央或上级政府的命令、指示，根据来自中央或上级政府的授权，处理本级政府所辖领域的公共事务。集权制的主要特征有：

(1) 权力之间呈现非常明显的上下级关系,不同层级政府之间关系更紧密;

(2) 权力大小对比明显,层级越高,权力越大;

(3) 决策权主要集中于级别较高的政府层级,而执行权多由级别较低政府层级行使;

(4) 上级政府对下级政府的指挥控制比较多,也更直接。

2. 分权制

分权制是指中央与地方政府、上级与下级政府分享权力。地方政府或下级政府的权力主要来自自身权力的保留,而非中央或上级的授权,它们在其权力范围内,有完全的自主决定权,中央或上级只有监督权而没有指挥干预的权力。分权制的特征有:

(1) 自下而上授权。分权制国家,特别是联邦国家,地方是一切权力的来源,中央政府、上级政府的权力往往是来自地方权力的让渡,来自地方的授权。因此,它的授权方向与集权制国家正好相反。

(2) 权力保留。地方政府在向中央或者上级政府让渡部分权力的同时,对关系地方重大利益的权力则予以保留,从而使地方拥有非常广泛的自主权。

(3) 权力中心多元化。分权制的政府权力体制中没有一个掌握着最终决策权的中心,每一个层级、每一个地方都构成一个权力中心,都有着独立的决策权力。

(4) 纵向关系间合作色彩更浓。分权制国家纵向的政府间,命令与服从的关系并不多见,上下级政府间关系更多的是一种合作和协调关系。

(二) 集权制与分权制的优劣

集权制与分权制二者各有优缺点:

集权制的主要优点:(1) 政令统一,标准一致,便于统筹全局;(2) 指挥方便,命令容易贯彻执行;(3) 有利于形成统一的政府行为模式;(4) 有利于集中力量应对危局。

集权制的主要缺点:(1) 忽视地方利益,压抑地方的积极性、创造性和主动性;(2) 缺少弹性和灵活性,容易导致管理上的专断;(3) 适应外部环境的应变能力较差;(4) 下级容易产生依赖思想,不愿承担责任;(5) 层级节制较多,决策迟缓。

分权制的主要优点:(1) 能因地制宜,发挥地方积极性和创造性,照顾地方利益;(2) 运作灵活,对外界环境适应力强,反应快速;(3) 分层授权,地方自主,实现近点决策,有利于决策科学化;(4) 分权分工,防止和避免上级专断。

分权制的主要缺点:(1) 权力过度分散,容易导致政令不统一;(2) 利益多元,协调整合的难度很大;(3) 上下级各行其是,缺乏凝聚力;(4) 不利于集中力量,统筹全面的发展;(5) 应对困难局面的能力较差。

集权与分权的关系是对立统一的矛盾关系。一方面，集权与分权在权力分配方式上截然相反，在政府层级关系上差别甚远，集权的程度越高，则分权的程度越低，反之亦然。另一方面，集权与分权又需要相互配合，相互协调，没有集权的分权会导致冲突和严重的内耗，严重时甚至能导致政府组织解体；而没有适当分权的集权，极易导致独裁专制，组织也终将陷于僵化而无所作为。一个运作高效、统一稳定的政府组织系统必须科学处理集权与分权之间的关系。

（三）民族自治地方政府与中央政府关系

如何正确处理集权与分权的关系是当今世界各国普遍存在的一个问题，特别是在多民族国家，如何处理少数民族聚居地区与中央政府或者其上级政府的关系，更是一个重要的问题。中国是中央集权的单一制国家，国家权力体制从历史上就形成了以中央为核心的辐射结构。中央是居于最高地位的决策者，一切重大公共政策与制度都由中央创设或许可，权力从中央向地方扩散。地方政府是中央政策的执行者和中央权力在各地的代表。

民族自治地方在政治上具有特殊地位，《宪法》规定中国在少数民族聚居地实行民族区域自治制度。自治意味着分权，意味着比其他地方拥有更加自主的公共管理权力。与其他地方相比，民族自治地方在权力体制上有两点特殊性：

（1）拥有管理本地方公共事务更多更灵活的权力。

民族自治地方除了享有一般地方所具有的权力之外，在地方立法、人事管理、经济管理、文化事业管理、地方公安力量组织和文字使用等方面，享有一般地方所没有的更多权力，这些有别于一般地方的权力构成了民族区域自治权的重要内容。

（2）自治权力是多重法律规定和保障的权力。

一般地方政府权力的大小受中央政府意志的影响非常大，它们的权力除了法律的授权外，其他权力大多数来自中央政府自上而下的授权。法律的规定大多是原则性的，并且同时也赋予了中央很多灵活分配权力的空间，因此地方政府在面对中央权力时非常被动。但是民族自治地方政府的权力除了上述一般地方政府的权力来源之外，还有自治法体系作保障，因而在与中央关系上，民族自治地方政府的权力不仅多，而且稳定。

虽然民族自治地方具有政治上的特殊地位，但是民族自治地方政府也一样受到中国一贯以来中央集权与地方分权的矛盾影响，在权力体制上存在着许多问题需要进行研究和改革。特别是如何处理地方自治与上级监督，如何确保全国政令统一与保护民族自治地方特色，如何在民族自治地方分权与国家统一管理中保持平衡等方面，仍然有很多需要进一步探讨的内容。

二、民族自治地方公共管理领导体制

公共管理领导体制是公共管理运作体制的核心内容,其关键点是确定政府决策权力与政府责任的归属。领导体制主要有首长制与委员会制两种形式。

(一)首长制与委员会制的含义

1. 首长制

首长制是指在政府系统中,最高决策权由政府首长一人执掌,其对辖区内所有公共事务及政府内部事务进行统一领导,并承担最终责任。首长制最主要的特征是决策权力与决策责任都非常明确地归属于政府首长个人。

2. 委员会制

委员会制是指在政府系统中,最高决策权由两个以上的人员、以会议的形式共同执掌。当今世界最典型的代表是瑞士,政府由行政委员会组成,会议的参与者共同执政,共同承担公共管理责任。

(二)首长制与委员会制的优缺点

1. 首长制的主要优点和缺点

首长制的优点是:权力集中,责任明确,反应迅速,行动高效。其缺点是:易导致个人专断独裁,易发生权力滥用和寻租,个人能力会限制决策水平,同时也会影响其他人的积极性。

2. 委员会制的主要优点和缺点

委员会制的优点是:程序民主,集思广益,互相监督,支持面广。其缺点是:决策缓慢,办事拖沓,责任不明,效率不高,易导致妥协折中的应付方案。

(三)中国民族自治地方公共管理领导体制

不论是首长制还是委员会制,都有其优点和缺点,具体采用哪一种体制,应根据实际需要来决定。由于公共管理需要灵活快速的决断和行动能力,因此当今世界大部分国家和地区的政府都采用首长制,只有瑞士等极少数国家采用委员会制。中国的各级政府也实行首长负责制,民族自治地方也不例外。

民族自治地方的首长制不同于上述一般意义上的首长负责制,它体现了民族自治的需要,又是对民族团结的保证,因而具有以下四个特点:

(1)行政首长必须由实行自治的民族的公民担任。根据《民族区域自治法》规定,民族自治地方政府行政首长必须由实行自治的民族的公民担任,这是民族自治权的体现和保障。

(2)领导集体有民族成员数量规定。由于中国的民族区域自治是民族自治与区域自治的有机结合,因而没有单一民族构成的民族自治地方,为了体现其他非自治民族的利益,《民族区域自治法》要求民族自治地方政府在配备领导干部时,要适当配备其他民族人员。政府决策集体中来自不同民族的领导干部,可以代表不同民族公民行使权利,参与公共决策,确保自治权的行使符合本地方全体公民利益。

(3) 重大事项上的集体决策与一般事务的个人决策。在涉及地方重大事项的决策时,决策权以会议的形式行使,政府全体会议、政府常务会议、政府专题会议等对不同性质的公共事务进行集体决策。在日常性公共事务和一般事务上,政府首长可以直接决策。不论是集体决策还是个人决策,政府首长都必须对政府的行为负最终责任。

(4) 归口管理,分工合作。政府首长对政府所有事务负最终责任,但同时在政府领导集体中也进行一定的分工,各个领导成员负责不同的管理"口",每个人都对自己的"口"有一定的决策权并承担相应的责任。在归口管理的分工之下,各口负责人又一致对政府首长负责,在政府首长的统一领导下,协调配合,为政府统一的目标而共同努力。

三、民族自治地方公共管理组织结构

(一) 科层制的基本特点

现代政府的组织结构都是根据层级与功能两个标准来设计的,在纵向上分为若干的层级,使政府组织力量能够延伸到社会底层;在横向上分出若干部门,使各种需要政府处理的社会事务都有相应的机构来应对。这种组织结构也称为科层制,它的基本特点包括:

(1) 根据法律或者规则,组织内部的各部门及个人都有相对固定、明确规定的工作范围;

(2) 存在一个等级制的权力体系,上级监督下级的工作;

(3) 通过书面文件来实行严格的管理;

(4) 雇用经过专业培训的人员,这些人懂得规章制度并在工作中不掺杂个人感情因素;

(5) 组织成员的工作时间是有限定的,但工作时要求他们贡献出全部能力;

(6) 组织成员的职位由上级官员任命,他们把组织内的工作看作是自己的终生事业,他们在工作中得到晋升,在退休后有可靠保障。

从科层制的这些基本特点来看,科层制所强调的不仅仅是组织内部权力等级和分工合作,而是基于这种等级与分工基础上的管理模式和文化。它所追求的目标是职位固定、责任明确、指挥渠道通畅、人事管理理性化以及组织成员工作非人格化。

(二) 科层制的利弊分析

科层制是迄今为止被运用得最广泛,也是实践证明非常有效的组织结构设计模式,这一模式的优点和缺点都非常明确。

1. 科层制的主要优点

一项制度能在如此广泛的范围之内被人们长期采用,当然有其突出的优点。科层制的优点表现在:反应精确、行动快速、权责明确、人员练达、具有连续性、分工明了、高度的统一性、严格从属关系、减少相互摩擦、降低物质与人工成本。

2. 科层制的主要缺点

科层制的缺点也很严重,马克斯·韦伯在论证科层制的时候,就已经论述了它可能产生的弊端,主要包括:

(1) 科层制倾向于垄断信息,决策过程内部化现象难以根本克服。科层制往往通过保守特有信息来源秘密,以保持等级制下权力压力的有效性,这使得科层官僚体系对开放决策有天然的排斥,因为一旦决策信息开放,权力等级链条就会受到威胁。

(2) 科层制一旦建立,它的惯性将导致体制的僵化。科层制的高度专业化和职业化使其成为管理大规模组织的必要手段,尽管组织成员可以被替换,无论他们是自动离开或者是出于别的情况,但是整体的科层制模式并不会轻易被改变。科层制本身也为人们追求权力和地位提供了明确的路径,人们一旦进入这个体系,在惯性作用下就很难再去思考改变它。

(3) 科层制与民主精神存在矛盾。科层制不关注组织成员,其封闭决策、权力等级、命令与服从、非人格化等都与民主精神存在冲突。

(三) 科层制在民族自治地方的应用

中国民族自治地方政府组织也是依照科层制来设计的。在功能分工上,民族自治地方与一般地方差别不大,都建立了许多职能部门,如自治区分设的厅、局、委,自治县政府分设的若干局等。从层级上来讲,民族自治地方分为自治区、自治州、自治县,其中自治州从级别上相当于地区行署,但它不是省级政府的派出机关,而是一级具有完全的组织结构和权力的政府。在某些民族自治地方还有更多的中间层级,如新疆的伊犁哈萨克自治州管辖塔城、阿勒泰两个地区和11个直属县市,而塔城和阿勒泰地区又下辖县。

第三节 民族自治地方公共管理体制的优化

一、民族自治地方公共管理权力体制问题

《宪法》规定:各少数民族聚居的地方实行区域自治,设立自治机关,行使自治权;《民族区域自治法》规定了民族自治地方享有的自治权,其中大部分是由政府行使的公共管理权力。自治权是民族区域自治制度的核心,是民族自治地方国家权力和民族权利的统一,随着《民族区域自治法》的修订和《国务院实施〈中

华人民共和国民族区域自治法〉若干规定》的出台,中国在保障民族自治地方行使自治权方面的制度和法规建设上迈出了新的步伐,自治权的保障获得了国家层面更多的重视。

(一)府际关系协调与自治权的落实

自治权的行使在诸多方面都需要协调的府际关系的支持。在现实行政过程中,民族自治地方的自治权力由于体制的原因,有时会受到上级行政部门的制约,其表现主要有以下几个方面。

1. 部门利益阻碍自治立法

在《宪法》和《民族区域自治法》赋予民族自治地方的自治权中,自治立法权是其他自治权的基础。因为自治权虽然由《宪法》和《民族区域自治法》来授予,但是在《宪法》和《民族区域自治法》中对各项自治权只能做原则性的规定,具体如何界定相关权力的内容,如何具体行使自治权,还需要各民族自治地方以自治条例和单行条例的方式来细化。但现实情况却是我国5个自治区——最高级别的自治地方,都没有制定自治条例。其他自治地方虽然已经制定了130多个自治条例,但其内容都十分抽象。用以具体指导各种行政事务的单行条例虽然已有380多个,但其内容主要集中在民族语言使用、民族婚姻家庭关系调整等社会事务,对于经济类事务很少涉及。

2. 决策权上收与事务下放的权力分配格局

虽然经历了多次行政体制改革,中国的政府间权力关系分配格局仍然还不十分明确,但在政府分权上,维护党中央的权威,确保中央政令通常是根本性的原则。在此原则下,一方面,中央政府侧重将地方性事务权下放,地方政府依据《宪法》和《民族区域自治法》,结合民族自治地方的实际,有效管理地方公共事务,充分发挥地方政府的积极性、主动性,推动民族地区社会经济发展;另一方面,在涉及国家政治统一、主流意识形态稳固、维护党中央权威方面的重大决策事项,由党中央、国务院统一决策部署,确保国家政治统一、党中央政令畅通。但是在具体的管理实践中,这种权力的"下放"和"上收"分配会根据民族地区公共管理面对的客观形势变化而处于动态调整之中。

3. 财权的集中与事权的分散的矛盾

1994年开始执行的分税制是中国中央与地方分权改革的重要决策,但是分税制只分出了中央与省一级的财权事权,对省以下各级政府之间的分权却没有做多少规范。规范的缺失使得在集权体制中处于高层级的政府习惯性地控制财权,而将事权推给下级。从1994年进行财税体制改革以后,各级政府基本上都把财权往上收,但对事权并没有进行相应的改革。这种情况造成县乡基层的财政相对上级政府而言非常困难。这种财权与事权的反向运动在民族自治地方也广泛存在,民族自治地方财政对上级政府的依赖性很强,在行使自治权的过程中缺乏相应的财政支持,有心无力的现象相当普遍。同时,在当前国家财政体制下,财政资金在向下拨付的过程中,上级部委掌握着关键的决策权,从而事实上形成了上级政府的部委控制了下级政府决策能力的格局,下级政府要想完成具体的建设事项,需要接受上级部委的审批,需要获得上级部委拨款。但在上级部委的审批条件和拨款标准中,往往考虑的是普遍情况,遵循一般性原则,对民族自治地方的特殊性考虑不足,从而使民族自治地方面临许多困难。实际上,由于财政资金多头管理,反而使得下级政府在争取项目和拨款的过程中成本加大,不同地方的博弈也更为激烈,在经济上相对困难的民族自治地方在这一过程中往往更加不利,难以与经济、财政实力更强的其他地方竞争。

4. 行政操作过程中的"一刀切"

中国的行政管理过程中,上级政府在应对所管辖区域内事务时,搞"一刀切"的现象几乎已经成为惯例。"不同区域政府面临的经济社会发展状况不同,承担的职责和支出配置存在很大差异。但中央针对东、中、西部地区制定的有关政策不能够因地制宜,使政策未能达到预期效果。比如建设项目的资金配套问题,东部发达地区本身就财力雄厚,政策要求配套资金一般不会有问题,这样东部地区的项目争取相对容易,其发展就会如虎添翼;而入不敷出的中西部地区也同样要提供配套资金就难免捉襟见肘,有的提供虚假的配套信息,项目争取下来了,配套资金却兑现不了,项目迟迟难以完工。"[①]这种"一刀切"现象,实际上不仅仅存在于中央对地方政策,也不局限于项目资金分配等领域。随着经济社会的不断发展,能源危机和资源短缺已经成为影响中国经济持续、快速发展的关键性因素。因此,近些年来国家不断加强对能源开发和资源开发的控制,主要表现在对水电、火电等能源产业的限制,对煤、铁等自然资源开发的限制,对森林、草原、农田等使用的限制。这些政策是国家实现可持续发展目标的重大举措,是为了保障国家的整体和长远利益。而绝大多数的民族自治地方都处于西部欠发达地区,当前主要的经济来源就是能源与资源开发,国家的宏观政策在某种程度上会使得民族自治地方在这些方面受到限制,经济自主能力减弱。因此,在限制民族自治地方发展部分产业的同时,如何根据法律的规定和要求给予民族自治地方相应的政策倾斜和适当补偿,实现民族自治地方利益平衡,是当前和今后很长一段时间里应着力解决的问题。

"一刀切"的做法,在诸如环保、土地、税收、安全以及其他许多领域都不同程度地存在。"一刀切"做法绝大多数是国家调整产业结构、实现宏观发展战略目标、确保经济社会可持续发展的必要手段。但是也有不少"一刀切"的政策,却只

[①] 朱绍明:《我国财政转移支付制度的现状、问题与对策研究》,安徽大学 2007 年硕士学位论文,第 24 页。

是因为上级部门为了保护自身利益或只是为了管理方便,而忽略了区域发展的巨大差别。

(二)切实保障自治权有效落实的建议

保障民族自治地方自治权的有效落实,需要从法律和制度层面采取切实有效的措施。

1. 上级政府扶助措施应加大可操作性

《民族区域自治法》第六章专门规定了上级机关对民族自治地方的职责,如"国家制定优惠政策,引导和鼓励国内外资金投向民族自治地方。上级国家机关在制定国民经济和社会发展计划的时候,应当照顾民族自治地方的特点和需要。""国家在民族自治地方安排基础设施建设,需要民族自治地方配套资金的,根据不同情况给予减少或者免除配套资金的照顾。""国家设立各项专用资金,扶助民族自治地方发展经济文化建设事业。"等等。这些规定无疑是充分考虑到民族自治地方的特殊情况而给予特别的关怀和支持。

然而这些原则在具体实施中,需要有可操作性的制度支持才能得到有效的贯彻落实。由于《民族区域自治法》没有也不可能对优惠政策优惠到什么程度、负担减免具体有什么标准、专项资金每年安排多少、占上级财政多大比例进行相应的规定,因而在具体执行过程中,就可能出现扶助措施程式化、象征化的问题。

因此,要避免自治权虚无化倾向,第一步就是要利用相对具体、操作性较强的法律法规来约束资源配置的权力,使上级政府真正将对民族自治地方的责任当作重要职责去履行。应在广泛调查研究的基础上,通过进一步修改《民族区域自治法》并制定有关配套法规,明确规定上级政府在民族自治地方加强基础设施建设、建立合理产业结构中需要做什么;规定上级政府在制定和执行财政转移支付制度时应如何向民族自治地方倾斜,并要有较为具体的优待比例;规定上级政府在开发利用民族自治地方的资源时,如何确保民族自治地方利益,以及在保护和改善民族自治地方生态环境方面应承担多大责任;规定上级政府帮助民族自治地方改善农业、牧业、林业等生产条件和通信、交通等基础设施的具体任务与责任。总而言之,必须明确规定扶持民族自治地方发展是上级政府的重要职责,并且将这种责任予以较为具体和细致的规定,使其在现实中具有可操作性。

2. 进一步明确权力、责任、程序,理顺府际关系

目前,民族自治地方与上级政府在有关财权事权划分方面尚不十分清晰,相关法规也还存在着过分抽象简略的问题,因而请示、汇报、沟通、协商等成为解决问题协调利益的常用方式。如果出现利益争执,则缺乏详细的法规依凭和制度化的救济措施,致使府际关系容易因利益角度不同而出现矛盾和争执。未来如果《民族区域自治法》进一步修改或者出台相关配套法规时,可以在这一方面尝试进行突破,对此进行规范,明确上级政府在什么情况下才能改变民族自治地方利益格局,当双方出现明显的争议时,应按什么方式解决。只有这样,才能最有效地保护民族自治地方发展经济的积极性。

二、民族自治地方公共管理运行体制的改革

民族自治地方公共管理运行体制改革的目标与其他地方一样,是建立民主化、科学化、法制化的领导体制与运行机制,涉及正确处理党政关系、优化领导体制结构、建立高效的决策和执行机制等许多方面的问题。其内容在本书的相关章节中都有涉及,因而本节着重探讨民族自治地方领导体制中的非常设机构和行政运行过程中的报表异化问题。

(一) 各类领导小组导致的领导体制复杂化及其解决思路

1. 领导小组存在的合理性

很多领导小组的成立和运作是有其合理性和正当理由的。

(1) 政府部门对现代管理手段的自觉运用。

在现代管理理论中,具有简单结构的项目小组管理方式是被广泛推崇的灵活高效的组织结构和管理方式。"任务小组结构(Task force structure)是一种临时性结构,其设计达成特定的、明确规定的复杂任务。它涉及许多组织单位人员的介入。"[1]

政府作为社会治理的主要力量必须不断寻求更有效的管理方式和手段,提高自身的工作效率,更好地管理社会公共事务。从某种意义上来说,广泛存在的领导小组是在体制还不完善的情况下,政府部门为提高效率而对现代管理技术的自觉运用。政府在进行社会治理时,将各项治理任务分解为一个个具体目标,在部门分割壁垒森严的情况下,为了使各部门能够协调配合以完成特定目标,就需要组织各部门有关的负责人成立类似于任务小组的领导小组,作为实现特定目标的领导集体。这样做可以使主要承担该任务的职能部门不会因为难以获得其他部门必要支持而不能完成任务,同时使得与特定任务有一定关系但不直接承担任务的部门必须重视该任务的进展并提供必要支持。在领导小组的综合协调下,原本复杂的工作任务和难以协调的关系往往会简单化,因此大大提高政府的工作效率。

(2) 政府内部沟通协调的一种方式。

政府内部存在着大量具有相对独立性的部门。部门划分本来是作为一个整体的政府组织为更好地完成工作任务的必要分工,但是由于部门专业倾向一旦确立,就不可避免会形成自身的思维方式和利益,因此政府内的部门分工经常伴

---

[1] 〔美〕斯蒂芬·P. 罗宾斯:《管理学(第四版)》,孙健敏译,中国人民大学出版社1997年版,第258页。

随着部门利益冲突及沟通协调困难的副作用。

政府中某一部门为完成一项复杂任务,经常需要其他部门配合支持。但由于部门之间的平等关系,由部门领导自己去协调经常会遇到障碍。在这种情况下,由相关部门的共同上级出面组织一个领导小组,整合各部门的思想、行动及资源,则协调的阻力会大大降低。

(3) 处理突发、紧急事件的一种方式。

政府的部门分工是稳定而相对明确的,但是这种分工并不能涵盖社会方方面面的事务。当社会发生某些突发事件或紧急事件时,事件归口哪个部门来管理往往不好分辨,但是政府却必须对社会突发事件或紧急事件做出迅速反应。在没有明确的归口管理情况下,将可能涉及的部门都召集起来,组织一个领导小组来共同处理,是一种非常有效的方法。

2. 领导小组泛滥反映的体制弊端

领导小组的存在是有其合理性的,但领导小组成立太多太滥,则反映了民族自治地方在体制上存在一些弊端和问题。

(1) 机构设置不合理。

尽管有的领导小组对解决实际问题有很大作用,但必须承认,这种临时性组织的大量存在首先就是对当前政府机构设置科学性的一种否定。如果机构设置科学、运行机制完善,各部门就能够各司其职,按照正常的法律法规运作,就不应该存在这么多的沟通协调障碍。在对州、县部门负责人的访谈中,就有不少人反映说,本部门在职能设置时存在许多不合理因素,使得本属于自己的权力得不到,不属于自己的责任却需要自己来承担。在民族自治地方政府部门设置中,许多部门的职能设置存在着交叉重叠,而有很多需要管理的事项又未归入具体部门,协调、监督的部门缺乏进行有效协调监督的权力,"条条管理"和"块块分割"的隔绝与疏离等,都是非常现实的问题。这些问题解决不了,领导小组就有其生存发展的土壤。

(2) 应对上级的一种形式。

笔者在调研中发现,领导小组在省、市、县三级政府中都大量存在。其中一部分确实在履行某种特定职能,发挥领导小组的既定功能。但部分地方政府中的领导小组,其履职"形式化"的现象比较明显。中国当前的权力结构是一种向上负责的权力体系,因而上级政府的任何举措都会引起下级政府的高度重视。当上级政府关注某类事项,并且就这类事项成立一个领导小组以便更好地完成它时,下级政府为了向上级政府表示自己也重视这一事项,一般也会跟着建立一个同样的领导小组,哪怕事实上根本没有必要这么做。作为应付上级的手段,还有一种情况也会导致领导小组成立,那就是应付上级的检查。上级政府要对某地某事项进行检查时,往往会先通知当地政府,当地政府为了应对检查,通常会成立一个有关这类事项的领导小组,使领导小组的组织功能异化。

(3) 回应社会呼求的一种姿态。

社会需要政府做的事情与政府本身能够做到的事情总是存在着差距,一些公共需求在某些特定的时候会成为社会特别关注的热点,并对政府形成压力,但实际上政府限于客观条件很难做到,这时候先成立一个领导小组,由主要领导挂帅,通过召开专题会议,并利用新闻媒介进行广泛宣传,以稳定社会情绪、回应社会关切。

3. 解决思路

领导小组的大量出现,是对科层制结构的现代行政管理模式的一种消解,要真正理顺民族自治地方的公共管理领导体制,这种不论大事小事都组成一个领导小组来应对的现象必须改变。民族自治地方政府需要对辖境内的公共事务,在类型和重要程度上进行明确的划分。根据类型划分各类公共事务可以使得具体事务归属哪一个部门管理非常明确,而按照重要程度划分各种公共事务则能够明确哪一级别官员对相应公共事务有管理权。在公共事务分类的基础上,应严格按照首长负责制的要求,属于各部门的事务,各部门的首长就应承担明确的领导责任;具有全局性的公共事务,政府首长就必须负领导责任,而不能随意成立领导小组,将本来明确归属于某个领导的责任分摊到一个没有稳定性的团体中去,使责任空洞化。此外,应当深化行政体制改革,转变传统的依靠"运动式"管理的观念,建立既分工职责明确、又联动协调顺畅的公共管理运行机制,改变因"条""块"分割而造成的政出多门、沟通协调困难的局面,进一步严格领导小组的审批程序,定期清理、撤销那些临时性任务已经完成而没有必要继续存在的非常设机构,对还需要存在的领导小组进行严格监管,防止其因临时性的特征成为常规监督视野中的盲点,而在运行中失范。

(二) 报表异化对政府公共性的侵蚀

公共性是政府赖以存在和得以运行的合法性基础,政府的公共性体现在政府的运行过程之中。而政府良好运行的前提,是各类相关信息的真实可信。报表是政府信息的呈现载体,是政府运行的重要工具之一。而报表的异化,则极易导致政府过程偏离公共性的趋向,形成对政府公共性的侵蚀。

1. 报表与政府过程

所谓报表,是指政府层级之间、组成部门之间进行沟通联络,协调指挥政务工作的各种以数据资料为主体的文书。报表作为信息的载体,通过文字描述或数字罗列的形式,反映社会现实与问题,提出政府工作的任务和目标,对政府具体工作过程进行安排。因此,报表是政府运行过程必不可少的工具。报表在政府过程中的作用主要表现在以下几个方面。

(1) 报表通过对社会现实的描述启动政府过程。政府的所有工作,都是为了解决社会问题,应对社会需求。而报表就是通过对社会信息的搜集、分类、筛选和汇总,使政府了解社会、发现问题,从而启动政府过程。

(2) 报表是政府做出公共决策的重要依据。由于报表是经过总结和归纳的关于社会现实和社会问题的描述,因此它是政府形成决策的信息来源。大部分的政府决策,都是建立在各种报表所反映的信息的基础之上。

(3) 报表是政策执行过程中的重要指南。政府的决策经过正式程序确认,就成为公共政策。政策执行者在执行过程中,也必须以相应的报表为依据,明确方向和任务,确定具体的工作安排,配置必需的资源。

(4) 报表是对政府过程进行监督的工具之一。要确保政府过程不违背政府的目标,不背离政府应当具有的公共性特征,整个政府过程都需要纳入监督之中。对政府过程的监督,需要有规范的和事实的依据,规范的依据主要来自各种既定的法律法规和组织制度,而事实的依据主要就是各种各样的报表。因此,报表从某种意义上来说,是对政府过程进行监督不可或缺的前提条件。

(5) 报表是对政府过程进行总结和评价的重要标准。政府要改进工作、提升能力,就需要不断地对每一项工作过程进行总结和评价,发现过程中存在的问题,总结过程中得出的经验,从而使下一个工作过程更加完善。而总结与评估的一个重要依据,就是报表所反映的内容。

总而言之,政府过程的每一个步骤,报表都参与其中并发挥着非常关键的作用,甚至在某种意义上可以说,现代政府过程其实就是一个组织—人员—报表—资源互相结合、互相作用的过程。然而也正是因为报表对政府过程极端重要,如果报表本身出现了问题,就会对政府过程造成极大的影响,对政府公共性特征造成损害。

2. 报表的异化

异化一般是指某种事物的发展逐渐背离其性质和目标而走向自己的反面的过程。报表的功能是信息沟通,真实、准确是其基本要求。但在现实的行政过程中,报表的虚假现象在有些地区和部门却十分严重。报表的失真使建立在对报表高度依赖的基础之上的政府过程,也由此出现了偏离社会现实,背离公共性本质的倾向,从而使工具异化引致政府过程的异化。报表异化主要表现为:

第一,报表内容的异化。报表异化的最直接的表现,是报表所反映的信息与其所应当反映的客观现实脱节。有一些地区和部门,在制定报表时往往没有进行深入而全面的社会调查,没有对社会现实情况和问题进行分析总结,而是关起门来制作报表,使报表信息与客观事实严重脱节,报表从根本上失去可信度。各类统计数据包含水分,就是报表与社会现实脱节的最典型例子。其实在政府过程中,报表信息与社会现实脱节的远不只是统计数据。在政府或政府部门对社会问题的总结文件、对各种公共工程的规划安排中,扩大问题以争取更多资金,或者回避问题以减轻自身责任的现象并不少见。这使得许多政府报表都让人无法完全信赖,因此在具体的管理过程中,对下级政府或部门呈上的报表,上级政府往往需要进一步核实,或者直接给报表打折扣来应对。

第二,报表目的的异化。报表的目的应是真实反映社会问题,或者如实传达制表者意图,以确保整个政府过程建立在实事求是的基础之上。但是,在当前不少地方,报表中数据的人为夸大或缩小,却往往是由于谋取地方、部门,甚至是个人利益的驱动。由于政府层级众多,部门结构复杂,任何一级政府或任何一个政府部门,都不可能事事亲临现场,只能根据报表来判断社会现实。而任何一项政府过程,又与某个政府、政府部门或个别管理者的利益挂钩。报表传达信息的间接性和政府过程中利益分化的驱动,使得通过虚假报表信息,获取自我利益或小团体的利益成为可能。

第三,报表制定过程的异化。一份科学合理的报表,尤其是直接反映社会现实的报表,其制定过程应当是:广泛的社会调研—调研数据的整理分析—数据统合与社会问题的总结—解决问题的方案。但是异化之后的报表,其制作过程是:个人或团体利益目标的确定—对实现这些利益需要什么样的报表的判断—编制数据信息或罗列社会问题—形成与利益目标一致的报表。

3. 报表异化对政府公共性的侵蚀

异化的报表在政府过程中大量存在并与其他因素共同作用,导致政府过程也出现了异化。政府过程异化集中表现在政府的公共性受到侵蚀。政府由一个为公共利益而工作的组织,转变为部门或个人谋求狭隘利益的工具。而报表异化对政府公共性的侵蚀,主要体现在这样几个方面:

第一,报表异化使政府无法准确了解社会状况与公共需求。异化了的报表导致政府过程与公共利益脱节,以前述的扶贫工作为例,由于基层政府所呈报表不能反映社会现实,高层级的决策部门无法准确把握社会贫困真实状况,在制定扶贫政策时,就难免出现资源分配不均或资源投向不当,导致公共利益受到损害。

第二,报表异化扭曲政府目标。由于报表的异化,基于报表信息而开展的政府过程,其目标也就被扭曲了,看似以公共利益为导向的政府过程,其真正的结果只是给部分人或团体带来利益,而真正的问题得不到根本的解决。《瞭望新闻周刊》在民族自治地方某资源富集地区的调查发现:这些受资源开发拉动财政实力迅速增强的地区,均存在令人困惑的"富财政穷百姓现象"。

第三,政府维护和促进公共利益的能力受到削弱。报表异化对政府过程最根本的伤害,是其对政府维护和促进公共利益的能力的削弱。报表异化使得本来就已经非常复杂的政府过程变得更为复杂,政府层级之间、部门之间的交流沟通更加困难,府际关系以及政府与社会关系失去了诚信纽带,这都使得政府要推动以公共利益为导向的工作变得更加困难。而报表异化导致的信息的虚假化和政府目标的扭曲,进一步加重了这些困难,使得那些即使有崇高的社会理想,愿意为公共利益而奋斗的政府工作人员,要想真正在实际工作中维护、促进公共利益,付出的代价大大超出正常水平。同时,报表异化带来的资源配置的不合理,也使得本来就稀缺的公共资源被浪费,从物质基础上也削弱了政府维护和促进公共利益的能力。

4. 报表异化的原因

导致报表异化的原因主要有个人和制度两个方面的因素:

(1) 人的因素。

导致报表异化的首要原因是部分领导干部公共精神的缺失。报表虽然是对现实情况和社会问题的反映,但它毕竟不是复制和重现,而是经过人主观加工的文书,它能否如实反映社会真实,取决于制作报表的人的主观意图。当前报表的异化,首要的原因是在政府体系中,部分领导干部的公共精神缺失,他们并不愿意让报表客观反映社会真实状况,而是希望通过虚假的报表信息,利用科层管理制度的漏洞,来谋取个人私利。掺杂水分的国民经济统计报表,背后隐藏的是一些单位和部门领导对政绩、升迁的追求;为了获得特定的款项而夸大实际问题的报表,其真实的意图却是部分地方政府或政府部门为了获取更多的财政资源以"改善工作环境"。

其次是部分具体工作人员缺乏恪尽职守、严谨细致的敬业精神。报表异化的另一个重要原因,就是部分具体工作人员工作态度敷衍应付,怕吃苦、嫌麻烦,不愿意深入实际了解真实情况,获取第一手信息资料,而是关在办公室里闭门造车,借用二手资料、陈年数据,甚至根据主观印象随意编造,应付交差。在笔者调查获取的许多报表中,仅用逻辑或数学方法检查即可发现其疏漏和错误,甚至有相当多的报表中竟然出现各项数字累加与总计不符的情况。

(2) 制度因素。

第一,政府过程内部化。造成报表异化的制度原因就是政府过程内部化现象在某些地方表现得非常严重。政府过程内部化,即政府在推动相关的工作时,很少考虑或者不考虑外部的环境,只依据政府自身的规则或者利益来进行,整个政府过程与社会现实严重脱节。这种政府过程的内部化,使得反映社会现实的报表变得无足轻重,甚至在某种程度上会成为推动政府内部过程的障碍。当前部分地方政府在推动工作时,从决策、执行到监督、评估,都由自己一手完成。目标自己定,标准自己立,过程自己操控,自己评价自己。在此种运行逻辑中,报表就成为论证内部过程合理性的工具,而不是反映现实情况和社会问题的工具,必然导致异化。

第二,社会参与政府过程的制度缺失。政府过程内部化之所以可能,原因在于相关机制的缺失,如社会参与机制不够健全,大众利益诉求的渠道不够通畅等等,因而难以影响政府过程,使报表异化。因此,就政府自身而言,各级政府要加快行政改革步伐,切实转变政府职能,规范政府运作程序,加强政务信息公开,提高政府运行透明度,大力发展电子政务,完善各类听证制度。此外要进一步强化和完善政党监督机制、人民代表大会监督机制、新闻舆论监督机制、司法监督机制以及信访制度等,确保社会力量参与政府过程,杜绝报表异化及其对政府公共性的侵蚀。

第三,社会监测体系的缺乏。一个运转良好,治理得当的社会,需要有一个覆盖面广、可信度高、运行高效的社会监测体系,时刻跟踪社会变化,搜集社会信息,并及时地将这些信息向政府反馈,以启动或影响政府过程。发达国家都有数量庞大的各种各样的独立研究机构,经常组织主题广泛且涉及面大的调研活动,在此基础上形成报告提供给政府主管部门并交由媒体向社会公布,直接进入政府决策中枢或形成舆论压力影响政府过程。我国却缺乏这样的社会问题监测体系,社会监测与信息的搜集都高度依赖于政府自身,即使部分地方存在政府之外的社会监测体系,但或者影响力和覆盖面有限,或者因得不到政府足够的重视而无法发挥作用。独立、诚信的社会监测体系的缺乏,使得全面反映现实情况的报表制作缺少信息来源,这也是报表异化的重要原因。

总之,报表虽然只是政府过程中的一个看似再普通不过的工具,但其异化却足以导致民族自治地方政府公共性的不断削弱,因而必须引起我们足够的重视,积极寻求解决的办法。

第六章 民族自治地方公共财政

第一节 公共财政概述

一、公共财政的概念

(一) 关于财政和公共财政的辨析

由于我国发展市场经济的历史较短,因此人们关于公共财政的观念非常淡薄。过去对国家财政的研究往往都是基于一般财政管理理念进行的,在这个基础上提出的有关财政概念有:

"财政是政府的理财活动,是一种以政府为主体凭借公共权力建立的,以强制、无偿和公开性为特征的收支活动,它所体现的是政府与企业、个人两大经济主体之间的,以及中央与地方各级政府之间的经济关系。"[1]

"财政是国家为实现其职能,集中分配一部分社会产品和生产要素的活动,它体现以国家为主体的分配关系。"[2]

"财政谓理财之政,即国家或公共团体以维持其生存发达之目的,而获得收入、支出经费之经济行为也。"[3]

在社会主义市场经济体制建立过程中,过去的财政概念难以完全反映政府的收支活动,因此许多学者根据市场经济的理念,提出了公共财政的概念,认为"公共财政是指国家为市场经济提供公共服务而进行的政府分配行为。概括起来说,公共财政是以市场失效为存在前提,是政府以政权组织的身份,依据政治权力,在全社会进行的以市场失效为范围的,以执行国家的社会管理者职能,为市场提供公共服务的需要为目的的一种政府分配行为"[4]。

"作为公共经济部门,政府介入经济运行可采用的方式很多,如计划、法律、货币金融政策等,但公共财政指的是政府的经济行为中与国家预算有关的那一部分。"[5]

要科学界定公共财政的概念,首先需要明确在市场经济条件下国家财政收

---

[1] 马国贤:《政府经济学》,中国财政经济出版社1995年版,第132页。
[2] 丁煌:《行政学原理》,武汉大学出版社2007年版,第197页。
[3] 陈共:《财政学》,中国人民大学出版社1999年版,第24页。
[4] 李利:《国家的钱应该怎样花》,《瞭望》1994年第15期。
[5] 张国庆:《行政管理学概论》,北京大学出版社2000年版,第403页。

支活动的功能,在此基础上,才能理解公共财政的内涵。

(二)公共财政与公共产品

无论是政府财政还是公共财政,至少有一点是相同的,那就是国家从社会拿走了很多资源,并用这些资源开展了一系列活动。而不同理解的主要区别,就在于国家拿这些资源做了什么,该做什么。为了确定国家用无偿取自社会的公共资源该做些什么,就需要了解公共产品的概念。

公共产品作为经济学中的一个重要概念,当前并没有一个严格的定义,学者们对这一概念的具体表述也存在一些差异。如萨缪尔森认为,公共产品就是所有成员集体享用的集体消费品,社会全体成员可以同时享用该产品;而每个人对该产品的消费都不会减少其他社会成员对该产品的消费。公共产品是这样一些产品,无论每个人是否愿意购买它们,它们带来的好处不可分割地散布到整个社区里。[1] 奥尔森则认为,任何物品,如果一个集团中的任何个人能够消费它,它就不能适当地排斥其他人对该产品的消费。[2] 布坎南则将"任何集团或社团因为任何原则通过集体组织提供的商品或者服务"[3]定义为公共产品。这三位学者关于公共产品的定义有一定差别,也是比较有代表性的。但大部分经济学和公共管理学的教材都基本沿用萨缪尔森的定义,因此萨缪尔森关于公共产品的界定可以被认为获得了更大程度的认可。

根据萨缪尔森的定义,公共产品有这样两个基本的属性:(1)非排他性,公共产品一旦被生产出来并向社会提供,那么它就不能排除任何人对它的无偿消费;(2)非竞争性,任何人对公共产品的消费,都不会减少其他人从对公共产品的消费中的受益。公共产品的基本属性,使得它与私人产品存在这样几个方面的不同:第一,公共产品的生产与供应没有特别的对象,公共产品要么不供应,要么就必须面向集体内所有成员供应,不像私人产品那样可以确定特定的消费群体;第二,公共产品只有达到一定的规模才能产生效益,而且公共产品的规模效益非常巨大;第三,公共产品的初始投资极大,但是见效周期往往很长,很多公共产品甚至根本不能用经济方法来评估其效益;第四,公共产品大多具有自然垄断性;第五,公共产品的生产者,不能对消费者收取使用费用。

以上这些特征是纯公共产品所具有的,还有些产品虽然不完全具备这些特征,但却具有这些特征中的几项,这些产品可被称为准公共产品。公共产品与准公共产品由于其特殊的性质,使得个人、企业甚至社会都不愿意或者无力生产和

---

[1] 〔美〕保罗·A.萨缪尔森等:《经济学(第十四版)》,胡代光等译,北京经济学院出版社1996年版,第571页。

[2] 〔美〕曼瑟尔·奥尔森:《集体行动的逻辑》,陈郁、郭宇峰、李崇新等译,生活·读书·新知三联书店、上海人民出版社1995年版,第13页。

[3] 〔美〕詹姆斯·M.布坎南:《民主财政论》,穆怀朋译,商务印书馆1999年版,第20页。

提供,然而它们又是整个社会运转与发展的基础性、先导性的条件。社会或市场机制无法有效提供而公民又不可或缺的属性,决定了它只能由以政府为主体的公共组织来解决。因此,公共组织尤其是政府是公共产品和大部分准公共产品的主要供应者,政府用自身掌握的资源,组织生产公共产品,同时运用公共权力确保公共产品按政府的意图进行分配。政府也是大多数准公共产品的主要投资者、准公共产品的定价人,以及其供应秩序的制定者和维系者。而在这个过程中,政府向社会供应公共产品的成本,就是公共财政。

二、公共财政的特征

与传统的财政管理相比,公共财政具有以下特征:

(一)公共性

公共财政的分配和使用,只是为了满足社会的公共需要。纯粹的公共财政,其职能范围只以满足社会公共需要为界限,凡不属于或不能纳入社会公共需要领域的事项,财政绝不介入;凡属于或可以纳入社会公共需要领域的事项,财政就必须涉足。但就我国当前的情况而言,公共财政还处于建设阶段。一方面,由于大量国有企业的存在,国家财政必须对现有的国有企业进行适当的扶持和帮助;另一方面,由于我国政府规模庞大,行政机构运作和公务员的工资福利等支出在财政分配中仍占据着相当大的份额,而且这种情况还将在很长一段时间里继续存在。但是随着改革的不断深入,我国财政的公共性正在不断增强:第一,财政支出正在逐步退出竞争性、经营性领域,财政对企业的投资支出在财政总支出中的比重不断下降,而现有投资的支出重点和方向也发生了巨大变化,对基础性、高风险性领域的投资成为重点;第二,财政收入由原先的税收、利润共同居于主体地位的格局转变为以税收为主体的格局,同时对预算外收入和其他各种不规范的制度外收入正在逐步通过税费制度改革进行清理和约束;第三,财政政策由原先强调保持财政年度平衡,转向有意识地发挥财政政策的功能,实现公共目标;第四,通过财政体制改革,分税制体制得以确立,地方政府的财权得到确认;第五,伴随着多种经济成分并存局面的形成发展,非公有制经济正在逐步取得与公有制经济平等的地位,财政政策中对某些经济成分给予支持或加以限制的不同等对待现象正逐渐减少。这些事实都表明,我国财政的公共性特征正日益显现出来并得以不断地增强。

(二)非营利性

在市场经济条件下,政府作为社会公共管理者,它的活动不能以取得相应的报偿或营利为目的,而只能以追求公共利益为宗旨。政府的职责只能是通过开展满足社会公共需要的活动,为市场的有序运转提供必要的制度保证和基础平台,为社会成员追求生活安全和福利创造条件。即便有时提供公共物品或服务的活动也会产生一些收益,但其基本出发点和归宿仍然是用以满足社会公共需要,而不以市场方式获利。就政府的公共财政收支而言,政府取得财政收入,要建立在为满足社会公共需要而筹集资金的基础上;政府安排财政支出,要始终以满足社会公共需要为宗旨。

（三）法治性

公共财政以满足社会公共需要为基本出发点,与全体社会成员的利益紧密相关,因此它不是政府自己可以随便处分的资源,而是一种需要由全社会共同监督使用的资源。公共财政的收入是由社会成员缴纳税费实现的,而社会成员缴纳税费的目的不是养活一部分凌驾于自己之上的管理者,而是为自己谋求更多的利益支付成本。基于这一点,公共财政无论是收还是支的过程,都需要有非常权威的规范对之进行约束。当前,世界各国都为政府的公共财政收支活动设置了规范,包括收支安排的内容、财政活动的程序、政治和社会监督的规定等。我国的公共财政活动也有相应的法律规范进行约束,税法以及相应的配套法规体系主要是规范财政的收入,而预算法及其配套法规则主要规范支出。

三、财政政策

政府的公共财政活动主要是通过政府财政政策的推行来实现的,财政政策是一个内涵极其丰富的概念,正确理解财政政策是了解政府公共财政活动的关键。

（一）财政政策的概念和主体

1. 财政政策

财政政策是指政府为了实现一定的宏观经济目标而制定的税收、支出及预算收支平衡方面的规划和安排。财政政策是通过对财政收支的自觉调整来影响社会资源的分配,从而达到特定政策目标的一种政策工具。

2. 财政政策主体

财政政策主体包括财政政策的制定者和执行者。在公共管理的理念下,财政政策的制定主体主要是各级政府,而财政政策的执行者除了政府,还包括部分非政府公共组织。财政政策主体行为是否规范会直接影响财政政策制定和执行的质量,从而对社会资源分配、对财政资源的使用效率等都产生重要影响。

（二）财政政策的功能

财政政策作为宏观调控的重要手段,主要有四种功能。

1. 导向功能

财政政策的导向功能就是通过调整社会物质利益关系,进而对个人和企业经济行为进行调节,以引导国民经济按照预期的目标运行。由于财政政策往往有着巨大的资源投入跟进,一项财政政策发布之后,往往会对整个社会的市场主体发出强烈的信号,使市场主体调整自己的行为,从而使整个市场经济的运行接受政府引导。

2. 协调功能

财政政策的协调功能是指财政政策的行使,能对社会经济发展过程中出现的某些失衡状态产生制约和调节的作用。财政政策可以有目的、有步骤地协调地区之间、行业之间、部门之间、阶层之间的利益关系,使社会发展的不平衡状态得以维持在可控的范围之内。

3. 控制功能

财政政策的控制功能是指政府可以通过财政政策的执行,调节社会组织和公民的经济活动,从而实现对宏观经济的有效控制。如对个人所得征收超额累进税,可以防止两极分化;对高污染企业征收重税,可以限制这类企业的发展或促使其改进。

4. 稳定功能

财政政策的稳定功能是指通过财政政策的行使,可以有效调节宏观经济水平,使之保持在平衡状态,实现国民经济的稳定发展,防止经济出现重大的波动,危及经济安全。

(三) 财政政策的目标

财政政策目标就是政府希望通过财政政策要达到的目的或产生的效果,它构成财政政策的核心内容。基于公共财政的公共性特征,财政政策目标都是宏观性的,如劳动力充分就业、社会整体价格稳定、宏观经济增长、公平分配等。

1. 充分就业

充分就业是指合乎法律规定条件、有能力工作的人基本上都可以找到有合理报酬的工作,社会失业率被控制在合理的范围内。不论对于整个国家,还是对于地方政府而言,确保绝大多数公民能够就业、有稳定的收入来源都是其重要职责,而充分就业也是经济发展和社会稳定的保证。

在经济发展过程中,一般存在四类失业情况。(1) 季节性失业。某些行业生产具有明显的季节性特征,由于季节和气候变化等因素,在生产淡季会出现很多失业人群。(2) 摩擦性失业。由于劳动力市场的竞争、市场信息传播的不灵敏而导致的失业。(3) 结构性失业。由于技术进步导致行业生产所需的人力资源数量减少,从而分离出大量失业人员。(4) 周期性失业。它是指由于经济的周期性波动造成的失业。财政政策的行使可以缓和经济周期波动,减少周期性失业。同时,通过财政扩张也能够创造新的就业机会,减少其他形态的失业人数。

2. 物价稳定

物价稳定一般指价格总水平的稳定,而不是每一类商品的价格都保持稳定。

物价的波动是主要的市场信息源,对于市场的资源配置起着最主要的指导作用。物价水平持续上涨就会导致通货膨胀,反之则形成通货紧缩。通货膨胀表示货币价值或实际购买力的降低,通货紧缩表示货币价值或实际购买力的增加。严重的通货膨胀会使企业和民众的生产生活受到严重的冲击,并且扰乱价格体系,扭曲市场的资源配置功能,使整个分配秩序和经济秩序出现混乱。严重的通货紧缩则会导致大量的资源无法有效利用,造成资源浪费,导致失业人数增加,人民生活水平下降,引发社会问题。

国家可以通过财政政策影响总供给和总需求,使物价水平稳定在合理的范围内,防止出现严重的通货膨胀或通货紧缩。例如,当社会出现通货紧缩现象时,政府以大规模的采购造成社会需求增加,则能扭转通货紧缩趋势;而当出现通货膨胀时,政府可以通过压缩消费、调节税收来为消费降温,平抑物价。

3. 经济增长

我国由于人口众多,经济发展水平相对较低,因此必须保持较快的经济增长速度,才能稳步改善和提高人民生活水平。而在促进经济增长的诸多手段中,财政发挥着不可替代的重要作用。政府通过财政政策的执行,可以引导劳动、资本、技术等各项生产要素的合理配置,对经济发展起到强有力的促进和推动作用。同时,在我国由于存在着大量的国有企业,财政投资也成为经济扩张的重要资金来源。

4. 公平分配

市场体制虽然具有无法比拟的资源配置效率,但是市场体制并不能解决公平问题。在完全的市场机制下,社会必然出现巨大的收入分配差距,而分配差距一旦突破社会可以承受的限度,则会导致冲突和动乱,从而使经济发展减速其至整个社会出现严重的倒退。而维持收入分配公正的重要机制,就是政府的公共财政机制。公共财政属于社会再分配的领域,政府通过集中大量社会财富,根据公正原则重新向社会分配,能够有效地防止出现巨大的地区发展差距和阶层收入差距,从而使社会财富分配相对公正。

5. 国际收支平衡

国际收支是指一国与世界其他国家之间的以货币计量的全部经济往来,包括进口、出口、资本流进流出等,用国际收支平衡表记录和反映。国际收支出现逆差,会影响本国汇率的稳定,进而威胁到整个经济系统的安全,所以世界各国都努力保持经常项目盈余,以实现国际收支平衡。

(四)财政政策手段

财政政策手段是财政政策主体能够选择的用以达到政策目标的工具和方法,主要有税收、公债、经常项目支出、资本支出、转移支付、财政补贴等。我国目前常用的财政政策手段有:(1)税收政策。以税收管理来调节经济活动,主要包括宏观税率的确定、税负分配、税收优惠、税收管制等具体的手段。(2) 政府公债。政府以财政信用向社会举债,并对借来的公债进行使用。公债的宏观作用主要是通过债务规模设计、债务持有人结构调整、债务期限设计、公债利率确定等来实现的。(3) 公共支出。政府为满足纯公共需要而进行的一般性支出活动,包括购买性支出和转移性支出。购买性支出是政府直接消费部分商品,从而对社会资源配置进行引导的活动;转移性支出则是政府以自己的强制力,将社会资源从一部分人手中转移到另一部分人手中,以实现相对公正的分配。(4) 政府投资。政府将财政用于具体的产业建设。

(五) 我国的财政政策

1. 积极的财政政策

从1998年到2004年,我国一直实行的是积极的财政政策。积极财政政策的主要内容是以扩大内需、经济扩张为导向,通过长期国债投资增加财政支出及调整税收政策,刺激经济增长和促进社会稳定发展。

积极财政政策的出台背景是1997年开始蔓延的东南亚金融危机。1998年,我国国内经济发展所积累的问题在外部金融危机的影响下出现了总的爆发,社会供求态势发生了转变,整个社会有效需求不足,经济增长乏力。而这个问题在1998年之前就已经开始慢慢显现,中央政府也采取了措施应对,如从1998年到2002年,中央银行先后五次降息以刺激经济,但是效果并不理想。在这样的特定背景和条件下,中央政府做出了实施积极财政政策,以扩大内需、刺激经济快速增长的决定。

从1998年下半年起,积极财政政策正式实施,当年的国债发行量即达到3000亿元,累计国债余额为7838亿元。近年来,我国债券市场的发行规模稳步增长。2023年,我国国债发行规模由2000年的4000多亿元增长至11万亿元[①],国债余额由2000年的1.5万亿元增至2023年的30.03万亿元[②],国债年度发行规模和余额均增长19倍以上。2023年,我国债券市场共发行各类债券71.0万亿元[③],其中地方政府债券发行9.3万亿元。

积极财政政策的实施有效遏制了经济增速下滑的局面,其具体的成就体现在:

第一,拉动了经济快速平稳发展。巨大的国债投资及其乘数效应,使我国固

[①] 《2023年金融市场运行情况》,中国人民银行网站(2024-01-29)[2024-03-23],http://www.pbc.gov.cn/goutongjiaoliu/113456/113469/5221498/index.html。

[②] 《第十四届全国人民代表大会财政经济委员会关于2023年中央和地方预算执行情况 2024年中央和地方预算草案的审查结果报告》,中华人民共和国中央人民政府网(2024-03-09)[2024-03-09],https://www.gov.cn/yaowen/liebiao/202403/content_6938160.htm。

[③] 《2023年金融市场运行情况》,中国人民银行网站(2024-01-29)[2024-03-23],http://www.pbc.gov.cn/goutongjiaoliu/113456/113469/5221498/index.html。

定资产投资规模不断扩大,基础设施建设步伐加快。在金融危机导致外部市场低迷的形势下,正是积极财政政策的实施,使我国保持了相当高的经济增长速度,而国债建设资金对拉动经济增长率的贡献成为重要的因素之一。

第二,加快基础设施建设的步伐。从1998年到2019年,我国投入了数千亿元国债资金用于基础设施建设项目,弥补了过去多年的基础设施建设欠账。2017年全年完成公路建设投资21253.33亿元,比上年增长18.2%。2018年1—11月累计公路投资达1.98万亿元。这些基础设施建设项目的开展,大大改善了经济发展的整体环境,为我国经济持续稳定发展打下了良好基础。

第三,促进了产业结构优化升级。利用国债资金的直接投入以及调整税收政策,通过投入国债资金进行技术改造和高新技术项目建设等,不仅使企业的技术水平有了较大提高,还优化了产业结构,增强了产品的更新换代和出口能力,为经济持续发展提供了新的动力源,推动了我国人口和劳动力素质以及科技发展水平的提高。

第四,扩内需,保民生。国债资金支持的一大批新项目及其配套项目的建设,增加了就业岗位,对拉动相关产业发展起到了很好的刺激作用。城镇居民人均可支配收入和农村居民人均收入逐年增长。国家利用国债实施了大批生态建设项目,改善了生态环境,改善了人们的生产和生活环境。2020年,发行抗疫特别国债1万亿元。抗疫特别国债主要用于地方公共卫生等基础设施建设和抗疫相关支出,并预留部分资金用于地方解决基层特殊困难。安排地方政府新增专项债券3.75万亿元,支持补短板、惠民生、促消费、扩内需。①

第五,促进了区域经济协调发展。通过对中西部地区进行倾斜性财政资金安排,进行了诸如西电东送、青藏铁路、退耕还林还草工程、六小工程等基础设施建设和生态建设,改善了这些地区的投资经营环境,加快了中西部地区的发展步伐,使东西部地区经济社会发展不平衡格局得到一定程度的改善。② 党的十八大以来,以习近平同志为核心的党中央始终高度重视民族工作和民族地区发展,将之摆在治国理政的突出位置加以谋划,放在实现中华民族伟大复兴的千秋伟业中加以推进。③

积极财政政策的实施,使西部民族自治地方的受益极大,国家投资的很大比例都被安排在了西部地区和民族自治地方。正是由于积极财政政策的实施,我

---

① 《特殊之年政府怎么花钱？2020"国家账本"来了!》,中华人民共和国财政部网站(2020-05-24)[2020-10-19], http://www. mof. gov. cn/zhengwuxinxi/caijingshidian/xinhuanet/202005/t20200524_3519235. htm

② 赵复元:《财政政策由积极向稳健转变的综述》,中华人民共和国财政部网站(2005-09-05)[2020-09-10], http://www. mof. gov. cn/news/20050905_1825_8614. htm

③ 《以习近平同志为核心的党中央引领新时代民族工作创新发展纪实》,中华人民共和国中央人民政府网站(2021-08-26)[2021-10-23], http://www. gov. cn/xinwen/2021/08/26/content_5633558. htm

国的西部大开发战略得以顺利进行,许多重大的标志性项目很快建成并发挥效用,而过去一直被交通、通信等基础设施落后问题困扰的民族自治地方,在这些方面也取得了突破性的进展。

但是,积极财政政策并不是一种可持续实施的财政政策,由于积极财政政策的实施,我国也出现了一些经济问题,主要体现在:

第一,巨大的债务风险。积极财政政策的实施导致政府公共支出规模不断膨胀而收入增长的速度低于支出增长的速度,所以公共财政赤字不断增大。政府为财政赤字融资的主要手段是增发货币、减少外汇储备或者借债,包括向国内借债和向国外借债。当政府主要通过举债为公共部门赤字融资时,积极财政政策就可能会产生债务风险,政府可能无法按时偿还债务,或者政府债务负担过重,造成财政可用于其他方面的资金不足。现实中,在巨大的债务风险下,国家财政在社会保障、公共卫生和基础教育等方面的投资增长受到了极大的限制。

第二,通货紧缩与部分行业投资过快增长并存。虽然从1998年我国就已经开始实施积极的财政政策,但是这一政策并没有从根本上拉动内需,解决通货紧缩问题。由于社会保障、教育、公共卫生等方面政策跟进不足,我国有效内需始终不振。而由于财政政策对市场信息的扭曲,在一些行业、一些地区却出现了经济过热现象,导致了关键资源和主要生活消费品的价格上涨,从而出现了局部经济混乱现象。

第三,社会投资挤出效应显现。由于积极财政政策的实施,公共储蓄减少,实际利率上升,货币出现升值压力,我国的民间投资意愿在这些年出现了萎缩。

第四,体制风险。积极财政政策代表着政府对经济的强力干预,由于政府失灵的存在,在积极财政政策执行过程中,政府也会因为缺乏充足信息造成决策失误,导致有限社会资源的极大浪费。这使得财政政策对市场经济体制的扭曲风险增大,财政政策的预期效果降低,在体制上的风险增加。

2. 稳健的财政政策

2005年至2007年,中央政府实行稳健的财政政策,其核心内容是"控制赤字,调整结构,推进改革,增收节支"。控制赤字,就是适当减少财政赤字,适当减少长期建设国债发行规模。调整结构,就是要进一步按照科学发展观和公共财政的要求,着力调整财政支出结构和国债资金投向结构。资金安排上要区别对待,有保有压,有促有控。对与经济过热有关的,直接用于一般竞争性领域的越位投入,要退出来、压下来;对属于公共财政范畴的,涉及财政缺位或不到位的,如农业、就业和社会保障、环境和生态建设、公共卫生、教育、科技等不仅要保,而且还要加大投入和支持的力度,努力促进"五个统筹"和全面协调发展。推进改革,就是转变主要依靠国债项目投资拉动经济增长的方式,按照既立足当前、又着眼长远的原则,在继续安排部分国债项目投资,整合预算内基本建设投资,保证一定规模中央财政投资的基础上,适当调减国债项目投资规模,腾出一部分财力,用于推进体制和制度改革创新,为市场主体和经济发展创造一个相对宽松的财税环境,建立有利于经济自主增长的长效机制。增收节支,就是在总体税负不增或略减的基础上,严格依法征税,确保财政收入稳定增长,同时严格控制支出增长,在切实提高财政资金的使用效益上花大力气下大功夫。[①]

稳健财政政策虽然从国家总体的财政支出来说,增长会有所减缓,但在统筹发展的战略安排下,国家对民族自治地方的财政支出不但不会减少,反而会保持较快增长。在这一政策环境下,民族自治地方所需要做好的,就是提高地方财政的公共性,发挥好财政政策的效益,使更多的人从财政政策的施行中获得福利。

四、我国的财政制度

财政政策所要实现的目标是用财政力量影响社会。而财政作为一项资源,它在不同层级政府之间如何分配,构成了公共财政研究的另一项重要内容,即财政制度。从1994年开始直到现在,我国一直实行以分税制为主要内容的财政制度。

(一)分税制的概念和内容

分税制是按税种或税源划分中央和地方政府收入来源的一种财政管理体制,其实质上是处理中央政府和地方政府之间的事权和财权关系的制度安排。通过划分税权,将税收按照税种或税源划分为中央税、地方税(有时还有中央和地方共享税)两大税类进行管理,中央与地方在分权的基础上,各自掌握和管理自身权限内公共事务所需要的财政资源,从而实现有效的分工,确保中央政府和地方政府各自能够实现收支平衡,能够自主地处理各自的公共事务。

我国的分税制是分税种的分税制,将税种统一划分为中央税、地方税、中央与地方共享税。在核定地方政府收支数额的基础上,实行中央财政对地方财政的税收返还和转移支付制度等。中央税种主要包括消费税,车辆购置税,关税,海关代征的进口环节增值税、消费税等;地方税种主要包括城镇土地使用税、耕地占用税、土地增值税、房产税、车船税、契税、环境保护税和烟叶税等。中央和地方共享税种主要包括增值税(不含进口环节由海关代征的部分)、企业所得税、个人所得税、资源税、城市维护建设税、印花税等。

分税制财政体制的确立,解决了长期困扰我国各级政府的一个重大问题,即政府之间如何分配资源,而这个问题又是政府之间分配权力和任务的前提。因此,分税制的出台不仅使我国各级政府间在财政资源分配方式上有了巨大的进步,而且对我国公共管理体制的科学化具有极其重要的意义。

---

① 金人庆:《财政政策为何要由积极转为稳健》,《观察与思考》2005年第1期。

党的十八大以后，营改增试点全面推开，现代增值税制度基本建立，绿色税制体系逐渐完善，综合与分类相结合的个人所得税制顺利实施，减税降费政策红利持续释放，为高质量发展提供了有力保障。税收征管改革经历从"合作""合并"到"合成"的突破，基本构建起优化统一高效的税费征管体系。[①]

（二）分税制存在的问题

分税制的出台大大提升了中央和地方两者的积极性，使我国公共财政收支出现了大幅度的增长，使中央政府和地方政府在履行各自职责时更有积极性和主动性。但是，分税制也存在着一些问题，影响了其效果，主要包括：

1. 中央与地方事权划分不清导致税权划分不明确不合理

分税制改革是在行政体制改革还不够深入的时候进行的，当时政府职能转变还没有成为公共管理体制改革的主要内容，政府包揽太多社会事务的状况没有得到重大改变，中央与地方在具体的权力、义务划分上还没有明确的规范。因此，在当时情况下，分税制的分税方法与标准的确定就缺乏科学的基础，从而导致分税模式存在一定的不合理之处，主要表现在：过分强调中央财政的宏观调控能力，而没有兼顾地方政府的利益，造成税权过于统一；地方几乎没有税收立法权，税收的灵活性受到抑制，致使地方"费挤税"现象严重，分配秩序十分混乱。在分税制出台后，这些问题不断暴露，在有的地方甚至呈现恶化的趋势，以至于中央政府不得不经常出台补充性的规定，来规范地方政府的财政收入，进一步调整中央与地方的收入分配关系。

2. 收入划分不规范

当前分税制分税的依据包括税种、税目等，对企业的征税有的按行业划分，有的按隶属关系划分。这种依据多样化导致了一定范围内的混乱，也为一些地方钻政策空子提供了机会。尤其是按企业隶属关系划分税收的方式，成为我国不少地方政府大搞重复建设的重要原因。一些地方政府为了扩大地方税收，不断兴建新的企业，而不去考虑这些企业的兴建是否符合国家整体经济平衡的需求。

3. 转移支付制度不完善

分税制的推行大大加强了中央财政的力量。分税制出台之前，中央财政占全国财政收入的比重较低，分税制出台之后，中央财政占全国财政收入的比重迅速上升。表 6-1 列举了分税制出台前后中央与地方财政占全国财政收入比重的变化情况。

---

① 《党领导税收工作的历史经验与启示》，国家税务总局网站（2021-09-14）[2021-10-25]，http://www.chinatax.gov.cn/chinatax/n810219/n810744/c101746/c10148/c5168990/content.html

表 6-1　全国财政收入分配情况表[①]

年份	中央财政比重(%)	地方财政比重(%)
1985	38.4	61.6
1987	33.5	66.5
1989	30.9	69.1
1990	33.8	66.2
1991	29.8	70.2
1993	22.0	78.0
1994	55.7	44.3
1996	49.4	50.6
1998	49.5	50.5
2000	52.2	47.8
2002	55.0	45.0
2004	54.9	45.1
2005	52.3	47.7
2006	52.8	47.2
2007	54.1	45.9
2008	53.3	46.7
2009	52.4	47.6
2010	51.1	48.9
2011	49.4	50.6
2012	47.9	52.1
2013	46.6	53.4
2014	46.0	54.0
2015	45.5	54.5
2016	45.3	54.7
2017	47.0	53.0
2018	46.6	53.4
2019	46.9	53.1
2020	45.3	54.7

从表 6-1 可以看出,在分税制之前,我国地方财政占据了财政收入的绝大部分,中央财力相对较弱。而财政力量上的薄弱,使中央政府在宏观调控能力上受到了极大的制约,中央很难约束地方行为。而分税制出台当年(1994 年),中央财政收入就超过了全国财政收入的一半。后来虽然有所波动,但是中央财政远

[①] 根据《中国统计年鉴 2020》有关资料整理。

远强于各个地方,在全国财政收入中占据半数左右的局面始终保持着。中央财政力量的加强使中央有能力推行一些强有力的宏观调控措施,有能力约束地方政府的行为,从而在全国范围内实现经济社会的平稳发展。然而,中央掌握规模如此巨大的财政资源,如何合理分配和使用却成为一个大的问题。虽然建立了转移支付制度,但与分税制并不能完全协调,规模巨大的中央财政资金在转移到地方之后,并没有真正实现全国范围内公共产品供应的均衡化。

4. 财政资金管理体制和机制不健全

还有一个问题对分税制推行的效果产生了很大的冲击,那就是财政资金管理制度。当前,税务部门在征收税费时,更多强调收入的多少与增长率,而忽视征收成本,忽视对税负水平的论证。各政府部门致力于争取更多的财政拨款,忽视财政资金的使用效率和社会效益的现象非常严重。收支两头的大量浪费,严重影响了公共财政作用的发挥。财政资金管理体制和机制不健全还表现在转移支付资金的管理上,转移支付的程序、资金投向、使用方式等,都没有明确的制度规范,导致了一些问题。

第二节 民族自治地方公共财政

一、民族自治地方公共财政收入

(一) 当前民族自治地方公共财政收入状况

民族自治地方的财政收入是民族自治地方为了实现其公共职能,而向社会征收的各项税费的总和。当前,民族自治地方的收入状况主要表现为总体规模小,增长速度快。

1. 公共财政收入规模相对较小

2022年,全国财政总收入为203649.29万亿元,其中地方财政收入108762.15亿元,而民族自治地方财政收入只有8978亿元,占全国财政总收入的4.41%和地方财政总收入的8.25%,该比重与当年民族自治地方(户籍)人口占全国总人口13.58%的比例相比,有较明显的差距。同年,八个民族省区人均财政收入分别为:内蒙古11763.39元/人(2824.39亿元,2401万人),新疆7304.83元/人(1889.76亿元,2587万人),西藏4934.89元/人(179.63亿,364万人),云南4153.97元/人(1949.46亿元,4693万人),广西3344.01元/人(1687.72亿元,5047万人),宁夏6320.74元/人(460.15亿元,728万人),贵州4892.14元/人(1886.41亿元,3856万人),青海5531.09元/人(329.10亿元,595万人),而全国人均财政收入为 14425.31 元/人(203649.29 亿元,141175 万人)①,可见,无论是从总体规模,还是从人均水平来说,民族省份财政收入水平在全国范围内都处于比较低的状态。

2. 公共财政收入增长速度很快

虽然总体规模小,但随着经济发展速度的提升和财政管理水平的不断提高,2022 年,民族自治地方一般公共预算收入为 8978 亿元,是 2000 年(476 亿元)的 18.86 倍,其间年均复合增长率为 14.28%②,呈现快速增长的态势。民族自治地方的公共财政收入增长主要体现在两个方面,一是整个民族自治地方公共财政收入总体的量的不断增长,二是公共财政收入占 GDP 比重的不断增加。民族自治地方公共财政收入的快速增长,说明公共财政收入对当地经济发展的总体影响力有了很大的提升。这也反映了党中央、国务院对少数民族群众的关心,对民族自治地方发展的高度重视。

(二)民族自治地方公共财政收入存在的问题

虽然民族自治地方公共财政收入的增长很快,但还存在一些问题,这些问题对公共财政收入的安全产生影响,并影响到民族自治地方公共财政职能的行使。这些问题包括以下几点。

1. 公共财政收入结构不尽合理

公共财政收入的结构包括公共财政收入的项目结构、所有制结构和部门结构三种。民族自治地方的公共财政收入结构不合理,主要体现在:

第一,从项目结构上来看,据统计,2022 年,五个民族区域自治省份税收收入占其财政总收入的比例为 66.75%(税收总计 4700.06 亿元,总财政收入 7041.65 亿元),较全国财政总收入和全国地方总财政收入中税收收入占比分别低 15.07 和 3.72 个百分点③,非税收入是相关地区公共财政收入的重要来源,而非税收入主要来自行政性收费、罚没收入和其他收入,非税收入的快速增长会促使民族自治地方政府干预经济和参与社会分配的程度超过应有的职责范围,容易产生腐败,扭曲地方公共财政收入结构。同时,民族自治地方税收收入过度依赖于个别税收项目,如增值税,来源过于简单,导致税收受经济波动的影响非常大。

第二,从所有制结构来看,公有制经济对税收的贡献率非常大。民族自治地方非公有制经济的发展速度不快,非公有制经济规模小、产值低,对税收的贡献率不高,使得民族自治地方公共财政收入对公有制经济的依赖普遍高于全国其

---

① 根据《中国统计年鉴 2023》相关资料整理。
② 同上。
③ 同上。

他地方。以云南为例,在 2023 云南企业 100 强名单中,上榜的 36 家国有企业的营收总额为 1.33 万亿元,是上榜的 58 家民营企业营收总额的 5 倍多。①

第三,从部门结构来看,民族自治地方公共财政对第一、二产业的依赖非常严重,而第三产业对公共财政的贡献率还有待提高。在依赖最重的第二产业中,民族自治地方又严重依赖采掘工业、原料生产工业、初级产品加工工业等附加值不高的工业门类,使公共财政收入增长的潜力受到很大限制。在有些民族自治地方,公共财政收入甚至严重依赖于个别生产部门。例如,广西中烟工业有限责任公司连续 21 年入围广西企业百强,其纳税总额蝉联榜首。显然,烟草业对广西的经济影响至深。

2. 公共财政收入流失严重

公共财政收入的流失包括了税收的流失与非税收入的流失。当前,公共财政收入流失现象在有些民族自治地方比较严重。

从税收收入方面来看,几个原因导致了税收收入出现不同程度的流失。第一,宏观税负水平过低。我国民族自治地方的整体税负水平很低,这是民族自治地方公共财政收入占 GDP 比重远低于全国平均水平的重要原因。税负水平低使得民族自治地方公共财政收入的规模一直维持在比较低的水平,公共财政影响经济社会发展的能力难以提升。第二,政策性因素导致税收流失。民族自治地方为了扩大对外来资金的吸引力,为了促进本地企业的发展,不断推出各种税收优惠政策,这些税收优惠政策进一步降低了地方税收收入水平。第三,税收缺位导致税收流失。税收缺位现象包括:税收替代,即在一些本该设税的地方没有设税,但却规定了许多收费项目;税收真空,即在一些经济领域,税收和收费两种收入手段都不存在。税收缺位导致本该收的税根本就没有收到,或者本属于税收的收入进入了一些部门的收入范围。第四,税种设置不规范和税制不合理导致税收流失。当前内外资企业所得税优惠不同、地方税税种关系没有厘清等现象,都不同程度地导致了税收流失。第五,税收管理漏洞导致税收流失。由于有些税收法律法规的缺失和税务执法力度不够,税收征收过程的管理不够完善,税收机关开支过高,也导致了税收成本过高,税收收入流失。

从非税收入方面来看,非税收入的流失主要是各部门设置的收费项目没有完全纳入公共财政的统一管辖之下,导致许多政府部门收费之后不上缴国库而直接进入本部门的小金库中。

---

① 李映清:《"2023 云南企业 100 强名单"出炉》,中国日报网(2023-12-17)[2024-03-06],https://yn.chinadaily.com.cn/a/202312/17/WS657ebb25a310c2083e4133f2.html

3. 地方税的管理权限过分集中于中央

在现行地方税体系中,中央税、共享税以及地方税的立法权都集中在中央,除有关税收法律、行政法规规定下放地方的具体政策管理权限外,税收政策管理权全部集中在中央。① 这种以中央高度集权为特征的地方税管理体制,使地方政府不能根据自己的现实税源开征相应的地方税,而迫于财政的压力,只好采取各种收费、摊派等方式筹资。这种税收权力的高度集中并没有因为民族自治地方的自治权而有太大的松动。

(三)民族自治地方公共财政收入的影响因素

公共财政收入的状况受多种因素影响,当前,影响民族自治地方公共财政收入的因素主要包括:

1. 经济总量及其增长率

民族自治地方的经济总量小,这就从根本上决定了民族自治地方的公共财政收入规模不可能很大。而且在经济总量较小、经济发展水平较低的时候,为了增加社会再发展能力,提升发展速度,又不能实行太高的税率,以便企业和个人能够有更多的资金投入再发展,而这又进一步影响了公共财政收入的规模。

2. 产业结构

产业结构不合理对民族自治地方的公共财政收入有着非常大的影响。在民族自治地方产业结构中,税收贡献率较低的第一产业比重偏高,税收贡献率高的第二、三产业比重偏低。这种产业结构特征使民族自治地方的税收征收能力相比其他地方而言要弱很多。同时,许多民族自治地方的产业结构不合理不仅表现在三次产业比不合理上,而且表现在第二产业内部也往往对特定行业具有极高的依赖性,如新疆对石油、云南对烟草、贵州对酿酒的依赖都很严重。公共财政收入中主要份额来自个别产业,一旦出现了市场环境的变化,往往会对整个地方公共财政造成相当严重的冲击。

3. 居民消费能力

收入不高导致居民消费能力始终不旺,而这又反过来制约了经济再发展的能力,形成了一种恶性循环,间接影响了税收收入的增长。同时,居民消费不旺还会直接影响部分消费税税种的收入,降低整体税收能力。

4. 政策因素

首先,中央政府为振兴民族自治地方经济的一些税收优惠政策,在当前反而导致了民族自治地方公共财政收入的减少。国家实施西部大开发,出台了对企

---

① 《财政部 国家税务总局 关于坚决制止越权减免税加强依法治税工作的通知》,国家税务总局官网(2009-01-19)[2021-10-21],http://www.chinatax.gov.cn/chinatax/n810341/n810765/n812166/200901/c1190121/content.html。

业实行减免税收的政策,此政策的目的是鼓励西部地区加快经济发展,但对企业的税收优惠很多都由地方政府承担,地方税收出现了一定数额的减少。其次,中央的一些其他政策也导致了民族自治地方公共财政收入出现不同程度的减少。如中央的一些生态环境保护政策、资源开发限制政策等,使得部分民族自治地方的相关产业发展受到限制甚至禁止,造成地方公共财政收入出现很大空缺。最后,民族自治地方自身的优惠政策,也导致公共财政收入的减少。民族自治地方为吸引投资而设定的减免税政策、低价出让土地使用权的政策都直接减少了地方公共财政收入。

(四)民族自治地方公共财政收入的提高

虽然近几年来民族自治地方的税收收入增长很快,但是由于上述影响因素的存在,这种税收增长的可持续性并没有可靠的保证,因而民族自治地方公共财政收入的稳定性也受到威胁。因此,民族自治地方政府需要在多方面努力,确保公共财政收入的稳定和持续增长,为民族自治地方政府职能的行使奠定坚实的物质基础。

1. 转变经济发展方式是基本思路

新中国成立 70 多年特别是改革开放 40 多年来,民族自治地方经济发展取得了举世瞩目的辉煌成就,地区生产总值已由新中国成立之初的 50 多亿元增长到 2022 年的 106498 多亿元。① 然而,过去经济走的是高消耗、重污染的粗放型发展模式,是以牺牲资源、环境,甚至民生为代价的。即便如此,民族自治地方生产力发展总体水平还比较落后,人民生活水平还比较低,地区发展不平衡,贫富差距扩大,在发展竞争中没有优势,面临着巨大的压力。

党的十九大报告指出,中国特色社会主义进入了新时代,我国主要矛盾转化为人民日益增长的美好生活需要和不平衡不充分的发展之间的矛盾。同时我国经济已由高速增长阶段转向高质量发展阶段,正处于转变发展方式、优化经济结构、转换增长动力的攻关期,建设现代化经济体系是跨越关口的迫切要求和我国发展的战略目标。二十大报告在推动区域协调发展方面再次强调,要支持革命老区、民族地区加快发展。显然,加快民族自治地方经济发展方式转变,是深入贯彻新发展理念的重要目标和战略举措,是推动民族自治地方跨越式发展和社会全面进步的必然要求,是实现各民族共同繁荣、共同进步的根本保障,关系到民族自治地方的团结稳定和长治久安,关系到改革开放和社会主义现代化建设大局。

加快转变经济发展方式是一项宏大而复杂的系统工程,不仅涉及经济增长,还涉及资源、环保、文化、三大产业、科技、人才、就业、消费、政治等方方面面。

---

① 根据《中国统计年鉴 2023》有关资料整理。

民族自治地方面积占全国国土面积的64%左右,拥有丰富的自然资源,拥有全国72.8%的草原面积,44%的森林面积,39.6%的水资源,拥有超大比重的矿产资源和新能源资源。① 同时,这些地区传统文化博大精深,风俗民情丰富多彩,形成了独一无二的软实力。因此,在转变经济发展方式上,要充分认识并利用这些资源优势,发展特色经济,使之成为带动民族自治地方发展的支柱产业。一方面,要做好自然资源的保护和开发,走低碳经济和可持续发展道路,强化生态功能,努力发展新能源和可再生能源,提升生态碳汇能力;另一方面,要加大民族文化的保护、传承和开发力度,大力发展文化创意产业、旅游业等,"盘活存量,优化增量",搞活市场,提高文化产业、旅游业等在国民经济中的比重。

民族自治地方工业基础比较薄弱,高耗能、高排放问题较为突出,竞争力严重不足。在产业结构调整和转型过程中,许多地区照搬东南沿海地区模式,自甘成为发达地区工业体系的末端。因此,民族自治地方首先要将眼前利益与长远利益结合起来,坚持工业化主导方向,推动产业结构优化升级,加大技术改造力度,鼓励技术研发和推广,提高自主创新能力,加快科技成果向现实生产力转化,降低能耗和污染,提升产品科技含量和质量,打造自主品牌。其次,要创造技术和资金条件,扩大低碳产业投资,加快发展战略性新兴产业,延长产业链,提高效益。此外,要"坚持把发展经济着力点放在实体经济上,推进产业基础高级化、产业链现代化,保持制造业比重基本稳定,改造提升传统产业,发展壮大战略性新兴产业,促进服务业繁荣发展。统筹推进传统基础设施和新型基础设施建设"②。

民族自治地方农牧民人口占总人口的比例高达60%以上,"三农"问题关系重大,关系到经济发展方式转变的步伐与成败。所以,一要做好林权改革,促使土地合理流转,发挥土地资源优势,利用林地、草原、沙漠等发展特色经济,不断加快推进农牧业科技创新,全面提高农牧业现代化水平,大力发展生态经济,推广低碳、环保生活方式。二要改变社会的经济形态,建立一种与货币经济相适应的运行关系,使各种涉农资源成为活跃的市场要素,以便拓宽农牧民增收渠道,提高增收能力。三要加快调整城乡结构,推进城镇化,提高城镇综合承载能力,加强和完善农村服务体系,扎实推进社会主义新农村建设。

科技是第一生产力,在经济转型中,谁掌握科技,谁就掌握发言权。民族自治地方在转变经济发展方式时,最缺乏的就是科技。而人才是第一资源,是掌握科技的主人。国家要在科技和人才方面给予民族自治地方更多的照顾和倾斜,

---

① 根据《中国民族统计年鉴2020》有关资料整理。
② 《2021年政府工作报告》,中国政府网(2021-03-05)[2020-03-22],http://www.gov.cn/guowuyuan/2021zfgzbg.htm

地方也要充分发挥地方高校、科研院所、企业在推动科技创新和人才培养等方面的重要作用,"激发人才创新活力,完善科技创新体制机制"①,加大科技和人才引进力度,创造良好环境,吸引人才,用好人才,留住人才。

民族自治地方经济转型之根本在于实现以居民消费为主导的增长方式,而实现的前提是千方百计扩大就业,就业是最大的民生,保市场主体也是为稳就业保民生。要不断完善就业服务体系,加强政策支持和就业指导,规范劳动力市场,维护劳动者合法权益。"加大稳岗扩岗激励力度,企业和员工共同克服困难。多渠道做好重点群体就业工作,支持大众创业万众创新带动就业。新增市场主体恢复快速增长,创造了大量就业岗位。"②完善劳务输出输入机制,在向发达地区输出劳务的同时,做好留守劳动力的就业工作,使得广大劳动力能够充分就业;改革收入分配制度,提高工资水平,提高社会福利,使劳动者"各尽所能、各得其所",共享改革开放的成果,过上有尊严、体面的生活。

转变经济发展方式,加强行政改革。目前,全面深化改革取得重大突破,供给侧结构性改革持续推进,"放管服"改革不断深入,营商环境持续改善。要形成强大国内市场,构建新发展格局。把实施扩大内需战略同深化供给侧结构性改革有机结合起来,以创新驱动、高质量供给引领和创造新需求。破除制约要素合理流动的堵点,贯通生产、分配、流通、消费各环节,形成国民经济良性循环。立足国内大循环,协同推进强大国内市场和贸易强国建设,依托国内经济循环体系形成对全球要素资源的强大引力场,促进国内国际双循环。建立扩大内需的有效制度,全面促进消费,拓展投资空间,加快培育完整内需体系。③

在深入推进供给侧改革的进程中,各民族自治地方业已取得一定的成就和经验,有些地区还走在了前列。比如近年来,广西积极推动传统产业转型升级,大力培育新兴产业,不断提升供给水平,加速新旧动能转换,使经济发展向高质量阶段迈进,交出了优异的供给侧结构性改革答卷。广西的上汽通用五菱纯电动汽车研发成功,为群众出行打造了一道亮丽风景线;南南铝业实现了从低端的建筑型材加工向高端的铝精深加工嬗变;柳工成功将装备制造技术输出,打造了中国工程机械行业的"出海"样本等。④

总之,转变经济发展方式刻不容缓,我们要以全局的眼光,统一思想,提高认识,以"等不起"的紧迫感、"慢不得"的危机感、"坐不住"的责任感,充分利用国家所给予的优惠政策,充分发挥民族区域自治的优势,因地制宜,"因俗而治",突出

---

① 《2021年政府工作报告》,中国政府网(2021-03-05)[2020-03-22],http://www.gov.cn/guowuyuan/2021zfgzbg.htm
② 同上。
③ 同上。
④ 范立强:《供给侧改革的"广西答卷"》,《当代广西》2018年第1期。

重点,狠抓落实,把加快经济发展方式转变真正落到实处。

2. 提高财政收入的具体措施

首先,大力发展地方经济,培育税源。民族自治地方公共财政收入规模小,稳定性不高,从根本上来说,是因为地方经济发展水平不高,税源不足。因此,要从根本上提升公共财政收入的能力,需要大力发展地方经济,扩大税源,夯实公共财政收入的基础。这需要从以下几个方面努力:第一,发展新型农牧业,增加农牧业的税收贡献率。由于民族自治地方的第一产业比例非常高,而且短期内难以改变,因此必须提高农牧业的税收贡献率。由于我国已经废除农业税,因此如果仅仅依靠发展传统农业,是不可能从这个产业获得很高的税收回报的。只有发展新型、特色农牧业,大力发展农牧产品加工业,提高农牧业生产的附加值,才能使这个在民族自治地方占据主要地位的产业同时也成为重要的财政收入来源。第二,在加强能源、资源等产业地位的同时,大力发展深加工工业,摆脱对那些低附加值产业的严重依赖局面。同时,大力发展具有民族特色、地方特色的产业,避免与经济发达地区的产业竞争,增加民族自治地方吸引投资的能力,扩大经济发展的空间。第三,大力扶持非公有制经济的发展。从全国公共财政收入最高的几个省份的经验来看,非公有制经济的发展对这些地方的公共财政收入增长有着举足轻重的作用,沿海发达省份如广东、福建、浙江等,非公有制经济的财政贡献率远远高于公有制经济。非公有制经济由于其特殊的灵活性,具有极强的发展能力,发展非公有制经济是振兴民族自治地方经济、增加地方税收的有效途径。

其次,适当提高税负,增加税收能力。税负偏低也是造成民族自治地方公共财政收入偏低的重要原因。而税负低对于经济的促进作用,与财政收入低对经济发展的制约作用同时存在。当前民族自治地方是以低税负来刺激经济更有效,还是扩大公共财政职能加强财政对经济的刺激更有效,还没有统一的认识。然而从当前民族自治地方的公共产品供应能力和公共服务水平的状况来看,公共财政缺失已经成为严重制约当地经济发展的瓶颈。由于公共产品提供和公共服务水平会从根本上影响地方经济发展的能力,因此从长远来看,适当提高税负、适当扩大民族自治地方公共财政职能,提升公共产品供应能力和公共服务水平,对经济发展的推动力会更大。

再次,加强税费征收管理工作,减少税收流失。本来就不充足的公共财政收入,因为管理不善而流失,对于民族自治地方公共财政而言,无疑是雪上加霜。首先,要完善税费征收的立法,使税费征收工作纳入法治化管理轨道。其次,要降低税收征收成本,不要在征收过程中消耗过多的税收资源。再次,要加强对非税收入的管理,杜绝乱收、滥用非税收入现象的发生。最后,要着力培养公民的纳税意识,提升公民自觉纳税的积极性,降低征税成本。

最后,中央政府需要采取措施支持民族自治地方提升财政收入能力。一方面,中央政府应该提高资源税税率,使民族自治地方能够从中获得更高的收入。民族自治地方的资源为我国其他地区经济的发展提供了基础原料,然而长期以来这些资源基本都是在中央政府的控制之下,以较低的价格向市场供应,而其他地方利用这些资源生产出来的产品却是以市场价格向民族自治地方销售,这种现象需要改变。另一方面,中央政府在设定某些针对民族自治地方涉及财税的优惠政策时,应当考虑民族自治地方的情况,给予必要的财政补偿。中央政府在制定财税政策时,不能搞一刀切,要给民族自治地方更多优惠照顾。

二、民族自治地方公共财政支出

(一)公共财政支出的主要项目

公共财政是政府职能的物质基础,是社会公共产品和公共服务的成本,建设公共服务型政府需要有与之相适应的公共财政。这种公共财政至少具有这样两个特征:第一,财政支出不以营利为目标,而着重维护社会公平。公共财政支出不参与市场竞争,而主要是弥补市场机制的缺陷,维持经济社会稳定,促进社会公平。第二,整个公共财政向公众公开。财政收了多少,支了多少,怎么样支出纳税人的钱,纳税人要有清楚的了解。

公共财政支出的项目主要包括:(1)公共机构支出,即政府为了维持自身活动能力,维持公务人员必要的生活水平而必需的支出项目。(2)公共安全支出,即政府为维护社会稳定所必需的支出。(3)公共事业支出,即政府用以维护和发展社会公共事业,确保社会正常运作而必需的支出。(4)公共福利支出,即政府依法对因丧失劳动能力、失去就业机会及其他非正常原因而面临经济困难的社会成员提供的基本生活福利。(5)公共工程支出,即政府为兴办公共基础设施的投入。具体来说,公共财政支出的大部分应该投入教育、卫生、交通、治安、社会保障、生态环境保护等公共领域。

(二)民族自治地方公共财政支出结构

目前,民族自治地方的公共财政支出结构与建设服务型政府的目标要求还存在一定的差距。表6-2提供了八个民族省区2018年公共财政支出中主要项目的数据。

表 6-2　2018 年八个民族省区公共财政支出结构表　　　（单位：%）

	基本建设	教育	医疗卫生与计划生育支出	社会保障和就业支出	一般公共服务
内蒙古	9.98	11.93	6.53	14.64	7.37
广西	12.94	17.57	10.29	14.49	9.93
贵州	19.31	19.60	9.58	10.69	9.87
云南	10.51	17.74	9.47	13.93	10.59
西藏	16.61	11.78	5.43	5.48	14.36
青海	9.30	12.09	8.60	14.01	8.05
宁夏	7.11	12.01	7.44	12.40	6.43
新疆	11.16	16.22	5.71	11.55	9.16
八省区平均	12.12	14.87	7.88	12.15	9.47
全国	13.18	14.56	7.07	12.23	8.32

资料来源：根据《中国统计年鉴 2019》有关资料整理，其中"基本建设"部分缺失，采用了 2012 年数据。

从以上数据可以看出，民族自治地方的公共财政支出具有以下几个特点：

第一，民族自治地方公共财政用于基本建设的投资还比较大，公共财政对经济干预比较多。八个民族省区基本建设支出占财政支出的 12.12%，如果考虑到许多地方还有大量的技术改造资金，则公共财政直接投资于经济建设的比例就更高。这说明民族自治地方的公共财政在很大程度上仍然在追求经济发展目标，在参与社会微观经济竞争，履行着过去计划经济时期的一些职能。

第二，民族自治地方政府一般公共服务的支出比例都比较高。2022 年，八个民族省区的政府一般公共服务支出占公共财政总支出的 8.13%，高于全国平均水平。[①] 据从实际部门了解到的情况，在自治州和自治县，公共财政支出中公务支出的比例更高。当然，对于公共服务的支出占比高于全国水平是应当值得肯定的。

第三，教育支出在民族自治地方公共财政支出中的地位日益突出。2022 年，教育支出在八个民族省区公共财政支出中的比例达到了 16.04%[②]，在大部分民族自治地方已经成为公共财政支出的主要项目，说明当前民族自治地方的公共财政支出已经开始向公共服务型财政迈进。

第四，在社会保障和就业支出方面部分地区仍然有待提高。2022 年，民族八省区在社会保障和就业方面的财政支出占财政总支出比例为 15.01%，与全

---

① 根据《中国统计年鉴 2023》有关资料整理。
② 同上。

国社会保障和就业财政支出比例 14.05% 基本一致,但个别省份民族自治地方支出比例较低,最低只有 8.36%,低于全国平均水平 5.69 个百分点。[①] 社会福利与社会保障支出不足与当前我国社会贫富差距拉大、社会困难群体缺乏较好保障的现象有着非常直接的联系,因此这方面支出比例低将会影响到民族自治地方和谐社会的建设。

(三)民族自治地方公共财政支出存在的问题

尽管民族自治地方公共财政支出的规模日渐扩大,公共产品供应能力不断提高,但是,当前民族自治地方公共财政支出中仍然存在着一些问题,影响着公共财政服务社会的能力,这些问题包括以下三个方面。

1. 公共财政的公共性还不够强

公共财政必须具有公共性,公共财政开支项目必须向社会公共设施和公共服务领域倾斜。然而,当前我国民族自治地方公共财政的公共性离对公共服务型政府的要求还有很大的差距。公共财政用于经济建设的投入比例还非常高,公共财政被政府部门消耗的比例过大,从而导致公共财政在教育、公共卫生和社会保障等领域的投入不足,进而限制了民族自治地方公共产品和公共服务的供应能力。

2. 公共财政赤字规模较大

2022 年,民族自治地方财政收入为 8978 亿元,财政支出为 32636 亿元,收支差额达 23658 亿元。[②] 公共财政支出远远高于地方财政收入,从而导致了规模巨大的财政赤字,影响了公共财政可持续发展的能力。从分税制改革之后,民族自治地方每年的财政支出都超过了地方财政收入总额。财政赤字的长期存在造成了潜在的财政风险,使得民族自治地方公共财政可持续发展的能力受到影响。

3. 对中央和上级政府的财政依赖过大

巨额财政赤字的背后是民族自治地方对中央和上级政府财政转移支付的严重依赖,使民族自治地方在安排公共财政支出时自主能力日渐萎缩。当前,不少民族自治地方的公共财政收入连政府自身的运作都难以维持,地方的经济社会事业发展几乎完全依赖于中央和上级政府的拨款。在当前财政转移支付制度并不完善的情况下,民族自治地方因为财政上的依赖导致了政策上的依赖,逐渐弱化了自主发展本地经济社会事务的能力。

---

① 根据《中国统计年鉴 2023》有关资料整理。
② 同上。

第三节 民族自治地方政府购买公共服务

一、政府购买公共服务

政府购买服务,是指各级国家机关将属于自身职责范围且适合通过市场化方式提供的服务事项,按照政府采购方式和程序,交由符合条件的服务供应商承担,并根据服务数量和质量等因素向其支付费用的行为。在理解政府购买公共服务时需要注意以下三方面内容:第一,政府购买公共服务的主体是政府,不论是一级政府,还是政府相关部门;第二,依法成立的企业、社会组织(不含由财政拨款保障的群团组织),公益二类和从事生产经营活动的事业单位,农村集体经济组织,基层群众性自治组织,以及具备条件的个人可以作为政府购买服务的承接主体;第三,公共服务不同于私人服务。一般来说,政府购买的服务可以分为两大类:一是政府机构及其工作人员自身消费的服务,二是政府机构及其工作人员为社会所提供的服务。前者属于政府内部的服务,服务对象是政府机构和政府官员自身,后者属于公共服务,服务对象是除政府以外的其他社会机构和公众。

政府购买公共服务是政府采购的一部分,遵照《中华人民共和国政府采购法》的相关规定。根据《中华人民共和国政府采购法》第二条规定,政府采购是指各级国家机关、事业单位和团体组织,使用财政性资金采购依法制定的集中采购目录以内的或者采购限额标准以上的货物、工程和服务的行为。可见采购对象包括货物、工程和服务,其中"服务"的行为应该包括公共服务,这样,政府购买公共服务有法可依。政府购买公共服务是民营化的重要方面。著名学者萨瓦斯认为,民营化可界定为更多依靠民间机构,更少依赖政府来满足公众的需求。[1] 欧文·E.休斯强调民营化是指从整体上减少政府的介入,减少生产、供给、补贴、管制或这四种工具的任意组合。[2] 有学者从实践的角度指出民营化主要是指非国有化和生产的民营化……政府购买(文中对应用"外部购买")属于生产过程的民营化。[3] 从国内外知名民营化研究学者的界定看,政府购买公共服务是民营化有机组成部分。[4]

---

[1] E. S. Savas, *Privatization: The Key to Better Government*, Chatham House, 1987, p. 3.
[2] 〔澳〕欧文·E.休斯:《公共管理导论》,张成福译,中国人民大学出版社2007年版,第117页。
[3] 敬义嘉:《合作治理:再造公共服务的逻辑》,天津人民出版社2009年版,第228页。
[4] 徐家良、赵挺:《政府购买公共服务的现实困境与路径创新:上海的实践》,《中国行政管理》2013年第8期。

二、民族自治地方政府购买公共服务的必要性

（一）民族自治地方公共服务供给不足问题突出

近年来，随着民族自治地方民众收入的增长，人们对公共服务的数量、质量等方面的需求提出了新的要求，开始关注生活的舒适、美观、便捷、个性化等。地方政府是民族自治地方最大的公共服务提供者，但由于自身财政有限，使公共服务存在生产不足、难以满足民众需求的问题。此外，民族自治地方普遍人少地广、居住分散、交通不便，并且有部分居民的住所经常处于变动不定状态，使政府提供公共服务的成本非常高。加之又有语言沟通等问题，使政府的服务工作很难深入。因此，动员社会力量的参与就成为解决民族地方公共服务的重要途径。

（二）社会组织参与政府购买公共服务有利于推进民族自治地方社会建设

首先，社会组织作为公共服务提供主体之一，可以丰富和拓展公共服务的内容。受文化历史、风俗和宗教信仰的影响，各民族对公共服务有着多样化的需求，仅靠政府是很难实现的，借助社会力量就比较容易解决。其次，社会组织的专业化服务有助于提高公共服务的质量。相对于政府而言，志愿者能够不辞劳苦，任劳任怨地深入基层开展服务，充分发挥他们的专业技能向社会提供高质量的服务。最后，社会组织参与公共服务提供有助于转变政府角色和职能。组织职能分化和厘清是现代社会的基本趋向。借助公共财政体制，政府通过购买社会组织的公共服务弥补自身的产能不足，进而摆脱烦琐的日常事务，将精力主要集中在政策的制定和标准的把握方面，实现政府职能的转变。此外，社会组织参与公共服务购买还有助于实现公共服务均等化，便于形成一种社会共进、成果共享的机制，缩小民族自治地方的城乡差距和贫富差距。[①]

三、民族自治地方政府购买公共服务的方式

（一）合同外包

合同外包就是在政府付费的情况下引入市场机制。合同外包可以运用到环保、医疗、社会保障、道路交通、通信等领域。根据竞争的程度，合同外包可以划分为竞争性购买和非竞争性购买两种。在竞争性购买中，合同双方都是独立的决策主体、有明确的公共服务购买目标，并且进行公开的竞标；竞争性购买采取"最低价格"或者"最优价值"中标原则，其主要优点是具有成本约束机制，可以有效地防止腐败，降低政府采购成本。在非竞争性购买中，买卖双方都是独立的决策主体，两者间也形成契约关系，但购买公共服务主要是通过委托方式来进行。非竞争性购买主要分为协商模式和合作模式两种：协商模式是指政府部门主动

---

① 陈旭清、赵会、向娟：《民族地区政府购买 NGO 服务研究》，《中国行政管理》2012 年第 7 期。

邀请有一定声望的民间机构撰写服务计划书,政府部门根据服务计划书选择合适的机构进行协商谈判,共同确定服务方案;合作模式是指政府部门和民间机构建立合作关系,共同研究合同内容和服务方式。非竞争性购买尽管引进了契约合同机制,但缺少竞争,透明度不够,购买过程难以监控;因而非竞争性购买也应该建立公开、公平、透明的选择程序,并且要逐步发展为竞争性购买。

(二) 公私合作

公私合作是指政府、企业和其他社会力量联合生产公共服务的模式。公私合作的主要形式包括BOT模式(建设—经营—转让)、BTO模式(建设—转让—经营)、LBO模式(租赁—建设—经营)、BOO模式(建设—拥有—经营)、BBO模式(购买—建设—经营)、TOT模式(移交—运营—移交)等。公私合作是一种特殊形式的合同外包。它与合同外包的区别是政府最初不必出资,而是以政府特许、招标的方式让私营企业参与基础设施建设或提供某项公共服务,并允许承包商有一定的投资收益权。公私合作方式主要用于具有投入大、公益性高等特点的交通设施建设、自来水供应、污水处理、电力系统等基础设施建设领域。公私合作的优点主要是引入社会力量与市场力量参与公共服务提供,政府利用有限的社会资源提高了公共服务的生产能力,同时又能借助价格机制来显示真实的社会需求;公私合作方式更加强调协调与合作精神,对营造相互信任的氛围、维系双方利益、明确双方责任的要求较高。

(三) 政府补助

政府补助就是政府对生产者实施补助。补助的形式有资金、免税或其他的税收优惠、低息贷款、贷款担保等。政府补助的目的主要是实现一定的公共政策目标,或为促进某项公共事业(如环境保护、促进高新技术发展、推进产业结构升级等),或为实现社会公正。在政府补助方式中,生产者是私人企业或社会组织,政府选择特定的生产者给予补助,消费者选择特定的生产者购买服务。政府补助主要分为直接资助制、项目申请制等类型。直接资助就是政府给承担公共服务职能的社会组织普遍支持的资金补助,与具体项目关系不大。这一方式受到社会组织的普遍欢迎,但是由于缺乏具体目标,会使政府缺乏对社会组织的问责机制。项目申请制是作为买方的政府设计特定的公共服务专项项目,面向社会公开招标,由投标者根据项目要求提供服务;或者由社会组织主动向政府提出公共服务项目立项申请,经过批准后,对该项目予以资金支持。政府补助的领域广泛,涉及大量行业和服务项目,如农产品补贴、住房补贴、医疗设施补贴、文化补助,等等。政府补助的最大优点是不仅使政府从具体的生产过程中脱离出来,以更好地发挥决策者的作用,而且调动了非政府部门生产公共服务的积极性,提高了公共服务的供给效率与质量。

(四) 凭单制

凭单制又称消费服务券或代用券。凭单是政府发给居民的公共服务消费凭证,可使居民凭券在市场上自由选择补贴的公共服务或物品。凭单在西方国家广泛运用于教育、食品、住房、医疗服务、运输、幼儿保健、家庭护理、老年项目、娱乐和文化服务等领域,如教育券、食物券、医疗补助券、幼托券、老年券,等等。凭单制的优点很多:鼓励消费者理智消费并通过讨价还价以同样的资金购买更多的东西;可以在服务机构间形成竞争,有利于服务成本的降低和服务品质的提升;与现金补助相比,能更好地帮助那些真正的困难群体,能让纳税人觉得其所交的税收发挥了真正的作用。[①]

第四节 民族自治地方财政转移支付

对于民族自治地方公共财政而言,只讲民族自治地方政府自身的公共财政是远远不够的。前已述及,民族自治地方政府每年都存在着大规模的财政赤字,财政赤字的规模甚至超过民族自治地方政府的公共财政收入。如果没有外部力量帮助,民族自治地方政府的财政运转就会面临极大的困难。而民族自治地方财政之所以能够有效运转,保障各项政府职能的履行,是因为我国有一套针对民族自治地方政府的财政转移支付制度。通过制度化、长期化的财政转移支付,中央和上级政府不断地为民族自治地方政府弥补财政赤字,支付基本建设资金,帮助民族自治地方发展。因此,财政转移支付制度对于研究民族自治地方政府公共财政是必不可少的一项重要内容。

一、财政转移支付制度概述

财政转移支付制度,全称政府间财政转移支付制度,是指以各级政府间存在的财政收支差异为基础,以实现各地政府财政能力均等化,各地公共服务水平均等化为基本目标的一种财政资金流转制度。财政转移支付包括中央对地方的财政转移支付,也包括地方政府上级对下级的转移支付。通过财政转移支付能够有效地平衡各级政府的财权与事权,使公共管理能够更有效率。

(一) 财政转移支付制度的缘起

财政转移支付是当今世界各国普遍存在的财政现象,它缘起于两个失衡。第一,纵向的财政失衡。由于当今世界各国大多数实行中央和地方分税制的税收体制,使得中央与地方财政收入有所差异。一般而言,中央政府税源相对稳定而且丰富,地方政府税源相对薄弱而且不稳定,因此中央往往掌握着大部分的财

---

① 李军鹏:《政府购买公共服务的学理因由、典型模式与推进策略》,《改革》2013年第12期。

政收入。这种中央收入多支出少、地方收入少支出多的不平衡,是一个国家维护国家统一不可或缺的制度设计。第二,横向的财政失衡。因为自然条件、历史和文化等方面的影响,一个国家之中各地区之间的发展不可能是均衡的,而经济发展水平的差异必然带来政府财政收入上的差异,政府财政收入的差距又必将导致各地政府能力和公共服务水平上出现差异。具体表现为相对发达的地区财政收入高,政府能力强,提供的公共服务数量多,质量高;而相对落后的地区公共财政收入低,政府能力相对较弱,提供的公共服务数量不足,质量也不高。这种地区间的差异,如果没有外力纠正,在市场自发作用下,将会出现"马太效应",富裕的地方越来越富,贫穷的地方越来越穷,巨大的差距可能引发严重的冲突,甚至导致国家分裂。

由于这两个失衡的存在,在大多数国家,政府都需要通过财政转移支付制度来弥补不平衡,以保证各级政府有效运作,保持各地发展尽可能均衡化,从而维护国家的稳定和统一,保持经济社会健康有序发展。

(二)财政转移支付的分类

财政转移支付根据不同的标准,可以分为不同的类型。

(1)根据转移方向的不同,可分为纵向转移支付和横向转移支付。纵向转移支付是财政资金在不同层级政府之间的转移,如从中央流向省区市,从上级政府流向下级政府;横向转移支付是财政资金在不同地区之间的转移,主要是从相对发达的地区向相对落后的地区转移。

(2)根据有无转移支付的条件,可分为无条件的转移支付和有条件的转移支付。无条件的转移支付也称一般性转移支付,它是上级政府无条件地将本级部分财政资金转作下级政府收入来源的一种财政转移支付,不规定转移支付的使用范围和要求,下级政府可以按照自己的意愿自由支配转移过来的财政资金。有条件的转移支付是上级政府按照特定目的将本级部分财政收入转移给下级政府使用,主要是为了承担下级政府难以承担的建设任务或者根据国家政策需要对下级政府所属区域的项目进行支持。

(3)根据我国现行财政转移方式不同可分为体制补助、专项补助、税收返还和结算补助。体制补助是以前财政体制改革的遗留,即中央政府对地方政府的体制补助和地方政府对中央政府的体制上解,具体实施是在确定各地收支基数的基础上,支出大于收入的省份,中央按照差额补助;支出小于收入的省份,将差额上解中央支配。我国五个民族自治区和三个少数民族聚居较多的省均属于受体制补助的省区。专项补助是中央根据特定用途和地方特殊需要,划拨给地方的专项资金,由地方按照中央所规定的用途使用。如预算扶贫资金、边境建设事业费,支农支出,支援经济不发达地区的发展资金,对教育、环保和基础设施建设的专项拨款,专项救灾资金等。税收返还是分税制改革之后,为了给地方既得利益一定的照顾,2020年中央对地方税收返还和转移支付83217.93亿元。[①] 这方面资金主要向财力薄弱地区、向中西部地区倾斜,为地方财政特别是中西部地区提供了强有力的财力支撑。结算补助是指中央财政在每个财政年度与地方进行财政结算时,对一些由于体制变动、中央新出台措施等因素引起的中央和地方财力转移,以及中央和地方互有交叉的收支及政策变化对地方收支带来的影响,通过财政结算加以调整,从而产生财政从中央向地方的转移或地方对中央的上解。

(三)财政转移支付的功能

财政转移支付的功能主要体现在以下几个方面:

(1)弥补纵向财政缺口。通过财政转移支付弥补纵向的财政缺口,以保持各级政府财权与事权的平衡。

(2)弥补横向财政缺口。通过财政转移支付弥补横向的财政缺口,以保持不同区域政府财政能力的平衡和公共服务水平的均等化。

(3)弥补外部效应。通过财政转移支付弥补地方政府在提供公共服务时因为外溢产生的地方财政支出不平衡,使外部效应内化为不同地区均衡的财政负担。

(4)实施宏观调控。中央政府或者上级政府为了达到自己的政策目标,通过财政转移支付影响和改变地方或者下级政府的决策,使地方或下级政府主动配合中央或者上级政府的政策,以达到全国或者本地区政府行为的一致,形成政策合力。

二、民族自治地方财政转移支付制度

(一)民族自治地方财政转移支付制度与一般财政转移支付制度的区别

国家对民族自治地方的财政转移支付是我国财政体制的一项重要内容。对民族自治地方的财政转移支付与一般的财政转移支付有许多共同点,如都可分为纵向的财政转移支付和横向的财政转移支付,都可包含上述各种转移支付方式。但是,对民族自治地方的财政转移支付与对一般地方的财政转移支付又是有所区别的,这些不同点包括:

1. 民族自治地方财政转移支付的法律依据

我国财政转移支付所依据的法律规范主要是国家的税收、财政方面的法律法规,而对民族自治地方的财政转移支付,则还有《宪法》对民族自治地方的特别照顾条款和《民族区域自治法》中的有关规定。《宪法》第4条规定:国家根据各少数民族的特点和需要,帮助各少数民族地区加速经济和文化的发展。第122条规定:国家从财政、物资、技术等方面帮助各少数民族加速发展经济建设和文

---

① 根据《中国财政年鉴2021》有关资料整理。

化建设事业。《民族区域自治法》第 32 条规定:民族自治地方在全国统一的财政体制下,通过国家实行的规范的财政转移支付制度,享受上级财政的照顾。第 62 条规定:随着国民经济的发展和财政收入的增长,上级财政逐步加大对民族自治地方财政转移支付力度。通过一般性财政转移支付、专项财政转移支付、民族优惠政策财政转移支付以及国家确定的其他方式,增加对民族自治地方的资金投入,用于加快民族自治地方经济发展和社会进步,逐步缩小与发达地区的差距。由于宪法是国家的根本大法,而《民族区域自治法》是国家基本法,法律位阶都非常高,因此其他法律法规在涉及有关财政问题时,都会按照宪法要求和《民族区域自治法》的规定,对民族自治地方采取照顾措施。

2. 民族自治地方财政转移支付入多出少

对于民族自治地方而言,在国家财政转移支付的总体系中,大多处于财政资金接受方,而较少输出。民族自治地方是国家财政转移支付制度的受助者,享受着国家财政的特别照顾。相对发达的地区通过财政转移支付上解部分收入,由国家通过转移支付转给民族自治地方使用。

财政收入方面,在企业所得税法改革(西部大开发税收优惠、民族自治地方税收优惠)、"营改增"(中央集中的收入增量重点用于加大对中西部地区支持力度)、资源税扩围(民族地区作为资源富集地区是重点地区)等税收改革中,都体现了中央对民族地区的扶持。财政支出方面,西部大开发战略、兴边富民战略、深度贫困地区扶贫等,都是中央财政支出的重点领域。①

3. 民族自治地方享受民族优惠政策转移支付

在一般性转移支付的基础上,我国对民族自治地方实行民族优惠政策转移支付。在计算有关地区转移支付总额中,对标准支出大于标准收入的民族省区来说,按其标准收支差额,最低可以得到 10%、最高可以得到 18% 的补助,而非民族省区只能得到全国统一的 6% 的补助。财政转移支付方面,"过渡期转移支付""民族地区财政转移支付""均衡性转移支付"等充分体现了对民族治地方的扶持。

(二) 在民族自治地方实行特别的财政转移支付制度的原因

我国在民族自治地方实行的财政转移支付制度与一般的财政转移支付制度是有所不同的,国家之所以在民族自治地方实行特别的财政转移支付制度,其主要原因如下。

1. 民族自治地方公共财政支出成本较高

由于自然条件、区位因素、经济发展水平、社会结构、文化习俗等因素的综合影响,民族自治地方政府的财政支出成本相对其他地方要高很多,主要表现在:

---

① 王玉玲、彭翔:《中央与民族地区财政关系:国家治理视角的分析》,《民族研究》2019 年第 4 期。

(1)民族自治地方地域广阔,人口稀少,交通不便,政府运作成本比其他地方高,实现均等化公共服务的成本更是大大高于其他地区。(2)民族自治地方大多数处于自然条件恶劣的地区,经济建设的成本大大高于其他地方。(3)民族自治地方文化多样,科教文卫以及民族特需的公共事业的成本远高于其他地方。(4)民族自治地方大多处于边疆,贫困人口集中,边境建设和扶贫任务艰巨,给政府公共财政造成巨大的额外负担。

2. 民族自治地方公共财政收入较少

民族自治地方由于所处的特殊环境,经济落后,社会贫困,产业发展难度大,因此民族自治地方的财政自给能力非常弱。民族自治地方的财政收入不足以满足民族自治地方政府承担的各项职责的需要,因此需要接受中央和上级政府的支持和资助。

3. 民族自治地方赶超发展需要大量的投入

民族自治地方由于其特殊的政治影响和文化因素,在当前经济发展差距已经很大的情况下,民族自治地方政府承担着引领民族自治地方经济赶超发展的任务,以缩小差距,从而维护民族团结和国家统一。然而民族自治地方由于先天不足,在支持经济发展的基础设施建设、公共服务提供等诸多方面都处于非常落后的状态,如果不尽快提升制约经济成长的基础设施建设和公共服务提供的水平,要实现后发赶超是很难的。但是基础设施建设和公共服务提供都是以政府为主,在民族自治地方政府的财政力量捉襟见肘的情况下,就非常需要中央和上级政府给予大力支持。

三、民族自治地方财政转移支付制度存在的问题

财政转移支付制度给民族自治地方提供了巨大的、强有力的支持,但必须看到,在实践过程中仍然存在着一些问题,这些问题对财政转移支付制度的作用发挥造成了障碍,影响了财政转移支付应有的效益,造成了财政资源的浪费。这些问题包括:

(一)转移支付制度的前提不明确,责任划分尚不清晰

财政转移支付制度的前提是合理划分各级政府的事权与财权。一般而言,中央集权国家在财权方面应当使中央集中较多的财政力量,以保证国家的宏观调控能力,这一点通过分税制改革已经达到。但在事权划分上,由于公共管理体制改革目标不明确,中央与地方之间存在的事权划分不清、权力交叉重叠的现象还很严重。由此导致了省级以下各级政府的财力分配难以确定,财政转移支付的数额和责任缺乏严格的现实依据,因此在实践过程中不可避免地出现分配上的欠缺公平,有违财政转移支付平衡各级政府财力、平衡各地公共服务水平的初衷。

（二）财政转移支付数额确定的原则难以保证财政转移支付的平衡

我国财政转移支付由于受原体制和地方既得利益的影响，采用"基数法"为主确定财政转移支付数额，支出基数大、收入基数小的地区获得补助多，收入基数大、支出基数小的地区获得的补助少，而基数的确定往往是地方政府与中央政府博弈的结果。在税收返还的基数确定上，基数只与增值税和消费税挂钩，而这两个税种与地方经济繁荣程度是密切相关的。东部地区经济繁荣，扩大基数的能力远远大于中西部民族自治地方，因而接受的税收返还要多得多，这使得本已不平衡的东西差距不但没有因为转移支付而缩小，反而还有扩大的趋势。

（三）专项拨款使用效益需要增强

我国财政转移支付中很大一部分是通过专项拨款来实现的。专项拨款的数额非常巨大，如果能够集中用于某些领域，将发挥很强的鼓励、诱导和扶助作用，推动民族自治地方发展。但目前在一些地方不同程度地存在着专项拨款的使用面太宽、项目定得太多的问题。专款预算编制权在上级，而执行时却由下级按规定使用，导致本应用于特殊目的的专项拨款转变成某些地方固定的财政补助，使专款不专。同时，由于各级政府事权划分不够清晰，专项拨款在使用时也出现分配方向难以确定的问题，许多本应由地方承担的支出占用了专项拨款，而许多本应由中央统一协调的建设项目，却被转嫁给地方政府负担。专项拨款缺乏统一协调，难以发挥专款作用。而且，专项拨款的分配缺乏规范性，"谁来得勤，谁跑得快，谁叫得响，谁得的就多"，使得专项拨款很难发挥应有效力。

（四）财政转移支付缺乏有效的法律监督机制

虽然我国已经通过了预算法、税法等，但是对财政转移支付却没有专门的法律法规对此进行规范。由于法律的缺失，我国财政转移支付在现实操作中，缺乏有效的监督机制和责任追究制度。主要表现为：(1)监督系统没有完全建立，财政转移支付的运作缺乏有效的监管。财政转移支付特别是专项拨款的使用，应该在严格的监督管理下进行。但是由于我国对于相关的监督机制、审计系统、信息收集渠道的法律规范缺乏，财政转移支付还不能完全置于严格的监管之下。(2)责任追究制度缺乏，出现财政问题没有明确的问责机制。一旦发生转移支付资金被挪用、滥用的问题，尚无严格的法律规定和有效的问责机制可以对之进行追究。

四、完善民族自治地方财政转移支付制度的对策

（一）明确财政转移支付制度的原则

财政转移支付制度是在事权分工和财权分配基础上展开的一种公共管理制度，如果不为之确定具有长远指导意义的原则体系，则无法从根本上克服当前存在的多种问题。财政转移支付制度的原则包括：

1. 公正性

财政转移支付制度的根本目的是促进不同区域公共服务的均等化,因此公正是财政转移支付的最高要求。在确定转移支付的金额时,要对各地区一视同仁,以促进各地区均衡发展为目标。这一原则要求财政转移支付制度既要有对全国普遍适用的纵向转移,也要有谋求区域平衡、向特殊地区倾斜的横向转移。

2. 科学性

财政转移支付的目标设定、规模确定、框架构建、计算方法、操作程序以及相关法律规范的制定,都必须建立在科学论证和合理设计的基础上。

3. 透明化

财政转移支付是对国家财政的重新分配,是公共资源在国家不同层级和地区的流动。本着对纳税人和公众负责的精神,财政转移支付应该在透明的环境下运作,应该接受来自社会的全方位的监督。

4. 扶助与激励相结合

财政转移支付特别是横向的财政转移支付,主要目的是促进落后地区的发展,通过资金注入的"输血"手段使其形成"造血"功能。因此,财政转移支付的执行,需要兼顾扶助与激励,一方面对民族自治地方的发展提供帮助,另一方面要激励民族自治地方自我发展的热情与动力,使其逐渐增强自我发展能力。

(二)明确财政转移支付的目标

财政转移支付总的目的是平衡纵向和横向的财政能力,但是每一个发展阶段、每一种财政转移支付方式都有其特殊的目标。财政转移支付制度需要对此有所明确,只有目标确定,财政转移支付的各种制度设计和操作程序才能做到科学合理。

(三)科学设计财政转移支付的结构和模式

1. 科学协调纵向转移支付和横向转移支付的关系

纵向转移支付主要是提高各层级政府的公共管理能力,使各级政府的事权与财权平衡,能够比较顺利地行使各项职能;横向转移支付是为了追求区域公共服务的均等化,使各地在享受公共服务的机会上能够平等。我国区域经济发展的差别非常大,各级政府的公共管理能力差距也非常大,如何平衡纵向转移支付和横向转移支付的关系,使财政转移支付能更大限度地发挥作用,还有待于理论的探索和实践的创新。

2. 科学设计财政转移支付的拨款结构和财政分配方法

拨款结构包括一般性财政转移支付款和具有特别目的的专项拨款结构、财政转移支付的层级结构和地域结构。财政转移支付的分配方法主要是对基数法的反省和改革,需要借鉴国外普遍适用的"因素法",使财政转移支付的分配更公正合理。

3. 财政转移支付操作程序的科学化

财政转移支付的操作过程,包括拨款方法、款项的使用过程、财政收支的检查监督过程等,现在都没有体系化的科学程序,需要在实践中不断探索,从程序上保证财政转移支付制度的公正和效率。

(四)完善财政转移支付的法律法规体系

1. 完善中央与地方财政分配的法律法规体系

通过法律法规的建立,明确规范中央与地方在财政、税收方面的权限,同时对财政资源在不同层级不同区域间转移的各方面内容进行较为详细的规定。

2. 完善中央与地方的事权分工法律法规体系

当前财政转移支付中出现的很多问题,不是财政分配制度导致的,而是由政府间事权分工不明确造成的。为了让财政转移支付制度发挥更大作用,需要对中央政府与地方政府的事权进行更明确的规范,明确各级政府的事权,为财权的分配提供事权依据。

3. 完善民族自治地方配套的法规体系

民族自治地方享有国家赋予的自治立法权,可以对国家的法律法规进行变通规定,可以制定适合本地区的法规和规章。要使中央的财政转移支付更有效地促进民族自治地方的赶超发展,民族自治地方需要对有关的财政法律法规提供适合本地情况的更为详细的配套法规和规章,使财政收支运转有严格的法规框架保证。

(五)加快民族自治地方行政改革,促进财政转移支付效益的提升

民族自治地方行政改革,包括事权分工、职能转变、机构改革等诸多内容。在新发展理念指导下,以构建公共服务型政府为目标,加快民族自治地方的行政改革,会对改善财政转移支付运作效果产生积极的推动作用。

第五节　民族自治地方财政体制改革

一、民族自治地方的财政困境

民族自治地方的经济社会发展始终是国家关注的重大问题,由于民族自治地方的特殊性,其经济社会的发展需要国家给予大力的支持。因此,中央政府除了在财政扶持上着力支持,提高对这类地区的转移支付系数外,还制定了一系列优惠政策。但民族自治地方的财政状况仍然形势严峻,表现在以下几个方面。

(一)地方财力不足,财政依赖性强

虽然国家提高了对民族自治地方的财政支持,但在历史、文化、地理、社会等

因素的影响下,民族自治地方的财政赤字已然十分显著。同时,在这些因素的影响下,民族自治地方对中央财政产生了极大的资源依赖性。显然,这种依赖性不但不利于其地方行使可靠的财政自治权,也不利于该类地区的经济社会可持续发展,并进一步影响民族团结。

(二) 支出结构失调,陷入恶性循环

民族自治地方的支出结构失调表现为两个方面:首先,民族自治地方在教育、卫生、社会保障等方面的支出不足,从而直接制约了经济社会的快速发展。其次,在民族自治地方诸多特殊因素的影响下,行政部门的层级设置较多,从而导致需要财政供养的群体较为庞大,使得行政部门日常管理的费用在地方财政中占有很大的比例,这类支出带给地方财政的压力较大。因此,民族自治地方的非生产性支出日益提高,导致建设性资金匮乏,进而导致民族自治地方财政支出结构的失衡,而上述问题的形成原因短时间内难以避免或改变,使得这种失衡造成了自治地方的经济落后和财政收入较低的恶性循环。

(三) 财权事权错位,补偿机制缺失

应当看到,民族自治地方的财政困境在很大程度也受到财权和事权错位带来的负面影响。事权方面,民族自治地方需要承担较多项目,这些事权可以分为以下几类:"基本性事权",是指与一般地方同样需要承担的事权,如维持本级政府的基本运转、城市维护建设和提供公共服务等;"外溢性事权",就是指需要中央政府根据外溢程度承担一定份额的出资责任的部分事权,如基础教育、扶贫和沙漠治理等;"代理性事权",亦即关系国家整体利益、需要由中央政府承担职责的事权,如边境安全、生态保护等。[①] 但是,从现实来看,民族自治地方的财政实践中有很多中央对地方的代理性、外溢性事权相应的责任并没有在转移支付中得以充分实现,由此给地方财政造成了一定困难。

二、民族自治地方财政体制改革存在的主要问题[②]

(一) 中央与民族自治地方税种划分有待进一步优化

在"一刀切"的分税制改革影响下,民族自治地方在税种、税率、共享税分成等方面没有获得应有的政策效益。分税制改革之前,民族自治地方的工商税收负担率为 10.7%,高于东部地区 1 个百分点。分税制实施后,两者的差距扩大为 1.8 个百分点。[③] 民族自治地方税种的划分主要有以下几个不合理方面:(1) 主体

---

① 李学军、刘尚希:《地方政府财政能力研究——以新疆维吾尔自治区为例》,中国财政经济出版社 2007 年版,第 55—60 页。

② 章文光:《民族地区财政体制改革方向探析》,《民族研究》2010 年第 3 期。

③ 黄比智、霍军:《税收政策与民族区域自治政策的相关分析》,中国税务学会学术研究委员会:《西部大开发战略与税收政策研究》,中国税务出版社 2004 年版,第 300 页。

税种划归中央,分散小税种留给地方。把具有特殊性的民族自治地方财政纳入大一统的分税制中,存在随意性和盲目性。(2)消费税划归中央。对消费税收入绝对数和占本地区相对数较大的云南省和贵州省,以及对消费税增长速度较快的青海省来说,没有从消费税税收中得到应有利益。(3)资源税划分为中央与地方共享税,且地方分享比例较低。据测算,西部民族自治地方的水能蕴藏量占全国的82.3%,煤炭资源地质储量占全国总量的21.9%,石油储量占全国总量的38.6%,天然气储量占全国总量的21.9%。[①] 西部大开发以来,民族自治地方的自然资源被不断开发,虽然资源税总收入在日益提高,但其在自治地方的财政收入比例并没有得到相应的提高,自治地方出现了资源丰富而经济不发达的不良状况。

(二)分税制对"民族自治地方"因素的考虑有待进一步加强

中央为了建立与社会主义市场经济相适应的、规范的财税管理体制,采取了"一刀切"的做法,各种照顾和优惠政策基本被收回,民族自治地方原先享有的财政优惠政策逐渐弱化和退出。特别是20世纪80年代以来,由于国家奉行有利于东部地区优先发展的非均衡发展战略,实行有利于东部地区发展的贸易分工模式、财政分配模式和资源开发方式,导致民族自治地方面临财税制度供给严重不足、资金大量外流、贸易分工不合理等不利局面,拉大了民族自治地方与一般地区在社会、经济、文化等方面的差距。分税制虽有效地集中了财力,增强了中央财政宏观调控能力,但没有充分考虑民族自治地方财政的特殊性,对财力困难的民族自治地方没有给予足够的照顾,转移支付量过小,无法抵消市场调节造成的投资不平衡,客观上成为缩小区域差距的体制障碍。如在确定包干基数时搞"一刀切",未能合理调整民族自治地方的基数。在地方固定收入项目的划分上,在共享税分成比例及税收增长返还系数确定上,没有体现民族自治地方的差异性。[②] 民族贸易企业的"三照顾"政策、民族自治地方较高的外汇留成比例,以及定额财政补助每年递增10%等优惠措施,也随着财政体制改革及相关法律、法规和政策的调整而被取消。按照分税制,民族自治地方的税源大头纳入了中央财政,致使民族自治地方财政收入减少;国家增加了以资源依赖性生产为主的企业和以农业初级产品为原料的企业的税负,进一步加大了民族自治地方的财力困难。

(三)民族自治地方税收自治权有待进一步完善

自治权包含两层意思:第一,自治权是在国家统一领导下,通过宪法和法律

---

① 魏后凯:《西部开发战略:以资源换资金、换技术》,《经济与管理研究》2002年第2期。
② 梁积江、黄勇:《试论民族地区经济发展中的财政转移支付问题》,《中央民族大学学报(哲学社会科学版)》2003年第5期。

赋予自治地方自治机关的自主权。第二,自治权是自治地方自治机关对国家统一的法律、法规、规章、政策的补充权或变通执行权。①《宪法》和《民族区域自治法》明确了在税收权利划分和税收权利管理上给予少数民族自治地方一定的倾斜,在法理上未排除民族自治地方行使税收立法权。全国人大常委会起草的《贯彻落实税收法定原则的实施意见》中明确,开征新税种,应当通过全国人大常委会制定相关法律,新修订的《立法法》中规定设立税种、确定税率和税收征管等税收基本制度只能制定法律,但并没有明确税收基本制度的确定范围,这为民族自治地方税收立法权的行使留下了一定的空间。现行的税收实体法授权民族自治地方行使部分税权,为民族自治地方行使税收立法权提供了参考,《企业所得税法》规定民族自治地方对企业所得税中地方分享部分享有减征和免征的权利,《环境保护税法》授权地方政府根据本地实际情况,对税目和计税依据在法定范围内调整的权限,《资源税法》也赋予自治区政府根据本地应税资源的开采条件和等级,对具体税目和税率在一定范围内调整的权力。但是,目前支持民族自治地方脱贫和发展的税收政策主要依赖税收优惠,缺乏对税收制度整体性的思考和规划,没有形成完整的民族自治地方税制框架。民族自治地方的税收优惠多数来源于法规和规章,没有上升为法律,缺乏可预期性,加大企业的遵从成本。②民族自治地方财政自治权受到种种限制;民族自治地方税收自治权缺少明确的边界和内容,易受外界的干预和牵制;民族自治地方自治意识不强、自治权行使不充分,造成自治权"流失"。③

(四)民族自治地方财政收支平衡应进一步深化

中国财政体制改革打破了传统经济体制下以中央财政为单一主体、地方财政处于附属地位的格局,扩大了地方的财权、财力,赋予了地方主体利益地位,分级财政局面基本形成,但分税制改革"忽视差别、同等待遇",加剧了民族自治地方财政收支不平衡。(1)事权与财权划分不合理、权责不匹配,催生"财权上收、事权下卸"等弊端。④ 从财权和财力来看,基层政府没有税收立法权,没有举债权,也没有独立的主体税种,收入主要依靠共享税,使其掌控的收入有限。(2)财政转移支付存在规模小、目标模糊、支付方式不灵活和转移支付不到位等弊端,难以平衡区域间财力水平。(3)税收(包括税权)分配、支出责任划分不平衡。(4)财政收支严重失衡。一方面,民族自治地方财政收入和支出都有所增

---

① 段尔煜、刘宝明:《中国民族自治地方行政管理学》,中央民族大学出版社2001年版,第66—67页。
② 程静、陶一桃:《后脱贫时代的少数民族地区税制改革探讨》,《云南民族大学学报(哲学社会科学版)》2020年第5期。
③ 王传发:《民族自治地方自治权流失的原因分析与对策思考》,《贵州民族研究》2005年第5期。
④ 马应超、马海涛:《从民族地区财政体制的历史性变迁看我国公共财政体制改革的路径选择》,《财会研究》2008年第11期。

长。自治区地方财政收入从 1998 年的 284 亿元增长到 2022 年的 7042 亿元；自治区地方财政支出从 1998 年的 605 亿元增长到 2022 年的 22797 亿元。另一方面，民族自治地方财政收支差额不断拉大。自治区财政收支差额从 1998 年的 321 亿元增长到 2022 年的 15755 亿元。

三、优化民族自治地方财政体制改革①

（一）民族自治地方事权方面

淡化民族自治地方政府的经济建设职能。从区位、人才、资本、产业基础等方面来说，民族自治地方都不具优势，既有的产业优势主要体现在较为丰富的矿产资源和水资源，以及风光秀丽、民族风情的旅游资源。当前，我国政府正由"建设型政府"向"公共服务型政府"转化。与发达地区相比，地处偏远、不具产业发展优势的民族自治地方更强烈地要求较早、较快地向公共服务型政府转化。因此，无论是按国家主体功能区还是按自治地方主体功能区的划分，自治地方均属于限制开发区和禁止开发区。在进行了这样的划分以后，这些地方政府的第一大职能就牢牢定位于生态保护与生态建设。要说明的是，淡化经济建设职能并不是说民族自治地方就完全不搞经济，甚至连已有一定基础的产业也抛弃，转而全面依赖上级财政。相反，那些有一定基础且无损生态保护的产业还是要继续发展，重要的是，不需要以政府力量介入这些领域。同时，保持维护民族团结和稳定的职能。经济职能从来不是地方政府的唯一职能，民族自治地方的政府尤其如此。在其政治性功能一面，维护民族团结和国家统一、保证区域稳定是少数民族自治地方政府的头等大事。近年来，三股势力活动频繁，直接引起了民族自治地方的不稳定。从这个意义上讲，"维稳"在相当长一个时期内都是民族自治地方政府的大事。即使主要支出由上级政府承担，但管理之责必在地方政府。

（二）转移支付制度方面

实行以中央财政为主，自治地方财政为辅的财政转移支付形式。对于主要处于限制开发区和禁止开发区区域内的少数民族自治地方应当实行"以予为主"的生态产品补偿型的财政新体制。这些生态产品的受益范围往往是跨区域的，甚至是全国性的，对它们的破坏或者污染，受害的不仅仅是这些生态区，更重要的是它必将严重影响周边地区。实际上，目前已经出现了此类问题。比如，长江上游地区无序的水电梯级开发，草原、湿地和森林的过度放牧和过度垦殖。正因为如此，中央政府理应承担起这种受益范围跨区域的，而且影响中华民族生存与发展的长远利益的生态产品补偿职能。同时，从民族自治地方的财力状况来看，即便是自治地方愿意承担，也难以完全具备这个能力。从全国看，自治地方整体

---

① 摘自郭佩霞、梁茜、朱明熙：《四川民族地区财政体制改革的路径选择》，《经济学家》2015 年第 4 期。

上发展极不平衡,每年的财政支出中有相当部分要靠中央转移支付。在这种状况下,对这些地区的生态产品补偿,实行以中央财政为主、自治地方财政为辅的财政转移支付形式理应得到尝试。同时,以基本公共服务均等化为目标,规范财政转移支付。如果仅仅从对生态产品的具体补偿的角度来思考转移支付,则很可能会陷入一个"剪不断、理还乱"的状态。生态产品的直接效益与间接效益、经济效益与社会效益、当前效益与长远效益等都增加了计算其效益的复杂性。我们可避免单纯地从计算或者交易这些生态产品产生的效益和成本—收益考量,而是从基本公共服务均等化的角度考量转移支付问题。显然,不少民族自治地方正是因为限制或者禁止开发而使得该地区税源较为单一,使得这些地区的政府缺乏提供基本公共服务的必要财力。因此,从基本公共服务均等化的角度考量转移支付应当是一种较好的补偿方法。按照这种思路,应当以一般性财力补助的方式解决民族自治地方的基本公共服务均等化问题,以专项补助解决诸如生态环境治理、农牧业发展、生态移民、基础设施建设、民族自治地方维稳等事宜。而且,这些转移支付一般不应当要求当地政府配套。基本公共服务均等化的范围应当主要包括与维护社会秩序和安定有关的各级基层政权的必要支出、各级公检法机构的必要支出;与基础教育和职业教育有关的必要支出;与基本公共卫生医疗有关的必要支出;与基本社会保障有关的养老、失业、扶贫、低收入补助的必要支出,等等。同时,这些必要支出必须考虑民族自治地方的特殊性,比如条件的艰苦性、管理半径过大和民族的特点等。

(三)绩效考核与民主监督方面

建立财政支出效果评价机制和监督与责任管理机制。加大对落后民族自治地方的转移支付力度必然要求有相应的财政支出效果评价机制和有效的监督与责任管理机制。财政支出效益监测评价指标体系的设置,可按经济效益、社会效益和生态效益三大类来安排。经济效益尤其要突出当地农牧民经济改善的指标。社会效益可选择一些具有代表性的方面,如社会安定、民族团结、教育、卫生、交通、扶贫等,并设置相关的指标进行考核。生态效益可根据财政支出所解决不同的环境问题而设置。不仅如此,还要对资金使用进行有效监督约束并建立起相应的责任追究机制。同时,建立民族自治地方民众参与的财政民主监督问责机制。民生型政府的职能定位主要是关注民生、重视民生、保障民生、改善民生,所以民生型政府要以民众为绩效评价的主体,绩效评价指标体系的主要内容也应该紧密围绕人民群众最关心、最直接、最困难的一系列民生问题展开。此外,还要建立健全民众参与机制,着力推进评价机制和政府回应体系创新。拓展政府绩效评价信息公开与收集机制,确保绩效评价能够充分反映民意、集中民智。完善民众参与政府绩效评估的民主监督问责机制,保障公民参与的权利。例如预算公开制度、公开听证制度、责任追究制度、基层民主自治制度等,通过财政民主监督问责机制建设,逐步实现民众参与的制度化、法制化。

第七章 民族自治地方公共人力资源管理

第一节 民族自治地方公共人力资源管理概述

党的二十大报告指出,要实施科教兴国战略,强化现代化建设人才支撑。教育、科技、人才是全面建设社会主义现代化国家的基础性、战略性支撑,因此必须坚持人才是第一资源,实施人才强国战略。应把党内和党外、国内和国外各方面优秀人才聚集到党和人民的伟大奋斗中来,鼓励引导人才向边远贫困地区、边疆民族地区流动,努力形成人人皆可成才、人人尽展其才的良好局面。公共组织要实现组织目标、履行组织职能,就必须对组织成员进行规划、选拔、任用、考核、培训等一系列科学管理活动。推动民族自治地方经济与社会发展,就必须加强民族自治地方人力资源的开发与管理,大力培养少数民族干部,为促进民族团结、实现各民族的共同繁荣,提供强有力的组织保证。

一、公共部门人力资源管理

(一)人力资源管理理论的提出

18世纪开始的工业革命带来了企业的繁荣和管理研究的兴盛,随着企业之间竞争的加剧,技术、个人能力等因素的重要性日益突出,因此在企业管理中对人的因素投入了更多的关注,早期管理学家们提出了以"经济人"假设为前提的一系列人的管理方式。但是,这一时期的人事管理并没有受到如财务、生产、营销等环节同等的重视,而只是作为企业管理中的一个非关键因素,人的情感、人的意志、人的潜能及其发挥,都没有进入管理者的视野之中。

20世纪30年代的行为科学理论为人力资源管理的形成奠定了理论基础。行为科学关注人的各方面需要,除了对经济激励的重视,行为科学更加强调精神方面的激励手段,进一步提出了"社会人""自我实现的人"等假设,对人的认识更加深化。这种对人的认识的深化与二战后高科技发展、人的智力因素成为经济竞争的核心因素的发展潮流相结合,最终推动了人力资源管理理论的形成。

1954年,著名管理学家彼得·德鲁克在其《管理的实践》一书中首先提出了"人力资源"的概念,首次将人定位为企业中具有的"特殊能力"的资源。德鲁克认为人力资源拥有当前其他资源所没有的素质,即"协调能力、融合能力、判断力和想象力"。经理们可以利用其他资源,但是人力资源只能自我利用。随后,管理学家巴克、比尔、莱文和舒勒等,根据人本主义思想,对人力资源管理内涵作了进一步阐释,认为人力资源管理也是一项重要的组织管理职能,与其他管理职能如会计、生产、营销等一样重要,人力资源管理的目的是对工作场所的个体进行适当的管理,具体包括理解、维持、开发、利用和协调一致。① 在他们之后,人力资源管理作为一门独立的学科,开始发展起来。

(二)人力资源管理的主要内容

彼得·德鲁克提出了人力资源管理的思想,但是他并没有给人力资源管理下定义,也没有具体阐述人力资源管理研究的内容。在德鲁克之后不久,舒勒在《管理人力资源》一书中,将人力资源管理定义为:"人力资源管理是采用一系列管理活动来保证对人力资源进行有效的管理,其目的是实现个人、社会和企业的利益。"② 而加里·德斯勒对人力资源管理的定义则是:"人事管理(现在通常叫人力资源管理)是指为了完成管理工作中涉及的人或人事方面的任务所需要掌握的各种概念和技术。"③

人力资源管理的主要内容包括:

1. 人力资源开发

人力资源开发包括人力资源规划、人力资源选拔、人力资源的培训与教育等。人力资源开发是一个从发现人才到促进人才成长的过程,是组织为了实现自身目标而铸造精英团队的必要工作。

2. 人力资源常规管理

人力资源常规管理包括工作绩效的考核、职业管理、薪酬福利制度、劳资关系协调、雇员安全与健康等。组织要想留住人才,要想让组织中的人才全心投入工作,就需要有良好的制度来确保雇员的职业安全,并寻求有效的途径激励员工。

(三)公共部门人力资源管理

人力资源管理理论的发展是公共部门人力资源管理研究的基础。公共部门人力资源是一种特殊形态的人力资源管理,是公共部门人事管理制度与人力资源管理理论相结合的产物。

1. 公共部门人力资源管理的概念

公共部门人力资源管理是公共部门对自己内部工作人员的管理,"所谓公共部门人力资源是指在公共部门(与私人部门或企业相对)的工作人员,尤其是指在国家、政府部门从事公共事务管理的人员,特别是国家公务员。而公共部门人力资源管理是指对从事公共事务管理的人员从招聘、录用、培训、升迁、调动、评

---

① 高艳:《人力资源管理理论研究综述》,《西北大学学报(哲学社会科学版)》2005年第2期。
② 同上。
③ 〔美〕加里·德斯勒:《人力资源管理(第六版)》,陈静译,中国人民大学出版社1999年版,第2页。

价直至退休的全过程管理。目的是通过科学管理,谋求人与人、人与事、人与组织、人与环境之间的协调,达到事得其人,人适其事,人尽其才,事竟其功。"①

可见,公共部门人力资源管理从其内容上来说与一般的人力资源管理并没有太大的区别,也是追求组织人与事的协调,发挥和发展组织中人力资源的优势。只是基于公共部门的特征,在公共性目标的追求和具体的管理环节上与企业的人力资源管理有所区别。

2. 公共部门人力资源管理的价值取向

公共部门人力资源管理与一般人力资源管理在价值观上有一些相同之处,这些共同的价值观包括:(1)以人为本。强调把人看作是公共部门的首位资源,把人看成是活生生的,有理想、有欲望、有个性、有情感的人,强调在对人的管理中,要关心、理解、尊重人,要将实现个人价值与组织目标统一起来。(2)对人的管理与对人的开发并重。传统的公共部门人事管理注重的是对人的管理,即解决人的职位安排、工资、福利和任职过程中的问题,根据组织的制度对人进行管理。而人力资源管理强调对人的开发、教育、培训和培养等。(3)制度与情感并重。在对人力资源的管理方面,既注重科学设计的制度,强调管理的制度与规则,依靠严格的程序设计来实现人力资源管理的规范化。同时,人性化、艺术化的管理手段也被纳入管理,领导者的个人魅力、民主开放的管理方式、参与和竞争的评价体系等都是其中的重要内容。(4)能力与资历相结合。在公共人力资源的考核与晋升方面,能力因素与资历因素都具有重要的地位。

除了与一般人力资源管理的共同价值外,公共部门人力资源管理还追求自身特别的价值,这些价值都是基于其公共性而必须具有的。美国科罗拉多大学公共事务研究院教授、美国行政学会国际部主任唐纳德·克林格尔在接受中国记者访问,谈及公共部门人力资源管理的核心价值时,认为公共部门人力资源管理的"核心价值不止一个,政治责任、个人就业的权利、效率、社会平等,所有这些都是不同的价值,它们彼此冲突,但同样重要。这是一个自我调节的体系,如果对一种价值强调过多而对其他价值重视不够,国家就会受到损害。如果国家管理只采用政治恩赐制度,那会没有效率,人们会说:'我为什么要纳税?这些人都是盗贼,他们不自信、愚蠢,他们拿走了我们的钱却什么都不给我们。'如果国家管理只采用公务员制度,国家就会丧失政治方向,因为公务员说:'我们怎么才能保证我们的薪水、福利,保护我们自己。'社会平等是重要的,必须向妇女、少数民族、被社会排除在外的人提供充分的就业机会。如果国家管理采用没有能力和技能的代表制,政府就没有效率,人们会说:'你得到你的工作是因为你来自特定的地区或宗派、家族,而你做不了这工作。'所有这些要素都是自我纠错、彼此平

---

① 陈振明主编:《公共管理学》,中国人民大学出版社 1999 年版,第 448 页。

衡的,最终使整个体系保持稳定"①。随着公共组织日益开放,公共组织社会化程度越来越高,公共人力资源管理的价值原则也会越来越多元化。

二、民族自治地方公共人力资源管理

提升民族自治地方的公共管理能力,实现民族自治地方的赶超发展,需要一支高素质的公务员队伍。因此,实现民族自治地方公共人力资源管理的现代化,使公务员制度与民族区域自治制度有机结合,是民族自治地方公共人力资源管理研究的重要内容。由于民族自治地方特殊的制度安排和文化差异,以及经济社会发展的差距,使其公共人力资源管理在制度设计和运作过程方面与其他地方有所不同。

第二节 民族自治地方公共人力资源开发

公共人力资源开发是根据现有条件和公共组织目标需要,而对人力资源进行的资源配置、素质提升、能力发挥等方面进行的规划和开发过程,它具体包括以下几个方面的内容:

第一,公共人力资源规划。公共人力资源规划就是根据组织目标对公共组织在未来一定时期内人力资源需求(数量、质量和结构等的需求)进行的预测,并基于这种预测,制定规划,对人力资源的选拔、培养、配置和管理进行的预先考虑和安排。

第二,公共人力资源的选拔录用。公共人力资源的选拔与录用就是根据公共组织目标的需要和组织内人力资源状况,获取组织所需人才,并将各种人才配备到最适合他们的岗位上的过程。

第三,公共人力资源的教育与培训。为了提高公共组织内人力资源的素质,需要不断根据岗位需求与组织目标需要,有计划、有组织地以各种方式提高组织内人力资源的智力、知识和技能,提升公共组织人力资源的思想道德素质和文化水平,使其知识不断获得更新,能力不断得到提升。

一、民族自治地方公共人力资源规划

民族自治地方公共人力资源规划是在分析政府部门人力资源状况的基础上,对未来民族自治地方公共人力资源需求所作的分析与预测。

(一)民族自治地方公务员队伍现状分析

努力造就一支宏大的德才兼备的少数民族干部队伍,不断提高民族自治地

---

① 褚松燕、徐国庆,《公共部门人力资源管理的理论发展与核心价值——唐纳德·克林格尔访谈录》,《中国行政管理》2002年第9期。

方公务员的政治素质、业务能力和管理水平,是做好民族工作解决民族问题的关键,党和国家历来对此高度重视。早在1950年,政务院就颁布了《培养少数民族干部试行方案》,提出培养民族干部的指导方针是:为了国家建设、民族区域自治与实现共同纲领、民族政策的需要,从中央至有关省县,应根据新民主主义的教育方针,普遍而大量地培养各少数民族干部。培养方式是通过开办政治学校和举办各种政治培训班。培养对象以政治干部为主,迫切需要的专业技术干部为辅。党的十一届三中全会以后,随着国家工作重心的转移,培养少数民族干部的方针也相应调整为:大力培养四化建设所需要的,具有共产主义觉悟的少数民族政治干部和专业技术人才,为少数民族自治地方的社会主义现代化服务。随着社会主义市场经济体制的建立和改革开放的深入,1993年12月,中共中央组织部、中共中央统战部和国家民委联合下发了《关于进一步做好培养和选拔少数民族干部工作的意见》,指出要从民族自治地方实际出发,采取切实措施,加强培养教育,进一步提高少数民族干部的政治、业务素质,努力培养造就一支德才兼备、廉洁勤政,密切联系各民族群众,门类齐全、专业配套、结构合理,能够适应改革开放和发展社会主义市场经济需要的少数民族干部队伍。几十年来,民族干部工作取得了巨大的成就,我们已初步建立了一支德才兼备、数量较为充足、结构趋于合理、专业基本配套的民族自治地方干部队伍。他们在不同的工作岗位上兢兢业业、辛勤工作,为推动民族自治地方经济与社会的发展作出了重要的贡献。据统计,目前全国少数民族干部已经超过了300万,其中少数民族公务员75万人,占全国公务员数的10.4%,超过了少数民族人口占全国总人口8.49%的比例。在全国省、市、县、乡镇四级党政领导班子中,少数民族干部所占比例分别为12.5%、12.3%、15.3%、18.3%。少数民族公务员结构也非常合理,50岁以下的中青年少数民族公务员占84.72%,高于全国80.13%的比例。但是,随着改革开放的不断深入,民族自治地方干部队伍建设存在的一些不足也日益突出,主要表现为以下几个方面。

第一,知识素质需要进一步提高。知识素质在很大程度决定着干部驾驭局势的能力和判断、管理能力。一般来说,知识水平越高、知识结构越合理,其工作能力和心理包容力、承受力、应变力、创造力就越强。改革开放以来,党和国家采取各种政策,通过各种途径,努力培养和选拔民族自治地方干部,并取得了重要的成绩。但是,由于受民族自治地方经济文化总体发展水平的制约,教育基础薄弱,人才流失严重,在人才相对短缺的条件下培养起来的干部队伍,整体文化素质相对偏低,距离干部队伍"知识化"的要求尚有较大差距,显然无法满足社会发展的需要。此外,管理专业知识和技能的缺失也是一个较为突出的问题。虽然目前干部队伍正加强在职培训或参与函大、夜大、电大的业余学习,学历层次在逐渐提高,但受到客观条件的限制,参与人数不多,培训内容也比较单一,大多是党政管理、中文、文秘专业、现代经济管理、现代计算机网络操作技能、法律知识、金融知识等比较欠缺。由此,在干部构成上呈现出"三多三少"的特点,即懂党务和行政的干部多,懂经济会管理的干部少;懂农业的干部多,懂工业和高新技术的干部少;懂生产的干部多,懂经营管理的干部少。知识素养和业务能力都需要进一步提高。

第二,国语能力有待提高。"双语"是指国家通用语言文字和少数民族语言文字。国家通用语言文字已成为全国人民共同的交际工具和我国科学文化最重要的传播工具。少数民族地方基层的少数民族干部,多数来源于本民族群众,通晓本民族的语言文字,是少数民族地方经济社会发展的骨干,是党联系少数民族群众的重要桥梁和纽带。然而,由于各种原因,在少数民族人口比较集中的地区,有相当一部分少数民族干部不懂国语,或不大会讲国语,导致他们学习和理解党的方针政策比较困难,不能及时接受外界的信息和经验。同时,少数民族对本民族的语言有着深厚的感情,往往把它视为民族认同的一个主要因素。一般来说,基层干部会讲当地民族的语言,能够用该语言与群众交流沟通,群众就会对干部抱尊重、信任的态度。因此,提高少数民族地方基层干部的"双语"能力,对于提高自身的素质,密切与群众的联系,加深与群众的感情,从而为增强民族团结、维护社会稳定、推动少数民族地方经济社会发展具有强大的积极作用。

第三,思想观念需要进一步转变。民族自治地方经济社会发展的滞后,也造成了部分干部思想观念的陈旧和思维模式的单一。由于受到客观条件的制约,民族自治地方干部接受再教育的机会较少,知识更新较慢,因而在一些部门和地区还不同程度地存在着计划经济体制下形成的管理体制和思维模式,仍以自上而下的政府指令为主,企事业单位缺乏以市场和科技为导向的主动发展意识;干部中存在着"等、靠、要"的思想,工作主动性与创新性不足;发展思路较为狭窄,简单地把发展等同于数量的增长,盲目追求经济总量及其扩张速度,忽略地区经济发展的质量和竞争实力;经济模式仍以粗放型为主,走资源型发展道路,生产效率不高,管理手段落后。还有一些地方片面追求经济效益,对社会公共事业的发展重视不够,导致教育、医疗、卫生、社会保障等公共产品供给不足。因而迫切需要通过不断的学习,解放思想、转变观念,确立以人为本的科学发展观。

第四,需要建立新的公共管理理念和掌握现代管理的方法与技术。中国是一个"政府主导型"的发展中国家,长期以来公共事业的运行和管理,都是由政府直接运作的。随着经济的迅猛发展,越来越多、越来越复杂的社会公共事务使政府管理日趋复杂化和专业化,在相当程度上导致了政府公共行政管理功能的扩张,继而导致国家行政权力的集中和加强。政府权力的无所不在,导致政府机构和人员急速膨胀,行政成本大幅度增加。同时由于政府过多的干预,市场和社会的作用被大大削弱。因此,传统的"行政管理"理念受到了挑战,建立一个具有全新管理模式的灵活、高效、廉洁的政府成为政府机构改革的目标。这就要求政府一方面要优化公共管理机构,提高现有政府官员和各机构管理人员的素质,建立专业化的公务员队伍和公共管理人才队伍,树立公共管理新理念,由"官僚"向"管理者"转变;调整管理方式,由管制者向服务者转变,以公众的需求为导向,以公众的满意度为政绩评估的指标,精通现代管理理论和计算机、网络、信息处理技术等现代化科学技术手段,以提高公共管理的服务质量和管理水平;另一方面,要打破政府对公共管理权力的垄断,及时将一部分公共事务的管理权回归社会,鼓励非政府组织和企业参与公共事务管理和公共产品的提供,扩大公共管理的主体,使政府摆脱繁重的微观具体管理,转变为以宏观监管为主,使政府能够集中精力充分发挥在核心公共产品如国防、科技、教育等方面的主导作用,提高政府对公共事业管理的绩效。因此迫切需要一批具有现代公共管理理念、掌握现代公共管理技能、了解国际公共管理改革趋势的高素质的公共管理人才。而目前,我国公共管理人才队伍整体素质尚不能满足现代公共管理的需要,主要表现在缺乏系统、规范的公共管理理论和专业技能。对于欠发达的民族自治地方来说,这一点尤为突出。民族自治地方由于地处边远地区,受历史、自然条件的制约,经济发展普遍落后,而且相对封闭,市场经济发育程度较低,公共事业发展缓慢,专业化公共管理人才匮乏。长期工作于此的少数民族干部知识更新较困难,缺乏现代公共管理理念和现代管理手段与技术,一些干部观念陈旧,角色转化困难,仍以"管制者"而非"服务者"的身份自居,加上公共管理所需的专业知识欠缺,市场经济、知识经济和现代科技知识不足,科学、法治意识淡漠,公共事务管理仍以传统方式运作,甚至有个别干部官本位思想严重,没有系统规范的专业管理知识为指导,管理行为中经验性、随意性和主观性成分较多,容易把特殊经验普遍化,很难满足经济与社会发展的需求。

(二)民族自治地方公共人力资源规划的依据

公共人力资源的供求形势对于民族自治地方政府而言,不利因素非常多。因此,民族自治地方政府在进行人力资源规划时更需要慎重,要依据本地政府职能的定位和在公共管理体制中的地位,对本地的人力资源进行规划,争取以最低的成本实现政府部门人力资源配置最优化。民族自治地方制定公共人力资源规划需要从以下这样几个方面寻找依据。

1. 公共目标

民族自治地方要达到的公共目标是决定公共人力资源需求的最根本因素,民族自治地方人力资源规划首先就是要依据本地的公共目标来进行。在民族自治地方,公共目标与当地的发展规划基本上是一致的。只是在民族自治地方的发展规划中,结合规划提出公共人力资源要求的比较少。而且,公共人力资源规划与发展规划相比,两者的周期有所不同。因此,民族自治地方制定发展规划时,应相应地提出公共人力资源的规划,使人力资源量与欲实现的公共目标能够保持协调。

2. 吸引人才的条件

如果本地区并不能提供足够的人才储备以保证民族自治地方政府部门人力资源的快速增加,那么吸引外来人才就是必然的选择。但是,民族自治地方经济水平决定了民族自治地方难以为政府部门的人才提供与其他地方同等的待遇,这就需要民族自治地方考虑如何设置吸引人才的条件,以吸纳更多的优秀人才为民族自治地方政府服务。其实,影响人才流向的因素并不仅仅在于待遇,图7-1 提供了人才流动的影响因素及相互关系,可以为民族自治地方吸引和留住优秀人才提供借鉴。

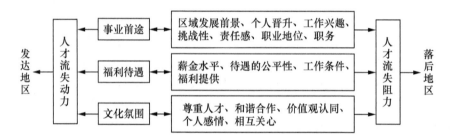

图 7-1 西部地区人才流动动力与阻力示意图

资料来源:冯晓宪:《"入世"与西部人力资源开发对策探讨》,载毛宁公主编:《民族政策研究文丛》(第三辑),民族出版社 2004 年版,第 229 页。

从图 7-1 中可以看出,影响人才流向的因素非常多。虽然民族自治地方无法与其他地方竞争福利待遇,但是在事业前途和文化氛围等方面却是可以努力的。所以应在这些方面加强规划和建设,为民族自治地方吸引人才搭建好的基础平台。

3. 公共人力资源培训教育的渠道

不论是新引进的人才还是政府中的既有人才,都需要对他们进行培训与教育,以使他们能够满足组织未来的人力资源需求。因此,在公共人力资源规划中,培训与教育渠道也是重要的考虑因素。培训与教育如果跟不上人力资源的需求将会阻碍人力资源规划的实现。当前民族自治地方公共人力资源培训的渠道已经开始向多样化方向发展,具体的成就与问题后面将会论及。

4. 公务员制度与民族区域自治制度的协调

对民族自治地方而言,公务员制度对公平竞争原则的强调与民族区域自治制度对少数民族照顾的强调,在一定的时候可能会出现矛盾。民族自治地方的自治机关录用工作人员的时候,对实行区域自治的民族和其他少数民族的人员应当给予适当的照顾。① 公务员的管理,坚持公开、平等、竞争、择优的原则,依照法定的权限、条件、标准和程序进行。②《公务员法》为了体现《民族区域自治法》的精神,在平等原则的基础上也规定了对少数民族的照顾措施,民族自治地方依照前款规定录用公务员时,依照法律和有关规定对少数民族报考者予以适当照顾。③ 但是,在少数民族群众与汉族群众存在着较大的教育水平差距的情况下,如何确定这种照顾措施,如何在照顾少数民族群众与选拔优秀人才之间取得平衡,却没有任何法律法规规范。民族自治地方公共人力资源规划必须对此有所思考。从长远来看,必须不断提高少数民族群众的教育水平,使少数民族群众在参加公务员报考时,能够与汉族报考者达到同样的水平。唯其如此,在具体选择时根据民族区域自治制度的有关照顾措施,优先录用少数民族人员,才能确保公务员制度的公平性与对少数民族的照顾相统一。

(三) 民族自治地方公共人力资源规划的目标

民族自治地方公共人力资源规划的根本目标是提高政府公共管理能力,使政府在民族自治地方赶超发展中真正起到主导作用。中期目标是通过合理的职位设计、人员招募、培训计划、考评制度等方面的规划,提高政府部门人力资源的素质和利用率,降低民族自治地方政府的公共管理成本。直接目标是配合民族自治地方的公共管理体制与机构改革,设计科学合理的职位体系,招录、培训具有一定素质的公共管理人才,实现机构人员的精简和结构的优化,以节约公共开支,提高公共管理效率。

(四) 民族自治地方公共人力资源规划的过程

1. 工作分析

工作分析就是根据民族自治地方政府的职能定位与在公共管理体系中的位置,结合改革的目标,对政府部门的各项工作进行重新分析,寻找分工协作的新途径,为职位体系的设计提供全面的资料。

2. 职位设计

在工作分析的基础上,根据管理幅度原则和精简高效原则,对政府部门内的职位进行评价与重新设计,尽量减少不必要的岗位,使政府部门内部职位体系科学化、规范化。

3. 人才招录计划

综合评价政府部门内人才的需求,了解掌握社会人力资源供应状况,制订新人才的招录计划,制订外部人才的引进计划。同时在对人才流失的原因进行分

---

① 《中华人民共和国民族区域自治法》第二十二条。
② 《中华人民共和国公务员法》第五条。
③ 《中华人民共和国公务员法》第二十三条。

析的基础之上,探索并制订人才挽留计划。拓宽人力资源的来源,提高民族自治地方政府部门人才供应的质量,提高人力资源的稳定性。

4. 制订有针对性的人力资源开发计划

根据民族自治地方公共人力资源的素质状况和政府的需要,制订政府部门人力资源教育、开发、培训计划,以提高政府部门人力资源素质。组织培训活动,在工作实践中巩固培训成果,使人才快速成长。

5. 相关制度设计

想要找到并留住优秀人才,让优秀人才充分发挥自己的才能,仅仅有上面的工作还不够,还需要一些辅助制度,给政府部门人才提供职业安全保障,激发他们的工作热情。这就需要制定科学有效、操作性强的考核、薪酬、激励与奖惩制度,提高公务员工作效率。

6. 评估与反馈

对以上各项计划的执行进行评估,并及时向公共人力资源主管部门进行反馈,以便他们能够不断对人力资源规划进行修正,使人力资源规划始终保持较高的质量。

二、民族自治地方公共人力资源录用与选拔

国家公务员的录用和选拔主要实行考任制,民族自治地方也不例外,录用担任一级主任科员以下及其他相当职级层次的公务员,采取公开考试、严格考察、平等竞争、择优录取的办法。[①]

(一)公务员考任制的基本原则

根据当今世界各国的实践,公务员考任制基本上都遵循三大原则。

1. 公开原则

公务员考试事先都会通过大众传媒向社会公告,公开进行,事后都会公布结果,使所有有志报考者都能够及时了解相关信息,也使得公务员考试能纳入社会监督之下。公开的内容包括:公务员考试的时间、地点、考试科目、录用条件、考试成绩、申诉程序等。我国《公务员法》对此也有专门规定,录用公务员,应当发布招考公告。招考公告应当载明招考的职位、名额、报考资格条件、报考需要提交的申请材料以及其他报考须知事项。[②]

2. 平等竞争原则

公务员在报考条件、录用条件和申诉程序等方面,不受报考者年龄、民族、种族、性别、出身、住所、宗教信仰等条件限制,只依据报考者知识与能力决定录用,

---

① 《中华人民共和国公务员法》第二十三条。
② 《中华人民共和国公务员法》第二十八条。

所有公民在担任公职方面,权利与机会平等。《公务员法》也有这方面的规定,其中第十三条规定,公务员应当具备下列条件:(一)具有中华人民共和国国籍;(二)年满十八周岁;(三)拥护中华人民共和国宪法,拥护中国共产党领导和社会主义制度;(四)具有良好的政治素质和道德品行;(五)具有正常履行职责的身体条件和心理素质;(六)具有符合职位要求的文化程度和工作能力;(七)法律规定的其他条件。这些条件对每个公民都是平等的,是确保公务员正常履行职责必须的条件;法律规定的其他条件也都是一些由于职位的需要而对身体素质和知识能力的特殊要求,没有基于身份的歧视性规定。

3. 择优录用原则

公务员录用根据考试成绩择优录用,不应受任何其他的组织或个人因素影响,以确保优秀人才能够顺利进入公务员队伍。在考试成绩相同的情况下,学历、工作经验等个人受教育和实践锻炼的情况也可以作为选拔的标准。近年来,民族自治地方的公务员招录开始重视对"双语"能力的考量。2001年以来,凉山彝族自治州在乡镇公务员招录过程中共拿出80个职位,加试彝语或藏语,同等条件下优先录用懂"双语"的考生86人。2013年起,对于新录到藏区的乡镇公务员、事业单位人员和大学生村干部,组织藏语培训,经测试合格后正式上岗。

(二)公务员考试的主要内容和方法

公务员考试的内容主要包括对报考人员的知识、智力、技能和心理素质等方面的考查。公务员考试一般都采取笔试加面试的方法,笔试主要用于考查报考者的知识结构、分析能力、思维方式和文字表达等方面的素质与能力,面试则主要考查报考者的思考能力、语言表达、性格特征、反应能力及实际应对各种事务的能力。公务员录用考试采取笔试和面试等方式进行,考试内容根据公务员应当具备的基本能力和不同职位类别、不同层级机关分别设置。[①]

应当看到,中国公务员考任制度实施以来,在克服传统人事制度中行政人员选拔标准缺乏操作性、知识与能力的重要性被忽视、缺乏透明度和竞争性等方面的缺陷发挥了重要作用,使中国政府部门人力资源的素质得到飞跃性的提升。但是当前的考任制仍然存在着一些问题,如公共考试科目过度倾向于对基础知识的考查而较少对实际能力进行考查,在选才标准方面如何把握"德"与"才"、"通才"与"专才"的关系,考任过程如何更加公开透明以接受社会的监督等,都有待于进一步的改革与完善。

(三)民族自治地方公务员考任制的特殊性

少数民族干部与少数民族群众有着血肉联系,确保公务员队伍中少数民族成员的比例,是落实党和国家民族政策的重要措施。《民族区域自治法》第十八

---

① 《中华人民共和国公务员法》第三十条。

条规定:"民族自治地方的自治机关所属工作部门的干部中,应当合理配备实行区域自治的民族和其他少数民族的人员。"《公务员法》第二十三条规定:民族自治地方"录用公务员时,依照法律和有关规定对少数民族报考者予以适当照顾"。目前,各民族自治地方所采取的措施主要有:(1)适当加分。即公务员考录,不区分民族成分,一律使用同一水平试卷,但对少数民族考生适当加分照顾。(2)设定比例。一些民族自治地方或多民族聚居的省区,在公务员录用计划中确定适当比例,采取分类竞争的方式确保少数民族占到一定的比例。(3)定向考录。一些特殊岗位如民族宗教事务管理的某些岗位,或少数民族聚居密集地区的一些行政职位,只招收少数民族成员。(4)放宽报考条件。由于民族自治地方的文化教育相对落后,大专以上文化程度人口比例较低,有的民族自治地方对少数民族成员报考公务员的年龄、学历要求适当放宽。(5)适当降低标准。有些地方采取分类考试,对少数民族报考者适当降低试卷的难度,减少题量。(6)对人口较少民族的特殊照顾。我国大多数民族自治地方都有多民族居住,因此公务员考录除了对在区域范围内占据多数实行自治的民族实行特殊政策之外,还要对区域内人口较少的民族进行特殊照顾,或单独划拨指标,或适当降低分数,切实保障人口较少民族的权益。

由于我国建立公务员制度的时间还很短,因此各民族自治地方进行公务员考录时,具体适用什么标准,按照什么方式和程序来实施国家的特殊政策,使其既能保证公务员队伍的素质,又能保障少数民族的权益,还需要在实践中不断地探索。

三、民族自治地方公共人力资源培训

(一)民族自治地方公务员培训

1. 民族自治地方公务员培训的方式和途径

实现民族自治地方经济社会的跨越式发展,必须培养和造就一支德才兼备,具有现代公共管理理论和公共政策素养,掌握先进分析方法及技术,熟悉某一具体公共管理或公共政策领域的领导者、管理者和公共服务人才队伍。因而民族自治地方的公务员培训,除了一般的培训方式之外,还有一些特殊的措施。

(1)到中央和发达地区国家机关挂职锻炼。

为了提高民族自治地方公务员队伍素质,国家每年都会组织部分少数民族干部到中央和发达地区政府机关挂职锻炼,以便开阔视野,更新观念。这项工作始于1990年。截至2019年,参加挂职锻炼的干部已超过一万名。[①] 选派西部

---

① 《211名西部地区和其他少数民族地区干部赴中央单位挂职锻炼》,中华人民共和国中央人民政府官网(2019-03-26)[2024-03-20], https://www.gov.cn/xinwen/2019/03/26/content_5376893.htm?cid=303

地区和其他民族自治地方干部到中央单位和东部发达地区挂职锻炼,是为贯彻中央有关指示精神,加强西部地区和其他民族自治地方领导班子和干部队伍建设的一项重要举措。这项工作促使民族自治地方干部在思想观念、知识结构和工作能力等方面都有了新的提高,在维护民族团结,拓宽干部队伍建设途径,加快西部地区经济社会发展中发挥了重要作用。

(2) 专门为少数民族干部开设培训班。

近年来,国家每年都举办少数民族干部培训班。2003 年至 2018 年,中央民族干部学院先后举办了约 800 期各类培训班,培养培训各级各族干部近 5 万人。[①] 近些年,中央民族干部学院坚持整合各方面资源,大力推进开放办学,取得明显成效。比如现场教学点建设方面,加强与京津冀、云南、内蒙古等地区有关部门单位合作,开发打造了以民族团结进步为重点,兼及党性教育等 10 多个主题 100 多个现场教学点,同时还面向民族地区积极开展"送教上门"活动。再如合作办学方面,积极探索开展省部、部委合作办学机制,与民族八省区组织、民族、统战等部门合作举办中青班、少数民族处级干部班,与国资委、全国妇联、全国工商联等部门联合举办有关专题研讨班等,与北京大学、国防大学等院校联合打造"民族事务治理与卓越领导力""民族团结与国家安全"等专题班[②],有力形成了各方面共同推动民族干部教育培训工作的新局面。

(3) 民族院校的培训。

为了培养少数民族优秀人才,国家从 20 世纪 50 年代起就专门建立了中央民族学院等多所民族院校,这些民族院校培养的人才许多都已经成为民族自治地方公务员队伍的骨干。同时,这些民族院校还为民族干部的培训提供了必要条件,成为培训民族自治地方公务员的重要基地,如中央民族大学就曾因培养了大批的少数民族领导干部,而被誉为"中国少数民族领导干部成长的摇篮"。

(4) 面向民族自治地方公务员的 MPA 教育。

MPA 是公共管理专业硕士(Master of Public Administration)的英文缩写。作为一种职业性学位教育,MPA 教育的目的是培养具有现代公共管理理论和政策素养的公务员及社会公共管理人才,帮助其获取分析解决公共管理与公共政策领域问题所必需的品质和知识技能,使其掌握和运用政治、经济、法律、外语、现代科技等方面的知识,能够熟练地运用定性与定量分析方法和计算机、信息技术解决实际问题的宽口径、复合型、应用型人才。其教育目的定位于通才与

---

① 参见《巴特尔:加强民族干部培训 助力民族团结进步》,中华人民共和国国家民族事务委员会网站(2017-09-04)[2022-09-01],https://www.neac.gov.cn/seac/xwzx/201709/1007881。
② 海丽华:《加强民族干部培训 助力民族团结进步》,《学习时报》2017 年 9 月 1 日。

专才的培养相结合。根据不同管理部门间的共通性和差异性,设置了多种专业方向,如公共行政管理、教育经济管理、国土资源管理、医疗卫生管理、社会保障管理、国家安全管理、环境保护管理等,延伸到政府各个部门和公共管理的各个领域,涉及公共管理的方方面面。在教育课程内容上,主要包括价值性知识、原理性知识、操作性知识、技术性知识和实践性知识,并以操作性知识、技术性知识和实践性知识为主。在教育课程设置上,既有关于公共管理与政策分析的基础理论和基本分析方法的核心课程,又提供了多样化的专业方向选修课程,学员可根据自己专业领域和主攻方向及兴趣爱好自由选择;还有各种实习与研讨类课程,为学员创造了理论与实践结合的平台,便于民族自治地方公务员结合自己的现有知识结构、专业领域和地域特色,以需求为主导,有针对性地选择方向,在提高综合能力的基础上,拓展专业技能。在教学方式上,MPA教育不同于一般的本科生、研究生的培养和在职人员的培训,打破了分科讲授的传统模式,而是根据现代公共组织所面临问题的复杂性与综合性特点,整合各学科知识,围绕不同专题,实行多学科知识交叉综合运用,培养学员多向度、立体性思维,提高发现问题、分析问题、解决问题的实际能力。教学中更强调职业背景,突出实践性教学,多采用案例教学、研讨式教学、信息化教学、模拟式教学和实习式教学。教学内容面向社会实际,尤其是公共管理中所面临的实际问题,注重实践性和应用性。在创设的具体情景中,有助于学员消化理论知识,熟悉某一特定问题的背景,培养其实践操作技能,是最适合民族自治地方公务员在职攻读、深造的学位之一,可以使他们能够在不影响工作的前提下,高效地获取所需知识。此外,MPA具有很强的针对性,能够真正做到学以致用。民族自治地方公务员可以根据自己的专业领域和主攻方向选择专业,带着工作中的具体问题有针对性地学习,并将所学理论及时有效地运用于实践,有助于对少数民族自治地方发展中的特殊情况和问题的分析与研究;有利于开拓少数民族自治地方干部的视野,实现思想观念和思维方式的转型,使他们能够突破传统狭窄的思维空间和思维定式,以多维立体的思维方式来分析少数民族自治地方的特殊情况,增强其预见力和应变力,能以科学的、积极的态度来对待民族自治地方发展中所遇到的新问题、新困难,多角度分析,寻求最佳解决方案。

MPA教育的基本目的就是使培训对象在公共管理理念和知识结构方面得到整合和优化,使其既具有现代战略思维、能把握机遇、总揽全局、宏观决策,又能实际处理、具体操作复杂的公共管理活动。MPA教育具有国际化的特点,是"根据经济全球化和社会信息化的时代趋势,放眼全球,培养适应国际竞争的本国人才;根据中国加入世贸组织的规则和要求,培养熟悉WTO规则的高素质的管理人才;根据新公共管理的范式及其引领的政府公共政策科学化与公共管理社会化趋势,培养适应现代公共组织发展要求的管理人才;根据中国具体国情与现实状况,培养具体分析的管理多面手和危机管理能手"[1]。可以使民族自治地方干部突破传统观念和思维方式的束缚,树立现代管理理念和创新意识,把民族自治地方的发展置于全球化的背景之下,充分考虑地方的区位特点、资源优势和市场需求,做出科学的战略性决策。此外,MPA教育还具有综合性的特点,一改因袭政治学、行政学学科母体的传统,以经济学、政治学、法学、社会学等多学科为依托,形成具有系统性、广泛性、专业性和跨学科、前沿性、应用性的专业学位教育。科学的培养模式和课程体系,其作用在于:第一,通过理论与实务并重的培训,提升学员的理论水平和实践能力;第二,通过解决复杂社会公共问题的政策分析方法与技能的培训,使学员掌握科学的定量与定性分析工具,从而提高专业素养和业务能力;第三,多样化的专业领域的专门知识技能培训,可以使学员有针对性地自主选择与自身工作密切相关的学科体系。因此,MPA教育的兴起,为促进民族自治地方公务员队伍建设的现代化,提供了一条有效的途径。

2. 民族自治地方公务员培训的改进

虽然民族自治地方的公务员培训途径相当丰富,但是,当前民族自治地方公务员的素质与民族自治地方发展的需要之间仍然存在着很大的差距,在公务员培训方面,还有许多问题需要解决,主要包括如下几个方面。

(1) 培训法规制度需要健全。

《公务员法》规定了接受培训是公务员的权利也是公务员的义务,使公务员培训有了基本法律依据,同时也对培训的原则、种类及机构进行了一些规范。但是,这些规定原则性较强,需要各地结合实际制定相应的实施方案。而民族自治地方在细化有关规则,具体实施公务员培训的相关规定,如培训的种类、培训机构、培训内容、培训方法、培训程序、培训与公务员发展的关系等方面,都没有建立起完善的模式,有关民族自治地方公务员培训的单行条例或实施方案,目前几乎还是空白。在合作培养民族自治地方公务员方面也没有具体的规范可以依循,从而使这种中央与民族自治地方、发达地区与民族自治地方的培训合作具有很强的不确定性。

(2) 培训内容和方法的科学性有待提高。

对于公务员培训,政治理论、思想道德、与实际工作相关的基础知识、管理知识与技能、专业技术知识及外语等是主要的内容。但是民族自治地方现行的公务员培训制度在内容设计、各部分内容的搭配与协调方面做得还不够,培训的针对性还需要加强。应当针对我国民族自治地方和少数民族的特点,加大马克思主义民族理论、党和国家的民族宗教政策、区域经济发展、边贸管理、国家安全等内容的培训学习。从培训方法上讲,公务员自学、专题讲授、行动式教学、实习等

---

[1] 陈潭:《MPA教育在中国,出路与选择》,《当代教育论坛》2003年第10期。

方法虽然都有,但是对哪个层次的公务员应该主要采用什么方法,培训内容与现代教学手段的有机结合等方面,亦需要不断改进。

3. 加强民族自治地方公务员培训的建议

为了加强民族自治地方的公务员培训,民族自治地方政府自身需要不断努力,而中央政府和其他地方也要进一步加强支持的力度。具体的做法包括:

(1) 加强公务员培训法规制度的建设。

首先,民族自治地方要尽快出台《公务员法》的配套实施方案,或者制定专门的单行条例,对公务员培训进行规范。其次,中央政府、各部门及相关发达地区政府应该将支持民族自治地方培训公务员的政策上升为行政法规或部门规章,使中央和发达地方对民族自治地方的智力支持成为有法可依、持久稳定的义务,确保民族自治地方在很长一段时间内能够获得稳定的公务员培训资源。

(2) 加强公务员培训网络的建设。

首先就是要进一步建立健全民族自治地方的公务员培训机构,扩大公务员培训的覆盖面。在此基础上,面临的最大问题就是培训网络的教学能力和培训能力。这个问题可以通过几个途径解决,一是大力引进优秀人才,充实到民族自治地方的公务员培训机构中去,提高培训水平;二是积极与中央政府和发达地区政府合作,整合培训资源,拓宽培训途径;三是积极加强与各高校和社会科研机构的合作,构建培训网络。

(3) 实现公务员培训内容和方式的科学化、民族化。

公务员培训的内容应根据民族自治地方的特点和需要来设计,公务员培训的具体方式应该与民族自治地方现实可能提供的条件相结合。对于民族自治地方而言,公务员队伍需要提升的知识和技能非常多,但党的民族政策、民族自治地方的基本情况、市场经济中政府运作的基本规律等知识,电子政务、程序化服务、现代公共管理的其他技能等业务能力,是最迫切需要的部分。因此,在内容设计方面,要在紧密结合民族自治地方特征的情况下,有侧重、有步骤地实现具体知识和技能提升的目标。

对于前面提到的公务员"双语"能力的问题,在讲求培训科学化、民族化的过程中应当尤其重视。例如,新疆维吾尔自治区从 2010 年开始,将乡镇党政正职后备干部、政法系统干部作为培训重点,在新疆大学、新疆教育学院等培训机构举办了 30 期双语培训示范班,培训学员 900 余人。2015 年,由自治区党委组织部牵头,组织开展 2000 名基层干部双语培训。各地州市把地县党校作为双语培训的主阵地,每年坚持举办基层干部双语培训班,选派长期在基层一线工作的干部参与培训,每年累计培训 4 万人次左右。为提高培训质量和培训效果,在充分调研、广泛听取意见和总结管理经验的基础上,自治区将以课堂讲授为主的全脱产培训模式,调整为全脱产和实践锻炼相结合的培训模式。坚持把口语作为培训重点,培训时间由四个半月延长至六个月。为帮助学员培养学习兴趣,在示范班上,还开设了少数民族历史文化和影视音乐欣赏等课程。要求学员用手机下载"语言桥"等学习软件,帮助学员随时随地学习双语。通过组织举办双语演讲比赛、小品大赛等活动,不断丰富语言学习形式,提升学习效果。为扩大双语学习范围,还利用干部远程教育平台,制作上传双语学习课件,通过农村党员干部远程教育平台和新疆昆仑网定期进行播放。2015年7月,自治区与中科院新疆理化所共同研制的"全区双语培训网络学习平台"已推广运行。有的地州还不断调整、完善教学方法和培训内容,减少语法学习课时,以基层工作、生活中常用的词汇和短句作为培训重点,强化口语训练。2016年,新疆维吾尔自治区党委办公厅印发《关于进一步加强全疆干部双语学习的意见》的通知,对全疆各级党政机关、人民团体、事业单位和村(社区)40岁以下干部,通过强化脱产培训、在岗学习、实践锻炼等多种形式,力争三年内具备基本的双语能力。这一意见旨在进一步加强全疆干部双语学习,推动各级干部真正掌握双语,深入基层、联系群众,做好群众工作,密切与各族群众的血肉联系,促进各族干部群众交往交流交融,为落实社会稳定和长治久安总目标提供坚强保证。①

四川省方面,省委组织部高度重视教材建设、师资队伍培养等基础工作。第一,抓教材编写。针对各地语言差异,加大组织协调力度,分类制作双语口语基础音像资料。阿坝藏族羌族自治州编写了《安多方言情景对话》乡土教材及配套学习光碟;甘孜藏族自治州编写了藏语康巴方言《学说藏语2000句》《藏语文基础教程》培训教材,凉山彝族自治州编写和制作了彝、藏通用语言的教材和光碟,收录了问候、见面、购物、劳动、饮食、医疗咨询等工作生活情景对话内容句子和常用词语。各县结合实际组织编写具有本地特色的培训教材。如:阿坝县编写《安多藏语汇编500句》,马尔康、金川等县编写《嘉绒藏语简易教材》,九寨沟县编写《九寨沟地区藏语口语培训讲义》,黑水县编写《黑水话学习手册》;石渠县编写《牧区常用藏语读本》、乡城县编写的《藏语本土教材》等。有的还将培训资料制成音频文件,便于干部学习。第二,强化师资力量。在西南民族大学、四川民族学院、阿坝师范学院、省藏文学校举办藏语师资培训班,集中培训一批骨干教师和专业编译人才。并从学校教师、各级党政干部、业务骨干、专业技术人才、基层一线工作者等各行各业优秀人员中确定培训师资,参与授课。第三,创新培训方式。运用新媒体,依托党政网、"康巴卫视"和农村党员干部远程教育站点,开放系列培训课程,把双语培训融入干部日常生活学习。建立手机学藏语平台,将各级干部手机号码统一录入短信系统,通过语音手机报等,定时发送"每周学双语"音频短信。在互联网上建立QQ群,交流学习心得,示范带动培训工作开展。

---

① 《2017年度"访惠聚"驻村工作队成员双语集中培训班开班》,央广网(2016-12-13)[2024-03-23],https://xj.cnr.cn/2014xjfw/2014xjfw_1/20161213/t20161213_523332381.shtml?ivk_sa=1023197a

2014年,省委组织部在西南民族大学举办全省藏区双语示范培训班,培训学员95人。州县通过开办双语强化培训班,在新录用公务员、"9+3"录用人员培训中增加双语课程,举办优秀年轻双语干部能力提升班,双语干部和高级翻译人才培训班等形式,示范带动双语培训工作。2010—2015年,共举办各类双语培训近300个班次,培训人次达到2.5万人。同时,以州或县为单位,制发基层干部双语培训读本和教学光盘,为基层干部自学双语创造条件。积极支持州县探索创新培训方式。有的开办"双语夜校",每周定时开展集中培训;有的通过悬挂学习牌方式,推动"一天一句日常用语"学习活动深入开展;有的采用"结对助学"模式,"一带一"抓好业余学习。2014—2017年,四川省委宣传部先后组织开展了四期汉藏双语宣讲骨干培训班,对来自全省32个藏区县的近300多名学员进行培训,有效推进了干部双语培训工作的开展。

青海省方面,从2010年起开始举办基层干部藏语培训班。先后在省委党校主体班次中新增基层干部藏语口语强化班、藏语口语师资班、政法干部藏语口语强化班、青南地区乡镇事业单位工作人员培训班。口语班培训对象主要为藏区乡镇、县直机关部门不懂藏语或藏语口语表达能力较弱的基层年轻干部;师资班培训对象主要为藏区基层乡镇、县直部门、州县党校等具有一定藏语口语讲授能力的干部和教师;青南班对象主要为每年青南地区乡镇事业单位面向退役士兵招录的工作人员。截至2015年5月,在省委党校举办各类藏语培训班15期,培训藏区基层年轻干部648名。其中,基层干部藏语口语强化班6期,培训干部260名,藏语口语师资班3期,培训师资135名;政法干部藏语口语强化班5期,培训干部220名;青南地区乡镇事业单位工作人员培训班1期,培训干部33名。以切实提高藏语听、说、读、写能力为目标,针对藏语培训的特殊性,在培训中打破常规,创新方式方法。一方面,集中办班,脱产集训。采取课堂讲授、个人自学、以强带弱、一对一帮扶、下乡住帐等灵活有效的培训方式;另一方面,积极引导和组织学员深入到农牧民群众中去,直接与群众沟通交流,为学员创造运用藏语对话交谈的真实语境,激发学员的学习兴趣,增强学习的主动性。同时,为使藏语口语培训常态化,针对开展藏语培训无统一教材的实际问题,青海省委组织部筹集35万元专项资金,邀请具有丰富藏语教材编译经验和长期从事藏语教学实践的高校藏语专家教授,成立了藏语教材编审小组,在深入基层调研、收集各州县开展藏语培训的有关资料、充分借鉴四川等地教材的基础上,开发编写并正式出版了具有青海特殊性的《安多藏语干部实用读本》《康巴藏语干部实用读本》,2015年5月已向藏区基层干部免费发放3万余册,作为全省干部藏语培训的基础教材。在强化示范引导的同时,进一步加大对基层工作的支持力度,划拨经费并指导海西、海南、海北、玉树、果洛、黄南6州采取集中训、结对帮、夜校学、工作促等方式举办基层干部藏语培训班260多期,培训藏区基层干部1.6万余人。截止到 2016 年 3 月,青海省已连续 7 年举办汉藏双语法官培训班,全省 6 个藏区中级人民法院、35 个基层人民法院先后有 420 余人次的双语法官接受了培训。汉藏双语培训工作已成为体现青海省法院培训特点、亮点和品牌的培训项目,为藏区法院双语审判工作奠定了人才基础。青海省委组织部始终没有放松对藏区基层干部的藏语培训,从 2011 年举办首期藏区基层干部藏语口语培训班到 2017 年 6 月同时举办两期藏语培训班,先后举办藏语口语强化班、藏语师资班、藏语提高班等 20 多期省级示范班,共培训藏区基层干部 1000 余人次。①

(4) 加强面向民族自治地方的 MPA 教育。

由于民族自治地方的高等教育基础薄弱,因此,中央政府和发达地区应通过整合既有的 MPA 教育资源,为民族自治地方公务员在入学条件、学习费用和教学内容安排等方面提供优惠条件,或者组织专门的教学力量到民族自治地方举办 MPA 班,来帮助更多的少数民族公务员获得 MPA 学位,提升他们的素质和能力。从 2006 年开始,国务院西部开发领导小组办公室与浙江大学联合举办西部地区 MPA 专业学位班,招生对象为西部 12 省、自治区、直辖市在编科级以上公务员,国务院西部开发领导小组办公室和浙江大学各自承担学费的 1/3,旨在利用浙江大学的办学条件和资源优势,借鉴"浙江模式"的成功经验,为西部地区尤其是民族自治地方培养高素质的公务员。在民族院校中,中央民族大学、广西民族大学、中南民族大学、西南民族大学、北方民族大学、内蒙古民族大学、青海民族大学都是 MPA 办学单位,其 MPA 教育的办学宗旨就是,立足于民族自治地方经济社会发展的需要,专门为民族自治地方和少数民族培养优秀人才。

第三节 民族自治地方公共部门职业伦理

一、公共部门的职业伦理的含义

伦理是一个哲学概念,要清楚地解释伦理概念的内涵有必要将它与道德概念联系起来阐述。道德首先是一种规范体系,是以善恶判断为主要形式,依靠社会舆论、传统习惯和人们的内心信念来维系的行为规范和准则;其次是一种实践活动,是在既定的行为准则基础上,自我要求和评价他人的活动。伦理在大多数情况下与道德这一概念是通用的,也是指那种依靠人们的信仰和习惯维系的行为准则与社会评价体系。作为一门学科,伦理学则是对道德的研究和反省,是对道德规范及判断标准的理由的探求,是对道德发展的展望。从这个意义上说,伦

---

① 青组:《"双语"培训:青海架起藏区干群交流"连心桥"》,中国藏区网通网(2017-09-26)[2020-05-18],http://m.tibet3.com/e/action/ShowInfo.php?classid=7&id=61968

理是比道德位阶更高的概念。它一方面是对当前道德规范、道德实践的描述,一方面又是对道德判断的反思与重构。伦理道德作为一种社会意识形态,它的主要目的是构筑社会的善,防范社会的恶,是通过对正义、善等理想目标的描述和追求,来为社会提供行为准则和道德评价体系。伦理道德依靠社会舆论、传统习惯和人们的内心信念来维持,具有非强制性和内在性的特点。它们能够起作用的领域不但比法律更广泛,并且其影响力也往往比法律更强。同时,由于伦理道德对人们行为的要求一般都高于法律,因此如果能够在整个社会树立良好的道德风尚,而不仅仅是以法律的最低道德标准来约束人们的行为,那么社会的风气将大大改善,社会正义将得到更好的实现和维护。

公共组织作为社会系统中的一部分,它的活动主要是处理社会公共事务、提供公共服务。公共组织的影响力非常广泛,社会对公共组织的期待也非常多,因而,公共组织及其工作人员的行为活动是否符合社会道德标准对整个社会的伦理风尚的形成有着非常直接的示范作用。因此,对公共组织伦理,特别是政府伦理的研究,很早就引起了人们的重视,公共管理伦理一直都是伦理学的一个重要内容。公共管理伦理可以这样来定义:公共管理伦理是人们对公共管理领域的伦理期待,是公共管理行为的基本道德规范,以及体现在公共管理事务和公共管理行为中的公共伦理精神。公共管理伦理从实践意义上来说,是公共组织及其组成人员在开展公共管理活动过程中应遵循的价值规范;从评价意义上来说,是人们依据一定的社会道德标准对公共组织行为的评价。公共管理伦理的核心问题是公共组织行为的正当性与合理性。

当前,民族自治地方正面临着重要的发展机遇,这需要有一个运作高效、反应灵活、行事公正的公共组织体系来指导社会发展,把握发展机遇。要建立一个这样的公共组织,仅仅依靠制度设计是不够的,因为再好的制度最终都得由人的具体行为来体现它的功能。要使公共组织在促进民族自治地方发展的进程中不断地提高服务质量和服务水平,不断追求卓越成效,还需要从根本上提高每一个公共管理人员的道德水准,让每一个公共管理人员都成为忠于职守、追求卓越、富于进取心、敢于承担责任的人。

公共部门职业伦理建设对于民族自治地方的发展更具有重要性和迫切性。这是因为民族自治地方相对于其他地区而言,经济不够发达、管理水平相对较低,但民族自治地方肩负的发展任务却比其他地区更艰巨,面对的行政环境也更复杂。如果没有一支道德高尚、信念坚定、社会责任感强的公共管理人员队伍,很难实现跨越式发展。民族自治地方公共部门职业伦理建设是民族自治地方其他各项制度建设的基础,只有公共管理人员的道德素质提升了,国家针对民族自治地方的各种优惠政策才能够得到良好的执行,民族自治地方出台的政策也才能更有效地得到实施,民族自治地方的后发优势才能够更好地发挥出来。

二、民族自治地方公共部门的职业伦理原则

(一)公正

公正作为一项原则,是对价值分配过程中正义的追求。民族自治地方公共管理人员在公共管理过程中必须遵循公正原则。公正价值具体体现在:(1)在公共政策决策中自觉追求实体公正。公共管理人员在涉及权力、地位、金钱、名誉等社会稀有价值分配的公共政策决策时,要确保分配公正。这些政策应平等地分配各种权利和义务,让公民在同等条件下获得同等的谋取利益的机会,保证个人从社会分配到的福利与他对社会的贡献一致。(2)在具体管理活动中贯彻公正精神。公共组织及其工作人员向社会公众提供服务时应一视同仁、客观公正,不能因亲疏之别而有态度上的热情或冷漠,不能因服务对象的权力、地位、财产的差异而在提供的服务上出现量或质的差别。

(二)以人为本

民族自治地方公共管理人员在具体公共管理活动中,要贯彻以人为本的精神:首先,要尊重服务对象的人格。在为公众服务时,保持礼貌、谦和的态度,尽量使自己的行为让服务对象获得身心的舒适,杜绝暴力执法、蛮横执法等官僚主义作风。其次,要尊重服务对象的财产。在没有法律依据的情况下不对服务对象的财产采取任何不利的措施。再次,要相信和依靠群众。无论是在政策的决策过程中还是在具体执行政策的过程中,都要倾听来自群众的意见,尊重群众的想法,了解并尊重群众的利益和需求。最后,为困难群体提供专门的扶助,以帮助他们解决困难,尽量使他们获得良好的生存与发展机会。

(三)社会利益至上

在过去,我们提倡公共管理应该以公共利益为核心,维护公共利益,促进公共利益的增长。但是在建设以人为本的服务型公共组织的目标下,只提公共利益显然不够,因为"公共利益是一个社会共同体内部为相对不确定的主体(组织或个人)所享用的资源和条件"[①]。这种利益只代表了社会利益的一部分,即与社会每个人都可能有关联的那一部分。但对于公共组织而言,要实现服务社会的目标,除了维护和增进公共利益之外,还需要为只能由一部分人合法享有的组织利益,甚至为专属于某个人的合法利益提供服务,帮助他们维护和增进利益。公共组织在公共管理的过程中,最优目标是实现公共利益、组织利益和个人利益的共同发展。"假如个人利益和组织分享的共同利益的维护与增进,无损于公共利益,那么,即使公共利益的存量不变,人们的福利也会得到改善。对于这种行为,不但应该保护而且还需要给予一定的提倡。公共管理需要防止损公肥私,但这

[①] 陈庆云、刘小康、曾军荣:《论公共管理中的社会利益》,《中国行政管理》2005年第9期。

并不等于要求为公'灭'私。"①这意味着，首先，所有社会利益都是公共管理人员需要尊重的。促进各种社会利益都有所增长是公共管理人员的责任；其次，公共管理人员在执行公务的过程中，应该努力追求三种利益共赢，而不应该只顾及某一项而忽视其他项利益；最后，公共利益不能作为损害组织利益、个人利益的理由。只要公共利益不受损害，公共管理人员就需要为组织、个人合法利益的维护和增进提供服务。

（四）回应与责任

公共管理人员应对社会呼求积极回应，主动承担社会责任。回应不但体现了公共管理人员对本职工作的尊重，更体现了公共管理人员对社会和民众的尊重，是构建和谐的社会关系不可或缺的一种品德。

公共管理人员在开展公务活动过程中，必须对自己的行为承担以下责任：(1) 道德责任。公共管理人员的生活与行为要自觉遵守社会道德标准和规范，不能因为公共管理人员的身份而蔑视其至践踏社会伦理体系。(2) 政治责任。公共管理人员应牢记自己的权力来自人民的授予，而人民赋予自己权力的目的是增进公共福利。因此，公共管理人员的一切行为都要接受来自民意机关的监督审核，接受基于民意建立的其他政治组织的监督。(3) 行政责任。一旦进入公共部门，公共管理人员就必须对自己所在的组织负责。公共管理人员一经任用，须遵守誓言，忠于职守，保质保量完成组织交付的各项任务。(4) 法律责任。公共管理法治化意味着法治对公共部门、对公共人员的限制将越来越多。任何公共管理行为都必须有法律依据，必须依照法律程序进行。如有违法，便要受到相应的制裁，承担法律责任。法律责任包括行政责任、刑事责任和民事责任。

三、民族自治地方公共管理人员的职业伦理规范

公共管理人员的职业伦理规范是约束公共管理人员行为的道德准则，以及衡量与评判公共管理人员道德水准的价值尺度。公共管理人员的职业伦理规范是社会道德规范体系与公共组织的组织制度特征相结合的产物。德怀特·沃尔多曾归纳了十二条公务员伦理指南，即对宪法的义务，对法律的义务，对民族和国家的义务，对民主的义务，对组织和官僚的规范的义务，对专业和专业主义的义务，对家庭和朋友的义务，对自己的义务，对中层集体的义务，对公众利益或总体福利的义务，对人类或世界的义务，对宗教或神的义务。② 我们认为，民族自治地方公共管理人员的职业伦理规范主要应包括以下几个方面的内容。

---

① 陈庆云、刘小康、曾军荣：《论公共管理中的社会利益》，《中国行政管理》2005 年第 9 期。
② 转引自〔美〕马国泉：《行政伦理：美国的理论与实践》，复旦大学出版社 2006 年版，第 24 页。

（一）忠诚

公共管理人员是国家依法任用或经考试录用的公务员,或者公共组织依据自身任务需要而向社会公开招募的人员,他们行使宪法和法律所赋予的或者有权机关授予的权力,代表公共组织对社会事务进行管理。因此,公共管理人员必须效忠于赋予他们权力的实体,即对公共组织要忠诚。公共管理人员必须维护宪法的尊严,因为宪法是公共组织权力来源和合法性基础。公共管理人员必须忠实维护国家利益,必须为公共组织的权威及声誉承担道德责任。公共管理人员不能从事或支持任何背叛国家、反对公共组织的行为。具体而言,忠诚体现在以下几个方面:(1)维护公共组织权威和声誉。在我国,由于中国共产党是国家大政方针的制定者,中国共产党通过全国人民代表大会将自己的路线方针政策转化为国家的法律或者政策,而政府向人大负责,具体执行人大的法律和政策。因此,维护公共组织的权威要求公共管理人员自觉拥护党的领导,拥护党的路线方针政策,模范遵守人大制定的法律法规,忠实执行公共组织的政策和指令。(2)公共管理人员不得有或支持任何损害本组织或其他公共组织的言行,不应相信或传播有损公共组织形象的谣言,不应发泄和散布对公共组织的不满情绪,不能参加、谋划、组织、唆使、煽动他人参加罢工、怠工、罢课、罢市及其他破坏国家政治、经济、社会秩序的活动,不能参加以反对现行公共组织为政治目的任何活动,也不能为任何反公共组织的活动提供支持或表示同情。(3)服从领导。公共管理人员需要有强烈的组织观念,要自觉服从组织安排和行政命令,不得有破坏政令统一的任何行为。当公共管理人员依据自己的道德原则判断组织行为不当时,可以主动向组织提出意见和建议,但不能拒绝执行组织的命令。

（二）尽职

责任,从道义和法律意义上讲,是指人应当对自己的行为负责。责任观念的存在,是人类社会得以高度组织化并能长期维系的基本条件之一。公共管理人员肩负着行使国家公共权力、管理社会公共事务的重大责任,尽忠职守是公共管理人员的天职。执行组织任务、坚守岗位、积极主动承担责任是公共管理人员最基本的义务。尽职尽责是保证公共组织工作正常进行、确保公共管理效率和质量的前提,也是公共管理人员全心全意为人民服务的具体表现。尽职原则要求:(1)公共管理人员要有强烈的事业心和责任感。公共管理服务公众、服务社会,是一项崇高的事业,公共管理人员应当以极大的热情投入工作,要对自己从事的事业有崇高的追求和理想抱负,同时也要有愿意为自己从事的事业承担责任的决心和勇气,恪尽职守、尽职尽责。(2)公共管理人员要善于发挥主观能动性,在工作中积极创新、开拓进取。公共管理人员执行的事务大多是直接面向社会公众的具体事务,内容复杂,变化频繁。公共管理人员在忠于职守、遵纪守法的前提下,还需要不断开拓创新,积极寻找解决问题的最佳方案,提高公共管理活动的效率。(3) 公共管理人员要反对和克服官僚主义。官僚主义的主要表现是：高高在上，脱离实际；形式主义，好大喜功，不干实事；互相推诿，不讲效率；弄虚作假，玩忽职守；滥用权力，不负责任。官僚主义作为一种道德上的负面价值形态是对公共管理人员职责的漠视，是对公共利益的侵害，是公共组织形象的腐蚀剂。只有彻底克服官僚主义作风，树立正确的权力观，才能使公共管理人员真正做到"情为民所系，利为民所谋，权为民所用"，做好人民的公仆。

(三) 廉洁

清代号称"江南第一清官"的张伯行在《禁止馈送檄》中说："一丝一粒，我之名节；一厘一毫，民之脂膏。宽一分，民受赐不止一分；取一文，我为人不值一文。谁云交际之常，廉耻实伤；倘非不义之财，此物何来？"公共管理人员清廉与否直接决定着社会与公共组织交易成本的高低，因此公共管理人员如何正确对待权力，如何正确处理权力与利益关系，保持清正廉洁，往往是关系到国家兴衰、人心向背的重大问题。但是，权力具有的腐蚀性和它特有的利益内涵使得权力拥有者常常要面对种种诱惑。虽然世界各国都制定了严刑峻法来保障公共管理人员队伍的廉洁，然而如果这些法律法规没有内化为公共管理人员内心接受的价值观念，没有成为公共管理人员内心深处坚定不移的道德信念，廉洁的底线将很容易被利益诱惑所突破。

作为一种道德理念，清正廉洁要求公共管理人员做到：(1) 不贪赃枉法。公共管理人员应模范遵守国家法纪，不得利用职权收受任何贿赂。公共管理人员不得以自己的权力为任何非法活动提供便利，从而谋取不当利益。公共管理人员不得向人行贿，不得挪用公共款物。(2) 不以权谋私。公共管理人员履行公务，执行各项政策，尤其是行使自由裁量权时，应该秉持公正，不能让私利因素操控自己的判断，甚至主宰自己的行动。公共管理人员应该时刻牢记公共权力的来源与目的，不能用公共权力为自己、为亲人谋取不当利益。(3) 不奢侈浪费。我国是当今世界行政成本较高的国家之一，因此在公共管理活动中要大力提倡节俭精神，杜绝各种形式的奢华和浪费，使公共财政的每一分钱，都能最大限度地增进公共利益。

(四) 实事求是

一切从实际出发，实事求是，是马克思主义的精髓。实事求是要求公共管理人员做到：(1) 经常深入实际调查研究。公共管理人员在制定政策，做出决策，或者处理具体问题时，都要深入实际了解具体情况，在周密细致的调查研究并掌握准确的信息、资料的基础上，决定具体的政策内容和解决办法，而不能凭借主观臆断的信息鲁莽决策。公共管理人员必须坚持讲真话，不做表面文章，不搞形式主义，更不能弄虚作假。公共管理人员要言行一致，表里如一，而不能隐瞒情况，欺骗他人。(2) 坚持真理、修正错误。公共管理人员要敢于坚持真理，自觉追求真理,对于上级或者组织的错误决定,要据理力争,敢于提出不同意见。同时,公共管理人员要敢于反省自己,对自己工作中的错误,勇敢承认,并且努力纠正。

(五)团结协作

科学的公共管理过程类似一条精密的流水线,有着严格的程序和步骤,需要各个环节的协调和配合,任何个人都难以单独完成公共管理的事务。因此,团结合作是公共管理人员的基本道德原则。团结合作原则要求公共管理人员做到:(1)服从命令。服从命令是确保公共管理统一协调的基础,也是公共管理人员的职责。(2)尊重他人。合作者之间应真诚相待、相互理解、团结合作,任何钩心斗角、互相拆台、尔虞我诈都与公共管理人员职业伦理格格不入。(3)配合协调。当一项事务涉及多人甚至多个部门时,公共管理人员在与他人或其他部门合作过程中,要从整体、全局角度来考虑问题,要有大局意识,不把个人、部门的利益和观点凌驾于整体之上。合作者相互之间既明确分工又精诚合作,不各自为政,不争功诿过。

(六)为民谋利

"民有、民治、民享"是民主政体的本质特征,一切公共权力都来自人民,一切公共权力的行使都是为了人民。为民谋利的基本要求是:(1)了解民情。民族自治地方的公共管理人员必须充分了解本民族本地区的发展状况,了解各民族群众的需要,了解本区域发展的机遇和障碍,并且努力为满足群众需要、促进地区发展而工作。(2)了解民意。民族自治地方的公共管理人员面对着复杂的民族关系,肩负着更艰巨的发展任务,因此必须比其他地区公共管理人员更多地深入群众,了解群众对公共组织的意见,化解矛盾。同时,向各民族群众宣传好国家的政策,促进民族团结,维护国家统一。(3)为各民族共同繁荣承担责任。民族自治地方的公共组织是促进民族自治地方发展的领航者,民族自治地方公共管理人员肩负着服务地方经济,为地方发展保驾护航的职责。因此,在工作中必须时刻牢记自己的这一职责,以此自勉。在民族自治地方发展普遍落后于其他地区的情况下,民族自治地方公共管理人员需要主动寻找赶超发展的道路,在工作中积极创新,以自己的努力工作为缩小民族自治地方的发展差距做出贡献。

四、民族自治地方公共部门职业伦理的实现机制

伦理道德是对公共管理人员的软性约束。在享有巨大权力和具有官僚主义传统的公共组织中,公共管理人员职业伦理的实现往往会遇到官僚自身利益的阻碍。要实现公共管理人员职业伦理,需要有一些具体措施以克服这些阻碍。

(一) 道德法制化

在美国,公共管理人员伦理道德的实现走的是法制化的道路。1978年美国国会通过《政府道德法案》,1993年又颁布《行政部门雇员道德行为准则》。这两项法案把公共管理人员工作中涉及的一些道德伦理问题上升为法律,并设置了政府道德办公室,制定了道德法案的实施方案并检查道德法案的执行,监督公共组织及其公共管理人员的行为,以确保公共组织行为符合伦理规范。美国的做法影响非常深远,加拿大、法国、德国、英国、荷兰、韩国、澳大利亚、新加坡、印度等国家随后都纷纷制定了公共管理人员伦理道德方面的法规。而我国关于公共管理人员的道德规范尚无专项法规,只是在《公务员法》中有关公务员义务的相关条款中有所涉及,但是对于道德的评价机制、道德的追责机制、道德的保护机制都没有明确规定。法制的缺陷是导致道德失范的一个重要原因。加快公共管理人员伦理道德法制化的步伐是提升公共管理人员道德水平必不可少的一环。在这方面,民族自治地方公共组织可以凭借自治立法权力积极探索、先行一步,走在全国的前面。

(二) 行政文化的培育

库珀认为,在公共组织中坚持有道德的行为取决于四大因素:个人道德品质、组织文化、组织制度和社会期待。① 其中组织文化的地位突出,它影响和制约着个人道德品质和组织制度这两个因素。良好的行政文化有助于公共管理人员形成民主、自主的道德人格,使之具有公共精神和正义追求的伦理品质,并通过公共管理人员不断的自我评价和自我学习,形成良好的职业伦理品格。在西方国家,宗教信仰和其他文化因素在公共管理人员道德的形成和维持过程中起到了非常重要的作用。比如基督教的一些理论就是美国公共管理人员道德规范的源泉;美国多元文化的特征也使得公共组织在公共管理方面比较注重社会反应。在我国,从五四运动到"文化大革命"持续半个多世纪对传统文化的批判导致传统行政文化的影响几乎丧失殆尽。而西方行政文化移植到中国的制度文化则面临着与环境的适应性问题,很难在短时期内与中国公共管理的实践相融合,从而导致我国的公共管理处于一种缺少文化底蕴的状态。没有相关社会文化的激励和推动,公共管理人员的道德观念很难形成。即使形成了一定的道德观念,由于缺乏相关文化底蕴的支撑,也难以产生持久、广泛的影响。这种文化的缺乏导致公共管理领域处于集体无意识状态,大家只看法律和利益,而不在乎道德伦理规范,致使整个公共管理在某种程度上陷入道德危机之中。民族自治地方有着自己独特的社会文化基础,将民族传统文化与公共管理的过程相结合,为公共

---

① 〔美〕特里·L.库珀:《行政伦理学:实现行政责任的途径(第四版)》,张秀琴译,中国人民大学出版社2001年版,第156页。

组织的活动建立支持性的伦理文化基础,必将有助于促进公共管理人员道德水平提高。

（三）公共组织伦理机制的建设

提升公共管理人员的伦理道德,关键是要强化公共组织伦理机制的建设。公共组织伦理机制从内部控制和外部控制两个方面规范着组织行为,库珀认为,外部控制的主要形式是伦理立法和伦理法规,内部控制的主导因素是技术知识和公众情感。[1] 我们更倾向于从组织内部和组织外部的角度来划分内部控制和外部控制。内部控制是指公共管理机构为了防止不道德行为的出现而对其内部组织和人员进行的引导和控制。内部控制可以通过提升工作人员的道德水准、加强内部管理和强化组织内部的权力制约等方式来实现。外部控制是指其他社会组织和公民对公共管理机构及其人员进行的引导和制约,以防止不道德行为的出现。外部控制主要包括外部的权力制约和社会对公共管理机构及其人员所进行的监督。除此之外,还需要通过组织制度伦理和政策伦理建设,来巩固和强化其成果。

（四）开放的道德评议与回应机制建设

道德本身就是一个内在要求与外在评价相结合的规范体系。为确保公共管理人员道德水准的维持和提升,民族自治地方需要建立相应的道德评议体系。首先,道德评议体系能够保证公共管理人员在公共组织系统内部受到来自多方面的基于道德标准的评价。公共组织需要建立自己的道德评议机构,将道德表现纳入对公共管理人员的考核。其次,道德评议体系还要能够让社会对公共管理人员进行评价。对待公共部门的不道德行为,"不能避而不谈,不能讳疾忌医,要把问题摆上桌面,摆上议事日程"[2]。公共组织需要开放窗口,让社会了解公共管理人员的道德表现,以便接受来自社会的评价信息。

只有被评价了,才知道是对是错。而舆论对对错的定义被行为者接受之后,就成为行为者维持或调整自己观念的依据,这正是道德由外在约束转化为内在约束的机理。当前公共管理人员队伍中之所以存在许多有违伦理道德的现象却得不到及时纠正,很重要的原因就是由于评议体系的缺乏导致公共管理人员无法认识到自己的过错。

回应机制则是公共管理人员在接收到来自公共组织内外的评议信息后,对这些信息能有所反应,或者公共组织能通过一定机制强迫他有所反应。治理型公共组织的一大特点在于它的回应性,能迅速对来自各方的要求和评价做出及

---

[1] 〔美〕特里·L.库珀:《行政伦理学:实现行政责任的途径(第四版)》,张秀琴译,中国人民大学出版社2001年版,第126—150页。

[2] 〔美〕马国泉:《行政伦理:美国的理论与实践》,复旦大学出版社2006年版,第137页。

时反应,以实现公共组织内部之间、公共组织与社会之间的良性互动。在我国民族自治地方,这种对道德评议的回应机制还没有很好地建立起来。首先,道德与责任之间没有建立起有效联系。公共管理人员只对法律负责,不对道德负责是普遍的现象。例如,当公共组织出现了重大的决策失误,决策集体中的成员往往并不会意识到自己需要负道德责任。因为他会想这是集体行为,和个人道德无关。再比如,当社会出现重大危机,只要不是公共组织自己造成的,公共管理人员几乎没有谁会站出来主动承担责任。因为他们觉得只有直接的责任关系才需要负责,而不会认为危机可能是公共组织长期忽视某些领域的结果。其次,道德责任的标准没有建立,使道德责任难以追究。一个公共管理人员贪污腐败了,法律规定了处罚的标准,可是一个公共管理人员工作懈怠,态度恶劣,却没有什么规则来为之定责。一位领导人由于重大决策失误造成了巨大、可统计的直接损失,有规则可以追究他的责任,可是如果他的决策可能导致地方经济社会发展走弯路,从而导致了巨大的社会损失,并不能凭借任何规则追究其责任。最后,公共组织中没有专门对道德责任进行追究和救济的机构和机制。我国民族自治地方公共组织中没有专门负责道德监督和道德责任追究的部门设置,没有专门处理道德失范的相关机制,没有处理道德失范问题的程序和具体操作规则。这些都是民族自治地方需要在未来公共组织建设中加以重视的。

  从现实来看,国家对民族自治地方公共部门职业伦理的建设正在日渐完善。2015年,为切实巩固党的群众路线教育实践活动成果,国家民族事务委员会在基层建立联系点,要求民族自治地方的干部秉承"走基层、转作风、访民情、聚民心"的指导思想。要求干部们不走形式,不搞排场,不增加基层和群众负担,扎扎实实地深入基层、走进各族群众之中,在实际交往交流中增进感情,密切与各族群众的血肉联系。在这一过程中,了解基层工作开展中遇到的难题,帮助基层干部谋划发展思路、协调解决难题,提供实际帮扶,扎扎实实为基层民族工作部门办实事、解难事。要通过开展"手拉手""结对子""一对一"等帮扶活动,帮助各族群众解决实际学习生活工作中的困难和问题。[①] 同时,这一指导思想使广大党员干部在实践中接受教育、增进感情、磨炼意志、增强本领,使参加活动的每位同志都能成为宣传中央民族工作会议精神的宣传员,成为认真执行党的群众路线、切实改变工作作风的践行者。

---

① 《国家民委开展"推动中央民族工作会议精神贯彻落实,走基层、转作风、访民情、聚民心"活动》,中华人民共和国国家民族事务委员会网站(2015-04-08)[2022-06-19],https://www.neac.gov.cn/seac/xwzx/201504/1002682.shtml

第八章　民族自治地方公共政策

第一节　公共政策基本原理

一、公共政策的概念、功能与特征

(一) 公共政策概念

政府的绝大部分目标是通过公共政策的制定和执行来实现的。但是，公共政策本身却是一个有颇多争议的概念。有关公共政策的定义，国内外学者从不同角度进行界定，代表性的观点主要有：

"凡是政府决定做的或不做的事情就是公共政策。"[①]"公共政策是对全社会的价值做权威性的分配。"[②]"公共政策是在某一特定环境下，政府有计划的活动过程，提出政策的用意就是利用时机，克服障碍，以实现某个既定的目标，或达到某一既定的目的。"[③]"公共政策是国家机关、政党及其他政治团体在特定时期为实现或服务于一定社会政治、经济、文化目标所采取的政治行为或规定的行为准则，它是一系列谋略、法令、措施、办法、条例等的总称。"[④]"公共政策是一项关于目标、价值和实践的大型计划。"[⑤]

从上面的论述中可以看出，对公共政策进行定义需要综合政策主体、政策内容和政策目标三大要素。结合我国的政治特点，可对公共政策这样定义：公共政策是国家机关、执政党或者具有特定公共权力的社会政治团体，在特定环境下，为了实现某一公共目标而制定的行动方案和规则体系。

公共政策从本质上来说是社会利益的集中反映，是对社会利益与价值的分配和促进。从形成过程来看，公共政策是各种社会利益群体向政策主体提出利益诉求，影响政策主体的判断和决定，从而实现有利于自己的价值分配的过程。公共政策所包含的内容直接影响社会利益格局，因而任何一项公共政策在其输入和输出的过程中必然会影响或改变既有的利益格局或行为模式，或者重新

---

① Thomas R. Dye, *Understanding Public Policy* (6th ed.), Prentice-Hall Inc., 1987, p.1.
② D. Easton, *The Political System*, Kropf, 1953, p.129.
③ Carl J. Friedrich, *Man and His Government*, McGraw-Hill, 1963, p.79.
④ 陈振明主编：《公共政策分析》，中国人民大学出版社 2002 年版，第 19 页。
⑤ 谢明编著：《公共政策导论》，中国人民大学出版社 2004 年版，第 4 页。

调整旧的利益结构,或者规定新的行为模式框架,所以总会引起社会的广泛关注。

(二) 公共政策的基本功能

公共政策是公共组织开展公共管理活动、实现公共目标的主要手段,其基本功能体现在以下四个方面:

1. 导向功能

公共政策是政策主体针对社会利益关系中的矛盾及其引发的社会问题提出的应对方案。公共政策的导向功能体现在政策主体通过公共政策确定组织的目标和规则,引导公众的行为,控制事物的发展方向。这种导向功能既包括行为的引导也包括观念的引导。导向功能的发挥可采用直接引导和间接引导两种作用方式,引导政策相关者朝决策者所希望的方向努力。

2. 调控功能

政府推行某项政策,其直接目的是对社会中的各种利益矛盾进行调节,使社会事务向决策者所期望的方向发展。政府运用政策手段对社会生活中出现的利益冲突进行调解和控制体现了公共政策的调控功能。由于大多数公共政策主体是具有强制性公共权力的组织,当公共政策的导向功能不能有效发挥作用时,政策主体就会运用强制力控制和约束目标群体[①]的行为,介入并控制事务发展的进程。

3. 分配功能

社会中每一个利益主体都尽可能地追求着自身利益的最大化。然而各种具体利益都是具有稀缺性的资源,追求利益最大化与利益的稀缺性之间必然会出现矛盾。利益矛盾的激化会造成社会的不稳定,而要减少社会成员之间的利益摩擦,就需要有一个站在公正立场上的主体来评判和分配利益,使各利益主体都自觉服从这种分配秩序,进而形成公正的分配格局和稳定的社会发展氛围。这个主体只能是具有广泛社会权威的公共权力主体,它通过各种公共政策对社会所拥有的各种资源和价值在不同地区、不同部门、不同群体之间进行分配,调节各社会主体之间的利益关系。

4. 管制功能

为了确保公共利益的实现、保护正当的社会利益、避免影响社会良性运行的不利因素出现和发生损害作用,公共政策需要发挥对目标群体的约束和管制职能。这种功能往往通过政策的有关条文规定,明确禁止或许可某些事项来实现。管制功能既可体现为奖励性的积极性管制,也可体现为惩罚性的消极性管制。

---

① 人们通常把公共政策影响的利益主体,也就是受到公共政策影响的人,称为目标群体。

二、公共政策的主体与客体

公共政策过程是一个从政策主体到政策客体再到政策主体的相互作用的循环过程,因此,要深入了解公共政策的概念和过程,需要对公共政策的主体和客体有所了解。

公共政策的主体是指那些直接或间接参与到公共政策制定、执行、评估和监督过程中的个人或组织。公共政策的主体包括两个部分,即国家主体和社会主体。

(一)公共政策的国家主体

第一,执政党。我国的执政党是中国共产党。中国共产党是我国社会主义建设事业的领导核心,也是我国公共政策过程的领导核心,是公共政策的核心主体。在我国,最具社会影响力、最具综合指导性和根本性的总政策往往都是由中国共产党首先提出的。同时,中国共产党通过政党政治的形式对政策的执行过程施加各种影响,促进政策目标的实现,确保政策过程不发生重大偏差。而党的组织领导与党的纪律在政策的监督与评价过程中具有非常强大的影响力。

第二,各级人大。全国人民代表大会及其常委会是我国公共政策的最高决策机关。我国任何具有全国性影响的重大公共政策都必须由全国人大出台或经过全国人大的确认才能成为正式的国家政策。全国人大及其常委会把执政党的政治路线、政治纲领、政治意识以国家法律的形式体现出来。各种重大的地方政策也需要由地方人大及其常委会出台或者经其确认才能进入执行程序。同时,人大虽然一般不参与具体政策的执行过程,但是人大有多种途径对政策过程进行监督和评估。

第三,各级政府。我国各级行政机关,即狭义的政府,是党和人大政策的具体执行者。由于党的政策往往比较宏观,人大的政策也经常是对重大问题所作的原则性的规划,具体操作性不强。各级政府在实施政策过程中往往还需要进行执行性决策。另外,政府在政策的评估和监督过程中也发挥着直接的作用。

第四,司法机关。在英美法系国家,法院的判决往往会成为具有与法律同等约束力的判例,从而直接成为公共政策的内容或者成为制定公共政策的依据,法院还通过司法判决参与政策的评估和监督过程。我国的法院判决不具有直接的公共政策特征,法院在公共政策过程中的作用主要体现在评估与监督方面。

(二)公共政策的社会主体

我国公共政策的社会主体是指那些虽然没有权力直接参与政策的制定和执行,但是能够通过各种方式对政策的制定和执行施加影响,能够对政策做出评估和实施政策监督的主体。这些主体包括:

第一,利益团体。代表各种社会利益的团体或组织通过游说、舆论宣传、捐款、公共集会等形式表达诉求,能够对政策的制定与执行过程施加重大影响,同时,这些活动本身也是对公共政策的一种评价与监督活动。在我国,随着利益多元化格局的逐步形成,各种利益团体将作为一种不容忽视的社会力量对政府的公共政策产生日益重要的影响。

第二,公民。公民是公共政策的重要主体之一,他们既可以通过建言献策或遵守执行等方式为公共政策的制定和执行提供支持,也可以通过请愿、示威、游行、公众集会及参加利益团体等方式,对公共政策过程施加影响。此外,他们作为选民握有选票,能够以影响被选举人的方式,直接或间接决定公共政策的内容。

第三,非政府组织与公共企业。在当前公共政策的制定与执行过程中,非政府组织与公共企业的作用越来越突出,在政策执行过程中尤其如此。许多与社会成员切身利益息息相关的公共政策往往都是由它们向政府建议推出的,同时它们也大力参与政策的具体执行过程,甚至成为政策执行的主要力量。许多公共产品和公用事业都是由非政府组织和公共企业来生产或提供的,政府只在其中起资助和监督作用。

第四,新闻媒体。新闻媒体对公共政策的影响是全方位的。首先,媒体传播的信息是制定公共政策的重要信息来源。其次,媒体能够不断地跟踪了解公共政策执行的过程,影响政策执行的方式与效果。再次,媒体能收集并公开社会各方面对公共政策的评价信息,是政策评估的重要途径。最后,媒体通常关注政策的执行效果,不断地报道政策的影响,对公共政策的制定与执行进行监督。

第五,独立研究机构。独立研究机构亦称智囊团或思想库,虽然其不具有公共权力,但由于掌握着与公共政策有关的知识、技术或者信息,往往成为公共政策官方主体的重要依赖对象。在西方国家,咨询组织对政策的影响力非常巨大。许多掌握决策权力的领导人、议员和行政机构,背后都有智囊团为其提供政策信息、草拟政策方案、开展政策论证和其他相关调研活动。我国的民间独立研究机构还处于发展阶段,无论从组织数量、活动能力还是从其对公共政策的影响力来说,都还很微弱。但是随着社会力量的兴起,知识的重要性日益突出,智囊团也会产生越来越大的影响力。

(三)公共政策的客体

与公共政策主体相对应的其他因素都可以归结为客体。如果说公共政策的主体是对公共政策的形成与实施有重大影响力的人或组织,那么公共政策的客体就是公共政策试图影响的目标和对象。公共政策的客体因而成为具有双重性的概念:一是公共政策的直接客体,即公共政策所要调节的利益和价值,是没有主观能动性的客观存在;二是公共政策的间接客体,即通过对利益和价值的调整所影响的人,是有主观能动性的社会存在,也称为目标群体。因此,公共政策的客体,从广义上来理解,包括公共政策作用的目标利益或价值和公共政策的目标群体。由于公共政策是对社会利益与价值的分配,它肯定要有具体的利益或价值内容,而这些利益与价值的内容又必然是被某类主体所享有。只有明确了利益主体及其享有的利益或价值,公共政策才能确定正确合理的分配方案。

在讨论公共政策的客体时,重要的是对人的讨论,而不是对利益与价值的讨论。在公共政策过程中,目标利益或价值是被动的客体,它们几乎不会对公共政策的推行产生实质性的影响。但是利益或价值的主体却是活生生的具有主观能动性的个人或个人的集合,他们在接受和服从政策方面受到政治文化、传统观念和风俗习惯、目标群体对政策的理解以及目标群体对具体利益的衡量等多方面的因素影响,而这种影响往往导致政策在推行过程中出现不同的效果。

三、政策子系统

公共政策系统由政策主体、政策客体和政策环境构成,因三者不同的结合方式,又形成各种各样的政策子系统。政策子系统各有分工,既相互独立又互相作用,它们的协调配合最终使得政策系统得以成为一个运动着的大系统。政策子系统包括:

第一,信息子系统。信息子系统包括信息的收集者、加工者和传播者等诸多角色。信息来源于政策主体或者环境,必须有专门机构负责信息的加工、处理和传播。现代公共政策过程,从某种意义上来说,就是一个信息流动的过程,公共政策本身其实就是政策主体向环境系统传递的某种信息。信息是公共政策制定、执行、评估和监督的依据。信息子系统的功能主要是为公共决策提供准确及时的信息,为公共政策过程服务,确保公共政策的科学性,保障公共政策在执行过程中不偏离预期目标。

第二,咨询子系统。咨询子系统是由来自公共组织内部、目标群体以及环境系统中的各类专家、学者组成的子系统。它的主要作用是运用自己掌握的知识和信息对公共政策要解决的问题进行论证,为公共政策方案的设计出谋划策,对现有政策进行评估和修正。咨询子系统是公共政策科学化、民主化的重要条件,也是当前我国公共政策系统亟待发展的一个领域。

第三,决策子系统。这一系统是公共政策的核心子系统。它由拥有决策权力的领导者组成,是公共政策的最终决定者,也是整个公共政策过程的领导者。决策子系统的主要功能是确定公共政策问题,提出公共政策的课题,确定公共政策的目标,组织公共政策的方案设计并最终决定方案的选择。决策子系统在咨询子系统的配合下,综合权衡各方利益关系,对问题的先后次序进行排列并对解决方案最终拍板,但决策子系统的最终决定并不完全依赖于咨询子系统的意见。

第四,执行子系统。由政策的具体实施部门和人员组成,主要职能是将抽象的政策目标转化为具体的政策效果,即将政策从理想变成现实。执行子系统需要根据政策实施的要求,将政策转化为更详细的实施方案,并建立行动规则以确保方案的执行。同时,执行子系统还需要对政策的作用过程进行协调控制,对政策运行过程中的各种信息进行分析和整理。

第五,监督子系统。监督子系统是由政策主体、政策客体和政策环境三个系统分别或相互作用组成的对整个公共政策过程进行规范和约束的子系统,以保持政策的公共性和严肃性,确保政策方案得以顺利实施,保证政策目标的实现。监督子系统的主要功能是:为公共政策的决策内容设定范围,为公共政策的执行建立规则和界线,对政策运行过程进行评价并在此基础上监控整个过程,最后将政策过程中的各种信息向决策系统反馈,从而使政策过程从开始到结束都不偏离既定的政策目标。

第二节 民族自治地方公共政策过程

一、民族自治地方公共政策的制定

在中国特色社会主义民主政治制度下,公共政策制定过程都有着严格的程序,我国民族自治地方的公共政策制定过程当然也不例外。民族自治地方公共政策制定过程与一般决策过程大体相同,但也存在着一些地方和民族特色,面临着一些独特的问题。具体而言,民族自治地方的公共政策制定过程大致有以下几个阶段。

(一)公共政策问题的提出

公共政策始于政策问题。公共政策问题的提出主要涉及三个方面的问题:什么人可以提出公共政策问题?公共政策问题提出的渠道是怎样的?决策中枢以什么标准来选择公共政策问题?

1. 谁来提出公共政策问题

政策问题源自社会问题,当社会问题进入决策者视野并准备通过公共政策加以解决的时候,社会问题就成为政策问题。几乎任何人都有权对社会问题加以评价并要求政府加以解决,但是否将该社会问题纳入政策议程则取决于有决策权的公共权威机构的态度和反应能力。在我国民族自治地方,有权提出公共政策问题的主体主要有这样几个:民族自治地方具有决策权力的政策主体(民族自治地方党委、人大、政府等)、民族自治地方各政策主体的组成部门和人员(各决策组织的领导者、下属工作部门、主要组成人员等)、民族自治地方的上级决策机关、民族自治地方和其上级的政治协商会议及其成员、政策咨询组织、与公共政策问题有利害关系的其他组织或个人等。

2. 公共政策问题提出的渠道

对于民族自治地方政府而言,公共政策问题的提出渠道非常多。主要决策主体往往都有自己内部的问题反映渠道,以便让组织成员提出各种政策问题,如党委和人大的主要工作方式就是各种会议,而会议同时也是提出政策问题的重要渠道,从而启动决策过程。政府内部也有各种会议,如政府常务会议、政府专题会议、政府办公会议等,这些会议不仅是决策的主要方式,同时也是政府领导人、政府组成部门和政府其他组成人员提出公共政策问题的基本渠道。同时,在我国的党政系统中还有各种信息通报制度,这种信息通报制度的一个重要作用就是帮助决策机关发现政策问题。政协作为重要的政治协商、民主监督、参政议政的机关,它的会议议题或者政协委员的提案也常常会直接成为决策主体关注的公共政策问题。政策利害关系人则可以通过发表意见、制造舆论、组织群体性活动等渠道反映公共政策问题。政策咨询组织的问题反映渠道则包括发表研究成果、举办讨论会、接受政策主体的咨询、进行演讲以及与有关决策成员的私人交往等。

3. 公共政策问题的选择

向公共决策主体提出的问题并不是都能进入公共政策制定程序,事实上,能够进入决策程序的问题很少。在民族自治地方,政策问题是否会被纳入公共政策制定过程,受到以下一些因素的影响。第一,政策问题与公共决策中枢的总体目标之间的关联度。关联度越高,进入公共政策制定过程的可能性就越大。第二,社会各方对政策问题达成一致认识的难度。如果有关各方对政策问题的争议很大,则很难将之列入公共政策议程,那些比较容易取得一致意见的政策问题则更有机会进入公共政策制定过程。第三,公共决策者的个人价值观念。决策者的价值观会直接成为他选择政策问题的标准。第四,公共决策中枢内部的利益关系。公共决策中枢中各部门和个人的利益要求和关系模式会影响他们选择的过程。

(二) 公共政策方案的拟定与论证

确定公共政策问题之后,就需要为解决政策问题而设计政策方案。政策方案的拟定与论证的科学化程度对于公共政策的质量具有至关重要的影响。公共政策方案的拟定与论证应遵循相应的程序,以保证政策方案拟定过程的科学有序。它的主要的步骤包括:

第一,公共政策问题调研。对政策问题的内容进行全方位的调查和分析,了解政策问题所涉及的各方面因素,为研究解决问题的方案提供充足的信息。

第二,确定公共政策目标。在对政策问题的各个方面有了比较全面的了解之后,决策主体需要提出解决问题的具体目标,为政策问题的解决指明方向。

第三,拟定公共政策方案。根据政策目标,决策主体在咨询机构的帮助下设计多项能够实现政策目标、解决政策问题的具体方案。

第四,公共政策方案的论证。政策方案拟定之后,需要组织专家以及与政策相关的机构和个人对各方案内容展开讨论,发现并修正其中的问题,使方案更加完善。

（三）公共政策方案的选择

在公共政策方案经过拟定和论证阶段之后,决策中枢可以比较全面地了解各方案的优劣,在此基础上选择最理想的方案作为公共政策的最终方案,就完成了公共政策制定的过程。我国重大公共政策方案的决策几乎都是以会议形式作出的,这是我国集体领导体制的反映,民族自治地方也不例外。党的决策形式有代表大会、常委会、书记办公会议等形式,会议根据少数服从多数的民主原则通过或否决政策方案。政府的集体决策形式包括政府全体会议、政府常务会议、政府专题会议等,前两种会议形式是对一些综合性问题进行决策,或集中对大量问题进行决策的形式,专题会议则是专门就某一个或一类公共政策问题进行决策的形式。政府决策虽然通过会议形式进行,但政府实行行政首长负责制,最终决策由行政首长决定。同时,政府在对一些内容相对单一、涉及面不广的政策问题进行决策时,也可以由政府首长个人进行决策,也就是一项公共政策方案拟定之后,经政府首长签字政策就生效。

二、民族自治地方公共政策的执行

（一）公共政策执行的概念及过程

1. 公共政策执行的概念

公共政策执行是指将最终确定的公共政策方案付诸实践,通过开展具体政策活动以实现决策目标的活动过程,是将决策由方案转变为现实的过程。公共政策在决策阶段的主要任务是为解决政策问题寻找可行的方案和合适的途径,这个阶段主要是一种思维过程;而公共政策执行阶段的主要任务是把决策目标由主观设想变为客观现实,体现为一种实践过程。公共决策方案为政策执行指明了目标和方向,是政策执行的前提和依据;执行过程则是决策过程的延伸,是把决策的思维成果变成现实的环节。决策与执行相辅相成,缺少任何一个环节,公共政策过程都将失去其存在的价值和意义。

2. 公共政策执行的过程

（1）编制实施计划。

在执行重大的公共政策方案之前,执行者必须首先编制出具体的实施计划,以便选择最佳的执行工具和方法并安排好执行政策任务所需要的时间和其他资源。具体包括:工作任务分解计划,即在公共决策方案的目标体系的基础上,分解出具体的工作任务,并安排每一项工作任务的先后顺序及开展方式;人力配备计划,即为每项工作确定具体的负责人,并配备充足的工作人员,确保完成工作所需的人力资源;物资配置计划,即规划好完成每项工作所需的财力、物力投入,做好物资方面的充分准备;时间安排计划,即为每一个细节任务提出具体的时间限制,确保整体工作在规定时间内完成。

(2)落实计划安排。

公共政策执行是否顺利取决于执行者对各种资源和活动的安排和落实。因此,组织与落实计划方案对于决策执行有着重要的意义。落实工作的主要内容有:落实执行机构,明确工作计划中安排的任务,向具体的执行机构授权,由它们去组织落实;落实具体工作人员配置,根据工作的需要来配备相应的工作人员,把每个执行人员都纳入管理之中;建立和健全规章制度,建立岗位责任制,做到职、权、责的明确一致,使每一个工作人员能够尽职尽责,以保证各项工作的顺利进行。

(3)政策执行中的管理活动。

第一,行政指挥。行政指挥是指公共政策执行机关的领导者按照政策方案和实施计划的要求,发布各种行政命令,提出各种具体的工作要求,以引导和推动下属的政策执行活动,确保组织目标实现的行为过程。行政指挥是政策管理的主要方式,是在政策执行过程中发挥领导功能的直接体现。现代政策执行过程通常涉及社会生活的众多领域,并且参与人员众多、分工细致、协作性强,各项工作相互关联制约,具有非常明显的系统性。要保障这个系统正常运作,就离不开高度统一的指挥。行政指挥的具体作用有:首先,行政指挥推动政策执行活动的开展,是保证政策过程沿着既定的方向和轨道前进的必要条件;其次,行政指挥可以确保各种公共资源获得有效配置和充分利用,提高资源使用效率;再次,行政指挥人员可以采取各种措施激发政策执行人员的士气,挖掘他们的潜能,提高每个政策执行人员的工作效率;最后,行政指挥是迅速排除政策执行过程中各种障碍、处理各种突发事件、保证执行顺利进行的重要途径。

第二,行政协调。行政协调是指公共政策执行机关的领导者妥善安排各方面的活动,合理分配各方面利益,排除各种障碍,以确保各具体政策执行组织和个人能够分工合作、协同一致朝共同目标行动的一种管理过程。行政协调是公共政策执行机关领导者的重要职责,是推动政策执行过程顺利进行的必要管理手段。任何重大政策的执行过程都必然是一个复杂而漫长的过程,在这个过程中,由于各方面情况会不断发生变化,政策执行过程也不可避免地会出现各种各样的问题,引发各种各样的矛盾和冲突,这些都需要领导者对各种问题和矛盾进行协调和安排,否则就会影响整个政策过程的正常进行。

第三,行政控制。行政控制是指公共政策执行机关的领导者根据政策方案和政策实施计划确立的标准,衡量政策过程中每一阶段的目标达成情况,纠正政策执行中的偏差,以确保政策目标实现的行为。行政控制在公共政策执行中发挥着重要的作用,是保证整个执行过程与决策目标相一致,保证执行者按要求完成执行任务和实现决策目标的根本措施。有效的行政控制有利于调节和监控整个公共政策执行过程,有利于各个执行环节间的协调配合和执行工作的有序运行。

(4) 政策执行的总结与评估。

对公共政策执行效果进行评估也就是对政策任务完成情况所进行的评价和对特定阶段的政策执行工作进行的总结,同时也是政策执行机关的领导者对政策执行情况所做的全面检查,以检验和评估任务执行完成的情况,发现执行工作中存在的缺点和失误,并获得经验和教训,为改进政策执行工作寻找思路,为后续的追踪决策和其他公共政策的决策和执行提供借鉴。公共政策执行效果评估是政策执行工作的最后一个阶段,在整个政策执行过程中有着非常重要的地位和作用:首先,对公共政策执行进行评估可以总结、检查政策、计划的执行情况,为实施奖惩提供事实依据,从而提高执行人员的工作积极性,推动工作的进展;其次,对公共政策执行进行评估可以及时发现执行工作中存在的缺点和错误,以便研究对策,进一步改进工作,提高执行力;最后,对公共政策执行进行评估可以总结经验教训,提高工作水平和能力。

(二) 公共政策执行中要防止的几个问题

1. 虚假执行

有些公共政策颁布之始,宣传得轰轰烈烈,引起了广泛的社会关注,但却始终未采取有效措施加以实施,即所谓"雷声大,雨点小",致使政策所发挥的功能远低于政策目标的要求,甚至根本未产生实质性的社会作用。有些地方在执行上级政策的时候,出于自身利益的考虑,往往不愿意认真执行,消极应对,使之流于形式。

2. 选择执行

这是指公共政策执行者根据自己的利益需求对上级政策的精神加以理解,断章取义,有利的就贯彻执行,不利的则故意曲解或舍弃,致使系统的政策内容被执行得残缺不全,无法完整地落到实处,甚至产生与初衷相悖的结果。

3. 附加执行

有些部门和个人在执行政策的过程中,为了个人利益或局部利益,给所执行的政策增加了一些本来不属于政策目标的内容,致使政策的调控对象、范围、力度、目标超越了政策规定的要求,使政策扭曲变形,使之有利于自己的利益,影响了既定政策目标的有效实现。

4. 歪曲执行

这是指当公共政策执行者所执行的政策对自己不利时,在执行过程中通过概念偷换和资源配置的操作,换入表面上与政策一致而事实上背离政策精神的内容,以维护政策执行者的自身利益。当前普遍存在的"上有政策,下有对策"的现象,就是政策歪曲执行的结果。

5. 迟滞执行

这是指当公共政策因与执行者所在地区或部门的局部利益或执行者的个人利益之间发生矛盾时,政策执行者有意拖延政策执行进程,导致政策在执行过程中远比原计划进展得缓慢,使政策的时效性衰减,甚至根本就没有办法执行下去。

三、民族自治地方公共政策责任追究

目前在许多地方的政策过程中,公共政策监督对于一些政策主体而言形同虚设,难以起到有效的监督和制约作用。之所以会这样,根本原因在于公共政策监督没有与问责制相联系,监督的结果与政策主体的责任没有直接联系起来,从而使得政策主体根本不用去认真对待各方的监督。因此,要使公共政策监督真正发挥应有的功能,建立公共政策的问责制非常必要。

(一) 公共政策中的问责制

在公共政策过程中要保证政策监督的有效性,必须建立公共政策的问责制。公共政策中的问责制,是指有权对政策主体进行监督和处分的权威组织或个人,对公共政策主体不履行或者不正确履行法定职责,以致影响了政策过程应有的效率、损害了公共利益或者目标群体的合法权益,造成不良影响或后果的行为,依照法律规定的标准和程序,对其责任进行评价和追究的一种制度。问责制是责任监督与责任追究的结合,是将公共政策监督落到实处的重要途径。在公共政策过程中,问责制可以从以下几个方面来理解:

第一,由谁来问责,也即问责主体。能够对公共政策主体进行问责的权威组织或个人就是问责主体。从公共政策过程中涉及的因素来看,问责主体必须具有非常高的权威性,而且应当与政策主体没有直接的利益关系。根据不同公共政策的具体情况,民族自治地方的上级党政部门、地方党委、人大、政府首长、政府内部的专门监督部门等都可以成为问责的主体。就目前的政策监督过程而言,问题的关键不是哪些组织或个人可以成为问责的主体,而是不同的公共政策应该由谁来承担问责主体的角色。在民族自治地方普遍存在的情况是公共政策主体同时也是政策问责主体,这就无法保证政策监督的公正。因此,要进一步完善公共政策监督制度,就需要将问责主体与政策主体明确分开,使问责主体能够在公正的立场上评价和追究政策主体的责任。

第二,谁要被问责,即问责客体。所有公共政策主体都应该是被问责的对象。公共政策的决策者要承担决策责任,公共政策的执行者要承担执行责任,公共政策的评估者要承担评估责任。当前,民族自治地方公共政策问责主要集中在政策执行领域,但对于公共决策和政策评估方面的问责,几乎没有先例。而低质量的公共决策方案所产生的政策效果低下,不科学和不慎重的政策评估所导

致的公共政策责任不明,往往也是政策过程中出现问题的重要原因。

第三,谁能启动问责程序。对公共政策主体的问责程序该由谁来启动,这是影响问责制效果的关键问题。在我国民族自治地方,从目前的情况来看,启动政策问责程序的权力集中于少数组织和个人,通常是由上级政府组织或个别党政领导做出启动问责程序的决定。而公共政策监督的主体并不局限于此,还包括司法机关、新闻媒体、社会组织及公民个人。从保证监督效果的角度来说,每个监督主体都应该有启动问责程序的权利。只要监督主体能够提供相应的应予问责的依据,就可以要求问责主体启动问责程序,审查和追究政策主体的责任。

(二)公共政策的问责程序

首先,启动问责程序。问责主体根据公民、社会组织的举报、控告,新闻媒体的曝光,或者自己的调查,发现公共政策主体在政策过程中有不合法或者明显不当的行为,或者政策推行过程中出现了比较严重的责任事故,就应该启动问责程序。问责必须由问责主体启动,非问责主体只能提出建议。问责主体只能对属于自己权限范围内的公共政策主体启动问责程序,不能超出职权进行问责。问责程序启动必须有可以问责的法定情形,而不能仅凭问责主体的主观判断或其他主体的片面之词。其次,调查有关事项。由于问责程序的启动是因公共政策过程中发生了特定的事项,比如政策主体不适当的行为产生了较大的不良影响或者政策的推行导致比较严重的问题等,因此,在问责程序启动以后,问责主体应亲自或授权有关机构,依据法定职权和程序对这些事项进行调查。对这些事项的调查必须坚持客观全面的原则,充分听取各方意见,全面收集相关的事实材料。同时,应给予公共政策主体解释和申辩的权利。最后,划定责任并进行处理。根据调查结果,如果公共政策主体不存在需要问责的情形,就需要及时终止问责程序,并对因问责而造成的不良影响给政策主体提供相应的补救措施;如果有关事项经调查属实,问责主体就需要根据不同情况对公共政策主体做出处理决定。

(三)问责的范围

在什么情况下需要对公共政策主体启动问责程序呢?可以启动问责程序的情况包括:(1)公共政策主体工作效率低下,影响政策进度。公共政策主体在推行政策的过程中,行动缓慢,效率低下,已经对整个政策进程造成了损害,可能严重影响政策目标的达成。(2)公共政策主体不负责任,造成公共利益、社会利益、合法的个人利益出现重大损失。如公共决策者在制定决策方案时,无视公共利益的需要,漠视个人合法利益的存在,或公共政策执行者为了达到目的而不择手段,造成公共利益或个人合法利益严重受损。(3)公共政策主体出现明显的违法乱纪行为。如贪污挪用政策资金,篡改政策目标,滥用权力,不遵守政策过程中应有的程序要求,违反规定越权行动等。(4)公共政策主体对政策过程监管不力造成政策过程发生偏差。公共组织的领导者没有约束好下属,致使下属经常出现行为偏差,导致政策过程受到影响。或者,公共政策主体没有约束好合作伙伴,致使政策过程出现问题,影响到政策目标的实现。(5)其他需要问责的情形。

（四）问责后的处理措施

在问责情形属实、责任明确之后,需要对有关责任人进行相应的处分。处分措施根据不同的责任情况依法做出决定。个人可能承担的责任主要包括:

(1)训诫。对负有责任的公共政策主体及责任人进行批评教育,责令限期整改。

(2)通报批评。在一定范围内公开政策主体的错误和问责主体对政策主体的批评意见,让责任人感受到压力并限期改正。

(3)责令赔礼道歉。要求负有责任的公共政策主体及责任人向受损害人赔礼道歉或向社会公开道歉。

(4)赔偿损失。要求公共政策主体或责任人对因自己的过错造成的损失进行适当的赔偿。

(5)停职反省。暂停公共政策主体的主体资格,暂停有关责任人的职务,令其悔过。

(6)劝告责任人引咎辞职或责令其辞职。如果责任人责任重大,那么问责主体可以劝告责任人引咎辞职,或者责令其辞职。

(7)罢免责任人职务。问责主体依据法定权限和程序罢免责任人职务,使其不再任职。

(8)依法追究责任人的刑事责任。当责任主体的过错已经构成犯罪时,问责主体在对责任人进行上述处理之后,还需要将责任人交付司法机关,追究其刑事责任。

第三节 民族自治地方主要公共政策

中国的民族政策是马克思主义民族理论与中国民族的实际情况相结合而形成的政策体系,主要包括民族平等与民族团结政策、民族区域自治政策、民族干部政策、民族经济发展政策、民族文化教育政策、民族语言文字政策、民族风俗习惯政策、宗教信仰自由政策,等等。由于民族政策是由国家制定的在全国范围内具有约束力的公共政策,因此它是民族自治地方公共政策制定的前提和依据,为民族自治地方公共政策的推行提供了各方面的条件。党的二十大报告指出,促进区域协调发展,支持革命老区、民族地区加快发展,加强边疆地区建设,推进兴边富民、稳边固边。基于此,我国形成了以民族区域自治政策为核心,由多项其他辅助政策共同构成的民族地区公共政策体系。有关其他民族政策可参阅相关论著,本书仅简单介绍几种与民族自治地方联系最密切的公共政策。其中,关于民族区域自治制度,本书前面章节有专门讨论,此处不再赘述。

一、坚持民族平等团结

民族平等是指各民族不论人口多少,历史长短,居住地域大小,经济发展程度高低,语言文字、宗教信仰和风俗习惯是否相同,政治、法律地位一律平等,在政治、法律、经济、文化、社会生活等所有领域享有同等的权利,承担相同的义务。

具体而言,民族平等政策的基本内容包括如下几个方面:(1)各民族地位上一律平等。(2)各民族在一切社会领域完全平等地享有权利。这就意味着要禁止任何民族享有任何特权,彻底消除对少数民族的任何压迫和歧视行为,保护少数民族的平等权益。(3)帮助一切民族实现民族平等权利。对欠发达地区少数民族的利益和平等权利给予特殊照顾。要采取措施,尽最大的努力,来帮助相对后进的民族实现平等权利。真诚地、无私地和长期地帮助原来受压迫的民族发展经济文化,帮助他们赶上先进民族的发展水平,消灭因历史等原因造成的民族之间发展差距,实现各民族的共同进步繁荣。(4)各民族都必须履行相应的义务。各民族在充分行使平等权利的同时,也要承担维护民族平等、民族团结和国家统一的义务。民族团结,是国家处理民族问题的根本原则,也是我国民族政策的核心内容。民族团结是指各民族在社会生活和交往中平等相待、友好相处、互相尊重、互相帮助。我们的民族团结,既包括汉族和少数民族之间的团结,也包括各少数民族之间的团结,以及同一少数民族内部成员之间的团结。

民族平等和民族团结作为我国解决民族问题的政策,在我国的宪法和有关法律中得到明确规定。《宪法》第 4 条规定:中华人民共和国各民族一律平等。国家保障各少数民族的合法的权利和利益,维护和发展各民族的平等团结互助和谐关系。禁止对任何民族的歧视和压迫,禁止破坏民族团结和制造民族分裂行为。在新的时代背景下,2021 年召开的第五次中央民族工作会议,从历史的厚度、时代的高度和实践的维度出发,将铸牢中华民族共同体意识作为新时代党的民族工作的主线。

中华人民共和国成立初期,党和政府采取了一系列重大举措,实现和维护了各民族大团结。起临时宪法作用的《中国人民政治协商会议共同纲领》,明确把实行民族区域自治作为解决民族问题的基本政策,从根本上保证了各少数民族当家作主和自主管理本民族内部事务的权利。为了尽快消除历史上形成的民族隔阂,中央人民政府先后派出西南、西北、中南、东北内蒙古 4 个访问团,中央和地方派出大批民族工作队、民族贸易队、医疗卫生队等,到民族地区慰问,宣传党的民族政策,为少数民族做好事,解决他们生活上的困难,受到各族人民的欢迎。

中央人民政府还组织了由边疆少数民族各方面人士组成的参观团、国庆观礼团，参加国庆活动，到内地参观，进一步增强了他们的爱国意识，激发了他们的爱国热情。1951年5月，中央人民政府政务院专门发出了《关于处理带有歧视或侮辱少数民族性质的称谓、地名、碑碣、匾联的指示》，有效地消除了民族歧视的痕迹，促进了民族团结。1956年至1964年，根据毛泽东同志的指示，全国人大民族委员会和中央民族事务委员会共同组织实施了对少数民族社会、历史和语言状况的大调查，促进了各民族间的相互了解和信任。1952年和1956年，党和国家两次大规模检查民族政策执行情况，2009年又进行了一次大规模、高规格的民族政策执行情况大检查，在全国范围内深入进行民族政策教育，及时纠正民族团结工作上的偏差，使各族干部群众普遍受到了马克思主义民族观教育。党的十六大以来，民族团结教育纳入了公民道德教育和社会主义精神文明建设全过程。2008年4月，国务院办公厅专门下发了《关于严格执行党和国家民族政策有关问题的通知》，对严格执行党的民族政策，维护民族团结，提出了明确要求。2009年8月，中央决定在全国深入开展民族团结宣传教育活动，中共中央办公厅、国务院办公厅联合下发了《关于深入开展民族团结宣传教育活动的意见》。国家特别重视在青少年中进行民族团结教育，要求民族团结教育进学校、进课堂、进教材。2008年，国家颁布了《学校民族团结教育指导纲要（试行）》。2009年，将民族团结教育纳入全国小学阶段考查和中考、高考及中等职业教育毕业考试范畴。①

国家还深入开展各种形式的民族团结进步创建和表彰活动。1982年，国家民委倡议开展民族团结模范集体和模范个人表彰活动，到1988年，全国已有26个省区市召开了民族团结表彰大会。1988年4月，国务院召开了第一次全国民族团结进步表彰大会。2005年，民族团结进步表彰活动被正式确定为国家的一项法定活动，这在世界上独一无二。2010年7月，中央宣传部、中央统战部、国家民委联合下发了《关于进一步开展民族团结进步创建活动的意见》，有力推动了创建活动在全社会的广泛开展。2018年12月，为树立典型、激励先进，深化新时代民族团结进步事业，经择优推荐、严格评审、社会公示，国家民委决定命名北京市西城区牛街街道西里二区社区等204家单位为第六批"全国民族团结进步创建示范区（单位）"。② 2019年10月，中共中央办公厅、国务院办公厅印发了《关于全面深入持久开展民族团结进步创建工作铸牢中华民族共同体意识的意见》（以下简称《意见》）并发出通知，要求各地区各部门结合实际认真贯彻落实。

---

① 马启智：《我国的民族政策及其法制保障》，《中国人大》2012年第1期。
② 《国家民委关于命名第六批全国民族团结进步创建示范区（单位）的决定》，中华人民共和国国家民族事务委员会网站（2018-12-29）[2020-11-08]，https://www.neac.gov.cn/seac/xxgk/201812/1130965.shtml

《意见》指出,中华民族共同体意识是国家统一之基、民族团结之本、精神力量之魂。同年12月,为树立典型、激励先进,深化新时代民族团结进步创建工作,经择优推荐、严格评审、社会公示,国家民委决定命名183家单位为第七批"全国民族团结进步示范区(单位)"。从1988年至今,国务院先后召开了7次全国民族团结进步表彰大会,共表彰民族团结进步模范9454个(模范集体4556个、模范个人4898名),在全社会影响广泛。各省区市以及许多自治州、自治县和少数民族散居的地市县也采取"民族团结宣传教育月"、定期或不定期召开不同层次的表彰大会等形式,相继开展了一系列民族团结进步创建活动,如新疆维吾尔自治区将每年5月、内蒙古自治区和吉林省延边朝鲜族自治州将每年9月、贵州省黔东南苗族侗族自治州将每年7月定为"民族团结月",表彰奖励了一大批民族团结进步模范集体和模范个人。2020年1月,国家民委、全国总工会、共青团中央、全国妇联印发了《关于进一步做好新形势下民族团结进步创建工作的指导意见》,对基层群团组织开展民族团结进步创建工作提出要求,要求各级民委、工会、团委、妇联结合实际认真贯彻落实。为了更好发挥示范区示范单位引领作用,2023年12月,国家民委印发了《全国民族团结进步示范区示范单位创建命名管理办法》,进一步规范了全国民族团结进步示范区示范单位创建命名管理。

二、民族自治地方经济政策

(一)西部大开发政策

当前,对民族自治地方影响最大的公共政策首推西部大开发政策。

1999年11月召开的中央经济工作会议正式提出了西部大开发的建议与设想,并初步规划了实施西部大开发的基本思路和战略重点。2000年3月九届全国人大三次会议的政府工作报告就实施西部大开发的必要性做了进一步阐述。2000年10月11日中共十五届五中全会通过的《中共中央关于制定国民经济和社会发展第十个五年计划的建议》(下文简称《建议》)中专门对西部大开发进行了具体的部署。《建议》认为:实施西部大开发战略,加快中西部地区发展,关系经济发展、民族团结、社会稳定,关系地区协调发展和最终实现共同富裕,是实现第三步战略目标的重大举措;要求全国上下要坚持从实际出发、积极进取、量力而行、统筹规划、科学论证、突出重点、分步实施,力争用五到十年时间,使西部地区基础设施和生态环境建设有突破性进展,西部开发有一个良好的开局。《建议》指出西部开发要加快基础设施建设,抓好一批交通、水利、通信、电网及城市基础设施等重大工程,实施"西气东输""西电东送"。加强生态建设和环境保护,有计划分步骤地抓好退耕还林还草等生态建设工程,改善西部地区生产条件和生态环境。积极调整产业结构,加强农业,发展特色产业,推进优势资源的合理开发和深度加工,加快培育旅游业,努力形成经济优势。发展科技教育,做好人才培养、使用和引进的工作,实行干部交流,推广高新技术和先进适用技术。依托亚欧大陆桥、长江水道、西南出海通道等交通干线,发挥中心城市作用,以线串点,以点带面,有重点地推进开发。国家实行重点支持西部大开发的政策措施,增加建设资金投入。加大对西部地区特别是少数民族地区财政转移支付力度。加快西部地区改革和扩大对内对外开放步伐,发挥多种所有制经济的活力。

从2000年前后中央提出西部大开发政策以来,民族自治地方建设取得了巨大成就。"十三五"时期,民族自治地方进入爬坡过坎、转型升级的关键阶段。为持续实施好西部大开发战略,加强与"一带一路"建设、长江经济带发展等重大战略的统筹衔接,坚持创新驱动、开放引领,大力夯实基础支撑,推动西部经济社会持续健康发展[1],国务院于2016年12月23日审议通过《西部大开发"十三五"规划》,部署进一步推动西部大开发工作。规划紧紧围绕到2020年如期实现全面建成小康社会的总要求,努力实现以下各项发展目标。[2]

第一,经济持续健康发展。区域比较优势充分发挥,经济结构趋于优化,经济增速继续高于全国平均水平,地区生产总值和城乡居民收入比2010年翻一番以上,经济社会发展水平与全国差距明显缩小。城镇化质量明显提高,按常住人口计算的城镇化率达到54%以上。第二,创新驱动发展能力显著增强。国民素质和社会文明程度显著提高,创新活力逐步释放。创新要素配置更加高效,企业创新主体地位进一步确立,自主创新能力全面提升,科技进步对经济增长的贡献率显著提升,知识产权制度激励创新的保障作用有效发挥,一批有代表性的创新型城市和区域创新中心基本形成,支撑创新驱动的制度体系初步形成。第三,转型升级取得实质性进展。高度重视实体经济发展,产业迈向中高端水平。第一产业综合生产能力明显增强,农业现代化取得积极进展;第二产业竞争力显著增强,工业化和信息化深度融合,先进制造业和战略性新兴产业加快发展;第三产业发展壮大,服务业比重进一步提升,具有西部特色的优势产业体系基本形成。第四,基础设施进一步完善。建成现代化交通网络和比较发达的城乡支干交通网络。民航、水运、通信、环保、管网等设施保障能力全面提升。水利基础设施明显加强,工程性缺水问题得到缓解。第五,生态环境实质性改善。生态文明建设和绿色发展理念深入人心,生产生活方式加快向绿色、循环、低碳转变。生态保护红线全面划定,生态保护补偿机制基本建立,重点生态区综合治理取得积极进展,水土流失面积大幅减少,生物多样性有所恢复,长江上游等重点地区生态屏障建设取得新成效。能源和水资源消耗、建设用地得到有效控制,碳排放强度继续显著下降,主要污染物排放量大幅减少,生态环境质量稳步改善。第六,公共服务能力显著增强。教育、文化、社会保障、公共安全、医疗卫生、住房等公共服

---

[1] 杨多才旦:《全面建成小康,牧区如何发力?》,中国吉林网(2017-02-13)[2022-09-01],http://news.cnjiwang.com/gnyw/201702/2328802.html
[2] 国家发展改革委:《发改委关于印发西部大开发"十三五"规划的通知》,中华人民共和国中央人民政府网站(2017-01-23)[2022-09-01],http://www.gov.cn/xinwen/2017-01/23/content_5162468.htm

务体系更加健全,基本公共服务水平与全国的差距逐步缩小,劳动年龄人口平均受教育年限达到10.5年,人均预期寿命增加1岁。现行国家标准下农村贫困人口实现脱贫,贫困县全部摘帽,解决区域性整体贫困问题。① 西部大开发"十三五"主要规划指标具体见表8-1。

表8-1 西部大开发"十三五"主要规划指标

类别	指标	2015年	2020年	属性
经济发展	人均地区生产总值(元)	39210	54000	预期性
	地区生产总值(亿元)	145019	200000	
	服务业增加值比重(%)	42.5	>45	
	常住人口城镇化率(%)	48.7	54.0	
资源环境	耕地保有量(万亩)	—	67900	约束性
	草原综合植被覆盖度(%)	50.6	53.6	
	森林覆盖率(%)	18.5	19.1	
	湿地保有量(万亩)	44850	44850	
社会发展	居民人均可支配收入(元)	16868	26000	预期性
	人均预期寿命(岁)	74.5	75.5	
	劳动年龄人口平均受教育年限(年)	9.7	10.5	
	贫困发生率(%)	10	<3	
创新能力	研究与试验发展经费投入强度(%)	1.2	>2	预期性
	每万人口发明专利拥有量(件)	2.7	>5.5	
	科技进步贡献率(%)	47.7	55	

西部大开发对于民族自治地方而言,更深层的意义还在于以下几点。

第一,国家通过各种方式承担了民族自治地方无力解决的重大基础性建设项目的主要成本。这些项目主要有:西气东输、西电东送、南水北调、西煤东送等重大的资源开发项目,以青藏铁路为代表的一系列交通基础设施项目,以"普九"为代表的教育发展项目,以"六小"项目为代表的农村建设项目,以大江大河源头保护工程为代表的环境项目等,也正是这些项目构成了西部地区尤其是民族自治地方的发展基础。

第二,民族自治地方获得了更多的政策权力,得以制定数量更多质量更高的公共政策。西部大开发许多政策措施的中心内容都是向西部地区地方政府授权,如税收、资源、土地、外贸的优惠政策等。这些优惠措施使得民族自治地方能够在更广阔的空间制定本地的发展战略,能够更加主动地行使自治权力。

第三,民族自治地方的发展有了资金保障,制约民族自治地方发展的最大障

---

① 《西部大开发"十三五"规划:到2020年城镇化率达54%以上》,新浪网(2017-01-23)[2018-05-12],http://finance.sina.com.cn/roll/2017-01-23/doc-ifxzunxf1825761.shtml

碍得到缓解。除了国家直接建设的重大项目之外,中央政府还通过加大财政转移支付力度、发动东部发达地区面向西部进行对口支援、在金融服务领域出台新的政策安排等举措,给民族自治地方的发展注入资金,一定程度上缓解了过去很长一段时间制约民族自治地方发展的资金不足问题。

第四,民族自治地方在技术和人才方面获得了极大的支持,使得民族自治地方发展有了智力保障。国家通过政策扶持等引导措施以及通过协调发达与落后地区之间的利益关系,使民族自治地方从发达地区获得了大量的先进技术,经济发展的内涵也更加丰富。国家还采取各种措施帮助民族自治地方培养人才,鼓励其他地方人才为西部服务,使民族地方的人力资源状况大大改善,进一步增强了其社会经济的发展能力。

"十四五"时期是我国在全面建成小康社会、实现第一个百年奋斗目标之后,乘势而上开启全面建设社会主义现代化国家新征程、向第二个百年奋斗目标进军的第一个五年。《"十四五"规划纲要》提出,要深入推进西部大开发,推动区域协调发展,并将推进西部大开发形成新格局作为"十四五"时期推动区域协调发展的重点任务。2020年5月,中共中央、国务院发布《关于新时代推进西部大开发形成新格局的指导意见》,强调要贯彻新发展理念,以供给侧结构性改革为主线,以共建"一带一路"为引领,深化市场化改革、扩大高水平开放,防范化解推进改革中的重大风险挑战,推动西部地区高质量发展,形成大保护、大开放、高质量发展的新格局,到2035年,西部地区基本实现社会主义现代化,基本公共服务、基础设施通达程度、人民生活水平与东部地区大体相当,努力实现不同类型地区互补发展、东西双向开放协同并进、民族边疆地区繁荣安全稳固、人与自然和谐共生。

(二)少数民族事业规划

国家《"十一五"规划》制定之后,为了使民族地区在"十一五"期间能够得到更快的发展,2007年国务院又推出了《少数民族事业"十一五"规划》,以全面指导和支持民族地区发展。这是国家第一次推出专门的少数民族事业五年规划,开启了国家部署少数民族事业的新篇章。该规划提出,在"十一五"期间少数民族事业发展的总体目标是:少数民族和民族自治地方公共基础设施和生态环境明显改善,自我发展能力不断增强,优势产业和特色经济不断发展,贫困问题得到有效缓解,群众生活水平有较大提高。对外交流与合作不断加强,对外开放水平有较大提高。教育、科技、文化、卫生、体育等社会事业加快发展,群众思想道德素质、科学文化素质和健康素质进一步提高。民族区域自治制度和民族理论政策体系进一步完善,民族法制建设取得较大进展,少数民族合法权益得到切实保障。民族关系更加和谐,民族团结更加紧密,实现少数民族事业又好又快的发展。为实现上述目标,《少数民族事业"十一五"规划》细化了6项预期指标,提出了11项任务。

2012年7月,国家又提出了《少数民族事业"十二五"规划》,要求"十二五"期间,民族地区经济发展主要指标增速高于全国平均水平,人均地区生产总值与全国平均水平的差距明显缩小;民族地区人民生活水平大幅提高,城乡居民收入与全国平均水平差距明显缩小;民族地区基本公共服务能力显著增强,教育、文化服务、医疗卫生、社会保障等与全国的差距明显缩小;少数民族优秀传统文化得到有效保护、传承和弘扬,适应各族群众需求的优秀文化产品更加丰富;民族理论政策体系和民族法律法规体系更加完备,民族事务服务体系更加完善。该规划提出了推动民族地区加快发展,不断改善各族群众生产生活条件;发展教育、科技、卫生、就业和社会保障事业;发展少数民族文化事业和文化产业;巩固和发展民族团结进步事业;加强少数民族各类人才队伍建设,提升民族地区发展的智力支撑能力;加强民族理论政策体系和民族法律法规体系建设,提高民族工作决策和管理水平;加大民族工作交流合作力度;构建民族事务服务体系,不断提高民族事务管理和服务水平等八大方面任务。规划要求做好少数民族特色村寨保护与发展工作,实施少数民族特需商品传统生产工艺和技术保护工程,稳妥推进双语教育,推进民族地区义务教育学校标准化建设、民族医药保护与发展、少数民族文化读本编撰出版、少数民族语言文字规范化信息化建设等工程。同时,规划还就支持少数民族事业发展的财政政策、投资和产业政策、金融政策、生态补偿政策、教育科技政策、医疗卫生政策、文化政策、社会保障政策、干部和人才政策、对口支援政策等进行了优化设计。要求各地建立健全实施少数民族事业规划的协调落实机制和目标责任制,加强对规划执行情况的监测评估和监督检查。

2016年12月24日,国务院批准印发《"十三五"促进民族地区和人口较少民族发展规划》,提出"十三五"时期少数民族和民族地区发展的主要目标是经济持续较快发展,社会事业稳步提升,民族文化繁荣发展,生态环境明显改善,民族团结更加巩固,确保到2020年少数民族和民族地区与全国人民一道迈入全面小康社会。该规划还明确了民族地区要实现地区生产总值年均增速8%以上、农村贫困人口脱贫1805万人、耕地保有量3.19亿亩等七个方面的定量指标。为了实现上述目标,该规划提出了九个方面的重点任务:一是全力打赢脱贫攻坚战,二是促进经济跨越发展,三是优先保障和改善民生,四是推进生态文明建设,五是推进全方位开放合作,六是促进人口较少民族加快发展,七是加快少数民族特色村镇保护发展,八是深入开展民族团结进步创建活动,九是创新民族事务治理体系,总体安排了少数民族特困地区和特困群体综合扶贫、民族特色优势产业振兴、少数民族特色村镇保护与发展等37个工程项目。规划强调加快民族地区和人口较少民族发展,需要中央大力支持与激发内生动力相结合,提出了财政、投资、金融、产业、土地、社会、环境、人才、帮扶等9大支持政策。

从《少数民族事业"十一五"规划》到《"十三五"促进民族地区和人口较少民族发展规划》，少数民族和民族地区发展的战略位置趋于突出，发展所涉及的群体和事项逐步精准，问题意识与预期目标也更加清晰和明确。随着依法执行规划所确定的各项任务的程度不断提高，少数民族权利的保障不断加强，各族人民的福祉不断提升，平等团结互助和谐的社会主义民族关系也得到进一步巩固和加强。

（三）人口较少民族发展政策

扶持人口较少民族发展政策经历了两个阶段。第一阶段从2001年开始，以人口在10万人以下的22个少数民族为扶持对象，这些民族分别是毛南族、撒拉族、布朗族、塔吉克族、阿昌族、普米族、鄂温克族、怒族、京族、基诺族、德昂族、保安族、俄罗斯族、裕固族、乌孜别克族、门巴族、鄂伦春族、独龙族、塔塔尔族、赫哲族、高山族、珞巴族，分布在内蒙古、黑龙江、福建、广西、贵州、云南、西藏、甘肃、青海、新疆等10省（区）的86个县、238个乡镇、640个行政村。在新中国成立以前，这些少数民族的生产生活方式大多都非常落后，生产力发展水平很低，人民生活贫困。新中国成立以后，国家通过各种政策支持他们的发展，使这些少数民族聚居区的社会形态发生了重大的变化。然而，由于这些少数民族聚居区自然条件都相对恶劣，发展基础较差，因此相对于全国平均水平，甚至相对于民族地区平均水平而言，都处于十分落后的状态。根据2001年国务院办公厅发出《关于扶持人口较少民族发展问题的复函》，有关地区和部门对这些少数民族实行特殊扶持政策，改善这些少数民族所在乡村生产生活、基础设施、文化教育卫生条件等，帮助他们加快发展。中央财政从少数民族发展资金中安排人口较少民族发展补助资金，专门用于人口较少民族聚居乡村的水利、电力、公路等基础设施建设和教育、卫生、文化等社会公益事业。

从2000年到2005年，国家发改委和国家民委密切合作，投入人口较少民族扶持总投资的规模达到10亿元。财政部安排的少数民族发展资金，在2007年之前每年有4000万元左右，2007年之后每年用于扶持人口较少民族发展的财政资金增加到1.12亿元。2005年国家多个部委联合发布了《扶持人口较少民族发展规划（2005—2010年）》，提出通过五年左右的努力，使人口较少民族聚居的行政村基础设施得到明显改善，群众生产生活存在的突出问题得到有效解决，基本解决现有贫困人口的温饱问题，经济社会发展基本达到当地中等或以上水平。再经过一段时间的努力，使人口较少民族达到全面建设小康社会的要求。

该规划实施了6年左右，共投入各项资金37.51亿元，实施项目11168个，基本实现了"四通五有三达到"的规划目标，人口较少民族面貌发生了新的历史性变化。人口较少民族聚居区基础设施显著改善，结构调整步伐加快，人民生活明显改善,社会事业稳步推进,发展能力逐步增强,呈现出生产发展、生活提高、生态改善、民族团结、社会和谐的良好局面,为全面实现小康社会奠定了坚实基础。①

2011年6月,国家五部委联合编制的《扶持人口较少民族发展规划(2011—2015年)》发布,扶持人口较少民族发展进入一个新的阶段。根据这一新规划,人口较少民族的认定标准从10万人提升到30万人,因此新增6个民族,使受扶持的人口较少民族达到28个,分别是珞巴族、高山族、赫哲族、塔塔尔族、独龙族、鄂伦春族、门巴族、乌孜别克族、裕固族、俄罗斯族、保安族、德昂族、基诺族、京族、怒族、鄂温克族、普米族、阿昌族、塔吉克族、布朗族、撒拉族、毛南族、景颇族、达斡尔族、柯尔克孜族、锡伯族、仫佬族、土族。这28个民族的总人口达到169.5万人,分布在内蒙古、辽宁、吉林、黑龙江、福建、江西、广西、贵州、云南、西藏、甘肃、青海、新疆等13个省(区)和新疆生产建设兵团的人口较少民族聚居区,包括2119个人口较少民族聚居的行政村、71个人口较少民族的民族乡、16个人口较少民族的自治县、2个人口较少民族的自治州。

经过第一阶段的扶持,人口较少民族的生产生活状况得到了极大改善,但仍然面临贫困问题突出、基础设施不完善、缺乏特色产业支撑、群众收入较低、社会事业发展滞后、公共文化服务体系不完善、基层组织建设较为薄弱、自我发展能力仍然不强等许多现实的困难与问题。在第二个阶段中,为了帮助人口较少民族尽快解决这些现实问题,改善其生产生活状况,新规划提出了基础设施建设工程、特色优势产业发展和群众增收工程、民生保障工程、繁荣发展民族文化工程、人力资源开发工程、和谐家园建设工程六大领域的重点任务和重点工程,并就每一项工程的实施提出了具体指标任务,如基础设施建设工程包括加快人口较少民族聚居区交通基础设施建设、加强农田水利基础设施建设、加快信息基础设施建设、加强农村能源建设、加强农村人居环境建设、加强生态环境保护建设、推进小城镇健康发展七个维度。要求在规划实施期间,基本解决2119个建制村不通宽带、1523个自然村不通电话问题。234个不通电的行政村解决生产生活用电问题,544个自然村解决生活用电问题,解决3.9万户无电人口用电问题,基本实现户户通电。在2119个行政村(66.2万户)修建农村无害化卫生厕所。对人口较少民族缺乏生存条件地区和居住在自然保护区内的3万户、12万人有计划地实施搬迁,缓解迁出地人口压力,改善迁入地生产生活条件,拓展脱贫致富渠道,恢复和保护迁出地生态环境等。

---

① 《全国扶持人口较少民族发展工作经验交流会召开》,《人民日报》2009年7月11日;《共筑发展之路同撑和谐蓝天中央和地方扶持人口较少民族发展工作纪实》,《人民日报》2009年7月11日。

为确保扶持人口较少民族政策取得切实成效,新规划要求中央各有关部委和各级地方政府,加大资金投入力度、金融服务力度、对口帮扶力度、人才队伍建设力度、已有政策法规落实力度。新规划还对前一阶段扶持人口较少民族政策实施过程中暴露出来的在资源、价值分配过程中过度侧重民族身份,相对忽视区域内群体面临的现实问题的普遍性做法做了修正,在政策实施过程中不再突出民族身份,而是强调以行政村为基本扶持单元,使各种帮扶政策片区化实施。2011年3月通过的《"十二五"规划》也明确指出,国家要进一步加大扶持人口较少民族发展的力度。

2016年国务院《"十三五"促进民族地区和人口较少民族发展规划》提出,应当重点扶持人口较少民族聚居行政村及所辖人口相对集中的自然村落,基本公共服务体系建设延伸至人口较少民族的民族乡、自治县、自治州,让更多的少数民族群众共同分享现代化成果。集中帮扶发展相对滞后的人口较少民族整体率先脱贫,推进发展水平较高的人口较少民族整体率先奔小康,分批分步实现全面小康。到2020年,人口较少民族聚居行政村在实现"一达到、二退出、三保障"的基础上,基本实现"四通八达"①,实现人口较少民族地区发展更加协调、生活更加富裕、环境更加美好、社会更加和谐,与全国各族人民一道迈入全面小康社会。该规划紧扣"全面建成小康社会,一个民族都不能少"目标,科学设置发展目标,更有针对性地扶持人口较少民族发展。

2018年,国家发展改革委下达中央预算内投资8亿元,支持内蒙古、辽宁、吉林、黑龙江、福建、江西、广西、贵州、云南、西藏、甘肃、青海、新疆等十三个省区的人口较少民族聚居行政村基础设施、基本公共服务设施、生态环境保护和人居环境整治,以及民族文化传承等四个领域项目建设,切实保障"十三五"促进民族地区和人口较少民族发展规划实施。②

2021年,我国脱贫攻坚战取得了全面胜利,现行标准下9899万农村贫困人口全部脱贫,832个贫困县全部摘帽,12.8万个贫困村全部出列,28个人口较少民族全部整族脱贫,一些新中国成立后"一步跨千年"进入社会主义社会的"直过民族",又实现了从贫穷落后到全面小康的第二次历史性跨越,区域性整体贫困得到解决,完成了消除绝对贫困的艰巨任务。③ 2021年,习近平总书记在青海考

---

① "一达到"是指农村居民人均可支配收入增长幅度达到或高于当地平均水平;"二退出"是指建档立卡贫困村、贫困人口脱贫退出;"三保障"是指义务教育、基本医疗和基本住房安全有保障;"四通"是指通硬化路、通客运班车、通宽带、通电商;"八达"是指集中式供水、清洁能源、卫生厕所、垃圾污水集中处理、综合性公共文化设施和场所、村务便民服务站、便民连锁超市、稳定增收产业(或创业致富带头人)达到有关建设要求。

② 《国家发改委下达8亿元中央预算内投资扶持人口较少民族发展》,中华人民共和国中央人民政府官网(2018-02-16)[2022-08-04],https://www.gov.cn/xinwen/2018/02/16/content_5267134.htm

③ 《在全国脱贫攻坚总结表彰大会上的讲话》,《人民日报》2021年2月26日。

察时指出,全面建设社会主义现代化国家,一个民族也不能少。党的二十大以后,全国各族人民迈上了以中国式现代化全面推进强国建设、民族复兴伟业的新征程,习近平总书记强调,全面建成社会主义现代化强国,一个民族也不能少。①"一个民族都不能少"充分体现了党中央对少数民族和民族地区的深切关注。

(四)兴边富民行动

中国有陆地边境线2.2万公里,其中1.9万公里在民族地区。沿边分布着140个陆地边境县(旗、市、市辖区)和新疆生产建设兵团58个边境团场。在140个边境县(包括旗、市、市辖区)中,民族自治地方有111个。边境地区总面积212万平方公里,其中民族自治地方占92%。边境地区总人口2300多万人,其中少数民族人口占51%。在55个少数民族中,有30多个与境外同一民族跨国界线相邻而居。边境地区既是国家对外开放的"一座桥",又是维护边疆安全以及国家安全的"一堵墙",还是展示国家实力和形象的"一扇窗",在全国改革发展稳定大局中具有重要战略地位。同时,沿边经济是国家整体经济的组成部分,推动沿边发展就是推动欠发达地区发展。振兴沿边经济就是振兴部分少数民族地区经济。为推动边境地区加快发展,扶持边境各族人民尽快致富奔小康,共同走向社会主义现代化,党中央、国务院作出了实施兴边富民行动的战略决策。根据1999年中央民族工作会议部署,兴边富民行动于2000年正式实施。目前,兴边富民行动已实施20余年。回顾兴边富民行动发展历程,可划分为五个阶段:

第一,酝酿探索阶段(1978—1998)。1978年,中央重新恢复民族工作部门后,考虑到边疆建设极为重要,将全国民族工作座谈会改为全国边防工作会议。1979年,全国边防工作会议召开,国家计委牵头制定《边疆建设规划草案》,中央财政连续3年每年拨出4个亿,支持该规划实施。《边疆建设规划草案》为兴边富民行动的提出提供了重要的制度依据。

第二,倡议发起阶段(1999—2000)。1999年1月,全国民委主任会议明确提出实施"兴边富民行动",国家民委成立"兴边富民行动领导小组",国务院各有关部门为顾问单位,各地建立相应机构。1999年9月,第二次中央民族工作会议强调,要继续推进兴边富民行动,为富民、兴边、强国、睦邻做出贡献,巩固祖国的万里边疆。1999年12月,国家民委印发了《关于进一步推动"兴边富民行动"的意见》,对兴边富民行动的指导思想、基本方针和主要任务进行了明确说明。2000年2月,国家民委在人民大会堂召开"兴边富民行动"新闻发布会,正式启动实施兴边富民行动。兴边富民行动伊始,采用"试点先行"办法,确定了17个试点边境县。

---

① 《铸牢中华民族共同体意识 推进新时代党的民族工作高质量发展》,中华人民共和国中央人民政府官网(2024-01-31)[2024-03-06],https://www.gov.cn/yaowen/liebiao/202401/content_6929283.htm

第三,组织推进阶段(2001—2006)。2001年,国家民委发布《全国兴边富民行动规划纲要(2001—2010年)》,并围绕交通运输、农业发展、水利建设、生态环境建设编制了专项行动规划。2004年,兴边富民行动从"试点先行"转向"重点突破",由17个试点边境县扩大到了37个重点扶持县。

第四,全面实施阶段(2007—2012)。为便于兴边富民行动的实施,国务院公布了国家级专项规划《兴边富民行动"十一五"规划》,对兴边富民行动的指导思想和发展目标、主要任务、政策措施、组织实施等作了全面规定。《兴边富民行动"十一五"规划》的实施,标志着兴边富民行动由部门行动上升为中央政府的一项重要工作。2011年《兴边富民行动规划(2011—2015年)》出台。各边疆省区也陆续制定了兴边富民行动的地方性专项规划。如黑龙江省制定实施了《黑龙江省兴边富民行动"十一五"规划》《黑龙江省兴边富民行动实施方案(2011—2015年)》《黑龙江省兴边富民行动十年规划》《黑龙江省实施兴边富民行动十大工程方案》《黑龙江省实施兴边富民行动对口支援方案》等。在这一阶段,兴边富民行动覆盖范围在2007年扩大到84个边境县,并于2009年覆盖到全部140个边境县和新疆生产建设兵团58个边境团场。为加强兴边富民行动的组织实施,健全工作机制,2012年国务院批复同意成立"兴边富民行动协调小组",并任命国家民委为协调小组组长单位。

第五,全新发展阶段(2013年至今)。党的十八大以来,以习近平同志为核心的党中央把边疆治理摆在治国理政的重要位置,提出"治国必治边"的战略思想,深入推进新时代兴边富民行动。出台了《兴边富民行动"十三五"规划》等重大政策举措,作出了"强边富边"等一系列重大部署,为新时代边疆治理指明了方向、提供了遵循。第五次中央民族工作会议提出要"完善沿边开发开放政策体系,深入推进固边兴边富民行动",支持民族地区立足资源禀赋、发展条件、比较优势等实际,同时加大对民族地区基础设施建设、产业结构调整支持力度,不断增强各族群众获得感、幸福感、安全感。① 党的二十大报告强调,要支持革命老区、民族地区加快发展,加强边疆地区建设,推进兴边富民、稳边固边。2021年公布的《"十四五"特殊类型地区振兴发展规划》将边境地区连同欠发达地区、革命老区、生态退化地区、资源型地区一起称为"特殊类型地区",并就促进边境地区繁荣稳定提出了构建沿边特色村镇体系和提升边境发展内生动力的具体部署。2023年,全国政协第八次重点关切问题情况通报会直接将会议主题定为"深入推进固边兴边富民行动",强调要积极构建新时代支持边境地区经济社会发展的政策框架,加大对边境建设重点领域投入力度。

---

① 《以铸牢中华民族共同体意识为主线推动新时代党的民族工作高质量发展》,《人民日报》2021年8月29日。

兴边富民行动是集政治、经济、文化、教育、生态多方面于一体的综合性国家发展战略,是连接党心和民心、凝聚全社会力量支持边疆地区高质量发展的"德政工程""民心工程",不仅涉及国家发展议程、区域发展规划、经贸金融政策、地区优惠政策、教科文卫和人才政策等多个方面的政策配置,还涉及资金投入、民生改善、产业扶持、扶贫开发、外贸优惠的一系列政策供给,更包括人口较少民族等少数民族特殊群体的特别发展政策。自兴边富民行动实施以来,我国边境地区的综合经济实力明显增强,并取得了一系列引人瞩目的成就。一是经济发展实现大跨越。2000年至2020年,陆地边境县(市、区、旗)的生产总值从不足900亿元,到突破1万亿元;人均地区生产总值从不足4400元,增加到4万多元。[①]二是边民生活状况大幅改善。位于边境地区的69个贫困县全部摘帽,人口较少民族全部整族脱贫。具备条件的乡镇、建制村实现通硬化路、通客车,全面实现"村村直通邮",快递服务"村村通","兴边富民中心城镇"不断增多。三是民族团结和边防巩固工作迈上新台阶。目前我国已经累计创建4264个"爱民固边模范村"、2.2万个群防群治组织,使得民族团结的基础得以夯实,促进各民族交往交流交融的能力得到全面提升。四是沿边开发开放水平显著提升。据《中国口岸年鉴(2022年版)》数据,截至2021年底,我国陆地边境口岸的数量达到129个,其中空运口岸27个,公路口岸69个,铁路口岸13个,河运口岸19个,步行口岸1个,口岸进出口货物吞吐量达130881.26万吨;设有边境经济合作区17个,跨境经济合作区2个,重点开发开放试验区9个,自由贸易试验区(片区)5个[②],边陲"末梢"逐步变为开放"前沿"。五是社会公共事业获得较为全面的发展。经过20余年的持续投入和建设,我国边境地区的社会公共事业从无到有,从弱到强,经历了翻天覆地的变化,教育普及程度不断提高,国家通用语言文字不断推广普及,公共卫生体系逐步健全。

(五)民族自治地方特色村寨保护与发展政策

为了增加投资、扩大生产、发展经济,民族自治地方政府除了积极调动区域内的资源之外,还根据各地民族特色制定各种政策措施,积极对外招商引资,吸引来自发达地区的资金甚至吸引国外资本向本地投资。其中较为典型的是少数民族特色村寨相关的政策。少数民族特色村寨在产业结构、民居式样、村寨风貌以及风俗习惯等方面都集中体现了少数民族经济社会发展特点和文化特色,集中反映了少数民族聚落在不同时期、不同地域、不同文化类型中形成和演变的历史过程,相对完整地保留了各少数民族的文化基因,凝聚了各少数民族文化的历史结晶,体现了中华文明多样性,是传承民族文化的有效载体,是少数民族和民

---

① 《党的十八大以来边疆地区发展成就综述》,《人民日报》2022年6月17日。
② 同上。

族自治地方加快发展的重要资源。因此,支持少数民族特色村寨保护与发展,是社会主义新农村、新牧区建设的重要组成部分①,是民族工作的重要组成部分,也是保护中华文化多样性的重要举措。做好这项工作,对于促进民族自治地方经济发展,传承和弘扬少数民族传统文化,增强民族自豪感,提高各民族的凝聚力、向心力,巩固和发展平等、团结、互助、和谐的社会主义民族关系具有重要意义。

少数民族特色村寨保护与发展主要可通过以下措施来推动。② 一方面,应当加强特色村镇民族文化保护传承。重点抓好民族文化的静态保护与活态传承。推进民间文化艺术之乡建设,鼓励引导群众将民族语言、文化艺术、生产技艺、节庆活动和婚丧习俗融入日常生活,传承民族记忆。重视培养村镇乡土文化能人、民族民间文化传承人、少数民族非物质文化遗产项目代表性传承人,支持成立具有当地特色的各类群众文化团队。突出民族文化特色,为群众提供公共文化活动空间。支持开展唱民族歌曲、跳民族舞蹈、演民族戏剧等文化活动,增强特色村镇的文化特色和吸引力。支持传统村落文化保护传承。命名挂牌一批少数民族特色村镇、传统村落示范典型。2020年,国家民委发布《关于做好第三批中国少数民族特色村寨命名相关工作的通知》,命名北京市怀柔区汤河口镇小梁前村等595个村寨为第三批"中国少数民族特色村寨",要求各级民委依照首批中国少数民族特色村寨牌匾样式要求统一制作、授发牌匾,扎实推进少数民族特色村寨保护与发展工作。同时,国家民委指出少数民族特色村寨保护与发展工作要积极争取地方各级党委、政府的支持,争取将少数民族特色村寨建设纳入本地乡村振兴战略等相关规划,整合各方资源、激发市场活力,有序推动少数民族特色村寨保护与发展工作。③ 另一方面,还应营造民族团结友爱的良好氛围。以发展民族风情旅游、民族特色产业为抓手,充分利用少数民族传统节庆活动、文艺演出、体育竞技、文化宣传栏、村规民约等多种形式,大力宣传党的民族政策、民族知识和民族法律法规,结合当地特点开展多种形式的民族团结进步创建活动,促进不同地区不同民族的群众相互欣赏、相互借鉴、相互交流、和谐共处。

三、民族自治地方教育政策

(一)预科教育政策

预科是高等教育的特殊层次。它在中外教育历史发展过程中起着重要作

---

① 徐家存、李丽娇、王筱春:《基于SWOT分析民族村寨地区花卉产业发展及对策研究——以大理市喜洲镇上关村为例》,《农村经济与科技》2013年第6期。
② 《"十三五"促进民族地区和人口较少民族发展规划》,中华人民共和国中央人民政府网站(2017-01-24)[2018-08-24],http://www.gov.cn/zhengce/content/2017-01-24/content-5162950.htm
③ 《国家民委关于做好第三批中国少数民族特色村寨命名相关工作的通知》,中华人民共和国国家民族事务委员会网站(2020-01-14)[2024-03-23],https://www.neac.gov.cn/seac/xxgk/202001/1139478.shtml

用。随着 18 世纪后半叶西方国家大工业的发展,科学技术的革新,各种技术人才的需求增多,教育体制也发生了变化。这种情况下,各国大学先后设立了预科,如英国、法国、德国、日本等。苏联从 1969 年起在高等院校设立预科。

新中国成立初期,党和国家在教育改造和发展过程中开始创建民族高等教育,用于解决少数民族在发展中面临的缺少人才的问题。少数民族预科教育作为民族高等教育中独具特色的办学形式成为民族高等教育的重要组成部分,在我国民族高等教育事业发展中起到了重要作用。少数民族预科招生采取适当降分,择优录取的办法,一般规定在各高等学校最低录取线以下 60—80 分内录取民族学生,这样使更多的少数民族学生获得入学机会。新中国成立后,各地民族学院创办后都先后开设了民族预科。当时民族预科的主要任务是根据少数民族学生的特点,制定教学措施,以提高学生文化基础知识为目的,加强基本技能的训练,使学生在德智体等方面都得到快速发展和提高,为在各类学校进行专业学习打下良好基础。① 预科教育为普通高校输送了大批合格生源,也提高了少数民族学生升入大学的比例。②

(二)双语教育政策

对于民族自治地方的学生而言,语言问题是教学过程中的一大障碍。许多少数民族的孩子在入学前往往只会讲本民族语言,但是在他们日后接受的教育中,国家通用语言的地位却会越来越突出。因此,在少数民族集中地区开展双语教育,是保护少数民族语言和文化、促进民族交流、维护民族团结和国家稳定的重要途径。自 1949 年以来,我国就开始探索在民族自治地方开展双语教育的政策措施,积极推动双语教育。在具有本民族语言的民族自治地方,政府往往在基础教育的早期阶段就开始双语教学,在提倡以本民族语言为主要教学语言的前提下,要求学校尽可能地早开、多开汉语教学课。

《国家中长期教育改革和发展规划纲要(2010—2020 年)》明确提出:大力推进双语教学,全面开设汉语文课程,推广国家通用语言文字。《国务院关于当前发展学前教育的若干意见》明确提出:中央财政设立专项经费,支持中西部农村地区、民族自治地方和边疆地区发展学前教育和学前双语教育。《全国教育人才发展中长期规划(2010—2020 年)》中提出加快培养幼儿教师、民族地区双语教师,加大实施民族地区双语特岗教师支持力度,开展对口支援。

(三)少数民族高层次骨干人才培养政策

少数民族高层次骨干人才培养政策是我国少数民族人才培养政策之一,是 2004 年由教育部、国家发展改革委、国家民委、财政部、人事部五部门联合提出

---

① 任中夏:《面向新世纪进一步办好民族院校的思考》,《中央民族大学学报》1999 年第 1 期。
② 吴亚男:《少数民族预科教育招生政策研究》,中南民族大学 2015 年硕士学位论文,第 11 页。

的一项具有中国特色的民族教育政策。该政策按照"三个定向"的要求,即定向招生、定向培养、定向就业,通过适当降分、单独统一划线等特殊政策措施招收新生;招生对象主要是针对少数民族学生,同时为长期在民族自治地方工作的汉族学生安排了一定比例;生源主要来自西部,同时也兼顾了享受西部政策待遇的民族自治地方和需要特别支持的少数民族散杂居地区以及内地西藏班、内地新疆高中班、民族院校、高校少数民族预科培养基地和少数民族硕士基础培训基地的教师和管理人员;毕业生一律按定向就业协议的规定就业,服务期限确定为硕士5年,博士8年(参加本项计划的内地西藏班、内地新疆高中班、高校少数民族预科培养基地和民族硕士基础培训基地的教师和管理人员毕业后,服务期限确定为硕士8年,博士12年);承担培养任务的单位主要为国家部委所属重点高等学校以及有关科研院所;经费与中央级高校研究生的拨款政策相同。① 少数民族高层次骨干人才培养政策从2006年起开始实施,每年由教育部下达"少数民族高层次骨干人才"研究生招生计划,原计划用五年时间为西部地区培养一大批少数民族高学历、高素质的专业人才。到目前为止,少数民族高层次骨干人才培养政策已经实施了十多年。② 该计划实施以来,为民族自治地方培养了大量的高层次人才。实践证明,该政策适应了社会主义现代化建设的需要,为民族地区的经济社会发展,特别是教育科技事业的发展提供了人力资本支持,政策效果十分明显。

(四)推动民族自治地方教育政策及教育事业的完善与发展

2017年,民族自治地方各级各类学校少数民族在校学生2789.8万人、少数民族专任教师182.1万人③,全国705个民族自治地方县级行政区划全部实现"两基"目标;在少数民族和民族自治地方,百姓衷心感慨:"最安全的地方是学校、最漂亮的建筑是校舍、最美丽的环境是校园"……这一切,生动地展示了近年来特别是党的十八大以来,我国民族教育事业快速发展取得的显著成绩。然而,由于历史、自然等原因,民族教育发展仍面临着一些特殊困难和突出问题,整体发展水平与全国平均水平相比差距仍然较大。④

《中华人民共和国教育法》第55条规定:各级人民政府教育财政拨款的增长应当高于财政经常性收入的增长,并使按在校学生人数平均的教育费用逐步增长,保证教师工资和学生人均公用经费逐步增长。《教育法》自颁布以来,我国整

---

① 《培养少数民族高层次骨干人才培养计划的实施方案》,中华人民共和国教育部网站(2005-06-08)[2014-10-4],http://www.moe.cn/publicfiles/business/htmlfiles/moe/moe_763/200506/8651.html

② 张姣蓉:《我国少数民族高层次骨干人才培养政策研究》,湖北民族学院2015年硕士学位论文,第5页。

③ 根据《中国民族统计年鉴2016》相关数据计算。

④ 《国务院关于加快发展民族教育的决定》,中华人民共和国中央人民政府网站(2015-08-17)[2018-04-11],http://www.gov.cn/zhengce/content/2015-08/17/content_10097.htm

体教育经费有了一个快速增长的过程。在"十一五"期间,我国的教育经费投入年均增长率为18.40%,高出GDP增长率约7.2个百分点。但即使如此,我国整体的教育投入水平仍然非常低。2018年全国教育经费执行情况统计公告显示,自2012年国家财政性教育经费占国内生产总值比例首次超过4%以来,连续7年保持在4%以上,超过了1993年颁布的《中国教育改革和发展纲要》规定的4%的要求。① 2019年全国教育经费总投入为50175亿元,比上年增长8.74%。其中,国家财政性教育经费为40049亿元,比上年增长8.25%②,占GDP比重为4.04%。但这一数字与国际平均水平比较还非常低,1988年世界经济合作与发展组织成员国的财政性教育经费投入就已经达到了GDP的4.64%③,我国的教育经费投入与国际平均水平比较仍有差距,而经济发展相对滞后的民族地区差距更大。

同时,教育优先发展虽然是民族自治地方各阶层民众的共识,但由于缺乏强有力的保障措施,这种共识在实际的公共管理过程中并没有落到实处。在没有强制性压力的情况下,各级地方政府执行教育政策的积极性和主动性并不高,很多地方政府一方面喊着优先发展教育,另一方面却不断紧缩教育投资甚至根本不在教育上投资。同样受到影响的还有教育政策的执行方面,在教育政策缺乏强制力的情况下,教育政策即使得到执行,也经常在执行中走样,造成教育事业发展的迟滞或者教育资金的浪费。

在部分民族自治地方,教育投入过于向城市集中,农村和牧区教育事业发展滞后的现象非常突出。农村和牧区办学成本往往高于城市,并且在农牧区征收教育附加费的难度很大,社会集资办学能力也很弱,农牧区的办学经费严重不足。农牧区的教育事业发展远远落后于城市,学校办学条件差、教育经费短缺、学生补助水平低、学生流失严重、升学率不高、办学效益低等几乎成为农牧区教育的普遍现象。

针对上述各种问题,2015年8月,国务院印发了《关于加快发展民族教育的决定》,提出力争到2020年,民族自治地方教育整体发展水平及主要指标接近或达到全国平均水平,逐步实现基本公共教育服务均等化。民族自治地方学前两年、三年毛入园率分别达到80%、70%。义务教育学校办学条件基本实现标准化,九年义务教育巩固率达到95%,努力消除辍学现象,基本实现县域内均衡发

---

① 《2019年全国教育经费执行情况统计快报》,中华人民共和国教育部网站(2020-06-12)[2020-12-02],http://www.moe.gov.cn/jyb_xwfb/gzdt_gzdt/s5987/202006/t20200612_465295.html

② 《今年政府工作报告共补充修改89处,多处涉及教育——政府工作报告修改信息透露教育治理新方向》,中华人民共和国教育部网站(2020-06-01)[2021-03-05],http://www.moe.gov.cn/jyb_xwfb/s5147/202006/t20200601_461237.html

③ 纪宝成、杨瑞龙主编:《中国人民大学中国经济发展研究报告2004:重要战略机遇期的中国经济结构调整》,中国人民大学出版社2004年版,第275页。

展。高中阶段教育全面普及,普职比大体相当,中职免费教育基本实现。高等教育入学机会不断增加,高考录取率不断提高,学科专业结构基本合理,应用型、复合型、技术技能型人才培养能力显著提升。国家通用语言文字教育基础薄弱地区学前教育阶段基本普及两年双语教育,义务教育阶段全面普及双语教育。新增劳动力平均受教育年限接近或达到全国平均水平,主要劳动年龄人口平均受教育年限明显提高,从业人员继续教育参与率达到50%。各级各类教育质量显著提高,服务民族自治地方全面建成小康社会的能力显著增强。① 提出了"决不让一个少数民族、一个地区掉队,推进民族教育全面发展"的庄严承诺。具体来说,可以从以下一些方面着手。

1. 铸牢各族师生中华民族共同体思想基础

第一,建立民族团结教育常态化机制。坚持不懈开展爱国主义教育和民族团结教育,引导各族学生牢固树立"三个离不开"思想,不断增强对伟大祖国、中华民族、中华文化、中国共产党、中国特色社会主义的认同和热爱。第二,促进各族学生交往交流交融。在有条件的民族自治地方积极稳妥推进民汉合校,积极开展各族学生体育、文艺、联谊等活动,促进不同民族学生共学共进。第三,促进各民族文化交融创新。坚持以社会主义先进文化为引领,传承建设各民族共享的中华文化,继承和弘扬少数民族优秀传统文化,建设各民族共有精神家园。充分发挥教育在各民族文化交融创新中的基础性作用,把中华优秀传统文化融入中小学教材和课堂教学。

2. 全面提升各级各类教育办学水平

第一,加快普及学前教育。科学规划、合理布局民族自治地方学前教育机构,支持乡村两级公办和普惠性民办幼儿园建设,新建、改扩建安全适用的幼儿园,开发配备必要的教育资源,改善保教条件,满足适龄幼儿入园需求。第二,均衡发展义务教育。民族自治地方义务教育发展规划、资源布局应主动适应扶贫开发、生态移民、城镇化建设等需要。大力推进民族自治地方义务教育学校标准化建设,全面改善贫困地区义务教育薄弱学校基本办学条件,缩小城乡差距和校际差距。第三,提高普通高中教学质量。继续支持民族自治地方教育基础薄弱县普通高中建设,扩大优质教学资源,按国家规定标准配齐图书、实验室、教学仪器设备。第四,加快发展中等职业教育。适应培养创新创业人才和培育新型职业农牧民要求,合理布局民族自治地方中等职业学校,保障并改善基本办学条件。现代职业教育质量提升计划、优质特色学校建设等项目重点向民族自治地方倾斜。第五,优化高等教育布局和结构。制定实施民族自治地方高校布局规

---

① 《国务院下发决定 开展民族优秀传统文化传承活动》,中国经济网(2015-08-18)[2018-03-12],http://www.ce.cn/culture/gd/2015/08/t20150818.shtml

划、民族院校和民族自治地方高校学科专业调整规划。优先设置与实体经济和产业发展相适应的高等职业学校。第六,积极发展继续教育。加强对民族自治地方城乡社区教育的指导。城乡社区教育机构和网络建设向民族自治地方倾斜。第七,重视支持特殊教育。在民族自治地方的地市州盟和30万人口以上、残疾儿童较多的县市区旗建好一所特殊教育学校,配齐特教专业教师,完善配套设施。

3. 切实提高少数民族人才培养质量

第一,有序扩大人才培养规模。落实好少数民族高层次骨干人才计划。加强少数民族高端人才培养工作,培养一批政治素质高、学术造诣深、具有国际影响力和话语权的少数民族优秀人才。第二,改革考试招生制度。按照国家考试招生制度改革的统一要求,保留并进一步完善边疆、山区、牧区、少数民族聚居地区少数民族考生高考加分优惠政策,推进民族自治地方和内地西藏新疆班毕业生高考招生制度改革,逐步探索建立基于统一高考和高中学业水平考试成绩、参考综合素质评价的公平、多元的录取机制。第三,强化内地民族班教育管理服务。制订长远发展规划,加大支持力度,进一步加强内地民族班建设,改善办学条件。坚持"严、爱、细"原则,对各民族学生实行统一标准、统一要求、统一管理。第四,加强普通高校、职业院校毕业生就业创业指导。开设就业指导课程,普及创业教育,引导学生树立正确的择业观,增强创业意识和创业能力。对就业困难学生开展一对一就业指导、重点推荐。鼓励在民族自治地方的中央企业和对口援建项目吸纳当地普通高校、职业院校毕业生就业。

4. 重点加强民族教育薄弱环节建设

第一,加强寄宿制学校建设。针对国家通用语言文字教育基础薄弱地区、农牧区和偏远地区实际,科学编制寄宿制学校建设规划,合理布局,改扩建、新建标准化寄宿制中小学校。第二,科学稳妥推行双语教育。依据法律,遵循规律,结合实际,坚定不移推行国家通用语言文字教育,确保少数民族学生基本掌握和使用国家通用语言文字,少数民族高校毕业生能够熟练掌握和使用国家通用语言文字。尊重和保障少数民族使用本民族语言文字接受教育的权利,不断提高少数民族语言文字教学水平。

5. 建立完善教师队伍建设长效机制

第一,健全教师培养制度。坚持不懈地用习近平新时代中国特色社会主义思想武装教师头脑,加强师德师风教育,全面提高教师思想政治素质、师德水平和能力素质。民族自治地方要制定教师队伍建设专项规划,推进师范院校专业调整和教学改革,重点培养双语教师、"双师型"教师和农村中小学理科、音体美等学科紧缺教师,形成教师培养补充长效机制。第二,完善教师培训机制。制定全员培训规划,落实每五年一周期的培训。国家级、省级、市级培训向民族自治地方农村教师和内地民族班教师倾斜。重点加强幼儿园、中小学、职业院校和内地民族班校长、骨干教师、班主任(辅导员)思想政治和业务能力培训。第三,落实教师激励政策。改善教师福利待遇,绩效工资分配向农村教学点、村小学、乡镇学校教师、双语教师和内地民族班教师倾斜,切实落实提高农村中小学教师待遇的政策措施,实施好集中连片特困地区乡村教师生活补助政策。

6. 切实加强民族教育发展的条件保障

第一,完善经费投入机制。各级政府要切实增加民族教育投入,加快推进民族自治地方基本公共教育服务均等化。中央财政针对民族自治地方特殊情况加大一般性转移支付和教育专项转移支付力度,并重点支持新疆、西藏和四省藏区等国家通用语言文字教育基础薄弱地区开展双语教育。第二,加快推进教育信息化。加强民族自治地方教育信息基础设施建设,加快推进"宽带网络校校通""优质资源班班通""网络学习空间人人通",国家教育资源公共服务平台优先向民族自治地方学校开放。第三,全面落实政府职责。各有关部门要加强对民族教育发展的统筹协调和分类指导。地方各级政府是推进民族教育发展的责任主体,要把民族教育工作纳入重要议事日程,建立由主要负责同志负总责、分管负责同志具体负责、教育部门牵头、有关部门密切配合的工作机制。第四,认真落实各项政策措施。地方政府在编制区域发展战略规划和地方经济社会发展规划时,要把民族教育摆到突出位置,优先发展、重点保障,并列为政府目标考核的重要内容。①

四、民族自治地方社会保障政策

(一) 民族地区社会保障的发展状况

目前,我国已经建成了世界上规模最大的社会保障体系,建立完善的民族自治地方社会保障体系,既是适应民族自治地方经济发展和社会变化、及时有效地保障民族自治地方广大少数民族群众基本生活的迫切需要,也是促进和推动民族自治地方社会经济稳定发展的客观要求,并可借此带动民族自治地方走向以公平求发展的可持续道路。建立和完善社会保障体系需要大规模的投入,需要非常严密的组织和监督,需要调动社会各方面的力量参与,而这些工作,只有政府才能完成。社会保障事业的发展不仅关系到社会的公平与长期稳定,而且是实现社会和谐、推动社会进步的直接动力,这些都决定了政府必须把社会保障作为其基本职责之一。当前,民族自治地方在社会保障方面采取了很多政策措施,也取得了较好的效果。

---

① 摘自《国务院关于加快发展民族教育的决定》,中华人民共和国中央人民政府网站(2015-08-17)[2016-03-12], http://www.gov.cn/zhengce/content/2015/08/17/content_10097.htm

第一,民族自治地方的社会保险方面。社会保险是目前我国社会保障体系的核心构成部分,改革开放以来,我国社会保险制度的改革与发展取得了重要成就。社会保险也是我国民族自治地方社会保障体系的重要组成部分,在国家社会保障制度改革与快速发展的大背景下,民族自治地方社会保险事业快速发展,社会保险制度不断完善,社会保险的覆盖人数快速增加,尤其是民族自治地方城乡居民社会养老保险和新型农村合作医疗制度快速发展,在参保人数、待遇领取人数、筹资水平、基金收支规模等方面都取得了显著成绩,一些城乡居民开始领取养老保险待遇,较多农村居民获得了新型农村合作医疗的补偿。

第二,民族自治地方的社会福利。社会保险的功能主要在于为城乡居民因年老、疾病、工伤、失业、生育等事件而陷入贫困风险时给予经济补偿,以帮助其应对这些风险。社会福利主要为城乡居民和特殊人群提供各种福利服务和设施,以提高其生活水平和生活质量。21世纪以来,不仅民族地区的社会保险事业获得了较快的发展,而且其社会福利事业也得到了快速发展。相较于21世纪初,民族自治地方的社会福利事业发展成绩显著,均呈现倍数增长,甚至呈数十倍的速度增长。2019年,民族自治地方福利类收养单位床位数已达到40.36万张,城镇社区服务设施达13596个。[①]

第三,民族自治地方的社会救助。社会救助主要面向因为贫困或意外事件导致不幸的人群,其对象的指向性非常明确。民族自治地方城市居民最低生活保障支出水平有大幅提升。民族八省区的城市低保平均支出水平从2003年的每人每月64.5元上升到2022年的每人每月743元。相比而言,民族自治地方农村居民最低生活保障制度发展相对较晚,但也得到了快速发展,民族自治地方农村居民最低生活保障平均支出水平有了较大提高。民族八省区农村低保的平均支出从2002年的每人每月70.6元上升到2022年的每人每月491.57元。[②]

(二)民族自治地方社会保障存在的问题

在社会保障制度建设进程方面,民族自治地方并不落后于东中部地区,部分民族自治地方县域甚至是国家推行具体社会保障项目的试点地区。但由于国家并没有建立单独针对民族自治地方的相关制度,民族自治地方的社会保障制度在发挥基础性保障作用时还面临着六大特殊问题。

一是地方财政能力弱制约民族自治地方社保待遇水平。我国民族自治地方公共财政对社会保障事业的投入,虽然增速较快,但是整体水平依然很低。民族自治地方大多处于"吃饭财政"和"财政只能保运转"的状态,能够用于配套实施

---

① 根据《中国民族统计年鉴2020》有关资料整理。
② 根据《中国社会统计年鉴2023》有关资料整理。

社会保障项目的财政资金很少。①

2022年,民族八省区社会保障和就业财政支出占全国财政总支出的比例只有2.15%左右。西方发达国家的社会保障支出主要由中央财政提供,一般占中央财政总支出的30%以上。我国社会保障和就业财政支出在全国财政支出中所占比例,到2022年也只有15.9%左右。②

二是农村社保项目经办管理能力薄弱。目前,民族自治地方县级政府社保项目经办管理主要依靠乡(镇)、村干部以兼职的方式来解决,经办管理人员的专业性不足导致社会救助工作在入户调查、审核、审批过程中存在不规范之处。

三是医疗资源不足。医疗资源不足主要表现为民族地区高素质的基层卫生医疗技术人员不足。2022年,民族八省区每千人卫生技术人员、执业医师和注册护士三类人数平均值分别为8.33人、3.02人、3.6人。其中,广西、西藏、新疆每千人口卫生技术人员低于全国平均水平,广西、贵州、云南、西藏、新疆每千人口执业医师低于全国平均水平,西藏、青海、新疆每千人口注册护士低于全国平均水平。③

四是劳动力流动对流出地区社会保险缴费造成冲击。在现有的社会保险项目统筹层次较低的背景下,民族地区农村劳动力外出务工引发的停止缴费等现象,直接影响当地医疗保险和养老保险资金的筹集,以及保险基金的可持续运行。

五是社保待遇水平地区与城乡差距大。这主要体现社会救助制度之中。这种差距表现在不同省区之间某项社会救助项目的待遇差异,也表现在同一省区内不同县市之间社保待遇水平差异,还表现在同一类型地区社保待遇水平的差异。

六是民族自治地方社会保障参与主体单一,制度瞄准率有待提高。民族八省区的最低生活保障资金全部来源于各级政府财政拨款,针对特殊人群的社会福利资金也大部分来源于各级财政,社会组织、企业和公民对民族八省区的社会保障参与较少。

此外,社会保障制度还存在其他方面的挑战,例如制度管理的规范性不足,待遇的社会化发放难,保障对象领取社保待遇成本高,这些问题从制度内部、外部两个方面制约了社保制度作用的发挥。④

---

① 《社会保障绿皮书:民族地区社会保障反贫困存在六大问题》,中国新闻网(2017-01-18)[2022-09-01],http://www.chinanews.com.cn/sh/2017/01-18/8128603.shtml.
② 根据《中国统计年鉴2023》相关数据计算。
③ 同上。
④ 《社会保障绿皮书:民族地区社会保障反贫困存在六大问题》,中国新闻网(2017-01-18)[2020-02-06],http://www.chinanews.com.cn/sh/2017/01-18/8128603.shtml.

(三) 完善民族自治地方社会保障政策体系的措施

1. 完善社会救助制度

为使社会救助制度在民族自治地方发挥更有效的扶贫兜底作用,需要从救助方式、救助对象的识别管理方式、救助的渠道等方面进行完善。① 在救助方式方面,以生存救助为基础,逐步走向发展型救助;在救助对象的识别管理方面,强化动态管理,建立识别机制。严格执行低保申请、入户调查、民主评议、家庭经济状况核对等程序,将符合低保条件的贫困户全部纳入低保救助范围,做到对象准确、应保尽保;根据物价水平和地区经济发展水平,合理提高最低生活保障标准,逐步实现推进低保标准和扶贫线标准的统一;建立资金救助、实物救助及服务救助等多元综合扶贫体系;发挥以政府为主导的多元救助主体,鼓励民族自治地方的社会组织、企事业单位开展脱贫帮扶和慈善救助;加强医疗救助和住房救助,确保精准扶贫对象病有所医,居有其所。

2. 完善社会保险制度

与社会救助侧重于贫困的治理和减贫不同,社会保险制度侧重于贫困的预防,是第一道反贫困屏障。② 完善民族自治地方社会保险制度,有利于减轻居民在面临养老、疾病、失业、工伤等风险时的支付困难,可以在一定程度上调节收入分配,有效预防贫困。

3. 完善社会福利制度

民族自治地方的社会福利支出水平相对较低,社会福利设施供给严重不足,在扶贫减贫过程中起的作用有限。因此,在完善民族自治地方的社会福利制度体系过程中,应充分发挥国家在社会福利供给中的主导作用,确保政策和资金等向民族自治地方倾斜。同时,应调动社会力量参与社会福利设施的建设,发挥社会中介组织筹集社会福利资金、提供福利服务的积极作用。③

五、民族自治地方文化政策

(一) 尊重少数民族语言文字

语言文字是民族的重要特征,语言平等是民族平等的重要体现。1949 年 9 月,《中国人民政治协商会议共同纲领》规定:各少数民族均有使用和发展其语言文字的自由。我国《宪法》规定:各民族都有使用和发展自己的语言文字的自由。民族自治地方的自治机关在执行职务的时候,依照本民族自治地方自治条例的

---

① 王延中、王俊霞:《更好发挥社会救助制度反贫困兜底作用》,《国家行政学院学报》2015 年第 6 期。
② 陈银娥、高思:《社会福利制度反贫困的新模式——基于生命周期理论的视角》,《福建论坛(人文社会科学版)》2011 年第 3 期。
③ 摘自李琼、张登巧:《少数民族地区社会保障制度减贫的功能及实践》,《甘肃社会科学》2017 年第 4 期。

规定,使用当地通用的一种或者几种语言文字。1951年10月,政务院文化教育委员会专门成立了民族语言文字研究指导委员会,指导和组织关于少数民族语言文字的研究工作,主要是帮助尚无文字的民族创立文字,帮助文字不完备的民族逐渐充实其文字。1954年5月,政务院批准实施《关于帮助尚无文字的民族创立文字问题的报告》。1954年通过的《宪法》,专门就保障少数民族使用和发展自己的语言文字的权利做了规定。1956年至1958年,中国科学院和国家民族事务委员会组织了共有700多人参加的7个语言调查队深入民族地区进行民族语言调查。① 在此基础上,国家先后为壮、布依、苗、彝、黎、纳西、傈僳、哈尼、佤、侗等10个民族制定了14种文字方案,帮助傣、景颇、拉祜族改进了文字,帮助维吾尔和哈萨克族设计了以拉丁字母为基础的新文字。1991年6月,国务院批转国家民族事务委员会《关于进一步做好少数民族语言文字工作的报告》,明确了新时期民族语文工作的方针、任务和措施。2000年10月,《中华人民共和国国家通用语言文字法》实施,在规定国家推广普通话、推行规范汉字的同时,强调少数民族语言文字的使用,要依据《宪法》《民族区域自治法》及其他法律的有关规定。②

在我国政治、经济和社会生活的各个方面,少数民族语言文字都得到充分尊重和较好发展。中国共产党全国代表大会、全国人民代表大会、中国人民政治协商会议召开的重要会议,都提供蒙古、藏、维吾尔、哈萨克、朝鲜、彝、壮等7种少数民族文字的文件译本和这7种少数民族语言的同声翻译。我国人民币主币除使用汉字之外,还使用了蒙古、藏、维吾尔、壮四种少数民族文字。中央人民广播电台和地方广播电台每天用21种少数民族语言进行播音。少数民族语言广播电视的节目制作、播出及覆盖情况,有了较快发展。③

(二)尊重少数民族风俗习惯

中国各少数民族都有自己的风俗习惯,表现在服饰、饮食、居住、婚姻、礼仪、丧葬等多方面。国家尊重少数民族的风俗习惯,少数民族享有保持或改革本民族风俗习惯的权利。在社会生活的各方面,政府对少数民族保持或改革本民族风俗习惯的权利加以保护。《中国人民政治协商会议共同纲领》和历次颁布的《宪法》中,都明确规定各少数民族均有保持或改革本民族风俗习惯的自由。此外,国家还先后制定颁布了许多尊重少数民族风俗习惯的法律法规和一系列具体措施。主要有:

---

① 《藏语文研究70年》,中国藏学研究中心网站(2021-11-12)[2022-6-23],http://www.tibetology.ac.cn/2021-11/12/content_41706131.htm
② 国家民族事务委员会研究室:《新中国民族工作十讲》,民族出版社2006年版,第157—158页。
③ 同上。

1. 饮食习惯方面

我国各民族在饮食习惯上都有自己的特点,国家保证少数民族特需食品的生产和供应,尤其对回、维吾尔、哈萨克、柯尔克孜、塔吉克、塔塔尔、乌孜别克、东乡、撒拉、保安等10个大多数群众信仰伊斯兰教、食用清真食品的民族,给予了专门的照顾。国家规定:城市和信仰伊斯兰教民族来往较多的交通要道、饭店、旅馆、医院及列车、客船、飞机等交通设施上,应设清真食堂或有清真伙食。信仰伊斯兰教公职人员较多的机关、学校、企事业,要设立清真食堂或有清真伙食。在经营、销售食品中,凡供应信仰伊斯兰教公民的牛羊肉,应做到单宰、单储、单运、单售,不得与其他肉食混杂。供应糕点及其他食品也应照此办理。

2. 服饰习惯方面

许多少数民族的穿着装饰都有自己独特的习惯和特殊要求,对于这方面的习俗,国家安排了少数民族特需用品的生产和供应,在许多地区设有"民族用品商店"或在一般商店内设立"民族用品专柜",销售少数民族特需用品,照顾少数民族在穿着装饰方面的特殊习惯和要求。20世纪80年代我国实行改革开放以后,国家大力扶持新疆特需产品的生产,在新疆建立不少生产少数民族特需产品的工厂,使新疆本地自产的绸布、鞋帽等能满足少数民族的需求。苗族、彝族、藏族等许多少数民族妇女喜欢戴金银饰品,藏族、蒙古族、哈萨克族等一些牧区少数民族群众习惯穿长筒皮靴、毡靴,保安族、藏族、蒙古族等民族爱用银饰腰刀,都得到妥善的解决。国家专项拨出黄金、白银供应民族自治地方,生产少数民族所喜爱的金银首饰。

3. 尊重和照顾少数民族年节习俗

国家规定:各地人民政府应按照少数民族年节习惯,制定放假办法、节日特殊食品供应等优待办法。

(三)尊重和保护少数民族宗教信仰自由

中国是一个有着多种宗教的国家,主要有佛教、道教、伊斯兰教、天主教、基督教等。中国少数民族群众大多有宗教信仰。我国《宪法》规定:中华人民共和国公民有宗教信仰自由。在中国,宗教信仰自由:每个公民有信仰宗教的自由,也有不信仰宗教的自由;有信仰这种宗教的自由,也有信仰那种宗教的自由;在一种宗教里面,有信仰这个教派的自由,也有信仰那个教派的自由;有过去不信教现在信教的自由,也有过去信教现在不信教的自由。中国有清真寺3.5万座。在西藏,有藏传佛教各类宗教活动场所1700多处。[①]

(四)传承与弘扬少数民族文化

对于少数民族文化的传承与弘扬,中国政府在《"十三五"促进民族地区和人

---

① 中华人民共和国国务院新闻办公室:《中国少数民族政策及实践》,中华人民共和国中央人民政府网站(2015-05-26)[2016-03-14],http://www.gov.cn/zwgk/2005-05/26/content_1131.htm

口较少民族发展规划》中有具体要求。一方面,应当提升公共文化服务能力。完善州、县两级博物馆、图书馆、文化馆、科技馆、足球场、体育场等公共服务设施,继续推进少数民族标志性文化设施建设,包括民族博物馆、生态博物馆、民俗馆、民俗文化传习所、民族文化广场等。鼓励社会力量兴办各类民族博物馆,在公共博物馆内可结合当地实际适当设立少数民族文物展览室、陈列室或文化展厅。加快文化资源数字化建设,推动建设人口较少民族网上博物馆、数字展厅。另一方面,应当大力保护传承民族文化遗产。加大对少数民族文化遗产的保护力度,加快征集珍贵民族文物,对濒危文化遗产进行抢救性保护,加强濒危文化资源数字化建设,精心实施国家级非物质文化遗产项目代表性传承人抢救性记录工程。加大对入选国家级和省级非物质文化遗产名录的少数民族文化遗产保护力度,开展非物质文化遗产传承人群研修研习培训,扩大参与面,提升总体素质。结合实施少数民族特色村镇保护与发展,对少数民族的生态资源、语言文化进行文化生态整体性动态保护,建立文化生态乡村。充分利用少数民族的民间故事、神话传说、民族史诗、音乐舞蹈等文化资源,鼓励创作少数民族文化题材广播影视节目。①

对于上述举措,我国政府还通过加强民族工作的对外交流与开放程度来加以辅助。通过公共政策来加强民族工作部门在中小企业发展、少数民族商品贸易、少数民族手工艺品生产等领域对外交流。扩大少数民族文化对外交流,实施对外文化精品战略,打造"多彩中华"等品牌项目,建设民族工作领域对外传播平台。拓宽对外宣传渠道,加大民族工作对外宣传力度,努力把民族地区打造成为展现中华民族团结和多彩民族文化的重要窗口。积极开展涉及民族领域的国际人权交流。加强与相邻国家民族文化、民族事务管理部门交流合作。扩大民族院校和民族地区高校教育对外交流,提高办学国际化水平。加强民族理论政策研究国际合作。促进与港澳台地区交流与合作,鼓励开展多领域交流,建立稳定的交流合作机制。继续办好海峡两岸少数民族发展研讨会和民族乡镇发展交流会。加强与旅居国外少数民族侨胞的联谊交往、经贸合作、文化交流等工作。②

---

① 《〈"十三五"促进民族地区和人口较少民族发展规划〉的通知》,中华人民共和国中央人民政府网站(2017-01-24)[2018-03-12],http://www.gov.cn/zhengce/content/2017/01/24/content_5162950.htm

② 同上。

第九章 民族自治地方公共管理法治

第一节 法治与公共管理

一、法治与公共管理法治

(一) 法治的思想渊源及内涵

法治作为一种思想，在中西方都有着非常悠久的历史。在中国先秦诸子文献中就已经出现了法治的构想。商鞅、李悝、韩非等政治家和思想家都是依法治国理念的提倡者和实践者，他们曾经提出了许多非常深刻的依法而治的思想。如韩非子说，"故明主使其群臣，不游意于法之外，不为惠于法之内，动无非法"①。也即是说，君主（国家管理者），不但言论、行为不能超出法律之外，就是思想也不能超出法律之外，必须在法制限度内，而不是根据个人的恩惠或智慧来进行管理。同时，他又说"明主之国，无书简之文，以法为教；无先王之礼，以吏为师"②。一个好的国家，法就是教化百姓的最好工具，而自己守法并在此基础上执法的官吏就是最好的老师。从这里可以看出，韩非子所说的法，不仅仅是约束百姓的工具，他也强调法对君、对吏的约束。这与现代法治精神已经有着一定的相似之处。

古希腊哲学家亚里士多德在其《政治学》中也已经明确主张法治，他的法治思想成为现代法治精神的重要源泉。亚里士多德认为："法治应包含两重意义：已成立的法律获得普遍的服从，而大家所服从的法律应该本身是制订得良好的法律。"③"法律应该在任何方面受到尊重而保持无上的权威，执政人员和公民团体只应在法律（通则）所不及的个别事例上有所抉择，两者都不该侵犯法律。"④在亚里士多德看来，法律是不受主观愿望影响的理性，所以，法治优于一人之治，如果法律有规定，执政者应依法而行，而不应代替法律做抉择。

近代史上最早对法治思想做全面论述的思想家是英国的洛克，作为现代民主、法治思想的先驱，洛克对法治做了多方面的论述。

首先，洛克认为法律是对自由的承诺和保障。"不管会引起人们怎样的误

---

① （战国）韩非子：《韩非子·有度》第二卷，上海古籍出版社1986年版，第17页。
② （清）王先慎：《韩非子集解》，中华书局2003年版，第452页。
③ 〔古希腊〕亚里士多德：《政治学》，吴寿彭译，商务印书馆1965年版，第199页。
④ 同上书，第192页。

解,法律的目的不是废除或限制自由,而是保护和扩大自由。这是因为在一切能接受法律支配的人类的状态中,哪里没有法律,哪里就没有自由。这是因为自由意味着不受他人的束缚和强暴,而哪里没有法律,哪里就不能有这种自由。"①

其次,他认为政府必须以正式公布的和长期有效的法律来治理社会。"无论国家采取什么形式,统治者都应以正式公布的和被接受的法律,而不是以临时的命令和未定的决议来进行统治。"②这样"一方面使人民可以知道他们的责任并在法律范围内得到安全和保障;另一方面,也使统治者被限制在他们的适当范围之内,不致为他们所拥有的权力所诱惑,利用他们本来不熟悉或不愿承认的手段来行使权力,以达到上述目的"③。

再次,制定的法律都必须获得良好的执行。"法律不是为了法律本身而被制定的,而是通过法律的执行成为社会的约束,使国家的各部分各得其所、各尽其应尽的职能;当这执行完全停止的时候,政府也搁浅了,人民就变成了没有秩序或联系的杂乱群众。……如果法律不能被执行,那就等于没有法律;而一个没有法律的政府,我认为是一种政治上的不可思议的事情,非人类能力所能想象,而且是与人类社会格格不入的。"④

最后,洛克认为法律面前人人平等,政府享有自由裁量权,但这种权力也受法律约束。"这些法律不论贫富、不论权贵和庄稼人都一视同仁,并不因特殊情况而有出入。"⑤为了限制政府的自由裁量权的行使,洛克在人类历史上第一次明确而系统地提出了权力分立与制衡的思想。洛克将政府统一的权力分为立法、执行和对外权,执行与对外权都服从于立法权,三种权力构成互相制约的关系。洛克首先承认了执行者(即行政机关)要有自由裁量权,"立法者既然不能预见并以法律规定一切有利于社会的事情,那么拥有执行权的法律执行者,在国内法没有做出规定的许多场合,便根据一般的自然法享有利用自然法为社会谋福利的权利,直至立法机关能够方便地集会来加以规定为止"⑥。然而,自由裁量权"这种权力,当它为社会的福利并符合于政府所受的委托和它的目的而被任用时,便是真正的特权"⑦。而政府的目的是什么呢?洛克根据他的自然状态假设演绎出契约政府及政治权力,他认为"政治权力是每个人交给社会的他在自然状态中所有的权力,由社会交给它设置在自身上面的统治者,附以明确的或默示的

---

① 〔英〕约翰·洛克:《政府论》下篇,叶启芳、瞿菊农译,商务印书馆1964年版,第36页。
② 同上书,第85—86页。
③ 同上书,第86页。
④ 同上书,第132页。
⑤ 同上书,第88页。
⑥ 同上书,第99页。
⑦ 同上书,第100页。

委托,即规定这种权力应用来为他们谋福利和保护他们的财产"①。这样,洛克就完成了一个系统的法治政府的设计。

从深层意义来说,洛克所理解的法治绝不仅仅指政府按照法律的要求去行事,它更关注的是法律应当是什么,也就是法律应该拥有什么样的特征和属性。法治不仅要求政府行为具有形式合法性,而且要具备实质合法性。② 法治对公民自由、平等的保障实质上是对政府权力的限制,"法治意味着政府除非实施众所周知的规则以外不得对个人实施强制,所以它构成了对政府机构的一切权力的限制,这当然也包括对立法机构的权力的限制"③。后来,法国的卢梭、孟德斯鸠和美国的密尔、汉密尔顿等人对具体的法律设计与政府设计提出了各种各样的方案,但是法治政府的精神和洛克的观点基本一致。

(二) 公共管理视阈中的法治

不论是中国古代的法治思想,还是西方的法治精神,有一个观点是相同的,那就是法治首先是对权力,尤其是对政府行政权力的限制。因此,在公共管理中,法治指的是这样的状态:公共组织权力依法获得,依法行使;公共组织根据法律规定和法律精神治理社会。公共管理视阈中的法治包含以下五个方面的内容,这些内容体现了公共管理法治的基本精神和要求。

(1) 公共组织权力法定。公共组织的权力来源于法律,公共组织的权力结构也由法律进行规范。公共组织的权力作为一个整体性权力,由国家宪法授予,通过国家组织法和其他法律加以具体确定,而不是公共组织自身天然就拥有。公共组织权力不能超越法律授权范围,公共组织中各部门的权力内容和具体划分方式也由法律明确规定,公共组织各部门必须在法律限定的范围之内行使权力。

(2) 法律优先地位。法律优先的原则表现在两个方面:一是法律体系本身有层次关系。作为全体人民宣言的宪法居于最高位,立法机关制定的其他法律居其次。政府制定的法规规章按照各级公共组织的权力也分成等级。宪法和法律必须得到优先的遵守和执行,行政法规规章、行政自由裁量权等都必须符合宪法和法律的规定或精神。二是在具体公共管理行为中,公共权力部门在处理具体事项时,如果法律有明确规定则必须按照法律规定的方式处理;如果法律没有明确规定则公共组织可制定相关的法规规章,并得按照法规规章的内容处理;如果没有制定任何相关的法规规章,公共组织可以在法律精神的指导下,行使自由

---

① 〔英〕约翰·洛克:《政府论》下篇,第 105 页。
② 形式合法性是指政府行为符合现行政治体制和法律规范的要求;实质合法性是指政府行为具备道德上的正义性,是"善"的行为,并得到了民众的普遍支持。
③ 〔英〕弗里德利希·冯·哈耶克:《自由秩序原理》,邓正来译,生活·读书·新知三联书店 1997 年版,第 260 页。

裁量权自主决定处理方式。

（3）关键权力法律保留。宪法和法律明确规定只能由法律规范的事项,公共组织不得对之做出行政规范或采取行政措施;法律规定必须由法律明确授权的事项,公共组织只能在法律已经授权时才能对之做出行政规范或采取行政措施,并且这些规范或措施必须限制在授权范围之内。如《中华人民共和国行政处罚法》第十条规定:限制人身自由的行政处罚,只能由法律设定。由国务院制定的《城市流浪乞讨人员收容遣送办法》中有许多限制人身自由的规定,与《行政处罚法》的这一规定相抵触,已在2003年被废止。《中华人民共和国行政许可法》第十二条列举了六大类行政许可事项[①],第十四、十五条授权国务院、省级人大和政府设定行政许可,但许可事项必须限制在《行政许可法》第十二条规定的六大类之内。这就使得,第一,公共组织不能随意创设行政许可事项;第二,只有两级政府可以创设行政许可事项。因此《行政许可法》的出台意味着法律保留了行政许可权,我国各级政府都必须废除大量的行政许可项目。

（4）行为须有法律依据。公共组织的任何行为都需要有法律依据。首先,公共组织制定的各种规范必须有法律依据。它包含三层含义:第一,法律对某类事项已经有明确的规范,但比较原则,公共组织可以根据法律规范的原则,制定可操作的具体规范。第二,法律对某类事项没有具体规定,而是授权公共组织对这类事项做出规范。第三,在法律和行政规范都没有规范的情况下,公共组织自由裁量权的行使要符合法律的精神。法律法规虽然没有对某些具体行为进行规范,但是法律也承认社会伦理道德规则的作用,并强调公平、正义等法律精神对公共组织行为的约束。因此,自由裁量权必须遵守这些法律精神,必须秉承合理公正的原则,自觉遵守社会道德。其次,公共组织采取的各种具体公共管理行为要有法律依据。这种法律依据既可以是立法机关制定的法律,也可以是公共组织根据法律精神制定的行政规范。

（5）承担法律责任。法律授予公共组织权力的同时,也赋予其相应的义务和责任。公共组织必须积极行使其获得的权力,而不能放弃或怠慢。公共组织不作为或滥用职权,都将根据法律规定承担相应的责任。这也意味着,公共组织

---

① 第十二条 下列事项可以设定行政许可:(一)直接涉及国家安全、公共安全、经济宏观调控、生态环境保护以及直接关系人身健康、生命财产安全等特定活动,需要按照法定条件予以批准的事项;(二)有限自然资源开发利用、公共资源配置以及直接关系公共利益的特定行业的市场准入等,需要赋予特定权利的事项;(三)提供公众服务并且直接关系公共利益的职业、行业,需要确定具备特殊信誉、特殊条件或者特殊技能等资格、资质的事项;(四)直接关系公共安全、人身健康、生命财产安全的重要设备、设施、产品、物品,需要按照技术标准、技术规范,通过检验、检测、检疫等方式进行审定的事项;(五)企业或者其他组织的设立等,需要确定主体资格的事项;(六)法律、行政法规规定可以设定行政许可的其他事项。来源于《中华人民共和国行政许可法》,全国人民代表大会官网(2019-05-07)[2022-06-19],http://www.npc.gov.cn/npc/c30834/201905/64f52a065d3142ae92d95fa860e2f0e0.shtml

的权力不是公共组织可自由支配的权利,公共组织没有选择行使或不行使的自由,公共组织必须为自己的权力负担同等的义务。

二、法治在公共管理中的作用

法治的提出根源于人们对公共权力特别是公共行政权力这一最具灵活性、最具侵略性的权力的认识基础之上,其根本作用在于限制公共权力的滥用,确保社会利益和公民权利不被侵犯。具体而言,它的作用表现在:

(一)保证公共管理目标的公共性

公共管理最主要的管理主体是各级行政机关,而公共管理最直接的目标是实现、维护和扩大社会利益,特别是社会公共利益。可是,如果没有法治的保障,面对极具侵略性和扩张性的公共权力,这种目标的公共性将难以实现。

由于法律的制定基本上都要经过一个非常严格的程序,能充分吸纳社会各界的意愿,能更全面地反映社会公共利益,因此,用法律约束公共组织特别是政府的行为,可以最大限度地确保公共组织活动的公共性导向。

(二)保护公民的正当权益

公共组织尤其是行政机关掌握着巨大权力,其使命在于追求公共利益。但是,由于公共利益这一概念较为抽象,很难确保公共部门正确处理自己与其他社会组织及公民的关系,因此会屡屡出现以公共利益为名,侵犯社会组织和公民权利的行为。在公共管理中贯彻法治精神则为公共部门正确处理自身与其他社会利益主体之间的关系提供了规则与模式。法治框架下的法律保留原则和依法行政原则实际上就是为了防范公共组织特别是政府对社会利益和公民个人利益可能的侵犯。法律保留的事项绝大部分都是关于公民基本权利的事项,比如《立法法》第八条规定"下列事项只能制定法律:……(五)对公民政治权利的剥夺、限制人身自由的强制措施和处罚;(六)税种的设点、税率的确定和税收征收管理等税收基本制度;(七)对非国有财产的征收、征用;(八)民事基本制度"。公共管理法治化就使得公共组织特别是政府不能随意限制公民的人身自由,不能随意制定可能侵犯公民和公民团体的财产的规范,不能随意干涉公民的活动自由,从而有力维护了公民的正当权利。

(三)保证公共管理的统一稳定

法治要求公共组织依法开展公共管理活动,其所依之法是具有高度稳定性、连续性和权威性的法律。这使得公共管理能够在法律的规范下实现统一与稳定,而不会被个人、团体意志轻易改变。在人治状态下,这种稳定性则无法实现,因为每一任新的领导人都可能将自己的意志作为政策推行下去。但是在市场经济条件下,如果政策缺乏稳定性和连续性,无疑会造成市场运行的混乱,导致社会利益的重大损失。从这个意义上说,法治赋予公共管理的稳定性对整个社会的平稳发展有着极为重要的意义。

（四）提高公共管理的效率

公共管理法治化要求公共部门在法律规定的范围内开展活动,依照法律规定执行具体的公共事务。在法治框架下,公共管理活动必须严格遵照法律规定的程序开展,遵守法定的行为规则。这使得公共决策和具体的管理行为都有了明确的目标与方向,从而能够促进公共部门间的协调和合作,减少纠纷与矛盾,有效促进公共管理效率的提高。

（五）监督公共权力的有效行使

公共权力可以调整和分配社会利益,因此,如果不对它进行有效的监督,它就有可能蜕变为谋取部门或个人私利的工具,而不是促进公共利益的手段。公共管理一直面临着监督什么、如何监督、谁来监督等一系列问题,法治为这些问题提供了答案。法治首先为公共管理行为提供了法制基础,而法制就是行为标准,法制的内容就是监督的内容;法治同时也为监督提供了具体的渠道和程序,如行政复议、行政诉讼为公民个人监督公共组织尤其是政府提供了可能性;组织法、立法法等一系列公法又为政治团体监督公共组织特别是政府提供了手段。

三、公共管理法治的基本要求

（一）公共权力源于法律

公共管理的主体包括国家公共权力机关、各种公共服务团体和参与公共管理的其他组织与个人。虽然这些主体的组织形态、运行方式及拥有的权力各不相同,但无论如何,它们作为公共组织的地位和享有的公共权力都必须源于法律。

首先,主体合法是对最主要的公共管理主体——国家行政机关的限制。国家行政机关的成立必须有宪法依据并获得法定机关的批准,由组织法或组织章程规定其职责和权限,按照法律规定来确定编制和配备人员,有独立合法的行政经费预算。

其次,公共服务团体的成立及其作为公共服务主体地位的获得都必须有法律依据。同时,它们参与公共管理和提供公共服务的行为也必须符合法律的规范,遵守法律的程序。

最后,非公共组织也必须依照法律规定的程序和途径参与公共管理和提供公共服务,它们只有与相关的公共管理主体特别是行政机关进行合作,才能成为公共管理的参与者。这些主体的成立和运行与公共管理本无关系,但一旦它们参与公共管理和提供公共服务,就必须在法律的框架内严格依法进行。

（二）公共权力的行使必须有法律依据

公共权力行使的最主要的表现形式是各种行政行为。行政行为非常复杂,按照行政行为的抽象性可分为抽象行政行为和具体行政行为;按照行政行为的方式可分为积极行政行为和消极行政行为;按照行政行为的对象可分为内部行政行为和外部行政行为;按照行政行为的内容可分为行政立法、行政执法、行政司法,其中行政执法又包括行政许可、行政奖励、行政检查、行政征收、行政合同、行政处罚等不同的类型。在法治框架下这些不同类型的行政行为都必须合法。如公共管理主体制定行政法规必须在法律规定的范围内进行,并且要有法律的明确授权。做出行政许可的决定必须依照法律的程序,许可的内容也必须在法律规定的范围之内。

(三) 公共组织的设置和组织行为的开展必须按照法定程序进行

法律既为公共管理主体设置了各种各样的内容限制,同时为了更好地保护公民和社会的权利,防止公权力的滥用,也为公权力的行使设置了程序规范。各种公共管理活动都必须依照法律的程序进行。当前关于政府机构的设置、人员编制的限制、各级政府权力义务的规范,以及关于各种非政府组织的组建与审批程序等方面的规定,都是对公共组织组建及内部体制的限制。而很多的行政法规也具体规定了公共组织在行为过程中应遵循的程序。程序正义与实体正义相辅相成,离开了公正的程序,实体正义将失去保障。因此,公共管理法治化必然意味着公共管理过程的程序化。

(四) 公共管理中的自由裁量权要符合公共目标和法律精神

公共组织在法律没有规定或者规定不足以提供切实指导的情况下,可以根据行为者的意志自由裁量一些具体事项,以便公共管理能更好地服务于社会。但是,这种自由裁量权的行使必须以公共目标为导向,必须符合法律的精神并且限制在适当的范围之内。为了确保自由裁量权以适当的方式行使,自由裁量行为必须符合以下限制:(1) 符合法律授权的目的。任何法律法规在授权公共管理主体自由裁量时都有其内在的精神和目的要求,而这个目的肯定与实现公共利益和保护相对人的权益有关。公共管理主体在行使自由裁量权时,必须以这一目的和精神为指导,否则就是对自由裁量权的滥用。(2) 要有充分的现实依据。自由裁量权的行使必须在现实中有需要公共权力解决的事项,同时法律没有对事项做出明确的规定。公共组织必须对社会的吁求做出积极响应,而社会事件的复杂性决定了法律不可能对每种情况都做出规定,新情况的出现要求公共组织要对此采取相应的措施,就可能成为自由裁量权行使的依据。(3) 基于公正立场考虑各方面因素。自由裁量权的行使必须考虑到一切应考虑的客观因素,但是不能掺杂可能带来不公正的因素,如权力、地位、人情等。自由裁量权是法律赋予权力主体应对特别情况的重大权力,自由裁量权作为公共权力的一种特殊形态,也必须自觉符合公共性要求,杜绝私人利益的干扰。(4) 尊重客观规律,尊重社会伦理。自由裁量权的行使必须符合客观规律,要适合不同地域人们的生活习惯和伦理道德标准。自由裁量不是任意裁量,自由裁量也有其界限,这种界限就是客观规律与社会道德。违背客观规律的行为最终必然失败,违背社会伦理道德的行为则必然会导致社会的抵制。

四、公共管理法治的实现途径

能够达到善治的公共治理,必然是以法治为基础的治理。但法治是不会自动实现的,发达国家的法制进程是在漫长的历史时段里,依靠社会大众与团体不懈追求、众多思想家和政治家呼吁引导乃至时代先驱的流血牺牲推进的。我国经历了数千年的人治社会,重人治轻法治的观念直到现在仍然对社会治理产生着影响,成为我国实现法治的严重障碍。因此,要实现公共管理法治化,需要在以下几个方面不断努力。

（一）完善法律体系

依法而治,首先要有完善的法律体系。由于历史的影响,我国的法制建设起步较晚,法律体系尚处于建设阶段。改革开放以来,法制建设速度虽然大大加快,但由于过去的法制缺口过大,以及当前经济社会发展变化迅速,使得我国的法制状况与社会需求之间依然存在着很大的差距。

我国在改革开放的四十多年间,立法工作取得了重大进展,法律法规的数量急剧增长,初步形成了一个以宪法为基石的社会主义法律体系。国家在社会、政治、经济、文化等主要领域已经基本实现了有法可依。但是,一些重要的法律,尤其是规范政府行为方面的法律还相对缺乏,业已制定的法律有些也还存在着立法质量不高、缺乏可操作性的问题,难以有效地贯彻施行。而且,还有部分法律法规之间存在矛盾,法律本身就让人无所适从。无法可依或有法难依的状况使维护社会正义、保护公共利益的公共管理在一些领域无法有效实施。

科学而完备的法律体系是建设法治国家的前提,是实现公共管理法治化的基础。因此,加快立法速度,提高立法质量,为公共管理活动提供一个体系严密、反映社会需求、真正以公共利益和社会利益为导向的法律体系是公共管理法治化进程中的首要任务。

（二）大力推进民主政治进程

民主与法治是对立统一的关系,没有民主就没有法治。法治社会的实现必须具备以下这样几个条件:

第一,公民的自由与权利受到保护。公民有居止行动的自由和权利,有保有和自由支配财产的权利,有自由表达思想和选择社会管理者的权利。这些自由和权利受到了宪法和法律的充分尊重与保障。

第二,公民有参与社会管理、参与选择社会管理者的具体途径。公民如果想要管理自己身边的事务,他可以获得公平的机会;公民如果要选择社会管理者,他有选择的权力和选择的途径。

第三,公共权力受到限制。公共权力来自社会公众的自愿让渡,公共权力的内容被局限于社会自愿让渡的范围内。公民在选举社会管理者(即公共权力行使者)时,同时也保留了监督社会管理者的权力,并通过选举专门的权力监督者,监督公共权力的行使。

中国共产党第十七次全国代表大会报告明确指出:人民民主是社会主义的生命,政治体制改革必须与经济社会的发展和人民大众政治参与的积极性高涨相适应。因此,必须"坚持国家一切权力属于人民,从各个层次、各个领域扩大公民有序政治参与,最广泛地动员和组织人民依法管理国家事务和社会事务、管理经济和文化事业"。要不断"健全民主制度,丰富民主形式,拓宽民主渠道,依法实行民主选举、民主决策、民主管理、民主监督,保障人民的知情权、参与权、表达权、监督权"①。积极推进民主政治进程,保障人民大众权利,是实现法治的基础。

(三) 确保审判独立

最大限度地维护和实现社会公平正义,必须坚持审判独立和中立。审判公正是一个国家文明程度的重要标志,同时也是实现法治的最强有力的保证。审判公正离不开审判独立,离不开社会对审判机关权威的尊重和认可。审判的独立与公正影响着公共管理法治的实现,具体体现在以下三个方面:

第一,审判独立为公民维权提供了最后也是最权威的途径。当公民权利受到公共权力侵犯,特别是受到行政权力侵犯时,其他的途径可能都会因为公共权力的巨大影响而障碍重重。但是审判权力却能依据其独立性地位而排除公共权力的干扰,维护公民的合法权利。如果行政权力制约着审判权力的行使,那就意味着公民无法通过正式的维权渠道维护个人权利,同时也意味着无法对公共权力进行有效的监督和制约。

第二,审判独立为评判和纠正其他公权力的行为提供了最后的渠道。公共权力在运行过程中是否合法与适当,评价的渠道很多。但是,真正能够对公权力行使者造成实质影响,并能够强制纠正其不正当行为的渠道并不多,而法律渠道就是其中之一。法院的判决具有法律效力,任何公权力都必须遵守。因此,审判独立能确保在其他途径都无法纠正公权力的过失时,仍然能够迫使公权力接受制裁。

第三,审判独立使得对法律的解释权和对法律实施的监督权也相应获得独立。公共权力的行使者不能自己任意解释法律,从而也不能自己评价自己的行为。只有让公共组织在独立的司法机关面前也与普通人一样接受审查和评价,

---

① 《胡锦涛文选》第 2 卷,人民出版社 2016 年版,第 635 页。

才能使对公共权力的监督具有制度保障。

我国《宪法》规定:人民法院依照法律规定独立行使审判权,不受行政机关、社会团体和个人的干涉。人民检察院依照法律规定独立行使检察权,不受行政机关、社会团体和个人的干涉。由此可见,审判独立有着宪法保障。

但目前实现真正意义上的审判独立还受到了许多因素的影响和制约,具体表现在:第一,审判职务干部的选拔和任用受到各个方面的影响。第二,少数领导漠视宪法和法律的有关规定,插手审判过程,甚至以各种名义干扰审判独立的现象仍然存在。第三,审判运作的一些关键资源掌握在政府手中。例如,财政预算由政府编制,审判机关自身的软硬件建设事项也由政府决定,从而不可避免地形成对政府的依赖。第四,对审判队伍的监督还不完善。部分法官和检察官素质有待提高,其至有个别人贪污受贿、徇私枉法,或巧立名目截留罚没款和诉讼费等。上述因素都影响着审判的独立和公正。

要真正实现公共管理法治化,就必须改革我国的审判制度,保证审判独立,使审判权成为真正意义上的"最后保障"和"最权威保障"。保障审判独立需要做到以下几点:第一,完善党领导审判队伍的方式。党必须坚持对审判队伍的领导,但是党对审判队伍的领导应着眼于保证审判队伍的独立性、监督审判机关正确行使审判权和保证审判工作的正确方向。第二,全面落实和贯彻《中华人民共和国法官法》和《中华人民共和国检察官法》,必须通过独立而严格的程序选拔具有职业精神和职业能力的审判人员,并逐渐淘汰审判队伍中现有的不符合两法要求的人员。第三,审判部门的财政预算实行单列,并由全国人民代表大会直接管理,以确保审判部门财政独立,防止行政机关借财政拨款干扰审判独立。第四,大力提高法官和检察官的素质,确保审判队伍能够真正依法办事,保持独立操守。

(四)培养公民法律意识

公民具有良好的法律意识是建设法治国家的基础性条件,两千多年前的韩非子即曾说过:"法莫如显","法者,编著之图籍,设之于官府,而布之于百姓者也"[①]。否则法律再完善,公民不知道、不关心、不积极主动地用法律武器维护自己的权利,那么法治也只能停留在文本层面。由于传统文化观念的影响,目前我国社会大众的法律意识还比较淡薄,不爱管闲事,不爱打官司,息事宁人的思想在一定程度上影响和制约着法治化进程。因此,要实现依法行政就必须在全社会范围内提高和强化人们的法律意识,加强普法宣传和法制教育,鼓励公民学法用法,为建设法治国家奠定坚实的基础和提供必要的条件。

---

① 张觉:《韩非子译注》,上海古籍出版社2012年版,第447页。

五、地方治理、善治与法治

（一）地方治理的变化及其对公共管理构成的挑战

在我国,由于几千年的专制主义传统,国家和政府往往被想当然地看成是高于社会之上对社会进行统治的政治工具。然而,随着社会主义市场经济体制的建立和市民社会的逐步形成,传统观念正在逐渐转变。当前,公共组织,特别是与公民直接相关的地方政府,面临着前所未有的挑战。这些挑战主要表现在下述几个方面。

1. 公民要求对于由其授权的政府拥有更多的控制权

公民参与经济社会活动的积极性越高,就会对公共组织的要求越高,对监督和制约公共组织运作的呼声也越高。也就是说,那些选举了政府的公民不再甘心放任公共组织自主运作,而是要将公共组织特别是政府的活动置于社会的控制之下。这标志着公共组织的权力将受到越来越严格的限制,公共组织的活动将受到越来越多的制约和监督。

2. 公民对公共产品和公共服务质量的要求提高

公共组织的所有活动来自公民的授权,公共组织行为的资源基础是公民交纳的税费。由于市场经济体制已成为中国的必然选择,在市场基础上形成的消费主义思想也深深地影响了民众的思维方式,其中对质量的关注更直接影响了公民对公共组织的要求。在过去,公民交纳税费后对公共组织拿这些钱去做什么并不特别关注。但随着市场意识的觉醒和消费观念的强化,公民把交纳税费与公共组织提供公共产品看成一种交易。消费者对产品质量的关注进入到政治领域就转变成纳税人对公共产品质量的关注。公共组织再也不能随便花纳税人的钱。公民对公共组织提供的公共产品和公共服务的质量要求也在不断提高,这意味着公民对公共组织公共管理的能力也有了更高的期待。例如,2015年6月16日,《中国公民民族成份登记管理办法》颁布并于2016年1月1日起实行。《中国公民民族成份登记管理办法》取消了公民申请变更民族成份须由乡镇、街道调查核实的前置条件。为降低公民的办事成本,使符合条件的公民办理民族成份变更的过程更加方便、时间更加简短,其明确规定了审核公民变更申请的工作程序和办理时限。同时,为保障公民的合法权益,该办法还明确规定,公民可以就民族事务部门和公安部门确认、登记、变更公民民族成份的具体行政行为,依法进行行政复议或提起行政诉讼。这是专门规范我国公民民族成份登记管理工作的第一部部门规章,是我国民族事务法治化进程取得的最新成果[1],充分体

---

[1] 闵安平:《民族事务法治化的最新成果》,中华人民共和国国家民族事务委员会网站(2015-06-25)[2022-09-01],https://www.neac.gov.cn/seac/xxgk/201506/1073899.shtml

现了公共组织对公民要求服务质量提高的积极回应。

3. 公民自治的兴起

对公共组织更具深远影响意义的还是公民自治意识的兴起。随着公民自治意识的崛起和各类自治组织的发展,公民对公共政治权力特别是政府的需要不再像以前那样迫切。通过结合成各种组织形态,公民可以做到许多以前只有依靠政府才能做到的事情,甚至做到许多政府不能做到的事情,并且成本更低、效率更高。这一发展趋势导致政府对于社会的重要性大大降低。

地方治理的这些变化对地方政府治理能力、治理方式、治理过程都提出了新的要求。人们希望地方政府的治理能力更强、治理方式更民主、治理过程更高效,人们要求地方政府更公正、更开放、更廉洁,人们同时也要求组建更多的非政府组织,参与公共管理。人们对政府、对公共组织期待的提高,使得公共组织要实现地方善治就需要在约束自身和提高治理能力方面做出更大的努力。

(二)善治的构成要素

20世纪80年代以来,由于面对新的形势和挑战,世界各国先后开始探索地方政府发展的方向,寻找政府改革和生存之路。在这个探索过程中,人们越来越多地将视角从地方政府行政管理转向了地方治理①,地方治理成为地方公共管理改革的一个重要的方向。治理的目的是达到"善治"。俞可平认为,"善治就是使公共利益最大化的社会管理过程。善治的本质就在于它是政府与公民生活的合作管理,是政治国家与社会的一种新颖关系,是两者的最佳状态"②。"善治的构成有这样四个要素:第一是公民安全得到保障,法律得到尊重,特别是这一切都须通过司法独立,亦即法治来实现;第二是公共机构正确而有效地管理公共开支,亦即进行有效的行政管理;第三是政治领导人对其行为向人民负责,亦即实行职责和责任制;第四是信息灵通,便于全体公民了解情况,亦即具有政治透明性。"③有学者将善治的特征归纳为九个方面:(1)合法性。善治要求最大限度地协调各种利益矛盾,使公共管理活动获得社会大众最大限度的认同和服从。(2)参与。没有公民的积极参与和合作,至多只有善政,而不会有善治。(3)法治。善治所要求的法治至少具备以下两层含义:一是拥有一个公正的法律框架;二是法律得到公正地执行,对公民的自由权利进行妥善的保护。(4)透明性。透明性意味着所有的决策及其执行都遵循着既定规则进行,它同时也意味着受

---

① 当代地方治理思想与实践首先发源于20世纪中期的英国,并逐步向欧洲大陆国家和美洲、大洋洲国家扩展,成为80年代以后发达国家政治与行政改革的方向和当代世界政治潮流。地方治理主要是探寻解决日益尖锐的公共问题的方案,试图以新的思维和管理模式来回应社会发展的要求。有关治理的相关内容,请参看俞可平主编:《治理与善治》,社会科学文献出版社2000年版,第9页。

② 俞可平主编:《治理与善治》,第8—9页。

③ 〔法〕玛丽·克劳德·斯莫茨:《治理在国际关系中的正确运用》,肖孝毛译,《国际社会科学(中文版)》1999年第1期。

这些决策及其执行影响的群体可以自由地获得尽可能充分的相关信息。(5) 回应。回应意味着对公众要求做出积极、及时的响应,还意味着要主动关注公众的偏好和需求。(6) 一致性导向。善治要求对社会上各种各样的行为者的不同利益要求进行协调以达到一种广泛的一致性,即对社会的最大利益及其实现方式达成一致。(7) 公平和包容性。善治要求公共部门以公平、统一、无歧视的公共管理为基础,实行各种社会管理措施。(8) 效力与效率。善治意味着在满足社会需求的过程中要实现资源的最优配置,同时还包含着对自然资源进行合理利用、对环境进行良好保护的意涵。(9) 责任。不仅仅是政府机构,还包括私人部门以及社会组织,都必须对公众以及利害关系人负责。但同时,如果缺乏透明性和法治的保证,责任也不得强加于任何组织或个人。[①]

(三) 法治是善治实现的途径与保障

善治的每一个构成要素,几乎都包含了对法治的强调。

1. 法治是善治的内在要求

从善治构成要素可以看出,法治首先是善治的一个追求,是善治的重要内容。善治所追求的是公共利益的最大化,而公共利益最大化是民主时代一切法律的基本指导思想,同时也是所有公共组织存在和开展各方面活动的根本指针。

追求和实现善治成为公共组织合法性的保证,但这种合法性本身却需要由法治来体现。因此,从这个意义上来说,法治是实现善治的内在需要。合法性是社会秩序和权威被自觉认可和服从的一种状态,它包含着两层含义,一是对现实法律规范的认可和服从,一是对公民认可的不断追求。这两个方面的含义有时候是矛盾的,因为法律规范本身可能未必会得到公民的认可,从而不具有社会合法性。而在我国,由于全国人民代表大会制度保证了法律必然是广大民众利益的体现,因此,法律规范与公民认可具有一定的统一性。公共管理的"合法性越大,善治的程度便越高"[②],因为合法性越高,公共管理所能得到的民众支持度也就越高,所体现的利益也越广泛。

2. 法治是善治的保障

善治需要法治保障,这是毋庸置疑的。在善治状态下,公职人员和公共机构的责任实现、公共政策信息的公开、公共部门工作的开展、公共部门与社会的互动等都需要在法治的基础上进行,否则很难确保公共组织行为都自觉朝向公共利益目标。具体而言,没有严格的法律规范规定公共部门的权力和公民的权利,公共部门就难以摆正自身与公民之间的关系,公共权力很容易侵蚀公民权利;没有法律法规对公共组织活动程序的规制,程序的紊乱足以使所有对于公共组织

[①] 万俊人主编:《现代公共管理伦理导论》,人民出版社2005年版,第74—75页。
[②] 俞可平主编:《治理与善治》,社会科学文献出版社2000年版,第9页。

实体权力的约束成为空谈;没有法律规定的诉讼手段,公民对公共组织的不正当行为就只能抱怨而无力抗拒。

3. 法治是善治的依据

善治的根本要义在于公共组织与公民团体的合作治理。面对利益不同、需求各异的公民团体,公共组织如何才能在与它们合作过程中实现符合社会大多数人利益的公共目标,如何协调各公民自治团体之间的利益关系,如何约束各团体的行为使之不损害社会整体利益,这些都是需要通过法治来解决的问题。只有将公民团体的活动纳入法制轨道,将公共组织与公民团体的合作置于法规的约束之下,才能最大限度地确保政府与公民团体的合作始终是以社会公共利益的最大化为目标。

第二节 民族自治地方公共管理法治化

一、加强民族自治地方法治建设的意义

(一)法治是民族自治地方经济发展的根本保障

民族自治地方的经济落后,市场发育水平很低,需要政府行使部分市场替代职能来引导经济赶超发展。在这样的情况下,法治建设对于民族自治地方具有双重意义。

第一,法治建设是市场发育的重要基础。市场经济是法治经济。市场经济建立在契约自由、平等竞争的基础之上,其有效运行需要比较完备的法制规范,否则市场本身的缺陷将会把市场经济导向无序状态,威胁经济的健康成长。

第二,法治是保证政府对经济干预适度的最有效工具。政府对经济的干预,甚至在某些时候某些方面代替市场调节经济,在当前民族自治地方的经济发展过程中有其必要性。然而,如果这种干预超过了合理的限度,则很有可能妨碍经济的正常运行。公共行政权力是最具有扩张性的政治权力,对公共行政权力的限制是确保其正确行使的首要前提,而这种限制是需要通过法治的途径来实现的。因此,只有法治才能对公共组织干预经济的权力形成有效制约。

(二)法治是民族自治地方民主政治建设的重要内容

经济社会的迅速发展需要民主政治建设加快进行,民主政治建设又需要通过法治的途径来推进。民族自治地方由于经济文化的落后,相应地也造成了法治观念上的落后。同时,由于受民族传统、宗教信仰等因素的影响,在对民族区域自治制度的理解上也存在着种种偏差。公民的宪法观念、公民意识、权利观念都需要加强,民主政治建设的任务繁重。通过法治建设可以有效地在民众中树立起宪法观念、公民意识和权利观念,而公民法治精神的建立不仅能够有效地推

动政治改革进程,而且能够为政治体制改革已经取得的成果提供保障。

(三)实行法治是处理民族自治地方各种社会关系的有效途径

民族自治地方的社会关系相对复杂,主要原因是居民的民族成分复杂,民族、宗教、经济、社会利益互相交织碰撞,利益关系敏感而且复杂。在处理这些关系方面,法治的功能是不可替代的。只有将各种社会矛盾的处理都纳入法制轨道,才能从根本上消除冲突的隐患,促进民族间关系的融洽和稳定。

二、民族自治地方法治建设面临的问题

善治离不开法治。虽然我国在法律体系建设方面取得了很大成就,但是在公共管理领域法治的实现仍然存在着诸多障碍。政府行为越界失范、公民权益保护机制脆弱等,仍然是当前公共管理中比较突出的问题。这些问题在民族自治地方也普遍存在,从而在不同程度上阻碍了法治的实现。民族自治地方法治建设的障碍主要表现在以下三个方面:

(一)来自公共组织特别是政府自身的阻力

民族自治地方政府作为法治的主体,同时又是法治规制的对象,由于历史和现实等诸多因素的影响,在有些时候和某些方面,政府本身就成为推行法治的阻力。

1. 传统的行政文化制约着法治的推行

法治的障碍首先来自传统文化的某些影响。文化的影响是深远而广泛的,文化障碍对于法治的推行起着重要的制约作用,其他的障碍或多或少都与文化障碍存在某种关联。中国行政文化中对法治建设存在不利影响的因素主要有以下几个方面:

第一,传统人治思想的影响。在传统中国,君尊臣卑、官贵民贱,官员是权力、身份、知识与智慧的象征,是管理民众的"司牧",而不是服务社会的仆人。统治需要的是权术而不是法治,需要的是顺民而不是具有权利意识的公民,追求的是全社会的服从而不是对社会的服务。官贵民贱的人治思想直到现代仍然有着非常广泛的影响。在这种思想影响下,一些政府工作人员没有公仆意识,而是以管理者自居,只对上负责,不对下负责,有些公共管理活动,其出发点并不是服务社会和民众,而只是为了取悦上级,谋求升迁。近年来一些面子工程、形象工程,就显露出了这种轻民重上的思想痕迹。在这种唯上不唯下的思想影响下,人治必然会高于法治,权力必然会侵害权利。

第二,官僚主义作风的影响。传统行政文化的影响和官本位思想的作祟使得一些公职人员的官僚主义作风严重。目前有关公共组织中官僚主义作风的论述多从制度和思想上寻找原因。其实,这种令人痛恨而又无奈的官僚作风更是根源于我国千百年的行政文化之中。不论制度如何设计,思想政治教育工作如

何开展,不从根本上改变产生官僚主义的文化土壤就难以根除这个行政系统的弊端。要从文化上根除官僚主义,法治是必然的选择。在法治状态下,公民可以依法行使自己的权利,可以用法律武器对抗公共权力;公共管理行为必须依法展开,行为的内容和程序都必须限定在法律的框架之内;公共管理的责任规定明确,责任的追究程序公开而有力。法治提供的这些条件无一不是克服官僚主义的有力武器。

第三,重实体而轻程序的工作习惯。缜密而严格的程序是规范行政权力正当行使的重要措施,但在传统行政习惯中,公共组织工作人员在执行政务时往往只看重内容和成效,对于行政程序常常忽视。严格科学的行政程序,可以使公共组织的运行有章可循,使公共管理过程的每一环节都可以预期,每一个细节都可以找到责任承担者,从而确保公共组织规范权力的行使方式,对程序的尊重将有效地避免公共管理工作的随意性,推动公共组织行为走上法治化的轨道。

2. 行政体制的过度集权阻碍了法治的进程

实现法治的另一大障碍来自行政体制。这种体制方面的障碍同样根源于我国政治传统。虽然我国已经建立了民主集中制的公共管理体制,但是受传统的影响,这种民主集中制更多地强调集中而对民主重视不够。在现行的行政体制中,行政命令甚至行政首长的个人好恶往往成为公共组织行为的依据。当法律与行政命令或行政首长的个人好恶冲突时,经常是法律得不到执行。集权体制造成的权力压力使得除了处于权力顶峰之外的其他各级公共组织都在现实的权力压力和相对抽象的法治压力面前处于两难选择状态。大部分人出于现实的权力与利益需要更倾向于向权力屈服而牺牲法治。

行政体制带来的另一弊病是过多的层级与部门设置,这种设置极易造成权力的冲突和重叠,使法治的实施难以落到实处。法治的实现需要公共组织各部门来具体落实,需要通过公共组织的层级设置和部门分工来实现。但在现行体制下,公共组织特别是政府各层级之间事权分工不够清晰、部门职责划分不合理的现象非常严重。在层级权力冲突和部门权力互相牵制的情况下,许多法律法规难以得到有效的贯彻执行,法治的实现也就无从谈起。可见,只有深入改革现行的行政体制,理顺权力与法律之间的关系,法治的实现才有可能。

3. 政治体制不够完善使法治难以落到实处

我国实行议行合一的政治体制,全国人民代表大会是最高国家权力机关和立法机关,是一切国家权力的来源,地方人民代表大会是地方权力的中心。行政部门、司法部门由人大产生,对人大负责。人民代表大会制度是人民当家作主的重要形式,在我国的政治生活中发挥着重要的作用。但是随着经济与社会的发展,这一制度在有些方面还需要进一步完善。

第一,改善人民代表大会成员的结构,不断提高代表参政议政水平对政府进行有效监督。人大代表受人民委托,通过议定重大事项、制定和修改法律、决定人事任免、履行监督职能等形式,把人民的意愿转变为国家意愿。因此,人大代表主要应当来自社会、来自民间。但在早些年的全国人大或地方人大的代表中,各级政府的成员占到了很高的比例,如果再加上实际上附属于政府的国有企业、事业单位的代表(这些企业和单位的人事、财政和主要活动都受政府控制),政府体系的代表在人大代表中占据了很高的比例,从而使人大对政府的监督职能难以有效发挥。当前许多地方人大的作用主要是对政府的行为进行确认,或者为政府的意图提供法规支持,而对政府的监督却往往难以落到实处。其实,宪法赋予人民代表大会的权力除了立法之外,很重要的一项职权就是监督政府工作,但这一职能的实现,还需要通过一系列有效的制度安排才能够真正对政府行为形成有效的监督和制约。

第二,审判与行政的关系需要进一步调适。审判机关对行政的审判监督是最强有力的监督,也是监督的最后防线。如果审判具有独立地位,在对行政权力进行监督时没有任何顾虑,完全站在法律的立场上作出客观判断,那么其对行政的监督应该是非常有力的。然而,我国的审判制度改革尚在进行之中,审判部门还经常受到各方面的干扰和影响,使得其在经费、人事和其他资源方面都直接或者间接地受到政府的制约,审判工作在侦查、审理和执行过程中都需要行政部门的配合,这使得审判机关对行政权力的监督作用往往难以有效发挥。

第三,加强党的领导,完善党政关系。中国共产党是中国各项事业的领导核心,只有巩固和坚持党的领导地位才能保证社会主义事业的发展方向。发展社会主义民主政治,就是要把坚持党的领导、人民当家作主和依法治国有机统一起来,改进和完善党的领导方式,积极探索建立科学合理的党政关系,保证社会主义法治的真正落实。

(二)社会条件的制约

社会多元力量的兴起是实现法治的一个重要条件。但是由于历史和现实的诸多原因,民族自治地方的社会组织数量较少,市场发育很不完善,民间力量还很微弱,社会对公共组织的制衡力量仍然薄弱。

1. 公民权利意识亟待加强

千百年的专制统治对我国整体的社会心理状态影响至深,其中最为深刻的,就是弱化了民众的公民意识。专制统治需要的是顺民和愚民,围绕这一目标,封建国家从思想教化、制度安排、生活礼仪和习俗等诸多层面都进行了精心设计。国家通过制度设计和思想教化,将君权神圣、官贵民贱、遵奉顺从的传统思想灌输给民众,并强加于整个社会。经过了千百年的积淀,这种外力强加的内容已成为思维定式,深深烙印在民众的心里,并成为当前法治建设的重大障碍。

第一,公民意识淡漠强化了官僚主义作风。由于集权的传统和科层制的组织结构,使得在一些地区和部门官僚主义作风还相当严重,而在社会中广泛存在的畏官思想则进一步强化了这种作风,以致法治的推行缺乏动力。只有社会大众主人意识、公民意识的觉醒,维护权益和监督公权动机的强化,才能够为法治建设提供强大的动力和条件。

第二,权利意识、法律观念的缺失使法治缺乏民意基础。传统中国"普天之下,莫非王土;率土之滨,莫非王臣"的顺民教育,所形成的社会群体意识就是对权力的服从。传统观念的遗留和影响,使社会大众缺乏"风能进,雨能进,国王不能进"的权利意识,因而法治的民意基础薄弱。法治的实施,需要民众有很强的权利意识,使政府在法律和民意面前丝毫不敢懈怠,始终能够恪守着有限权力、依法行政的原则运行。

2. 公民团结互助维权的意识不足

与庞大的公共权力体系相比,任何公民个人的力量都是微弱的。因为不论哪个国家的政府或者其他公共部门都拥有庞大的物质资源、权力资源和权威资源,是最有可能藐视法治的组织实体。面对拥有控制权的公共组织,公民如何才能确保法治的实现以保护自己的权利?公民的团结互助是一个有效途径。法治的实现有赖于大批公民自发维权团体的建立和有效运作,以形成一批能够与公共组织或依附于公共权力具有垄断性质的企事业组织相抗衡的社会组织,来制约国家权力的滥用。但是在我国,特别是民族自治地方,公民团体的发展仍然处于起步阶段,其影响力还不足以成为法治建设的强劲动力。公民团结互助维权意识的不足主要表现在以下几个方面:

第一,公民维权团体数量不足。我国在改革开放之前,只有十几个全国性的官办群众团体,包括妇联、工会、工商联等。这些社会团体主要承担组织文娱活动、宣传党和国家的方针政策等任务,几乎是政府的附属机构,而没有多少维权色彩。截止到 2018 年底,全国共有社会组织 81.7 万个,其中社会团体 366234 个,基金会 7034 个,民办非企业单位 444072 个[①],民间色彩越来越浓。维权团体在其中占很少部分,且多数与公民权利保护的关系不大。同时,虽然公民维权团体的数量在改革开放后有了很大增加,但是相对于我国如此广袤的领土范围和如此众多的人口而言,这些团体在数量上仍显不足。

第二,公民团体的维权能力有待提高。我国公民团体具有的一些特点使它们的维权能力不足,难以在法治建设过程中发挥应有的作用。首先,这些公民团体虽然民间色彩越来越浓,但仍然对政府有着极强的依赖性。它们的建立、运作都处于政府的严格控制之下,缺乏足够的独立性,维权的能力难以彰显。其次,这些公民团体的社会影响力还比较弱,公民对其的接受程度也比较低,社会影响

---

① 根据《中国统计年鉴 2019》相关数据整理。

还未能扩展开来。最后,由于公民团体在经营管理方面还没有找到比较好的模式,大部分公民团体在经费上和活动组织上都存在着许多问题,使它们在维权过程中难以发挥更好的作用。

第三,公民团体的合法性仍然受到诸多限制。公民根据自愿原则结成社团,维护自身权利,在所有法治社会里都是理所当然的事情。但我国作为后发性现代化国家,国家治理具有长期的强控制性的历史传统。[①] 在这样的强控制逻辑下,政府部门往往基于权力和利益上的考虑,自觉或不自觉地推行"行政替代自治"的行动策略,包括行政包办取代社会动员、行政本位虚化公民参与,从而使得公民团体被客体化和边缘化。这种制度及其导致的思想传统使得任何民间团体都具有很强的政治敏锐性。虽然当前法律规范对民间团体的态度已经转变,但是在整个社会特别是政府系统,对于民间自发形成的团体的认可程度不高,民间团体的政治地位及合法性问题仍然有待进一步的探讨。当民间维权团体本身的合法性都尚存疑问时,它们又怎么能有效地监督政府并维护好公民权利呢?

3. 舆论力量缺乏

在西方和美国,新闻舆论号称"无冕之王",或"第四种权力",在实现法治的过程中发挥着不可替代的作用。舆论的发达使整个社会的运作都处于透明的状态,这是一切监督和制约的前提,当然也是法治得以实现的基本条件。"在探讨政府部门以及政策的应有方式时,人们多将透明度(transparency, openness)与信息公开(disclosure)列为最重要的研究课题。……在政府信息不充分公开的情况下,对于在多大程度上可以改善政府的'经营'也会存在很大的不确定性。"[②]舆论的社会功能使得它必然成为法治最有力的外部力量。美国学者T. B. 佩特森认为,舆论媒介所承担的任务包括:第一,通过提供关于公共事务的信息、讨论或辩论来服务于政治制度;第二,启发和提高公众自我决策意识;第三,对政府进行监督,维护社会成员个人利益。然而,在我国民族自治地方,新闻舆论由于受到来自各方面条件的限制,还不能够起到"无冕之王"应有的作用。这些限制条件主要体现在:

第一,新闻舆论的运作缺乏法律规范基础。我国至今还没有一部"新闻法"对新闻舆论的运作进行全方位的规范和保障,对于新闻记者的权利、义务以及公共组织面对新闻监督时的义务和责任等都没有系统的规定。因此在法治最重要的领域即公权力的监督与运行方面,新闻舆论的作用难以有效发挥。

第二,新闻媒体自身的行为准则还不够完善。早在1922年,美国新闻界就

---

① 李诚:《我国社会治理的历史演进、内在逻辑及路径启示——以国家社会关系为视角》,《云南行政学院学报》2020年第6期。
② 〔日〕鹤光太郎:《政府的透明度——改变国家"形态"的突破口》,《开放导报》2003年第10期。

制定了全行业遵守的《报业信条》,其内容包括七个方面:责任、新闻自由、独立、诚信、公平、正直、庄重。① 在这些信条指导下,美国的新闻媒体基本定位于社会利益代言人的角色,保持了高度的独立性,不畏权贵,不阿世俗,具有非常强烈的社会责任感。曾因在第二次世界大战期间拯救美国于危难而备受尊崇的罗斯福总统也曾经被媒体批评为独断专行而放弃了许多与法治、民主精神有悖的政策,而尼克松总统则更是因为"水门事件"被媒体穷追不舍,被迫辞职。改革开放以来中国的新闻事业有了长足的发展,在推进社会主义法制建设方面发挥了重要作用。但也必须看到,新闻媒体自身的行为准则还不够完善,1991年出台的《中国新闻工作者职业道德准则》中规定了新闻从业人员的道德规范:(1) 全心全意为人民服务;(2) 坚持正确的舆论导向;(3) 遵守宪法、法律和纪律;(4) 维护新闻的真实性;(5) 保持清正廉洁的作风。② 其中政治性要求较多,而关于新闻机构的独立地位及新闻自由的规定相对空泛。因此,在纪律的约束和商业利益的诱导下,部分媒体围着官员转,围着明星转,而监督公共权力、维护社会利益的功能有待加强。

三、推进民族自治地方公共管理法治建设

为了保障民族自治地方经济和政治体制改革的顺利进行,实现经济社会的赶超发展,必须大力推进民族自治地方的法治建设。

法治建设是一项综合性的社会系统工程。推进民族自治地方法治建设,不能只着眼于民族自治地方公共组织和地方政府,而是要从民族自治地方的社会整体来把握,多方面互相配合,同步推进。

(一)加速向市场经济转变的步伐,用经济力量推动政治改革

市场化的发展将带来法治化,市场化的进程与民主法治的发展有着天然的联系。我国由于过去长时期计划经济的影响,社会群体利益观念、权利意识还比较淡薄,公共组织缺乏推动法治建设的动力。因此加速市场化进程,特别是在经济比较落后、传统思想文化束缚比较深的民族自治地方推进市场经济建设,将从根本上打破制约法治发展的社会经济和文化基础,使法治建设获得强大的推动力。市场经济的发展必然带来市民社会的成长,带来公民利益观念的变革、权利意识的强化以及社会力量的增长。市场经济"鼓励个人谋求自我利益的动机和活动……根据'法不明言不为罪'的原则,凡不触犯刑典者人人皆有充分的自由扩张他们财富的自然权利。这一权利理应受到政府的有效保护,而不是相反……因为惟有国家(政府)才可与人民产生公法意义上的上下统属关系,进而

---

① 蓝鸿文主编:《新闻伦理学简明教程》,中国人民大学出版社2001年版,第22页。
② 同上书,第26页。

产生事实上容易发生却难以纠正的侵权行为,危及私有财产制度。这就必然要求规范和限制政府的行为,即依法行政"[①]。只有社会具有强烈的权利意识,同时具有强有力的经济力量,才能使公共组织在社会的压力下自觉地将自己的行为纳入法制轨道。

(二)推进政治体制改革,强化立法权和司法权对行政权的监督制约

为了加快推动民族自治地方法治建设,必须进一步调整民族自治地方立法、司法与行政三大政治权力之间的关系,加强立法权和司法权对行政权的监督制约。

1. 突出人大的地位,加强地方立法功能与立法监督功能

我国一切政治权力都来自人民,从形式上而言,一切政治权力都来自人民代表大会。民族自治地方的一切政治权力都来自自治地方的人民代表大会,对人大负责,受人大监督。我国《民族区域自治法》规定,民族自治地方人大和政府都是自治机关,结合我国政治制度的现实,民族自治地方应该进一步突出人大的地位,充分发挥人大的作用。人大需要切实履行自治职能,不断通过地方立法,为民族自治地方法治提供法规依据;不断通过人大决策权力的行使,为民族自治地方的重大事务提供科学权威的决策;通过人大监督权的行使,监督政府对法律法规和人大决策的执行情况,监督政府行为,监督其他公共组织活动。人大的监督是最强有力的法治监督,是实现法治最有力的保障,同时也是能够反映最广泛的社会利益的监督。

2. 促进审判独立,确保审判在法治建设过程中应有的作用

审判独立是民主社会确保社会公正的最后一道防线。在所有的法治国家,当其他途径无法解决社会冲突,特别是当民众与行政权力发生矛盾碰撞时,只有通过审判监督,才能够使各方权益得到权威的平衡和调节。审判要起到这种最后防线的作用,前提是必须保障审判的独立和公正地位。因此,民族自治地方应当积极采取措施,减少审判部门在财政、人事等方面对行政部门的依赖,为保证审判独立、提升审判权威创造有利的条件。

(三)加强公民法治思想教育,以权利意识推进法治建设

只有不断加强公民的权利观念和法治思想的教育,培养公民意识,才能为法治建设营造良好的社会氛围。

1. 加强法制宣传、培养维权意识

首先是要让公民知法懂法,了解法律法规的内容,了解自己的权利与义务,了解如何维护自己的权力和利益。由于民族自治地方经济社会发展相对滞后,新中国成立前许多少数民族尚处于前资本主义的社会发展阶段,不少民族是从

[①] 张国庆主编:《行政管理学概论(第二版)》,北京大学出版社2000年版,第475页。

原始社会、奴隶社会直接过渡到社会主义社会。这种社会制度的变迁是外力推动的,许多民族的传统习惯及思维方式与社会制度的变迁并不同步。在许多民族自治地方,传统的习惯法、宗族法、宗教法的影响还很大,公民对于国家法制的了解和认识都需要提高。而这些传统的法规有许多与现代法制相去甚远,具有浓厚的人治色彩。在法制宣传上,需要寻找一条能够有效结合传统习惯与现代法制精神的方式,使国家法律、民族自治地方法规比较容易地被少数民族群众理解和接受。

2. 积极扶持公民维权团体的成长

现代法治国家,法律规范复杂,诉讼程序冗长,使得普通民众在运用法律手段维护权利时面临着相关知识缺乏和成本高昂等诸多困难,需要有各种社会团体和专业组织来帮助公民维护权利。但目前我国民族自治地方此类维权团体数量很少,因此在推进民族自治地方法治建设的过程中,政府有必要采取措施鼓励民间维权团体的发育和成长,支持民间维权团体有效运作。

(四)加强新闻媒体的改革,充分发挥舆论监督作用

如果缺少新闻舆论的监督,公共组织尤其是政府的透明度就无法保证,而不透明的公共管理过程就无法避免公共权力的异化。民族自治地方应当充分发挥国家赋予的广泛的地方立法权的优势,积极探索通过地方法规的形式对公共组织信息公开,对新闻舆论的监督权力和监督方式做出适当的规定,促进公共组织的工作透明化,使其接受社会监督,保证人民群众的知情权和监督权,使公共权力规范运作。

(五)加强公共组织自身改革,使公共管理活动自觉符合法治要求

1. 要确立法治政府的观念

所谓法治政府,是指各级政府必须根据人民的意志依法组建;公共管理行为必须在法律容许的范围内开展,严格按照法定权限和程序行使职权,不得以行政命令代替法律法规,所有的自由裁量权也需要符合法律规范的原则,不得与法律精神相违背;必须保障人民依法享有的各项权利和自由;必须接受人民的监督,自觉建立违法监督机制,及时纠正政府内部的违法行为;行政违法必须承担责任。真正做到有权必有责,用权受监督,违法受追究,侵权要赔偿。

2. 建立责任的评价与追究机制

虽然我国政府设有专门的责任追究机构负责对行政违法行为追究责任,但由于没有系统的责任评价体系,这种责任追究往往难以起到实质性的作用。责任评价机制是政府行为法治化的必要条件,没有评价,对于政府行为的过错就无法进行有效的追究。公共管理的法治化要求公共组织在系统内部建立专门化的行为评价机构,对公共管理行为的程序、内容及结果进行评价,确定其是否适法,同时确定违法行为的责任标准以保证责任追究的效果。在此基础上,设计行之有效的责任追究制度并加以实施以保障公共管理法治化的实现。

3. 引进外部力量参与决策并且监督公共组织行为

现在许多公共组织的违法行为往往是由于个别党政领导"三拍"决策导致的：灵感来了拍脑袋作决策，决策执行时拍胸脯保证，工作出问题时拍屁股走人。这种武断的决策和不负责任的工作作风是公共管理行为不断出现问题的重要原因。为了克服这种决策和执行体制的弊端，在公共管理工作中有必要引入社会力量的广泛参与。社会力量，特别是具有相关知识和技能的利益相关者和科研机构，参与并监督公共政策的制定与执行，可以有效避免决策失误和执行偏差。广泛的社会参与不仅可以最大限度地避免公共组织行为违法，即使出现了不当决策，社会的容忍度和矫正力也会大大提高。

第三节 民族自治地方公共管理法制建设

公共管理法治化的前提是有法可依，这要求首先具备完善的法制体系。改革开放以来，中国的法制建设取得了长足进步，标志之一就是立法进程加快，初步构建了与社会主义市场经济相适应的法律法规体系。公共管理法制是公共管理过程中所依据的法律体系的总和，是公共管理法治化的规范基础。公共管理法制中最主要的内容是对公共管理行为进行规范的一系列行政法。1989年4月《中华人民共和国行政诉讼法》的通过，真正开始了我国公共管理法治化的进程。在此之后，《中华人民共和国国家赔偿法》《中华人民共和国行政强制法》《中华人民共和国政府采购法》《中华人民共和国行政监察法》《中华人民共和国行政许可法》《中华人民共和国公职人员政务处分法》《中华人民共和国行政处罚法》《中华人民共和国立法法》《中华人民共和国行政复议法》等一系列高位阶的行政法律的通过，对政府行为的内容、程序、责任，对公民与政府关系等都作了具体的规定，使得整个政府体系的工作基本都处在法制规范之下。但是从整个国家层面来看，公共管理法制仍处于起步阶段。法律内容的科学性仍然有待提高，法律实施的效果还有待观察。

从民族自治地方来看，公共管理法制建设的任务更为繁重。虽然民族自治地方在数十年的民族自治实践中，出台了大量的地方法规，但其中规范社会行为的居多数，规范公共组织特别是政府行为的并不多见。对于近些年国家制定的上述行政法律，民族自治地方还很少或没有出台配套的地方法规。可以说，民族自治地方的公共管理法治还缺少地方法制的支持。

一、民族自治地方公共管理法制建设的成就

1947年4月，在内蒙古乌兰浩特召开的蒙古族人民代表会议制定了我国历

史上第一部少数民族地方性法规《内蒙古自治区政府暂行组织大纲》,标志着我国民族自治地方立法的开端。1949年9月通过的《中国人民政治协商会议共同纲领》首次以宪法文件的形式确认了在少数民族聚居地方实行民族区域自治制度,给各民族自治地方的成立提供了宪法性的依据。此后,我国少数民族政权建设开始大规模进行,各少数民族聚居地方纷纷建立了自己的自治地方政权,然而民族自治地方的立法工作并没有及时跟上。1954年宪法进一步明确了在少数民族聚居地方实行民族区域自治制度,并规定了在民族自治地方建立自治区、自治州、自治县三级自治地方政权,赋予自治地方政府与其他地方不同的自治立法权。此后,各级民族自治地方的立法工作也逐步开展起来,许多民族自治地方制定了本地方关于政权建设、生产管理、税务管理、社会治安管理等方面的法规。从1955年到1966年,民族自治地方共制定单行条例48件。

"文革"的动乱使民族自治地方的法制建设中断。"文革"结束后,民族自治地方立法工作呈现不断加速的态势,立法数量每年都多达百件以上,并且立法的内容也更加体系化。大部分自治地方都制定了本地方的自治条例,以全面规范本地方事务的管理。同时,还制定了大量的单行条例,具体规范某些方面的特殊事项。为了结合民族自治地方的特色,更好地贯彻来自国家和上级政府的法律和政策,民族自治地方还出台了许多变通立法文件,变通执行各种高阶位的法律法规。2016年12月,国务院在其发布的《"十三五"促进民族地区和人口较少民族发展规划》中提到,在"十三五"期间,创新民族事务治理体系,提升民族工作法治水平,完善民族工作法律法规体系。目前,四川、青海、甘肃、云南、广东、辽宁、湖南、湖北等辖有民族自治地方的省都先后制定了实施《民族区域自治法》的规定和意见。同时,各自治区的法制建设水平也在逐步提升。以西藏自治区为例,2017—2022年自治区人大及其常委会围绕西藏经济社会发展和边疆稳定安全,认真行使宪法法律赋予的地方立法权,5年内共制定、修改、废止自治区地方性法规72件次(其中,新制定21件,修改45件次,废止6件),批准设区的市地方性法规45件次,规范性文件备案审查110件次。批准设区的市地方性法规45件次,规范性文件备案审查110件次。在促进民族团结和维护社会稳定方面,起草制定出台《西藏自治区民族团结进步模范区创建条例》《西藏自治区反间谍安全防范条例》《西藏自治区法治宣传教育条例》等,修改了《西藏自治区实施〈中华人民共和国集会游行示威法〉办法》《西藏自治区人民代表大会常务委员会关于严厉打击"赔命金"违法犯罪行为的决定》等一系列地方性法规;在生态文明建设方面,出台《西藏自治区国家生态文明高地建设条例》,并修改了《西藏自治区环境保护条例》《西藏自治区大气污染防治条例》《西藏自治区气候资源条例》等地方性法规;在经济领域制定和修改的地方性法规有《西藏自治区乡村振兴促进条例》《西藏自治区促进中小企业发展条例》《西藏自治区实施〈中华人民共和国就业促进法〉办法》等。总体上来说,在《"十三五"规划》对于民族工作法制化的要求下,西藏地方立法工作取得显著成绩,从质量、范围、数量上均逐渐趋于科学化、民主化。①

在加强立法工作的同时,民族自治地方还广泛开展了各种形式的普法活动,在少数民族群众中培养法制观念和法律意识,使广大少数民族群众知法、用法的观念不断加强。

二、民族自治地方公共管理法制建设存在的问题

(一) 基于自治权的立法数量不足

根据我国《宪法》第116条、《立法法》第75条、《民族区域自治法》第4条的规定,民族自治地方的立法主体享有两种类型的立法权,一种类型是原创立法权,另一种类型是变通立法权。我国155个民族自治地方,依照《宪法》和《民族区域自治法》的规定,都有权制定适合本地区的自治条例和单行条例,有权对国家法律或上级政府的法规规章进行变更规定。但是,真正依据自治权制定的地方法规数量很少。

1. 许多自治地方没有制定自治条例

自1984年《中华人民共和国民族区域自治法》颁布以及2005年《国务院实施〈中华人民共和国民族区域自治法〉若干规定》的公布实施,截至2024年3月,全国各民族自治地区共出台现行有效自治条例145个。数量虽大,但是对于155个民族自治地方则显得严重不足。尤其是5个自治区,均尚未颁布"自治条例"。"自治条例"是民族自治地方行使自治权的纲领性法规,没有"自治条例"作为指导,民族自治地方就难以制定其他与自治权有关的地方法规。

2. 单行条例数量不多

我国《民族区域自治法》赋予了民族自治地方根据本地的政治、经济和文化特点制定单行条例,管理本地的特定事务的特权,这种特权构成了自治权的重要内容。然而,截至2019年,全国155个民族自治地方制定了单行条例753件,平均每个地方近5件。②

3. 变通规定和补充规定数量较少

《民族区域自治法》第二十条规定:上级国家机关的决议、决定、命令和指示,如有不适合民族自治地方实际情况的,自治机关可以报经该上级国家机关批准,

---

① 《发扬历史主动聚焦良法善治自觉推动新时代西藏地方立法工作高质量发展》,西藏自治区人民政府网站(2022-12-23)[2024-03-05],https://www.xizang.gov.cn/zwfw/jrgz/202212/t20221223_334821.html

② 宋金:《坚持依法治理民族事务推进民族工作领域治理体系和治理能力现代化》,《中国民族报》2019年12月17日。

变通执行或者停止执行。这是国家为顾及民族自治地方特殊情况,照顾民族自治地方特殊利益而赋予民族自治地方的又一项特权。通过变通权的规定,国家法律中不适合民族自治地方情况的,民族自治地方可以采取变通手段执行或者不执行,从而保障民族自治地方利益。然而,当前民族自治地方出台的对国家法律的变通规定和补充规定,总共只有64件,平均每2个自治地方才有1件。①

4. 上级政府配套法规的缺失

《民族区域自治法》第七十三条规定:国务院及其有关部门应当在职权范围内,为实施本法分别制定行政法规、规章、具体措施和办法。但除《国务院实施〈中华人民共和国民族区域自治法〉若干规定》公布之外,其他部颁规章很少,绝大多数的国务院相关部门没有制定配套的规章、措施和办法。部颁规章的缺失,使民族自治地方制定地方法规,特别是制定涉及府际间权力义务的相关法规时缺乏基础。

(二)民族自治地方法规对自治权体现不足

民族自治地方法规规章对自治权的体现与《民族区域自治法》赋予的自治权相比还有很大差距。主要的问题是:

1. 法规内容单一,未能充分体现自治权

现有的753多件单行条例中,绝大部分内容都是对语言、婚姻、环境保护和农林管理的规定,用于规范和引导地方经济活动的法规很少。《民族区域自治法》赋予了民族自治地方的27项自治权,在单行条例的内容中,对涉及民族自治地方经济发展命脉的财政、税收、金融、投资等方面的自治权没有充分体现出来。

2. 没有充分运用立法自主权和变通权

针对民族自治地方特点变通法律、法规的立法自治权,基本局限在婚姻和语言管理方面,很少涉及经济管理的内容,变通权运用的范围过窄。现有的自治法规多数是关于使用民族语言文字、照顾民族风俗、培养民族干部,以及婚姻家庭等方面的规定。当前民族自治地方出台的变通规定和补充规定中,80%集中在婚姻方面。我国有13部法律明确授权民族自治地方可进行变通规定,但民族自治地方只对其中的四项,即婚姻法、选举法、继承法和森林法出台过变通规定。

(三)民族自治地方法规的质量有待提高

民族自治地方的立法质量相对而言比较差,很多法规缺乏具体可操作性。地方法规往往是为了处理地方性事务或具体落实国家的法律法规而制定的,要求规定得非常细致具体,而民族自治地方立法质量相对于这一要求还有一定的距离。民族自治地方立法存在的质量问题主要体现在:

---

① 宋金:《坚持依法治理民族事务推进民族工作领域治理体系和治理能力现代化》,《中国民族报》2019年12月17日。

1. 实用性需要加强

在自治条例、单行条例、变通规定和补充规定中,具体调整和规范社会主体行为的规定非常少,大多数是指导性、示范性规范,缺乏相关配套的实施细则。在处罚性的规定方面,多数只规定了诸如"批评教育"或"行政处罚"等原则性话语,而具体的教育方式和处罚手段却没有进一步明确,从而导致出现问题后难以依法规确定问题性质,进而采取有效的应对措施。

2. 加强创新性和针对性

在当前民族自治地方出台的自治条例、单行条例和有关变通规定、补充规定中,照搬现象比较突出。自治法规内容很多都存在着大同小异的问题,往往是这个地方出台了一项法规,其他地方就将其拿来冠以本地地名,地方法规内容的针对性不强。

(四)民族自治地方法规陈旧,老化现象严重

民族自治地方的许多自治法规在制定之后多年不修订,很多内容已经不符合时代特征,对于习近平总书记加强和改进民族工作的重要指示未能完整准确全面地贯彻落实。当前现行有效的 145 个民族自治地方"自治条例"中,仅有 9 个在二十大之后进行过修订,半数都是在十九大之前进行的修订,59 个在 2006—2016 年之间进行了修改。与此同时,在 2004 年及以前的自治条例中,仍有 11 个处于"现行有效"状态。总结来看,个别民族自治地方法规的修订时间较早,部分内容与第五次中央民族工作会议、党的二十大报告等新时代党的民族工作主线不相适应,未能及时进行修订和完善,民族政策法规调整滞后于时间要求。

(五)民族自治地方法规系统性不强,难以形成法规体系的合力

法律法规要有效发挥其对社会的规范引导功能,需要法规之间互补、协调,形成其自身完整的体系及功能的合力。而如果法律法规之间相互冲突或者不协调,将大大降低其对社会行为的指导价值。当前民族自治地方的法规体系还存在着诸多不协调的地方。民族自治地方的自治条例较为原则和抽象,针对性和可操作性不强,但是相关的配套规定数量极少,并且很不完善。单行条例与自治条例关系不明确,配合不默契,各做各的规定,各有各的依据,不能很好地将自治条例的内容付诸实施。在不少民族自治地方,由于自治条例的相关实施规定缺乏或不配套,自治条例中许多抽象的、缺乏针对性的条款无法发挥其对本地方事务全方位的指导和约束作用。民族自治地方目前实施的单行条例中有很多涉及非常具体事项的内容,如环境保护、城市发展、旅游管理等,但是单行条例对这些事项的规定却不够具体,过于空洞,相关部门也没有出台具体执行方案,导致单行条例实际上无法实施。

三、民族自治地方公共管理法制建设相对滞后的原因

民族自治地方公共管理法制建设步伐落后的原因很多,归纳起来主要有以下几点:

(一)民族自治地方法制依据需要更加明确具体

《立法法》中对于民族自治地方的立法规定同《民族区域自治法》一样,都非常原则,对哪些事项可制定自治性法规,哪些事项只需要制定一般地方性法规缺乏明确规定。因此,虽然民族自治地方被赋予了广泛的立法权,但这种立法权该如何运用还缺乏比较具体的规定。这使得民族自治地方在制定法规时,具有较大的随意性和盲目性。

(二)五大自治区尚未出台自治条例

五大自治区的自治条例迟迟没有出台,使相应的自治地方法规难以制定。我国五大自治区是整个民族自治地方中辖区面积最大、人口最多、自治权力覆盖范围最广的地方,对其他民族自治地方有着极强的示范作用。自治条例是这些地方其他法规的纲领和基础,但五个自治区至今都没有出台自治条例,不仅使五个自治区内的其他自治法规的制定受到制约,对其他民族自治地方制定和执行本地方的自治法规、行使自治权也有一定的影响。

(三)立法观念和技术水平的限制

民族自治地方立法水平的提高还面临许多障碍,使地方公共管理法制化进程发展迟缓。第一,重视不足。部分民族自治地方党政领导机关对于公共管理法制建设的重要性缺乏正确认识,仍然习惯于传统的压力型政治统治,而没有高度重视依法行政对促进依法治国的作用和意义,依然乐于用灵活多变的政策来管理民族自治地方,而不愿意用法制来约束自己的权力。第二,缺乏创新勇气。一些部门的领导者思想保守,缺乏创新的动力和勇气,习惯于按上级的意图行事,使得相关自治法规的制定工作进展缓慢。第三,立法思想与技术的限制。有些民族自治地方在立法思想上仍然受传统规制思想约束,即法规多为限制和约束公民的权利,扩大政府权力和公共管理的自由度,而较少考虑对政府自我的约束。同时,由于立法调研、法案条文论证等方面的能力不足,也使得立法质量无法提升。

(四)立法权的救济制度不够健全

畅通救济渠道是保障权利的基础。对地方政府而言,立法权力也需要用法律手段来保障。然而在我国,《宪法》和《民族区域自治法》都没有为民族自治地方自治立法权的救济提供途径,这使得民族自治地方自治立法权受到一定程度的制约。自治法中明确规定上级国家机关有帮助少数民族自治地方的职责,却没有规定上级国家机关不履行职责要承担什么责任。这种职责往往靠政治责任

来保证,而没有法律的保障。

(五)立法程序尚需完善

在我国的法律传统中,重实体轻程序的现象十分严重,形式观念十分淡薄,民族自治地方法制建设中这种现象也十分突出。立法是一个非常严肃的过程,需要经过严格的调查、动议、立案、再调查、拟定条文、条文公开讨论、条文修改、法案表决等程序。但是,当前尚无明确的法律或者地方法规对民族自治地方立法程序进行规范。如何启动哪个程序,谁来参与哪些程序,在不同的程序中不同的社会主体有什么具体权利和义务等都没有明确规定。

四、现代化的民族自治地方公共管理法制的基本特征

西部大开发政策的实施标志着民族自治地方的发展进入了一个新的历史阶段。在这个阶段中,民族自治地方迎来更多的发展机遇,也将面临更加复杂的情况,迎接更加严峻的挑战。要实现民族自治地方社会稳定、民族团结和经济快速发展,民族自治地方法制现代化无疑是一项先导性任务。民族自治地方法制建设取得了一定的成就,但也存在着许多问题,还有不少障碍需要克服。实现民族自治地方法制现代化是一项漫长而艰巨的任务,需要民族自治地方努力探索本地方公共管理法制建设的内在规律,并为之付出切实的努力,同时争取国家的大力支持,以克服法制现代化建设中可能出现的各种问题和障碍。

现代化的民族自治地方法制,应具有如下特征:

(一)形式合理

法律法规是非常格式化的规范性文件,现代化的法制都有着严格的形式要求。良好的形式是民族自治地方法制质量的保证。形式合理包括:(1)体系完整。民族自治地方法律体系是以宪法为根本依据,以《民族区域自治法》为基本框架,以各部门法律对民族自治地方的授权为支撑,以民族自治地方自治条例、单行条例、变通规定和补充规定为主要内容的一个完整的体系。当前,这个体系中的高阶位法规已经比较完善,宪法对民族区域自治的规定非常详细,《民族区域自治法》的内容更是细致而具体,各大部门法都对涉及民族自治地方的特殊情况做了特别授权,国务院还出台了实施《民族区域自治法》的若干规定。但这个体系的低层,即自治条例、单行条例、变通规定和补充规定却还非常单薄,从而使整个法律体系不够完整。因此,这部分内容将是未来民族自治地方法制建设的主要着力点。(2)结构严谨。法律规范的逻辑结构需要做到环环相扣,严谨细密,规范内容明确具体,有可操作性。法律规范之间需要相互配套、协调一致。如前所述,民族自治地方的法制在这方面的缺陷还比较严重,还有待花费大量的精力去弥补。(3)特点鲜明。我国民族区域自治制度建立的目的就是照顾民族自治地方的特殊情况,使民族自治地方能够因地制宜地采取有效措施推动本地发展。而这种特殊情况最终需要通过民族自治地方法制来反映,特殊照顾最终也有赖于民族自治地方法制来实现。因此,民族自治地方法制的内容应更多地体现本地方特色、本民族特色,将自治权这一核心权力用足用好。(4)表述科学。民族自治地方法规体系在法规称谓上、在内容表述上、在程序设计上都应该有科学的表述,体现法律的严肃性和科学性。同时,对于具体权利义务的规定应进一步增强现实性和可操作性。

(二)价值取向明确

法律法规的规范作用是通过它的价值取向的导向作用来实现的。因此,现代化的民族法制应该具有明确的价值取向,包括:(1)维护和促进民族平等。民族区域自治制度所提供的对民族自治地方的一切优惠措施都是基于民族自治地方相对落后以及民族自治地方在经济、社会发展方面的困难和特点而制定的。因此,民族自治地方法制的首要价值取向就是维护民族平等,促进民族自治地方发展。民族自治地方要用法制工具推动民族自治地方赶超发展,提升本地方经济社会发展水平,实现本地社会和谐,进而促进全国的和谐发展。(2)发展导向。法制的根本目的并不是简单地维持社会秩序,而是促进生产力的发展。民族自治地方法制应有其特别的逻辑结构和立法环节,应能够通过法制价值的推行促进社会价值的合理分配,促进资源配置的优化。(3)少数民族权益保障。无论是民族平等还是民族发展都是通过法的形式确定和保护少数民族群众的权益来实现的。民族自治地方法规需要具体确认本地方经济社会发展过程中存在的重大问题,归纳总结社会主体对权利的需求,发现社会运行中需要公共权力干预的领域,有针对性地设计相关条文,以保护和促进各民族群众的根本利益。

(三)内容完整实用

形式合理、价值取向明确只能为高质量的法规出台创造条件,真正高质量的法规必须通过具体的条文内容来体现。由于法规规范的事项非常复杂,对于具体内容该如何设计,需要根据社会实践准确把握。但是在法规内容设计上,必须坚持这样两个原则:(1)内容的完整性。法规不论是规范哪方面事项,其内容必须完整。内容完整表现在:第一,法规对其所规范的事项中涉及的有关问题都应有所体现。这既是减少法规模糊化和碎片化的基本要求,也是实现法规权威的必然要求。第二,法规对每一个被规范的主体的权利义务都有明确的规定。一件法规出台,受到规范的主体很可能以千万计。每一个被规范的主体享有什么权利,承担什么义务,法规都必须加以清晰、明确的表述,不能出现主体之间权利与义务的不平等现象。第三,法规能够提供维护权利和课以义务的途径。一部法规如果只是简单地列举权利和义务,它就没有任何意义。法规要发挥实际作用还需要有维护权利的途径和强迫特定主体承担义务的方法,使被赋予权利的人在权利受到威胁后能够借助公权力维护自己的权利,使被课以义务的人如果拒绝承担义务就会启动公权力的追责程序。(2) 内容的实用性。法规的内容必须简单实用,而不应该只有抽象的原则和空洞的口号。这要求法规的内容具备以下要求:第一,每一项条文都有现实的基础。法规的条文不能超越现实太远,不能对现实中不存在的问题进行规范,不能用现实中无法采取的手段解决具体问题。第二,每一项条文都有实现的路径。有现实基础的规范未必能够真正实现,这牵涉到现实中的利益博弈关系。如果法规无法改变现实中的利益、力量关系模式,就不要轻易做这方面的限制或规范,以免使自身陷入缺乏执行力的尴尬境地。第三,那些确保权利义务关系实现的有关程序性规范应具有可操作性。法规需要规定权利的实现途径和义务的履行程序,这些规范必须具有可操作性,否则将导致权利义务成为不可实现的口号。

五、加强和完善民族自治地方公共管理法制建设的措施

(一) 加强立法工作

立法是民族自治地方法制建设的核心和基础。维护民族自治地方社会稳定,加快民族自治地方经济和社会发展,要求加强民族自治地方法制建设,把自治权从抽象的原则变为可操作的具体规范。因此,必须把民族自治地方的立法工作摆在突出重要的位置。首先,民族自治地方的立法工作必须着眼于自治权的行使,着眼于民族自治地方的民族特点,结合当地自然、经济、社会的现实情况,着力解决民族自治地方所面临的重大特殊问题。特别是应尽早制定有关宏观调控和市场监管等方面的单行条例,以适应民族自治地方经济和社会发展的需要。其次,要加快修改和完善民族自治地方的自治条例和单行条例及其他自治法规。新修订的《民族区域自治法》于2001年2月28日开始实施,民族自治地方现行的自治条例、单行条例和其他规范性文件与之在立法精神和内容上还有一些不够一致的地方,应抓紧进行修订和完善。同时,应及早清理那些与发展社会主义市场经济不相适应的地方性法规,为民族自治地方发展创造一个良好的法治环境。

(二) 在立法过程中充分利用自治权

用好用足自治权就是要求民族自治地方立法必须突出民族特色和地方特色:(1) 民族自治地方立法要树立正确的民族区域自治观念。民族自治权是民族自治机关享有的《宪法》和《民族区域自治法》赋予的特殊权力,是民族自治地方根据有关法律、法规的规定,结合本地方、本地各民族的政治、经济和文化特点,自主地管理本地方、本民族内部事务的权利。民族自治地方立法就是通过制定自治条例、单行条例和变通规定,将《宪法》和《民族区域自治法》赋予的各项自治权具体化,为自治权的行使和实现奠定法制基础。因此,民族自治地方立法必须充分反映本地方、本地各民族政治、经济、文化等方面对立法的需要,使民族法制能真正有利于促进和保障民族自治地方生产力的发展和社会的进步。(2) 民

族自治地方立法要充分体现立法的自治权和对法律、法规的变通权。应正确区分自治条例、单行条例、地方性法规的界限,以及自治法规与变通规定的界限。自治立法的着眼点是解决本地方、本地各民族突出的社会问题,而相关问题是国家没有或者不便进行立法规范且在自治权的范围之内。自治立法既要防止地方保护主义,同时也要避免无实际价值和效益的重复立法,使民族自治地方立法真正同本地方、本地各民族的实际需要结合起来,同自治权的行使结合起来。

(3) 民族自治地方立法要有自主性。自治机关应该根据本地方、本地各民族的需要,主动开展立法活动;立法活动应排除其他非正常因素如既得利益集团等的影响;立法应做到不等待、不依赖国家立法;立法应依自治权限自主进行,积极发挥自治法规调整本地方、本地各民族内部事务的功能和作用。而这就要求民族自治地方立法必须深入研究本地区、本民族政治、经济和文化发展的规律和特点,一切从实际出发,把握好本地区的特殊矛盾和本地各民族的特殊需要,加强立法预测和立法规划,使民族自治地方立法工作真正落到实处。

(三) 提升民族自治地方的利益表达能力

利益是法律的本源,任何法律法规的根本目的都是对利益的调节和维护。然而,利益是一种稀缺的资源,是利益主体矛盾的焦点。如果没有很强的利益表达能力,没有畅通的利益表达渠道,民族自治地方利益必然受损。据有关统计,1998年之前,国家先后制定民族地方经济优惠政策83项,包括财政优惠政策9项、税收优惠政策14项、工业优惠政策12项、农业发展政策7项、民族贸易政策10项、扶贫开发政策25项、外贸边贸优惠政策6项,这些政策的执行程度分别为44.44%、35.71%、50%、57.14%、20%、72%、66.67%,平均执行程度为51.81%。[①]这意味着,国家给予民族自治地方的利益民族自治地方只利用了一半左右。究其原因,民族自治地方在立法过程中没有明确表达自己的利益,没有为自己的利益提供良好的保护机制。在未来的民族自治地方立法过程中,民族自治地方应积极创造条件表达自己的利益,积极主动地争取自己的利益,用法制维护自己的权益。

(四) 进一步完善自治法规的批准制度

《民族区域自治法》规定,民族自治地方依据本地方的民族特色、具体情况和实际需要,在不违背宪法和法律、行政法规基本原则的前提下,有权制定自治法规。同时,民族自治地方制定的法规要按程序报上级批准。我国《立法法》只规定省、自治区、直辖市的人大常委会对报批的地方性法规应该对其进行合法性审查,同宪法、法律、行政法规和本省、自治区的地方性法规不相抵触的,应该在四个月内予以批准。然而,在规定自治法规时,只规定自治区的自治条例和单行条

---

① 温军:《中国少数民族经济政策的形成、演变与评价》,《民族研究》1998年第6期。

例,报全国人大常委会批准后生效。自治州、自治县的自治条例和单行条例,报省、自治区、直辖市的人大常委会批准后生效,却没有规定审查的内容和时间限制。虽然自治法规与地方性法规所依据的原则不同,自治法规制定主体的自主性更强,批准时没有地方性法规容易把握,但这完全可以通过延长批准时间、多设审查事项来解决。完全不做规定极易导致民族自治地方法规被批准机关搁置。这种批准程序方面的缺憾在一定程度上也影响了民族自治地方立法的积极性。

(五)健全民族自治地方立法的权力救济制度

《民族区域自治法》为民族自治地方规定了大量的自治权,同时也为民族自治地方的上级政府规定了许多职责,这些内容都应通过民族自治地方法制具体体现。然而,实践中民族自治地方的上级政府及其部门履行职责不够、重视民族自治地方自治权不足的现象有时会发生。为了防止这种现象的发生,必须建立民族自治地方立法权的救济制度,使上级机关与民族自治地方国家机关在发生争议后有公开而透明的解决渠道。而我国目前尚无解决此类争端的专门机构和法规。可以考虑全国人大以民族委员会和法律委员会为基础,设立专门的组织,设计专门的机制,承担起解决这类纠纷的职能。该组织拥有全国人大的权威支持,其成员又具有处理民族事务和法律事务的专业知识和能力,能够提供解决争端的较为准确的意见,作出较为合理的判断。建立这样的争端解决机制,将有利于协调府际关系,维护民族区域自治制度,保障自治权的落实。

(六)完善民族自治地方立法的程序

立法程序对于增强民族自治地方法制的民主性、科学性起着至关重要的作用。良好的立法程序能为立法过程提供一个事实展示、意见交锋、自由讨论的平台。在健全的程序保障下,经过自由辩论和反复的交锋修正,拟制定的法规实际上得到了不断的锤炼和磨砺,融合了更多的社会利益和观点,从而大大提高了法规的科学性。我国《立法法》对民族自治地方的立法程序没有明确规定,而只是规定民族自治地方参照全国人大及其常委会的立法程序,制定地方人大相应的立法程序。依照这一规定,各民族自治地方都把制定立法程序列入了立法规划。完善的立法程序制度,至少包含这样几个方面的内容:(1)法规提案和法规建议制度;(2)法规集中统一审议制度;(3)法规案审次制度;(4)立法听证制度;(5)立法表决制度。在我国民族区域自治地方,这些程序制度都需要进一步落实和完善。

(七)加强民族自治地方立法的理论研究

当前我国民族立法的专门研究已经有了一些成果,但是与民族自治地方的立法需要相比,仍然存在一定的差距。未来民族自治地方立法要提升质量、提高科学性和可操作性,还有待于民族自治地方立法理论研究的深入开展。一是要加强对民族自治地方自治权的研究。"自治权问题,是我国民族区域自治制度和民族区域自治法研究中的重大理论问题。"[1]没有自治权,民族区域自治就会虚化。自治权行使的好坏是检验民族区域自治制度实施状况的关键。实际上,自治权是自治立法的前提和基础,民族自治地方的自治法规、规章和其他规范性文件大多是自治权的体现。二是要加强对民族自治地方的地方特点和民族特点的研究。立法必须与当地的经济、社会、人文环境相适应才能有助于当地经济社会的发展,也只有这样,所制定的法规、规章等才能符合社会需求,得到民众的认可,才能得到有效的实施。三是要加强民族自治地方立法程序和立法技术的研究,不断提高民族自治地方法规质量。

---

[1] 张文山等:《自治权理论与自治条例研究》,法律出版社2005年版,第1页。

第十章 民族自治地方公共危机管理

人类社会几乎从诞生之初的那一刻起,就始终处于各类风险的威胁之下,要应对来自自然环境和社会自身的各种危机。由于各类公共危机往往会给社会造成极大的损害,因此自人类社会进入文明时代以后,对公共危机的思考和应对策略创新,几乎从未间断,也就积累了丰富的经验。19世纪中后期,在社会学研究兴起之后,有相当一部分学者将过去及当时存在的各类社会风险及其防范作为主要研究对象,进行了系统研究,公共危机管理理论体系开始形成。到20世纪五六十年代,公共危机理论已经成为政治学、社会学两大学科领域的重要研究对象,对国家内部和国际性公共危机的研究受到广泛关注,其影响一直延续到现在。相比之下,我国公共危机管理研究起步较晚,不论从研究的广度还是深度方面,都需要进一步拓展。其中,尤其是针对特殊区域、特殊群体的特殊社会风险和可能引发的公共危机的研究,更是非常薄弱。而我国民族自治地方,特殊区域与特殊群体因素交织,也是社会风险因素类型多样,公共危机发生发展规律相对特殊的地区。结合民族自治地方社会环境,研究和探讨民族自治地方社会风险与公共危机管理,不但对于有效防范民族自治地方各类公共危机事件特别是突发公共事件具有重要的意义,而且关系到民族自治地方社会稳定,民族团结,对维护国家统一和边疆安全也具有重要价值。

第一节 公共危机管理概述

如果说2003年的"非典"疫情,让中国社会意识到了公共危机管理的重要性和紧迫性,那么2008年的"3·14"事件,2009年的"7·5"事件,则引起了人们对民族自治地方社会稳定状况的高度重视,进而对其公共危机管理也给予更多的关注。在公共危机管理的诸多领域和区域中,民族自治地区地方由于特殊的自然条件和复杂的历史、民族、宗教、边疆等因素的影响,其公共安全呈现出更为复杂的情况和特点。过去一个时期,"藏独""三股势力""三蒙统一""朝独""满独""泛泰主义""文蚌同盟"等各类分裂势力活动猖獗,与民族分裂、宗教极端、暴力恐怖势力联系在一起的各类公共危机事件频繁发生,对各族人民生命财产安全造成极大危害,对我国国家统一、民族团结、边疆安全构成严重威胁。习近平总书记强调"治国必治边"。提升民族自治地方公共危机管理能力,严密防范和有效应对境内外敌对势力各种渗透颠覆破坏活动、暴力恐怖活动、民族分裂活动、宗教极端活动,有效化解民族领域风险隐患,是当下切实的社会治理需要。

一、公共危机的概念与特点

(一)公共危机的概念

危机是具有辩证法意义的概念,是危险和机遇两个矛盾概念的叠加。

然而,在辩证法思想一直非常突出的中国,汉语中危机一词反而辩证法色彩不浓。汉语"危机"一词最早出现在三国时期,当时魏国名士吕安《与嵇茂齐书》中出现"常恐风波潜骇,危机密发"一语,然而这句中"危机"更多指危险,而没有机会的含义。长期以来,汉语的危机也更多侧重"危"而非"机",如《宋书·范泰传》中"如此,则苞桑可系,危机无兆",唐朝刘言史诗《观绳伎》"危机险势无不有,倒挂纤腰学垂柳",直到民国时期都是如此。

相反,在西方社会,危机概念从一开始就具有非常典型的辩证法意义。英文crisis一词,源于古希腊文krisis,有"区分""判断"的含义,希波克拉底和伽伦等医学、哲学研究者赋予了其新的解释"疾病的好转或者恶化的转折点"。此后,在包括英语在内的许多西方语言中,由此词演化出来的危机词汇,或多或少都包含有人们通过区分、判断,来面对危险局面的含义。

不少管理学研究者在研究组织行为及其与环境互动现象时,较早就引入了危机概念,以讨论组织面临的困境及其应对。如劳伦斯·巴顿认为:危机是一个会引起潜在负面影响的具有不确定性的大事件,这种事件及其后果可能对组织及其人员、产品、服务、资产和声誉造成巨大的损害。[①] C.F.赫尔曼的概念相对得到更广泛的接受,他认为危机是威胁到决策集团优先目标的一种形势,在这种形势中,决策集团作出反应的时间非常有限,且形势常常向令决策集团惊奇的方向发展。这一定义主要是强调了危机来临时决策的紧迫和困难。[②] 荷兰莱顿大学著名危机研究专家乌里尔·罗森塔尔认为这个定义过于狭窄,他修改了赫尔曼的定义,指出危机是一种严重威胁社会系统的基本结构或基本价值规范的形势,在这种形势发展过程中,决策集团必须在很短时间内、在极不稳定的情况下作出关键性决策。[③] 薛澜等人是较早研究危机管理的国内学者,他认为,"危机"通常是在决策者的核心价值观念受到严重威胁或挑战、有关信息很不充分,事态发展具有高度不确定性和需要迅捷决策等不利情境的汇聚。[④] 徐红、方雅静则认为危机由一系列突发事件或偶然事件引发,导致一种非常规的状态,这种状态具有危险性,会使人们的心理产生恐慌和不安,会对社会关系、公共秩序等构成

---

① 〔美〕诺曼·M.奥古斯丁:《危机管理》,陈松译,中国人民大学出版社2004年版。
② 杨明杰主编:《国际危机管理概论》,时事出版社2003年版,第5页。
③ 同上。
④ 薛澜、张强、钟开斌:《危机管理:转型期中国面临的挑战》,清华大学出版社2003年版。

威胁甚至产生破坏。① 陈尧认为危机是来自社会经济运行过程内部的不确定性及由此导致的各种危机,或者说它是这样一种紧急事件或紧急状态,它的出现和爆发严重影响社会的正常运作,对生命、财产、环境等造成威胁、损害,超出了政府和社会常态的管理能力,要求政府和社会采取特殊的措施加以应对。②

公共危机则是危机的一种类型,在因为特定的原因导致公共利益或者为数众多的个体利益受到现实或潜在的威胁的状态。"(公共)危机是这样一种紧急事件或者紧急状态,它的出现和爆发严重影响社会的正常运作,对生命、财产和环境等造成威胁、损害,超出了政府和社会常态的管理能力,要求政府和社会采取特殊的措施加以应对。"③

(二)公共危机的分类

公共危机概念比较宽泛,对其进行清晰明确的分类,是研究危机性事件发生的具体过程及对其进行具体分析的前提,有利于更加有效、深入地认识和管理危机。当前,危机性事件的分类十分庞杂,按照不同的标准,主要可以划分为以下几种不同的类型。

从公共危机的社会属性,可分为政治性的危机事件、宏观经济性的危机事件、社会性的危机事件、生产性的危机事件以及自然性的危机事件。④ 政治性的危机事件是指一般涉及政体、国体以及政府合法性面临严重调整、威胁,国家主权受到威胁和伤害。宏观经济性的危机事件是指一个包含内容十分广泛的领域,它主要涉及宏观经济变量的波动。社会性的危机事件主要源于人们所持的不同信仰、价值和态度之间的冲突,以及人们对于现行社会行为规则和体制的认同性危机,以及各种反社会心理等。生产性的危机事件主要源于技术因素、防护性因素、质量因素、管理因素以及各种各样的偶然性因素。自然性的危机事件则主要是人们常说的天灾。⑤

从公共危机诱因分类,可分为外生型危机、内生型危机和内外双生型危机。外生型危机是指由于外部环境因素的变化引起的危机,包括自然灾害危机,如水灾、火灾、雪灾、霜冻、雷击、旱灾、虫灾、沙尘暴潮、海浪、海啸、低温冻害、飓风、地震等;内生型危机是指组织内部由于各要素的异化、管理不善等原因造成的危机,涵盖范围比较广,如决策失误引起的动乱和骚乱等。然而,在现实当中,许多危机均是由于外部环境变化和内部因素交叉作用产生的,很难清晰地划定二者的界限,因此很多危机都表现出内外双生的性质,通常称为内外双生型危机,如

---

① 徐红、方雅静:《政府危机管理》,《同济大学学报(社会科学版)》2005年第3期。
② 陈尧:《当代政府的危机管理》,《行政论坛》2002年第4期。
③ 张成福:《公共危机管理:全面整合的模式与中国的战略选择》,《中国行政管理》2003年第7期。
④ 王茂涛:《近年来国内公共危机管理研究综述》,《政治学研究》2005年第4期。
⑤ 蔺雪春:《公共危机管理:简明原理与实务》,西南交通大学出版社2013年版,第6页。

叙利亚国内战争和世界经济危机。

除了以上几种不同的划分类型外,不同的学者还依据不同的标准对危机事件作出了纷繁多样的划分。例如,按照危机事件的动因性质,将危机事件划分为自然危机和人为危机,自然危机包括自然现象、灾难事故(如地震、洪水、泥石流等);人为危机包括恐怖活动、犯罪行为、破坏性事件等(如恐怖袭击、爆炸、动乱等)。按照影响时空范围,可划分为国际危机、区域危机、国内危机、组织危机。按照危机是否可以预测,可将其划分为可预测性危机和不可预测性危机。按照主要成因及涉及领域,可将其划分为政治危机、经济危机、价值危机、社会危机和民族宗教危机。按照危机发展的速度,可将危机划分为龙卷风型危机、腹泻型危机、长投影型危机和文火型危机。毫无疑问,通过上述危机的类型划分,对于我们认识和了解危机性事件,具有重要的意义。

(三)公共危机的特征

总结历史,我们可以发现,不同时期、不同类型的公共危机事件的表征、影响程度和范围会有很大的区别,但从其生成和演进的机制来看,它们都呈现出共同的特征,即公共危机具有突发性、公共性、紧迫性、扩散性、双重性。

1. 突发性

公共危机事件的发生具有很大的隐蔽性和偶然性,它往往是在人们意料不到的时间和地点发生,伴随着强大破坏力,对社会产生巨大威胁和破坏,总是会造成令人触目惊心的灾难性后果,且发生后留给应急处理的时间也极其短暂,使人们仓促难以应对。目前人类不仅对许多具有极大破坏力的自然灾害(地震、海啸等)无法做到准确预报,而且对一些重大传染性疾病、事故灾难和群体性事件也缺乏系统性认识,因而难以掌握其发生发展规律。这也是为什么有学者说"那些能够预防的危机都只能称之为问题,只有那些无法预知的、被忽视的、具有颠覆性的意外事故,才算得上真正的危机"[①]。

2. 公共性

从危机影响范围来看,公共危机波及范围之广,影响人数之多,对人类正常公共生活的威胁和损害之深,都十分显著。并且,它的影响力往往是区域性乃至全球性的,而非一般局部性事件可与之类比。从危机影响的利益来看,波及范围内公众的利益受到了极大的威胁和损害,每每发生公共危机事件,公众的生命财产安全或社会系统的稳定和秩序都遭到了严重挑战,事件发生之后,至少需要较长一段时间才能逐渐恢复。从危机治理的层面上看,由于公共危机事件的破坏程度之深、影响范围之广、应对处理之难,危机的治理不仅需要政府部门发挥主导作用,整合社会公共资源,作出相应对策以遏制、化解和消除危机,而且需要社

---

① 〔美〕劳伦斯·巴顿:《组织危机管理(第2版)》,符彩霞译,清华大学出版社2002年版,第3页。

会其他各个主体主动参与到危机应对中来,与政府进行协调互动,有序、有效地帮助政府进行危机治理和危机后的恢复、重建等善后工作。

3. 紧迫性

危机事件一旦爆发,紧迫性非常强烈。即相关部门负责人必须在面对诸多不确定因素和极大的时间压力下做出关键性决策,及时采取应对措施,以回应和治理危机。其紧迫性主要体现在以下几个方面:一是时间压力极大。由于危机的突发性和高速的扩散性,必须在危机发生的第一时间作出决策,采取一系列措施及时应对,缓解和防止事态升级、损失扩大,遏制危机的进一步发展。二是回应危机资源的匮乏。一方面是在进行决策之时相关信息的不充分,作出有效、准确的决策难度大;另一方面在危机的应对上,由于事态紧急,仓促之间能够用于应对危机的各种资源或是匮乏,或是一时难以整合和配置。三是危机的连带性。连带性是指危机发生后,可能由于处置不当引发新的更为严重的危机(即次生灾难),产生密集的连续性破坏效应,极大威胁和损害公共安全和社会稳定。这就要求危机的决策者必须审时度势,对危机进行分析、判断和预测,做出准确、有效的应对策略,遏止危机的扩散和升级。

4. 扩散性

由于危机的各种特性,它并不像人们想象之中那样容易被克服和解决,危机本身也绝非只是局限于我们所规定或划分的范围、边界之内,它不仅来势凶猛,而且扩散十分迅速。其扩散性主要体现在以下两个方面:首先是当前全球化势头日益加深,各个国家区域之间的依存度也日益深化,导致政治、经济、社会等方面的公共危机更易于扩散。其次,现代科学技术的迅猛发展和应用,一方面使得社会开放性和流动性越来越强,且加深了人们的生活对技术的依赖程度,帮助人们快速处理和应对各种事务和问题;另一方面又加速了危机的扩散效应。一旦爆发危机,其扩散途径和方式更加便捷和多样,危机容易从一个地区向外扩散到另一个地区,甚至跨距离长程传播,形成跨界或全球危机。可见,现代社会的公共危机愈来愈易于突破地域上的范围,一旦处理不当,极有可能形成"涟漪效应"或连锁反应,引起更深层次的公共危机。

5. 双重性

古语有云:"祸兮,福之所倚;福兮,祸之所伏。"危机涵盖两层意思,一是危险,二是机遇,两者相互对立统一。学者朱德武也曾对危机概念以乐观的阐释,认为危机就是"危险和机会",每一次危机既是失败的根源,又是孕育成功的种子。[1] 因此,危机具有双重性。公共危机事件的发生,对于政府来说是一项严峻的挑战,如果事件未能得到及时、有效的处理,会严重威胁公众的生命财产安全,

---

[1] 朱德武编著:《危机管理:面对突发事件的抉择》,广东经济出版社2002年版。

其至会冲击到政府的形象,影响政府执政公信力。反之,如果能够得到妥善处理,那么将会化不利为有利,转危为安,百尺竿头更进一步。公共危机的危害性自然不言自明,其带来的机遇则体现在以下方面:通过危机的应对,人们可以探查到当前组织体制和技术、管理方法的缺陷,认识到存在弱点,对症下药,提升组织发展能力,改进和凝聚社会组织;另外,如果政府处理得当,妥善解决了公共危机,化险为夷,一方面赢得了人心,提升了政府的公信力,另一方面使得坏事变好事,形成了新的发展机遇。

二、公共危机管理概念与原则

(一)公共危机管理的概念

关于公共危机管理的定义,不同学者对此有着不同的观点。美国学者罗伯特·希斯认为,危机管理包含对危机事前、事中和事后所有方面的管理。有效的危机管理需要做到如下几个方面:转移或缩减危机的来源、范围和影响;提高危机初始管理的地位;改进对危机冲击的反应管理;完善修复管理,以便能迅速有效地减轻危机造成的损害。[1] 我国学者张成福指出,"所谓的危机管理是一种有组织、有计划、持续动态的管理过程,政府针对潜在的或者当前的危机,在危机发展的不同阶段采取一系列的控制行动,以期有效地预防、处理和消弭危机",其重点在于"危机信息的获取和预警;危机的准备与预防;危机的控制和回应;危机后的恢复与重建;持续不断的学习和创新"[2]。相较于罗伯特·希斯的定义,后者将危机信息的获取和预警加入危机管理,更为符合当下危机管理研究的方向,这一定义也得到了学界较为普遍的认同。公共危机管理具有一系列显著的特征:首先体现的是它的公共性,危机对广大公众生命财产安全造成了严重的威胁,损害了公众的利益,公共危机管理需要政府主导,社会多方主体共同参与遏制、缓解和化解危机。其次,公共危机管理兼具预防性和应急性,一是通过预防、预警、预控等方式来消除引发公共危机的各种因素,排除危机爆发的隐患,将危机消灭于萌芽状态,防止或避免公共危机的发生;二是在危机发生后,尽快做出相应的应急决策和措施,及时控制危机事态发展,设法将危机的负面影响限制在最小范围。可见,公共危机管理是一种预防性的工作,同时也是一项应急性的工作。再次,公共危机管理是一种需要决断也需要权变的管理,由于公共危机的突发性和紧迫性,在很多时候都需要决策者在极大的时间压力下临机决断,以应对和控制危机,但公共危机管理常常又存在很大的不确定性,这就需要公共危机管理具有权变性,即公共危机管理的方式和方法要随着危机的形势而改变,因地制宜、因

---

[1] 〔美〕罗伯特·希斯:《危机管理》,王成、宋炳辉、金瑛译,中信出版社2001年版。
[2] 张成福:《公共危机管理:全面整合的模式与中国的战略选择》,《中国行政管理》2003年第7期。

时制宜。最后,公共危机管理是一种长期的和系统化的管理,由于危机本身具有的连带性,某一危机事件的发生会导致结构性和连锁性的反应,某一危机事件的解决也并不意味着潜在的危机的完全解除,因此,公共危机管理不仅仅只是着眼于解决眼前的某一危机,而是需要采取一系列长期性和系统化的反危机策略。

(二) 公共危机管理的原则

在公共危机管理过程中,必须遵循一定的原则,以便公共危机管理工作能够有序、有效地开展,做到及时、恰当、合理地应对和处理危机。结合多年来国内外众多学者的公共危机管理研究成果,对公共危机管理的原则进行了系统梳理,可以归纳出如下几条公共危机管理的核心原则。

1. 以人为本

这是公共危机管理的首要原则和根本原则。公共危机管理的首要任务就是保护公众的生命安全,以确保受危机影响人员的健康和生命财产安全,最大程度地减少危机事件及其造成的人员伤亡和危害,同时还必须尽最大努力,最大限度地保护参与危机应急处置人员的生命安全,这是"以人为本"理念最直接的体现。在保证人员生命安全的基础上,还需要维护公众利益,尽力防止和减轻危机对国家和社会公众造成的财产损失。

2. 预防为主

我国古训有云:"凡事预则立,不预则废。"公共危机管理工作既要应急,又要注重预防,即增加忧患意识,做到防患于未然。在危机发生之后,所造成的损失远远大于前期因危机防范而发生的投入,而且危机带来的即期影响显而易见,其远期影响往往难以预测。不过,未雨绸缪胜过亡羊补牢。[①] 公共管理部门和社会公众需要保持高度的警觉和防范意识,建立高效的危机监测、预警预报机制,增强公共危机管理的前瞻性,强化危机防范和应急处置能力。预防为主的原则有以下几层含义:一是预测和预控,对于各种可能发生的公共危机要保持高度警惕,建立相应机制对危机进行监测,做到防患于未然。一旦监测到危机可能发生的征兆,应及时进行处理,将危机消灭于萌芽状态,防止危机事件的发生。二是预警,在公共危机发生之前,做好危机信息的收集分析和信息共享,及时地向公众传达信息,以免造成不必要的恐慌,同时使公众做好应对危机的心理和资源准备。三是预防,做好应急准备。必须充分做好应对各种不期而至的公共危机的准备,包括建立健全公共安全责任机制、制定科学的应急预案、做好应对危机的物资、资金和技术等准备,以及加强组织培训和应急演练等。值得注意的是,公共危机管理的"预防为主"原则并不能够完全防止危机事件的发生,而是旨在强化应对危机的预防控制能力,加强相应的应急准备,提升防范危机和应急处置能

---

① 蔺雪春:《公共危机管理:简明原理与实务》,西南交通大学出版社2013年版,第6页。

力,以利于降低危机出现的可能性和减轻危机对社会的损害。

3. 快速反应

危机事件具有突发性,往往来势凶猛,整个事件的过程变化迅速,其破坏性、危害性和负面影响难以预料,发展后果具有强烈的不确定性,这时就需要决策者在信息极不充分、时间压力极大的情况下作出反应,立即采取一系列的紧急处置措施,否则不但会贻误时机,而且极有可能使得危机事态更加恶化,甚至引发次生危机。具体来说,需要迅速控制危机发展态势,调配各级人员有序进行应对,安抚受影响者,疏导和安定群众心理,维持和逐步恢复社会秩序。

4. 协同配合

由于公共危机具有突发性、紧迫性、复杂性和艰巨性等特点,这就要求公共部门在应对危机时充分整合社会公共资源以回应挑战。一方面,公共危机管理需要公共权力(政治动员和指挥协调力量)、公共财力(包括国库和民间的资金调度筹集)、人力物力(包括各种专业人员、专用设备等)和公共信息体系(监测和反危机信息的沟通与传播)的充分介入[1];另一方面,公共危机管理还需要充分发挥社会各个主体的作用,建立联动协调制度,通力合作,充分动员和发挥乡镇、社区、企事业单位、社会团体和志愿者队伍的作用,依靠公众力量,形成统一指挥党政军、反应灵敏、功能齐全、协调有序、运转高效的应急管理机制[2]。只有充分实现政府和社会双方的资源整合和优化配置,才能够最大限度地动员配置社会力量,有效地应对和化解公共危机。

5. 科学应对

在危机管理过程中,需要坚持科学应对的原则。有些公共危机如化工生产引起的危机事件,其应急处置需要的专业性非常强,如果没有科学性、针对性地进行救援,会严重威胁救援人员安全。所以应该提高危机管理的科学性,一是加强公共安全科学研究和技术开发,采用先进的监测、预测、预警、预防和应急处置技术及设施;二是充分发挥专家队伍和专业人员的作用,提高应对突发公共事件的科技水平和指挥能力,避免发生一系列的次生、衍生事件[3],危害公众安全。

三、公共危机管理的基本理论

人类自诞生以来,便历经各类危机挑战。应对危机,在危机中保存个体与群体的存在和延续,始终是人类社会发展的重要主题。为了应对各类危机,人类社会精英较早就做了思考和探索,并形成了许多重要的思想。"上古之世,人民少

---

[1] 黄健荣:《公共管理导论》,南京大学出版社2013年版。
[2] 《国家突发公共事件总体应急预案》,中华人民共和国中央人民政府网站(2006-01-08)[2019-04-12], http://www.gov.cn/jrzg/2006-01/08/content_150878.htm
[3] 同上。

而禽兽众,人民不胜禽兽虫蛇。有圣人作,构木为巢以避群害,而民悦之,使王天下,号之曰有巢氏。民食果蓏蚌蛤,腥臊恶臭而伤害腹胃,民多疾病。有圣人作,钻燧取火以化腥臊,而民说之,使王天下,号之曰燧人氏。中古之世,天下大水,而鲧禹决渎。近古之世,桀纣暴乱,而汤武征伐。"《韩非子·五蠹》中的这段话,高度概括了远古人类在生存过程中面临毒蛇猛兽、疾病、饥荒、自然灾害、人为灾难等各种危机,以及古代精英对危机的应对。《圣经·旧约》也记载了远古中东、北非等地的许多灾难,以及人们对灾难的思考和应对。只是受理念、技术和社会组织等因素的制约,古人对公共危机的思考缺乏系统性。对公共危机的系统性理论探讨,还是在工业革命之后。尤其是19世纪末20世纪初政治、社会发展的重大转变,使人类社会面临的公共危机风险陡然增加,迫使人们不得不从更广阔视野和更深层次思考人类社会各类危机的根源及其应对。而管理学、社会学等社会科学领域的新兴学科的出现,以及自然科学的革命性进步,也使得相关的思考具备理论和技术的支撑。从19世纪末以来,对公共危机的理论探讨不断增加,并逐渐形成了不同的流派和研究方向,且分散在不同的学科领域。到20世纪80年代以后,对社会危机的思考渐趋集中,并形成了如下几个比较有代表性的学术流派。

(一)风险社会理论

19世纪末20世纪初,以韦伯、帕森斯等为代表的一批社会学家,就已经注意到现代化进程一方面固然意味着人类社会在诸多方面的进步,但同时也意味着人类社会面临的风险不断增加。到20世纪80年代,关于风险社会的研究兴起,并因关注点不同分成了风险文化理论和制度风险理论两大流派。

风险文化理论的代表人物是英国学者玛莉·道格拉斯和斯科特·拉什。风险文化理论认为,风险社会的出现体现了人类对风险意识的加深。风险作为一种心理认知的结果,不同的社会和不同的人群,对于风险认识是不同的,它们对风险有着不同的解释,并且都在主动选择自己关注的风险。在风险的应对上,不同群体都有自己的理想图景,因此,风险在当代的凸显更多的是一种文化现象,而不是一种社会秩序。风险理论从文化角度将风险分为三类,即社会政治风险、经济风险和自然风险,认为社会结构的变迁是由三种不同的"风险文化"引起的,即倾向于把社会政治风险视为最大风险的等级制度主义文化,倾向于把经济风险视为最大风险的市场个人主义文化,倾向于把自然风险视为最大风险的社会群落之边缘文化。[①] 风险文化并不是从风险本身出发,而是从确定出风险"应归咎于谁"出发,等级制度主义文化把风险归咎于外来者、罪犯和外国人,市场个人主义文化把风险归咎于福利、工会、失业者和下层阶级,社会群落之边缘文化把

---

① 〔英〕斯科特·拉什:《风险社会与风险文化》,王武龙编译,《马克思主义与现实》2002年第4期。

风险归咎于军事集团和工业集团的复杂结合所构成的社会中心,每一个组织集团都在谴责它们不信任的其他集团。在当今复杂的个体主义化社会里,风险的界定和选择变得更加不确定了,对真实风险所在以及与此相连的社会权利和社会公正问题,边缘人群和核心人群的看法和选择是不一样的。所以,当代社会风险是文化的风险,人们面临的问题是如何重新建构依赖于新型社会关系的文化范式。① 在风险文化时代,对社会成员的治理方式不是依靠法规条例,而是靠一些带有象征意义的理念和信念。风险文化与其说是以被认识的事物为基础,不如说是基于美学意义上的自省与反思,风险文化正是对风险社会的自省与反思。②

制度风险理论的代表人物是德国著名社会学家贝克和英国著名社会学家吉登斯,他们更多从制度层面反思现代社会出现的各类风险,并试图寻找应对之策。贝克认为,风险社会与现代性相关,其主导的威胁是工业化所产生的威胁,工业化导致现代工业社会与自然资源、文化资源之间关系张力,进而导致了意义之源枯竭。工业社会的核心问题之一,是财富分配不平等的合法化,全社会存在有组织的不负责任。吉登斯则认为,生活在高度现代性的社会中,人们面临更多的不确定性,尤其是现代性的四个制度支柱在全球化进程中可能给全社会带来非常严重的风险,民族国家制度易导致极权主义,资本主义经济制度易产生经济整体性崩溃,国际劳动分工制度易造成生态恶化,现代军事制度易诱发核大战。吉登斯还认为,制度引发的社会风险也塑造了相对特殊的个人风险意识,在现代社会人们一方面固然对许多风险认识加深了,但同时也反应过度,易做出非理性反应。同时个人在风险决策方面更依赖专家系统,但专家系统本身却存在种种争议,极有可能加剧风险。

(二) 社会冲突理论

20 世纪 60 年代以来,社会冲突理论已经成为西方社会学家分析社会变迁的重要理论依据。它主要是通过宏观的社会因子相互冲突的层面来理解突发事件产生的原因,这对于理解研究突发性的群体性事件具有重大意义。社会冲突理论认为,由于社会各阶层、各利益集团占有的政治、经济利益不均衡,导致他们之间存在诸多矛盾冲突,当这些矛盾冲突上升到一定阶段后,危机事件作为其必然产物就应运而生了。它还认为,社会冲突在人类社会中是普遍存在的,亦是不可避免的,尤其是对于处于体制转型期的国家来说,更是易于爆发社会冲突的群体性事件。美国学者亨廷顿在其《变化社会中的政治秩序》有明确阐述:"一个高

---

① 何小勇:《风险、现代性与当代社会发展——当代西方风险理论主要流派评析》,《内蒙古社会科学(汉文版)》2007 年第 6 期。
② 同上。

度传统化的社会和一个已经实现了现代化的社会,其社会运行是稳定而有序的,而一个处在社会急剧变动、社会体制转轨的现代化之中的社会(或曰过渡性的社会),往往充满着各种社会冲突和动荡。"①目前我国正处于一个社会转型的关键时期,既有经济增长、社会进步的良性势头,又存在着结构失衡、矛盾高发的隐忧。借助社会冲突理论积极的研究成果,对于我们正确认识和有效调节、处理社会矛盾和公共危机,以及保证社会和谐稳定发展具有重要的意义。

社会冲突理论的主要观点是,在坚持不和谐是社会固有特征的理论假设框架下,社会各阶层之间在社会变迁的过程中必然出现差异现象,形成以利益为基础的观念对立状态,这种对立状态一旦冲破社会的承受能力就会产生社会性的危机,即我们通常所认为的突发事件。② 这正符合一些学者坚持的观点,他们认为当前社会冲突之所以频繁出现,危机事件之所以时有发生,其核心根源是社会群体、利益集团之间存在利益矛盾和纷争,而导致利益矛盾扩大和激化的根本原因在于社会利益关系出现紊乱,社会冲突也因此产生。

社会冲突理论认为,冲突是无所不在的,冲突是社会互动的一种形式。在一个复杂和分化的社会或群体里,社会冲突与合作总是同时存在的,任何一个合作过程都同时伴随着冲突过程。事实上,社会冲突与社会合作是同一事物的两个方面,在任何一种形式的社会合作中都存在社会冲突,完全和谐的社会合作是不存在的。③ 社会冲突既有破坏性,又有建设性,在看到社会冲突的负功能的同时,不能忽视它对社会发展的促进作用。冲突具有增强组织适应性和社会整合的功能,它是一个过程,适当的冲突在一定条件具有保证连续性,减少两极对立的可能性,促进组织(如政府)自觉进行相应调整,能有效防止社会系统的僵化。

(三) 社会转型理论

社会转型理论认为,一个处于社会转型期的国家,其社会结构的变迁会引发一系列社会问题,如社会结构调适不良、人际关系冷漠、价值观紊乱、心理崩溃和社会犯罪增长等。事实上,现代化既能促进社会的发展,也能带来许多的社会问题,它具有双重后果。亨廷顿在《变化社会中的政治秩序》中明确指出"现代化孕育着稳定,现代化过程却滋生着动乱"。并且,"无论从静态的角度,还是从动态的角度来衡量,向现代化进展的速度愈快,政治动乱愈严重"④。政治民主化进程和现代化的过程给人们带来新的生活方式、政治愿望和批评态度,在走向现代

---

① 〔美〕塞缪尔·P.亨廷顿:《变化社会中的政治秩序》,王冠华等译,生活·读书·新知三联书店1989年版,第40—41页。
② 寇丽平:《应对危机——突发事件与应急管理》,中国人民公安大学出版社2013年版,第5页。
③ 同上。
④ 〔美〕塞缪尔·P.亨廷顿:《变化社会中的政治秩序》,王冠华等译,生活·读书·新知三联书店1989年版,第31、36页。

化的过程中,尤其是在关键时期,由于改革力度的深入和加大,社会结构的全面分化,社会制度系统存在着一定程度的变迁,利益与权力在不同主体之间重新分配和转移,各类深层次的矛盾和问题暴露出来,形成诸多不稳定因素,这些渐进改革的基本矛盾成为危机爆发的潜在因素或直接原因。[1]

(四)全过程危机管理理论

全过程危机管理是指相关人员在突发事件事前、事中和事后采取控制活动的整个过程。人们对于公共危机管理的阶段划分有着不同的理论。危机管理是基于三个最基本的直观假设:一是危机是人为的,而且危机往往有一个称为"燃点"(tipping point)的事件或任务所导引;二是危机发生后,通过适当的危机管理,危机的影响是可以降低的,这也使危机管理成为可能;三是危机管理是一种系统的管理,一种行之有效的危机管理方法应该基于系统工程的理论或框架。[2]因此,对于公共危机全过程的管理就是在危机整个周期进行综合性的应对,一般分为事前、事中、事后等不同阶段,相对应的就是危机预防和应急准备、危机应急处置和救援、危机恢复和事后重建等基本环节。

关于危机管理的阶段界定有着不同的认识,较为普遍的是将危机管理分为预防(Prevention)、准备(Preparation)、反应(Response)和恢复(Recovery)四个阶段,称为 PPRR 模式;也有美国联邦委员会修正的 MPRR 模式:减缓(Mitigation)、预防(Prevention)、反应(Response)和恢复(Recovery);罗伯特·希斯则将全过程危机管理的四个阶段另做了一个模式:缩减(Reduction)、准备(Readiness)、反应(Response)、恢复(Recovery),称为 4R 模式。这些理论都强调危机管理的全过程介入,本质上是在危机的整个生命周期中渗入危机管理的元素,使组织日常运作能被纳入危机管理。它们的不同之处在于第一阶段的管理方法,主要是由于不同危机在可预防性方面的差异性。通过全过程的危机管理,理想条件下,在不同的管理阶段协调相应的活动,从而使得相关人员能够综合性管理四个阶段,做到科学防范危机的发生,尽量减少危机的负面影响,降低公众利益损失,并在危机发生过后采取一系列有效的手段使社会尽快恢复正常运行秩序。

第二节 民族自治地方的公共危机管理

我国民族自治地方幅员辽阔,人口众多,自然生态环境差异显著,民族、宗教、文化多元色彩突出,经济发展整体处于相对后发位置,其中相当一部分还分

---

[1] 张永理编著:《公共危机管理(第二版)》,武汉大学出版社 2015 年版,第 2 页。
[2] 鲍勇剑、陈百助:《危机管理——当最坏的情况发生时》,复旦大学出版社 2003 年版。

布在边境地区。这些因素使得我国民族自治地方社会公共安全形势相对内地更加复杂,面临的公共危机诱发因素更多,公共危机事件表现形态更复杂,其应对也相应更加困难。而我国经济快速发展,社会急剧变迁,人口、资源、环境关系张力不断趋紧,快速融入全球化进程等一系列新因素,在民族自治地方的表现更加突出,使得民族自治地方公共安全领域出现了一些新情况和新趋势。相对特殊的公共安全环境和面对的相对复杂的新情况、新趋势,要求民族自治地方在公共危机管理方面既借鉴当前发达国家和国内发达地区的经验,同时又要基于民族自治地方的特殊性,在理论、思路、方法和具体策略等领域有所创新。但目前民族自治地方公共危机管理体系,与民族自治地方社会对公共危机处理的需求,还存在较大差距。

一、民族自治地方公共危机类型

(一) 一般突发公共事件

1. 自然灾害

民族自治地方自然环境多样,且大多数地方生态环境极其脆弱,自然因素和人为因素导致的自然灾害类型多样,且发生频率整体呈现上升趋势,造成的经济社会影响也日益扩大。地处西北部的民族自治地方,如新疆、内蒙古、宁夏、青海等地,是我国干旱、雪灾、风灾、沙尘暴、水土流失等自然灾害的多发区。这四个省区因地处内陆腹地,降水量少,气候极其干旱,长期以来都是旱灾高发区。因为干旱,也使得这些地区成为我国沙化土地集中分布区域,我国180多万平方千米的沙化土地,90%以上分布在民族自治地方,其中主要分布在新疆、内蒙古、青海和宁夏,而这些沙化土地又构成了我国主要的沙尘灾害发源地。根据国家气象局统计,20世纪60年代特大沙尘暴在我国发生过8次,70年代发生过13次,80年代发生过14次,而90年代发生过20多次。进入新世纪以后,沙尘暴发生的频率稍有下降,但波及的范围仍在扩大,造成的损失愈来愈重。西南部民族自治地方,由于特殊的高原地形和较丰沛的降雨,成为我国地质灾害、水灾等高发区。据研究,新中国成立多年来,我国平均每年发生滑坡和泥石流地质灾害2万余起,伤亡1千余人,受灾人口90多万,直接经济损失(按2010年可比价值)20亿—60亿元。[1] 在地质灾害分布区域中,以青藏高原边缘特别是东、南边缘最为集中,而这些地方多为民族自治地方。其次是华南地区,特别是广西也较为集中。我国地震带也多集中于民族自治地方,李四光等人提出的中国四大地震带:(1) 东南部的台湾和福建沿海;(2) 华北的太行山沿线和京津唐地区;(3) 西南青藏高原和它边缘的四川、云南两省西部;(4) 西部的新疆、甘肃和宁夏。除(1)

---

[1] 桑凯:《近60年中国滑坡灾害数据统计与分析》,《科技传播》2013年第10期。

(2)两条地震带之外,其他两条基本上都在民族自治地方。虽然从死亡人数和造成的经济损失来看,中、东部部分地方地震给人们认知造成的冲击力更强,但实际上中国高强度地震主要分布在青藏高原边缘、新疆天山、昆仑山沿线、横断山脉、云南西部和喜马拉雅山沿线,是我国7级以上地震高发区。

2. 事故灾难

近年来,随着边疆地区开发力度的加大,各类事故灾难也出现增加趋势。其中交通事故、火灾、矿难等安全生产事故居多。2022年广西全区发生各类生产安全事故803起、死亡768人、受伤361人[①];云南全省发生各类生产安全事故1120起、死亡1157人、受伤417人[②];内蒙古全区发生生产安全事故455起、死亡459人[③]。从整体上来看,民族自治地方安全生产事故发生总量占全国的比例,要远远超过其经济总量所占比例。例如2022年全年,仅广西和云南两省事故造成的死亡人数占全国的比例就分别达到3.66%和5.52%,而当年两省地区生产总值占全国的比例分别为2.17%和2.39%。[④]

3. 公共卫生事件

现代化的基础是健康,中国式现代化的底色是人民健康。党的二十大报告强调要把保障人民健康放在优先发展的战略位置。虽然新中国成立以来,在民族自治地方卫生事业方面投入了大量资金,以解决民族自治地方各族群众面临的严峻的健康问题,但是相比全国其他地方,民族自治地方医疗卫生条件还是相对落后,部分民众的生活习惯不利于疾病特别是传染性疾病的防治,加上一些民族自治地方自然环境特殊,致病源较多,这使得民族自治地方部分传染病、地方病高发,给各族群众身体健康造成了较为严重的威胁。如西藏、新疆历来是我国肺结核的高发地区,2021年两省报告肺结核发病率分别为138.48/10万、87.85/10万,是同年全国平均水平(45.37/10万)的3.05倍和1.94倍。[⑤]饮茶型氟中毒、燃煤污染型氟中毒等地方性氟中毒也是民族自治地方较为严重的公共卫生问题。此外,因饮食质量和管理不当引起的集体食物中毒、饮用水安全等问题,也常有出现。例如2021年云南省因食用野生菌发生中毒事件600余起,导致2000多人中毒,20多人死亡。[⑥]

---

① 《2022年全区生产安全事故情况》,广西壮族自治区应急管理厅网站(2023-01-13)[2024-03-06],http://yjglt.gxzf.gov.cn/xxgk/xxgkml/sjfb/scaqsgqk/t17067118.shtml

② 《2022年全省生产安全事故情况》,云南省应急管理厅网站(2023-01-11)[2024-03-06],http://yjglt.yn.gov.cn/html/2023/gsgg_0111/26729.html

③ 《2022年1—12月全区安全生产形势总体情况》,内蒙古自治区应急管理厅网站(2023-01-12)[2024-03-06],https://yjglt.nmg.gov.cn/zwgk/zdxx/sgxxccpg/202301/t20230112_2213775.html

④ 根据2022年全国、广西、云南生产安全事故情况与经济发展情况数据计算得来。

⑤ 根据《2022中国卫生健康统计年鉴》整理。

⑥ 《防止野生菌中毒提醒》,红河哈尼族彝族自治州人民政府官网(2022-04-20)[2024-03-06],http://www.hh.gov.cn/zfxxgk/fdzdgknr/spanq/spjg/202204/t20220420_580695.html

4. 群体性事件

随着民族自治地方经济发展、利益和价值多元化趋势日益明显,在资源开发和对外开放过程中,因为传统生产生活方式发生急剧变化、利益格局重新调整而引发的群体性事件也出现了上升态势。与内地群体性事件多与征地拆迁、劳资纠纷、市场管理等诱因联系在一起不同,边疆民族自治地方群体性事件中,环境因素、政府公共管理因素、族群因素、宗教因素影响更加突出。而在民族自治地方发生的群体性事件里,族群情感和宗教信仰或多或少会产生一定的影响,使相关事件的应对变得复杂化。

(二) 与边疆跨境因素联系在一起的特殊公共危机事件

我国陆上边界邻国众多,且大多数邻国在历史上就与我国关系紧密,边境线内外居住的民众语言相通,习俗相近,经济社会交往密切。在南方边境,不少民族跨境而居,甚至有一村两国、一寨两国、一户两国的现象。改革开放以来特别是进入新世纪之后,我国陆地边境地区也陆续加快了对外开放步伐,与邻国的各方面交往进一步增加。各类跨境交往的增加,在极大激发边境地区发展活力,便利边境民众生产生活的同时,也引发了一些公共危机事件。由于我国2.2万千米边境线有1.9万千米在少数民族自治地方,140个边境县(旗、市、市辖区)有107个是民族自治地方,少数民族人口占边境县人口的51%,且大多数边境少数民族群众有浓厚的宗教信仰。因此,我国边疆跨境公共危机事件,常常交织着边疆、跨境、民族、宗教等因素,在应对的过程中需要非常谨慎。

1. 跨境犯罪

在涉及跨境因素公共危机事件中,最具威胁性的是各类跨境犯罪。2011年10月黄金周期间,震惊全国的"湄公河事件"使人们认识到中国周边各类跨境犯罪现象的严重性。该事件导致13名中国船员遇难,牵涉到中、缅、泰三个国家和缅甸境内多派势力,同时与跨境贩毒、走私、正常贸易等多种因素关联。事实上,这次事件只是我国面临的跨境犯罪问题的一个相对较为极端的个例,在此事件前后,各类跨境犯罪现象几乎每年都要发生许多起。其中比较典型的犯罪现象包括:第一,跨境贩毒。以缅甸和阿富汗为中心的"金三角""金新月"盛产鸦片、罂粟、大麻等毒品,是"世界毒瘤地"和"渗透之源"。二者都毗邻我国陆地边疆省份,这也使得云南、广西、新疆等边疆地区成为毒贩跨境贩毒的走私通道和必经之地,尤其是云南已成为全球毒品供应的主转运点和输入内地的"主干道"。《2022年中国禁毒形势报告》显示,"金三角"地区是我国最主要的毒源地,该地区毒品通过陆路进入云南、广西,通过水路由东南沿海进入广西和广东,且以海洛因和冰毒居多。2022年我国缴获的海洛因和冰毒分别为1.29吨和8.4吨,而源自"金三角"地区的分别占全国缴获总量的98.8%和92.1%,自"金新月"地区走私入境的海洛因有15.8千克,占缴获总量的1.2%。①

第二,走私。走私的概念本身就包含跨境因素,我国边疆地区是各类走私犯罪的重灾区,其中尤其以云南、广西的走私犯罪最为猖獗。2022年云南昆明海关共立案办理各类走私案件1362起,案值44.9亿元,抓获犯罪嫌疑人306名,打掉团伙42个。②广西是冻肉走私的重灾区,仅东兴一个边境县,在2019年11月份就先后查获走私冻肉案件26起,查扣涉案冻肉76.36吨。③

第三,跨境人口买卖。通过绑架、诱骗等方式将人口买卖出境,尤其是将妇女和儿童买卖出境,也是当前我国边境地区面临的重要跨境犯罪现象。长期以来,我国邻近的东南亚国家,特别是泰国、越南、缅甸、柬埔寨、老挝等国家,是全球人口贩卖的重灾区,其中有不少被贩卖到我国境内,贩卖的入境通道主要集中在云南和广西两省区。在中越、中老、中缅边境,部分偏远地区甚至存在明码标价的人口贩卖场所,但每年究竟有多少人被贩卖入境,尚缺乏权威数据。

2. 跨境人员流动

在我国全面对外开放以前,边境地区跨境人口流动就较为频繁,特别是南部边境和中朝边境,两国沿边地区居民彼此往来一直非常密切。我国打开国门,对外开放之后,沿边跨境人员流动更加频繁,每年通过边境各口岸出入境人口数以千万计。沿边境口岸出入境人员规模之大,可以通过几个重点口岸的情况管窥。2019年,云南瑞丽、广西东兴、新疆霍尔果斯口岸出入境人员分别达到2063万次、1330万次、660万次。④ 跨境人员数量增长的同时,除了增进中国与邻国各方面的关系外,也使得一些负面问题不断出现,如"三非"人员滞留,跨境商贸争议,跨境群体间冲突,跨境宗教文化渗透,跨境利益冲突等。目前,我国每年查处超过20000名"三非"人员,但相关查处行动主要是内地大城市,边境地区较少查处。而在我国边境地区,恰恰是各类"三非"人员较为集中的地区,但是对"三非"人员缺乏有效的监管。仅在云南部分边境城市,每年通过非正常方式入境并滞留的人员,就超过10万以上,广西边境"三非"人员规模也较大,特别是在崇左、

---

① 《2022年中国禁毒形势报告》,中国禁毒网(2023-06-21)[2024-03-06],http://www.nncc626.com/2023-06/21/c_1212236289_9.htm

② 《2022年昆明海关办理走私案件1362起,案值44.9亿元》,云南网(2023-01-17)[2024-03-06],https://society.yunnan.cn/system/2023/01/17/032431511.shtml

③ 《东兴海关缉私部门查获涉嫌走私冻品76吨》,广西壮族自治区商务厅官网(2019-11-28)[2024-03-06],http://swt.gxzf.gov.cn/zt/fzszhzl/zhxx/t744549.shtml

④ 数据来源:《中缅边境瑞丽口岸2019年出入境人次突破2063万》,中国新闻网(2019-12-31)[2020-7-12],http://www.chinanews.com/cj/2019/12-31/9048387.shtml;《东兴边检站2019年查验出入境旅客突破1330万人次》,防城港市人民政府网站(2020-01-04)[2020-08-12],http://www.fcgs.gov.cn/zxzx/tpxw/202001/t20200106_92246.html;《2019中哈霍尔果斯国际边境合作中心出入人员近660万人次》,新疆·霍尔果斯市人民政府网(2020-01-16)[2020-12-15],http://www.xjhegs.gov.cn/info/1182/26660.htm

百色等边境县市。正常的跨境旅游、跨境文化交流、跨境商贸活动,也常常会引发一些矛盾纠纷,从而导致公共危机。

3. 跨境思想文化渗透

跨境人员流动的增加,使得跨境宗教、文化渗透现象也较过去更为频繁,其应对也更加困难。首先是流亡在境外的民族分裂势力的宗教、文化渗透变得更加复杂,不少分裂势力骨干成员借国家对外开放机会,伪装成商人、学者、社会组织工作人员等入境,从事分裂国家的宣传活动。在新疆、西藏、青海、甘肃等多个地方,都破获过数起由境外"藏独"势力和新疆"三股势力"成员伪装成其他身份渗透入境后,开展分裂国家的思想宣传,煽动具有分裂主义性质的社会骚乱的案件。其次是国际反华势力、邻国民族分裂势力的思想、文化渗透渠道更加多样。在过去,国际反华势力和邻国民族分裂势力对我国边境地区的思想文化渗透,主要通过设在我国边境附近的电台、电视台等方式进行间接渗透,随着我国边境地区对外开放程度不断加深,不少分裂势力组织成员,伪装成来华经商、旅游、访学等身份,对我国民众进行更直接的思想文化渗透,部分边境地区则是其重点突破区域。

(三)与民族分裂势力相关的公共危机事件

在影响民族自治地方经济发展与社会稳定的所有公共危机事件中,与民族分裂势力联系在一起的公共危机事件,最具危险性和复杂性。受历史原因影响,我国新疆、西藏在新中国成立之前就已经发展成形的民族分裂势力,并没有因新中国的成立而彻底退出历史舞台,而是以叛逃或隐匿的方式继续存在。在改革开放之前,民族分裂势力就已经制造了多起群体性骚乱,给新疆、西藏经济发展与社会稳定造成了非常严重的冲击。除"藏独"势力和新疆"三股势力"外,在其他民族自治地方虽然没有显性的民族分裂势力,但也要注意内外因素交织影响引发具有分离色彩的狭隘民族主义思潮的传播,乃至发生狭隘民族主义活动。

1. "藏独"势力

19世纪中后期,清朝统治阶层的腐化及对藏政策的失误,再加上英国殖民势力向西藏的渗透,使得西藏部分贵族追求"藏独"的思想开始萌芽。但是,由于十三世达赖喇嘛等关键宗教、政治领袖,对英国殖民者炒作的"宗主权"论、西藏与中央"供施关系"论等保持高度警惕,并坚决拥护中央政权在西藏的主权,打击和防范上层贵族的独立运动,在边疆危机形势严峻的关键时期保障了国家对西藏的主权,维护了国家统一。但1933年十三世达赖喇嘛圆寂,失势的"藏独"势力迅速崛起,并对支持国家统一的势力造成非常严重的冲击,为后来西藏发生的一系列问题埋下了伏笔。1950年,在西藏人民群众的支持和配合下,解放军进入西藏,实现了西藏的和平解放,中央人民政府与西藏地方政府于次年签署了著名的《十七条协议》。也正是在这一时期,十四世达赖喇嘛开始亲政,并表示拥护

《十七条协议》,拥护解放军入藏,还在1954年被选举为全国人大常委会副委员长。但在背后他又与企图"独立"的部分西藏上层贵族集团和境外反华势力保持联系。受到这些势力非常深的影响,十四世达赖喇嘛最终蜕变成一个彻底的民族分裂分子。1959年3月,面对西藏社会各界要求根据《十七条协议》进行改革的呼声日益高涨,享有特权的一些传统贵族陷入极大恐慌,悍然发动了武装叛乱。达赖喇嘛公开支持叛乱势力,并随着他们一同叛逃印度。中央人民政府随即在西藏各界群众的支持下,迅速平定叛乱并在西藏开展了民主改革,使百万农奴获得了彻底的解放。而叛逃的以达赖喇嘛为首的旧政权官员、贵族、僧侣及他们的追随者,在印度成立了所谓的"流亡政府","藏独"集团的组织体系开始形成。

在1959年发动叛乱以后,"藏独"势力在国内外开展的民族分裂活动始终没有停止过,甚至一度组织了具有正规军色彩的军事组织,骚扰我国西藏边境地区,对中国国家安全和西藏及其他各省藏区社会稳定造成了严重的威胁。20世纪八九十年代,仅在1987—1996年,由其煽动、组织的政治骚乱就达100多次。冷战格局结束之后,"藏独"势力进一步加快了推动"西藏问题"国际化的步伐,采用了许多新的策略提升"藏独"势力在西方社会的影响力,以获取更多的国际支持。同时,"藏独"势力对自身也进行了一些改革和调整,在开展"藏独"活动的策略方面也做了一些改变。2008年,"藏独"势力再次掀起了分裂国家的活动高潮。这一年,"藏独"组织先是组织策划了拉萨"3·14"严重打砸抢烧事件;之后又在奥运圣火传递经过的各主要城市如旧金山、巴黎、伦敦等策划组织了干扰中国奥运圣火传递的活动;同时,"藏独"势力还积极鼓动其背后支持者将"藏独""人权"等问题与中国举办奥运会以及其他一些重大政治活动牵扯到一起,向中国政府施加压力。

早期"藏独"活动,主要表现为对藏区构成直接破坏,包括对西藏边境地区武装袭扰,策动境内藏区大规模暴乱,支持和鼓动藏区零散恐怖暴力活动。20世纪90年代以后,受国际环境和国内发展态势的影响,"藏独"势力暴力色彩弱化,转向不断加强对境内寺庙的渗透与控制,试图借力藏族群众浓厚的宗教信仰氛围,以寺庙为突破口,把寺庙经营为境内分裂活动的大本营和基地,加强对藏族群众精神、思想控制,进而利用寺庙干预政治,达到其制造民族间仇恨情绪,最终分裂国家的目的。进入21世纪以来,境外"藏独"势力更是不断资助和培植境内寺庙和高僧,试图使境内寺庙形成对境外高僧或寺庙的依附关系,在依附关系建立之后,则以境内僧俗群众为压力源,压迫地方政府出让寺务主导权,从而打造内外联动的"藏独"活动网络。他们不遗余力地与国家争夺青少年教育阵地,向藏族青少年灌输狭隘民族主义思想,诱使藏族青少年去海外"藏独"势力创办或与其关系密切的学校留学,然后回藏区工作。他们以各种旗号和形式阻挠藏区正常经济社会事业建设,试图将国家在西藏和其他省藏区开展的正常经济建设、公共服务与管理活动,都打上"破坏"藏族传统文化的烙印。

国际反华势力是"藏独"势力的重要支持者。为此,"藏独"势力不断探索新的策略,以奉迎国际反华势力和欧美国家政府、社会,争取所谓的国际同情。特别是 20 世纪 90 年代以后,"藏独"势力在西方国家积极尝试"以教促政",利用藏传佛教为包装,努力推进"西藏问题"国际化,同时消除西方社会精英的警惕心。积极加强与民运分子勾结、积极公关海内外华人学者和华文媒体,试图在华人群体中打造同情和支持"藏独"的势力;套用"西方理念",为"藏独"披上"法理化"外衣。为迎合西方社会环境,"藏独"势力将自己"政教合一"的落后制度牵强附会地与民主、平等、自由、人权等西方政治理念结合在一起,包装自己,并成立诸多社会组织在西方社会开展活动,在进一步加强对西方国家政府、议会等政权机构的公关同时,努力推动"藏独""援藏独"活动在西方社会草根化。

2. 新疆"三股势力"

"三股势力"指称以将新疆从中国分裂出去为目标的民族分裂势力、宗教极端势力和暴力恐怖势力。"三股势力"在新疆的活动由来已久,20 世纪 30 年代甚至一度在喀什建立了短命的所谓"东突厥斯坦共和国"。1950 年 7 月,新中国成立不久,新疆民族分裂主义组织就曾在伊宁县发动武装叛乱,1954—1957 年,新疆民族分裂势力和宗教极端势力在和田地区的墨玉县、洛浦县、和田县以及喀什地区的英吉沙县发动了多次武装暴乱,杀害基层维吾尔族干部、爱国宗教人士和公安干警多人,形成 1949 年 10 月后第一波分裂活动高潮。1980 年至 1981 年,1985 年至 1989 年,新疆分裂主义势力又陆续掀起分裂国家的活动高潮。[①] 1990 年至 2001 年,境内外"东突"势力采取爆炸、暗杀、投毒、纵火、袭击、骚乱及暴乱等方式,在新疆境内制造了 200 余起暴力恐怖事件,造成各民族群众、基层干部、宗教人士等 162 人丧生,440 多人受伤,严重影响了新疆经济发展和社会稳定。"9·11"事件发生后,在国际社会反恐行动的打压下,新疆"三股势力"的活动受到一定的压制,但其主要力量并未从根本上得到削弱。2004 年以来,"三股势力"又再度活跃。这一年,境外新疆民族分裂势力通过一系列会议和频繁活动,将境外近 50 个分裂组织初步整合成以"世界维吾尔代表大会""东突流亡政府"和"东突厥斯坦伊斯兰运动"为代表的三大派系。2005 年 1 月,"世界维吾尔代表大会"得到了德国司法部门批准正式注册,成为在德国可以自由活动的合法组织。次年,热比娅当选为"世界维吾尔代表大会"第二任主席,境外新疆民族分裂势力利用美国等西方国家在国际反恐斗争中实行双重标准、对"东突"独立活

---

① 王乐泉:《境内外的"三股势力"必须坚决打》,人民网(2005-08-25)[2017-03-12], http://politics.people.com.cn/GB/1026/3643755.html

动明帮暗助等相对有利的国际大气候,与50多个西方非政府组织建立了联系,境外生存空间得到明显扩展与改善,标志着新疆民族分裂势力的破坏活动进入了一个新的活跃期。2006年11月,"世维会"在慕尼黑召开了二大,制定了"东突50年战略计划",企图用50年的时间最终实现所谓的"东突厥斯坦"独立。2008年,在举办北京奥运会前夕及期间,新疆"三股势力"接连制造了多起事件,试图干扰奥运会筹备及举办,破坏中国国际形象。比较典型的如"8·4"系列暴力案件,造成受袭武警16人死亡、16人受伤。2008年8月10日凌晨,暴力恐怖分子在新疆阿克苏地区库车县城的一些超市、酒店、政府机关制造了多起爆炸事件,共造成11人死亡、5人受伤,多处房屋受损。2009年5月,"世维会"在美国华盛顿召开三大,会上进一步确定将分裂重心转向境内的行动策略和方针,并仿效达赖集团制造"3·14"事件的模式,利用各种敏感、热点问题挑起事端,煽动策划在新疆闹事。此后该组织先后利用新疆喀什老城改造、伊犁河谷资源考察,以及一些普通的治安刑事案件大肆造谣,煽动民族对立,散布"东突"独立思想,在新疆及境内其他地方发动组织大规模暴恐活动。2009年7月5日,境内外"三股势力"相互勾结,内外联动,制造了震惊世人的乌鲁木齐"7·5"打砸抢烧严重暴力犯罪事件。这次事件共造成197人死亡、1700人受伤,其中重伤179人、病危66人。2009年以后,"三股势力"活动更是扩散至内地,在内地一些城市制造了一系列骇人听闻的恶性暴恐事件。2013年10月28日,暴恐分子驾车撞击天安门金水桥,当场造成5人死亡(包括3名暴恐分子),40人受伤。2014年3月1日,在云南省昆明火车站发生的一起严重暴力恐怖事件,暴恐团伙对手无寸铁的无辜旅客大肆砍杀,造成31人死亡、141人受伤。

现阶段,新疆民族分裂势力在活动方式上进行了一系列调整和改变,以加强对境内的渗透,并更积极引入外部势力支持。首先,利用合法身份拓展生存空间。"世界维吾尔代表大会"利用德国法律、政策存在的漏洞,在德国正式注册,获得在德国乃至欧美国家活动的"合法"地位,企图为其争取国际社会的更多支持提供法律保证。利用这种"合法"外衣,该组织与美、英、德等近30个国家和"大赦国际""人权观察""受威胁民族"等50多个国际组织及部分国际媒体相互勾结,宣扬其分裂国家的主张,争取所谓国际同情。其次,借助文化和新闻舆论搞分裂,尤其以开展"维吾尔文化活动"和"举办人权研讨会"为名,大肆进行分裂活动,并勾结西方反华势力,运用现代科技和传播手段大肆散布反华言论,如借"自由亚洲之声维吾尔语广播"进行反华宣传等。再次,积极投靠美国等西方势力谋求政治支持和资金帮助,新疆民族分裂势力为了加大对欧美政府的影响,频繁与欧美国家高层人物会面,游说其支持所谓"新疆独立"的主张,或至少放宽对分裂势力在欧美国家活动的限制。最后,不断变换活动伎俩,进一步推动内部整合。目前境外新疆分裂组织初步整合成以"世界维吾尔代表大会""东突流亡政府"和"东突厥斯坦伊斯兰运动"为代表的三大派系,并试图进一步实现"统一领袖、统一纲领、统一组织、统一政党、统一武装"的战略目标。

二、民族自治地方的公共危机发展趋势及治理机制

(一)民族自治地方公共危机发展趋势

受我国经济社会转型和快速发展,国际民族主义、宗教运动渗透,国际反华势力鼓动等多重因素影响,当前我国民族自治地方公共危机治理出现了一些新的发展趋势,因而也对公共危机治理机制的完善提出了新的要求。

第一,各类公共危机事件的发生数量整体呈现上升趋势。不论是一般性突发事件与边疆跨境因素联系在一起的公共危机事件,还是民族分裂势力制造的公共危机事件,在近些年都呈现多发趋势。特别是后两类事件近几年快速增长,造成的影响越来越大,对民族自治地方社会构成的挑战越来越严重。

第二,公共危机诱因日益多元且各类诱因关系更复杂。在改革开放以前,民族自治地方社会发展水平相对较低,社会文化、利益、价值观念等结构相对单一,因而诱发各类公共危机事件的社会因素相对较少,且各种诱因之间关联度相对较低。然而现阶段随着民族自治地方经济结构、社会结构变化,诱发各类公共危机事件的因素正不断增加,且各因素之间的关系也变得更加复杂。

第三,三大类突发事件界限日益模糊。在过去较长一段时间里,民族自治地方一般突发事件与边疆跨因素联系的公共危机事件,以及具有分裂国家诉求的敌对势力策划制造的事件,往往泾渭分明,互不影响。但近几年情况却有所变化。一般性的社会矛盾摩擦有时却表现为包括威胁、驱逐乃至袭击兄弟民族同胞;一般犯罪集团走私的物品可能恰恰就是分裂主义势力所急需的军火、通信器材;非法地下讲经活动或宗教聚集,正是为分裂势力做舆论宣传或组织动员;大量渗透入境的境外人员,本身就是"三股势力"成员,或者为其提供各类支持的国际反华势力成员。甚至对自然灾害的应对,对事故灾难的处置,都会被牵强地用于质疑政权的合法性、民族团结共处的合理性。这其中最重要的原因是分裂主义势力改变了活动策略,刻意利用民族自治地方经济社会发展过程中的各种阶段性问题,制造或扩大社会矛盾,煽动不同族群间仇视情绪,并借力边疆犯罪势力获取资源。

第四,分裂势力加速向国内、国际扩散。边疆地区最具危险性的分裂主义势力,不断借助我国对内放松管制,对外扩大开放的形势,加速向国内其他地方、国际社会扩散,试图在国内扩大其社会基础,制造更具震撼性的事件,对外推动中国边疆"民族"分离运动国际化,借力国际反华势力对华遏制战略以壮大实力。

(二)民族自治地方公共危机治理机制建设及其存在的问题

为了维护民族自治地方社会稳定,促进民族团结,巩固国家边疆安全,民族

自治地方各级政府及其他社会治理主体多年来一直积极努力防范和化解各类社会矛盾,应对各类公共危机事件的挑战,并取得了较为丰富的经验。但由于公共危机治理理念创新不足,突发事件应急管理体系不够健全,公共危机治理长效机制尚不完善,民族自治地方公共危机治理也存在较多局限与问题,如不及时调整,将难以应对民族自治地方不断变化的公共安全形势。

1. 公共危机治理理念

理念是行动的指针,是特定主体在针对社会客观问题的认知基础上形成的认识、理解和应对问题的观念体系。理念的先进与否,不但决定了行动的效率,甚至会直接决定行动的成败。在民族自治地方,应对社会公共危机治理、治理理念及其存在的问题,主要表现在对以下几对关系的认知上。

(1) 对发展与维稳关系的认知。发展与稳定两者相辅相成,并非零和博弈。从近十几年的情况来看,民族自治地方大多数尖锐的公共安全问题,特别是分裂主义势力和宗教极端势力活动,主要发生在部分欠发达地区。由于经济贫困、社会封闭,使得狭隘民族情绪和宗教极端思想有了滋生土壤,进而在一定范围内形成了社会贫困—利益边缘化—心理边缘化—对他族情感乃至国家认同出现偏差的恶性循环。

(2) 对一般社会管理与应急管理关系的认知。公共危机事件从表现形式来看,固然多为突发事件,但实际上大多数突发事件,甚至包括自然灾害,都与日常社会管理中存在的漏洞、疏忽或不当行为方式有关,是各种不当行为、社会矛盾、群体间情绪长期累积的结果。这就意味着,应对公共危机不断增加的挑战,应该更多地将精力放在日常社会管理方面,在诱发突发公共事件的各类矛盾、情绪已经显露出苗头,但不足以触发恶性事件的环节就化解矛盾和情绪。然而,在一些民族自治地方,日常社会管理方面的工作受到的重视远不如针对已经发生的突发公共事件应急管理。在个别地方,甚至将针对突发公共事件的应急管理与一般公共管理混同,使应急管理常态化。

(3) 对单个公共危机问题的化解与公共危机治理长效机制建设关系的认知。在认识公共危机问题的过程中,是将公共危机问题与单个突发公共事件联系在一起,还是与本地方经济社会发展的全局联系在一起思考,决定了相关应对政策思路的深度和广度。在民族自治地方,应对公共危机问题,应该在充分考虑边疆、民族、宗教、国际等因素影响,以及民族自治地方经济社会发展形势的基础上,将侧重点放在长效机制的建设上。然而,目前部分民族自治地方政府,对于长效机制应该是什么样的机制,应该如何建设却少有探讨,更多将公共危机问题与单独的突发公共事件联系在一起,秉持着平息事态的心理应对相关问题。为了迅速平息事态,相关机构往往倾向于采取极端措施,或者采取较严厉的方式回应群体诉求和群体行为,或者对相关群体做出超越法律规定范围,乃至违背公共管理普遍性、平等性原则的许诺。前一种极端方式,在多数情况下常常会迅速引起相关利益群体激烈反弹,进而使事态快速恶化;后一种极端方式,表面上看能够较快平息事态,但久而久之,却使得部分群体形成了特殊公民意识,对法律和公共管理基本原则缺乏认同,进而使公共安全形势不断恶化。

2. 公共危机治理的应急管理体系建设

(1) 应急管理思路。

由于面临的公共安全压力较大,民族自治地方各级政府都高度重视针对公共危机事件,特别是一些重大突发公共事件的应对。但当前不少地方政府应急管理思路,更多侧重于事件既发后的响应、处置和善后,而对突发事件的预警预防机制建设则相对重视不足。考虑到民族自治地方特殊的区域与社会因素,及在这些地方发生的突发事件的影响复杂性,防止突发事件的发生远比在事件发生之后被动应对更重要。而且民族自治地方发生的各类突发公共事件,在酝酿阶段、触发之前往往就有诸多信息可捕捉,在研究和掌握这些信息的基础上建立预防预警机制也存在可行性。在具体实践中,民族自治地方政府倾向于将三类公共安全事件分别处理,对三者关系交织状况认知不够充分。应对一般突发事件的机构体系,与应对分裂主义势力的机构体系,在资源、组织整合与信息共享方面做得还非常不够。对边疆、民族、宗教三大关键性特殊因素在应急管理中的作用认识,也需要进一步深化。在民族自治地方,重大突发事件的影响往往会因边疆、民族、宗教三大因素的影响而变得复杂化。然而,对于这一点,一些民族自治地方政府工作人员甚至主要领导人,却并没有非常清醒的认识。

(2) 应急管理体系建设。

民族自治地方各级政府其至大多数基层群众自治组织,都已经制定了体系化的应急预案。存在的主要不足是,当前民族自治地方各级政府编制的应急预案,有相当一部分都是简单照抄照搬上级政府或东部发达地区的预案,一些应急预案成了"应付"预案。民族自治地方政府应急组织体系建设受到高度重视,但在建设过程中,有些地方存在混乱的状况。第一,大多数正式的应急管理专门组织,都是简单模仿东部地区应急机构组建起来的,对本地方面对的公共安全形势的特殊性反映不足。第二,各级政府以及各政府部门,都被要求建立名目各异的应急小组,使得应急组织无所不在,但真正能够发挥应急管理作用的却没有几个。第三,应急管理、协调机制很不健全。包括层级间沟通协调不畅和部门间沟通协调不畅。第四,应急管理事项与一般管理事项缺乏区分,导致应急管理工作挤压政府职能、部门正常工作。

（3）应急管理资源配置。

民族自治地方大多自然环境较为恶劣，经济落后，人口密度小，城市化水平低，公共服务供应存在较大缺口，致使民族自治地方普遍存在应急管理资源，包括人力资源、物资储备、应急设施等都严重不足。虽然目前多数民族自治地方编制了大量应急预案，建立了应急管理的专门组织机构，但实际的应急管理能力却还需要提高。

由于自然、社会条件限制，民族自治地方应对各类突发事件的成本也普遍高于内地。例如西藏普兰发生雪灾后，要向当地调集救灾物资，只能从拉萨或日喀则起运，在暴风雪灾难中，到达难度极大，千里高原转运物资的成本，要比内地高出5—6倍。例如2014年新疆于田县发生地震灾害，震中海拔3000—5000米，夜晚的温度接近零下30摄氏度，导致救灾所需取暖设施大大增加。于田县被塔克拉玛干沙漠和昆仑山封闭，不论从内地省市还是从首府乌鲁木齐运送救灾物资，都非常困难，且于田县域面积4万多平方千米，28万人口居住高度分散，救灾物资到达后的分派成本也极其高昂。民族自治地方应急管理资源稀缺与成本高昂的矛盾，大大制约了民族自治地方各级政府在新形势下化解社会潜在危机、维护边疆安全、民族团结、社会稳定的能力的提升。

（4）应急管理与一般社会管理、公共服务的衔接。

不论一般性突发事件，还是涉及边疆、民族、宗教因素的特殊公共安全问题，实际上都与一般性社会问题，如经济发展、就业、教育、社会保障、公共文化、公共卫生、环境保护等联系在一起。但部分民族自治地方政府未能将应急管理与一般治理结合在一起看待，没有将重心转向积极处理社会发展与民生问题、铲除各类公共安全事件产生土壤的方向，而是将重心放在应对各类突发事件处置上。特别是在涉及民族分裂势力活动形势较为严峻的部分地方，如何妥善处理好社会稳定、经济发展和民生改善的关系，依然需要不断探索。

第三节　民族自治地方公共危机治理体系建设与完善

随着我国社会发展与转型进程的推进，对外开放程度的日益提升，以及国际环境的变化，未来较长一段时间里，我国民族自治地方的公共安全形势将更趋严峻复杂，公共危机治理面临的压力也将会越来越大。为此，民族自治地方各级政府需要结合当前与未来民族自治地方面临的形势，拓展公共危机治理思路与视野，将公共危机治理的重心放在化解公共危机的长效机制建设上，同时也要进一步完善现有的应急管理机制。

一、拓展公共危机治理思路与视野

在民族自治地方公共危机治理体系完善的过程中,思路与视野的拓展具有基础性意义。一些民族自治地方当前面临的主要公共安全问题,是与民族分裂、宗教极端势力相关的问题,而这些问题之所以频繁出现,又与当地经济发展水平相对落后,公共服务供应水平低下,民族间整合程度不足,宗教生活缺乏强有力的引导机制等因素相关。或者说,与当地社会整体发展和与全国其他地方融合程度不足有关,以及与当地在我国现代国家经济、社会、文化建设中长期的边缘化状态有关。为此,在民族自治地方公共危机治理机制优化过程中,应该积极拓展思路,创新理念,解放思想。

首先,要摆脱发展与维稳难以两全的思维习惯,将更多注意力放在促进民族自治地方全方位发展上,通过发展思路的创新,加快改变部分民族自治地方在利益、价值、生活等各方面存在的边缘化状态,加速融入全国经济社会发展大格局中。唯有促进民族自治地方与内地的全方位融合,使边疆各族群众与全国其他地方通过多重纽带结合成牢固的共同体,才能从根本上铲除民族分裂主义、宗教极端主义生成的土壤,也才能够夯实民族自治地方应对其他公共安全问题的社会基础。

其次,要树立针对民族自治地方公共安全问题的系统认知,对三大类公共安全问题的区别固然要认识清楚,但更应该注意三大类公共安全问题交织的状态,警惕民族分裂势力、宗教极端势力和国际反华势力借助一般公共安全事件扰乱边疆社会稳定,破坏边疆民族团结。在各类公共危机事件应对过程中,要对其中涉及的民族因素、宗教因素、国际因素进行充分深入的分析,寻找综合性、长效性应对方案,而不是急于平息事态。

再次,要基于国家整合与民族整合的视角思考民族自治地方一般社会管理与公共危机治理,避免出现公共危机事件应对过程中的极端行为。要特别注意在公共危机事件应对过程中,坚持法治手段优先,坚持法律面前人人平等,将每一次事件的应对都转化成在民族自治地方开展的公民精神教育、法治观念普及过程。

最后,要慎重看待民族自治地方的特殊性,慎重对待公共危机事件应对过程中各类基于民族自治地方特殊性提出的特殊诉求。我国民族政策、民族区域自治制度赋予民族自治地方以相对特殊的权利,以弥补这些地方在历史和现实中存在的发展困难,保障少数民族治理本地方、本民族事务的权利。但这种权利在极少数人心目中,被理解为超越公民权利的特殊权利,成为拒斥国家法治与一般政策的借口。而部分民族自治地方政府的工作人员在公共危机应对过程中,对部分群体基于特殊公民观念提出的利益诉求毫无原则地满足,进一步加剧了这种特殊公民观,从而使狭隘民族主义情绪滋长。

二、积极探索化解社会公共危机的长效机制

第一,探索民族自治地方经济发展政策创新,避免内地经济发展和社会转型过程中各类矛盾在民族自治地方重复上演。目前,内地出现的各类一般公共危机事件,与各地方公共组织特别是政府组织在推动经济发展与社会转型过程中,未能有效平衡各方利益,甚至相关公共政策反而加剧了人与自然矛盾、不同群体间矛盾有关。民族自治地方大多数都属于我国后发地区,内地在发展和转型过程中已经出现的各类问题,在民族自治地方还未彰显。这就要求民族自治地方在经济发展过程中谨慎平衡各方利益,避免走内地走过的弯路。例如在城镇化过程中,征地拆迁补偿不均一度成为内地发生群体事件的重要诱因。而民族自治地方城镇化进程刚起步,应在吸取内地教训基础上,通过优化城镇规划,科学设计征地补偿方面的政策措施,防止类似的问题再现。

第二,加快推动民族自治地方公共服务体系建设与市场机制完善。所有成熟的现代国家,无不采取各种手段,提升民众对国家、政府的认同,将国民整合成牢固的利益共同体。前者主要通过公共服务的方式实现,即公民向国家尽各类义务,国家则以均等化且不断优化的公共服务回报公民,使公民对国家、政府的认同得到巩固;后者主要通过市场手段实现,即通过引导、鼓励各类资源、信息在全国范围内自由流动和快速流动,打破国内各区域、各族群因自然、历史原因形成的藩篱,使国家每个角落、每一个人都被纳入统一的市场体系,并在相互合作与竞争过程中,形成牢固的利益共同体。而目前民族自治地方在这两个方面的工作都还存在较大不足,公共服务供应不足使边疆部分民众对国家、政府的认同相对较弱;市场机制不健全,市场经济不发达,使部分边疆区域的经济基本与全国其他地方隔绝,部分边民缺乏对其他地方、其他群体的认知,更不用说形成利益共同体。

第三,加强民族自治地方公民观念、市民观念和法治观念的教育与普及。由于公共服务与市场机制建设都需要较长的时间,而目前部分民族自治地方公共安全形势尚存在隐患。在这种情况下,依托当前的教育机构体系和公共文化服务体系,在民族自治地方加强对民众的公民观念、市民观念、法治观念教育,淡化族群认同、宗教信仰在公共生活中的直接影响,非常必要。在不少公共危机事件中,事件主要参与者之所以会被分裂势力、极端势力或国际反华势力引导和利用,其中一个非常关键的原因,恰恰是因为他们缺乏对国家的认同,缺乏对市民社会生活普适性规则的认同,缺乏必要的法律知识。

第四,合理引导边疆民众宗教信仰与宗教生活,切断分裂主义势力与宗教极端势力利用边疆民众虔诚信教的社会环境开展活动的渠道。宗教是边疆社会重要的维系因素之一,也是不少边疆各族群众生活的重要组成部分。然而,也正因为如此,各种敌对势力都积极利用部分边疆民族群众对宗教信仰的极度忠诚,策划、制造各种公共危机事件。为此,民族自治地方各级政府需要在全面理解宗教信仰自由政策的基础上,与爱国宗教组织与教职人员以及其他社会主体合作,合理引导边疆民众的宗教信仰与宗教生活,保持宗教组织的纯洁,切断敌对势力利用宗教制造公共危机事件的渠道。

第五,积极创新民族自治地方社会管理机制与方法,通过一般社会管理工作的优化促进民族自治地方不同社会群体利益、情感和生活的融合。要化解当前民族自治地方已经出现的各类社会矛盾,从根本上切断民族分裂势力和宗教极端势力利用这些矛盾,宣扬狭隘民族情绪和宗教极端思想,进而制造公共安全事件的渠道,还需要进一步创新民族自治地方社会管理机制与方法。特别是要加强基层治理主体,包括乡镇一级政府和基层群众自治组织的力量,提高基层治理主体服务能力以及对各类公共安全问题的监测、管理和控制力。要积极引导内地优秀人才到民族自治地方基层治理机构工作,进一步加强民族自治地方现有的基层联防机制建设,充实基层治理主体开展社会管理工作所需资源。

三、进一步完善民族自治地方应急管理体系

由于现阶段民族自治地方已经进入各类公共危机事件相对高发期,在推进长效机制建设的同时,不断完善现有的应急管理体系,更好地应对已经发生或已经露出苗头的公共危机事件,也非常必要。针对当前民族自治地方应急管理存在的问题,应急体系需要在这样几方面做出调整和完善。

(一)推动应急管理重心前移、下移

首先要确保应急管理重心前移,即将应急管理重心放在对公共安全形势的监测预警,而不是公共危机事件发生之后的应急响应、处置乃至善后处理上。要使应急管理重心前移,又有必要推动应急管理重心下移,即应急管理工作更多在基层治理主体层面开展。

在民族自治地方,要依托现有基层治理机构建立并不断完善公共安全监测、预警体系,借助基层治理主体贴近基层社会,熟悉基层民众状况,了解公共安全问题细节信息的优势,提高公共安全信息监测的精确性和预警预防措施的精准性。要推动针对重点区域、人群的监测、预警方式,手段创新,提高信息监测和预警预防工作的效率。既需要持续关注掌握动态信息,又要避免监测预警工作干扰他们正常的生活,侵犯群众的正当权利,乃至引起他们的反感和抵触。因而,这对监测预警主体工作方法要求无疑大大提升,对相关工作机制也提出更高要求。重心下移与前移的实现,还有必要依法授予基层监测、预警主体适当先期处置决策权力,使其对一些危险情境和危险人员能够采取必要的处置,避免小范围

的危险因素扩散,引发更严重的公共危机事件。

(二)结合民族自治地方特点优化应急预案体系

当前民族自治地方的应急预案体系,更多是基于公共安全事件已经触发,或者已经有了非常确切的迹象表明事件已经要发生的情况设计的,属于对公共危机事件的事中、事后应对性质的预案,且应急管理决策权力与管理主体都是较高层级政府机构。这样的预案体系,对于有效指导民族自治地方应急管理工作开展,局限性非常明显。

在未来应结合应急管理重心前移、下移,修正和完善应急预案体系。首先,要在应急预案中重点突出公共安全信息监测、公共危机预警预防工作,设计必要的机制、方法,加强各级应急管理组织对公共危机发生前的信息监测、预警预防工作的重视,并采取切实手段真正开展一系列防患于未然的工作。其次,要明确规范基层治理主体职责与权力,确保基层治理主体开展信息监测、预警预防工作资源,优化基层治理主体间沟通协调机制,使基层治理主体作为公共危机治理一线力量的作用充分发挥出来。

(三)加强应急组织人才队伍建设

优秀的应急管理人才队伍,是提升民族自治地方公共服务、社会管理水平,以及公共危机治理能力的关键。然而,由于民族自治地方特殊的自然、社会条件,目前民族自治地方面临着人才短缺的问题。为此,国家和民族自治地方各级政府,需要采取相对特殊的人事政策,吸引优秀人才到民族自治地方工作,特别是要为各级应急管理组织充实急需的人才。要加强基层治理组织应急管理人才,可以通过放宽准入门槛,提升薪酬待遇,优先提供晋升机会等方式吸引接受过系统的公共管理、危机管理知识的人才,到民族自治地方基层治理组织工作,以先进的理论与理念提高民族自治地方基层治理水平,以及对社会公共安全问题的信息监测、预警预防能力。

充实熟悉民族、宗教问题和心理疏导、意识形态宣传的人才。在民族自治地方各类公共危机应对过程中,尊重当地民族传统习俗和宗教信仰,促进族群间情感互动和心理融合,与民族分裂势力、宗教极端势力争夺舆论阵地,都是极为关键的环节。然而,目前民族自治地方各级政府特别是应急管理组织中,这几类人才都相对缺乏。有些领导不懂当地民族语言,不了解当地宗教信仰;一些宣传干部对当地民族历史、文化与各类风俗了解有限,难以对敌对势力的思想渗透进行有力的反击;部分一线应急处置人员缺乏必要的心理学、社会学知识,控制场面能力不足等现象,在民族自治地方多有存在。为此,应通过引进新人才,对既有人才开展民族、宗教知识培训,心理疏导、意识形态、应急管理技能培训等方式,尽快充实这几类人才。

推动决策协调中枢人才结构多样化。随着民族自治地方社会发展,民族自治地方公共危机诱发因素不断增加,危机事件发生发展规律也日趋复杂,因而危机治理所需的知识和技能也不断扩充。针对这一趋势,民族自治地方需要考虑在当前应急管理决策中枢机构,或者决策咨询机构,逐步推进决策人才、咨询人才结构多样化。

第十一章　民族自治地方公共管理改革

在当代中国,虽然公共管理主体趋向多元化,但在讨论公共管理改革时,往往还是侧重于讨论政府的改革。这是因为在各类公共管理主体中,政府依然是掌握着最主要的公共管理资源、拥有最高权威、对社会影响力最大的管理主体。因此,本章在讨论民族自治地方公共管理改革时,也主要围绕着民族自治地方政府来阐述。

政府只有通过不断的改革,才能适应经济社会的发展要求,成为推动社会发展的动力而不是阻力。从1978年改革开放以来,中国已经进行了多次政府机构改革,其中有成功也有失败。政府机构改革的主要经验教训是没有科学把握政府的职能定位,机构改革始终未能摆脱"精简—膨胀—再精简—再膨胀"的恶性循环,每次改革都付出了较大的社会成本,但其效果却并不尽如人意。

从某种意义上说,过去数次以机构改革为中心的行政体制改革成效不彰的根本原因,在于没有很好地把握政府职能这个中心环节和科学界定政府角色。由于中国的政府改革总体上是一种适应性的被动改革,在激烈竞争的市场经济条件下,政府的职能改革步伐稍有迟缓,就有可能对整个社会经济的发展产生影响。因此,未来民族自治地方政府应在服务于市场、服务于社会的理念指导下,积极主动地改革自身结构和行为方式,使民族自治地方政府真正成为民族自治地方振兴的推动力,成为民族自治地方经济社会发展的服务者。

第一节　民族自治地方公共管理改革的一般理论

20世纪80年代以来,为迎接国际化、信息化和日益激烈的竞争与挑战,提高国际竞争力和解决复杂的国内社会问题,西方各国相继掀起了大规模的政府改革运动,并迅速波及世界各地,对世界各国的公共管理改革都产生了深刻的影响。我国的公共管理改革正是在这一全球背景下展开的,改革内容和改革进程也深受这一全球趋势的影响。就民族自治地方的公共管理改革来看,其主要是通过对公共部门职能的调整、机构的改革和流程的变革,更好地为民族自治地方的经济社会发展服务,为广大少数民族群众服务。由于民族自治地方公共管理改革所处的环境比较特殊,因而在改革的动因、改革的阻力、改革的模式和策略上,与其他地方也会略有不同。

一、民族自治地方公共管理改革的动因分析

从根本上说,公共管理改革的原因在于不断变化的公共管理环境发展需求。随着公共管理环境发展变化,公共管理必须对此适时进行调适性的改革。就民族地方公共管理改革而言,究竟是哪些因素促使民族自治地方必须开展公共管理改革,是设计民族自治地方改革模式首先需要解决的问题。民族自治地方公共管理改革的动因既包括公共管理改革的一般动因,也有其自身的特殊动因。

(一) 公共管理改革的一般动因

当前,政府改革已经成为世界性的潮流,各国政府都在积极探索如何进行自身改革,以适应国家发展形势的需要。总的来说,推动政府改革的动因通常是多种因素共同作用的结果,概括起来,主要包括以下几点:

1. 人的需求增长对政府提出新的要求

在市场经济条件下,"经济人"属性在每个社会成员个体身上都不同程度地得以体现,受之影响,个体总是不停地追求着各种利益,总是尽力使自己的利益最大化。随着社会的发展,人的需求也在不断地膨胀,早期的需求一旦得到满足,新的需求又会产生,永远也得不到彻底满足。社会中每个人都追求利益最大化,这就必须要有一个权威机制来确保在经济不断发展的同时,维持合理的分配秩序,以保证尽可能多的人从经济发展中获益。这一机制只能由政府来提供。此外,人的欲望和需要的持续提升也要求政府对自身不断地进行改革,以提供更多优质高效的公共产品和服务来满足人们不断增长的多元化需求。

2. 政府失灵的必然性

现代市场经济中政府与市场的关系极其密切。市场自身存在着难以克服的缺陷,如外部不经济、信息不对称、垄断、经济的周期波动等,使得以市场机制配置资源经常会遇到自身难以逾越的障碍,而政府通过宏观调控和提供公共产品能在一定程度上降低市场机制运作的社会成本。然而,由于政府行为往往囿于社会利益集团和政府自利性,同时由于政府决策中受到信息不对称等原因的影响,政府在干预市场的过程中也不可避免地会出现失灵。政府失灵的存在,不但未能有效克服和弥补市场失灵,反而阻碍和限制了市场功能的正常发挥,从而导致经济关系扭曲,市场缺陷和混乱加重,以致社会资源最优配置难以实现。由于政府失灵必然导致政府行为与市场机制的冲突,为了适应市场经济的发展,政府就必须不断地通过改革来调整政府与市场的关系。

3. 政府支出与收入的矛盾具有必然性

德国学者瓦格纳提出的"政府活动扩张法则"揭示了政府支出随政府活动不断扩张的规律。追求政治权力最大化的政府是喜欢多支出的,除非现有的公共收入水平对其扩大支出欲望构成了约束,否则,政府的公共支出必然随着 GDP

的增长以及由此带来的公共收入的增长而增长。① 一方面,政府官员没有减少开支的内在动力,而另一方面,社会财富以及与之相关的公共收入的增长却是有限的,因此政府公共支出的增长与公共收入有限这两者之间的矛盾必然是经常存在的。当这种矛盾激化到社会难以承受的程度时,政府改革就不可避免了。

4. 政府机构膨胀具有规律性

管理学上著名的帕金森定律表明,政府具有扩张机构、降低效率的内在诱因。"出于对自身利益的考虑,公务人员从潜意识中就放任或支持政府机构的膨胀和工作效率的下降。……只有机构不断扩大,官员的权力、声望和可支配的预算才可能越来越大。"②伴随着政府扩张,与公务人员自身利益相关的薪酬、名誉、权力、行动的便利会随之增加。而为了抑制政府扩张,有针对性的改革就成为必然,这正如有的学者所说:"公共权力机构一旦设立,就将形成自己独立的利益,这是一种以权力为轴心的秩序,与以市场竞争为核心的市场秩序大相径庭。政府自我发展逻辑与市场发展逻辑的冲突使政府改革成为不可回避的问题。"③

5. 技术进步必然导致政府改革

新技术的发明和使用往往会带来各行业工作效率的提高,并促使整个社会的结构出现变化,政府也不例外。例如,信息技术的推广极大地提高了政府部门的工作效率,同时为政府工作的透明化提供了非常便利的条件。这时,减小政府规模、规范行政程序、整合行政流程、推进政府活动的透明化,就因技术进步的要求而变得非常突出。

6. 地方治理结构变迁

中国的改革开放以及市场经济的发展,极大地改变了社会成员的观念,促进了社会的发展。随着市场经济的发展,社会成员自立自强、公平竞争的意识更加强烈,对政府的公共服务提出了更高的要求。民族自治地方的情况也是一样。地方治理结构的转变对政府管理方式构成的挑战主要体现在三个方面:第一,公民对于由其选举产生的政府要求更多的控制权。公民强烈关注政府做什么事、花多少钱、如何开展行政管理活动,对来自政府过失的容忍度也大大降低。公民要求政府公开政务信息,要求对政府行为施加更多的约束和控制。在这种情况下,政府的权力必然会受到越来越多的限制,政府必须对自身进行相应的改革才能适应这种不断增加的限制。第二,公民对政府公共产品和公共服务的要求提高。对于公共产品和公共服务,在过去完全是政府提供什么,社会就接受什么,社会能够对政府施加的影响很小。然而,随着公民的质量意识、成本意识的提

---

① 刘炳香:《西方国家政府管理新变革》,中共中央党校出版社2003年版,第14页。
② 同上书,第8页。
③ 同上。

高,作为纳税人,也就是政府活动成本的支付者和政府公共产品和公共服务的消费者,不再愿意被动地接受政府提供的公共产品,不再对公共产品的质量、成本和分配方式漠不关心。公民在对公共产品供应和对政府决策科学性上更高、更严的要求无疑对政府管理和服务理论构成了新的挑战。第三,公民参与基层社会治理的意愿不断增强。伴随社会现代化水平的提高,公民越来越向"积极能动的公民"靠拢,愿意投身于思考、设计、影响公共部门的政策制定,想要参与基层社会公共事务的治理,并且参与意愿逐步增强。这就要求践行全过程人民民主和构建共建共享共治的社会治理新格局,而这迫切地呼唤着政府体制改革。

(二)民族自治地方公共管理改革的动因

民族自治地方政府改革具有上述所有公共管理改革的动因,但鉴于民族自治地方特色和差异,民族自治地方公共管理改革在程度和侧重上有所不同,这些不同主要体现在以下两个方面:

1. 相对落后的发展状况对行政改革的要求更为迫切

与全国发展的平均水平相比,民族自治地方明显落后很多。较之于其他地方尤其是发达地区,民族自治地方政府职能在主要的经济指标、公共产品供应水平方面存在着较大差距。虽然导致这种落后局面的原因是多方面的,但民族自治地方行政改革的滞后亦是重要原因之一。

经济社会的发展差距必然会使政府能力和政府合法性遭受挑战和质疑,由于民族自治地方政府所管理的事务涉及在政治上极具敏感性的民族关系问题,这种落后带来的合法性危机更具危险性。塞缪尔·亨廷顿在谈及全球化对落后国家的影响时曾说:"所谓先行实现现代化的国家给后来实现现代化的国家所起的'榜样'作用不过是先吊起他们的胃口,接着就使它们失望。"[①]这种失望情绪很容易转变为对政府的质疑和否定。当前我国社会开放程度越来越高,民族自治地方与外界的沟通和交流也越来越便捷,与外界的巨大反差必然给民族自治地方的民众带来巨大的心理不平衡,这种不平衡在某些方面可能导致民众对政府的不满情绪。民族自治地方民众希望政府能够采取有效措施,实现赶超式发展,尽快缩小民族自治地方与其他地方的差距。因此,民族自治地方政府只有通过自身改革,掌握推动民族自治地方实现赶超发展的能力,才能保持和提高民族自治地方政府的公信力。

2. 政府财政支出结构不合理

我国各级政府在进行财政支出决策时,并没有将支出重点放在政府基本公

---

① 〔美〕塞缪尔·P.亨廷顿:《变化社会中的政治秩序》,王冠华等译,生活·读书·新知三联书店1989年版,第57页。

共服务的供给上。我国民生性财政支出在财政总支出中的占比偏低。如表 11-1 所示,2022 年我国教育、医疗和社会保障为代表的民生性财政支出在总财政支出中的占比为 37.84%。同时,我国中央政府用于民生的财政支出不足 10%,地方政府虽然承担了政府基本公共服务的绝大部分支出责任,但民生性财政支出仅占地方财政总支出的 42.68%。

在我国政府基本公共服务主要由地方政府供给的前提下,民生支出占比较低主要应归因于影响地方政府支出决策的因素。当前我国地方财政收入主要依赖于以流转税为主的共享税,地方政府若要以更多的税收收入来实现沉重的财政支出责任,则需大力发展经济。同时以 GDP 为主的官员业绩考核制度更是增强了地方政府发展经济的动力,使得地方政府决策向经济增长的目标倾斜,偏移了基本公共服务均等化的目标。①

表 11-1 中国民生性财政支出占比情况(2022)

项目	财政支出		中央财政支出		地方政府财政支出	
	规模（亿元）	总支出比例	规模（亿元）	占中央支出比例	规模（亿元）	占地方支出比例
教育	39447.59	15.14%	1524.26	4.29%	37923.33	16.86%
社会保障和就业	36609.15	14.05%	833.21	2.34%	35775.94	15.90%
卫生健康	22536.72	8.65%	220.56	0.62%	22316.16	9.92%
合计	98593.46	37.84%	2578.03	7.25%	96015.43	42.68%

资料来源:根据《中国统计年鉴 2023》计算得出。

同时,这也相应反映出民族自治地方政府的运作成本较高。政府运作成本高昂将导致政府自身耗费了太多的财政收入,使得公共财政资金在提供公共产品和公共服务方面的能力无法得到充分发挥,进而难以带来公共管理水平的提高和公共生活质量的改善。结合前文对民族自治地方公共产品供应缺口的论述可以看出,民族自治地方政府存在着巨大开支与低水平服务的强烈反差。如果不及时开展政府改革,迅速改变这种状况,将严重影响民族自治地方政府的合法性,影响民族自治地方政府公共管理能力的提升。

二、民族自治地方公共管理改革的程序

公共管理改革是一项系统工程,其过程非常复杂,因此,需要按照一定的程序和步骤,采取科学的方法和手段来实施。具体看来,公共管理改革过程包括以下步骤:

---

① 刘敏:《中美政府基本公共服务均等化的比较研究——基于财税体制的视角》,北京交通大学 2016 年硕士学位论文,第 37、38 页。

（一）公共组织问题的诊断

改革过程的第一步是对问题的诊断。只有准确找到公共组织自身存在的问题症结所在，才可能设计出有针对性的改革方案。一般而言，当组织面临下列问题时，就应该考虑进行改革：(1)公共决策过程过于缓慢或混乱，不能满足社会需求或经常出现决策错误；(2)公共组织内部沟通渠道不畅，政策上传下达经常陷入困境；(3)公共组织采取行动的效率低下，经常不能实现预期目标；(4)公共政策了无新意，不具有促进社会创新的能力；(5)社会对公共组织的满意度始终处于低水平，公共组织与社会的矛盾很多；(6)公共组织应对社会危机能力低下，缺乏灵活性；(7)公共组织对未来缺乏预期能力，或者虽有预期能力却不能采取应对手段；(8)公共组织的开支占财政支出的比例超过合理水平，公共财政缺乏公共性；(9)公共组织系统存在大量工作清闲的人员。

公共管理是否需要改革、如何进行改革，须建立在客观分析的基础之上，需要根据上述列举的问题，组织实践和理论研究两大领域的专家，运用各种科学管理理论和方法，对公共组织运行的现状进行调查与研究，找出公共组织在结构、功能、程序、行为等方面存在的问题，经过缜密的定性和定量分析，找出公共组织当前问题的症结，并有针对性地提出可行的改革方案，而不能只依据个别领导人片面的想法或要求就草率开展改革。

（二）公共管理改革的目标和方案

任何改革要想获得成功必须要有一个合理的目标，要围绕着实现改革目标寻找多种可行方案，并选择最合理的方案作为指导改革的依据，同时为改革方案的实施寻求有效的策略。

目标是一切行动的指针，公共管理改革的目标受多方面因素制约，目标的确定过程其实就是一个综合分析各方面因素的过程。具体来说，公共组织改革的目标有以下几种：调整职能、优化结构、提高服务水平、提高公务人员素质等。公共管理改革的目标具有层次性，提高公共服务水平是最高目标，调整公共组织职能是实现服务水平提升的有效手段，而调整职能必然会引发公共组织结构的变动和人员的变化。因此，公共管理改革方案的设计需要综合考虑这些目标，努力寻求最优设计方案。

在综合考虑各种预期目标和选定最优改革方案之后，要顺利推进改革进程，还需要为改革提供具体的实施方案。改革方案的设计需要解决两个问题，一是改革是否具有可行性，二是改革如何具体操作。如果改革方案能解决这两个问题，这个方案就是可行的。改革的具体方案至少应包含以下几方面的内容：改革的预期目标、改革涉及的范围、改革的实施步骤、改革可采用的手段与方法、改革中可能出现的问题及应对措施、改革所需资源的安排等。

由于公共部门是一个庞大的系统，在拟定具体的改革方案时，需要分层次、分部门定方案,最后再综合成统一方案。为了确保改革的成功,公共组织每一个层次和部门都应该拟定至少两种以上的方案,供决策者参考。另外,综合方案也应该有多个,以便决策者能有比较和选择的空间。

(三)公共管理改革的实施

改革方案确定之后,公共组织还需要根据改革方案制定具体的执行方案。执行方案的内容包括:改革开始的时间、改革的突破口选择、改革的详细执行程序、改革涉及的人财物的安排、改革进程的控制、改革过程中的沟通与协调、改革过程中问题的解决方式、改革成果的巩固策略等。

在具体的改革过程中,改革的实施人员需要把握好以下几个方面的问题:第一,信息的掌控。改革实施人员要充分掌握各方面信息,了解改革过程的每一个细节,掌握改革与环境变化的关系模式,确保改革与环境的调适。第二,组织成员士气的保持。改革实施人员要不断鼓舞士气,确保改革能获得绝大多数人的支持,同时做好改革过程中利益受损者的补偿和安抚工作,减少改革阻力。第三,问题的发现。改革实施者应对改革中的问题保持极高的敏感度,及时发现问题,并且提出有效的解决方案。第四,理念与制度的与时俱进。改革实施者要根据改革需要,不断地用理念的变革和制度的创新巩固已有的改革成果。第五,改革成本的控制。改革实施者要努力控制改革过程中的资源消耗,避免改革成本过高。

(四)公共管理改革的评价与修正

公共管理改革不论规模大小,都是对社会具有重大影响的事件,因此社会各方面都会对改革的成效做出自己的解读和评价,其中也包括来自公共组织内部人士的评价。

改革的决策者和实施者在改革的过程中,需要不断收集各方面的评价信息。这些评价信息一方面可以用来检查改革的效果,另一方面也能为改革方案的修正提供依据。

在对改革的评价中,哪类人的评价值得重视,哪些评价该予以采纳,是困扰改革者的关键问题。改革的决策者和实施者要想获得足够多的有借鉴意义的反馈和评价信息,仅仅依赖正式的媒体渠道是远远不够的。改革的决策者和实施者必须经常深入基层,深入社会,深入生活,才能真正获得全面公正的评价信息。

收集改革的评价信息的目的在于检验改革方案的正确性,进而决定继续沿原定方案进行改革还是对改革方案进行修正。正确对待评价信息需要把握评价信息与改革目标之间的关系。评价信息与改革目标之间经常处于不和谐状态,不能因为对改革的负面评价多,就轻易放弃改革的预期目标,匆忙修正改革方案,也不能因为社会对改革充溢赞美之词,而忽视改革过程中可能存在的问题和风险。

三、民族自治地方公共管理改革的阻力

任何改革都是对利益格局的重新调整与分配,都会对旧有观念形成巨大的冲击并重构新的观念。因此,改革不论规模与影响范围大小,总会有一些人的利益受损或者在观念上对改革难以接受,这些利益受损的人和观念上对改革持反对态度的人,构成了公共管理改革的阻力。而对于地方政府来说,要推出改革方案,还同时会受到来自国家政治体制、国家法律环境、其他地方改革经验等方面的制约,这些都可能成为地方改革的阻力。对于民族自治地方而言,公共管理改革的阻力主要包括以下几个方面。

(一)利益阻力

依照亚当·斯密的"经济人"假设,人是自私的,人之所以从事各种工作,从根本上说都是基于对自身利益最大化的追求。这种对自身利益最大化的追求可能会从两个方面对改革形成障碍。

1. 以特殊的组织利益代替公共利益

公共部门虽然是公共服务机构,但它也是由追求自身利益最大化的个人组成的,这就使得公共组织往往会形成有别于公共利益的特殊利益。事实上,在当前我国的公共管理体系中,地方性公共组织具有自己的地方性利益,各领域的公共组织具有自己的部门利益,不同层级的公共组织也有其层级的特殊利益。公共组织系统有多复杂,组织间的利益关系就有多复杂。公共组织特殊的组织利益的存在往往使改革的决策者和实施者将所属组织的特殊利益误判为社会公共利益,从而使公共管理改革出现与公共利益相背离的倾向。

2. 以特殊的个人利益代替公共利益

在公共部门工作的公务人员个人目标的非公共性,也会使一些改革措施在具体落实的时候面临阻力。由于这些公务人员是具体改革方案的决策者和执行者,他们在设计方案和具体实施改革方案时,极有可能会按照自己的利益要求,选择有利于自身的方案和方法,从而使改革偏离预期目标。有些地方的公共组织往往打着改革之名,想方设法增加收入,减少责任,加重了社会负担,引起了不少社会群体对"改革"的反感。特别是伴随着当前政府职能转变而展开的公共服务领域的改革,如教育、卫生、住房等,个别地方政府一方面设法推卸应承担的责任,另一方面借市场化之名谋求利益,将改革变成了谋取部门利益的工具,不仅严重损害了政府形象,还引发了治病难、读书难、买房难等诸多社会问题。

许多既得利益者则从另一个角度反对改革。现有的制度和公共权力结构有利于维护他们的既得利益,如果公共部门制定并实施更具公共性色彩的改革措施,必然会导致他们的利益受损、地位受到威胁,因此,他们会极力通过各种途径游说公共部门反对对他们不利的改革方案,而采纳对他们有利的方案。

（二）观念阻力

从某种意义上来说，公共管理改革的根本目的就是要改变人们长期形成的态度、价值观念和行为模式。然而，人们观念的改变比制度设计和机构改革更加困难。公共管理改革之所以必然会面临来自人们观念的阻力，是因为改革会触动人们既有的观念，并会使人们在观念和心理上出现诸多问题。

1. 心理失衡

心理平衡是人们获得心理安全感的一种途径。改革是对旧有观念和习惯的否定，必然使部分群体失去心理平衡，造成内心的紧张，使不安全感加剧。在改革初期，人们为了保持心理的平衡，获得心理安全感，总是会对改革持谨慎的保留态度，不愿意积极响应。

2. 认同危机

观念的改变会使人们产生认同危机。改革必然会改变人们的一些价值观念和行为习惯，也会改变人们熟悉的工作方式、人际关系、制度框架和沟通协调模式。这种全方位的改变会使有些人从心理上对组织的认同产生危机，从心理上抵触改革。

3. 思想障碍

改革所追求的新制度和新管理模式也需要意识形态、思想观念有相应的转变。意识形态的变革比其他的变革更困难、更缓慢，因为人们在一种意识形态的长期影响下，往往会把该意识形态内化为人们的信仰，而这种信仰一旦形成，就难以轻易改变。我国历史上长期坚持的计划经济、国家管制和官本位的思想在不少公务人员的心中已根深蒂固，成为推进市场经济改革和建设民主政治的意识形态障碍。

4. 民族自治地方特有的思想观念阻力

上述观念阻力在公共管理改革中是普遍存在的，对于民族自治地方而言，还有一些特殊的障碍，主要包括：第一，依赖思想。民族自治地方的发展严重依赖国家的支持和帮助，这种依赖使民族自治地方改革的动力和能力较弱，从心理上也形成了对国家、对上级政府的依赖。在公共管理改革方面，民族自治地方推进改革的主动性、创造性和自觉性还需要不断加强。第二，怕担责任。由于民族自治地方具有政治上的特殊性和敏感性，民族自治地方有的公务人员害怕承担改革的责任。在没有外在压力的情况下，他们宁愿通过因循守旧来回避责任，也不愿意承担主动改革而可能带来的风险。第三，社会心理不成熟。民族自治地方的社会发育程度相对较低，人们的思想相对保守，市场观念、法治观念相对薄弱，因此，许多公共管理改革在民族自治地方无法取得如其他地方相同的成效，而这种情况又往往成为一些人抵触改革的理由。

四、克服阻力的对策

公共管理改革阻力的存在使改革的进程难免受到影响,因此,要有效推进公共管理改革,就需要寻找有效的方法削弱乃至消除这些阻力。在公共管理改革中可以通过以下措施来有效克服改革中可能面临的阻力。

(一)用舆论引导社会意识转变

观念的阻力只能用观念的改变去克服,因此在推进改革的进程中,改革者最迫切的任务就是用舆论的手段为改革创造一个适宜的社会心理环境,在改革的各项措施推出之前就在整个社会形成支持改革的舆论氛围。这种舆论准备能有效地预防改革过程中人们的心理不安,并使人们认同和支持改革。舆论宣传的主要内容包括:改革的目标、改革的步骤和程序、改革的条件、改革面临的困难、改革可能出现的后果及应对措施等,最关键的是让尽可能多的人认识到改革对他们是有利的,使他们对改革充满期待和激情,从而形成推进改革的社会舆论动力。这种舆论一旦形成,就会对思想保守的人形成一种心理压力,迫使他们不得不考虑改变自己的立场,以免成为改革的绊脚石。

实践证明,在改革的推进过程中,对改革成效的持续宣传能够强化人们对改革成功的信心,也能有效防止反对改革的社会观念和意识形态的传播。

(二)争取权威力量支持改革

改革过程中出现的社会利益的重新分配会导致改革遭受既得利益者的阻拦,处理不当就有可能出现严重的社会矛盾甚至引发冲突。但如果在公共管理改革的过程中能够获得社会权威的支持,则会使改革的阻力大大缓解。

权威力量包括政治权威、经济权威、社会权威等几个方面。就我国民族自治地方而言,要顺利推进公共管理改革,必须争取以下几个方面权威力量的支持:(1)上级政府。我国是单一制的中央集权国家,上级政府对下级政府而言往往意味着绝对权威。因此,如果改革能获得上级政府的支持,无疑就具有了更高的权威性,改革措施的推行将更加容易。(2)权力机关。人民代表大会是我国各级政府的权力来源,并对地方重大事务具有最终决定权。改革方案如果获得人大的理解与支持,其合法性自然不容置疑。(3)具有广泛影响的社会团体。社会团体往往是某些社会利益的代表,一般而言,影响越大的社会群体,其代表的社会利益的范围也越广,社会号召力也越大。因此,如果改革能够获得影响力广泛的社会团体的支持,其成功的概率将大大增加。(4)权威人士。权威人士是指那些对广大公众具有巨大影响力的人物。有时候,权威人士的意见能够影响社会舆论的导向,成为决定改革命运的关键力量。

(三)开放改革进程,鼓励公民参与

改革中利益分配和观念转变的困难,固然有其内在的原因,但从以往改革的

经验来看,改革进程的封闭和内部决策也是造成这些困难的重要原因。改革进程不公开,改革决策权掌握在个别人手中,社会公众无力影响改革的走向,这一切使得部分既得利益者或者观念守旧者有了操控改革的机会和可能。如果将改革进程向社会开放,积极鼓励社会力量参与改革,鼓励公民对改革的方案提出意见并对改革的过程和结果进行监督和评价,则能大大增加公民对改革的热情,并能有效避免改革走向偏离公共利益的误区。

五、民族自治地方公共管理改革的思路

公共管理改革的理念是开展公共管理改革的思想基础。在计划经济时期,我国地方公共组织几乎没有自己的改革理念、动力和空间,只是被动地甚至是消极地贯彻中央的意志。改革开放以来,特别是分税制实行以来,地方政府有了快速发展的强烈意愿,传统的强制性制度变迁转变为诱致性制度变迁。民族自治地方是我国为了解决民族问题而特别设定的自治地方,民族自治地方公共组织承担着民族自治地方经济赶超发展、政治文明进步和民族文化保护的多重重任,同时,民族自治地方也享有国家赋予的广泛的自治权力,在公共管理方面具有一般地方不具有的广泛自主权。由于民族自治地方承担着特殊任务,也享有特殊权力,因此自治地方政府的公共管理改革可以有更大的作为。这关键在于民族自治地方公共组织需要具有不同于以往的观念和思路。

(一)变中央主导型改革为地方自主型改革

在过去很长的一段历史时期中,地方政府缺乏推进治理变革的自主性、自觉性和主动性,中央政府往往是所有重大改革运动的发起者和推动者。没有中央政府对改革内容的设计和对改革进程的强力推动,地方政府往往不会主动改革,以提高行政效率和解决自身面临的公共问题。对于面临着复杂治理问题的地方政府而言,这是对自身行政能力提升的一种漠视,也是对自身责任的一种规避。在市场经济条件下,地方政府承担着最庞杂的社会公共事务,与公民的生产生活关系也最为密切。地方政府需要不断地通过调整自身结构,提升公共管理能力,来适应地方经济社会的发展要求,提供更优质的服务。因此,相对而言,地方政府更迫切需要不断地进行改革。如果地方政府不树立主动改革的观念,将难以适应为市场经济服务的角色要求。在民族自治地方,由于经济社会各方面都相对落后,行政管理从体制到文化到具体管理方式与其他地方相比还存在着巨大差距,只有政府不断地主动改革创新,积极推动地区赶超发展,才有可能弥补经济社会发展的差距。

(二)变机构改革为全面改革

过去一谈到政府改革,人们往往只想到政府机构改革。从我国历次机构改革进程中出现的"精简—膨胀—再精简—再膨胀"的怪圈来看,单纯的机构改革并不能带来政府行政能力的根本性提高,而只是治标不治本的权宜之计。全面的政府改革不同于单纯的机构改革,它是对行政管理进行系统深入的改革,不仅包括对行政机构进行调整,还针对行政机构设置背后的政府职能、行政文化、权力体制、组织结构等进行全面改革。我国以往机构改革的经验和教训已充分说明,只有把政府职能、行政文化、权力体制等改革与机构改革结合起来,使各种改革互相配合、相得益彰,机构改革的成效才能得到体现和保持。

(三)变应对问题式改革为主动提高能力的改革

公共管理改革的动力来自内源和外源两个方面,而传统的公共管理改革往往是因为公共管理机构出现了比较严重的问题,使得公共管理工作难以展开或者无法有效应对社会问题才开始进行的。在科技飞速发展、社会环境日趋复杂多变的今天,再秉持这样的解决问题式的改革模式,将无法适应时代的发展。我国民族自治地方与东部地区发展的差距体现在经济文化、政府行政能力以及与此相关的社会自身的活力等各个方面,如果仅拘泥于解决问题式被动适应型的公共管理改革,将难以提升民族自治地方公共管理能力,而没有公共管理能力上的赶超就不可能有经济社会的赶超发展。

(四)变政府封闭式改革为社会参与式改革

公共管理改革在过去基本上都是公共组织内部的自我调整,社会力量无法参与进去。但是,要促使公共管理符合社会的需要,就必须推动社会力量参与公共管理模式的设计和过程的控制。同样,民族自治地方在推进公共管理改革的过程中,也需要不断引入社会团体的力量,特别是具有相对独立性的智囊机构,参与改革方案的论证与设计和改革过程的操作与控制,同时引入社会力量对改革进行监督和评价,将公共管理改革建立在民众的参与和支持的基础之上。这样,不但可以减少公共管理改革的阻力,也必将大大提高公共管理改革的科学性。

第二节 民族自治地方公共管理改革的实践

一、建构民族自治地方服务型政府

不论是法治政府、责任政府、透明政府还是企业型政府,其目标都在于为社会组织和公民提供公正、廉价、便捷、高效、优质的服务,满足社会和民众的需求,推动社会的进步和繁荣。为社会和公民提供服务是政府的核心职能,建构法治政府、责任政府、透明政府以及企业型政府都是为了建设一个有序高效、负有责任和接受民众监督的政府体系,以确保政府全心全意服务于社会和公众。我们把全心全意服务于社会和公众的政府称为服务型政府,它的主要职能是为市场主体、为社会大众提供服务,并在服务企业、服务百姓的过程中,推动整个社会不断发展和进步。显然,服务型政府必然是法治政府、责任政府、透明政府和企业型政府,必然是坚持法治、责任、透明、效率、公平和服务等理念的政府。服务型政府是市场经济条件下政府模式的必然选择,服务型政府已越来越明确地成为我国政府改革的目标选择,也必然成为民族自治地方政府改革的目标模式。

(一) 服务型政府的概念与内涵

服务型政府是"指在民主政治框架下,通过法定程序,按照公民意志组建起来,以为公民服务为宗旨,实现服务职能,承担着服务责任的政府"[①]。服务型政府概念赋予了政府以新的内涵:

第一,服务型政府的目标是为社会提供尽可能多的福利。服务型政府存在的目标是通过各种政府行为,为社会提供尽可能多的福利,为社会主体追求自我发展创造尽可能好的便利条件。政府通过制定与实施各种规则,维持社会秩序,为公民的生产生活提供便利;政府通过提供各种公共产品,实现社会财富的公正分配,为社会提供公平的竞争环境,降低公民的生产生活成本,提高公民的生活水平;政府通过提供各种方式的其他服务,为公民生活带来便利,为企业生产和交易降低成本。

第二,政府职能和结构按照服务社会的需要来确定。服务型政府的职能定位以社会需要作为最终的判断标准,社会需要政府完成的任何事项都可能成为政府必须履行的职能,而社会不希望政府过多干涉的领域则不能划入政府的职能范围。服务型政府的组织结构以方便社会获得服务为依据,结构设计追求成本低廉、结构简单、分工明确、行动高效。

第三,服务型政府勇于承担自己的责任。服务型政府对于社会需要自己完成的职责,决不推诿责任;对于社会希望自己退出的领域也决不留恋;服务无遗漏、责任有担当,是服务型政府的基本理念。

第四,服务型政府建立在公民意志基础之上。服务型政府的建立基于严格的民主程序,服务型政府的决策充分考虑民意的导向,服务型政府的行动具有严格的法定程序要求。

(二) 服务型政府的提出

在改革开放之前,我国的政府模式是全能型政府,政府不但是服务者,而且是居于社会之上的管理者。政府控制着绝大部分社会资源,垄断了几乎所有的权力,操控着社会基本价值观念。在这种情况下,只见政府不见社会,政府的行为几乎不受任何约束。这种没有约束的政府模式最终导致了种种严重问题:行

---

① 中国行政管理学会课题组:《服务型政府是我国行政改革的目标选择》,《中国行政管理》2005年第4期。

政效率低下，权力寻租现象严重，行政成本居高不下，政府与社会、与民众关系紧张，社会经济体制僵化，缺乏活力等等。

改革开放以后，我国政府职能开始转变以适应经济改革的需要。政府逐步向社会放权，将越来越多的社会事务交给各种社会组织，促进了社会组织的兴起和发展。然而，如何定位政府职能一直都是改革进程中令人困惑的重大问题。由于政府以往承担的职能太多，权力太大，政府在放权的过程中也面临着种种障碍。而社会由于在政府的管制之下时间太久，社会职能长期得不到发挥，社会的自我管理、自我发展的能力也极其羸弱。

市场经济体制的确立和完善使政府与社会的关系逐步走向明朗，市场经济体制的完善也促进社会主体走向成熟，社会自主意识逐步觉醒。人们认识到，政府不能也不应包办社会，政府本身只是社会中的一个具有某种特殊性的组织，它应该服务于社会，服从社会发展的需要，而不应成为凌驾于社会之上发号施令的绝对权威。1998年政府机构改革的最大贡献就是将政府改革的核心从以往的机构改革为主转变为以职能改革为主，政府第一次比较全面地反思了自己的地位和职能。"这次政府机构改革在撤销全部工业经济专业管理部门的同时，明确提出了加强政府公共服务职能的理念和任务，并为此设立了劳动与社会保障部、国土资源部、信息产业部等新的职能机构。……这次机构改革明确提出、设定和强调政府的公共服务型职能。"①但当时并没有提出建立服务型政府的目标。

1998年政府机构改革为后来探索政府改革的目标提供了丰富的经验。在后来的改革实践中，党和国家对政府改革的目标越来越明确，对政府与市场、政府与社会的关系的认识越来越清晰。2002年11月，党的十六大明确提出了要"完善政府的经济调节、市场监管、社会管理和公共服务的职能，减少和规范行政审批"②，首次将政府的公共服务职能列为政府职能改革的一项重要目标。2003年10月，党的十六届三中全会进一步提出"要继续完善国家宏观调控体系，加快转变政府职能，深化行政审批制度改革，切实把政府经济管理职能转到主要为市场主体服务和创造良好发展环境上来"③，提出了政府经济管理的职能主要是服务于市场主体。

2005年3月十届全国人大三次会议上的政府工作报告正式提出要把建立服务型政府作为未来政府改革的方向。报告详细论述了建设服务型政府的主要措施，具体包括④：

---

① 张国庆主编：《行政管理学概论（第二版）》，北京大学出版社2000年版，第583页。
② 《江泽民文选》第3卷，人民出版社2006年版，第549页。
③ 《中国共产党十六届三中全会公报》，东方网（2003-10-14）[2003-12-05]，http://www.news.eastday.com/epublish/gb/paper148/20031014/classo1480003/hwz.1026450.htm
④ 《国务院2005年政府工作报告》，中华人民共和国中央人民政府网站（2006-02-16）[2007-05-14]，http://www.gov.cn/test/2006-02/16/content_201218.htm

第一,深化政府机构改革。按照精简、统一、效能的原则和决策、执行、监督相协调的要求,完善机构设置,理顺职能分工,严格控制编制,实现政府职责、机构和编制的科学化、规范化、法定化。

第二,加快转变政府职能。进一步推进政企分开、政资分开、政事分开。坚决把政府不该管的事交给企业、市场和社会组织,充分发挥社会团体、行业协会、商会和中介机构的作用。政府应该管的事情一定要管好。在继续抓好经济调节、市场监管的同时,更加注重社会管理和公共服务,把财力物力等公共资源更多地向社会管理和公共服务倾斜,把领导精力更多地放在促进社会事业发展和建设和谐社会上。认真贯彻《中华人民共和国行政许可法》,继续深化行政审批制度改革,进一步清理、减少和规范行政审批事项。

第三,改进经济管理方式和方法。要彻底改变计划经济的传统观念和做法。各级政府抓经济发展,主要是为市场主体服务和创造良好的发展环境,不能包办企业投资决策,不能代替企业招商引资,不能直接干预企业生产经营活动。

第四,努力建设服务型政府。创新政府管理方式,寓管理于服务之中,更好地为基层、企业和社会公众服务。整合行政资源,降低行政成本,提高行政效率和服务水平。政府各部门要各司其职,加强协调配合。健全社会公示、社会听证等制度,让人民群众更广泛地参与公共事务管理。大力推进政务公开,加强电子政务建设,增强政府工作透明度,提高政府公信力。

第五,提高依法行政能力。认真贯彻依法治国基本方略,全面实施国务院颁布的依法行政纲要,加快建设法治政府。各级政府及其部门都要严格遵守宪法和法律,依照法定权限和程序行使权力,履行职责,接受监督。实行行政执法责任制,坚决克服多头执法、执法不公的现象。强化行政问责制,对行政过错要依法追究。

第六,大力加强政风建设。坚持以人为本、执政为民。牢固树立科学发展观和正确政绩观,大兴求真务实之风。

(三)服务型政府的特点

从服务型政府的概念和服务型政府建设的内容出发,并结合近年来学术界关于服务型政府探讨的成果,服务型政府可以归纳为以下几个方面的特点。

1. 以人为本

"'以人为本'、'执政为民'是服务型政府的治理理念。'向人民学习,为人民服务,请人民评判,让人民满意',是服务型政府建设的基本要求。"[①]服务型政府的一切活动都以人,即社会大众的需要为依据。社会公众的需求决定政府公

---

① 中国行政管理学会课题组:《服务型政府是我国行政改革的目标选择》,《中国行政管理》2005年第4期。

政策的内容,决定政府提供服务的方式。社会公众的评价决定政府政策的价值,是衡量政策成效的最终标准。

2. 有限政府

服务型政府为公众提供周到细致的服务,并不意味着政府的职能范围无处不在。"政府服务的内容是提供维护性的公共服务与完成为数不多的管制任务,并提供社会性的公共服务与必要的公共设施。"[①]因此,政府所能提供的服务并不是无限的,"服务型政府有三个边界:一是政府的服务有限,二是政府提供的公共产品有限,三是政府的服务成本有限。政府提供的服务要在我们现在条件允许的范围内"[②]。在职能和服务内容有限的情况下,政府的规模和政府的开支也是有限的,必须根据政府职能范围确定一个有限而合适的规模。

3. 回应性

有限政府的一个内在含义就是政府的服务大部分都是基于社会的吁求而提供的。政府主动提供的服务内容只限于一些对确保社会秩序和社会公平具有重大意义的事项。回应性是对政府随意扩大自身权力和职能范围的否定。回应性的另一含义是,公共管理人员和管理机构必须对公民的要求做出及时的和负责的反应,不得推诿拖延,更不能置之不理。

4. 法治主义

服务型政府奉行法治主义。法治主义意味着政府不论在服务社会还是在管理自身时都严格依照法律的规范进行。政府职能由法律确定,政府组织结构和人员配置都依法而定,政府政策的制定、执行和评价都依据法律规定的程序,政府依照法律规定承担自己的一切责任。

5. 社会参与

公共管理中的社会参与意义重大,它不仅可以弥补政府在提供公共服务时的能力不足,帮助政府了解公民对政府的要求与愿望,而且社会参与也是推进公共管理科学化和民主化的必经途径。因此,服务型政府提倡并支持社会力量参与政府的公共决策过程和公共事务的管理。政府应当开放参与渠道,让社会团体和公民个人能够参与所有与自身利益相关的政府服务事项,包括公共政策的制定、执行和评价,市场服务的提供,公共产品的生产和分配,社会事务的管理等。在公共服务领域,政府与社会力量的密切合作是服务型政府的突出特点。

6. 透明化

服务型政府是"阳光政府","政府的各项政策措施,特别是与人民群众利益

---

① 谢庆奎:《服务型政府建设的基本途径:政府创新》,《北京大学学报(哲学社会科学版)》2005 年第 1 期。

② 魏爱云、谢庆奎:《服务型政府:政府改革的目标选择》,《人民论坛》2006 年第 5 期。

密切相关的行政事项,除涉及国家机密、经济安全和社会稳定的以外,都应向社会公开,给人民群众以更多的知情权和监督权,增强透明度"①。政府所有的公共管理活动都涉及对社会利益的重新调整和分配,因此所有利益相关者都有权知道政府的相关信息,包括公共政策过程的各个环节、政府的公共开支、政府的权力结构和运行方式等。透明化是社会参与和监督政府的前提条件,是防止政府偏离服务轨道的必要保证。

7. 责任性

政府服务与普通的社会组织或者个人服务的一个重要区别就是政府服务带有强制责任。提供公共服务既是政府法定的权利,也是其神圣的责任。政府不仅对其行使的每项权力都要承担相应的责任,而且对其拒绝行使法定的权力也要承担责任。"对政府服务得怎样,是否达到人民的期望值,人民有权评判;对于政府违法服务,过失服务造成的后果,人民有权追究。"②

(四)构建服务型政府的途径

建设服务型政府是一项复杂的综合性工程,需要有周密的计划,需要寻找有效的途径。从当前我国民族自治地方政府管理水平的现状来看,建设服务型政府还需要在以下几个方面付出努力。

1. 新型政府理念与文化的培育

建设服务型政府首先需要解决的问题是重塑政府的理念和文化。我国传承几千年的封建制度和过去几十年实行的计划经济体制,使一部分政府工作人员仍然难以摆脱一些落后观念的影响,官本位、特权、大政府小社会的思想在公务员队伍中仍然存在,以权谋私、官僚主义、形式主义等作风也远未彻底根除。这些都严重侵蚀了政府能力,破坏了政府形象,也给政府改革增加了巨大的阻力。

建设服务型政府的第一步就是要进行理念创新和文化重塑,要在民族自治地方政府系统中"树立以民为本、顾客导向的民主理念;改善公共服务,提高治理能力的服务理念;依法行政、违法必究的法治理念"③。同时,还需要在民族自治地方政府系统中贯彻节约理念、效率理念,从根本上克服政府工作人员的官本位思想。只有让政府工作人员放弃高高在上的理念,真正从内心里接受作为社会服务者的角色,服务型政府的构建才有可能。

在新的理念的基础上,培育新的政府文化是建设服务型政府的思想保证。这种新的政府文化要彻底否定过去那种政府管理社会的观念,而以服务、效率、节约、公平、民主、法治等思想为核心内容。

---

① 王树华:《建设服务型政府》,《人民日报》2004年2月12日。
② 中国行政管理学会课题组:《服务型政府是我国行政改革的目标选择》,《中国行政管理》2005年第4期。
③ 同上。

2. 政府职能的进一步转变

虽然1998年的政府机构改革已经在政府职能转变的进程中迈出了一大步，但是并没有从根本上改变我国政府与社会的关系格局，总体上仍处于大政府、小社会的状态。政府管理的事项极其繁杂，承担了许多本应由社会自身承担的事务；而许多政府应该管理的事项却经常没人管或管得不好。构建服务型政府要求政府进一步转变职能，提高公共服务的能力。首先，政府需要强化市场监管和宏观调控能力。在市场经济条件下，政府对社会的治理除了维护基本的社会安全和秩序之外，经济管理主要体现在市场监管和宏观调控上。在这方面政府需要提高监管和调控能力，维护良好的市场竞争环境和经济安全。其次，政府需要与社会组织合作管理社会事务。在全能政府时期，一切社会事务和社会问题都由政府加以处理和解决。然而，有些社会问题是政府不应该管也管不好的，政府过多地插手社会事务经常会导致政府与社会的双重损失。在构建服务型政府过程中，政府应该将绝大多数社会问题交由社会自身去解决，政府只作为最终的权威，处理那些社会无法自我解决的重大问题。最后，公共服务需要走市场化、社会化的道路。当前我国民族自治地方的主要公共产品和服务基本上都由政府提供，社会力量的参与比较少。这一方面造成了政府负担过重，另一方面也导致公共产品和服务的供给严重不足，覆盖面狭窄。服务型政府的主要工作虽然是为社会提供公共服务，但是公共服务并不应该完全由政府包办，而应主要借助市场、社会的力量来提供，政府的作用主要是确保公共产品得到公正分配，确保公共服务的覆盖面尽可能广泛。

3. 政府体制与运行机制的改革

服务型政府必然是一个结构简单、行动高效、责任明确、办事方便的政府，因此，构建服务型政府需要对政府的体制和运行机制作相应的调整。第一，以职能为中心重新设计政府的组织结构。党的十九届四中全会通过的《关于坚持和完善中国特色社会主义制度 推进国家治理体系和治理能力现代化若干重大问题的决定》指出，要赋予地方更多自主权，支持地方创造性开展工作。《2023年政府工作报告》也强调，要持续推进政府职能转变，完成国务院及地方政府机构改革。对于进一步合理界定各层级间职能配置、优化机构设置、发挥各自比较优势可从以下方面着手：首先，推进不同层级间权责合理配置，赋予省级及以下政府更多自主权。进一步加大放权力度，把那些地方切实需要也能够有效承接的事项下放给地方。同时，地方各层级间也要明确职责重点。省一级主要是强化规划管理、政策法规、标准规范、监督检查等职责；市县级主要是强化执行和执法监管职责；做好直接面向企业和群众的服务与管理。其次，推进地方党政机构改革，在省市县对职能相近的党政机关探索合并设立或合署办公。这些年来，一些地方根据本地区发展实际整合设置党政机构，取得了一定成效。要总结提炼成功经验,探索在省市县按照职能重点综合设置党政机构,进一步推动机构职能的精简整合,形成管理合力。再次,构建简约精干的基层行政管理体制。按照充实一线、加强基层的原则,将适宜由基层管理的行政审批、行政处罚等权力事项下沉,整合审批、服务、执法等方面力量和资源,提升基层管理服务水平。① 第二,建立和完善现代公共人力资源体制,确保公务人员的素质。一方面国家要继续完善《公务员法》,另一方面,民族自治地方也要根据地方特色配合《公务员法》出台具体细节性规定,确保公务员选拔任用程序的公开、公正,努力将最优秀的人才吸纳到公共部门;完善党政领导干部选拔制度,杜绝党政领导干部选拔中的不正之风,真正做到选拔德才兼备的人担任领导职务;建立科学的公务人员绩效评价和晋升制度,用公正、公开的竞争制度确保公务人员工作的积极性。第三,建立合理的行政责任体制,不断创新监督制度,探索建立起行政监督的垂直领导体制,完善责任追究制度,使民族自治地方政府真正成为负责任的政府。

4. 社会自治能力的培育与保护

服务型政府的实现离不开社会自治能力的提高。社会事务的管理、公共产品的生产、公共服务的提供等都需要大力借助社会的力量。因此,构建服务型政府还需要大力培育社会自治能力,包括提高公民自主意识、参与意识,倡导志愿者文化,培育和扶持社会中介组织,鼓励企业和个人参与到公共服务中来,鼓励社会组织和公民个人参与政府政策过程等。社会自治能力需要在自治实践中得到有效培育,因此,政府要主动放松对社会的管制,进一步培养和壮大社会中介组织,充分利用社会的自治能力,鼓励社会自治的各种探索和实践。

二、推进简政放权、放管结合、优化服务改革

(一)简政放权、放管结合、优化服务理念的提出

简政放权、放管结合、优化服务简称为"放管服"。"放"是指中央政府下放行政权,减少没有法律依据和法律授权的行政权;理清多个部门重复管理的行政权,即简政放权,降低准入门槛。"管"是指政府部门要创新和加强监管职能,利用新技术新体制加强监管体制创新,即公正监管,促进公平竞争。"服"是指转变政府职能减少政府对市场进行干预,将市场的事推向市场来决定,减少对市场主体过多的行政审批等行为,降低市场主体的市场运行的行政成本,促进市场主体的活力和创新能力,即高效服务,营造便利环境。简政放权是民之所望、施政所向。

2015年5月12日,在全国推进简政放权放管结合职能转变工作电视电话会议上,国务院首次提出了"放管服"改革的概念,即明确要求简政放权、放管结

---

① 张纪南:《深化机构和行政体制改革》,《人民日报》2017年12月28日。

合、优化服务协同推进,三管齐下。从政府与市场的关系来看,"放管服"改革的本质就是对政府与市场边界的重新厘定,就是要让政府"跑起来"、权力"晒出来"、管理"严起来",立足于"放管"结合,解锁束缚市场主体的"无形枷锁",下放政府的"有形之手",激发企业的活力和创造力,从而不断优化营商环境,推动有效市场和有为政府更好结合。

作为一场旨在重塑政府、市场、社会关系的政府自身革命,"放管服"三管齐下改革思路的提出和建设不是一蹴而就的,而是一个随着政府改革的深入逐步完善的过程。目前,国务院已连续十年召开全国电视电话会议部署相关工作,并于2016始每年将"放管服"改革写入政府工作报告之中。2018年7月19日,为深入推进"放管服"改革,加快政府职能深刻转变,国务院将"国务院推进职能转变协调小组"的名称改为"国务院推进政府职能转变和'放管服'改革协调小组",作为国务院议事协调机构。2022年8月29日,第十次全国深化"放管服"改革电视电话会议强调,要持续深化"放管服"改革,不断打造市场化法治化国际化营商环境培育和壮大市场主体,更大激发市场活力和社会创造力。

(二)简政放权、放管结合、优化服务理念的实践

简政放权、放管结合、优化服务,是全面深化改革特别是供给侧结构性改革的重要内容,被社会各界视作全面深化改革的先手棋、转变政府职能的当头炮,一直为党中央、国务院高度重视。"放管服"改革实施以来,成效不断显现,极大释放了市场活力和社会创造力,推动了政府治理能力提升和廉政建设。尤其是"十三五"时期,审批"当关"、公章"旅行"、公文"长征"等问题得到了有效破解;办证多、办事难的现象大为减少,多重审批和乱收费现象得到了有效治理;全国日均新登记注册企业数量由2015年的1.2万户增长至2020年的2.2万户;中国营商环境全球排名由2016年的第84位跃升至2020年的第三十一位,是全球营商环境改善程度最显著的经济体之一。①

(三)简政放权、放管结合、优化服务理念的深化

简政放权、放管结合、优化服务的改革理念已经深入人心,是公众的期待,也是改革成败的关键所在,不容懈怠和观望。改革成效有目共睹,但与人民群众的期待和经济社会发展要求相比,差距依然存在。在全面建成小康社会进入决胜阶段的当下,尽快实现权力精简和放管结合的目标,必须在"放管服"上下功夫,把该放的放到位,把精简的精简够,做到机构流程精简,监管服务增效,为大众创业、万众创新清障,让我国经济发展持续释放出无穷的活力。②

"放"要全面彻底。简政放权关键在简,核心在放,目的在方便企业和基层办

---

① 周珊珊:《以系统思维推进"放管服"改革》,《人民日报》2021年1月26日。
② 《把"放管服"改革推向纵深》,《人民日报》2017年3月2日。

事。要坚持量质并重,对现有行政审批项目进行集中梳理,更好地向市场和社会放权;要坚持问题导向,取消项目从"给社会端菜"向"让群众点菜"转变,更多借用社会力量促进改革;要坚持同步推进,既要与上级权力下放及时对接,更要敢于向自己"开刀",把该放的权力彻底放下去。

"管"要及时有效,切实把市场管住、管好,促进政策落地。要加快建立责任明确、任务清晰、程序规范的监管制度,主动接受社会监督,挤压权力寻租的空间,让政府"乱动的手"受到约束。

"服"要积极到位。要加快推进政府由管理者向服务者角色的转变,把更多的人力、物力、财力投入服务民生工作中,让更多的群众分享高效优质的公共服务;要不断改进服务举措,优化服务流程,尽最大努力提供更加高效、更加人性化的服务,以优质的服务指数换取企业和人民的幸福指数。[①]

三、推进政府治理体系现代化

2019年10月,中国共产党第十九届中央委员会第四次全体会议通过《中共中央关于坚持和完善中国特色社会主义制度 推进国家治理体系和治理能力现代化若干重大问题的决定》,《决定》要求坚持和完善中国特色社会主义行政体制,构建职责明确、依法行政的政府治理体系。具体内容包括:

(一)完善国家行政体制

以推进国家机构职能优化协同高效为着力点,优化行政决策、行政执行、行政组织、行政监督体制。健全部门协调配合机制,防止政出多门、政策效应相互抵消。深化行政执法体制改革,最大限度减少不必要的行政执法事项。进一步整合行政执法队伍,继续探索实行跨领域跨部门综合执法,推动执法重心下移,提高行政执法能力水平。落实行政执法责任制和责任追究制度。创新行政管理和服务方式,加快推进全国一体化政务服务平台建设,健全强有力的行政执行系统,提高政府执行力和公信力。

(二)优化政府职责体系

完善政府经济调节、市场监管、社会管理、公共服务、生态环境保护等职能,实行政府权责清单制度,厘清政府和市场、政府和社会关系。深入推进简政放权、放管结合、优化服务,深化行政审批制度改革,改善营商环境,激发各类市场主体活力。健全以国家发展规划为战略导向,以财政政策和货币政策为主要手段,就业、产业、投资、消费、区域等政策协同发力的宏观调控制度体系。完善国家重大发展战略和中长期经济社会发展规划制度。完善标准科学、规范透明、约

---

① 吴梦:《简政放权"放管服"一个都不能缺》,人民网(2017-03-16)[2019-04-11],http://theory.people.com.cn/n1/2017/0316/c409497-29150007.html

束有力的预算制度。建设现代中央银行制度,完善基础货币投放机制,健全基准利率和市场化利率体系。严格市场监管、质量监管、安全监管,加强违法惩戒。完善公共服务体系,推进基本公共服务均等化、可及性。建立健全运用互联网、大数据、人工智能等技术手段进行行政管理的制度规则。推进数字政府建设,加强数据有序共享,依法保护个人信息。

（三）优化政府组织结构

推进机构、职能、权限、程序、责任法定化,使政府机构设置更加科学、职能更加优化、权责更加协同。严格机构编制管理,统筹利用行政管理资源,节约行政成本。优化行政区划设置,提高中心城市和城市群综合承载和资源优化配置能力,实行扁平化管理,形成高效率组织体系。

（四）健全充分发挥中央和地方两个积极性体制机制

理顺中央和地方权责关系,加强中央宏观事务管理,维护国家法制统一、政令统一、市场统一。适当加强中央在知识产权保护、养老保险、跨区域生态环境保护等方面事权,减少并规范中央和地方共同事权。赋予地方更多自主权,支持地方创造性开展工作。按照权责一致原则,规范垂直管理体制和地方分级管理体制。优化政府间事权和财权划分,建立权责清晰、财力协调、区域均衡的中央和地方财政关系,形成稳定的各级政府事权、支出责任和财力相适应的制度。构建从中央到地方权责清晰、运行顺畅、充满活力的工作体系。

四、新技术革命时代的公共管理

纵观历史,每一次重大技术突破总会给人类带来深远的影响,同时推动政府组织形式和公共治理模式的变革。第一次技术革命始于18世纪60年代蒸汽机在英国的发明,人类得以摆脱手工劳动的束缚,从此迈入突飞猛进的机器大生产时代,并推动了以工具理性为基础的准科层制组织的发展。第二次技术革命开始于19世纪70年代,电能取代蒸汽机,电话和电报等新通信工具的发明,标志着人类进入电气化时代,进一步推动了社会分工和专业化生产的发展,使得韦伯意义上的科层制组织成为各国政府的主流。第三次技术革命始于20世纪50年代,这场以计算机和互联网为标志的技术革命,将人类带入了信息化时代,电子政务、服务型政府、新公共管理等政府改革应运而生。[①]

21世纪的今天,以移动互联网、大数据、人工智能、区块链、云计算、量子通信等为代表的第四次技术革命正在全球范围内兴起,人类社会全面进入了数字化时代,这必将给公共管理带来新的冲击与改变。本章试图探寻在以数字技术

[①] 孟天广:《政府数字化转型的要素、机制与路径——兼论"技术赋能"与"技术赋权"的双向驱动》,《治理研究》2021年第1期。

为基础的时代转换的历史进程中,公共管理体系所要面临的环境变化、新生问题和发展机遇。

（一）概念与内涵

以移动互联网、大数据和人工智能技术三位一体为核心的数字时代的到来,使得区块链、云计算、量子通信、物联网等各项前沿技术呈现出突破发展态势,人类社会日新月异,为公共管理和国家治理现代化提供了新的机遇。

1. 移动互联网（Mobile Internet）

移动互联网是无线通信技术和数字网络深度结合的产物,"用户利用可移动的终端设备（如智能手机、笔记本电脑、PDA等）,通过高速互联网进行数据连接,即时访问无线网络以获取数据信息、使用各种数字网络应用服务。"① 最新的第五代蜂窝移动通信技术（简称5G）已率先在我国全面进入商业化运营阶段,截至2023年底,我国累计建成5G基站337.7万个,5G移动电信用户达8.05亿户,5G标准必要专利声明量全球占比超42％,持续保持全球领先。② 随着移动互联网技术在社会生活中的广泛运用,打破了传统社会自上而下的单一信息渠道,使得整个社会结构具备了多节点、多中心的网络化特征。网络的扁平化形态和强大的信息传播能力,衍生出多元管理结构和非正式监督渠道,冲击了金字塔式的传统科层架构,促使整个社会向多中心的网状结构转变。

2. 大数据（Big Data）

大数据是"指无法用常规和传统工具及方法进行捕捉、管理和处理的海量数据集合,是基于现代信息技术与工具,可以自动记录、存储和连续扩充的、大大超出传统统计记录与储存能力的一切类型的数据。"③ 人类对海量数据的挖掘和应用,预示着新的公共治理革命浪潮的到来——包括数据驱动的创新、数据驱动的管理、数据驱动的服务。2023年10月25日,国家数据局挂牌成立,省级数据局也相继挂牌成立。而在国家数据局成立之前,我国已有25个省级数据管理机构,31个省会城市、副省级城市设有市级数据管理机构。这些成果标志着我国大数据发展环境逐步完善、产业布局持续加强、融合应用持续深化。大数据业已成为各个行业和社会组织极为重要的生产和管理要素,大数据时代要求公共管理者持有开放、非线性和价值导向的数据思维,使大数据能够在公共治安、应急管理、民生服务、安全生产等社会治理领域中发挥更为积极的作用。

3. 人工智能（Artificial Intelligence）

人工智能是"研究、开发用于模拟、延伸和扩展人类智能的理论、方法、技术、

---

① 梁晓涛、汪文斌主编:《移动互联网》,武汉大学出版社2013年版。
② 《我国5G基站总数超337万个——5G移动电话用户达8.05亿户》,《人民日报》2024年2月18日。
③ 李金昌:《大数据与统计新思维》,《统计研究》2014年第1期。

应用系统的一门新的技术科学"。① 目前,人类社会已经开发出诸如图像识别、仿生应答、自动翻译和辅助驾驶等弱人工智能程序和设备。我国在车联网和智能制造等人工智能应用领域具有明显优势,2023年以人工智能企业数量超4300家,核心产业规模达到5000亿元。2024年《政府工作报告》强调:要深入推进数字经济创新发展,开展"人工智能＋"行动,积极培育新兴产业和未来产业,加快发展新质生产力。② 随着人工智能技术的日益发展,以机器自主计算为主的智能化技术体系,呈现机器学习、深度融合、跨界协同、自主操控、群智开放等新特征,将逐步替代以人机合作模式为主的信息化计算体系,为公共治理现代化提供更大的创新空间。在现代化城市的管理中,利用人工智能技术,引入智慧管理、精细管理的理念,建立智慧路网、智慧电网、智慧交通、智慧出行,提高了公共管理的安全和效率,降低了管理成本和失误率。利用大数据扁平化、交互式、快捷性的特点和优势,通过人工智能进行精准分析,有助于更精确地定位社会治理的范围和目标,合理分配公共资源。人工智能的发展和应用,无疑能够提高公共管理的效率和范围,大大增强政府的社会治理能力。

4. 区块链(Block Chain)

区块链实质上是一个去中心化的分布式加密数据库共享系统,各个终端节点上拥有相互独立且加密的数据文件,这些数据实时同步更新,并形成公开的数据链条。基于区块链技术的不可篡改,全程留痕而且可追溯的"诚实"特征,可以拓展出公开透明的合作体系,推进政府信任,提升协同效率,大大降低整个社会的交易和管理成本。"区块链＋"在金融、政务、民生等领域的应用具有广阔的发展前景,例如:"区块链＋民生"为跨部门的信息共享提供了高度安全的可信任环境,如渝中区联合重庆市新闻出版局,于2022年7月上线了链存证公共服务平台,累计为重庆市10余万件文创作品完成了区块链技术存证,并推动链上数据与司法系统连通,为后期维权、确权提供依据。③ "区块链＋金融"将完善移动支付体系,推动人民币数字化进程,建立无国界的金融基础设施和全球数字货币体系。"区块链＋供应链"能够建立资产交易和产品供应链的互信系统,降低实体经济的交易成本;"区块链＋监管"可以加强对政务服务、民生工程、食品安全等方面的监管,让社会治理和公共服务更为高效和廉洁。随着区块链技术应用场景的不断拓展,它在优化营商环境、赋能实体经济、促进数据共享、提升社会治理水平等方面将会有更多的创新和实践。

---

① 百度百科"人工智能"词条,[2022-09-01], https://baike.baidu.com/item/％E4％BA％BA％E5％B7％A5％E6％99％BA％E8％83％BD/9180
② 数据来源于《中国区块链创新应用发展报告2023》。
③ 同上。

5. 云计算（Cloud Computing）

云计算"是分布式计算的一种,指的是通过网络'云'将巨大的数据计算程序分解成无数个小程序,然后通过多部服务器组成的系统,处理和分析这些小程序,得到结果并返回给用户。"①云计算具有动态可扩展、按需部署的特点,它能够协调几乎无限的信息资源,使用户摆脱时间和空间的局限,通过网络即时获取到云端海量的计算机资源。② 云计算作为一种虚拟技术,在数据存储与管理(存储云)、医疗健康服务(医疗云)、金融信息服务(金融云)、在线教育信息化(教育云)、远程办公协作(办公云)等领域正在发挥着越来越大的作用。百度网盘和微信云盘、预约挂号及电子病历、网上银行和云端金融、慕课平台及学堂在线等,这些云应用已经日益成为现代生活中不可或缺的组成部分。

(二)环境的变化

新技术变革正在快速颠覆人们的传统观念,重组人类的生产生活方式,渗透进经济、生活、社会的方方面面,社会治理的环境正在发生深远的变化。

1. 经济模式

(1) 经济全球化。

数字技术的迅猛发展,让地球上任意两点之间的即时联系不存在技术障碍,使得距离不再成为交流的隔阂。低成本的信息沟通、便捷的洲际交通、普遍的跨国协同,使得这个世界成为一个村落。信息、技术、资本、人才、管理的全球流通促进了经济一体化,全球范围内的资源配置、社会分工成为必然。经济全球化的迅猛发展正在重塑世界的经济形态,重构人类的生产方式,重组全球的竞争格局。今天我们使用的任何一个现代化精密产品,比如电脑、手机、汽车等,都是不同国家的资金、技术、材料、劳动、管理等生产要素的结晶,是经济全球化的产物。各类数字技术应用更新迭代、不断融合升级,数字经济渗透进社会生活的各个方面,正在催生与传统模式完全不同的经济业态和商业模式,为实体经济注入新动能,并推动经济结构全面转型。我国 2022 年数字经济规模达 50.2 亿元,是 2017 年的 1.85 倍,数字经济占整个 GDP 比重为 41.5%,比 2017 年增加了 8.6%。③ 数字产品、数字服务、数字生产、数字消费,已经成为推动经济发展的重要力量。④

(2) 消费在线化。

阿里巴巴速卖通的在线贸易使天涯变咫尺,淘宝和京东让我们足不出户买遍天下,大数据和人工智能让网络比人类更了解自己的需求,数字技术的发展正

---

① 许子明、田杨锋:《云计算的发展历史及其应用》,《信息记录材料》2018 年第 8 期。
② 李文军:《计算机云计算及其实现技术分析》,《军民两用技术与产品》2018 年第 22 期。
③ 数据来源于《数字中国发展报告 2022 年》。
④ 江小涓:《"十四五"时期数字经济发展趋势与治理重点》,《光明日报》2020 年 9 月 21 日智库版。

在不断冲击和颠覆传统的线下商业模式。2020年突如其来的一场新冠疫情,迫使人们大大减少了户外活动,改变了人们的消费习惯与生活轨迹。网上购物、远程办公、云端教育、视频直播、数字娱乐、外卖到家等应用得到了普及,线上生活越来越便利,受到了新生代消费者的青睐。消费在线化带来了"宅经济"的爆发,孕育了越来越多的"宅男宅女",引发了消费的革命和生活方式的改变。截至2022年12月,我国网民规模达到10.67亿人,互联网普及率75.6%,网络购物用户达8.45亿;2022年网上零售额达13.79万亿元,跨境电商进出口总额达2.11万亿元,增长11.7%;在线办公用户规模达5.40亿,网络新闻用户规模达7.83亿。① 庞大的网民数量支撑起蓬勃的网上消费市场,在线经济已经成为促进我国"内循环"增长的新动能。

(3) 支付电子化。

智能手机的普及和高速移动网络的迅猛发展,让人们体验到了电子货币的便捷与高效。以支付宝和微信为核心的手机支付和央行数字货币,使得纸币、硬币、钱包逐步淡出人们的日常生活。网络银行、电子信贷、云端转账、线上金融,已经成为现代中国经济生活的常态。截至2022年12月,我国网络支付用户人数达9.11亿,占网民整体的85.4%;网上外卖用户规模5.21亿,网约车用户规模达4.37亿,在线旅行预订用户4.23亿。② 我国电子支付业务稳步增长,覆盖领域日趋广泛,助力行业效能提升,并正在逐步走出国门,迈向世界,有力地推动了数字经济与实体经济的融合发展。区块链技术在金融领域的应用,将会大大降低电子货币使用的风险性,从而进一步推动人民币数字化的发展步伐。

2. 生活方式

(1) 生活智能化。

以5G超高速网络和云计算为基础的智能物联网,将人类、数据、物品紧密结合,将为个人、企业和社会创造出新的价值和体验,并带来前所未有的发展机会。语音控制完成复杂指令的智能家电、无人驾驶的智能交通工具、按生活习惯自我调节的智能房屋和楼宇、可自动协调指挥的城市"智慧大脑"等,使我们正在逐步进入一个万物互联的智能化时代。远程办公、智能出行、在线学习、掌端娱乐、数字传媒、云端会展、网上医疗,各项数字技术支撑的创新应用和业态,带给我们的不仅仅是巨大的便利性,而且是一场基于生活模式的数字革命。

(2) 社交虚拟化。

微信、QQ、微博、抖音、网游等各类网络社交及娱乐软件,构建出一个虚拟化的社交网络平台,形成了一种全新的人类社会组织形式和交往模式。网络社

---

① 数据来源于中国互联网络信息中心(CNNIC)发布的第51次《中国互联网络发展状况统计报告》。
② 同上。

交具有虚拟、多元、开放、自由、匿名、异化的特点,以间接交往为主,以符号化为表现形式,人的行为与真实社会情境中的个人社会化特征相去甚远,具备网络虚拟性特征。截至 2022 年 12 月,我国即时通信用户规模达到 10.38 亿人,使用率 97.2%;网络音乐、网络文学、网络游戏、网络视频、网络直播用户规模分别达到 6.84 亿、4.29 亿、5.22 亿、10.31 亿和 7.51 亿。① 线上虚拟社交已经日益成为现代生活的重要组成部分,并正在改变人类传统的思维、行为和生活方式。

(3) 信息碎片化。

我们生活在一个信息过剩的时代,无穷的信息通过各种网络传媒和社交软件,无孔不入地侵蚀着每一位网民。高强度的生活节奏使得人们日益习惯于利用碎片化时间,通过手机获取快餐式的、内容趋向分散的网络信息。每一个读者在获取片面信息的同时,也在通过社交媒体的互动、自媒体的创作,不断生产新的碎片化信息。就这样,完整的信息被不同背景和知识结构的个人解读、加工、简化,成为新的信息源,并使得网络上的信息进一步个人化、片面化和碎片化。人们在面对网络上个人化和多元化的信息时,很难鉴别信息的真伪对错,并存在误导他人的风险。信息的制造和传播呈现出爆炸式的增长态势,公众舆论的威力日益强大且难以管控。

3. 社会形态

(1) 传媒新生态。

新技术的应用创新,不仅深刻地影响了微观个体的行为方式,而且不可避免地改变了宏观社会的运行逻辑。国内的微信、QQ、微博、抖音,国外的推特(Twitter)、脸书(Facebook)等社交媒体,颠覆了以电视和报纸为核心的传统传播方式,重塑了传媒生态,引发政治、社会、生活的运行方式发生重大变化。例如,美国前总统特朗普以"推特治国",利用新社交媒体与民众互动,重构了政治传播格局。

(2) 网络新社群。

进入网络时代,曾经被动接收信息的受众,可以主动加入具有共同价值取向的社群网络,创造出新的人类活动和社交空间。网络媒体通过运用大数据和人工智能技术,实现了基于个人选择偏好的自动推荐。这样就使得原来的多元完整信息,因为人工智能的"推送"和个人的"选择"而被隔离、屏蔽了。每个人越来越可能因为其政治倾向、价值观、兴趣爱好、民族身份、教育程度等区别,自觉或不自觉地处于相对封闭的信息闭环当中。现实世界的矛盾冲突和社会问题,容易在社群网络中得到相互强化、扩大化和极端化,使得社会陷入不同维度的信息和社会割裂。2020 年,美国明尼苏达州警察暴力执法导致黑人乔治·弗洛伊德

---

① 数据来源于中国互联网络信息中心(CNNIC)发布的第 51 次《中国互联网络发展状况统计报告》。

死亡,引起了震动全美国的"黑人的命也是命"(Black lives matter)抗议示威和暴力骚乱。网络媒体和数字传播技术,在孕育、促发、推动这一撕裂美国社会的群众运动中,起到了积极的作用。

(3) 多元新主体。

新技术革命改变了社会的权力运行机制和信息交流方式,催生了公共治理新的参与者与行为主体。一些掌握新技术的大型公司,如腾讯、阿里巴巴、百度、苹果、谷歌等,逐渐成为互联网时代的超级行为主体。另外,一些拥有巨量读者、拥趸、粉丝的网络"大V"、"公知"、网红,掌握了特定社群的公共话语权,具备超强的舆论影响力。他们的一些观点,有时会引发网上的激烈争论甚至国际关注,显示出流量明星和意见领袖的超强社会影响力。

(三) 技术的赋能

每一次技术革命,都会带来社会生产和组织形式的变革,并不可避免地促进公共管理方式及手段的相应转变。政府和公共管理部门可以利用各种新技术手段来参与公共治理活动,创新治理方式、提升治理效率和行政效能,为公共治理活动进行技术赋能。

1. 数字政府和电子政务

随着数字技术及"互联网+"相关应用的迭代更新升级,政府公共服务正在向"数字化"转型。数字政府是指"在现代计算机、网络通信等技术支撑下,政府机构日常办公、信息收集与发布、公共管理等事务在数字化、网络化的环境下进行的国家行政管理形式"[①]。这是政府通过新技术实现数据融通,打破自上而下的行政隔阂和部门壁垒,实现扁平化决策和多元化治理的数据化转型变革。近年来,我国各省、自治区、直辖市在建设数字化公共服务的创新上做出了很多尝试。"健康码"、电子证照、网上社保、无纸发票、刷脸验证、线上信访等数字行政创新,正在得到越来越广泛的应用。利用网络和大数据技术,数字政府打破各行政部门之间的数据壁垒,实现了行政流程的优化升级,创新了政务服务,推动了政府精简和行政改革。如浙江省推行的"最多跑一次"、成都市的"蓉易办"政务服务平台、上海市的"一网通办"、广东省推行"数字政府"改革、贵州省"云上贵州"及"五全政务服务"等创新应用,不仅缩短了群众办事时间,提高了政府行政效率,而且增强了人民群众的获得感和满意度,取得了良好的社会效果。

2019年,作为政府数字化转型的中国国家政务服务平台正式上线,46个国务院部门和32个省(区、市)和地区实现了数据联通,已初步建成全国一体化政务服务和数据共享交换平台。截至2022年底,国家电子政务外网实现地市、县级全覆盖,乡镇覆盖率达96.1%。全国一体化政务服务平台实名注册用户超过

---

① 根据百度百科"数字政府"词条整理。

10亿人,实现1万多项高频应用的标准化服务,大批高频政务服务事项实现"一网通办""跨省通办",有效解决市场主体和群众办事难、办事慢、办事繁等问题。全国人大代表工作信息化平台正式开通,数字政协、智慧法院、数字检察等广泛应用,为提升履职效能提供有力支撑。党的二十大报告起草过程中,中央有关部门专门开展了网络征求意见活动,收到854.2万多条留言。从2012年至2022年,我国电子政务发展指数国际排名从78位上升到43位,是上升最快的国家之一。①

2. 智慧城市平台

智慧城市是把新一代数字技术融合应用于城市管理的城市信息化高级形态,是一种关于城市管理的数字化解决方案或方法论。智慧城市平台利用5G、云计算、大数据、物联网、人工智能等新一代数字技术,融合人类自然智能与计算机人工智能,将城市管理网络化、数字化和智能化,是支撑社会、经济、政府转型的开放式智能管理平台。目前,我国处于高速城镇化发展进程中,截至2022年底,我国城镇化率达65.22%,预计2030年我国人口城镇化率将超过70%②,日益膨胀的城市和海量的人口使得城市管理日趋复杂,出现了很多传统公共管理难以有效解决的棘手问题。面对人口不断流动的超级大城市,数据记录、数字化沟通变得越来越重要,利用智慧城市平台治理"大城市病"已成为全球必然趋势。数字技术在海量信息处理和复杂巨系统管理方面的超强能力,可以帮助城市管理者解决高速的城镇化与城市发展质量之间的矛盾,助力现代城市可持续发展。智慧城市平台在诸如防灾减灾、疫情防控、违规执法、环保监测、权力监督等领域起到越来越大的作用,日益成为完善和提高城市治理水平的高效手段和必要辅助。③

当前,智慧城市已与绿色城市、人文城市并列成为我国推行新型城市化建设规划的三大范式。杭州市率先宣布打造新型智慧城市,继而北上广深、雄安、济南、成都、武汉等大中型城市纷纷提出各自的智慧城市建设方案。以杭州市的"城市大脑"交通治堵为例:一方面,鼓励市民通过网络地图、手机App和电台广播,主动分享交通拥堵情况。另一方面,通过遍布杭州市各街道路面的视频球机,实时监控交通状况。再通过"城市大脑"识别、感知各项交通指标,经人工智能和云计算分析交通信息,自动进行交通干预。"城市大脑"以机器替代了人眼视频监测、人工交通干预、警力巡逻处置,利用智慧城市平台实现了机器巡检、智能报警、信号控制、警力调度,切实改善了道路拥堵状况,展示了智慧城市技术辅

---

① 数据来源于《数字中国发展报告 2022 年》。
② 周海旺:《加速释放人口质量红利》,中工网(2023-05-30)[2024-03-06], https://www.workercn.cn/c/2023-05-30/7857542.shtml
③ 何哲:《面向未来的公共管理体系:基于智能网络时代的探析》,《中国行政管理》2017年第11期。

助城市治理起到的良好效果。①

3. 大数据治理创新

2015年,国务院印发《促进大数据发展行动纲要》,党的十八届五中全会提出加快建设数据强国的目标,大数据被确定为国家战略,迎来了空前的发展机遇。作为西部民族地区的贵州省利用丰富的水电资源和地理气候等优势,大力发展大数据产业,实现了超常高速发展。贵阳市大力发展以大数据为引领的创新型中心城市,全力打造数据中心集聚区,努力朝打造"中国数谷"的方向发展。仅以2017年为例,以大数据产业为核心的新动能对贵阳市经济发展做出的贡献率达到了33%。2022年,大数据对贵阳贵安经济增长贡献率已达44.5%,达到历年来新高,贵阳贵安大数据与实体经济融合度指数达55.16,当地成为西部地区唯一入选建设信息基础设施和推进产业数字化成效明显市(州),也成为全球集聚超大型数据中心最多的地区之一。② 2023年,贵安新区直管区地区生产总值同比增长24.1%,增速位居19个国家级新区之首。③ 贵阳市2009年到2019年十年间GDP增长率达347.55%,连续多年GDP增速排名全国省会城市第一。国家发展和改革委员会于2017在贵州省成立全国首个"大数据安全保障国家实验室",贵阳市被公安部列为全国唯一"大数据及网络安全示范试点城市",贵阳市交通管理局创建"数据铁笼"进行权力监督的实践和探索,贵州省利用大数据针对网络敏感信息进行监测及预警。④ 大批大数据创新应用取得了良好的社会治理效果,证明大数据技术的运用不但有助于政府社会监管能力的提升,还有利于对政府内部组织机构与行政人员的权力监管。2019年5月26日,习近平总书记在致中国贵州贵阳召开的中国国际大数据产业博览会的贺信中强调,"各国需要加强合作,深化交流,共同把握好数字化、网络化、智能化发展机遇,处理好大数据发展在法律、安全、政府治理等方面挑战。"⑤

4. 区块链技术发展

习近平总书记在中共中央政治局第十八次集体学习时强调,"要把区块链作为核心技术自主创新的重要突破口,加快推动区块链技术和产业创新发展;积极推动区块链技术在教育、就业、养老、社会救助等领域的应用,为人民群众提供更

---

① 高翔:《城市大脑赋能城市治理的进度与限度》,首都发展与战略研究院网站(2020-07-13)[2020-09-15],http://bjads.ruc.edu.cn/yjdt2/7d7648a151e24fc393673d8b23085e4a.htm

② 范天一:《贵阳贵安大数据对经济增长贡献率达44.5%》,贵阳网(2023-02-21)[2024-03-09],http://www.gywb.cn/system/2023/02/21/062245915.shtml

③ 《2024年贵阳市政府工作报告》,贵阳市人民政府网站(2024-02-29)[2024-03-09],https://guiyang.gov.cn/zwgk/zwgkxwdt/tt/202402/t20240229_83861981.html

④ 黄其松、邱龙云:《大数据作用于权力监督的案例研究——以贵阳市公安交通管理局"数据铁笼"为例》,《公共管理学报》2020年第3期。

⑤ 《习近平向2019中国国际大数据产业博览会的贺信》,新华网(2019-05-26)[2020-03-15],http://www.xinhuanet.com/2019-05/26/c_1124542854.htm

加智能、更加便捷、更加优质的公共服务"①。区块链应用发展受到中国政府的高度重视和支持,全国范围的区块链标准建构及相关应用场景生态正加速形成。据统计,2020年至2022年间,国家及各部委发布的区块链相关政策就有191项。② 全国有29个省区市将发展区块链技术纳入地方"十四五"规划。③ 截至2022年底,我国区块链领域共拥有专利授权量22457件,占全球的59.7%;在专利授权量全球排名前十顺位的专利权人中,中国企业已占据6席,其中蚂蚁集团专利授权量全球排名第一,且布局最为广泛。④

区块链技术具有去中心化和公开性的特点,它在互信体系的建设、效率协同的提升、运营成本的降低、业务流程的优化、信息共享的扩大等方面有着巨大的应用前景,并正在数字货币、公共福利、医疗保健和供应链等领域发挥着越来越积极的作用。目前,地方政府关于区块链应用场景布局和探索的重点方向多数集中在利用区块链推动数字经济和实体经济融合、改进公共服务治理、保障和改善民生、革新金融科技服务等方向上。以民族省区为例,2021年3月,《云南省人民政府办公厅关于印发云南省支持区块链产业发展若干措施的通知》中提出,"企业年度区块链营业收入(不含政府奖补)首次突破500万元、2000万元、5000万元的,经审核,分别给予6%、8%、10%的奖励",以此加大招商引资力度。同年,云南省还发布《区块链跨境贸易服务应用指南》,旨在进一步引导云南跨境贸易规范、健康、有序发展,打造中国跨境贸易高质量品牌。此外,区块链技术在社会治理领域的应用也十分广泛:它可以减少信息不对称,提高政府透明度,避免形式主义和官僚主义,增强公权机关与普通公民之间的信任;在行政过程中应用智能合约、进行交叉验证和监督评议,减少繁文缛节和造假现象,并让行政流程和权力运行暴露于阳光下。

(四)治理的现代化

随着数字革命的不断深入发展,新技术手段既可以赋能公共行政体系,也可以重组政府机构、调整行政程序、提升政府组织的行政效率、改善行政过程,为推动国家治理体系和治理能力现代化提供支撑。

---

① 《习近平在中央政治局第十八次集体学习时强调 把区块链作为核心技术自主创新重要突破口 加快推动区块链技术和产业创新发展》,新华网(2019-10-25)[2020-04-12],http://www.xinhuanet.com/2019-10/25/c_1125153665.htm

② 《2022—2023中国区块链年度发展报告》,腾讯网(2023-06-27)[2024-03-09],https://view.inews.qq.com/k/20230627A04ED900?no-redirect=1&web_channel=wap&openApp=false

③ 《〈中国区块链创新应用发展报告(2023)〉在渝发布 区块链技术在实体经济、政务服务、公共服务等多领域加速落地,创新应用生态逐步完善》,重庆市人民政府网(2024-01-31)[2024-03-09],http://www.cq.gov.cn/ywdt/jrcq/202401/t20240131_12883625.html

④ 《国家知识产权局发布全球区块链授权专利报告 中国企业龙头优势明显》,央广网(2023-04-26)[2024-03-09],https://tech.cnr.cn/techph/20230426/t20230426_526231959.shtml

1. 技术驱动的政府转型

技术治理作为 21 世纪以来推动政府转型与经济发展的重要抓手之一,以信息化、数字化为依托,推动公共管理环境重塑,治理结构优化,治理主体完善,已成为全球公共管理的首选之策。数字政府建设让人们时刻能够分享到政府提供的信息和服务,同时,技术治理在释放政府大数据的实际价值、激励公共管理主体的创新、提高公共服务的质量等诸多方面带来了积极变化。进入 21 世纪以来,技术治理正在渗透到政治、经济、社会和文化的各方面,已成为当今常态社会治理与非常态社会情境下公共管理转型的必然趋势,为日益复杂的公共事务和悬而未决的公共管理重大难题贡献出新的解决方案。

以大数据、人工智能与区块链为标志的新技术治理,已成为驱动国家治理体系与治理能力现代化的重要动力。随着新技术应用的深入发展,公共事务的治理能力已发生了根本性变化,以"技术治理"为基础的现代化治理框架正在逐步形成。21 世纪以来,技术治理逐渐成为政府治理能力现代化的驱动器,转型时期的政府和社会涌现出了大量的新问题和新情况,传统公共管理的模式已经难以适应当今社会的各种挑战,迫切需要在治理模式与方法层面作出变革,而技术治理则为国家治理现代化提供了前进方向。技术治理借助大数据、人工智能、5G 移动互联网以及区块链实现了数据治理的可达性目标。以数据作为出发点、用数据说话、依数据管理和决策的模式已成为国家治理现代化的基本内容之一,这也是新技术革命突破传统公共管理固有机制束缚而适应新时代社会发展需要的具体体现。

2. 流程再造与多元共治

在传统的社会管理架构下,信息和权力自上而下逐级传递和管理,并垂直设立不同的专业管理单元,对不同的领域实施专业化管理。每一级的管理主体都只从事本层级的管理活动,高层级的政府只能依据宏观的信息,作出相对模糊的一般原则性决策,并将更为具体的管理权限交给下级管理机构,根据微观的多样情境进行精确决策。而数字技术时代,人类通过数据对现实世界进行重构,距离与时空导致的信息鸿沟逐步消失。上级和外域管理者,对远方一线信息的获得和临场指挥能力大大加强,使得跨层级、跨区域的联合管理成为可能,管理体系整体趋向外部扁平化、内部突破科层、促进融合的治理新体系。数字技术赋能的社会管理系统,摆脱了对逐级管理体系架构的依赖,这将使得管理层级大大减少。这在我国大力推进行政体制改革的背景下,有助于精减人员、撤并机关、优化结构,解决长期存在的机构臃肿顽疾。同时,以数字技术为支撑,简化或重塑行政流程,整合各部门、各层级的信息和职能,从而系统地提高政府整体行政效率。

新技术革命带来的影响,从时间与空间方面来讲都是空前的,符合人类社会发展的需要。过去,社会治理和公共服务受限于人类的数据与信息采集能力,管理机构只能通过文字、书信、语音等手段掌握政情民情,通过外派机构或基层官员进行督察管理并提供服务。传统的管理系统是典型的等级科层管理结构,横向存在明显阶层划分,纵向存在专业分工和人群分类。由于受到落后的信息传递能力、数据处理能力和综合决策能力的局限,传统社会活动和相应的公共管理中,存在明显的宏观和微观相分离的状态。新技术的发展使得海量数据的感知、采集、传播、记录、运用发生了根本性变化,使得政府内部不同的管理主体进行远距离、多方位、全时空、扁平化的管理决策成为可能。同时,网络赋权使得政府外部的社会、企业和个人拥有了更多的话语权和参与权,传统公共管理仅限于政府内部行政"一对多"的治理模式,逐步转变为包括政府、企业、社会组织、公众个体在内的"多对多"的协同共治模式。平台化的多中心治理架构正在逐步取代分散化的科层式治理架构,公共服务和治理资源能够在数字平台上实现共享,自下而上的分散多元数据决策,逐步补充和协同甚至取代自上而下的单向经验决策,从而为促进多元主体参与公共治理提供了条件。多中心的平台化供给模式可以通过市场和其他社会主体的合力,引入竞争因素,提高公共管理与服务的供给质量和效率。

3. 权力监督与服务优化

传统管理体系的主体单元是自然人,受限于智力、体力、精力,每个公共管理单元的管理幅度、管理效率和信息收集处理能力有限,并且容易受到意识形态、个人利益、社会关系、阅历经验、社会舆论、知识情感等内外因素的影响,从而导致非理性判断,并影响到管理决策和执法公正。信息技术时代,人工智能和大数据越来越多地参与到公共管理过程当中,机器强大的信息收集、处理、分析能力,能够高效率、无偏差、全时段、无倦怠地施行纯理性的执法管理。此外,区块链和大数据的可追溯性和不易更改性,可以改进权力监督的方式方法;利用大数据技术建立个人诚信档案和业务制约模块,构建权力责任清单;通过大数据对权力使用进行监管和预警,建立责任追究平台与机制,推ική权力监管和运行的规范化和数据化。"数字+监管"已经日益成为加强公共权力监督的重要手段。在新技术时代,如何有效实施促进政府职能转变和权力监督机制的改革,如何推进政府监督方式、监督过程、监督结构,技术监督升级如何制度化、法治化和标准化,将成为公共管理者需要思考的重要课题。

新技术除了数字化和信息化特征之外,信息技术的公共服务应用是其另一大特征,大数据、区块链、云计算以及5G技术服务应用呈现出海量、即时与智能的特征。新技术可以帮助政府以科学的方法和机制来服务社会,从而提升政府治理专业水准和现代化公共服务水平;统一且免费的数字服务可以使落后地区和困难群体获得与发达地区均等的公共服务;引进多元公共服务主体,导入竞争机制,针对日益多元且个性化的公共诉求提供精准、迅速、暖心的回馈和服务。公共服务数字化的最大成效在于实现了数据共享的跨空间性,推动了沿海发达地区与西部内陆地区的数据知识共享;数字化公共服务的应用加速了民族地区公共管理体系与治理能力现代化的进程,一方面,提升了经济发展相对落后地区的自我内生动力,另一方面,数字化公共服务的范式有助于跳出不同地域传统公共服务的既有窠臼,实现公共服务优化的公平性和可持续性目标。

(五)民族自治地方的机遇

中国少数民族地区由于地理环境复杂、基础设施匮乏、公共服务落后等客观问题的存在,在国家历次发展进程中受到各种不利因素的掣肘,制约了民族自治地方的经济和社会发展。新技术革命带来的各项数字智能技术的创新和赋能,将为民族地区的发展提供新的历史机遇,"智能+"将成为民族自治地方实现超常规跨越式发展的有力支撑。

1."智能+经济"

制约民族自治地方经济发展的关键性因素之一是民族自治地方乡村位置偏远,信息闭塞,而利用数字技术可以突破时空的限制,通过建设农业电商公共服务体系,利用互联网实现信息共享和数据联通,搭建民族自治地方乡村和全国大市场的信息桥梁,实现资源与市场的有效对接。同时,微信、抖音、微博等自媒体平台,为民族自治地方丰富的旅游资源和优美的自然环境提供了全方位的展示空间,为民族自治地方乡村旅游创业者和投资者开辟了高效便捷的宣传路径。在地广人稀的牧区和海水养殖中,5G、无人机、人工智能等新技术应用,可以实现海洋和牧场的智能化监控和远程管理,有效降低成本,提高牧业和农业效益,为民族自治地方农业现代化注入新的动力。例如,海南陵水黎族自治县新村镇,上线"5G+海洋牧场"的网箱生物环境在线监测系统,通过手机App实时接收深海养殖场的渔业参数数据,为传统海洋经济产业赋予了新的发展动能。内蒙古白云鄂博矿区,2019年发布了全球首个无人驾驶重型矿车应用,建设基于5G网络覆盖下的智慧矿区,实现无人驾驶的自动采矿,实现了传统矿业模式的升级换代。①

2."智能+扶贫"

2021年2月25日,习近平主席在北京人民大会堂庄严宣告:我国脱贫攻坚战取得了全面胜利,完成了在全中国范围内消除现行标准下绝对贫困的历史性任务。回顾成绩,数字技术在助力民族自治地方群众脱贫致富,实现高质量发展方面涌现出很多值得借鉴推广的案例。北京邮电大学定点扶贫的贵州省黔南布

---

① 刘雅、张昀竹:《5G时代 万物生长 看第五代移动通信技术将如何赋能民族地区》,《中国民族》2020年第1期。

依族苗族自治州长顺县,由于地处自然环境恶劣的滇桂黔石漠化片区,信息化建设缓慢,影响了脱贫进程。北京邮电大学利用人才优势,针对性建设"长顺农产品产销对接系统"和"长顺脱贫攻坚可视化数据库",为全县82个乡村搭建产销对接平台,全县年均获得农产品订单3000万元,获益农户达8万户。四川凉山彝族自治州布拖县,高山生态物产资源丰富,但是由于地处半农半牧的高寒山区,受交通和气候等不利因素影响,经济发展长期落后。利用先进的5G传感器技术赋能传统农业,实时监测农业生产,提高了作业效率,并结合大数据和区块链技术,使布拖县的农产品走进了千家万户。① 在全球贫困治理过程中,技术赋能已成为国际社会打赢脱贫攻坚战的重要方略,对我国民族自治地方政府治理模式的转型与升级贡献了新思路。早在2021年,我国行政村通光纤和4G网络比例就已超过99%。② 现有行政村已全面实现"村村通宽带"③,全国中小学(含教学点)联网率达100%④,这些都为数字产业的深入发展奠定了坚实而牢固的基础。

3. "智能+教育"

新技术在国民教育领域的创新运用,已经成为当前社会的一个研究热点。我国东部与西部、城市与乡村存在巨大的鸿沟,教育发展水平非常不平衡,"互联网+"、大数据、云数据等创新应用的普及,可以在一定程度上弥合区域和城乡之间的教育质量差异。2020年至2022年,教育部民族教育发展中心启动实施了"民族地区智能教育试验区试验校建设项目",利用5G、人工智能、大数据等信息技术共同搭建应用平台、实施"三个课堂"、开展远程教研、构建智能课堂、共享数字资源,探索构建民族地区教育数字化发展新生态。⑤ 2023年9月,新闻报道了西宁市北大街小学与青海省果洛藏族自治州玛沁县第三民族小学之间的一堂5G远程课堂,玛沁县第三民族小学在校生现有997人,少数民族学生占学生总数的97%,学校平均海拔4100米以上,教育师资力量较薄弱。远程教学系统让当地学生享受到了西宁与上海的优质课程资源,促进了区域、城乡间教育资源的共享。这两个案例生动展现了新技术在改变偏远地区教育资源匮乏问题中起到

---

① 刘雅、张昀竹:《5G时代 万物生长 看第五代移动通信技术将如何赋能民族地区》,《中国民族》2020年第1期。

② 《我国行政村通光纤和4G比例均超99% 今年底未通宽带行政村将动态清零》,中国政府网(2021-05-18)[2024-03-09],https://www.gov.cn/xinwen/2021/05/18/content_5607586.htm

③ 《工信部:我国已实现县县通5G、村村通宽带》,新京报(2024-03-08)[2024-03-09],https://www.bjnews.com.cn/detail/1709867918129397.html

④ 《全国中小学(含教学点)互联网接入率达100%》,中华人民共和国教育部网站(2023-02-10)[2024-03-09],http://www.moe.gov.cn/jyb_xwfb/xw_zt/moe_357/2023/2023_zt01/mtbd/202302/t20230213_1044238.html

⑤ 线亚威:《构建民族地区教育数字化发展新生态》,中国教育新闻网(2023-04-18)[2024-03-11],http://www.jyb.cn/rmtzcg/xwy/wzxw/202304/t20230418_2111029413.html

的积极作用,让我们看到了"智能+教育"在民族自治地方的广泛应用前景。[①]

4."智能+医疗"

借助 5G 互联网、VR 虚拟现实、人工智能远程控制平台等新数字技术构建的远程医疗服务,可以让发达地区和城市的优质医疗资源,逐步惠及民族自治地方及偏远乡村。2023 年 3 月,甘肃省中心医院的 5G 智慧医疗急救车正式投入使用,将 5G 技术深度融入医疗急救过程,整合了 5G 远程视频互动、远程急救指挥平台等应用,实现了"上车即救治、上车即入院",使偏远地区的少数民族同胞得到更及时高效的医疗急救服务。[②] 2023 年 7 月,青海省果洛藏族自治州玛沁县人民医院与同济大学附属上海市第四人民医院正式完成两地之间"远程医疗协作网"的搭建,并开展了跨越 2700 公里高质量的远程多学科会诊,最终确定了后续救治方案。此举为广大果洛藏族自治州玛沁县百姓提供多样化、多层次的医疗卫生服务的同时,也让高原地区藏族民众在"家门口"都能享受上海高质量的医疗服务。[③] 2024 年 2 月 28 日上午,患者老余在家乡怒江州傈僳族贡山县人民医院内,接受了上海健康医学院附属周浦医院超声诊断科主任的远程医疗服务。[④] 在可以预见的未来,随着"智慧医疗"的逐步发展和广泛应用,将在一定程度上缓解公共医疗服务匮乏的牧区少数民族群众的"看病难"问题。

5."智能+政务"

在我国民族自治地方,由于地域辽阔,人烟稀少,使得社会管理与公共服务面临诸多困难,而平台化、远距离、多中心的治理架构,为增强民族自治地方乡村公共服务能力提供了新的渠道。例如,广东省优先把"数字政府"的改革建设成果,应用到连山壮族瑶族自治县及连南瑶族自治县等少数民族山区,推动政务信息化建设:陆续在省内移动民生服务平台"粤省事"和广东政务服务网上开通了"少数民族特色服务专区"和"少数民族旅游服务专区";将网络光纤和政务服务一体机部署到偏远民族地区村镇基层服务中心。广东省通过在民族地区推进信息化,在公共服务和政务管理等领域的创新融合,着力解决民族地区教育、医疗、就业等民生问题,是利用数字化手段推进基本公共服务均等化,缩小民族地区与省内发达地区间的数字差距的积极而有效的尝试。[⑤]

[①] 刘洋:《央企援青团队:5G 远程课堂为偏远地区孩子开启智慧教育》,中国新闻网(2023-09-07)[2024-03-11],https://www.chinanews.com.cn/sh/2023/09-07/10073696.shtml

[②] 孙啸、周正刚、薛长明:《甘肃移动 5G 智慧医疗急救车打造"生命之舟"》,中国工信新闻网(2023-05-04)[2024-03-11],https://www.cnii.com.cn/rmydb/202305/t20230504_467103.html

[③] 刘阳禾:《沪青医院搭建"远程医疗协作网"为藏族民众带去优质医疗》,中国新闻网(2023-07-04)[2024-03-11],https://www.chinanews.com.cn/sh/2023/07-04/10036755.shtml

[④] 《5G+远程超声机器人贡山"首秀"》,上海市人民政府合作交流办公室(2024-03-05)[2024-03-11],https://hzjl.sh.gov.cn/n1311/20240305/cb6bfe6f26c64001ae4e77504f70977f.html

[⑤] 杨晶晶:《数字治理:广东民族地区高质量发展新途径》,《中国民族报》2020 年 1 月 14 日。

6. "智能+环保"

民族自治地方的生态环境脆弱,急需加大保护力度,但是民族自治地方地广人稀,环保检测和执法的难度很大。随着数字化应用的深入发展,运用环境大数据、人工智能、物联网等新技术手段,可以实现环境监控管理的远程化、智能化、精细化、网格化和自动化。通过遥感、在线监控、大数据分析、人工智能等手段为环境执法安上"千里眼"和"指挥棒",帮助民族自治地方解决环境污染检测和执法力量不足的"跑断腿"难题。利用多源卫星遥感技术,对大气、水、土壤等生态实施远距离、全时段、无死角的实时监测;整合多源气象、大气污染、辐射传输检测数据,实现高空立体化的大气状态检测及生态风险预警;融合工业、农业、牧业、林业、居民、交通、开采等人类活动监测,实现跨行业数据交叉分析与验证;基于无人机、摄像头、激光雷达、小型传感器等物联网设备,结合5G互联网、人工智能和云质控技术,实现热点和脆弱地区的自动、精准、网格化监控和行政执法。新技术应用在环境保护领域的不断创新,可以更好地为民族自治地方的绿色发展保驾护航。

7. "智能+减灾"

我国是世界上最大的发展中国家,幅员辽阔、自然地理环境复杂,也是世界上自然灾害最为严重的国家之一。尤其是在经济社会发展较为落后的民族自治地方,气象、地质、天文、生物、疫情等自然灾害的发生,严重危害到了各民族同胞的生命财产安全。民族自治地方族群、宗教、历史和文化等因素错综复杂,使得境内外问题相互渗透,传统和非传统安全威胁交织。如果应急减灾处理不当,可能会形成多米诺骨牌效应,进而影响到政治和社会的稳定,甚至威胁到民族团结和国家安全。利用大数据和人工智能技术,建立天、地、人结合的三维立体防控体系;利用气象建模和卫星遥感大数据技术,实时监控气象变化和水文信息,提高灾害的预测和预警能力;利用5G传输和城市大脑技术,大幅提高突发灾害应急响应和处理速度。受灾地民族自治地方政府可以利用数字技术和移动互联网终端,整合并统筹各地区、各部门、非政府组织协调行动,汇总受灾信息、评估灾害等级、统一发布灾情信息、协调和指挥救灾活动、指导灾后恢复和重建工作,将灾害造成的损失降到最低,避免次生灾害的发生。

(六)问题和挑战

在新技术全方位、深层次、多角度的剧烈影响下,整个社会的外部环境和内部体系都发生着深刻的变化。各类新技术和创新应用的发展,在给公共管理赋能、助力国家治理能力现代化和民族地区发展的同时,也给公共管理带来了一些新的问题和挑战。

1. 公民赋权和民意回应

新技术在向政府赋能的同时也在向公民赋权,各级政府和公共管理者面临着如何更好地实现科学管理与回应民众意见挑战的问题。各种数字技术的应用和自媒体平台的普及,为普通民众表达和交流提供了平台,这同时也提升了公民权利意识,增加了民主表达渠道,政府及时回应民众诉求的压力也日益增大。网络社群时代,各种观点和意见在拥有相同利益的群体中迅速传播扩散,个体很容易受到一些不科学、碎片化、非理性的舆论影响,将个别矛盾扩大化和极端化,从而形成公众舆论,造成社会风险。①

新技术公司和网红"大V"等新生的社会力量,或掌握先进技术和海量数据,或拥有巨大流量和个人影响,一方面能够弥补政府在专业领域方面的滞后和不足,补齐治理能力的短板,提供舆论引导空间或技术解决方案;另一方面也可能形成某种"舆论飞地"或"技术霸权",并形成新的治理主体和"监管真空",从而要求逐步健全和完善相关领域的监管政策和立法。多元的新力量成为社会共治的行为主体已成为必然,而如何使信息技术和公共安全动态互补、公民自由与社会稳定有机平衡、个人权力和政府监管的边界厘清,将成为国家治理能力现代化的关注焦点。

在国家治理能力现代化的过程中,我们一方面需要强调使用科学方法和技术手段来改造社会,由掌握现代科学知识的技术专家参与政府改革和社会治理;另一方面要求利用新技术手段,创新公众参与渠道、拓展参与途径、促进多元共治。互联网听证会、线上调研和投票、网络投诉及反馈等新参与方式,可以帮助公共政策更好地回应民众的关注、倾听市民的意见。此外,由于技术治理是由官僚机构通过执行标准化的规范,或通过人工智能来主导实施的,这就减少了公务员在执行任务时必须面对的复杂性,但是也要警惕行政人员变成机械的技术执行人,忽略服务对象的体验和回应,缺乏人性的关怀与行政的温暖。

2. 网络舆情的治理

数字时代,社会舆情治理面临虚假民意误导、谣言传播加速、群体认知窄化的挑战和冲击。首先,每个人都可以匿名在网络平台上发布信息,由于人数众多,利益关系复杂,价值观和个体素质差异很大,某些涉及公共利益的问题、一些针对政府和政策的误解与偏见,甚至故意造谣和煽动的言论,都有可能在网络上得到广泛而迅速的传播。其次,网络社交媒体具有独特的即时反馈功能,当一则信息的传播得到较多人响应时,会引发更多的人响应,带来不可预估的社会舆情影响。如今,越来越多的民众借助网络表达社会、经济、政治等个人或群体诉求,如果受到误导或情绪失控,容易导致社会群体事件的发生,并可能因为其"无组织、无领导、无规则"的自发性、膨胀性和不可控性,对社会秩序造成巨大的冲击

---

① 江小涓:《大数据时代的政府管理与服务:提升能力及应对挑战》,《中国行政管理》2018年第9期。

且难以解决。例如,始于 2018 年 11 月 17 日、由抗议政府加征燃油税而引发的法国巴黎"黄背心运动",就是一场通过网络自发组织的、没有"固定诉求和领导者"的社会政治运动,引发了法国巴黎 50 年来最大的骚乱。这一事件给法国政府带来了"不知找谁协商"的难题,并引发了持续近一年的社会动荡,重创法国经济。

面对日益复杂多变的网络舆情发展的风险与挑战,人工智能、大数据、物联网、云计算等新技术和应用,可以为社会舆情治理提供新的思路和方向,有效提升社会舆情应对的科学性。基于大数据算法的人工智能技术已应用于社会舆情预警与监测:使用分布式爬虫技术,全方位实时采集和抓取网络媒介上的敏感词汇;通过机器视觉和图片、语义识别技术,对收集到的数据信息进行筛选和标记;利用新技术手段和设备,发现舆情热点、捕捉预警信号、跟踪舆情动态、预测舆情发展、研判风险概率,能够有效提高相关政府部门防控舆情危机和舆情治理的效率及能力。[①]

3. 网络安全和法规完善

首先,随着数字技术应用的不断深入,网络经济蓬勃发展,不法分子借助网络技术窃取企业和个人信息进行诈骗,混入网络虚拟社会中牟利者屡见不鲜。同时,"数据"已经超越了单纯虚拟字节的意义,而具备了生产要素和财产的价值内涵,利用大数据可以分析、预测某个行业甚至整个国家的经济运行状况。用户信息安全、个人隐私保护和国家经济数据泄露等安全问题,在数字化时代显得愈发突出,影响到个人和国家的经济和安全利益。根据 2023 年 8 月发布的第 52 次《中国互联网络发展状况统计报告》,在过去半年的上网过程中,遭遇过网络安全问题的网民比例达到 37.6%。另据国家互联网应急中心发布的《CNCERT 互联网安全威胁报告》,2022 年 7 月,境内被篡改网络数量为 3713 个,其中被篡改政府网络数量为 22 个,境内被植入后门的网络数量为 1960 个,其中政府网络有 17 个,针对境内网络的仿冒页面数量为 7740 个。[②] 我国互联网用户规模已超 9 亿,一次次的数据泄露,引发舆论担忧,也让人们更加意识到个人隐私保护和数据安全的重要性,认识到作为互联网治理体系组成部分的数据安全法律制度完善的紧迫性。

其次,网络的虚拟性模糊了公共领域与私人权益的边界,使得公私边界融合交错、难以区分。公共治理的需求远远超过了传统边界,当前新技术在法律和伦理道德层面的相关政策不够健全,公共管理者需要在社会治理实践中重构和明晰公共管理的边界。网络技术带来的舆论安全难题、基因编辑技术带

[①] 荣婷、李晶菡:《人工智能时代社会舆情治理的转变与优化路径研究》,《中国行政管理》2020 年第 12 期。

[②] 数据来源于第 139 期《CNCERT 互联网安全威胁报告》。

来的伦理风险、大数据技术带来的隐私问题、跨境数据流动带来的国家信息安全泄露、算法漏洞导致的安全隐患和算法歧视问题、个人信息的过度采集及非法买卖问题等,都是新技术应用中亟待解决的安全挑战,需要政府层面的监管和相关法律制度的完善。已有宏观原则性法律和规制框架,需要更具操作性的具体法规和制度建设的支撑,从而有效地构建数据治理体系和完善治理手段。

最后,由于网络是一个开放的空间,没有物理的国界、海关和边防,容易被国外政治机构和极端组织攻击和利用,成为攻击政府、挑起民族矛盾、制造宗教事端的突破口,对国家公共安全造成威胁。随着国际保险业务、跨境医疗服务和国际经济合作的不断增加,跨境数据流动也日趋频繁,隐藏着个人数字权益和国家信息安全遭侵害的风险。个人隐私的认证标准、跨境数据流动的风险预警、数据国际合作交流的治理、新技术的伦理规范和数据滥用等问题,都成为公共管理新的课题。如何通过制度保障和政策设计,一方面促进技术创新为人类谋福祉,另一方面有效预防和管控新技术带来的社会风险,避免其给人类和国家带来危害,是数字时代对公共管理提出的重要挑战。

4. 认知升级和政府转型

当今社会正处于一个价值偏好、思维方式与价值观念存有众多差异的现代化环境,思想多元和异质文明的存在,对现代社会公共管理的价值认知态度构成了新的挑战。以大数据、"互联网＋"、云计算、人工智能等为标志的技术治理形式是一种新生事物,全球公共管理主体以及社会公众对其认识尚不全面,仅停留在认知层面,对于其具体的实践应用价值往往不甚了解。从中国的实践应用层面看,在高质量发展的时代背景下,随着民族自治地方新型基础设施建设的不断完善,"互联网＋"技术逐渐得到了推广与应用,但民族自治地方对于新技术领域的前期投资和成果转化仍然不足,各项功能依然处在初级探索阶段,各族群众对新技术价值的认知和接受度也相对较低。其主要原因在于,传统的治理模式给该群体带来的安全感和获得感相对更加稳定。与此同时,新技术治理的优化与发展,需要公共管理主体的协同与分工,部分地方政府在推进新技术治理的过程中依然存在认知盲区:一是部分地方政府并未制定与新技术相匹配的机制或政策,以及相应的资金投入策略;二是政府工作人员受阅历、能力、知识等方面的限制,对新事物的认知存在滞后现象,诸多基层单位在新技术领域显得束手无策,对于新事物的学习培训与操作能力较为缺乏;三是地方政府在面对海量数据时,缺乏专业性人才,难以从数据中分析问题和解决问题,思想和行为过于保守。

同时,新技术革命对公共管理视角下的现代政府会形成较大的转型挑战。首先,新技术的出现,加剧了政府处理复杂公共事务和问题的难度,也对政府的公共管理能力提出了挑战。大数据、"互联网＋"、云计算、人工智能与区块链等技术的到来,催生了社会治理领域诸多新事物,就公共管理的主体而言,意味着新技术的出现分散了原有主体的注意力,治理职能与责任的分配方式将会重新组合。其次,新技术工具对政府及其工作人员在技术操作层面提出了更高的要求。在大数据处理分析、数据整合、信息研判等方面,新技术应用与传统治理有显著的差异。新技术本身的去中心化模式,需要不同主体共同维护数据和信息,而传统公共管理则是以政府为核心进行数据和信息的维护,因此,在本质上也存在差异性。再次,新技术的应用还涉及很多现实的冲突和问题,例如,将区块链、人工智能与大数据有效地嵌入社会治理的具体过程,其要优先解决的问题就是对政府层级结构的进一步优化或改革,同时,新技术与传统技术之间的衔接与磨合也是一个现实问题。新技术的出现及应用使得社会治理主体不再"单一化",网络社会治理中多元主体协同是新技术革命带来的最大变化,诸主体的地位趋向于平等化,而这些变化则超越了传统社会治理中政府主导的局面,一定程度上削弱了政府在公共管理中的权威性。此外,科层制管理体系造成条块分割的政府部门结构,使得各部门间的信息来源彼此独立、相互排斥,信息处理和运用不能形成互动、共享及协同,从而造成信息堵塞、信息壁垒和信息困境,各级政府容易出现重复建设和各自为政的现象。数据共享率低将导致不同层级序列部门陷入"信息孤岛"甚至"信息黑洞"。因此,各政府部门之间,需要打破垄断性占有、不完全分享、碎片化使用的割裂"数据条"的束缚,转为利用平台化、关联化、集聚化和共享化的跨部门"数据块",从而实现整体智治。

5. 数字的鸿沟与歧视

新技术对于各地区、各阶层、各群体的影响可能并非均质的,存在着产生"数字贫困""数字劣势"和"信息孤岛"等问题,甚至可能带来新的不平等和"数字歧视",这需要引起各级政府和公共管理者的高度重视,以避免数字技术造成的差距进一步扩大。

中国地域广阔,发展极不平衡,东西部地区地理位置、资源禀赋、基础设施、经济基础、产业结构等方面差距明显。特别是少数民族地区的乡村,地广人稀,交通不便,信息封闭,公共服务存在项目化、非均等化和碎片化等突出问题。在新技术高速发展的时代,由于基础建设条件的巨大差异,加上民族地区在经济实力、技术能力、人才储备、理念技能等方面较为落后,数字化公共服务远远滞后于发达地区,这可能会进一步加大地区间的发展不平衡,造成农村和少数民族地区的"数字贫困"。

2023年8月发布的第52次《中国互联网络发展状况统计报告》显示:截至2023年6月,我国农村网民达到3.01亿人,占网民整体的27.9%,农村地区互联网普及率为60.5%;城镇网民规模达7.77亿人,占网民整体的72.1%,城镇互联网普及率为85.1%。我国仍有近四分之一的庞大群体——约3.33亿非网民,依然无法享受数字化生活和互联网公共服务带来的便利。其中农村地区非网民占比59.0%。非网民群体中,缺乏网络技能的占比56.1%,因文化程度限制的占比28.4%,因年龄原因无法上网的占比15.1%,因没有电脑等上网设备的占比19.0%。在分地区域名数量排名中,大多少数民族省区与发达省区差距明显:西藏、青海、宁夏、新疆、内蒙古、甘肃排名倒数前六位,云南、广西处于中下游水平。① 报告数据显示,我国城镇和乡村之间、不同年龄阶段和经济状况的人群之间、东部发达地区和西部欠发达地区之间,存在着巨大的"数字鸿沟"。

此外,"老人支付现金被拒""困难群体被互联网抛弃"等新闻屡见媒体,显示出年长者和农村居民等对新事物适应能力较弱的群体,正在成为技术飞速发展下的"被遗忘者"和"受歧视者",这会加剧民族地区、困难群体、农村居民的疏离感和不公平感,容易诱发社会冲突与矛盾,导致新的社会问题。

(七) 未来的路径展望

随着新技术的日趋成熟及其在经济社会各领域的应用,技术治理驱动公共管理创新,已成为学术理论与政府实践领域关注的重点议题。新技术在当前我国公共管理中的优势已经显现,有望成为优化政府组织结构、推进治理体系与治理能力现代化,以及平衡公共管理多元社会主体地位的"助推器"。当前,新技术驱动公共管理创新尚处于探索阶段,结合新技术对公共管理带来的挑战和机遇来看,有必要从价值认知、顶层设计与技术创新能力等维度进行深层次展望。

1. 重塑新技术在公共管理领域的价值认知

新技术的发展及应用,推动了人们对公共管理价值认知的重塑。技术治理对当前和未来社会公共管理的创新至关重要,而公共管理作为国家和社会治理的关键环节,其根本目标是让社会秩序更加和谐,制度更加有效。因此,新技术决不应该停留在一种学术理论研究的层面,还要重塑其在公共管理领域的价值认知。大数据、云计算、区块链以及人工智能等新技术,有必要从技术渊源、技术理论、工具应用及实践范围等方面提升公众的价值认知。同时,要因地制宜地提高公众参与的水平,降低公众参与的门槛和条件,让公众对新技术树立正确的价值认知。重塑新技术的价值认知还需要聚焦如下的认知:在公共管理创新过程中,要多层次讲求新技术的价值性、公平性和安全性,反思新技术对社会公共管理的价值,致力于追求效率的同时兼顾社会公平目标。

2. 完善新技术在公共管理过程中的顶层设计

新技术在公共管理过程中的应用,是当前和未来社会治理的必然趋势,将新技术较好地应用于社会治理与公共管理的全过程,则需要与之相匹配的制度和

---

① 根据第52次《中国互联网发展状况统计报告》相关数据整理。

文化,以完善新技术在公共管理中的顶层设计。一是要学习和借鉴其他国家和地区的先进经验和做法,探索并建立符合我国国情的新技术与公共管理相融合的制度文化,对新技术驱动公共管理的常态化和非常态化场景进行全面分析判断,从多角度厘清新技术对于公共管理的现实效应。二是设计新技术驱动公共管理模式创新的总体方案、实践范式与具体规划,将大数据、区块链、"互联网+"、人工智能等置于公共管理中的突出位置,加快经济社会发展、民生发展与教育文化发展过程中新技术的适应能力。三是政府相关部门要建立新技术协调发展的机制与平台,结合我国公共管理的具体实践,及时出台并发布新技术驱动公共管理创新的相关政策文本,优先支持新技术在应急管理、数字政府、公共服务供给、农村社会保障、行政区划、跨区域生态治理、流动人口治理以及城市社区治理等领域的开发应用,推动新技术与公共管理的高度融合,以探寻公共管理创新的解决办法和转型升级路径。四是政府机构要进一步强化自身改革,明确自身定位,要逐步扮演"服务者"角色,推动多元社会主体的参与,打破典型的中心化治理结构;引导新技术在社会治理中进行新实践和新探索,建立新技术与公共管理的"共识机制",以重塑和开拓公共管理的边界。

3. 依托新技术提升公共管理的创新能力

技术革命对新时代公共管理的价值不言而喻,然而新技术在社会融入的过程中还存在诸多问题或自身漏洞,因此提升新技术对公共管理的创新能力至关重要。新技术的应用领域受公共管理对象的变迁等因素影响,对于新技术带来的潜在风险及其发展瓶颈,要从技术标准、平台建设与人才配套等方面加强自我创新能力。2023年,《数字中国建设整体布局规划》提出以数字化驱动生产生活和治理方式变革,为以中国式现代化全面推进中华民族伟大复兴注入强大动力。新技术革命推动了全球公共管理的模式创新与思维转型,随着全球新冠疫情形势的蔓延以及各类自然灾害的频繁发生,新技术在社会治理中的地位更加凸显。因此,只有加快提升新技术的创新能力,补齐短板和弱项,才能破解难题,才能全面提升公共管理的能力和水平,构建起技术治理与制度治理相融合的现代管理体系,为防范和化解重大社会风险提供有力保障。

新技术革命的时代车轮滚滚驶来,世界面临着百年未有之大变局,国际社会、经济、政治格局正在发生根本的变化,中华民族处在通往伟大复兴的关键时刻。在这个全球经济模式、生活方式和社会形态都快速变化的新时代,数字技术的创新正在对公共治理产生深远的影响。公共行政管理学者要主动创新,以技术赋能经济调控、市场监管、社会管理和公共服务。各级政府要全面推进数字政府建设,扩大数据公开和共享,有效回应公民和市场主体的合理诉求。行政工作者要与时俱进、拥抱变化,积极地迎接技术变革带来的机遇与挑战。

我们在积极利用新技术推动国家治理体系和治理能力现代化的过程中，要创新数字化政务模式，畅通线上和线下的融合；要健全新技术应用的相关立法，加强对新技术企业的有效监管；合理保护个人隐私和数据权属、切实保障国家信息安全；有效促进实体经济的发展和市场公平竞争，防范"技术霸权"和"数据滥用"；注意地区间"数字鸿沟"的扩大和部门间"数字孤岛"的形成，避免"技术贫困"及"算法歧视"。民族自治地方更应该抓住新技术革命带来的发展机遇，利用新技术实现超常规发展，缩小与沿海发达地区的技术、经济和治理差距。

五、打造各民族互嵌式社会结构

多民族互嵌式社会结构建设，是中国共产党在系统研究总结、吸收借鉴古今中外处理民族关系经验教训的基础上，结合当代中国实践，提出的在新历史时期中国民族工作的指导思想和战略目标，具有极其重要的理论和现实意义。从整体上来看，中国56个民族在长期的历史发展过程中，经过不断地交流融合，已经形成了你中有我，我中有你，"大杂居，小聚居"的分布格局。但在微观层面上，受自然和人文等多重因素影响，部分地区、部分群体在公共社会生活层面，还存在着相互嵌入不足的问题，尚有相当数量的少数民族群众，与其他群体存在程度不同的文化—经济—社会生活—心理隔离。由于互嵌程度不足，在一些区域和部分群体中，国家公共服务和市场经济力量难以进入，许多现实的社会问题被固化，狭隘民族主义情绪容易滋长，在一定程度上影响着民族团结、社会稳定与国家安全。因此，改进和完善民族事务治理体系，提升民族事务治理能力，通过建立各民族相互嵌入式的社会结构和社区环境，促进各民族共同团结进步，共同繁荣发展，实现中华民族的伟大复兴，是当代中国公共治理面临的一个重要而紧迫的问题。

（一）多民族互嵌式社会结构建设的理论探讨和历史经验

差异性与多样性是人类社会的根本属性之一，在人类社会漫长的历史发展过程中，由于地理阻隔、自给自足农牧业经济模式影响，以及原始交通、通信方式的限制，人类社会不同区域、不同群体之间交往沟通困难，相互联系微弱，其至长期处于彼此隔绝的状态。这种隔绝使得不同的地方、不同的人群形成了语言文字、宗教信仰、生活习俗和历史记忆等方面的差异，而所谓民族正是这种差异性在特定人群中的体现。随着生产生活技能的进步，人类生存空间不断扩展，不同地域、文化群体之间的交往日渐频繁。纵观人类社会发展历程，在不同历史阶段，不同的社会群体或政治共同体——国家，都或多或少面临着如何应对与其他在文化上差异显著的群体的关系,而且差异化文化群体关系随着人口流动、国家扩张和经济发展越来越复杂多样,对社会稳定和国家的统一影响巨大而直接。近代以来,虽然有些国家标榜自己是文化属性单一的"民族国家"(nation-state),但是除了极个别"袖珍国家"外,大多数国家的公民都由具有不同文化的族群构成,真正的"单一民族"国家屈指可数。这也意味着,处理好不同文化群体——民族间关系,是世界大多数国家都要面对的普遍性问题。而如何看待和处理人类社会不同群体之间的差异,不同历史阶段、不同国家和地区也形成了不同的理论阐释和政策措施。

中国的多民族相互嵌入、互融共生的理念和实践,有着悠久历史。早在中华文明形成之初传说中的三皇五帝时期,就有"克明俊德,以亲九族;九族既睦,平章百姓;百姓昭明,协和万邦,黎民于变时雍"①的文化群体混同思想。儒家思想并不把族群身份固化,相对更看重的是文化的认同,"舜生于诸冯,迁于负夏,卒于鸣条,东夷之人也,文王生于岐周,卒于毕郢,西夷之人也。"②在融合汇聚博采众长的先进文化引领下,促进各族群混同,在多数时候都是儒家思想倡导的理念。在实践过程中,战国时期赵武灵王胡服骑射,促进了中原农耕文化与北方游牧文化之间的交融;真正意义上的第一个大一统帝国秦朝的制度设计者李斯也明确提出,对于以天下为怀的国君和国家治理精英而言,"地无四方,民无异国"③。唐代文明的繁荣鼎盛正是由于各民族的汇聚交融所致,一方面"蕃人旧日不耕犁,相学如今种禾黍",游牧民族开始学习汉族的农耕种植;而另一方面"城头山鸡鸣角角,洛阳家家学胡乐"④,研习少数民族音乐舞蹈则成为中原民众的时尚。历代各大统一王朝,对不同族群大多采取"修其教不易其俗,齐其政不易其宜"⑤,即"因俗而治"的治理方式。直到1912年,孙中山在《中华民国大总统孙文宣言书》中郑重宣布合汉满蒙回藏诸地为一国,如合汉满蒙回藏诸族为一人,是曰民族之统一。而各少数民族精英,也积极推动民族交融。北魏孝文帝入主中原后,禁胡服、胡语,改姓氏、改官制,使"胡越之人亦可亲如兄弟"⑥,积极推动交流融合。而千年之后的清朝雍正皇帝,也多次下诏明言,"天下一家,万物一体,自古迄今,万世不易之常经。非寻常之类聚群分,乡曲疆域之私衷浅见所可妄为同异者也"⑦。

---

① (汉)孔安国,(唐)孔颖达、正义、黄怀信:《尚书正义》,上海古籍出版社2007年版,第25—27页。
② (战国)孟子:《孟子》,牧语译,江西人民出版社2017年版,第177页。
③ 赵望秦,霍松林:《史记注译》第八册,三秦出版社2011年版,第2513页。
④ (唐)王建:《凉州行》,《全唐诗》上,上海古籍出版社1986年版,第747页。
⑤ (西汉)戴圣:《礼记》,杨天宇译,上海古籍出版社2004年版,第155页。
⑥ (北齐)魏收:《魏书》,中华书局1974年版,第186页。
⑦ 《清世宗实录》,中华书局1985年影印版,第147页。

在这些理论、经验基础上,主张各民族通过平等交往,和睦相处,在共同利益和共同生活过程中,实现全方位的相互嵌入与交融,是一种具有科学性和生命力的族群关系处理模式。这种模式既能够尊重各民族文化的差异性,又能够促进不同文化群体相互交往和交流,减少文化差异带来的摩擦与冲突,进而更好地适应全球范围内经济社会一体化潮流。因为随着交通通信技术的进步和全球化程度的加深,那些历史上导致群体间隔阂进而形成文化差异的因素正陆续被克服,不同地区,不同群体的人们相互交流、交往不仅成为可能,而且成为生产生活的必要需求。尤其是第二次世界大战以后,市场经济对各种生产要素在更大范围内配置组合的内在要求,大大加快了区域经济一体化、经济全球化进程。同时区域治理、国家治理、全球治理的相关制度安排和规范体系,也使得过去分区隔绝壁垒森严的管理模式开始走向跨越疆界、互动合作、更大范围的协同治理,从而为具有不同文化背景的人们相互交往提供便利。目前全世界范围内,甚至一些传统上作为区分民族—族群的核心文化标志,如语言、文字、生活习惯等,也渐渐从多元离散状态转为趋同。与经济全球化相伴的文化、价值、生活方式等领域的趋同,大大便利了人们之间相互交往交流,降低了资源、资本全球范围内优化配置的成本,促进了技术、产业在全球范围的流动和重组,也推动了全球协同治理和协同提供公共服务。这一趋势,对于促进全人类的公平公正,增进全人类的福祉,整体上都是积极而有益的。

改革开放以来,特别是进入 21 世纪以来,中国社会市场化、工业化、信息化、城镇化进程持续加快,国内各民族交流、交往、交融的社会动力和条件不断强化。中国共产党基于对古今中外民族关系发展趋势的深刻理解,对世界各国处理民族关系经验教训的科学总结和合理借鉴,对当代中国民族关系本质特征的准确把握,适时提出了推动构建各民族相互嵌入式社会结构与社区环境,让各民族在中华民族大家庭中手足相亲、守望相助、团结和睦、共同发展,具有极为重要的历史和现实意义。

(二) 当代中国各民族相互嵌入的现状分析

中国历史上各民族频繁的交往与融合,奠定了中国民族分布的基本格局,即一种宏观上的高度互嵌结构。各民族互嵌与融合,是中国成为四大文明古国唯一延续至今的文明体系的重要基础,也是中国能够维持较长期稳定的国家政治统一、文化多元一体的原因。在中国 960 万平方千米的国土上,基本上每个县都至少有 2—3 个以上的民族分布,56 个民族中的每一个民族,都在全国 30 个以上省级区域有分布。大杂居、小聚居的格局,在改革开放后随着人口流动,进一步向各民族交错杂居变化。在这种趋势下,仍然有一些少数民族群体,受自然、社会各类因素影响,存在着与现代市场体系、主流文化及其他民族不同程度的隔阂。

1. 地理隔阂

在宏观上,地理隔阂体现为特定群体在特定区域高度聚居,在其他区域几乎没有分布,而如果该群体所处的地理区域又因自然原因而高度封闭,资源、人口流动困难,那么该群体的地理封闭将引发与其他群体的互嵌困难。在我国 55 个少数民族中,有不少民族,包括几个人口众多的少数民族,与其他民族存在地理隔阂的情况,而且这种地理隔阂在现实中也引发了嵌入困难。地理隔阂的表现,一是民族整体性高度隔阂于相对较小且封闭地理区域内,这主要体现为一些人口规模较小的民族。基于第六次人口普查数据的分析,可以发现有几个人口较少的少数民族的地理隔阂程度之高。如基诺族总人口 23143 人,98.5%(22759 人)在云南,其中 50%左右(11000 多人)集中分布在西双版纳景洪县基诺乡,其他近半数则分布在基诺乡邻近乡镇。珞巴族(中国人口最少的民族)3682 人,94.75%(3489 人)在西藏,主要分布在藏南门隅、察隅两县交界处山区。塔吉克族 51069 人,92.7%(47261 人)分布在新疆,60%在塔什库尔干自治县。二是民族整体高度隔阂于相对较大且封闭的地理区域,但在该区域内具有一定分散度并与其他民族有一定的相互嵌入,这种状况以西部几个大民族较为典型。如维吾尔族 1006.93 万人口,99.32%(1000.13 万人)分布在新疆维吾尔自治区,其中 75%以上分布在南疆三个地(市)(喀什、和田、阿克苏),而这三个地(市)维吾尔族总人口则分别达到 89.31%、96.91%、74.99%。藏族 628.22 万人口,98.98%分布在青藏高原(西藏、青海和甘肃甘南州、云南迪庆州、四川甘孜州、四川阿坝州),其中西藏自治区(90.48%)、青海玉树州(95.3%)、青海果洛州(90.95%)三个地方藏族人口占比超过 90%。而且少数民族大多分布在沙漠戈壁、雪山冰川的偏远边疆地区,如青藏高原 240 万平方千米,平均海拔 4000 米以上;而中国的沙漠(包括沙丘和风蚀土地)戈壁占全国面积的 13.36%,也主要分布在新疆、内蒙古、甘肃和宁夏等民族地区。

2. 族际通婚

族际通婚率是衡量各民族之间相互融合程度的重要观测指标之一。从整体上来看,中国混合民族成分的家庭只占全国家庭总量的 2.74%[①],这相对于中国少数民族人口占全国人口 8.49%的比例,无疑要低很多。

---

① 翟树芬、魏传华、马胜春:《我国民族混合家庭户状况的变动分析——基于"六普"和"五普"数据分析》,《中央民族大学学报(自然科学版)》2015 年第 3 期。

从区域差别来看,少数民族人口占比较大,各民族混居程度高的民族自治地方,通婚率表现出显著的差异,这说明在部分地区跨族通婚现象较多,而在另一些地区跨族通婚现象较少。表 11-2 显示了 2010 年八个民族省区跨族通婚比例和少数民族人口比例对比情况。

表 11-2　民族省区跨族通婚比例和少数民族人口比例对比(2020)

	跨族通婚率	少数民族人口占比
内蒙古	11.71%	21.26%
广西	10.09%	37.51%
贵州	14.16%	34.61%
云南	11.09%	33.07%
西藏	2.50%	87.73%
青海	7.02%	49.47%
宁夏	2.72%	35.95%
新疆	2.50%	57.76%

资料来源:根据第七次全国人口普查数据计算得出。

可见不同区域族际通婚率存在显著差异,理论上应该跨族通婚比例较高的几个地区,实际跨族通婚率并不高,尤其是青海、宁夏、新疆三地。

从各个民族的不同情况来看,2015 年部分少数民族族际通婚率如表 11-3。

表 11-3　部分少数民族族际通婚率(2015)

族际通婚率	民族数量	分民族的族际通婚率
40%以上	2	满族(43.36%)、蒙古族(41.89%)
30%—40%	2	侗族(31.76%)、白族(30.66%)
20%—30%	8	瑶族(28.73%)、苗族(27.35%)、布依族(26.63%)、傣族(26.58%)、土家族(25.38%)、彝族(23.44%)、黎族(20.91%)、哈尼族(20.10%)
10%—20%	3	朝鲜族(17.76%)、壮族(16.09%)、回族(13.98%)
10%以下	3	藏族(7.12%)、哈萨克族(3.18%)、维吾尔族(0.71%)

资料来源:黄凡、段成荣、毕忠鹏:《改革开放以来中国族际通婚变动的十大趋势》,《人口研究》2022 年第 2 期。

从表 11-3 可知,有 3 个民族的族际通婚率在 10%以下。

从发展趋势来看,根据第五、第六次全国人口普查数据,2000 年少数民族族内通婚率为 79.2%,族外通婚率为 20.8%。2010 年全国少数民族族内通婚率为 78.53%,族际通婚率为 21.47%。10 年间,全国少数民族族际通婚率仅上升了 0.67 个百分点。而从 2015 年的数据来看,受人口规模、文化、地理等因素的影响,不同民族的族际通婚水平差异较大,满族的族际通婚率是维吾尔族的 61 倍。

3. 语言文字交流障碍

语言文字是人际沟通交流的工具,同时也是民族文化传承的重要载体。由于历史与现实诸多因素影响,目前我国仍有相当一部分人群对国家通用语言文字的掌握程度较低,导致了其在与主流人群交往过程中出现困难,从而使得语言文字障碍成为阻碍民族间交往交流交融的重要隔阂因素。据统计,目前全国少数民族尚有 6000 多万人使用本民族语言,3000 多万人使用本民族文字,53 个少数民族都有自己的民族语言,22 个民族有自己的文字(共 28 种文字)。① 目前全国有 4 亿左右人口(约占总人口 30%)不会说普通话,民族自治地方比例更高,且不少人是既不会说普通话,也不能识读汉字。语言文字方面的障碍,使得这些少数民族群体在主要以国家通用语言文字为载体的各类公私社会活动中,如接受更高层次的教育、外出务工、商贸活动、文化交流等,都处于非常不利的地位。

此外,在互联网与信息化时代,语言文字方面不统一,更是加剧了少数民族面临"数字鸿沟"危机,在信息化浪潮中引发机会搜寻与利益分配不均。由于现代信息平台特别是互联网传播平台,主要使用的语言是英语,在中国则主要使用汉语,这使得少数民族群众如果不掌握这两门语言,则必然在信息化浪潮中被边缘化。一份针对少数民族青年信息获取过程中语言使用情况的研究显示,较频繁使用少数民族语言看电视、听广播或上网看视频、听歌、语音聊天的比例,仅占 6.95%;关注或比较关注少数民族语言文字题材阅读资源的比例,仅占 11.56%。② 在这样低的比例背后,原因有许多,而少数民族语言文字在各种信息渠道中应用较少,通过少数民族语言文字获取信息不便无疑最为关键。2014 年,我国八个民族省区的网站中,使用中文传播信息的平台占比最低的广西为 91.7%,占比最高的青海为 99.8%,其次为英文,少数民族语言文字在网络信息传播平台中使用程度没有一个省(自治区)超过 2%,大多数都在 0.5%以下。③

---

① 中华人民共和国国务院新闻办公室:《中国的民族政策与各民族共同繁荣发展》,2009 年 9 月,北京。
② 畅容、顾雪松、刘卫华:《"互联网+"时代的少数民族青年数字化资源需求与使用研究》,《东南传播》2015 年第 10 期。
③ 孔敬:《2014 年中国民族八省区互联网发展水平与趋势》,中国社会科学院民族学与人类学研究所网站(2015-04-21)[2018-04-30], http://iea.cass.cn/jqfb/wlfb/201504/t20150421 3967662.shtml

4. 教育水平差距

在现代社会,教育程度直接影响着个人或群体参与现代市场经济和公共生活的能力。在这方面,部分少数民族也与其他民族群体存在较大差距,从而使其在社会生活过程中,因教育水平制约,分享社会发展成果的能力受限严重。在我国 56 个民族中,目前还有 4 个民族 6 岁以上人口文盲率超过 20%(撒拉族 21.18%,珞巴族 27.45%,藏族 30.56%,门巴族 37.43%,全国平均水平 5%),从区域来看,西藏自治区整体文盲率达 34.2%。由于门巴、珞巴两个民族也分布在西藏,因此可以说,西藏从整体上来说,因文盲率偏高,而存在大量少数民族群体无法充分融入现代社会的问题。第七次全国人口普查资料显示,全国大专以上受教育程度人口占 3 岁以上人口比例平均为 15.88%,但仍然有 3 个民族这一指标的比例未达到全国的三分之一,分别为德昂族(5.08%)、拉祜族(5.07%)、东乡族(3.64%)。① 部分少数民族群体整体上接受高等教育的状况并不理想,这无疑使其参与现代社会生活,分享发展成果的能力受制约。

5. 城镇化率偏低

城镇化是现代社会发展的趋势和动力,也是推动不同区域、不同族群相互交往和融合的重要方式,一个族群的城镇化程度势必会影响其融入现代社会的水平。在我国,少数民族城镇化水平参差不齐,有不少民族城镇化水平过低,大大制约了其在现代市场经济体系和现代公共服务体系下的利益获取、分享机会。2015 年中国城镇化率已达到 56%,但民族自治地方为 45% 左右,而少数民族则只有 35% 左右。中国的城镇化水平在不同民族群体中差距巨大,大多数少数民族城镇化水平都低于全国平均水平。2020 年第七次全国人口普查数据显示,全国有 46 个少数民族城镇化率低于当年全国平均水平(63.84%),其中 7 个低于 30%,最低的珞巴族只有 23.22%。② 不少的少数民族还居住和生活在农村或牧区,从事着农牧业生产。以维吾尔族为例,2022 年,维吾尔族人口集中居住的南疆地区城镇化率仅为 36.7%,较全疆水平低 21.19 个百分点,较全国平均水平低 28.52 个百分点。③

6. 行业、职业分布差异

在经济发展过程中,不同行业、职业的工资差距,能反映出社会阶层分布。

---

① 根据《中国人口普查年鉴 2020》相关数据整理。
② 同上。
③ 《新疆维吾尔自治区概况》,新疆维吾尔自治区人民政府网[2024-03-09],https://www.xinjiang.gov.cn/xinjiang/xjgk/202309/f937bdafa51b4f5da89dd1dd25691f1f.shtml

而如果这种阶层分布与民族结构具有重叠性,那就说明特定族群因进入特定行业的机会受限制,从而在社会阶层地位上升方面难以与其他族群机会均等。按行业来看,2022 年,无论是在城镇非私营单位还是在私营单位中,就业人员年平均工资水平排在前三位的均为技术含量较高的信息传输、软件和信息技术服务业(非私营单位年平均工资为 220418 元,私营单位为 123894 元),金融业(非私营单位为 174341 元,私营单位为 110304 元),科学研究和技术服务业(非私营单位为 163486 元,私营单位为 81569 元),工资水平排在后三位的行业略有不同,在城镇非私营单位中分别为住宿和餐饮业(53995 元),农林牧渔业(58976 元),居民服务、修理和其他服务业(65478 元);在私营单位中为农林牧渔业(42605元),水利、环境和公共设施管理业(44714 元)以及住宿和餐饮业(47547 元)。①从第七次全国人口普查数据来看,全国就业人口在三大高薪行业的就业人口总体比例为 4.47%,8 个少数民族在三大高薪行业就业人口占比低于 1.00%,其中珞巴族、独龙族、塔塔尔族、德昂族在三大行业中就业人数少于 10 人。反观四大低薪行业,全国平均就业人口比例为 29.75%,而有 10 个少数民族超过 60%的就业人群分布在这四个相对低薪行业,其中,基诺族(76.36%)、拉祜族(76.20%)、布朗族(74.69%)3 个民族占比超过 70%。② 从职业来看,国家机关、党群组织、企业、事业单位负责人和专业技术人员所占比重,全国平均为12.63%,而东乡族(4.92%)、哈尼族(4.67%)、佤族(4.44%)、德昂族(4.23%)、傈僳族(3.88%)、拉祜族(3.81%)等 6 个少数民族比例在 5%以下。从这些数据可以看出,傈僳、德昂、东乡等民族从行业和职业上,存在较显著的与主要市场隔阂现象。③

7. 社会流动性很弱

现代社会的一个重要特征就是流动性,人、资本、信息在流动的过程中不断创造价值,流动性激发了社会活力,也为财富的公平分配与广泛分享创造了条件。然而,我国有相当一部分少数民族群众,在快速流动与变化的大社会中,却囿于各种条件限制流动性很弱,形成了一个个相对静止的族群—文化—利益孤岛,而难以在流动中分享经济社会发展带来的成果,许多社会问题也因而固化。第七次全国人口普查数据显示,2021 年全国 18 个百万人口以上少数民族人口流动情况如表 11-4。

---

① 根据《中国统计年鉴 2023》相关数据整理。
② 根据《中国人口普查年鉴 2020》相关数据整理。
③ 同上。

表 11-4 全国 18 个百万人口以上少数民族人口流动情况

民族	流动人口	省内流动		省外流动	
		人口数量(万人)	比重(%)	人口数量(万人)	比重(%)
全国	37581.68	25097.96	66.78	12483.72	33.22
汉族	34210.38	22798.41	66.64	11411.97	33.36
少数民族	3341.33	2279.95	68.23	1061.37	31.77
蒙古族	210.97	170.39	80.77	40.58	19.23
回族	290.49	210.12	72.33	80.37	27.67
藏族	148.30	130.58	88.05	17.72	11.95
维吾尔族	173.18	160.44	92.64	12.74	7.36
苗族	361.48	187.99	52.01	173.49	47.99
彝族	266.07	207.90	78.14	58.17	21.86
壮族	527.89	303.20	57.44	224.69	42.56
布依族	127.98	55.04	43.01	72.94	56.99
朝鲜族	53.23	38.23	71.82	15.00	28.18
满族	291.65	226.46	77.65	65.19	22.35
侗族	118.94	66.42	55.84	52.52	44.16
瑶族	91.54	52.28	57.11	39.26	42.89
白族	50.38	38.38	76.18	12.00	23.82
土家族	304.95	187.98	61.64	116.97	38.36
哈尼族	43.08	34.64	80.39	8.45	19.61
哈萨克族	38.36	36.77	95.85	1.59	4.15
傣族	21.86	16.62	76.06	5.23	23.94
黎族	27.72	20.08	72.45	7.64	27.55

资料来源:根据第七次全国人口普查数据计算。

2020年,我国少数民族人口流动率为26.90%,首次超过全国平均水平(26.66%),全国18个百万人口以上少数民族流动人口增长率达124.42%。藏族流动率由2010年的8.14%增长到21.00%,维吾尔族由7.66%增长到14.71%,哈萨克族由9.60%增长到24.55%,傣族由7.98%增长到16.43%。值得一提的是,虽然西部地区少数民族人口依然占全国少数民族人口比例的70%以上,但在2010—2020年的十年间,东部地区少数民族人口年均增长率达4%,是全国少数民族人口年均增长的4.08倍,可见我国有不少的少数民族人口逐渐从传统聚居地区向东部地区迁移。① 然而,不同地区、不同民族间人口流动状况依然存在较大差距。除布依族外,其余17个百万人口以上少数民族人口流动依然以省内流动为主。2020年,藏族跨省流动人口占藏族总流动人口中的比

---

① 徐世英、李京洮:《我国少数民族人口数量及分布的新态势——基于第七次全国人口普查数据的解析》,《人口与经济》2023年第3期。

例仅为 11.95%,比全国平均水平、汉族、少数民族人口平均水平分别低 21.27、21.41 和 19.82 个百分点。此外,有研究表明,新疆流动人口主要分布在北疆,而且流动范围以省内流动为主。①

8. 心理—文化隔膜

历史记忆和叙事分殊。现代国家之所以也被称为民族—国家,是因为民族主义的心理—文化建构,是现代国家普遍采取的整合社会群体,形成社会共识的方式。而民族主义心理—文化建构,主要是通过历史记忆和历史叙事实现的。在我国,中华民族多元一体的共同体观念,有着深刻的历史基础,同时也与历史上不论汉族精英还是少数民族精英,都有着强烈的共同体意识,并将之纳入有关中华民族共同的历史叙事体系。但有部分区域和群体因地理隔绝、文化疏离,公共服务供应水平低,受这种历史叙事体系的濡化作用较弱,中华民族共同体认同有待强化。特别是近年来,受国内外多重因素的影响,狭隘民族主义情绪在个别区域尚有一定市场。国际反华势力和境内外分裂势力组建了一些所谓"社会组织""学术团体",不断借助学术研究、网络社区和民间组织活动等方式,有意夸大族群间差异乃至制造少数民族与汉族以及各少数民族之间的对立,以"泛突厥主义""泛泰主义"等干扰相关民族的国家认同,虚构、歪曲一些少数民族的形成和发展历史,试图改变中国民族关系的历史叙事,将中国的区域发展不均衡归因于民族关系不平等,而有意忽略历史上中国各民族一体化格局的长期性和稳定性,忽视国家和民族自治地方各级政府为缩小民族间、区域间发展差距做出的努力及取得的成就,以达到制造民族隔阂、挑起民族矛盾的目的。

宗教信仰与习俗差异。中国是世界上少有的自古以来一直坚持世俗化和政教分离,并对多元宗教采取相对宽容政策的国家,这一方面形成了大多数民众没有明确的宗教信仰,另一方面也使得世界几乎所有宗教在我国都有传播,而且不断与中华优秀传统文化相结合,形成了"中国化"的发展模式。其信众在世俗生活、居住方面相互嵌入程度很深。20 世纪 70 年代以来,世界范围的宗教复兴运动,在不少地区造成了较严重的社会撕裂,我国由于坚持独立办教,受到的影响相对较少。然而,因宗教信仰差异导致的民众生活、价值观念差异与冲突,仍然存在,在部分地区表现还比较突出。有部分宗教人士和信众,以信仰异同来区分社会利益群体,甚至有些信众受宗教极端主义影响,出现了主动与其他群体隔离的现象,需要引起高度重视。

民族身份和利益分配关联。在有些地区部分群众将个体利益分配差别与民族群体关联,由于部分区域间、民族间还存在着不同程度的发展差距,同时国家民族政策和区域发展政策在实施过程中,政策理想与政策现实之间有落差。这

---

① 崔文韬:《新疆流动人口变动分析》,中央民族大学 2022 年硕士学位论文,第 29—30 页。

导致一些地区出现了少数民族—汉族,自治主体民族—非自治主体民族,大民族—小民族之间因公共服务、政策利益分配和市场竞争方面基于民族身份的利益观强化,进而使得现实的利益冲突与抽象的民族认同被混杂在一起,导致社会利益、价值分配过程复杂化,不同民族群众有时会因利益分配方面的差异,引发民族关系中的负面情绪。

(三) 推动各民族互嵌式社会结构建设中的公共治理

针对各民族在许多方面还存在着程度不同的隔阂现象,要真正实现多民族互嵌式社会结构建设的目标,需要多方面采取措施,推动不同民族群体流动、交往,使各族群众在共同生产生活和工作学习中,真正实现利益、社会生活和心理文化的嵌入与交融。在多民族互嵌式社会结构建设进程中,市场、社会力量参与的利益激励不足,因此需要公共服务与公共政策先行,通过优化相对封闭的边疆民族地区的公共服务和治理体系,提升这些地区各族群众参与现代市场经济和现代公共生活的能力,引导其在更广泛的区域内流动,进而实现与其他民族的相互嵌入。

1. 平衡公民一致性与民族差异性宣传教育

第一,平衡民众公民认同与民族认同关系。高度一致的公民认同,是中华民族共同体在现代社会的精神内核,也是引导、促进各族群众在政治上消除隔阂,相互嵌入的心理保障。在新的历史时期,要按照中央部署、创新载体和方式,引导各族群众牢固树立正确的祖国观、历史观、民族观,通过学校教育、公共文化、宣传舆论等渠道,不断强化民众国家意识、公民意识、中华民族共同体意识。要引导民众合理对待民族文化差异性,认识到民族文化和民族差异对中华文化和中华民族政治一体化的从属地位,自觉维护中华民族共同体及其文化。不断增强各族群众对伟大祖国的认同、对中华民族的认同、对中华文化的认同、对中国共产党的认同、对中国特色社会主义的认同。要坚决遏制以保护、弘扬所谓"民族文化"为旗号,事实上在中华民族共同体政治—文化认同之外,建构新的政治—文化认同,乃至建构新的政治共同体的活动。

第二,依法处理涉及民族因素问题,强化各族群众法律意识,将民族团结建立在牢固的法治基础上。要运用法律而非通过强化特殊性,来保障和巩固民族团结局面,实现法律意识与民族团结协同强化;依法监管和处理各类大民族主义、狭隘民族主义的行为,使各族群众真正实现在法律面前人人平等。引导进入城市的少数民族群众,自觉遵守国家法律、法规和城市管理规定,遵循市场活动准则;同时依法处理在少数民族城镇化进程中各类对少数民族就业、生活、公共服务的歧视现象。通过民族工作法治化,进一步巩固各族群众对国家政治共同体的认同。

2. 依托各类公共服务、公共政策杠杆引导各族群众流动交融

第一,加快民族自治地方教育发展,以教育公共服务的优化破解部分群众融入主流社会的知识、技能障碍。在基础教育阶段,要进一步加大双语教育普及力度,让部分在地理、文化和心理上与主流社会隔阂较深的群体,尽可能早地掌握融入主流社会的交流工具。高等教育体系要加大向民族自治地方招生倾斜,尤其是中、东部地区高校,要加大面向偏远民族自治地方的招生指标投放,要为其提供更多数量,更多专业领域的学习机会,要将对民族自治地方的特殊教育倾斜,与引导少数民族大学生在就学地就业和社会融入的政策、机制衔接起来。大力发展民族自治地方职业教育,同时鼓励更多内地职业教育机构面向民族自治地方招生,并将对民族自治地方青少年的职业教育,与促进其在就学地就业、居住的政策有效衔接。

第二,建立有针对性的劳动力输出服务机制和激励基金,有序扩大中西部偏远、闭塞地区少数民族群众到内地接受教育、就业、居住的规模,促进各族群众在共同生产生活和工作学习中实现深度互嵌。针对部分高度封闭的区域,如青藏高原、南疆地区、藏彝走廊、武陵山区、乌蒙山片区等,建立由中央统一协调,劳动力输出地省、市政府和劳动力接收地省、市政府分工合作,市场中介组织、社会服务组织和劳动力接收地企业积极参与的劳动力输出服务机制,以整体分散,但在特定区域相对集中的方式组织劳动力输出。由各地政府资助或提供政策优惠,以企业和社会组织为主体,建立面向偏远、闭塞地区少数民族劳动力输出的激励基金,通过这些基金帮助解决民族自治地方劳动力输出过程面临的交通、培训、接收地居住与融入,具有特殊偏好的公共服务需求与日常生活需求等现实问题。

第三,在公共服务与公共政策实施过程中融入多民族互嵌式理念与目标。在由政府和其他公共主体提供的公共服务,以及一系列针对民族自治地方的公共政策实施过程中,要主动融入多民族互嵌式理念,将促进多民族相互嵌入式社会结构与社区环境建设,作为公共服务、公共政策的重要目标贯彻落实。特别是在民族自治地方的扶贫开发、移民搬迁、公务员小区建设、保障房分配、城市大型公共设施如广场、公园、图书馆、博物馆、各类学校布局等领域,要将促进各民族多层次、多维度的相互嵌入作为绩效指标纳入相关政策规划和公共服务实施方案中去。

3. 通过城镇化与公共服务供应结构优化促进多民族相互嵌入

由于我国少数民族群众大多数居住在西部地区,虽然近几年来有相当一部分少数民族人口流动到中东部地区就业,但毕竟只占少数民族人口的较少部分。而且流动少数民族人口中,真正有能力、有意愿在中东部地区安居的,也占比很

低。特别是在中东部地区城市快速转型升级的情况下,由于少数民族流动人口大多缺乏知识、技能,适应性不足,未来有相当一部分人可能会被挤出,仍然回流到民族自治地方。因此,从长远来看,更大范围、更深度的多民族相互嵌入式社会环境建设,还要依靠民族自治地方自身的城镇化,并在城镇化进程中,通过一系列公共服务措施,引导不同民族群众在同一个社区中共同生活,在同一片产业园区中共同生产、工作,青少年在同一所学校中学习。来自不同民族、宗教的群体,在城镇这样一个人口、资源、信息高度密集的区域里,因共同利益和共同的市民生活,融合成多维纽带牢固黏合的共同体,实现高度的互嵌与融合。民族自治地方城镇化发展水平还比较低,2022年,内蒙古常住人口城镇化率为68.60%,宁夏为66.34%,新疆为57.89%,广西为55.65%,而西藏只有37.39%,比全国均值低27.83个百分点,比西部地区均值低21.42个百分点。① 因此,一方面要加快民族自治地方城镇化发展进程,另一方面也要处理好城镇化过程中必然面临的多族群汇聚、多宗教并存、多文化交集的相互适应、共生发展和彼此间的交流融合等各种问题。

第一,配合国家发展战略转型,引导中东部地区劳动密集型、资源密集型产业向民族自治地方转移,以产业发展带动城镇化和民族自治地方各族群众向城镇转移。2023年《国务院关于推动内蒙古高质量发展奋力书写中国式现代化新篇章的意见》中指出,要深入开展兴边富民行动中心城镇建设设点,开展"民营企业进边疆行动",实施兴边富民特色产业发展工程,促进边民就地就近就业和增收致富。这个要求不仅仅对新疆发展有意义,对其他民族自治地方城镇化也有重要指导意义。但是,就业的基础是有产业,在目前广大民族自治地方产业基础薄弱,就业吸附能力相对较低的情况下,国家和民族自治地方各级地方政府,应整合市场资源和公共服务资源,引导中东部地区的劳动密集型、资源密集型产业、企业向民族自治地方转移,帮助民族自治地方快速发展一批既具有一定市场优势,又能够吸纳较大规模就业人口的产业,为民族自治地方城镇化加速奠定产业基础。

第二,城镇公共服务供应要配合多民族互嵌式社区环境建设战略目标。在民族自治地方城镇化进程中,由于来自农村的各族群众、来自中东部地区的经商、旅游和工作的人员的涌入,必然会导致不同民族、不同文化、不同利益激荡碰撞。近代以来世界城镇化进程的历史显示,具有不同文化背景的群体有聚族而居的本能倾向,若在城市规划管理过程中不加以适当的引导,久而久之在城镇中就会形成一个个有着较高封闭程度的"族群孤岛"或者亚文化社区。而这种城镇

---

① 根据《中国统计年鉴2023》相关资料整理。

中的特殊社区,往往又与经济贫困、公共服务供应不均等、文化自闭、族群隔绝疏离等问题交织在一起,使得城镇这个本来是促进不同群体融合的平台,反而成为大规模群体冲突的策源地。在我国民族地区城镇化进程中,要对此有清醒的认识,并积极采取措施加以防范。主要措施包括由政府主导提供的安居性质的住房,要严格按照多民族相互嵌入式社区环境的要求配置;公共教育应尽量减少按民、汉学校分立的办学模式,更多推行民汉合校,引导各民族青少年在成长阶段就共同学习,相互适应;政府与企业合作开展有序的就业引导和人力资源优化配置,打破特定民族在特定行业、特定职业或特定产业园区过度聚集的现象。

教师反馈及教辅申请表

北京大学出版社本着"教材优先、学术为本"的出版宗旨,竭诚为广大高等院校师生服务。

本书配有教学课件,获取方法:

第一步,扫描右侧二维码,或直接微信搜索公众号"北大出版社社科图书",进行关注;

第二步,点击菜单栏"教辅资源"—"在线申请",填写相关信息后点击提交。

如果您不使用微信,请填写完整以下表格后拍照发到 ss@pup.cn。我们会在 1—2 个工作日内将相关资料发送到您的邮箱。

书名		书号	978-7-301-	作者	
您的姓名				职称、职务	
学校及院系					
您所讲授的课程名称					
授课学生类型(可多选)	□ 本科一、二年级 □ 高职、高专 □ 其他_____			□ 本科三、四年级 □ 研究生	
每学期学生人数	_____人			学时	
手机号码(必填)				QQ	
电子信箱(必填)					
您对本书的建议:					

我们的联系方式:

北京大学出版社社会科学编辑室

通信地址:北京市海淀区成府路 205 号,100871

电子邮箱:ss@pup.cn

电话:010-62753121 / 62765016

微信公众号:北大出版社社科图书(ss_book)

新浪微博:@未名社科-北大图书

网址:http://www.pup.cn